金融学译丛

*Focus on Personal Finance, 3e*

# 个人理财 （第三版）

## 理财技能培养方法

杰克·R·卡普尔 (Jack R. Kapoor)
莱斯·R·德拉贝 (Les R. Dlabay)　著
罗伯特·J·休斯 (Robert J. Hughes)

刘春生　姜　淼　柳懿恒　张　航　郑　雪 主译

刘春生　校

中国人民大学出版社
·北京·

# 前 言

同几年前编写此书的早期版本相比，我们所处的经济背景已经变得大为不同了，新版本可以警示我们经济环境的变化速度快得惊人。从 2007 年底开始发生的经济危机的影响程度可以同"美国经济大萧条时期"相提并论，影响到美国乃致全世界的公司和个人。

希望当你看到本书时，经济形势已经有所好转。但要记住这句格言——历史是最好的老师。为了避免在金融危机时出现财务问题，你需要有效地管理自己的财产来规避理财上的问题。这就是第三版《个人理财——理财技能培养方法》所讲述的全部内容。作为作者，我们希望可以向读者提供有效的信息来制订理财计划，从而达到理财目标。

写这本书时，我们清楚地知道读者是老师，还有学生。在每次修订前我们都会向老师征求意见，努力使本书的授课效果更好，并使学生的学习效率更高，并且在每次修订时都会将这些观点和建议融合到书中。我们可以很自豪地说，本书的正文和附录部分都考虑了大量学生的反馈建议和意见。没有你们——亲爱的学生和老师——我们就没有编写这本书的理由和动力。

## 该版新增内容

第三版包含了最新的图表、文章及案例材料。下面的表格列出了该版本更新的部分内容。

| 第1章 | ● 避免财务危机的策略的新材料<br>● 货币的时间价值附录 |
|---|---|
| 第2章 | ● 如何避免负债和建立一个有效的货币管理计划 |
| 第5章 | ● 关于微观贷款机构的讨论<br>● 住房贷款的新案例<br>● 规避信用卡债务的扩展讨论<br>● 关于最新信用卡法案的讨论<br>● 破产涵盖范围的延展 |
| 第8章 | ● 如何减少保险费的新案例 |
| 第9章 | ● 关于群体健康险的扩展讨论<br>● 健康储蓄账户（HSA）的新内容<br>● 失能收入需求的延展<br>● 关于奥巴马降低医疗费用执政计划的讨论 |
| 第11章 | ● 新增在金融危机中存活小节<br>● 关于市场风险的扩展讨论，包括商业周期及典型经济危机的持续期等<br>● 国债知识的更新 |
| 第12章 | ● "为什么公司收益很重要"的部分中包含了市盈率的重要性的新内容 |
| 第13章 | ● 章节介绍中包含了经济危机对共同基金投资的影响的最新材料<br>● 在"为什么投资者购买共同基金"的章节中增添了共同基金投资重要性的最新数据<br>● "共同基金的特征"小节中包含了对交易基金种类的扩展讨论<br>● 生命周期基金的介绍 |
| 第14章 | ● 个人退休账户内容的修改与更新 |
| 附录A | ● 关于在疲软的就业市场中的职业规划的新材料 |

# 在线支持和说明[1]

在线学习中心（OLC）：www.mhhe.com/kdh。

在线学习中心为个人理财课程所设计的全部的教学与学习内容包括如下部分。

## 教师

在线学习中心中的教师部分提供了所有补充材料资源，包括：

● 教师手册：该部分由作者编写并修订，内容包括涉及教学策略、课程计划和补充资源列表的"课程计划指南"。教师手册中的"章节教学材料"部分提供了章节内容概述、章节学习目标总结、引导内容，以及附有教学建议的详细的课程大纲。该部分也同样包括小结内容、小测验、课程补充材料以及概念检测、章末问题及案例的答案。

---

[1] 中国人民大学出版社并未购买该部分版权，使用本书的读者请按书后的《教师反馈表》向麦格劳-希尔中国代表处申请。——编辑注。

- 测验题库：由马凯特大学的洛拉·莱因霍尔德修订，内容包括判断正误、单项选择、问答题和论述题。所有测验的题目均根据每章学习目标编写。这部分资源同样包含答案、页码索引以及习题难度。

- 电脑测试软件：麦格劳-希尔的 EZ 测试是灵活且容易使用的电子测试系统。该系统能够使教师根据特定内容生成测试题目，并包含多种题型，同时教师也可以根据需要自行增加题目。测试可以生成多种版本，并可以输入课程管理系统如 WebCT，BlackBoard 等中使用。在线测试为你进行并管理考试提供了一个很好的平台。该系统适用于 Windows 和 Macintosh 系统。

- 每章的幻灯片展示由密西西比大学的林恩·库格尔修订和改进，提供了超过 300 份视觉展示材料，并可被操作、编辑以适应不同课程形式。如果你定作幻灯片，在线数字图像图书馆可供使用，其中包含书中出现的全部图表。

### 附加案例

**视频案例**——视频案例章节已经被放置在在线学习中心里。每个案例均含有与章节主题紧密相关的 3~10 分钟数码影像。10 段附加的 30 分钟视频内容能够帮助形象说明在现实生活中可能存在的重要个人理财概念。这些视频由海岸线社区学院制作，并可在课程期间配合不同章节使用。（DVD ISBN 0077245792）

**继续案例**——继续案例的第二部分是伴随的问题以及答案，该部分内容可用来使教师为学生展示更多现实世界中的案例和问题，或者也可作每个学期更换案例之用。

## 学生

### 自学测验

小测验内容包括 10~15 个单项选择题，其内容有关每章的重要主题，并由自己自行判分。这些问题可以帮助学生快速了解自己的分数，并对其回答有误的问题进行暗示。每章均包含一个章节小测验，这样可以使学生全面了解他们对本章内容的理解。

### 幻灯片讲述

每个学生的学习方式均有不同，而幻灯片讲述就是因此而产生的。该部分内容是由得梅因社区大学的布拉德·杜尔森修订并扩展的。这种交互式的章节展示是在线增值服务的一部分，可以购买取得。它通过展示现实生活案例引导学生理解重要主题和概念。

杰克·卡普尔（邮箱：kapoorj@cod. edu）
莱斯·R·德拉贝（邮箱：dlabay@lakeforest. edu）
罗伯特·J·休斯（邮箱：bhughes@dcccd. edu）

# 目　录

# 第1章 实施个人理财规划

## 你的个人理财规划表

1. 个人理财数据
2. 设定个人理财目标
3. 用货币的时间价值达到理财目标
4. 职业生涯规划

## 目　标

在本章中，你将会学习到：

1. 识别社会和经济对个人理财目标和决策的影响。
2. 制定个人理财目标。
3. 评价与理财规划相关的个人和财务上的机会成本。
4. 为实现个人理财和职业规划而制订计划。

### 为什么这很重要？

经济危机增加了个人理财决策的重要性。每年，超过100万人经历了破产，并且欺诈性投资每年给美国带来超过12亿美元的损失。这些都是因为没有进行良好的个人理财规划以及缺乏足够的信息。在金钱上，你作出良好决定的能力是你现在以及未来拥有财富的基础。

# 做理财决定

> **目标1：** 识别社会和经济对个人理财目标和决策的影响。

金钱是当今社会的一个不变的话题。每一个地方的人都在谈论金钱。

大部分人都想掌控自己的财务，这样他们可以从可消费的每一分钱中获得一种满足感。典型的理财目标包括买汽车、买房子、接受前沿的职业培训、为慈善事业做贡献、周游世界或者保证工作期间和退休后良好的生活条件。要达到这些或者其他的目标，人们需要识别并设计出优先顺序。要想得到个人的和财务的满足，就需要一个有计划的管理，这就是所谓的个人财务管理，也叫做个人理财规划。

## 你的生活状况以及理财规划

> **个人理财规划：** 是通过对财务的适当管理以达到个人经济上的满足的一个过程。

**个人理财规划**（personal financial planning）是通过对财务的适当管理以达到个人经济上的满足的一个过程。这个规划过程使你能够掌握你的财务状况。每个人、每个家庭都有自己的情况，因此，理财规划必须满足个人的需求和目标。

> **理财计划：** 是一个总结了你当前的财务状况，分析了你的财务需求，并且对未来财务经营给出建议的一定形式的报告。

一个综合性的理财计划可以提高你的生活质量，并且可以通过减少你未来需求和资源的不确定性而增加你的满意度。**理财计划**是一个总结了你当前的财务状况，分析了你的财务需求，并且对未来财务经营给出建议的一定形式的报告。你可以自己完成理财计划（通过运用本书每个章节后面的表格），或者可以寻求理财规划师的帮助，或者也可以应用金钱管理软件包。

以下是个人理财规划的一些好处：

- 增加获取、使用、保护你的财务资源的效能。
- 通过避免过度负债、破产、依赖别人，增加对你的财务事物的控制。
- 规划好的、有效的理财决定可以帮助你建立良好的人际关系。
- 理财规划使你可以预估费用，达到个人的经济目标，从而减少财务上的担心，并且感到一种自由。

很多因素会影响日常的财务决定，像年龄、房子大小、利率或者通货膨胀等。人们在20岁的时候和在50岁的时候消费的方式是不同的。个人因素像年龄、收入、住房大小、个人信仰等会影响你的消费和储蓄方式。你的生活状况是由一系列因素共同影响的。

随着社会的变化，不同形式的财务需求也相继产生。如今，人们趋向于更晚一些结婚，更多的家庭会有两份收入。也有一些家庭是单亲的，超过200万的女人要同时照顾孩子和父母。人们的平均寿命更长了，超过80％的美国人可能活到65岁以上。

**成人生命周期：**一个成年人的家庭以及财务需求所在的阶段。

如图表1—1所描述的，**成人生命周期**——一个成年人的家庭以及财务需求所在的阶段——会对你的财务活动和决定产生重要的影响。你的生活状况同样也被各种因素所影响，比如，毕业、不独立的孩子离开家、身体状况的改变、事业的变化或搬到新的地方、配偶或家庭成员或其他不独立的人的死亡等。

你的家庭的情况、你的价值观决定了你的生活方式。**价值观**就是一个人认为正确的、值得拥有的、重要的想法或观念。价值对一些决定有着直接的影响，像消费还是储蓄，继续上学还是工作等问题。

**价值观：**一个人认为正确的、值得拥有的、重要的想法或观念。

## 经济中的理财规划

**经济学：**描述财富是怎样被创造和分配的学科。

每天的经济行为对理财规划有重大的影响。**经济学**是描述财富是怎样被创造和分配的学科。经济环境包括各种法律、公司、劳动者和政府，他们共同满足我们的需求。

各种政府机构规范财务活动，美国联邦储备系统（简称为"美联储"）是美国的中央银行，它在经济中有着重要的责任。美联储参与维持足够的资金供给。它通过影响借贷、利率和政府债券的买卖来起作用。美联储在使利率和消费者价格保持在适当的水平内的同时，尽可能让人们有足够的资金去进行个人消费或者公司扩张。

**图表 1—1**                                    理财计划的影响、目标和活动

| | | 个人及生活因素影响理财活动 | |
|---|---|---|---|
| 年龄（岁） | 婚姻状况 | 家庭成员的年龄及数量 | 工作情况 |
| 18～24 | 单身 | 无其他家庭成员 | 全职学生 |
| 25～34 | 已婚 | 有学龄前儿童 | 待业 |
| 35～44 | 离异 | 有上小学或中学的孩子 | 全职工作或志愿者工作 |
| 45～54 | 丧偶 | 有大学生 | 兼职工作或志愿者工作 |
| 55～64 | | 有独立的成年人 | |
| 65 及以上 | | 有不独立的成年人 | |

| | 作出决定……普遍的财务目标和活动 | |
|---|---|---|
| 获得一定的职业培训 | 积累一定的应急资金 | 评估和选择适合的投资活动 |
| 建立有效的财务记录系统 | 购买一定种类和金额的保险 | 建立并执行养老计划 |
| 建立日常储蓄和投资计划 | 建立并执行弹性预算 | 订立遗嘱并制订房产计划 |

| 如果这是你的情况，你应该…… | 专业化的理财活动 |
|---|---|
| 年轻，单身（18～35 岁） | 培养理财的独立性<br>用伤残保险来弥补生病期间的收入<br>考虑购买房子以获取税收优惠 |
| 年轻的夫妻并且有 18 岁以下的孩子 | 取得足够数额的健康、生命、残疾保险<br>为大学费用而存款或购买投资基金<br>为孩子指定监护人，以及进行房产计划 |
| 年轻的、有双份收入的夫妻，且无孩子 | 协调保险费用和其他好处<br>为生活中可能的变动建立储蓄和投资计划（大房子，孩子）<br>考虑可以延税的退休基金计划 |
| 年老的夫妻（超过 50 岁），家里没有不独立的孩子 | 保证现有的财务资产，回顾房产计划<br>考虑退休前几年家庭预算的变化<br>为退休后住房、生活费用、娱乐活动和兼职工作做计划 |
| 混合型家庭（老年人和 18 岁以下的孩子） | 为未成年人购买长期健康保险<br>如果需要，使用依赖性关怀服务<br>如果老人生病了，需要提供应急资金<br>由于老年人获取收入并且养活其他人，所以需考虑分散投资成本 |
| 超过 50 岁的单身老年人 | 安排长期健康保险<br>回顾遗嘱和房产计划<br>为退休后的生活设施、生活费用及活动做计划 |

**全球影响** 国际经济可以影响很多理财活动。美国经济受外国投资者和来自外国公司的竞争的影响。美国公司与外国公司竞争以得到更多的消费者。当美国制造的产品的出口水平低于产品的进口水平时，从美国流出的美元多于流入的美元，这就减少了国内消费投资的可用资金。并且，如果外国公司不在美国投资，国内资金供给就会减少，减少的资金供给会引起更高的利率。

> **通货膨胀：一般价格水平的增长。**

**通货膨胀** 人们都会关注货币的购买力。**通货膨胀**指一般价格水平的增长。发生通货膨胀时，美元的购买力降低。比如，如果去年的价格增加了5％，100美元的物品就会值105美元。这就意味着购买相同的产品需要更多的金钱。

通货膨胀对于收入固定的人影响最大。因为通货膨胀使退休的人和其他收入不变的人只能购买到更少的产品和服务。通货膨胀也会反向影响借款方的资金。通货膨胀期间，借款人还的钱比当时他借的钱的购买力低。

通货膨胀率是变动的。20世纪50年代末期到60年代初期，年通货膨胀率在1％～3％间变化；70年代末期到80年代初期，生活成本每年增长10％～12％。当通货膨胀率为每年12％时（且美元的价值减半），6年左右价格会翻倍。用72法则可以计算出价格翻倍的速率：用72除以每年的通货膨胀率（或利率）。

---

**例子：72法则**

例如，年通货膨胀率是4％，平均价格将会在18年后翻倍（72/4＝18）。涉及储蓄，如果你的收益率为6％，你的钱会在12年后翻倍（72/6＝12）。

---

近年来，通过消费者价格指数（CPI）计算的产品和服务的年价格在2％～4％间变动。劳动统计局公布的消费者价格指数是一种测量城区消费者购买一篮子产品和服务所付价格变动的方式。

> **你知道吗？**
> 消费者价格随着时间推移会发生非常巨大的变化，美国1970—1980年的一般价格水平几乎翻了一倍，而1990—2000的平均消费者价格增长了34％左右。

由于通货膨胀率是基于预定好的方法计算的，所以通货膨胀率可能不准确。必需品（食品、汽油、健康服务）的价格可能会以比非必需品更高的速率增长，这就降低了价格水平，所以人们可能会面对隐藏的通货膨胀。这就导致了公布的通货膨胀率比实际消费者面临的生活成本的增加要低。

**利率** 简单地说，利率代表了货币的成本。像任何一种物品一样，货币也有价格。供给和需求会影响利率。当消费者的储蓄和投资增加了资金供给时，利率会降低。然而，当消费者、公司、政府的借款增多时，利率会上升。

利率会影响理财计划。作为储蓄者或投资者，你的收益率反映了当前的利率和风险溢价，风险溢价取决于你的资金被别人使用的时间、预期通货膨胀率以及收回资金的不确定性。风险也是你作为借款者支付的利率的影响因素。信用等级低的人需要比信用等级高的人付更高的利率。利率会影响很多理财决定。

## 理财规划活动

你需要通过有条理的计划和明智的决定来协调各种理财活动以达到理想的财务状况。图表1—2展示了8个理财规划的组成部分。

图表 1—2　　　　　　　　　　　　个人理财规划的组成部分

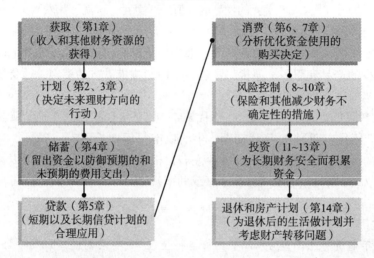

**获取**　可以通过就业、投资或公司的所有权来获取理财资源。获取理财资源是理财规划的基础，因为这些资源会被用到所有的理财活动中。

**计划**　通过预算计划好消费对达到目标和未来的财务安全是非常重要的。预测费用并作出理财决定可以帮助你减少税收。

**储蓄**　长期财务安全是以日常性储蓄计划为起点的，储蓄计划包括为紧急事件、未预料到的费用、重大项目的变动以及特殊产品和服务的购买（像大学费用、船、度假别墅）等进行储蓄。一旦你已经建立了一个基本的储蓄计划，你可以利用额外的钱进行更大收益的投资。

**贷款**　控制信用卡消费可以帮助你达到理财目标。过度使用或误用信用卡可能造成你的负债远超过你拥有的可用来还债的资产。**破产**是依据联邦法重组债务或清算债务。每年宣告破产的人们本可以通过合理的消费和借款而避免破产。第5章将详细讨论破产问题。

> **破产：**依据联邦法重组债务或清算债务。

**消费**　理财规划不是阻止你享受生活，而是帮助你获取你想得到的东西。然而，通常情况下，人们购买时不会考虑财务后果。一些人强制性地购物，从而导致财务困境。你需要把你的生活费用和其他理财责任在消费计划中细化。支出小于收入是唯一达到长期经济担保的方法。

**风险控制**　充足的保险是理财规划的另一个组成元素。一些保险可能会在理财规划中被忽视。比如，超过50岁的人中，经历过伤残的人数要多于死亡的人数，所以人们需要购买更多的伤残保险而不是人寿保险。但是，调查显示，绝大部分的人购买了充足的人寿保险，而不是伤残保险。

**投资** 虽然投资的种类有很多，但人们主要因为两个原因进行投资。喜欢当前收入的人会选择有常规性分红或利息的投资，而那些希望得到长期增长的人会选择股票、共同基金、不动产或其他长期增长潜力大的投资项目。你也可以通过投资组合进行多元化投资——包括股票、债券、共同基金、不动产或钱币等收藏品。

**退休和房产计划** 很多人希望在退休时能够保障退休后有足够的资金，但是退休计划也包括考虑你的房屋情况、你的娱乐项目，以及可能的兼职或志愿者活动。

我们需要及早为资金或财产的转移做计划以减少税收负担，并且最大化他人收到财务资源的收益。财产转移方法方面的知识可以帮助你选择最好的方式为当前和未来生活费用、教育费用以及退休需求提供资金。

**概念检测 1—1**

1. 哪些个人因素和经济因素会影响个人的理财决定？
2. 指出以下每个情形中，人们是会受损还是受益，并在你的选项上画圈。

   某人有存款　　　　　　　　　　　受损　　　受益

   某人向他人借了一定的资金　　　　受损　　　受益

   某人借出了一定的资金　　　　　　受损　　　受益

   某人收到固定的收入　　　　　　　受损　　　受益

3. 以下是 8 个个人理财规划的组成部分，选择一个或几个，并描述未来几个月或几年中你可能要做的理财活动。

   1. 获取　2. 计划　3. 储蓄　4. 贷款　5. 消费　6. 风险控制

   7. 投资　8. 退休和房产计划

**自我应用！**

**目标 1：** 利用网络进行查询并与其他人讨论，计算通货膨胀率，这个比率能够反映当前你和你家庭购买的商品的价格的变化。

# 制定并达到理财目标

| 目标 2：制定个人理财目标。 |
|---|

为什么那么多的美国人——居住在世界上最富有的国家——会有资金问题？答案有两个主要因素。第一个因素是没有计划，并且没有养成良好的资金管理习惯，即喜欢使用信用卡或过度消费。另一个因素就是大量的广告销售行为使人们过度购买。清晰的理财目标是成功的个人理财规划的开始。

## 理财目标的种类

明天你想做些什么？这个问题涉及目标设置，它可以从以下三个时间框架去考虑：

- 短期目标将会在第二年实现，像为一个假期而储蓄或还清小额贷款。
- 中期目标是 2～5 年的目标。
- 长期目标包括超过 5 年的理财规划，例如，退休、孩子上大学的费用或者购买一个度假别墅。

长期目标需要与短期目标和中期目标进行协调，制定并达到短期目标是达到长期目标的基础。比如，为购买房子而储蓄是一个短期目标，但它是长期目标（拥有自己的房子）的基础。

获取更多的职业培训这样的目标和储蓄更多的钱去购买半年期汽车保险是不一样的。消耗性产品的目标通常是期间性的，这些产品使用得相对较快，比如，食品、服装、娱乐等。耐用品目标通常涉及不是经常性购买的、昂贵的产品，像汽车、运动设施等；这些也包括有形产品。人们会忽视无形产品目标，这些目标包括人际关系、健康、教育、社区服务以及休闲等。

## 个人理财实践

## 制定理财目标

基于你自己的情形，根据以下四个步骤制定一个或多个理财目标。

| | 步骤 1<br>制定符合你实际生活情况的目标 | 步骤 2<br>在一定期限内陈述你的目标 | 步骤 3<br>决定时间框架 | 步骤 4<br>采取行动 |
|---|---|---|---|---|
| 短期目标（小于1年） | 1. | 2. | 3. | 4. |
| 中期目标（2～5年） | 1. | 2. | 3. | 4. |
| 长期目标（大于5年） | 1. | 2. | 3. | 4. |

## 目标制定的指导

俗语说，如果你不知道你要去哪，你最终可能会到达其他的地方，并且你可能都不会意识到。目标的制定是制定理财决定的中心。你的理财目标是计划、实施、衡量消费、储蓄、投资等活动的基础。图表1—1提供了典型的目标和理财活动。

> **注意!** 美国消费者联盟（CFA）的一项调查显示，超过6 000万的美国家庭没有实现一个或多个他们的人生主要目标，原因主要在于缺少全面的理财计划。年收入少于10万美元的家庭中，有理财计划的人的储蓄和投资是没有理财计划的人的两倍。

有效的理财目标应该是：

- 现实的，基于你的收入和生活情况。比如，如果你是全职学生，那么期望每年买一辆新汽车就是不现实的。
- 具体的、可测量的，因为明确的目标会帮助你建立详细的计划以实现目标。
- 基于时间框架的，比如，一个目标要在三年内达到。一个时间表能帮助你监控目标实现的程度。
- 以行动为目的的，因为你的理财目标是各种理财活动的基础。比如，"减少信用卡负债"的目标就可能意味着减少信用卡的使用。

### 概念检测 1—2

1. 给出一些长期目标的例子。
2. 有效财务目标的特点有哪些？
3. 将以下目标和生活状况匹配。

   a. 还清学生贷款　　　　　　　____没有孩子的年轻夫妇

   b. 开始为大学学费储蓄　　　　____一个独自生活的老年人

   c. 增加退休后的资金　　　　　____刚完成大学教育的人

   d. 为长期照料某人投资　　　　____一个有学龄前孩子的单身母亲

**自我应用!**

**目标2：** 询问朋友、亲戚或其他人他们的短期和长期理财目标。不同情况的人中有没有相同的目标？

# 机会成本和货币的时间价值

你是否注意过，当你作出决定的时候总会放弃一些东西？在每一个理财决定中，你都会放弃一些东西以获得另外一些你更想得到的东西。比如，你可能会放弃当前的购买而去投资债券以获得未来的购买力或长期的财务安全，或者你可能通过预支未来收入的方式获得贵重物品的使用权。

**机会成本**（opportunity cost）就是一个人作出一个选择所放弃的东西。这种通常被认为是一种决定的权衡所带来的成本不能总用美元计量。机会成本应该被看做与个人和理财资源相关。

## 个人机会成本

一个重要的个人机会成本就是时间，用于一项活动的时间不能用于其他活动。用于学习、工作或购物的时间是不能用于做其他事情的。其他个人机会成本包括健康。不良的饮食习惯、缺乏睡眠或拒绝锻炼会导致疾病、无法上班或上学、医疗成本增加以及资金的减少。像理财资源一样，你个人的资源（时间、精力、健康、能力、知识）也是需要计划和管理的。

## 理财机会成本

你可能会经常需要在各种理财决定中作出选择。在选择过程中，你必须考虑**货币的时间价值**，也就是由利息收入所导致的货币数量的增加。今天储蓄或投资而不是消费一美元会导致未来的数量超过一美元。

当你消费、储蓄、投资或贷款的时候，你都需要考虑货币的时间价值，就像考虑机会成本一样。消费银行账户中的储蓄意味着损失了获取利息的机会，而你用这些钱所买的东西比获取的利息更重要。

**利息计算**　货币的时间价值的计算要用到三个数量：
- 储蓄金额（通常称为本金）。
- 年利率。
- 储蓄期。

这三个数量相乘就得到了利息。单利计算如下：

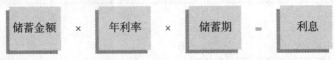

比如，500 美元以 6％的年利率储蓄 6 个月，将会得到 15 美元（500 美元×0.06×6/12，或 1/2 年）。

你可以通过两种方式计算你资金的增加值：你可以计算未来可以使用的总数量（未来价值），或者你可以计算未来拥有的资金的当前价值（现值）。

**单笔存款的未来价值** 存款可以获得利息从而增加资金。**未来价值**是基于一个确定的利率和时期，当前储蓄将会增加到的未来资金的数额。比如，100美元以6%的年利率储蓄1年，将会得到106美元。计算过程如下：

> **未来价值**：基于一个确定的利率和时期，当前储蓄将会增加到的未来资金的数额，也叫复利。

$$未来价值 = 100 \text{美元} + (100 \text{美元} \times 0.06 \times 1 \text{年}) = 106 \text{美元}$$

初始储蓄金额        利息

同样的过程可以计算第二、第三、第四年的金额。货币的时间价值表简化了计算过程（见图表1—3）。使用货币的时间价值表时，用储蓄金额乘以年利率再乘以储蓄期。比如，650美元以8%的年利率储蓄10年，未来价值是1 403.35美元（650美元×2.159）。未来价值总会高于当前价值。如图表1—3A所示，所有未来价值的系数均大于1。未来价值的计算通常被称为复利，因为利息是基于前一年的利息计算的。复利使未来价值可以以更快的速度增长。

---

**你知道吗？**

如果你从31岁到65岁每年投资2 000美元，年利率为9%，65岁时将会有470 249美元。然而，如果你每年投资2 000美元，只存9年（从22岁到30岁），年利率为9%，65岁时将会有579 471美元！最重要的是：要从现在开始储蓄和投资！

---

储蓄得越早，未来的价值越大。40岁时以5%的年利率储蓄1 000美元，65岁时将会得到3 387美元。然而，如果25岁时储蓄1 000美元，65岁时将会得到7 040美元。

**一系列存款的未来价值** 很多储蓄者和投资者会定期储蓄。年金是一系列等额存款或支付的费用。为计算定期储蓄的未来价值，利用图表1—3B。要使用这个表，储蓄必须能获得定期的利率。如果你从第一年末开始，每年以7%的年利率储蓄50美元，共储蓄6年，6年后你会得到357.65美元（50美元×7.153）。

> **现在价值**：未来拥有的资金给予一定利率和储蓄期所计算出来的当前价值，也叫贴现值。

**单笔存款的现在价值** 货币的时间价值的另一个方面就是决定未来拥有的资金的当前价值。**现在价值**就是未来拥有的资金给予一定利率和储蓄期所计算出来的当前价值。现在价值的计算又叫贴现，它可以让你计算出为了未来得到一定数额的资金，现在需要储蓄多少钱。1美元的现在价值表（图表1—3C）可以用于计算。

如果你想5年后得到1 000美元，且年利率是5%，你需要存储784美元（1 000美元×0.784），你未来想得到的数额的现在价值会比未来数额少，图表1—3C中的所有系数都小于1，且利息会减少现在的价值。

---

**图表1—3**             **货币的时间价值表（精简的）**

A.1美元的未来价值（单笔）

| 年 | 百分比 | | | | |
|---|---|---|---|---|---|
| | 5% | 6% | 7% | 8% | 9% |
| 5 | 1.276 | 1.338 | 1.403 | 1.469 | 1.539 |
| 6 | 1.340 | 1.419 | 1.501 | 1.587 | 1.677 |
| 7 | 1.407 | 1.504 | 1.606 | 1.714 | 1.828 |

| 8 | 1.477 | 1.594 | 1.718 | 1.851 | 1.993 |
| 9 | 1.551 | 1.689 | 1.838 | 1.999 | 2.172 |
| 10 | 1.629 | 1.791 | 1.967 | 2.159 | 2.367 |

B. 一系列每年定期储蓄的未来价值（年金）

| 年 | 百分比 | | | | |
| --- | --- | --- | --- | --- | --- |
| | 5％ | 6％ | 7％ | 8％ | 9％ |
| 5 | 5.526 | 5.637 | 5.751 | 5.867 | 5.985 |
| 6 | 6.802 | 6.975 | 7.153 | 7.336 | 7.523 |
| 7 | 8.142 | 8.394 | 8.654 | 8.923 | 9.200 |
| 8 | 9.549 | 9.897 | 10.260 | 10.637 | 11.028 |
| 9 | 11.027 | 11.491 | 11.978 | 12.488 | 13.021 |
| 10 | 12.578 | 13.181 | 13.816 | 14.487 | 15.193 |

C.1 美元的现在价值（单笔）

| 年 | 百分比 | | | | |
| --- | --- | --- | --- | --- | --- |
| | 5％ | 6％ | 7％ | 8％ | 9％ |
| 5 | 0.784 | 0.747 | 0.713 | 0.681 | 0.650 |
| 6 | 0.746 | 0.705 | 0.666 | 0.630 | 0.596 |
| 7 | 0.711 | 0.665 | 0.623 | 0.583 | 0.547 |
| 8 | 0.677 | 0.627 | 0.582 | 0.540 | 0.502 |
| 9 | 0.645 | 0.592 | 0.544 | 0.500 | 0.460 |
| 10 | 0.614 | 0.558 | 0.508 | 0.463 | 0.422 |

D. 一系列每年定期储蓄的现在价值（年金）

| 年 | 百分比 | | | | |
| --- | --- | --- | --- | --- | --- |
| | 5％ | 6％ | 7％ | 8％ | 9％ |
| 5 | 4.329 | 4.212 | 4.100 | 3.993 | 3.890 |
| 6 | 5.076 | 4.917 | 4.767 | 4.623 | 4.486 |
| 7 | 5.786 | 5.582 | 5.389 | 5.206 | 5.033 |
| 8 | 6.463 | 6.210 | 5.971 | 5.747 | 5.535 |
| 9 | 7.108 | 6.802 | 6.515 | 6.247 | 5.995 |
| 10 | 7.722 | 7.360 | 7.024 | 6.710 | 6.418 |

注意：在本章最后的附录中可以看到更多的完整的未来价值和现在价值的系数表。

## 计 算

### 每年为理财计划做贡献

要达到理财目标需要经常性地储蓄或投资。通过对货币时间价值的计算，你可以决定要达到未来的理财目标你所要储蓄或投资的数量。

#### 案例 1

珍妮有两个 10 年后上大学的孩子，她计划这些年每年存 1 500 美元作为孩子的大学费用，预期年利率是5%。当孩子们上大学时，珍妮能够储蓄多少钱？

   **计算：** 1 500美元×一系列储蓄的未来价值，5%，10年

   　　　　 1 500美元×12.578（表1—3B）＝18 867美元

**案例2**

吉姆想在未来10年积累50 000美元给父母做退休后的生活费用。如果他投资的年利率是8%，他每年要投资多少钱以达到目标？

   **计算：** 50 000美元/一系列储蓄的未来价值，8%，10年

   　　　　 50 000美元/14.487（表1—3B）＝3 452.8美元

吉姆需要每年投资约3 450美元，年利率为8%，投资10年，以达到投资目标。

---

　　**一系列每年定期储蓄的现在价值**　你可能会用现在价值的计算去决定需要储蓄多少以便未来可以有一定数额的资金。比如，如果你想9年每年取出400美元，年利率为8%，你可以通过图表1—3D来计算你当前需要储蓄的金额为2 498.8美元（400美元×6.247）。

　　本章的附录中提供了计算未来价值和现在价值的公式，以及包含了利率和时间的表。电脑程序和理财计算器都可以用来计算货币的时间价值。

## 概念检测 1—3

1. 个人机会成本的例子有哪些？

2. 如何测量货币的时间价值？

3. 用货币的时间价值表1—3计算以下问题：

   a. 100美元，年利率为7%，投资10年的未来价值。

   b. 未来6年每年投资100美元，年利率为6%的未来价值。

   c. 500美元，未来8年后收到，年利率为8%的现在价值。

## 自我应用！

**目标3：** 利率和理财机会成本间的关系是什么？用货币的时间价值，陈述一个或几个关于年储蓄数额和储蓄的未来价值的目标。

# 个人理财规划的计划

| 目标4：为实现个人理财和职业规划而制订计划。 |
| --- |

　　我们每天都会作出上百个决定。大部分决定都很简单并且有很小的影响，然而，一些决定是复杂的，并且会对个人和财务状况有长期的影响。

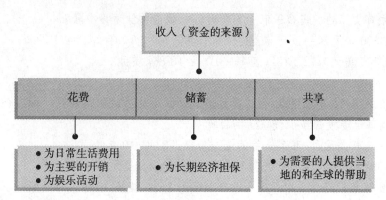

每个人都会作出决定，但是很少有人考虑怎样作出更好的决定。如图表1—4所示，理财规划过程可以分为六步。

图表1—4　　　　　　　　　　　　理财规划过程

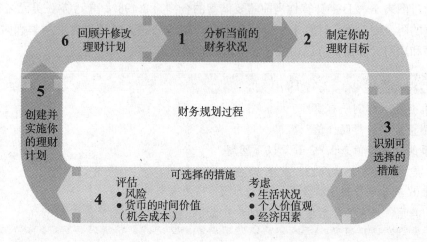

## 步骤1　分析当前的财务状况

在这一步骤中，分析你的收入、储蓄、生活费用、负债等方面的财务状况。列出一个当前的资产和负债平衡表，以及需要花费的金额，这是理财规划活动的基础。个人理财报告将在第2章中讨论，第2章将会提供一些理财决定方面的建议。

> **例子**
>
> 　　卡拉·埃利奥特计划在两年内完成大学学习，她从事两份兼职工作来支付大学费用。现在，她有700美元存款，信用卡负债为640美元，助学贷款为2 300美元。当她进行理财规划时，还需要哪些信息？
>
> **你生活中的例子**
>
> 　　你曾经为分析当前的财务状况做了哪些工作？

## 步骤2 制定你的理财目标

你需要定期分析你的理财价值和目标。分析的目的是区分你的欲望和你的需求。明确的理财目标对于理财规划是非常重要的。其他人可以给出一些理财目标的建议，但是你必须自己决定去实现哪些目标。你的理财计划可以是花费你当前的所有收入，也可以是为你未来的财务安全实施储蓄和投资计划。

> **例子**
>
> 卡拉·埃利奥特未来两年主要的理财目标是完成大学教育并且维持或减少欠款。还有哪些目标适合她？
>
> **你生活中的例子**
>
> 描述一些符合你现在生活状况的短期或长期目标。

## 步骤3 识别可选择的措施

制定可选择方案对于理财决定是很重要的。虽然很多因素会影响可选择方案，但是可能的行动方案通常分为以下几类。

- 继续前一个行动方案。比如，你可能会认为你每个月储蓄的数量依旧是适合的。
- 扩展当前情形。你可能会选择每个月储蓄更多的资金。
- 改变当前情形。你可能会决定使用货币市场账户而不是日常储蓄账户。
- 采取新的行动方案。你可能会决定用你每个月的储蓄预算去还信用卡债务。

> **你知道吗？**
>
> 根据金融教育的国家基金的统计，70%的彩票中奖者最终陷入了理财困境。这些中奖者通常浪费了奖励给他们的资金，或者过度消费，最终导致破产。有更多的钱并不意味着会作出更好的理财决定。

不是所有的（理财）种类都能应用到每一个决定中，但是它们确实代表了可能的行动方案。比如，如果你想停止全职工作去上学，你必须在"新的行动方案"中给出几种选择。创造性的决定对于有效选择是很重要的。考虑所有可能的选择会帮助你作出有效的、满意的决定。比如，大多数人认为必须拥有一辆汽车去上班或上学。然而，他们需要考虑其他可选择的措施，比如，公共交通、拼车、租车、合伙买车、公车等。

记住，当你决定不采取行动时，你就选择了"什么都不做"，这是一种很危险的选择。

> **例子**
>
> 卡拉·埃利奥特未达到她的目标，她有一些选择。她可以减少开支、寻找一个收入更高的兼职工作或用她的储蓄去还一部分债务。她还应该考虑哪些其他措施？
>
> **你生活中的例子**
>
> 列出为达到你在前一步骤中明确列出的理财目标所作出的选择。

### 步骤 4　可选择措施的评估

你需要评价可能的行动方案，考虑你当前的生活状况、个人价值观和当前的经济状况。家属的年龄是怎样影响你的储蓄目标的？你希望如何利用你的空闲时间？利率的变动会怎样影响你的理财状况？

**选择的结果**　每一个决定意味着放弃其他可选项。比如，决定投资股票就意味着放弃享受假期，决定做全职学生就意味着放弃做全职工作。机会成本就是作出一个选择所放弃的东西。这种权衡有时不能用金钱去衡量，你放弃了金钱或时间意味着你损失了一定的价值。

**风险评估**　每一个决定都有不确定性。选择一个大学专业和选择一个工作领域都是有风险的。如果你不喜欢这个工作领域或者无法找到工作怎么办？有些选择的风险比较低，比如，在银行存款或购买便宜的商品。在这些情况下，你失去高价值的东西的可能性是很小的。

在很多理财决定中，识别和评估风险是很困难的。一般的风险包括以下几类：

- 通货膨胀风险，价格的上升或下降会引起购买力的变化。
- 利率风险，由资金成本的变动引起，会影响你的成本（借款时）和收益（储蓄或投资时）。
- 收入风险，失业或疾病导致的收入上的损失。
- 个人风险，有形或无形的导致不良情形的因素，比如，健康或安全问题。
- 流动性风险，储蓄和投资本能够获得更高的收益，却很难转换为现金或在卖出时遭受显著的损失。

---

**你知道吗？**

超过 40 亿的人每天只消费不到 2 美元。全球援助是一个网上市场，它连接了潜在的捐助者和多个国家的受赠项目。你选择一个项目，进行税收免除的捐赠，之后不断更新进程——你就看到你的行为所带来的变化。在这个网站上可以看到超过 450 个预选的社区计划：www.globalgiving.org。

---

分析风险最好的方法就是基于你或者他人的经验收集信息，并充分利用理财规划信息资源。

**理财规划信息资源**　理财决定过程的每一个阶段都需要搜集相关的信息。可以帮助你作出理财规划的相关信息来源有：（1）网络；（2）金融机构，比如，银行、投资公司、信用合作社；（3）媒体资源，比如，报纸、杂志、电视和广播；（4）比如，理财规划师、保险代理、投资顾问、律师、税务填表人等。

---

**例子**

卡拉·埃利奥特评价她的可选择行动方案时，需要考虑她的短期和长期情况。她需要考虑哪些风险和进行哪些权衡？

**你生活中的例子**

在你的生活中，当计划各种理财活动时，可能会遇到哪些风险？

---

## 个人理财实践

## 避免财务危机的策略

资金的不确定性会影响社会的方方面面。每一个人都关心经济前景对个人理财行为的影响。经济繁荣期的有效个人理财规划策略在经济衰退期也一样有效。基础性的个人理财决定适用于各种情况。对于以下每种推荐的行为，选择一个你将要采取的行动。

- 减少贷款的使用。你可能会用信用卡去购买各种商品，但是你需要尽可能地限制你的这种行为，在经济不确定时期需要避免额外的债务。

你要采取的行动：_____

- 减少消费。困难时期需要采取不同的行动。你需要决定哪些预算项目是可以删除或减少的。这个行为会使你更好地控制你的短期和长期财务状况。

你要采取的行动：_____

- 确保储蓄的安全。确保你在银行和信用合作社的账户在联邦储蓄保险所保的范围内。

你要采取的行动：_____

- 评估保险额度。你可能会通过减少保险费来减少消费，但是要确保你有充足的保险，包括人寿、健康、房屋、机动车等项目。你可以通过比较不同保险公司的项目来节省费用。

你要采取的行动：_____

- 避免资金被骗。在经济萧条期人们容易绝望。这可能会使你更容易经历投资诈骗、信用诈骗和其他理财规划诈骗。在采取行动前获取完整的信息，不要急匆匆地进入一个"看起来好得不能再好"的陷阱。

你要采取的行动：_____

- 和家人交流。交流经济困难和资金的不确定性可以减少个人和家庭的焦虑。这种讨论可以使当前受益，也可以让孩子们了解他们未来可能遇到的情况。让孩子们参与到决定中可能会帮助你减少家庭开支。

你要采取的行动：_____

记住，这些建议在任何经济阶段对于任何财务状况都是有效的。你了解并使用有效的个人理财策略的能力能使你顺利渡过生命中的每个阶段，经济周期的每个阶段。

以下资源可以提供更多的经济危机中的个人理财建议：

应对经济危机的 200 个工具，http://mashable.com/2008/10/16/economic-crisis/。

渡过经济衰退期的个人理财好方法，www.yieldingwealth.com/tips-for-surviving-a-recession-with-your-personal-finalces-intact/。

**资料来源：** "Your money：What to do now. Expert advice on how to ride out the financial storm," *Consumer Reports*，December 2008，pp. 16 - 19；"Talk your Teen through Tough Economic Times" by Jennifer Barrett，*Money*，Feb 2009，p. 32.

### 步骤 5　创建并实施你的理财计划

现在你已经准备好制订计划来明确达到目标的方法了。比如，你可以通过减少支出或延长工作时间来增加储蓄。如果你担心年末的税收支付，你可以从每一笔薪水中抽出一定的资金进行季度税收支付，或把当前收入放到可税收延期的养老金计划中。

为了实施你的理财计划，你需要得到别人的帮助。比如，你可以通过保险代理购买财产保险，或者通过投资经纪人去购买股票、债券或共同基金。图表1—5提供了实施理财计划的框架，以及几个生活中的例子。

**图表1—5** 　　　　　　　　　　　　　　**实施理财计划**

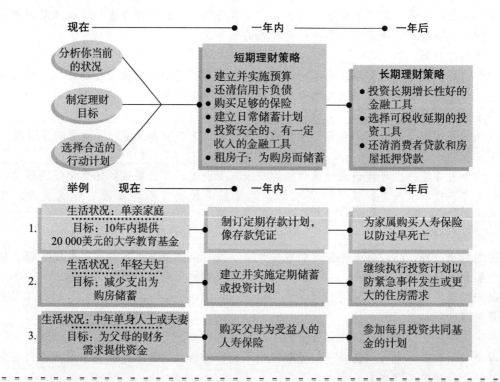

---

**例子**

　　卡拉·埃利奥特决定减少她的课业负担并延长工作时间，从而减少她的债务，增加她的储蓄。这个选择的好处和坏处都有哪些？

**你生活中的例子**

　　描述过去几年中你遇到的一个财务状况的好处和坏处。

---

### 步骤6　回顾并修改理财计划

　　理财规划是一个动态的过程，它不会因为你采取了某一个措施而停止。你需要不断地评估你的理财决定，并且至少每年做一次全面的回顾和修改。个人、社会以及经济因素的变化会需要你更经常地进行评估。

## 你需要知道的有关理财压力的事情

**一切最终会过去** 当你驾照考试失败时，妈妈会告诉你同样的事情。瑞克是一个精神病医生、股票交易教练以及《掌控交易压力》(*Mastering Trading Stress*) 这本书的作者，他建议要建立良好的人际关系网络，并经常见一些朋友。寻找一个能促进你们交流的人，局外人会给出客观性建议，从而使这段谈话不那么情绪化、使你所担心的事情也公开化，如果你所担心的事情只深埋在你的脑海中，这会减少你的控制力。

**发泄掉** 抹去你跑鞋上的灰尘或者上一节瑜伽课。毕竟，除了债券大师比尔·格罗斯，没有人可以一周五天都集中在练习瑜伽上。

**跟你的内部投资者保持联系** 如果你知道你是哪类投资者，那你就会知道向你的财务顾问咨询些什么问题。要检验你是哪类投资者，登录全美的退休家庭网页（www.securepathbytransamerica.com），点击"变换组合"这个链接。全美把投资者分为四类：

冒险者、适应者、兼顾者和追求者。每一种性格都有其优缺点，比如，冒险者很愿意去尝试新东西，以至于他们在不确定的经济状况中过度估计了自己的能力。同样，适应者关注于紧跟进程，却没有最大化他们的收益。

**休息一下** 不需要每分钟都关注道琼斯指数，不要把自己拴到24小时的新闻周期中……关掉电视、广播，意识到标题仅是更大图片的框架。霍尔曼说，"标题是滞后的指标，而不是领先指标。"

**控制你的开销** 通过把各种支出排出优先次序来控制你的费用。比如，如果你每周日和家人外出就餐，你可以订比萨来代替……你的公司可能也做了同样的事情，根据华信息锐咨询公司的调查，19％的雇主取消了额外津贴或者准备明年取消。

**拔掉电源去玩** 关掉电脑，收起Wii，参与一些费用低的活动，比如，在家中为朋友准备便饭……

资料来源：Reprinted by permission from the February issue of Kiplinger's Personal Finance. Copyright © 2009 The Kiplinger Washington Editors，Inc.

解释以上建议性行为是如何应用到个人理财决定中的？

_____

当你考虑各种理财规划活动时，哪个行为可能是最有效的？

_____

当做理财决定时，网站 www.kiplinger.com 中的哪些信息是最有价值的？

_____

当生活中的一些事件影响了你的理财需求时，理财规划过程就需要作出一定变化以适应生活的变化。定期回顾你的理财规划过程会帮助你提前作出调整，以便达到理财目标，并且使你的理财目标与活动和当前的生活状况保持一致。

# 职业选择和理财规划

　　你是否想过为什么有些人很享受他们的工作，而另外一些人仅仅是投入时间而已？和其他理财决定一样，职业选择也需要规划。人们平均一生换 7 次工作，所以你需要不断地评估你的职业选择。你选择的工作决定了你的财务状况和个人的满意度。

　　像其他决定一样，职业选择和发展也有风险和机会成本。近年来，人们会把家庭和个人的满足放在金钱奖励和职业认可之上。职业选择需要定期评估，并进行个人、社会以及经济因素的权衡。

　　并且，变换个人和社会因素需要你不断地评估你的工作状况。个人理财规划的步骤为你提供了职业规划、职业晋升、职业转变的方法。比如，如果你对工作有更多的责任感，你可能会决定获取前沿的职业培训或改变职业领域。附录 A 提供了获得就业和职业晋升的计划。

## 概念检测 1—4

1. 当作出理财决定时，人们会采取哪些措施以识别可选措施？

_____

2. 为什么职业规划被认为是一种个人理财决定？

_____

3. 指出以下情形的风险类型：

没有得到很好的休息和锻炼。

到期前不能以存款凭证获取现金。

当利率可能上升时，办理了浮动利率的贷款。

参加了一个未来潜在需求量小的职业领域的培训。

4. 根据以下个人理财信息的主要来源，列出具体的网站、组织或者未来需要联系的人。

| 信息种类 | 具体来源 | 联系信息 |
|---|---|---|
| 网站 | | |
| 金融机构 | | |
| 媒体资源 | | |
| 理财专家 | | |

**自我应用！**

**目标4：** 准备一些可能会被以下三类人问到的理财规划的问题。

    a. 一个刚刚独立的年轻人；

    b. 一对为孩子的教育和他们自己的退休生活做计划的年轻夫妇；

    c. 一个将近退休的人。

## 自我测评回顾

    再一次考虑你对本章开篇的"自我测评"栏中问题的回答。如果需要更多有效的个人理财规划和目标建议：

- 当作出理财决定时，考虑各种信息来源，包括网站和书末的附录B。
- 制定一些明确的理财目标，并且定期回顾。用前面的"个人理财实践：制定理财目标"专栏中的内容帮助你设定理财目标。
- 运用未来价值和现在价值的计算帮助你达到个人理财目标。计算工具可以从以下网站中获得：www. dinkytown. net，www. money-chimp. com/calculator，www. rbccentura. com/tools。
- 评价潜在风险。一些风险的影响比较小，且结果是有限的，而有些风险会有长期的影响。通货膨胀和利率会影响你的理财决定。关于改变经济状况的信息可以从以下网站中获得：www. bls. gov，www. federalreserve. gov，以及 www. bloomberg. com。

在这章中，你学习到了哪些可以帮助你作出更好的理财决定的知识？

## 本章小结

    **目标1** 理财决定受到个人生活状况（收入、年龄、住房大小、健康）、个人价值观和经济因素（价格、利率和雇用的机会成本）的影响。理财规划中最主要的要素包括获取、计划、储蓄、贷款、消费、风险控制、投资、退休及房产计划。

    **目标2** 理财目标包括（1）现实的；（2）具体的，可测量的；（3）基于时间框架的；（4）以行动为目的的。

    **目标3** 每个决定都意味着权衡将要放弃的东西。个人机会成本包括时间、精力和健康。理财的机会成本是基于货币的时间价值的。未来价值和现在价值的计算能使你衡量由于储蓄、投资、贷款或购买决定而增加的价值（或减少的利息）。

**目标 4** 个人理财规划包括以下步骤：（1）分析当前的财务状况；（2）制定理财目标；（3）识别可选择的措施；（4）评估；（5）创建并实施你的理财计划；（6）回顾并修改理财计划。

## 关键词

| | | | |
|---|---|---|---|
| 成人生命周期 | 未来价值 | 现在价值 | 破产 |
| 通货膨胀 | 货币的时间价值 | 经济学 | 机会成本 |
| 价值 | 理财计划 | 个人理财规划 | |

## 自测题

1. 72 法则提供了计算你的资金多长时间可以翻倍的方法。这个法则也可以用来计算回报率。如果你期望你的资金 12 年翻倍，你的回报率是多少？

2. 如果你希望 8 年后存款账户中有 10 000 美元，收益率是 5%，那么你现在需要存多少钱？

## 自测题答案

1. 运用 72 法则，如果你期望你的资金 12 年翻倍，你的回报率是 6% 左右（72/12＝6%）。

2. 用图表 1—3C 计算：10 000 美元×0.677＝6 770 美元。

## 练习题

（注意：以下问题中有些需要用本章附录中的货币的时间价值表计算。）

1. 运用 72 法则估算以下数量。

    a. 若某地区的土地价值一年增加了 6%，多长时间后土地价值将翻倍？

    b. 如果你的投资年收益率是 10%，多长时间后资产会翻倍？

    c. 如果年利率是 5%，储蓄多长时间后资产会翻倍？

2. 2000 年初，汽车的平均成本是 15 000 美元，现在相同汽车的平均成本是 18 000 美元，这段时间内的价格增长率是多少？

3. 一个家庭每年的生活开销是 34 000 美元，如果未来 3 年价格每年增长 4%，3 年后这个家庭的生活开支是多少？

4. 本先生计划买一栋价值 120 000 美元的房子，如果房地产值预期每年增长 5%，7 年后价值是多少？

5. 某人有储蓄 6 000 美元，年利率是 5.5%，则年收益是多少？

6. 用货币的时间价值表（图表 1—3 或本章附录中的图表），计算以下问题。

    a. 储蓄 450 美元，年利率为 7%，6 年后的未来价值是多少？

    b. 每年储蓄 800 美元，年利率为 8%，10 年后的未来价值是多少？

    c. 若 5 年后要得到 1 000 美元，年利率为 6%，今天需要储蓄多少？

    d. 若未来 10 年每年要取出 500 美元，年利率为 8%，今天需要储蓄多少？

7. 若你希望 5 年后有 10 000 美元去购买一栋房子，那你今天需要储蓄多少钱？假设年利率为 5%。

8. 皮特计划参加一个 3 年期的课程，他希望每年有 10 000 美元的资金可以交课程费和支付生活费用，如果年利率为 4%，那么他在课程开始时，需要储蓄多少钱才可以未来 3 年每年能够取出 10 000 美元？

9. 卡拉每年向养老金中储蓄 3 000 美元，如果这些资金的平均收益率为 8%，且她将于 40 年后退休，退休时她的养老金中一共有多少资金？

10. 一个人每周花费 10 美元购买咖啡（假设一年花费 500 美元），那么如果把这些钱储蓄到银行，10 年后这些资金的未来价值是多少？假设年利率为 4%。

11. 一个财务公司现在一次性付给你 60 000 美元，以代替每年付给你 10 000 美元、支付 10 年的款项，请计算在此情况下，你是否会接受这笔一次性付款？年利率为 10%。

12. 罗伯特计划未来 6 年每年储蓄 1 800 美元，年利率为 4%，这些储蓄的未来价值是多少？

13. 如果你借给他人 8 000 美元，年利率为 5%，这些钱将于未来 5 年 5 次等额付款还清，则每次需要还款多少钱？（注意：用这章附录中的年金的现在价值表计算。）

## 问答题

1. 明智的个人理财规划的好处有哪些？
2. 经济中的哪些因素会影响利率水平？
3. 描述未来几年做理财决定时你可能遇到的风险？
4. 向理财规划师寻求建议的缺点有哪些？如何尽可能地避免这些问题的出现？
5. 询问其他人的职业规划，他们的就业情况是怎样影响他们的理财规划活动的？

## 案例一　　　　　　　　现在我应该做什么……

当妮娜打开姑姑的来信时，她惊喜地发现姑姑给了她 12 000 美元。

"她为什么那样做呢？"凯文沉思着。

"我猜她的投资的增值已经超过了她需要的金额，她可能会和家人分享这个惊喜。"妮娜耸耸肩，依旧一副惊讶的表情，"我在想我应该用这些钱做些什么呢？"

"哇，我可以轻松花掉 100 000 美元，而不是 12 000 美元！"妮娜笑道，"我该用这些钱做些什么呢？"

"一些理财规划师建议至少六个月不要做任何事情，"凯文提示道，"你可能会一时冲动去消费，而不是把钱用在有价值的事物上。"

"嗯，我现在真的不确定要做些什么！"

"哦，我有一些建议……"凯文说道。

妮娜突然恢复了正常，取笑地说，"等一下！这些钱什么时候成了我们的钱？"

凯文把手举到空中，"我只是想给出一些建议呀。"

经过讨论，妮娜决定把钱用到以下几个地方：

信用卡还债——用一部分钱去还信用卡。

储蓄——拿出一些资金为购房而储蓄。

长期投资——把资金投资到税金延期的退休金账户中。

社区捐赠——捐出一些钱给避难所和世界饥饿救助组织。

### 问题

1. 在妮娜决定理财规划的哪些方面需要优先考虑之前，还有哪些信息妮娜必须知道？
2. 货币的时间价值可以怎样应用到妮娜的理财决定中？
3. 在妮娜作出最终决定前，你会推荐哪些行动方案？

## 案例二

威奇（22 岁）2 个月前大学毕业，现在她和父母大卫（47 岁）、艾米（45 岁）住在一起，她现在开始攒钱还她的助学贷款。她用她大部分的现金买了辆二手车（当前价值是 8 000 美元）。威奇现在在当地一家公司工作，处理 401(k) 福利计划这个经历让她开始为退休后的生活做投资。她现在有助学贷款 15 000 美元（年利率为 6.8%），信用卡负债 2 000 美元（年利率为 21%）。她搬回家住以后，威奇和她的父母签了一份合同，合同中要求她每月付给父母 200 美元租金，直到一年后她从家里搬出。她父亲的工作时间减少了，使得她父母的收入有限，所以父母需要这笔租金。

威奇的财务状况如下：

| 资产 | 收入 | 每月支出 |
|---|---|---|
| 经常账户 1 500 美元 | 年总收入 40 000 美元（税前） | 租金 200 美元 |
| 汽车 8 000 美元 | 税后每月收入 2 333 美元 | 餐费 100 美元 |
| 401(k) 账户 500 美元 | | 助学贷款 250 美元 |
| **负债** | **退休储蓄** | 汽车贷款 200 美元 |
| 助学贷款 15 000 美元 | 401(k) 每月 500 美元，加上雇主 | 信用卡支出 40 美元 |
| 信用卡账户 2 000 美元 | 支付工资的 7% 的一半 | 娱乐 100 美元 |
| | | 汽油/修理 150 美元 |

**问题**

1. 依据威奇当前的财务状况，你认为她的短期目标有哪些？长期目标有哪些？这些目标是怎样和她父母的目标相一致的？

2. 哪些类型的货币的时间价值计算适合威奇？

3. 威奇个人理财规划过程中的哪个部分最具有挑战性？（图表1—4）

4. 她可以怎样应用理财规划过程图表1—4？

# 消费日记

"起初，我认为这个过程是浪费时间的，但是这些信息帮助我更加小心地消费。"

几乎每一个记录消费日记的人都会发现它是非常有用的。开始时，这个过程可能看起来很烦琐，记录一段时间之后，会变得简单和快捷。

**指导**

用本书末的消费日记表记录每天花费的每一分钱，或者你可以自己设计表格记录你的消费。你可以使用信用卡。这个经历可以让你清楚你的消费模式，发现消费习惯中可能需要的改变。

**问题**

1. 消费日记揭示了你的哪些消费习惯？你需要考虑在哪些方面作出改变？

2. 消费日记是怎样帮助你识别并实现个人理财目标的？

消费日记表在本书末的附录C中，或登录网站 www.mhhe.com/kdh 来找到。

---

## 你的个人理财规划表 1

姓名：_____  日期：_____

### 个人理财数据

**理财规划活动：**填写需要的信息，以便快速查找重要的家庭数据。

**推荐网站：**www.money.com  www.kiplinger.com

| | |
|---|---|
| 姓名 | _____ _____ |
| 生日 | _____ _____ |
| 婚姻状况 | _____ _____ |
| 地址 | _____ _____ |
| 电话 | _____ _____ |

邮箱 _____ _____
社会保险账号 _____ _____
驾驶证号 _____ _____
工作地点 _____ _____
地址 _____ _____
电话 _____ _____
职位 _____ _____
雇佣期 _____ _____
经常账户账号 _____ _____
金融机构 _____ _____
地址 _____ _____
电话 _____ _____

**家属信息**

姓名             生日             关系             社会保险账号

_____ _____ _____ _____

_____ _____ _____ _____

_____ _____ _____ _____

_____ _____ _____ _____

## 个人理财规划的下一步是什么？

● 找到理财规划专家（保险代理商、银行经理、投资顾问、税务填表人等），你可能需要索取理财规划信息或帮助。

● 和家人讨论理财规划的优先次序。

## 你的个人理财规划表 2

姓名：_____     日期：_____

### 设立个人理财目标

**理财规划活动**：基于个人和家庭的需求以及价值观，设定具体的目标。

**推荐网站**：www.financialplan.about.com    www.money.com

## 短期货币目标（两年之内）

| 描述 | 所需金额 | 所需时间 | 采取的行动 | 优先性 |
|---|---|---|---|---|
| 例如：还清信用卡负债 | 850 美元 | 12 个月 | 用增长的薪水还钱 | 高 |
|  |  |  |  |  |
|  |  |  |  |  |
|  |  |  |  |  |
|  |  |  |  |  |

**中期和长期货币目标**

| 描述 | 所需金额 | 所需时间 | 采取的行动 | 优先性 |
|------|---------|---------|-----------|--------|
|      |         |         |           |        |
|      |         |         |           |        |
|      |         |         |           |        |

**非货币目标**

| 描述 | 所需时间 | 采取的行动 |
|------|---------|-----------|
| 例如：为个人理财记录和文档建立文件夹 | 未来 2~3 个月 | 为个人的理财记录分类，并分别为消费、储蓄、贷款等类别建立文档 |
|      |         |           |
|      |         |           |
|      |         |           |

**个人理财规划的下一步是什么？**

- 基于各种理财目标，计算要达到目标所需要的储蓄金额。
- 分析当前可能会影响储蓄、消费、投资和贷款决定的经济趋势。

---

## 你的个人理财规划表 3

姓名：_____    日期：_____

### 用货币的时间价值达到理财目标

**理财规划活动：** 用货币的时间价值表、财务计算器、电子制表软件或在线计算器，计算与具体理财目标相关的未来价值和当前价值。

**推荐网站：** www.moneychimp.com/calculator    www.rbccentura.com/tools

---

**单笔金额的未来价值**

1. 计算单笔金额的未来价值
2. 计算用现金购买时损失的利息

（用第 1 章附录中的图表 1—A。）

当前金额×未来价值系数＝未来价值金额

____美元　×　____美元　＝　____美元

**一系列定期储蓄的未来价值**

1. 计算定期储蓄存款的未来价值
2. 计算定期退休存款的未来价值

（用第 1 章附录中的图表 1—B。）

定期存款金额×年金的未来价值系数＝未来价值金额

____美元　×　____美元　＝　____美元

**单笔金额的现在价值**

1. 计算现在需要储蓄多少金额，使未来能够得到需要的数额

（用第 1 章附录中的图表 1—C。）

未来需要的金额×现在价值系数＝现在价值金额

____美元　×　____美元　＝　____美元

**一系列定期储蓄的现在价值**

1. 计算一系列的年金金额使未来
能够定期取出一定数额的资金
（用第 1 章附录中的图表 1—D。）

未来定期取出的金额×年金的未来价值系数＝现在价值金额

___美元 × ___美元 ＝ ___美元

## 个人理财规划的下一步是什么？

● 描述一些可以通过货币的时间价值计算来实现个人理财目标的情况。

● 为了达到各种理财目标，你采取了哪些具体的措施？

---

## 你的个人理财规划表 4

姓名： _____ 日期： _____

### 职业生涯规划

**理财规划活动**：搜索并计划各种与找工作相关的活动。

**推荐网站**：www.monster.com  www.careerjournal.com

---

| | |
|---|---|
| 职业领域，工作名称 | |
| 有用的职业信息来源——网站、书籍 | |
| 工作联系方式（姓名、职位、机构、地址、电话、邮箱、机构网址） | |
| 有关职业领域及行业的面试问题 | 1.<br>2.<br>3. |
| 我的简历中需要包含的关键项目 | 1.<br>2.<br>3. |
| 我的求职信中需要强调的内容 | 1.<br>2. |
| 我需要准备回答的面试问题 | 1.<br>2.<br>3. |
| 我需要询问的面试问题 | 1.<br>2. |
| 其他职业规划，找工作的想法 | |

## 个人理财规划的下一步是什么？

● 和在你感兴趣的领域工作过的人交流。

● 概述一个长期职业发展和事业提升的计划。

# 货币的时间价值 附录

- "如果我今天储蓄 10 000 美元，那么 5 年后我将有多少钱可以用来买一栋房子？"
- "如果每年储蓄 2 000 美元，那么退休时我会有足够的资金吗？"
- "我今天必须储蓄多少钱，才能够有足够的资金支付我孩子的大学费用？"

货币的时间价值通常也被称做利息，它是货币被借出或借入的成本。利息可以和租金相比较，租金就是房屋的使用成本。货币的时间价值是建立在"今天的一美元比一年后的一美元要值钱"这个事实的基础上的，因为今天的一美元可以被储蓄或投资，这样未来一美元的价值就高于今天一美元的价值。同样地，一年后收到的一美元没有今天收到的一美元值钱。

货币的时间价值有两个主要的组成部分：未来价值和现在价值。未来价值的计算也被叫做复利计算，它是基于一个确定的利率和时间期限计算当前一定数额资金的未来价值。现在价值的计算也被叫做贴现计算，是基于一个确定的利率和时间期限计算未来一定数额的资金的现在价值。

在未来价值的计算问题中，会给你一定的数额去投资或储蓄，并计算未来某时刻可以拥有的金额。在现在价值的计算问题中，会给你未来拥有的一定的数额，并计算这些资金的现在价值。未来价值和现在价值的计算都基于基本的利率计算。

## 利率基础

单利是向别人借钱的成本或借钱给别人的收益。利息基于以下三个因素：

- 美元数额，也叫本金。
- 利率。
- 期限。

计算利息的公式是：

利息＝本金×利率×期限

| 公式 | 财务计算器 |
| --- | --- |
| 利率是以年百分比形式表示并公布的。比如，在你计算之前，你必须把 12% 转换成 0.12 或 12/100。时间期限也必须转化成小数或分数。例如，3 个月就需要被表示成 0.25 或 1/4 年，$2\frac{1}{2}$ 年将被表示为 2.5 的期限。 | |

| | |
| --- | --- |
| **案例 A：**假如你借了 1 000 美元，利率为 5%，将会在一年后偿还。用单利计算，利息为 50 美元，计算过程如下： | |
| 50 美元＝1 000 美元×0.05×1（年） | |
| **案例 B：**如果你储蓄了 750 美元，年利率为 8%，9 个月后你将会得到多少利息？你可以按以下方式计算： | |
| 利息＝750 美元×0.08×3/4（或 0.75 年）＝45 美元 | $-750$ PV，8 I/Y，9/12 = 0.75 N，0 PMT，CPT FV 795.795－750＝45 |

**注意：**不同品牌的财务计算器可能会有不同的按键。

案例问题 1

如果你储蓄 300 美元，储蓄 27 个月，年利率为 6%，你将会得到多少利息？

（案例问题的答案见 32 页）

**案例问题 2**

如果你借了 670 美元，贷款期为 8 个月，利率为 12%，那么你需要支付多少利息？

## 单笔金额的未来价值

一定金额的未来价值包含了初始价值以及复利。计算包括了以下因素：

$FV$＝未来价值

$PV$＝现在价值

$i$＝利率

$n$＝时间期限数量

公式和财务计算器的计算方法如下：

| 单笔金额的未来价值 | | |
|---|---|---|
| **公式** | **表格** | **财务计算器** |
| $FV=PV(1+i)^n$ | $FV=PV$（表格系数） | $\boxed{PV}$，$\boxed{I/Y}$，$\boxed{N}$，$\boxed{PMT}$，$\boxed{CPT}$ $\boxed{FV}$ |
| **案例 C**：以 10% 的利率存储 1 美元 3 年的未来价值是 1.33 美元。计算过程如下： | | |
| 1.33 美元＝$(1.00+0.10)^3$ 美元 | 运用图表 1—A：<br>1.33 美元＝1.00(1.33) 美元 | 1 $\boxed{PV}$，10 $\boxed{I/Y}$，3 $\boxed{N}$，0 $\boxed{PMT}$，<br>$\boxed{CPT}$ $\boxed{FV}$ 1.33 |

未来价值表能帮助你计算复利（见本章后的图表 1—A）。在图表 1—A 中，找到 10% 和 3 年，你会看到 1 美元在那个时期值 1.33 美元。对于其他金额，用初始金额乘以图表中系数，计算过程如下：

| 未来价值<br>（复利） | 1 美元 | 1.10 美元 | 1.21 美元 | $FV$＝1.33 美元 |
|---|---|---|---|---|
| | | 利息 0.10 美元 | 利息 0.11 美元 | 利息 0.12 美元 |
| $n$ 年之后 | 0 | 1 | 2 | 3 |

| **案例 D**：如果你储蓄 400 美元，年利率为 12%，按每月复利计算一年半，用图表中 1%、18 个月所对应的系数来计算未来价值： | | |
|---|---|---|
| 478.46 美元＝$400(1+0.01)^{18}$ 美元 | 478.40 美元＝400(1.196) 美元 | 400 $\boxed{PV}$，12/12＝1 $\boxed{I/Y}$，1.5×12＝18 $\boxed{N}$，0 $\boxed{PMT}$，$\boxed{CPT}$ $\boxed{FV}$ 478.46 |

**案例问题 3**

800 美元以年利率 8% 增长，6 年后的未来价值是多少？

**案例问题 4**

如果你储蓄账户中有 200 美元，以年利率 8% 存款 8 年，按半年复利计算，你将得到多少资金？

## 一系列等额储蓄的未来价值（年金）

我们也可以计算定期增加固定金额的储蓄的未来价值。公式和财务计算器的计算方法如下：

| 一系列定期储蓄的未来价值 | | |
|---|---|---|
| **公式** | **表格** | **财务计算器** |
| $FV=年金\dfrac{(1+i)^n-1}{i}$ | 用图表 1—B：<br>年金×表格中系数 | $\boxed{PMT}$，$\boxed{N}$，$\boxed{1/Y}$，$\boxed{PV}$，$\boxed{CPT}$ $\boxed{FV}$ |
| 计算中假设：(1) 每一次储蓄都是等额的；(2) 每个时期的利率是相等的；(3) 储蓄是在每个时期期末。 | | |
| **案例 E**：未来 3 年年末进行 3 次定期储蓄 1 美元，年利率为 10%，则未来价值将会是 3.31 美元。计算过程如下： | | |
| $3.31=\dfrac{1(1+0.10)^3-1}{0.10}$ | 用图表 1—B：<br>3.31=1×3.31 | $-1$ $\boxed{PMT}$，3 $\boxed{N}$，10 $\boxed{1/Y}$，0 $\boxed{PV}$，<br>$\boxed{CPT}$ $\boxed{FV}$ 3.31 |

具体过程如下：

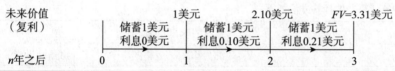

| **案例 F**：如果你计划每年储蓄 40 美元，共 10 年，年利率为 8%，以年复利计算，则未来价值的计算过程如下： | | |
|---|---|---|
| $579.46=\dfrac{40(1+0.08)^{10}-1}{0.08}$ | 用图表 1—B：<br>579.48=40(14.487) | $-40$ $\boxed{PMT}$，10 $\boxed{N}$，10 $\boxed{1/Y}$，0 $\boxed{PV}$，<br>$\boxed{CPT}$ $\boxed{FV}$ 579.46 |

### 案例问题 5

每年储蓄 230 美元，储蓄 15 年，年利率为 6%，未来价值是多少？

_____

### 案例问题 6

如果你每年储蓄 375 美元，储蓄 25 年，年利率为 12%，以年复利计算，则你退休后将有多少钱？

_____

## 单笔金额的现在价值

如果你想知道未来要得到一定数额的资金现在需要储蓄多少，公式和财务计算器的计算方法如下：

| 单笔金额的现在价值 | | |
|---|---|---|
| **公式** | **表格** | **财务计算器** |
| $PV=\dfrac{FV}{(1+i)^n}$ | 用图表 1—C：<br>$PV=FV$（表格系数） | $\boxed{FV}$，$\boxed{N}$，$\boxed{I/Y}$，$\boxed{PMT}$，$\boxed{CPT}$ $\boxed{PV}$ |
| **案例 G**：3 年后将收到的 1 美元的现在价值的计算方法如下（年利率为 10%）： | | |
| $0.75=\dfrac{1}{(1+0.10)^3}$ | 用图表 1—C：<br>0.75=1(0.751) | 1 $\boxed{FV}$，3 $\boxed{N}$，10 $\boxed{1/Y}$，0 $\boxed{PMT}$，<br>$\boxed{CPT}$ $\boxed{PV}$ $-0.751\ 31$ |

具体过程如下：

现在价值表可以帮助你计算现在价值（见本章后的图表1—C）。注意以年利率10％储蓄3年的1美元的现在价值是0.75美元。如果不是1美元，用金额乘以表格中的系数。

**案例H：** 如果你想7年后拥有300美元，年利率为10％，以半年复利计算（即以5％储蓄14期），计算出今天要储蓄的金额：

| | | |
|---|---|---|
| $151.52=\dfrac{300}{(1+0.05)^{14}}$ | 用图表1—C：<br>$151.50=300(0.505)$ | $300$ FV，$7\times2=14$ N，$10/2=5$ I/Y，<br>$0$ PMT，CPT PV $-151.52$ |

## 案例问题7

以年利率15％储蓄8年得到的2 200美元的现在价值是多少？

## 案例问题8

如果希望10年后拥有6 000美元作为孩子的教育费用，家长今天应该储蓄多少资金？（年利率为12％，以季度计算复利。）

# 一系列定期储蓄的现在价值（年金）

货币的时间价值的最后一种情况就是固定时期的每期期末收到一定金额，计算公式和财务计算器的计算方法如下：

| 一系列定期储蓄的现在价值 | | |
|---|---|---|
| **公式** | **表格** | **财务计算器** |
| $PV=年金\times\dfrac{1-\dfrac{1}{(1+i)^n}}{i}$ | 用图表1—D：<br>$PV=年金\times（表格中系数）$ | PMT，N，I/Y，FV，CPT PV |
| **案例I：** 未来3年每年年末取出1美元的现在价值是2.49美元，年利率为10％，计算过程如下： | | |
| $2.49=1\left[\dfrac{1-\dfrac{1}{(1+0.10)^3}}{0.10}\right]$ | 用图表1—D：<br>$2.49=1(2.487)$ | $1$ PMT，$3$ N，$10$ I/Y，$0$ FV<br>CPT PV $-2.486\ 85$ |

具体过程如下：

我们可以从图表1—D中发现，年利率为10％、3个时间间隔的系数和我们的答案是一样的。如果不是1美元，用每年取出的金额数乘以表格中的系数。

**案例 J：** 如果你希望 10 年每年年末取出 100 美元，年利率为 14％，以年复利计算，那么你现在要储蓄多少资金？

| | | |
|---|---|---|
| $521.61=100\left[\dfrac{1+\dfrac{1}{(1+0.14)^{10}}}{0.14}\right]$ | 用图表 1—D：<br>$521.60=100(5.216)$ | 100 $\boxed{PMT}$, 10 $\boxed{N}$, 14 $\boxed{I/Y}$, 0 $\boxed{FV}$,<br>$\boxed{CPT}$ $\boxed{PV}$—2.486 85 |

### 案例问题 9

14 年每年年末取出 200 美元，年利率为 7％，现在价值是多少？

### 案例问题 10

如果希望 20 年中每年年末取出 650 美元，年利率为 11％，那么现在需要储蓄多少资金？

## 用现在价值计算贷款偿付额

现在价值表（图表 1—D）可以用来计算贷款的分期偿付额：

| 用现在价值计算贷款偿付额 | |
|---|---|
| 公式 | 财务计算器 |
| $\dfrac{贷款金额}{一系列表格中系数的现在价值（图表1—D）}=\dfrac{贷款}{偿付额}$ | $\boxed{PV}$, $\boxed{I/Y}$, $\boxed{N}$, $\boxed{FV}$, $\boxed{CPT}$ $\boxed{PMT}$ |
| **案例 K：** 如果你借入了 1 000 美元，年利率为 6％，需要在未来 3 年 3 次等额偿还，则需要还款 374.11 美元，计算如下： | |
| $\dfrac{1\,000}{2.673}=374.11$ | 1 000 $\boxed{PV}$, 6 $\boxed{I/Y}$, 3 $\boxed{N}$, 0 $\boxed{FV}$, $\boxed{CPT}$ $\boxed{PMT}$—<br>374.109 81 |

### 案例问题 11

20 000 美元、10 年期的贷款，年利率为 7％，每年的还款金额是多少？

## 案例问题答案

1) 300×0.06×2.25 年（27 个月）＝40.5 美元

2) 670×0.12×2/3（一年的）＝53.60 美元

3) 800(1.587)＝1 269.60 美元（用图表 1—A，8％，6 期）

4) 200(1.873)＝374.60 美元（用图表 1—A，4％，16 期）

5) 230(23.276)＝5 353.48 美元（用图表 1—B，6％，15 期）

6) 375(133.33)＝49 998.75 美元（用图表 1—B，12％，25 期）

7) 2 200(0.327)＝719.40 美元（用图表 1—C，15％，8 期）

8) 6 000(0.307)＝1 842 美元（用图表 1—C，3％，40 期）

9) 200(8.745)＝1 749 美元（用图表 1—D，7％，14 期）

10）650(7.963)＝5 175.95 美元（用图表 1—D，11％，20 期）

11）20 000/7.204＝2 847.38 美元（用图表 1—D，7％，10 期）

## 货币的时间价值的应用练习

1）（年金的现在价值）你希望借款 18 000 美元买一辆新车，年利率为 8.6％，5 年还清，每月还款额是多少？（答案：444.52 美元）

2）（年金的现在价值）假设大学费用为每年 48 000 美元，年利率为 6％（应用于未支付的本金），那么你的叔叔需要给你多少钱才能够供你上完大学？（答案：166 325.07 美元）

3）（单笔金额的现在价值）20 岁时，你必须储蓄多少钱才能够保证 65 岁退休时有 10 000 美元，假设年利率为 7％？（答案：4 761.35 美元）

4）（单笔金额的未来价值）如果你储蓄 2 000 美元，期限为 5 年，年利率为 5.2％，5 年后你将拥有多少钱？（答案：2 576.97 美元）

5）（单笔金额的未来价值）如果你储蓄 2 000 美元，期限为 5 年，年利率为 5.2％，按季度复利计算，5 年后你将拥有多少钱？（答案：2 589.52 美元）

6）（年金的未来价值）你决定每月投资 50 美元在国际股票共同基金中，假设年利率为 9％，40 年退休后这些资金将值多少钱？（答案：234 066.01 美元）

7）（年金的未来价值）如果每年投资 600 美元在国际股票共同基金中，假设年利率为 9％，40 年退休后这些资金将值多少钱？（答案：202 729.47 美元）

## 货币的时间价值的计算方法：总结

在货币的时间价值计算过程中，我们通常会用到各种各样的公式，当我们为达到各种理财目标而去储蓄或投资时，我们可能会用很多种方法计算。例如，珍妮计划未来 10 年储蓄 10 000 美元，她估计这些资金会以 5％的年利率增长，10 年后她将有多少资金？

| 方法 | 过程，结果 |
|---|---|
| **公式计算** 计算货币的时间价值的最基本的方法就是用公式。 | 对于上述情形，公式如下：<br>$PV(1+i)^n=FV$<br>结果如下：<br>$10\ 000(1+0.05)^{10}=16\ 288.95$ |
| **货币的时间价值表** 除了用公式计算外，我们还可以用货币的时间价值表计算，表中给出的系数简化了计算过程。 | 用图表 1—A：<br>10 000×1 美元的未来价值 5％，10 年<br>10 000×1.629＝16 290 |
| **财务计算器** 很多种计算器都有财务计算的功能，可以通过正确的按键计算现在价值和未来价值。 | 财务计算器的按键如下：<br>数额　　　　　－10 000 \|PV\|<br>投资期限　　　10 \|N\|<br>利率　　　　　5 \|I\|<br>结果　　　　　\|FV\| 16 288.94 |
| **电子制表软件** Excel 和其他软件可以插入公式并进行各种理财的相关计算。 | 当使用电子制表软件时，可能会用到以下公式：<br>＝$FV$(年利率，期限，每期金额，单笔金额)<br>上述案例的计算结果如下：<br>＝$FV$(0.05，10，0，－10 000)＝16 288.95 |

| 方法 | 过程，结果 |
|---|---|
| **货币的时间价值网站** 网站上有很多货币的时间价值的计算器。通过这些计算器可以计算储蓄的未来价值和贷款还偿额等。 | 一些简便的计算货币的时间价值和其他理财计算的公式可以在下述网站中找到：<br>● www. kiplinger. com/tools<br>● www. dinkytown. net<br>● www. rbccentura. com/tools<br>● cgi. money. cnn. com/tools |

注意：由于四舍五入的原因，结果可能会有微小的差异。

**图表 1—A　　　　　给定时期后的 1 美元的未来价值（复利）**

| 期限 | 1% | 2% | 3% | 4% | 5% | 6% | 7% | 8% | 9% | 10% | 11% |
|---|---|---|---|---|---|---|---|---|---|---|---|
| 1 | 1.010 | 1.020 | 1.030 | 1.040 | 1.050 | 1.060 | 1.070 | 1.080 | 1.090 | 1.100 | 1.110 |
| 2 | 1.020 | 1.040 | 1.061 | 1.082 | 1.103 | 1.124 | 1.145 | 1.166 | 1.188 | 1.210 | 1.232 |
| 3 | 1.030 | 1.061 | 1.093 | 1.125 | 1.158 | 1.191 | 1.225 | 1.260 | 1.295 | 1.331 | 1.368 |
| 4 | 1.041 | 1.082 | 1.126 | 1.170 | 1.216 | 1.262 | 1.311 | 1.360 | 1.412 | 1.464 | 1.518 |
| 5 | 1.051 | 1.104 | 1.159 | 1.217 | 1.276 | 1.338 | 1.403 | 1.469 | 1.539 | 1.611 | 1.685 |
| 6 | 1.062 | 1.126 | 1.194 | 1.265 | 1.340 | 1.419 | 1.501 | 1.587 | 1.677 | 1.772 | 1.870 |
| 7 | 1.072 | 1.149 | 1.230 | 1.316 | 1.407 | 1.504 | 1.606 | 1.714 | 1.828 | 1.949 | 2.076 |
| 8 | 1.083 | 1.172 | 1.267 | 1.369 | 1.477 | 1.594 | 1.718 | 1.851 | 1.993 | 2.144 | 2.305 |
| 9 | 1.094 | 1.195 | 1.305 | 1.423 | 1.551 | 1.689 | 1.838 | 1.999 | 2.172 | 2.358 | 2.558 |
| 10 | 1.105 | 1.219 | 1.344 | 1.480 | 1.629 | 1.791 | 1.967 | 2.159 | 2.367 | 2.594 | 2.839 |
| 11 | 1.116 | 1.243 | 1.384 | 1.539 | 1.710 | 1.898 | 2.105 | 2.332 | 2.580 | 2.853 | 3.152 |
| 12 | 1.127 | 1.268 | 1.426 | 1.601 | 1.796 | 2.012 | 2.252 | 2.518 | 2.813 | 3.138 | 3.498 |
| 13 | 1.138 | 1.294 | 1.469 | 1.665 | 1.886 | 2.133 | 2.410 | 2.720 | 3.066 | 3.452 | 3.883 |
| 14 | 1.149 | 1.319 | 1.513 | 1.732 | 1.980 | 2.261 | 2.579 | 2.937 | 3.342 | 3.797 | 4.310 |
| 15 | 1.161 | 1.346 | 1.558 | 1.801 | 2.079 | 2.397 | 2.759 | 3.172 | 3.642 | 4.177 | 4.785 |
| 16 | 1.173 | 1.373 | 1.605 | 1.873 | 2.183 | 2.540 | 2.952 | 3.426 | 3.970 | 4.595 | 5.311 |
| 17 | 1.184 | 1.400 | 1.653 | 1.948 | 2.292 | 2.693 | 3.159 | 3.700 | 4.328 | 5.054 | 5.895 |
| 18 | 1.196 | 1.428 | 1.702 | 2.026 | 2.407 | 2.854 | 3.380 | 3.996 | 4.717 | 5.560 | 6.544 |
| 19 | 1.208 | 1.457 | 1.754 | 2.107 | 2.527 | 3.026 | 3.617 | 4.316 | 5.142 | 6.116 | 7.263 |
| 20 | 1.220 | 1.486 | 1.806 | 2.191 | 2.653 | 3.207 | 3.870 | 4.661 | 5.604 | 6.727 | 8.062 |
| 25 | 1.282 | 1.641 | 2.094 | 2.666 | 3.386 | 4.292 | 5.427 | 6.848 | 8.623 | 10.835 | 13.585 |
| 30 | 1.348 | 1.811 | 2.427 | 3.243 | 4.322 | 5.743 | 7.612 | 10.063 | 13.268 | 17.449 | 22.892 |
| 40 | 1.489 | 2.208 | 3.262 | 4.801 | 7.040 | 10.286 | 14.974 | 21.725 | 31.409 | 45.259 | 65.001 |
| 50 | 1.645 | 2.692 | 4.384 | 7.107 | 11.467 | 18.420 | 29.457 | 46.902 | 74.358 | 117.390 | 184.570 |

续前表

| 期限 | 12% | 13% | 14% | 15% | 16% | 17% | 18% | 19% | 20% | 25% | 30% |
|---|---|---|---|---|---|---|---|---|---|---|---|
| 1 | 1.120 | 1.130 | 1.140 | 1.150 | 1.160 | 1.170 | 1.180 | 1.190 | 1.200 | 1.250 | 1.300 |
| 2 | 1.254 | 1.277 | 1.300 | 1.323 | 1.346 | 1.369 | 1.392 | 1.416 | 1.440 | 1.563 | 1.690 |
| 3 | 1.405 | 1.443 | 1.482 | 1.521 | 1.561 | 1.602 | 1.643 | 1.685 | 1.728 | 1.953 | 2.197 |
| 4 | 1.574 | 1.630 | 1.689 | 1.749 | 1.811 | 1.874 | 1.939 | 2.005 | 2.074 | 2.441 | 2.856 |
| 5 | 1.762 | 1.842 | 1.925 | 2.011 | 2.100 | 2.192 | 2.288 | 2.386 | 2.488 | 3.052 | 3.713 |
| 6 | 1.974 | 2.082 | 2.195 | 2.313 | 2.436 | 2.565 | 2.700 | 2.840 | 2.986 | 3.815 | 4.827 |
| 7 | 2.217 | 2.353 | 2.502 | 2.660 | 2.826 | 3.001 | 3.185 | 3.379 | 3.583 | 4.768 | 6.276 |
| 8 | 2.476 | 2.658 | 2.853 | 3.059 | 3.278 | 3.511 | 3.759 | 4.021 | 4.300 | 5.960 | 8.157 |
| 9 | 2.773 | 3.004 | 3.252 | 3.518 | 3.803 | 4.108 | 4.435 | 4.785 | 5.160 | 7.451 | 10.604 |
| 10 | 3.106 | 3.395 | 3.707 | 4.046 | 4.411 | 4.807 | 5.234 | 5.696 | 6.192 | 9.313 | 13.786 |
| 11 | 3.479 | 3.836 | 4.226 | 4.652 | 5.117 | 5.624 | 6.176 | 6.777 | 7.430 | 11.642 | 17.922 |
| 12 | 3.896 | 4.335 | 4.818 | 5.350 | 5.936 | 6.580 | 7.288 | 8.064 | 8.916 | 14.552 | 23.298 |
| 13 | 4.363 | 4.898 | 5.492 | 6.153 | 6.886 | 7.699 | 8.599 | 9.596 | 10.699 | 18.190 | 30.288 |
| 14 | 4.887 | 5.535 | 6.261 | 7.076 | 7.988 | 9.007 | 10.147 | 11.420 | 12.839 | 22.737 | 39.374 |
| 15 | 5.474 | 6.254 | 7.138 | 8.137 | 9.266 | 10.539 | 11.974 | 13.590 | 15.407 | 28.422 | 51.186 |
| 16 | 6.130 | 7.067 | 8.137 | 9.358 | 10.748 | 12.330 | 14.129 | 16.172 | 18.488 | 35.527 | 66.542 |
| 17 | 6.866 | 7.986 | 9.276 | 10.761 | 12.468 | 14.426 | 16.672 | 19.244 | 22.186 | 44.409 | 86.504 |
| 18 | 7.690 | 9.024 | 10.575 | 12.375 | 14.463 | 16.879 | 19.673 | 22.091 | 26.623 | 55.511 | 112.460 |
| 19 | 8.613 | 10.197 | 12.056 | 14.232 | 16.777 | 19.748 | 23.214 | 27.252 | 31.948 | 69.389 | 146.190 |
| 20 | 9.646 | 11.523 | 13.743 | 16.367 | 19.461 | 23.106 | 27.393 | 32.429 | 38.338 | 86.736 | 190.050 |
| 25 | 17.000 | 21.231 | 26.462 | 32.919 | 40.874 | 50.658 | 62.669 | 77.388 | 95.396 | 264.700 | 705.640 |
| 30 | 29.960 | 39.116 | 50.950 | 66.212 | 85.850 | 111.070 | 143.370 | 184.680 | 237.380 | 807.790 | 2 620.000 |
| 40 | 93.051 | 132.780 | 188.880 | 267.860 | 378.720 | 533.870 | 750.380 | 1 051.700 | 1 469.800 | 7 523.200 | 36 119.000 |
| 50 | 289.000 | 450.740 | 700.230 | 1 083.700 | 1 670.700 | 2 566.200 | 3 927.400 | 5 998.900 | 9 100.400 | 70 065.000 | 497 929.000 |

| 期限 | 1% | 2% | 3% | 4% | 5% | 6% | 7% | 8% | 9% | 10% | 11% |
|---|---|---|---|---|---|---|---|---|---|---|---|
| 1 | 1.000 | 1.000 | 1.000 | 1.000 | 1.000 | 1.000 | 1.000 | 1.000 | 1.000 | 1.000 | 1.000 |
| 2 | 2.010 | 2.020 | 2.030 | 2.040 | 2.050 | 2.060 | 2.070 | 2.080 | 2.090 | 2.100 | 2.110 |
| 3 | 3.030 | 3.060 | 3.091 | 3.122 | 3.153 | 3.184 | 3.215 | 3.246 | 3.278 | 3.310 | 3.342 |
| 4 | 4.060 | 4.122 | 4.184 | 4.246 | 4.310 | 4.375 | 4.440 | 4.506 | 4.573 | 4.641 | 4.710 |
| 5 | 5.101 | 5.204 | 5.309 | 5.416 | 5.526 | 5.637 | 5.751 | 5.867 | 5.985 | 6.105 | 6.228 |
| 6 | 6.152 | 6.308 | 6.468 | 6.633 | 6.802 | 6.975 | 7.153 | 7.336 | 7.523 | 7.716 | 7.913 |
| 7 | 7.214 | 7.434 | 7.662 | 7.898 | 8.142 | 8.394 | 8.654 | 8.923 | 9.200 | 9.487 | 9.783 |
| 8 | 8.286 | 8.583 | 8.892 | 9.214 | 9.549 | 9.897 | 10.260 | 10.637 | 11.028 | 11.436 | 11.859 |
| 9 | 9.369 | 9.755 | 10.159 | 10.583 | 11.027 | 11.491 | 11.978 | 12.488 | 13.021 | 13.579 | 14.164 |
| 10 | 10.462 | 10.950 | 11.464 | 12.006 | 12.578 | 13.181 | 13.816 | 14.487 | 15.193 | 15.937 | 16.722 |
| 11 | 11.567 | 12.169 | 12.808 | 13.486 | 14.207 | 14.972 | 15.784 | 16.645 | 17.560 | 18.531 | 19.561 |
| 12 | 12.683 | 13.412 | 14.192 | 15.026 | 15.917 | 16.870 | 17.888 | 18.977 | 20.141 | 21.384 | 22.713 |
| 13 | 13.809 | 14.680 | 15.618 | 16.627 | 17.713 | 18.882 | 20.141 | 21.495 | 22.953 | 24.523 | 26.212 |
| 14 | 14.947 | 15.974 | 17.086 | 18.292 | 19.599 | 21.015 | 22.550 | 24.215 | 26.019 | 27.975 | 30.095 |
| 15 | 16.097 | 17.293 | 18.599 | 20.024 | 21.579 | 23.276 | 25.129 | 27.152 | 29.361 | 31.772 | 34.405 |
| 16 | 17.258 | 18.639 | 20.157 | 21.825 | 23.657 | 25.673 | 27.888 | 30.324 | 33.003 | 35.950 | 39.190 |
| 17 | 18.430 | 20.012 | 21.762 | 23.698 | 25.840 | 28.213 | 30.840 | 33.750 | 36.974 | 40.545 | 44.501 |
| 18 | 19.615 | 21.412 | 23.414 | 25.645 | 28.132 | 30.906 | 33.999 | 37.450 | 41.301 | 45.599 | 50.396 |
| 19 | 20.811 | 22.841 | 25.117 | 27.671 | 30.539 | 33.760 | 37.379 | 41.446 | 46.018 | 51.159 | 56.939 |
| 20 | 22.019 | 24.297 | 26.870 | 29.778 | 33.066 | 36.786 | 40.995 | 45.762 | 51.160 | 57.275 | 64.203 |
| 25 | 28.243 | 32.030 | 36.459 | 41.646 | 47.727 | 54.865 | 63.249 | 73.106 | 84.701 | 98.347 | 114.410 |
| 30 | 34.785 | 40.588 | 47.575 | 56.085 | 66.439 | 79.058 | 94.461 | 113.280 | 136.310 | 164.490 | 199.020 |
| 40 | 48.886 | 60.402 | 75.401 | 95.026 | 120.800 | 154.760 | 199.640 | 259.060 | 337.890 | 442.590 | 581.830 |
| 50 | 64.463 | 84.579 | 112.800 | 152.670 | 209.350 | 290.340 | 406.530 | 573.770 | 815.0801 | 163.900 | 1 668.800 |

| 期限 | 12% | 13% | 14% | 15% | 16% | 17% | 18% | 19% | 20% | 25% | 30% |
|---|---|---|---|---|---|---|---|---|---|---|---|
| 1 | 1.000 | 1.000 | 1.000 | 1.000 | 1.000 | 1.000 | 1.000 | 1.000 | 1.000 | 1.000 | 1.000 |
| 2 | 2.120 | 2.130 | 2.140 | 2.150 | 2.160 | 2.170 | 2.180 | 2.190 | 2.200 | 2.250 | 2.300 |
| 3 | 3.374 | 3.407 | 3.440 | 3.473 | 3.506 | 3.539 | 3.572 | 3.606 | 3.640 | 3.813 | 3.990 |
| 4 | 4.779 | 4.850 | 4.921 | 4.993 | 5.066 | 5.141 | 5.215 | 5.291 | 5.368 | 5.766 | 6.187 |
| 5 | 6.353 | 6.480 | 6.610 | 6.742 | 6.877 | 7.014 | 7.154 | 7.297 | 7.442 | 8.207 | 9.043 |
| 6 | 8.115 | 8.323 | 8.536 | 8.754 | 8.977 | 9.207 | 9.442 | 9.683 | 9.930 | 11.259 | 12.756 |
| 7 | 10.089 | 10.405 | 10.730 | 11.067 | 11.414 | 11.772 | 12.142 | 12.523 | 12.916 | 15.073 | 17.583 |
| 8 | 12.300 | 12.757 | 13.233 | 13.727 | 14.240 | 14.773 | 15.327 | 15.902 | 16.499 | 19.842 | 23.858 |
| 9 | 14.776 | 15.416 | 16.085 | 16.786 | 17.519 | 18.285 | 19.086 | 19.923 | 20.799 | 25.802 | 32.015 |
| 10 | 17.549 | 18.420 | 19.337 | 20.304 | 21.321 | 22.393 | 23.521 | 24.701 | 25.959 | 33.253 | 42.619 |
| 11 | 20.655 | 21.814 | 23.045 | 24.349 | 25.733 | 27.200 | 28.755 | 30.404 | 32.150 | 42.566 | 56.405 |
| 12 | 24.133 | 25.650 | 27.271 | 29.002 | 30.850 | 32.824 | 34.931 | 37.180 | 39.581 | 54.208 | 74.327 |
| 13 | 28.029 | 29.985 | 32.089 | 34.352 | 36.786 | 39.404 | 42.219 | 45.244 | 48.497 | 68.760 | 97.625 |
| 14 | 32.393 | 34.883 | 37.581 | 40.505 | 43.672 | 47.103 | 50.818 | 54.841 | 59.196 | 86.949 | 127.910 |
| 15 | 37.280 | 40.417 | 43.842 | 47.580 | 51.660 | 56.110 | 60.965 | 66.261 | 72.035 | 109.690 | 167.290 |
| 16 | 42.753 | 46.672 | 50.980 | 55.717 | 60.925 | 66.649 | 72.939 | 79.850 | 87.442 | 138.110 | 218.470 |
| 17 | 48.884 | 53.739 | 59.118 | 65.075 | 71.673 | 78.979 | 87.068 | 96.022 | 105.930 | 173.640 | 285.010 |
| 18 | 55.750 | 61.725 | 68.394 | 75.836 | 84.141 | 93.406 | 103.740 | 115.270 | 128.120 | 218.050 | 371.520 |
| 19 | 63.440 | 70.749 | 78.969 | 88.212 | 98.603 | 110.290 | 123.410 | 138.170 | 154.740 | 273.560 | 483.970 |
| 20 | 72.052 | 80.947 | 91.025 | 102.440 | 115.380 | 130.030 | 146.630 | 165.420 | 186.690 | 342.950 | 630.170 |
| 25 | 133.330 | 155.620 | 181.870 | 212.790 | 249.210 | 292.110 | 342.600 | 402.040 | 471.980 | 1 054.800 | 2 348.800 |
| 30 | 241.330 | 293.200 | 356.790 | 434.750 | 530.310 | 647.440 | 790.950 | 966.700 | 1 181.900 | 3 227.200 | 8 730.000 |
| 40 | 767.090 | 1 013.700 | 1 342.000 | 1 779.100 | 2 360.800 | 3 134.500 | 4 163.210 | 5 529.800 | 7 343.900 | 30 089.000 | 120 393.000 |
| 50 | 2 400.000 | 3 459.500 | 4 994.500 | 7 217.700 | 10 436.000 | 15 090.000 | 21 813.000 | 31 515.000 | 45 497.000 | 80 256.000 | 165 976.000 |

| 期限 | 1% | 2% | 3% | 4% | 5% | 6% | 7% | 8% | 9% | 10% | 11% | 12% |
|---|---|---|---|---|---|---|---|---|---|---|---|---|
| 1 | 0.990 | 0.980 | 0.971 | 0.962 | 0.952 | 0.943 | 0.935 | 0.926 | 0.917 | 0.909 | 0.901 | 0.893 |
| 2 | 0.980 | 0.961 | 0.943 | 0.925 | 0.907 | 0.890 | 0.873 | 0.857 | 0.842 | 0.826 | 0.812 | 0.797 |
| 3 | 0.971 | 0.942 | 0.915 | 0.889 | 0.864 | 0.840 | 0.816 | 0.794 | 0.772 | 0.751 | 0.731 | 0.712 |
| 4 | 0.961 | 0.924 | 0.885 | 0.855 | 0.823 | 0.792 | 0.763 | 0.735 | 0.708 | 0.683 | 0.659 | 0.636 |
| 5 | 0.951 | 0.906 | 0.863 | 0.822 | 0.784 | 0.747 | 0.713 | 0.681 | 0.650 | 0.621 | 0.593 | 0.567 |
| 6 | 0.942 | 0.888 | 0.837 | 0.790 | 0.746 | 0.705 | 0.666 | 0.630 | 0.596 | 0.564 | 0.535 | 0.507 |
| 7 | 0.933 | 0.871 | 0.813 | 0.760 | 0.711 | 0.665 | 0.623 | 0.583 | 0.547 | 0.513 | 0.482 | 0.452 |
| 8 | 0.923 | 0.853 | 0.789 | 0.731 | 0.677 | 0.627 | 0.582 | 0.540 | 0.502 | 0.467 | 0.434 | 0.404 |
| 9 | 0.914 | 0.837 | 0.766 | 0.703 | 0.645 | 0.592 | 0.544 | 0.500 | 0.460 | 0.424 | 0.391 | 0.361 |
| 10 | 0.905 | 0.820 | 0.744 | 0.676 | 0.614 | 0.558 | 0.508 | 0.463 | 0.422 | 0.386 | 0.352 | 0.322 |
| 11 | 0.896 | 0.804 | 0.722 | 0.650 | 0.585 | 0.527 | 0.475 | 0.429 | 0.388 | 0.350 | 0.317 | 0.287 |
| 12 | 0.887 | 0.788 | 0.701 | 0.625 | 0.557 | 0.497 | 0.444 | 0.397 | 0.356 | 0.319 | 0.286 | 0.257 |
| 13 | 0.879 | 0.773 | 0.681 | 0.601 | 0.530 | 0.469 | 0.415 | 0.368 | 0.326 | 0.290 | 0.258 | 0.229 |
| 14 | 0.870 | 0.758 | 0.661 | 0.577 | 0.505 | 0.442 | 0.388 | 0.340 | 0.299 | 0.263 | 0.232 | 0.205 |
| 15 | 0.861 | 0.743 | 0.642 | 0.555 | 0.481 | 0.417 | 0.362 | 0.315 | 0.275 | 0.239 | 0.209 | 0.183 |
| 16 | 0.853 | 0.728 | 0.623 | 0.534 | 0.458 | 0.394 | 0.339 | 0.292 | 0.252 | 0.218 | 0.188 | 0.163 |
| 17 | 0.844 | 0.714 | 0.605 | 0.513 | 0.436 | 0.371 | 0.317 | 0.270 | 0.231 | 0.198 | 0.170 | 0.146 |
| 18 | 0.836 | 0.700 | 0.587 | 0.494 | 0.416 | 0.350 | 0.296 | 0.250 | 0.212 | 0.180 | 0.153 | 0.130 |
| 19 | 0.828 | 0.686 | 0.570 | 0.475 | 0.396 | 0.331 | 0.277 | 0.232 | 0.194 | 0.164 | 0.138 | 0.116 |
| 20 | 0.820 | 0.673 | 0.554 | 0.456 | 0.377 | 0.312 | 0.258 | 0.215 | 0.178 | 0.149 | 0.124 | 0.104 |
| 25 | 0.780 | 0.610 | 0.478 | 0.375 | 0.295 | 0.233 | 0.184 | 0.146 | 0.116 | 0.092 | 0.074 | 0.059 |
| 30 | 0.742 | 0.552 | 0.412 | 0.308 | 0.231 | 0.174 | 0.131 | 0.099 | 0.075 | 0.057 | 0.044 | 0.033 |
| 40 | 0.672 | 0.453 | 0.307 | 0.208 | 0.142 | 0.097 | 0.067 | 0.046 | 0.032 | 0.022 | 0.015 | 0.011 |
| 50 | 0.608 | 0.372 | 0.228 | 0.141 | 0.087 | 0.054 | 0.034 | 0.021 | 0.013 | 0.009 | 0.005 | 0.003 |

| 期限 | 13% | 14% | 15% | 16% | 17% | 18% | 19% | 20% | 25% | 30% | 35% | 40% | 50% |
|---|---|---|---|---|---|---|---|---|---|---|---|---|---|
| 1 | 0.885 | 0.877 | 0.870 | 0.862 | 0.855 | 0.847 | 0.840 | 0.833 | 0.800 | 0.769 | 0.741 | 0.714 | 0.667 |
| 2 | 0.783 | 0.769 | 0.756 | 0.743 | 0.731 | 0.718 | 0.706 | 0.694 | 0.640 | 0.592 | 0.549 | 0.510 | 0.444 |
| 3 | 0.693 | 0.675 | 0.658 | 0.641 | 0.624 | 0.609 | 0.593 | 0.579 | 0.512 | 0.455 | 0.406 | 0.364 | 0.296 |
| 4 | 0.613 | 0.592 | 0.572 | 0.552 | 0.534 | 0.515 | 0.499 | 0.482 | 0.410 | 0.350 | 0.301 | 0.260 | 0.198 |
| 5 | 0.543 | 0.519 | 0.497 | 0.476 | 0.456 | 0.437 | 0.419 | 0.402 | 0.320 | 0.269 | 0.223 | 0.186 | 0.132 |
| 6 | 0.480 | 0.456 | 0.432 | 0.410 | 0.390 | 0.370 | 0.352 | 0.335 | 0.262 | 0.207 | 0.165 | 0.133 | 0.088 |
| 7 | 0.425 | 0.400 | 0.376 | 0.354 | 0.333 | 0.314 | 0.296 | 0.279 | 0.210 | 0.159 | 0.122 | 0.095 | 0.059 |
| 8 | 0.376 | 0.351 | 0.327 | 0.305 | 0.285 | 0.266 | 0.249 | 0.233 | 0.168 | 0.123 | 0.091 | 0.068 | 0.039 |
| 9 | 0.333 | 0.300 | 0.284 | 0.263 | 0.243 | 0.225 | 0.209 | 0.194 | 0.134 | 0.094 | 0.067 | 0.048 | 0.026 |
| 10 | 0.295 | 0.270 | 0.247 | 0.227 | 0.208 | 0.191 | 0.176 | 0.162 | 0.107 | 0.073 | 0.050 | 0.035 | 0.017 |
| 11 | 0.261 | 0.237 | 0.215 | 0.195 | 0.178 | 0.162 | 0.148 | 0.135 | 0.086 | 0.056 | 0.037 | 0.025 | 0.012 |
| 12 | 0.231 | 0.208 | 0.187 | 0.168 | 0.152 | 0.137 | 0.124 | 0.112 | 0.069 | 0.043 | 0.027 | 0.018 | 0.008 |
| 13 | 0.204 | 0.182 | 0.163 | 0.145 | 0.130 | 0.116 | 0.104 | 0.093 | 0.055 | 0.033 | 0.020 | 0.013 | 0.005 |
| 14 | 0.181 | 0.160 | 0.141 | 0.125 | 0.111 | 0.099 | 0.088 | 0.078 | 0.044 | 0.025 | 0.015 | 0.009 | 0.003 |
| 15 | 0.160 | 0.140 | 0.123 | 0.108 | 0.095 | 0.084 | 0.074 | 0.065 | 0.035 | 0.020 | 0.011 | 0.006 | 0.002 |
| 16 | 0.141 | 0.123 | 0.107 | 0.093 | 0.081 | 0.071 | 0.062 | 0.054 | 0.028 | 0.015 | 0.008 | 0.005 | 0.002 |
| 17 | 0.125 | 0.108 | 0.093 | 0.080 | 0.069 | 0.060 | 0.052 | 0.045 | 0.023 | 0.012 | 0.006 | 0.003 | 0.001 |
| 18 | 0.111 | 0.095 | 0.081 | 0.069 | 0.059 | 0.051 | 0.044 | 0.038 | 0.018 | 0.009 | 0.005 | 0.002 | 0.001 |
| 19 | 0.098 | 0.083 | 0.070 | 0.060 | 0.051 | 0.043 | 0.037 | 0.031 | 0.014 | 0.007 | 0.003 | 0.002 | 0 |
| 20 | 0.087 | 0.073 | 0.061 | 0.051 | 0.043 | 0.037 | 0.031 | 0.026 | 0.012 | 0.005 | 0.002 | 0.001 | 0 |
| 25 | 0.047 | 0.038 | 0.030 | 0.024 | 0.020 | 0.016 | 0.013 | 0.010 | 0.004 | 0.001 | 0.001 | 0 | 0 |
| 30 | 0.026 | 0.020 | 0.015 | 0.012 | 0.009 | 0.007 | 0.005 | 0.004 | 0.001 | 0 | 0 | 0 | 0 |
| 40 | 0.008 | 0.005 | 0.004 | 0.003 | 0.002 | 0.001 | 0.001 | 0.001 | 0 | 0 | 0 | 0 | 0 |
| 50 | 0.002 | 0.001 | 0.001 | 0.001 | 0 | 0 | 0 | 0 | 0 | 0 | 0 | 0 | 0 |

**图表 1—D　　　　　给定时期每期期末收到的 1 美元的现在价值（年金）**

| 期限 | 1% | 2% | 3% | 4% | 5% | 6% | 7% | 8% | 9% | 10% | 11% | 12% |
|---|---|---|---|---|---|---|---|---|---|---|---|---|
| 1 | 0.990 | 0.980 | 0.971 | 0.962 | 0.952 | 0.943 | 0.935 | 0.926 | 0.917 | 0.909 | 0.901 | 0.893 |
| 2 | 1.970 | 1.942 | 1.913 | 1.886 | 1.859 | 1.833 | 1.808 | 1.783 | 1.759 | 1.736 | 1.713 | 1.690 |
| 3 | 2.941 | 2.884 | 2.829 | 2.775 | 2.723 | 2.673 | 2.624 | 2.577 | 2.531 | 2.487 | 2.444 | 2.402 |
| 4 | 3.902 | 3.808 | 3.717 | 3.630 | 3.546 | 3.465 | 3.387 | 3.312 | 3.240 | 3.170 | 3.102 | 3.037 |
| 5 | 4.853 | 4.713 | 4.580 | 4.452 | 4.329 | 4.212 | 4.100 | 3.993 | 3.890 | 3.791 | 3.696 | 3.605 |
| 6 | 5.795 | 5.601 | 5.417 | 5.242 | 5.076 | 4.917 | 4.767 | 4.623 | 4.486 | 4.355 | 4.231 | 4.111 |
| 7 | 6.728 | 6.472 | 6.230 | 6.002 | 5.786 | 5.582 | 5.389 | 5.206 | 5.033 | 4.868 | 4.712 | 4.564 |
| 8 | 7.652 | 7.325 | 7.020 | 6.733 | 6.463 | 6.210 | 5.971 | 5.747 | 5.535 | 5.335 | 5.146 | 4.968 |
| 9 | 8.566 | 8.162 | 7.786 | 7.435 | 7.108 | 6.802 | 6.515 | 6.247 | 5.995 | 5.759 | 5.537 | 5.328 |
| 10 | 9.471 | 8.983 | 8.530 | 8.111 | 7.722 | 7.360 | 7.024 | 6.710 | 6.418 | 6.145 | 5.889 | 5.650 |
| 11 | 10.368 | 9.787 | 9.253 | 8.760 | 8.306 | 7.887 | 7.499 | 7.139 | 6.805 | 6.495 | 6.207 | 5.938 |
| 12 | 11.255 | 10.575 | 9.954 | 9.385 | 8.863 | 8.384 | 7.943 | 7.536 | 7.161 | 6.814 | 6.492 | 6.194 |
| 13 | 12.134 | 11.348 | 10.635 | 9.986 | 9.394 | 8.853 | 8.358 | 7.904 | 7.487 | 7.103 | 6.750 | 6.424 |
| 14 | 13.004 | 12.106 | 11.296 | 10.563 | 9.899 | 9.295 | 8.745 | 8.244 | 7.786 | 7.367 | 6.982 | 6.628 |
| 15 | 13.865 | 12.849 | 11.939 | 11.118 | 10.380 | 9.712 | 9.108 | 8.559 | 8.061 | 7.606 | 7.191 | 6.811 |
| 16 | 14.718 | 13.578 | 12.561 | 11.652 | 10.838 | 10.106 | 9.447 | 8.851 | 8.313 | 7.824 | 7.379 | 6.974 |
| 17 | 15.562 | 14.292 | 13.166 | 12.166 | 11.274 | 10.477 | 9.763 | 9.122 | 8.544 | 8.022 | 7.549 | 7.102 |
| 18 | 16.398 | 14.992 | 13.754 | 12.659 | 11.690 | 10.828 | 10.059 | 9.372 | 8.756 | 8.201 | 7.702 | 7.250 |
| 19 | 17.226 | 15.678 | 14.324 | 13.134 | 12.085 | 11.158 | 10.336 | 9.604 | 8.950 | 8.365 | 7.839 | 7.366 |
| 20 | 18.046 | 16.351 | 14.877 | 13.590 | 12.462 | 11.470 | 10.594 | 9.818 | 9.129 | 8.514 | 7.963 | 7.469 |
| 25 | 22.023 | 19.523 | 17.413 | 15.622 | 14.094 | 12.783 | 11.654 | 10.675 | 9.823 | 9.077 | 8.422 | 7.843 |
| 30 | 25.808 | 22.396 | 19.600 | 17.292 | 15.372 | 13.765 | 12.409 | 11.258 | 10.274 | 9.427 | 8.694 | 8.055 |
| 40 | 32.835 | 27.355 | 23.115 | 19.793 | 17.159 | 15.046 | 13.332 | 11.925 | 10.757 | 9.779 | 8.951 | 8.244 |
| 50 | 39.196 | 31.424 | 25.730 | 21.482 | 18.256 | 15.762 | 13.801 | 12.233 | 10.962 | 9.915 | 9.042 | 8.304 |

续前表

| 期限 | 13% | 14% | 15% | 16% | 17% | 18% | 19% | 20% | 25% | 30% | 35% | 40% | 50% |
|------|------|------|------|------|------|------|------|------|------|------|------|------|------|
| 1 | 0.885 | 0.877 | 0.870 | 0.862 | 0.855 | 0.847 | 0.840 | 0.833 | 0.800 | 0.769 | 0.741 | 0.714 | 0.667 |
| 2 | 1.668 | 1.647 | 1.626 | 1.605 | 1.585 | 1.566 | 1.547 | 1.528 | 1.440 | 1.361 | 1.289 | 1.224 | 1.111 |
| 3 | 2.361 | 2.322 | 2.283 | 2.246 | 2.210 | 2.174 | 2.140 | 2.106 | 1.952 | 1.816 | 1.696 | 1.589 | 1.407 |
| 4 | 2.974 | 2.914 | 2.855 | 2.798 | 2.743 | 2.690 | 2.639 | 2.589 | 2.362 | 2.166 | 1.997 | 1.849 | 1.605 |
| 5 | 3.517 | 3.433 | 3.352 | 3.274 | 3.199 | 3.127 | 3.058 | 2.991 | 2.689 | 2.436 | 2.220 | 2.035 | 1.737 |
| 6 | 3.998 | 3.889 | 3.784 | 3.685 | 3.589 | 3.498 | 3.410 | 3.326 | 2.951 | 2.643 | 2.385 | 2.168 | 1.824 |
| 7 | 4.423 | 4.288 | 4.160 | 4.039 | 3.922 | 3.812 | 3.706 | 3.605 | 3.161 | 2.802 | 2.508 | 2.263 | 1.883 |
| 8 | 4.799 | 4.639 | 4.487 | 4.344 | 4.207 | 4.078 | 3.954 | 3.837 | 3.329 | 2.925 | 2.598 | 2.331 | 1.922 |
| 9 | 5.132 | 4.946 | 4.772 | 4.607 | 4.451 | 4.303 | 4.163 | 4.031 | 3.463 | 3.019 | 2.665 | 2.379 | 1.948 |
| 10 | 5.426 | 5.216 | 5.019 | 4.833 | 4.659 | 4.494 | 4.339 | 4.192 | 3.571 | 3.092 | 2.715 | 2.414 | 1.965 |
| 11 | 5.687 | 5.453 | 5.234 | 5.029 | 4.836 | 4.656 | 4.486 | 4.327 | 3.656 | 3.147 | 2.752 | 2.438 | 1.977 |
| 12 | 5.918 | 5.660 | 5.421 | 5.197 | 4.988 | 4.793 | 4.611 | 4.439 | 3.725 | 3.190 | 2.779 | 2.456 | 1.985 |
| 13 | 6.122 | 5.842 | 5.583 | 5.342 | 5.118 | 4.910 | 4.715 | 4.533 | 3.780 | 3.223 | 2.799 | 2.469 | 1.990 |
| 14 | 6.302 | 6.002 | 5.724 | 5.468 | 5.229 | 5.008 | 4.802 | 4.611 | 3.824 | 3.249 | 2.814 | 2.478 | 1.993 |
| 15 | 6.462 | 6.142 | 5.847 | 5.575 | 5.324 | 5.092 | 4.876 | 4.675 | 3.859 | 3.268 | 2.825 | 2.484 | 1.995 |
| 16 | 6.604 | 6.265 | 5.954 | 5.668 | 5.405 | 5.162 | 4.938 | 4.730 | 3.887 | 3.283 | 2.834 | 2.489 | 1.997 |
| 17 | 6.729 | 6.373 | 6.047 | 5.749 | 5.475 | 5.222 | 4.988 | 4.775 | 3.910 | 3.295 | 2.840 | 2.492 | 1.998 |
| 18 | 6.840 | 6.467 | 6.128 | 5.818 | 5.534 | 5.273 | 5.033 | 4.812 | 3.928 | 3.304 | 2.844 | 2.494 | 1.999 |
| 19 | 6.938 | 6.550 | 6.198 | 5.877 | 5.584 | 5.316 | 5.070 | 4.843 | 3.942 | 3.311 | 2.848 | 2.496 | 1.999 |
| 20 | 7.025 | 6.623 | 6.259 | 5.929 | 5.628 | 5.353 | 5.101 | 4.870 | 3.954 | 3.316 | 2.850 | 2.497 | 1.999 |
| 25 | 7.330 | 6.873 | 6.464 | 6.097 | 5.766 | 5.467 | 5.195 | 4.948 | 3.985 | 3.329 | 2.856 | 2.499 | 2.000 |
| 30 | 7.496 | 7.003 | 6.566 | 6.177 | 5.829 | 5.517 | 5.235 | 4.979 | 3.995 | 3.332 | 2.857 | 2.500 | 2.000 |
| 40 | 7.634 | 7.105 | 6.642 | 6.233 | 5.871 | 5.548 | 5.258 | 4.997 | 3.999 | 3.333 | 2.857 | 2.500 | 2.000 |
| 50 | 7.675 | 7.133 | 6.661 | 6.246 | 5.880 | 5.554 | 5.262 | 4.999 | 4.000 | 3.333 | 2.857 | 2.500 | 2.000 |

# 第 2 章 货币管理技能

*你的个人理财规划表*

    5. 理财文档和记录

    6. 建立个人资产负债表

    7. 建立个人现金流量表

    8. 建立个人预算表

**目　标**

在本章中，你将会学习到：

1. 识别有效的货币管理的主要组成部分。

2. 建立个人资产负债表和现金流量表。

3. 制定并实施个人预算。

4. 将货币管理活动与储蓄相结合以实现个人理财目标。

*为什么这很重要？*

当经济进入萧条期时，人们可能会提取过去的储蓄。平均每个美国人每挣 1 美元，仅储蓄不到 3 美分。这种储蓄的缺乏导致了没有足够的资金应对财务危机，也不能保证长期的财务安全。有效地为储蓄和消费作出计划将是你货币管理的基础，也为未来的财富积累提供了途径。

# 一个有效的货币管理计划

> **目标 1：** 识别有效的货币管理的主要组成部分。

"每个月，我有很多时候都没有足够的资金，如果每个月只有 20 天，预算会容易得多。"

每日的消费和储蓄决定是理财规划活动的中心，你必须使你的需求、目标、个人情况和你的决定相协调。保留理财记录并且规划你的消费是成功的个人理财管理中非常重要的技能。你花费在这方面的时间和精力会带给你很多收获。**货币管理**就是每日的理财活动，以管理当前的个人经济资源，并保证长期的财务安全。

> **货币管理**：每日的理财活动，以管理当前的个人经济资源，并保证长期的财务安全。

## 货币管理的组成部分

如图所示，货币管理行为的三个主要方面是互相联系的：

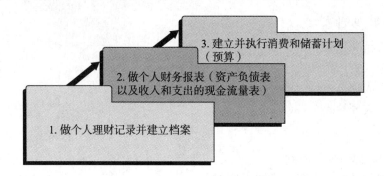

1. 做个人理财记录并建立档案

2. 做个人财务报表（资产负债表以及收入和支出的现金流量表）

3. 建立并执行消费和储蓄计划（预算）

首先，个人理财记录和档案是资源系统化使用的基础，它为交易记录、财产所有权以及法律事务等提供了书面依据。其次，个人财务报表使你能够衡量和评价你的财务状况和进程。最后，你的消费计划（预算）是有效的货币管理的基础。

## 货币管理问题与负债

经济状况的不佳总会导致个人财务状况的不佳。这些问题是以负债的增长以及偿付能力的下降等形式出现的。摆脱负债的困扰需要一系列的行动，虽然这些步骤可能不会立刻生效，但是我们需要考虑每一个行动以便进行有效的日常货币管理：

- 评估你的信用状况。列出负债金额、年利率以及每月最低还款额，这将帮助你决定下一步需要做些什么，同时，你还需要不断更新你的单子以明确你的进程。
- 跟踪消费记录。关注资金的流向将帮助你更好地为如何偿还贷款作出计划。
- 计划按时还款。遗漏的负债项目将会导致更多的费用、罚款，并增加了未来获取信用的难度。我们可以考虑用网上银行自动还款。
- 考虑其他收入来源。增加工作时长、做兼职工作、咨询或者寻找其他收入来源都可以是短期还款的解决方案。然而，从长期来看，可能需要寻找高收入的工作或者减少开支。
- 如果需要，寻求帮助。如果错过了还款日，记得与债权人联系来决定你需要做些什么。并且，很多信贷咨询机构会帮助那些被负债困扰的人们。这些机构包括国家信用咨询基金会（www. nfcc. org）和独立消费信贷咨询协会（www. aiccca. org）。我们需要谨慎地对待债务合并、信用修复以及其他"好得难以置信"的信贷帮助。

你需要一个存放理财文档的系统来帮助你避免负债问题并实现有效的货币管理。

## 个人理财记录系统

发票、信用卡账单、保险单以及税收报表是作出理财记录和个人选择的基础。一个规划好的理财记录系统为以下活动提供了基础：（1）处理每日交易活动，比如，付款；（2）规划理财过程；（3）完成所需的报税材料；（4）作出有效的投资决定；（5）决定当前及未来消费的可用资源。

如图表2—1所示，大部分理财记录储存在三个地方：家里的文件夹、安全的保险柜或者家庭电脑。家里的文件夹可以被用来保存当前需要或储存价值有限的文档。家里的文件夹可以是一系列的文件夹、一个有几个抽屉的柜子或者一个箱子。不论你用哪种方法，最重要的是家里的文档是有条理的以便迅速找到所需要的文件。

**安全的保险柜：**金融机构中一个最安全的私人储存空间。

重要的财务记录以及有价值的文件需要被储存在比家里的文件夹更安全的地方。**安全的保险柜**是金融机构中一个最安全的私人储存空间。通常，储存在保险柜中的物品包括每年的股票投资报告书、合同、保险单以及邮票等贵重物品。

理财记录和文档的数量看起来可能很庞大，但是它们可以很容易地被归为10类（见图表2—1）。这些大类是和本书中的章节相对应的。你现在可能不需要使用所有的记录或文档，但当你的理财状况发生变化时，你可能会需要增加其他大类。

个人理财记录需要存放多长时间？像出生证明、遗嘱、社会救济金资料等记录需要永久保存。有些记录如财产和投资记录需要保存的时间和持有的时间相同。联邦税法规定了税收相关信息需要保存的时间。纳税申报单等资料的复印件需要储存7年。通常情况下，审计只需要3年的资料，但是在有些情况下，国内收入署（IRS）需要更长时间的信息。理财专家建议无限期地储存与购买和出售不动产相关的文件。

**注意！** 在美国，人们把各种文档以及贵重物品储存在3 000万个银行的保险柜或其他金融机构中。尽管这些保险柜通常是非常安全的，但是每年也会有一些人因抢劫、火灾或其他自然灾害而丢失保险柜中的物品。通常情况下，这些损失是通过金融机构的保险进行理赔的。

### 概念检测 2—1

1. 三种主要的货币管理活动是什么？

2. 使用管理财务记录及相关文件的系统有哪些好处？

3. 以下每项记录，写出它们需要被保存的时间。"短时期"代表小于五年。

| 文件 | 短时期 | 长时期 |
|---|---|---|
| 信用卡账单 | | |
| 不动产文件 | | |
| 家具、服装的收据 | | |
| 退休账户信息 | | |
| 遗嘱 | | |

## 自我应用！

**目标1**：和班上的两三个同学一起建立一个存放个人理财记录的系统。

图表 2—1 理财记录储存在何处

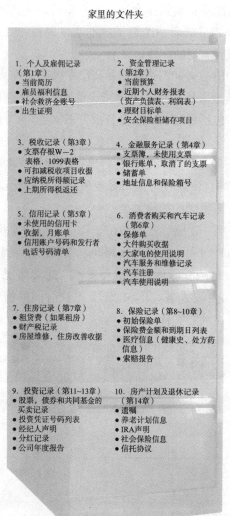

家里的文件夹

1. 个人及雇佣记录（第1章）
● 当前简历
● 雇员福利信息
● 社会救济金账号
● 出生证明

2. 资金管理记录（第2章）
● 当前预算
● 近期个人财务报表（资产负债表、利润表）
● 理财目标单
● 安全保险柜储存项目

3. 税收记录（第3章）
● 支票存根W—2表格，1099表格
● 可扣减税收项目收据
● 应纳税所得额记录
● 上期所得税返还

4. 金融服务记录（第4章）
● 支票簿、未使用支票
● 银行账单，取消了的支票
● 储蓄单
● 地址信息和保险箱号

5. 信用记录（第5章）
● 未使用的信用卡
● 收据，月账单
● 信用账户号码和发行者电话号码清单

6. 消费者购买和汽车记录（第6章）
● 保修单
● 大件购买收据
● 大家电的使用说明
● 汽车服务和维修记录
● 汽车注册
● 汽车使用说明

7. 住房记录（第7章）
● 租赁费（如果租房）
● 财产税记录
● 房屋维修，住房改善收据

8. 保险记录（第8~10章）
● 初始保险单
● 保险费金额和到期日列表
● 医疗信息（健康史、处方药信息）
● 索赔报告

9. 投资记录（第11~13章）
● 股票、债券和共同基金的买卖记录
● 投资凭证号码列表
● 经纪人声明
● 分红记录
● 公司年度报告

10. 房产计划及退休记录（第14章）
● 遗嘱
● 养老计划信息
● IRA声明
● 社会保险信息
● 信托协议

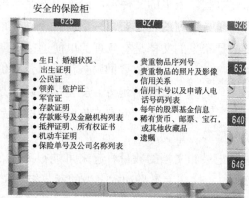

安全的保险柜

● 生日、婚姻状况、出生证明
● 公民证
● 领养、监护证
● 军官证
● 存款证明
● 存款账号及金融机构列表
● 抵押证明、所有权证书
● 机动车证明
● 保险单号及公司名称列表

● 贵重物品序列号
● 贵重物品的照片及影像
● 信用关系
● 信用卡卡号以及申请人电话号码列表
● 每年的股票基金信息
● 稀有货币、邮票、宝石，或其他收藏品
● 遗嘱

家庭电脑

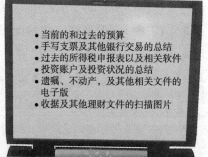

● 当前的和过去的预算
● 手写支票及其他银行交易的总结
● 过去的所得税申报表以及相关软件
● 投资账户及投资状况的总结
● 遗嘱、不动产，及其他相关文件的电子版
● 收据及其他理财文件的扫描图片

# 个人财务报表

**目标2：建立个人资产负债表和现金流量表。**

每一段旅程都是从某处开始的。在你出发之前，你需要知道你要去哪里。个人财务报表告诉你理财旅程的起点是哪里。大多数理财文件来自金融机构、企业或政府。然而，有两种文件是需要你自己制作的：资产负债表和现金流量表，也叫个人财务报表。

这些报表为你提供了当前财务状况的信息，也为你提供了一份收入、支出的总结。个人财务报表的主要目的为：（1）汇报你当前的理财状况；（2）衡量实现理财目标的进程；（3）保证有足够的关于理财活动的信息；（4）为报税以及申请信用额度提供数据。

## 你的个人资产负债表：起点

**资产负债表**：一个表明个人或家庭所拥有的以及所赊欠的数额的报表，又叫个人资产净值表或财务状况表。

个人或家庭当前的财务状况是理财规划的起点。**资产负债表**又叫个人资产净值表或财务状况表，它表明了你所拥有的和所赊欠的。你需要通过以下公式制作资产负债表来决定你当前的财务状况。

比如，你所拥有的物品价值 4 500 美元，欠款 800 美元，那么你的净资产是 3 700 美元。如图表 2—2 所示，制作资产负债表需要三个步骤。

### 步骤1：列出商品价值

**资产**：现金以及其他有货币价值的有形财产。

**流动资产**：现金以及其他容易变现的商品。

可用现金和银行存款账户中的资金，以及其他有价值的商品是构成当前财务状况的基础。**资产**是现金以及其他有货币价值的有形财产。

在桑德拉和马克的个人资产负债表中，他们的资产分为四类：

1. **流动资产**是现金以及其他容易变现的商品。经常账户和储蓄账户中的资金是流动的，是可以供桑德拉和马克当前花费的。他们人寿保险的现金价值如果需要的话是可以借的。虽然除了流动资产外的其他资产也可以转换成现金，但是过程比较复杂。

2. 不动产包括住房、公寓、度假房产，或者其他个人或家庭拥有的土地。

3. 个人物品是大多数人资产的主要组成部分。它包括汽车和其他个人附属品。虽然

图表 2—2 　　　　　　　　　　　　　　建立个人资产负债表

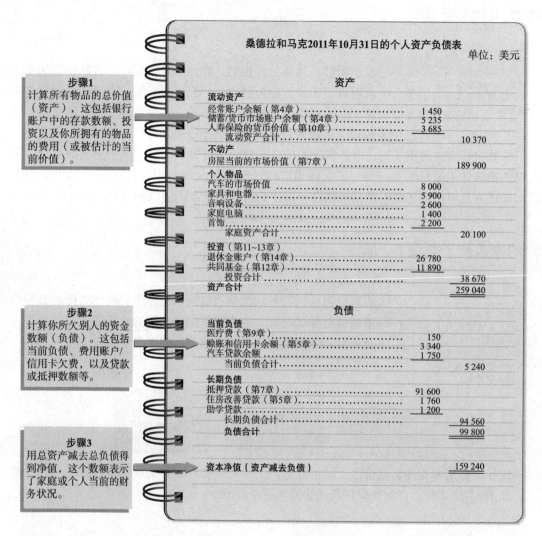

**步骤1**
计算所有物品的总价值（资产），这包括银行账户中的存款数额、投资以及你所拥有的物品的费用（或被估计的当前价值）。

**步骤2**
计算你所欠别人的资金数额（负债）。这包括当前负债、费用账户/信用卡欠费，以及贷款或抵押数额等。

**步骤3**
用总资产减去总负债得到净值，这个数额表示了家庭或个人当前的财务状况。

**桑德拉和马克2011年10月31日的个人资产负债表**
单位：美元

**资产**

**流动资产**
| | |
|---|---|
| 经常账户余额（第4章）…………………… | 1 450 |
| 储蓄/货币市场账户余额（第4章）………… | 5 235 |
| 人寿保险的货币价值（第10章）…………… | 3 685 |
| 　流动资产合计…………………… | 10 370 |

**不动产**
| | |
|---|---|
| 房屋当前的市场价值（第7章）…………… | 189 900 |

**个人物品**
| | |
|---|---|
| 汽车的市场价值……………………… | 8 000 |
| 家具和电器……………………… | 5 900 |
| 音响设备……………………… | 2 600 |
| 家庭电脑……………………… | 1 400 |
| 首饰……………………… | 2 200 |
| 　家庭资产合计…………………… | 20 100 |

**投资（第11~13章）**
| | |
|---|---|
| 退休金账户（第14章）……………… | 26 780 |
| 共同基金（第12章）……………… | 11 890 |
| 　投资合计…………………… | 38 670 |
| **资产合计** | **259 040** |

**负债**

**当前负债**
| | |
|---|---|
| 医疗费（第9章）……………… | 150 |
| 赊账和信用卡余额（第5章）……………… | 3 340 |
| 汽车贷款余额……………… | 1 750 |
| 　当前负债合计…………………… | 5 240 |

**长期负债**
| | |
|---|---|
| 抵押贷款（第7章）……………… | 91 600 |
| 住房改善贷款（第5章）……………… | 1 760 |
| 助学贷款……………… | 1 200 |
| 　长期负债合计…………………… | 94 560 |
| **负债合计** | **99 800** |

**资本净值（资产减去负债）** 　　159 240

这些物品是有价值的，但是很难转换成现金。你需要在资产负债表上列出所拥有的物品的原始价值。然而，一段时间后这些价值可能需要被更新，比如，一个用了4年的电视机的价值就没有刚购买时的价值高，所以你需要列出它们的当前价值（或称为市场价值）。

4. 投资是为获得长期资金需求所存放的资金。马克家需要投资以便将来支付孩子们的学费、购买度假别墅，以及准备退休费用。由于投资资产的价值经常是变动的，资产负债表中列出的金额需要反映当前的价值。

**你知道吗？**
根据美国统计局的商务部门的统计，家庭中持有最多的资产为汽车、房屋、储蓄账户、美国储蓄债券、存款证明、共同基金、股票、公司债券以及退休金存款。

## 步骤 2：计算赊欠金额

> **负债**：赊欠别人的资金。

看过了马克家庭的总资产后，你可能会发现他们的资产很多，然而，他们的负债也需要被考虑进来。**负债**是赊欠别人的资金，但是不包括还没有发生的，比如下个月的租金。负债是你现在赊欠的，而不是未来要赊欠的。负债分为两类：

> **短期负债**：短期内必须偿还的债务，通常小于一年。

1. **短期负债**是短期内必须偿还的债务，通常小于一年。这些负债包括医疗费、税款、保险费、现金贷款以及赊账。

2. **长期负债**是直到一年后你才需要偿还的债务。

> **长期负债**：从现在起一年后你才需要偿还的债务。

常见的长期负债包括汽车贷款、助学贷款以及抵押贷款。抵押贷款是购买房产或其他不动产所借入的金额，它需要 15 年、20 年或 30 年偿还清。

## 步骤 3：计算资本净值

> **资本净值**：总资产与总负债的差额。

你的**资本净值**是总资产与总负债的差额。这个关系可以被表示成：

资产－负债＝资本净值

资本净值是如果所有的资产按列出的价值出售，所有的负债全部还清后你所拥有的数额。总资产等于总负债加上资本净值，资产与负债的关系通常被表示成：

资产＝负债＋资本净值

如表 2—2 所示，桑德拉和马克的资本净值是 159 240 美元。因为几乎没有人会清理所有的资产，所以计算资本净值有着实际的目的：它提供了衡量你当前财务状况的方法。

> **破产**：当债务到期时没有能力偿还债务，因为负债远超过资产的价值。

有些人可能有高资产净值，却依然面临着财务问题。如果有很多流动性低的资产，这就意味着用现金支付当前费用的能力较差。**破产**指当债务到期时没有能力偿还债务，它发生在一个人的负债远超过可利用的资产时。

个人和家庭可以通过以下方法增加资本净值：（1）增加储蓄；（2）减少费用；（3）增加投资或其他财产；（4）减少赊欠金额。记住，你的资本净值不是可以使用的资金，而是在某个特定日期你的财务状况。

## 计　算

# 评估理财进程的比率

财务比率为衡量财务状况的变化提供了指导方法。这些比率关系可以帮助你朝着优化财务状况的方向迈进。

| 比率 | 计算 | 例子 | 解释 |
|---|---|---|---|
| 负债比率 | 负债/资本净值 | 25 000 美元/50 000 美元＝0.5 | 代表了负债与资本净值之间的关系，低负债率比高负债率好。 |
| 流动比率 | 流动资产/流动负债 | 4 000 美元/2 000 美元＝2 | 表示每1美元流动负债对应着2美元流动资产。高流动比率是理想的，因为可以有足够的现金支付费用。 |
| 流动性比率 | 流动资产/每月费用 | 10 000 美元/4 000 美元＝2.5 | 代表如果遇到紧急事件，可以支付生活费用的时间，高流动比率是理想的。 |
| 债务偿还比率 | 每月信贷支付/税后收入 | 540 美元/3 600 美元＝0.15 | 表示收入中有多少用于偿还负债，大多数理财专家建议比率应小于20%。 |
| 储蓄比率 | 每月储蓄金额/每月总收入 | 648 美元/5 400 美元＝0.12 | 理财专家建议每月储蓄5%～10%。 |

基于以下信息，计算比率：

负债 12 000 美元　　　　　　　　　　资本净值 36 000 美元

流动资产 2 200 美元　　　　　　　　　流动负债 550 美元

每月信贷支付 150 美元　　　　　　　　税后收入 900 美元

每月储蓄 130 美元　　　　　　　　　　总收入 1 500 美元

(1) 负债比率＿＿＿＿＿＿＿　　　　　　(3) 流动比率＿＿＿＿＿＿＿

(2) 债务偿还比率＿＿＿＿＿＿　　　　　(4) 储蓄比率＿＿＿＿＿＿＿

# 你的现金流量表：收入与支出

> **现金流**：给定期间内现金的实际流入与流出。

　　每天，理财活动都会影响你的资本净值。当你取得收入或支付费用时，你的资产和负债就会发生变化。**现金流**是给定期间内现金的实际流入与流出。工作中取得的收入可能是你最主要的现金流入。然而，像储蓄的利息所得等其他收入也需要被考虑进去。相反，我们所支付的租金、食物、贷款等就是现金流出。

> **现金流量表**：也叫个人收入支出表，是给定时期内，现金收入与支出的总计。

　　**现金流量表**也叫个人收入支出表（见表2—3），它是给定时期内（比如，一个月或一年），现金收入与支出的总计。这个表提供了关于收入和支出的数据，并为做预算提供了帮助。

　　经常账户为现金流量表提供了信息。账户中的存款就是现金流入；开出的支票、提取的现金，或用贷记卡支付的资金都是现金流出。当然，如果你没有把所有的收入都存入账户，那么你必须考虑把未储蓄的收入及支出也记录在现金流量表上。

制作现金流量表包括以下三步：

```
一段时间内的      一段时间内      现金盈余或
现金收入合计   -   的现金支出合计  =  现金亏损
```

## 步骤1：记录收入

收入：一个家庭或
个人的现金流入。

税后收入：也叫净
收入，是一个人的
收入扣除税费及其
他项后的余额。

确认你的资金收入是制作现金流量表的第一步。**收入**是一个家庭或个人的现金流入。对于大部分人来说，最主要的收入就是工作收入。其他收入来源包括佣金、自雇收益、利息、分红、礼品、赠与、奖学金、政府支付、养老金、退休收入、抚养费，以及孩子的赞助费用。

在图表2—3中，我们可以看到金每月4 350美元的薪水（或总收入）是她收入的主要来源。她没有使用全部资金。**税后收入**也叫净收入，是一个人的收入扣除税费及其他项后的余额。金扣减了联邦政府、州政府以及社会保障税额，总共1 250美元，她的税后收入是3 100美元。这个数额加上储蓄和投资的收入，就是她当月可以使用的资金。

税后收入也叫可支配收入，是个人或家庭可以花费的资金数额。**可支配收入**是支付了住房、食物以及其他必需品后剩下的资金数额。研究表明，25岁以下的人们的可支配收入占总收入的比例不到5%，老年人的可支配收入超过40%。

可支配收入：支付
了住房、食物以及
其他必需品后剩下
的资金数额。

## 步骤2：计算现金流出

生活费用以及其他项目的资金流出构成现金流量表的第二个组成部分。金把她的现金流出分为两大类：固定费用和可变费用。每个家庭或个人都有不同的现金流出，但以下几类是最主要的，可以应用到绝大多数情形中。

1. 固定费用是每月不变的费用。固定支出包括租金、抵押贷款支付、分期付款费用、网络电视服务费以及每月上班的路费等。对于金来说，另一项固定费用就是她每月留出来的用于支付一年一次或两次的费用。比如，金每年3月份支付384美元的人寿保险费。每个月，她在专门的账户中固定存入32美元，这样当需要交费时，她就有了资金。

> **你知道吗？**
> 如果遇到紧急事件时没有足够的资金，人们通常会使用信用卡或房屋抵押贷款、向亲朋好友借款、支取退休金账户中的资金或者卖掉一些不需要的资产。

2. 可变费用是每月变化的弹性支付。可变现金流出项包括食物、衣服、电话费、电费、医药费、娱乐费、礼物及捐赠等方面的支出。我们需要用账本或其他记录系统记录具体的现金总支出。

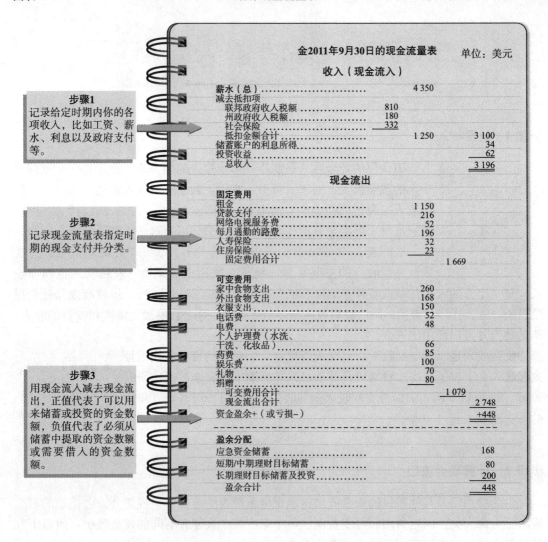

**步骤1**
记录给定时期内你的各项收入，比如工资、薪水等、利息以及政府支付等。

**步骤2**
记录现金流量表指定时期的现金支付并分类。

**步骤3**
用现金流入减去现金流出，正值代表了可以用来储蓄或投资的资金数额，负值代表了必须从储蓄中提取的资金数额或需要借入的资金数额。

金2011年9月30日的现金流量表　　　　单位：美元

**收入（现金流入）**

| | | |
|---|---|---|
| 薪水（总） | | 4 350 |
| 减去抵扣项 | | |
| 联邦政府收入税额 | 810 | |
| 州政府收入税额 | 180 | |
| 社会保险 | 332 | |
| 抵扣金额合计 | 1 250 | 3 100 |
| 储蓄账户的利息所得 | | 34 |
| 投资收益 | | 62 |
| 总收入 | | 3 196 |

**现金流出**

**固定费用**

| | | |
|---|---|---|
| 租金 | 1 150 | |
| 贷款支付 | 216 | |
| 网络电视服务费 | 52 | |
| 每月通勤的路费 | 196 | |
| 人寿保险 | 32 | |
| 住房保险 | 23 | |
| 固定费用合计 | | 1 669 |

**可变费用**

| | | |
|---|---|---|
| 家中食物支出 | 260 | |
| 外出食物支出 | 168 | |
| 衣服支出 | 150 | |
| 电话费 | 52 | |
| 电费 | 48 | |
| 个人护理费（水洗、干洗、化妆品） | 66 | |
| 药费 | 85 | |
| 娱乐费 | 100 | |
| 礼物 | 70 | |
| 捐赠 | 80 | |
| 可变费用合计 | 1 079 | |
| 现金流出合计 | | 2 748 |
| 资金盈余+（或亏损-） | | +448 |

**盈余分配**

| | |
|---|---|
| 应急资金储蓄 | 168 |
| 短期/中期理财目标储蓄 | 80 |
| 长期理财目标储蓄及投资 | 200 |
| 盈余合计 | 448 |

## 步骤 3：计算现金流净值

收入和支出的差额可能是正的（盈余）或负的（赤字）现金流净值。如果给定月份的支出大于收入，那么赤字就发生了，这个差值必须用储蓄账户中的金额或者借入资金来弥补。

当现金流净值为正时，就像金一样（见图表 2—3），这些金额可以被用来储蓄、投资或偿还债务。每个月，金留出一些资金存入储蓄账户，用作紧急事件的储备资金，以便需要临时支付费用或没有领到工资单需要支付费用时使用。她把盈余储存到了存款账户中，并作了投资计划，这有两个目的，第一个就是达到短期理财目标，比如，购买新车、度假、再入学等。另一个就是为了长期的财务安全——她的退休计划。现金流量表为建立消费、储蓄以及投资计划提供了基础。

1. 建立个人财务报表的主要目的是什么？
_____

2. 个人资产负债表可以告诉你怎样的财务状况？
_____

3. 分辨以下项目是资产（A）、负债（L）、现金流入（CI），还是现金流出（CO）：

| _____月租 | _____汽车贷款 |
| _____储蓄账户的利息 | _____稀有货币的收集 |
| _____退休金账户 | _____抵押贷款账户 |
| _____电费 | _____汽车的市场价值 |

4. 简有流动资产 6 300 美元，每月花销 2 100 美元。根据流动性比率，如果发生紧急事件，她可以支付多少个月的生活费用？

**自我应用！**

**目标 2**：请使用网络或图书馆获取美国家庭所拥有的资产的信息。近年来，美国消费者的资产、负债以及资本净值发生了哪些变化？

# 有效预算计划

**目标 3**：制定并实施个人预算。

**预算**也叫消费计划，是成功的理财规划中不可缺少的部分。我们通常遇到的很多理财问题都可以通过预算来解决，比如，过度使用信用卡消费、缺乏日常储蓄计划、无法保证经济安全等。预算的主要目的就是帮助你合理分配收入、达到理财目标、为财务危机做准备，并且可以帮助你养成良好的理财习惯。预算可以分为七步。

**预算**：是一个消费收入的特殊计划，也叫做消费计划。

## 步骤一：制定理财目标

未来的计划对于决定理财方向是非常重要的。制定理财目标就是为一些需要你储蓄、消费以及投资的活动作合理计划。正如我们在第 1 章中讨论的，理财目标应该是（1）现实的；（2）具体的，可测量的；（3）基于时间框架的；（4）以行动为目的的。图表 2—4 给出了基于生活状况及时间周期的普通理财目标的例子。

| 图表 2—4 | 常见的理财目标 | | |
|---|---|---|---|
| 个人情况 | 短期目标（少于 2 年） | 中期目标（2～5 年） | 长期目标（大于 5 年） |
| 单身 | 完成大学学业<br>还清汽车贷款 | 去欧洲旅游<br>偿还助学贷款<br>去研究所学习 | 在山里购买度假住房<br>为退休后生活提供资金 |
| 年轻夫妇（无孩子） | 每年安排一次度假旅行<br>买一辆新车 | 改善住房<br>建立股票组合 | 购买退休住房<br>为退休后生活提供资金 |
| 夫妻（有孩子） | 增加人寿保险<br>增加储蓄 | 增加投资<br>购买新车 | 为孩子储蓄大学费用<br>搬到大房子里 |

## 步骤二：估计收入

如图表 2—5 所示，制定目标后，一段时间内你需要估计你的可用资金。由于像租金、信用卡负债、抵押贷款等款项是需要每月偿付的，所以预算期通常是一个月。在计算可用收入时，仅仅需要把你确定会收到的现金计算在内。奖金、礼品或者未预料到的收入只有收到后才可以计算在内。

如果你的收入会经常变动的话，那么做预算可能会比较困难。在这种情况下，可以最低限度地估计你的收入，以避免过度消费，并避免遇到财务困境。

## 步骤三：为紧急资金和储蓄做预算

为了存一些钱以保证未来财物安全以及应对未来的突发事件，鲁宾逊为储蓄和投资作了预算（见表 2—5）。理财专家认为如果存有应急资金的话，那么发生紧急事件时，可以使用应急资金渡过 3～6 个月的困难期。这个数额会根据个人的生活状况及工作的稳定性而变动。

鲁宾逊每月为支付车辆保险而留出了足够的金额，以便每 6 个月支付一次保险费。这些资金以及应急资金都储存在存款账户中。

通常我们可能会遇到的预算错误就是将你在每月底剩下的钱存储起来。当你这样做时，通常也不剩余多少钱来储蓄了。因为储蓄对长期财务安全来说很重要，请记住"先把自己养活"。

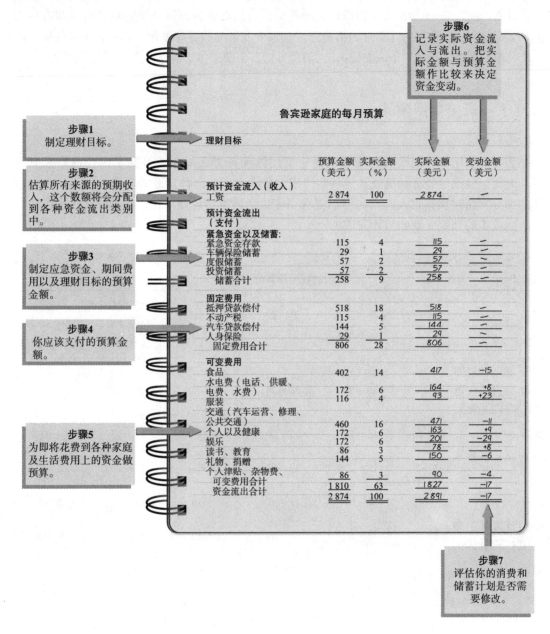

鲁宾逊家庭的每月预算

**步骤1**
制定理财目标。

**步骤2**
估算所有来源的预期收入，这个数额将会分配到各种资金流出类别中。

**步骤3**
制定应急资金、期间费用以及理财目标的预算金额。

**步骤4**
你应该支付的预算金额。

**步骤5**
为即将花费到各种家庭及生活费用上的资金做预算。

**步骤6**
记录实际资金流入与流出。把实际金额与预算金额作比较来决定资金变动。

**步骤7**
评估你的消费和储蓄计划是否需要修改。

理财目标

| | 预算金额（美元） | 实际金额（%） | 实际金额（美元） | 变动金额（美元） |
|---|---|---|---|---|
| **预计资金流入（收入）** | | | | |
| 工资 | 2 874 | 100 | 2 874 | — |
| **预计资金流出（支付）** | | | | |
| **紧急资金以及储蓄：** | | | | |
| 紧急资金存款 | 115 | 4 | 115 | — |
| 车辆保险储蓄 | 29 | 1 | 29 | — |
| 度假储蓄 | 57 | 2 | 57 | — |
| 投资储蓄 | 57 | 2 | 57 | — |
| 储蓄合计 | 258 | 9 | 258 | — |
| **固定费用** | | | | |
| 抵押贷款偿付 | 518 | 18 | 518 | — |
| 不动产税 | 115 | 4 | 115 | — |
| 汽车贷款偿付 | 144 | 5 | 144 | — |
| 人身保险 | 29 | 1 | 29 | — |
| 固定费用合计 | 806 | 28 | 806 | — |
| **可变费用** | | | | |
| 食品 | 402 | 14 | 417 | -15 |
| 水电费（电话、供暖、电费、水费） | 172 | 6 | 164 | +8 |
| 服装 | 116 | 4 | 93 | +23 |
| 交通（汽车运营、修理、公共交通） | 460 | 16 | 471 | -11 |
| 个人以及健康 | 172 | 6 | 163 | +9 |
| 娱乐 | 172 | 6 | 201 | -29 |
| 读书、教育 | 86 | 3 | 78 | +8 |
| 礼物、捐赠 | 144 | 5 | 150 | -6 |
| 个人津贴、杂物费、 | 86 | 3 | 90 | -4 |
| 可变费用合计 | 1 810 | 63 | 1827 | -17 |
| 资金流出合计 | 2 874 | 100 | 2 891 | -17 |

## 步骤四：固定费用预算

明确的责任是预算的一部分。如图表 2—5 所示，鲁宾逊在住房、税收以及贷款支付方面有固定的费用。他每月支付 29 美元的人寿保险。他们固定费用的总预算是 806 美元，或者预计可获得收入的 28%。

合理分配消费金额需要仔细的考虑。你对各项事物的预算金额取决于你当前的需求和未来的计划。图表2—6给出了不同情况的预算分配。虽然创建预算分类时信息是非常有价值的，但是保留一个详细的几个月的消费记录是你个人情况的更好体现。然而，不要气馁，用一个简单的系统，比如本子或支票簿。"消费日记"会帮助你了解你的资金都去了哪里。

## 步骤五：可变费用预算

为可变费用做计划没有为储蓄或固定费用做预算那么简单。可变费用会根据家庭情况、时间、健康、经济状况或其他一些因素的变动而变动。鲁宾逊的消费计划中一个很重要的部分（超过预算收入的60%）就是为可变生活成本做计划，这都是通过对过去消费以及生活成本的预期变动的估计完成的。

| 图表 2—6 | | 典型的税后预算分配（%） | | | | |
|---|---|---|---|---|---|---|
| 预算种类 | 学生 | 单身且工作（无家属） | 夫妻（孩子在18岁下） | 单身家长（有小孩） | 夫妻（孩子超过18岁，上大学） | 夫妻（超过55岁，孩子已独立） |
| 住房（租金或抵押贷款支付；水电费；家具及电器） | 0～25 | 30～35 | 25～35 | 20～30 | 25～30 | 25～35 |
| 交通 | 5～10 | 15～20 | 15～20 | 10～18 | 12～18 | 10～18 |
| 食品（在家或外出） | 15～20 | 15～25 | 15～25 | 13～20 | 15～20 | 18～25 |
| 衣服 | 5～12 | 5～15 | 5～10 | 5～10 | 4～8 | 4～8 |
| 个人及健康护理（包括孩子的抚养） | 3～5 | 3～5 | 4～10 | 8～12 | 4～6 | 6～12 |
| 娱乐活动 | 5～10 | 5～10 | 4～8 | 4～8 | 6～10 | 5～8 |
| 读书及教育 | 10～30 | 2～4 | 3～5 | 3～5 | 6～12 | 2～4 |
| 个人保险与养老金支付 | 0～5 | 4～8 | 5～9 | 5～9 | 4～7 | 6～8 |
| 礼品、捐赠及赞助 | 4～6 | 5～8 | 3～5 | 3～5 | 4～8 | 3～5 |
| 储蓄 | 0～10 | 4～15 | 5～10 | 5～8 | 2～4 | 3～5 |

资料来源：Bureau of Labor Statistics（http://stats.bls.gov）；*American Demographics*；*Money*；*The Wall Street Journal*.

## 步骤六：记录消费金额

建立了消费计划后，你需要跟踪记录你的实际收入与消费额。这个过程与制定现金流量表相似。在表2—5中，我们可以看到鲁宾逊估计了收入和费用的金额，这些在"预算金额"中呈现。但是家庭的实际消费不总与预算相一致。**预算差异**是实际收入或支出的金额与预算金额的差。鲁宾逊家庭的总变动是**赤字**17美元，因为他们实际的消费金额超过了他们预计的消费金额。如果他们的实际消费低于他们所预计的，他们就会有**盈余**。

收入变动可以被看做与费用变动是相反的。收入低于预计金额将会导致赤字，而收入超过预计金额会导致盈余。一个项目的消费超过预期可

以通过减少其他项目的消费或减少储蓄来平衡。定期修改你的预算和理财目标是必要的。

## 步骤七：回顾消费与储蓄模式

像很多决定一样，预算是一个循环、持续的过程，你需要经常回顾并修改你的消费计划。

**回顾你的理财过程**　预算的结果是显而易见的：有足够的可用现金或资金不足。但是，这些结果不总是存在的。有时候，你需要回顾消费超过预算或不及预算的地方。你可以准备一份年度总结把每月的预算金额与实际支出额相比较。这个总结将会帮助你发现预算中需要做改变的地方。这个回顾过程对于成功的短期资金管理和长期财务安全是非常重要的。

**修改你的目标和预算分配**　当预算短缺发生时，你会先减少哪个项目？这个问题并不容易回答，并且不同的家庭有不同的答案。最常见的过度消费的方面就是娱乐和食品，特别是外出就餐。常用的预算调整方法包括减少奢侈品的购买、购买质量好的耐用商品以及避免用信用卡支付等。当必须减少家庭预算时，通常减少旅游、外出就餐、清理与除草服务、网络服务及慈善捐助等费用。

在预算过程中，你需要经常修改你的理财目标。你是在朝着理财目标努力吗？个人或经济状况的变化是否影响了特定目标的实现？新的目标是否需要优先实现？建立有效的储蓄计划将会帮助你实现目标。

> **你知道吗？**
> 大多数家庭每月会获得额外的500美元或更多的可用资金，这些可以通过减少保险费用、减少合理的食品消费、减少能源的使用、减少手机费和上网费，以及避免贷款获得。

## 个人理财实践
## 选择一个预算系统

虽然你可以通过支票簿记录你的相对完整的费用，但是它没有为消费做计划的作用。预算就是列出你将如何支配可利用收入。以下是各种预算系统。每一种系统中都列出了此

种方法的好处以及谁将使用这一系统。

| 预算系统的种类 | 它的优点是什么？要注意些什么？ | 谁可能会使用这个系统？ |
|---|---|---|
| 思想上的预算只存在于一个人的脑海中。如果你的资源有限并且理财责任较少，那么这个简单的系统可能适合你。 | | |
| 实物预算就是用信封、文件夹或容器等存钱或纸张。信封可用于存放现金或列出各项支出金额的单子等。 | | |
| 书面预算指可以被记录在记事本上或者专用预算纸张上。 | | |
| 计算机化预算系统使用表格程序或专用软件，像Microsoft Money（www.msn.com/money）或者Quiken（www.quichen.com）等。 | | |

**你将怎么做？** 描述你当前的预算系统。你是否可以做一些不同的记录保留活动？

**成功预算的特点** 消费计划不会消除财务困扰。如果你按照预算走，预算就会起作用。收入、生活费用以及目标的变化需要消费计划随着改变。成功的预算通常是：

- 计划好的。好的预算是需要时间去准备的，并且需要考虑每一个会被它影响的人。
- 现实的。如果你的收入中等，不要立即为购买高档汽车而储蓄。预算不是阻止你去享受生活，而是帮助你得到你最想要的。
- 灵活的。当遇到突如其来的费用或者生活状况的改变时，你需要灵活地修改预算。
- 清晰的。除非你和家人意识到消费计划的存在，否则它是不会起作用的。预算应该是书面的并且家庭成员可以触及的。

## 概念检测 2—3

1. 预算的主要目的是什么？

_____

2. 人们的生活状况是如何影响预算的目标设定与资金分配的？

_____

3. 在以下家庭费用中，指出其是固定费用还是可变费用。

_____外出就餐　　　　　　_____有线电视

_____租金　　　　　　　　_____电费

_____健康医疗保险　　　　_____汽车修理费

4. 科林家一个月的预算费用是 4 560 美元，实际消费是 4 480 美元，这将导致预算盈余还是预算赤字（选择其一），为_____美元。

**目标 3：**询问两三个朋友或亲戚关于他们的预算系统，获取关于他们是如何保存消费记录的信息，并完成录像或幻灯片的视频展示。

# 货币管理与财务目标实现

> **目标 4：将货币管理活动与储蓄相结合以实现个人理财目标。**

你的个人财务报表和预算能帮助你通过以下行为实现理财目标：
1. 资产负债表：呈现你当前的财务状况——你现在的状况。
2. 现金流量表：呈现过去的一个月中，你的收入与消费。
3. 你的预算：预期消费与储蓄以达到理财目标。

　　人们期间性地制定资产负债表，比如，每 3 个月或 6 个月。在这期间，预算和现金流量表帮助你计划和衡量你的消费和储蓄行为。比如，你可能在 1 月 1 日、6 月 30 日、12 月 31 日制作资产负债表。你的预算将帮助你在储蓄和消费间找到平衡点。你的现金流量表将记录你实际的消费与储蓄情况，这种关系将以以下方式呈现：

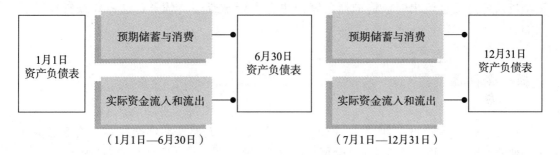

| | | |
|---|---|---|
| 1月1日 资产负债表 | 预期储蓄与消费 — 实际资金流入和流出 — | 6月30日 资产负债表 |
| | （1月1日—6月30日） | |

| | | |
|---|---|---|
| | 预期储蓄与消费 — 实际资金流入和流出 — | 12月31日 资产负债表 |
| | （7月1日—12月31日） | |

## 储蓄从第一天开始

　　一个社会学家说当我们把储蓄账户留给孩子们时，我们将是更强大的中产阶级。

　　**你希望如何储蓄？**我认为每个人都会有一个为重要人生目标储蓄的账户系统——高中以上的教育，房屋的所有权，额外的工作培训等。最终，账户中的金钱将为退休后的生活提供资金。低收入孩子需要更多的储蓄金，因为大多数大学和退休计划的税收福利都指向高收入或中等收入家庭。

　　**钱来自哪里？**每年有 400 万的孩子出生，30 万亿美元年度财务预算，甚至 40 亿美元的成本都不能称为大数目。

　　**谁来操纵？**主要的资产管理者提供了储蓄计划。好的计划将是低成本的、简单的投资决策。

　　**这些账户会把我们变成全民储蓄者吗？**

至少我们是鼓励大家去储蓄的。家庭成员如果进行额外的储蓄，是可以得到税收优惠的，尽管税收免除是有限额的。随着一些试行措施的出台，相应的资金可以来自政府、慈善机构或者其他资源等。

**复利情况下，这些账户是否会对上大学或退休成本产生很大的影响？** 我关注了高等教育，这对于一生的收入都有重大的影响。为上大学储蓄 10 000 美元～15 000 美元，这将对成千上万的年轻人产生巨大的影响。

**近期市场的衰退会减少居民的储蓄吗？** 如果关注一下熊市，我会变得慌张。我不知道我们今年是否会有储蓄，但是未来10～15年，我们会为每一个孩子进行储蓄的。

资料来源：Reprinted by permission from the june issue of *Kiplinger's Personal Finance*. Copyright © 2008 The Kiplinger Washington Editors，inc.

1. 个人及社会的预期储蓄计划有哪些优势？

_____

2. 描述对这个计划可能的反对意见。

_____

3. 你将如何修改预期储蓄计划以更好地实现目标？

_____

资本净值的变化来自现金流入与流出。当资金流出超过资金流入时，你需要从储蓄账户中提取资金或借款。只是，当这发生时，储蓄降低，负债增加，导致资本净值减少。当资金流入超过资金流出时，将向储蓄账户中存入资金或还清债务，这将导致资本净值增加。

## 选择一个储蓄工具

传统上讲，美国的储蓄率在工业国家中排名较低。低储蓄率将会影响个人的财务状况。研究表明，大部分美国人是不会留出应急资金的。

大部分人觉得储蓄是非常难的，理财专家建议可以采用以下方法使它变得容易。

1. 每天记录并存一定的钱在储蓄账户中。这种储蓄存款可以是收入的一部分，比如，5％、10％或者一定的金额。

2. 很多工作都有工资扣款项目。在直接储蓄系统下，一定额度的扣款是自动从薪水中扣减，并存入储蓄账户的。

3. 储蓄硬币或减少特定项目的消费可以帮助你储蓄。每天，把你的零钱放到一个容器中。你可以通过带一个三明治去上班而不是买午饭来增加你的储蓄，也可以通过忍住不买零食或杂志来储蓄。

坚持定期储蓄要比你如何去储蓄重要得多，它将帮助你达到理财目标。小金额储蓄的增长速度将会比大多数人意识到的增长快得多。

---

**你知道吗？**

很多年来，同事们都取笑一个每天拿着棕色背包去吃午饭的女士，这位女士后来退休时资金充足，在一个海景房中安享晚年。每日的咖啡和松饼会带来一年超过 1 300 美元的费用支出。

---

## 计算储蓄金额

为了达到你的财务目标，你需要将储蓄目标分解成具体的金额。储蓄或投资计划对于你的资金的增长是非常重要的。如图表2—7所示，通过应用第1章中介绍的货币的时间价值的计算，可以帮助你计算达到财务目标的进程。

**图表 2—7**　　　　　　　　　　　　**通过储蓄达到理财目标**

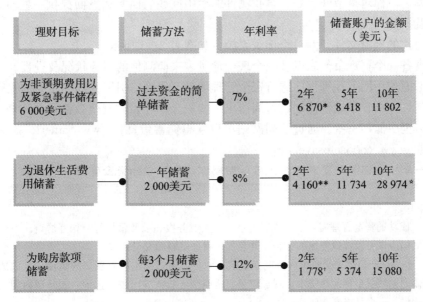

\* 基于第1章及第1章附录的表格中的1美元的未来价值。

\*\* 基于第1章及第1章附录的表格中年金的未来价值。

☆ 每年储蓄2 000美元，40年后这个退休账户中的金额将超过500 000美元。

† 以季度进行复利计算，将在第4章中解释。

### 概念检测 2—4

1. 个人财务报表、预算以及达到理财目标之间存在着什么关系？

2. 有哪些方法能够使得储蓄变得简单？

3. 如果你希望得到以下信息，请填写相关栏目。

| 需要的理财信息 | 资产负债表 | 现金流量表 | 预算 |
| --- | --- | --- | --- |
| 欠下的医疗费用金额 | | | |
| 最近几个月的消费结构 | | | |
| 未来一个月计划的消费结构 | | | |
| 投资的现值 | | | |
| 存入储蓄账户的金额 | | | |

**自我应用！**

**目标4**：分别询问一位年轻的单身人士、一对年轻夫妇和一位中年人士关于他们的财务目标和储蓄习惯。他们需要采取什么行动以达到各种财务目标呢？

---

### 自我测评回顾

回顾一下你对章节开始处"自我测评"栏中问题的回答。下面提供一些有效的资金管理及预算方法：

- 为你的理财文件开发一个记录系统，如图表2—1所示。
- 准备一个资产负债表以及一个现金流量表来监测你的财务状况及进程。
- 考虑使用网上预算程序进行资金管理活动。用网络引擎找到你需要的程序。
- 制订一个日常储蓄计划，每周留出一些资金。开始时资金数额可能比较小……但至少储蓄一些。通过下列网站可以获得储蓄信息：www. americasaves. org 或 www. choosetosave. org。

这一章中，你学到了哪些知识可以帮助你进行每日的资金管理？

## 本章小结

**目标1**　成功的资金管理需要个人理财记录、个人财务报表以及预算行为相互协调。一个有组织的理财记录和文档应该可以提供便捷的途径，并且保证财务资料的安全。

**目标2**　个人资产负债表又叫个人资产净值表，它可以通过列出所有资产与负债项来完成。你的总资产与总负债的差额就是你的净资本。现金流量表也叫个人收入支出表，它是一定时期内现金收入和支出的汇总，比如，一个月或者一年。

**目标3**　预算过程包括了以下七个步骤：（1）制定理财目标；（2）估计收入；（3）为紧急资金和储蓄做预算；（4）固定费用预算；（5）可变费用预算；（6）记录消费金额；（7）回顾消费与储蓄模式。

## 关键词

| | | |
|---|---|---|
| 资产 | 赤字 | 资金管理 |
| 资产负债表 | 可支配收入 | 资本净值 |
| 预算 | 收入 | 安全的保险柜 |
| 预算差异 | 破产 | 盈余 |
| 现金流 | 负债 | 税后收入 |
| 现金流量表 | 流动资产 | 流动负债 |
| 长期负债 | | |

## 重点公式

| 对象 | 公式 |
|---|---|
| 资本净值 | 资本净值＝总资产－总负债<br>例如：＝125 000 美元－53 000 美元<br>＝72 000 美元 |

| 对象 | 公式 |
|---|---|
| 负债比率 | 负债比率＝负债/资本净值<br>例如：＝7 000 美元/21 000 美元<br>＝0.3 |
| 流动比率 | 流动比率＝流动资产/流动负债<br>例如：＝8 500 美元/4 500 美元<br>＝1.88 |
| 流动性比率 | 流动比率＝流动资产/每月费用<br>例如：＝8 500 美元/4 500 美元<br>＝2.4 |
| 债务偿还比率 | 债务偿还比率＝每月信贷支付/税后收入<br>例如：＝760 美元/3 800 美元<br>＝0.20 |
| 储蓄比率 | 储蓄比率＝每月储蓄金额/月总收入<br>例如：＝460 美元/3 800 美元<br>＝0.12 |
| 现金盈余（赤字） | 现金盈余（赤字）＝资金总流入－资金总流出<br>例如：＝5 600 美元－4 970 美元<br>＝630 美元（盈余） |

## 自测题

1. 汉密尔顿家拥有资产 145 000 美元，负债 63 000 美元，家庭资本净值是多少？
2. 哈罗德 7 月份的食品预算是 210 美元，他实际花费了 227 美元，他是否有预算盈余或赤字，金额是多少？

## 自测题答案

1. 资本净值是通过资产（145 000 美元）减去负债（63 000 美元）计算的，资本净值为 82 000 美元。
2. 预算赤字为 17 美元，用预算金额 210 美元减去实际消费 227 美元。

## 练习题

1. 基于以下数据，计算总资产、总负债以及资本净值。

   流动资产 3 670 美元　　　　　投资资产 8 340 美元

   流动负债 2 670 美元　　　　　家庭资产 89 890 美元

   长期负债 76 230 美元

   a. 总资产_____美元

   b. 总负债_____美元

   c. 资本净值_____美元

2. 通过下列资产负债表项目及金额，计算总流动资产与总流动负债。

   货币市场存款 2 600 美元　　　　医疗费用 232 美元

   抵押贷款 158 000 美元　　　　　经常账户 780 美元

   退休账户 86 700 美元　　　　　信用卡余额 489 美元

   a. 总流动资产_____美元

b. 总流动负债_____美元

3. 通过下列项目，计算总资产、总负债、资本净值、现金总流入以及现金总流出。

每月租金 650 美元　　　　　每月税后收入 1 950 美元

食品消费 245 美元　　　　　经常账户资金额 450 美元

储蓄账户余额 1 890 美元　　教育贷款余额 2 160 美元

汽车的当前价值 7 800 美元　每月手机费用 65 美元

信用卡余额 235 美元　　　　贷款支付 80 美元

车险 230 美元　　　　　　　家庭财产 3 400 美元

音响设备 2 350 美元　　　　电费 90 美元

工作餐费及停车费 180 美元　捐款 70 美元

家庭电脑 1 500 美元　　　　股票投资价值 860 美元

购买的服装 110 美元　　　　餐馆消费 130 美元

a. 总资产_____美元

b. 总负债_____美元

c. 净值_____美元

d. 现金总流入_____美元

e. 现金总流出_____美元

4. 根据以下每种情况，计算空着的资金数额。

a. 资产 45 000 美元，负债 16 000 美元，资本净值_____美元

b. 资产 76 500 美元，负债_____美元，资本净值 18 700 美元

c. 资产 34 280 美元，负债 12 965 美元，资本净值_____美元

d. 资产_____美元，负债 38 345 美元，资本净值 52 654 美元

5. 基于以下数据，计算所需比率。

负债 8 000 美元　　　　　　资本净值 58 000 美元

流动资产 4 600 美元　　　　流动负债 1 300 美元

每月信用卡支出 640 美元　　税后收入 2 600 美元

每月储蓄 130 美元　　　　　总收入 2 850 美元

a. 负债比率_____

b. 流动比率_____

c. 债务偿还比率_____

d. 储蓄比率_____

6. 汤姆家负债 128 000 美元，资本净值 340 000 美元，那么负债比率是多少？你如何评价这个比率？

7. 卡拉有流动资产 2 680 美元，流动负债 2 436 美元，那么流动比率是多少？你如何评价他的资金状况？

8. 根据以下财务状况，计算资金盈余或赤字？

| 现金流入（美元） | 现金流出（美元） | 盈余（美元）或赤字（美元） | |
|---|---|---|---|
| 3 400 | 3 218 | _____ | _____ |
| 4 756 | 4 833 | _____ | _____ |
| 4 287 | 4 218 | _____ | _____ |

9. 布兰登在预算的基础上每月收入 5 630 美元，他们计划储蓄 10%，固定消费 32%，可变消费支出 56%。

a. 对于以下的预算项目，他们计划留出的金额是多少？

储蓄 _____ 美元

固定消费 _____ 美元

可变消费 _____ 美元

b. 在留出这些资金后，剩余多少资金用来付额外储蓄或偿还贷款？

10. 弗兰斯的预算与实际消费如下，计算每一项的变动，并指出是盈余还是赤字。

| 项目 | 预算（美元） | 实际（美元） | 变动盈余（美元） | 或赤字（美元） |
|------|------|------|------|------|
| 食品 | 350 | 298 | _____ | _____ |
| 交通 | 320 | 337 | _____ | _____ |
| 住房 | 950 | 982 | _____ | _____ |
| 服装 | 100 | 134 | _____ | _____ |
| 个人 | 275 | 231 | _____ | _____ |

11. 埃迪森最近失去了工作，在失业之前，他家里（埃迪森；妻子，爱丽丝；两个孩子，分别为 12 岁和 9 岁）有一个月的税后收入 3 165 美元。每个月，资金应用在以下项目中：租金 880 美元，公共事业 180 美元，食物 560 美元，汽车费用 480 美元，服装 300 美元，保险 280 美元，储蓄 250 美元，个人及其他费用 235 美元。埃迪森失业后，家中的月收入是 1 550 美元，来自他妻子的工资及他的失业补助。埃迪森还有储蓄存款、投资及退休金共 28 000 美元。

a. 埃迪森需要考虑减少哪些预算项目以渡过资金困难时期？

b. 埃迪森如何合理使用他的储蓄及退休金？在失业期间，他还有哪些获取资金的方式？

12. 用计算未来价值与现值的方法计算下列各项。

a. 储蓄账户的年利率为 7%，500 美元 8 年后的未来价值。

b. 储蓄账户的年利率为 8%，每年储蓄 1 500 美元，储蓄 5 年后的未来价值。

c. 以 6% 的年利率储蓄 4 年的 2 000 美元的现值。

13. 布兰登计划每月减少 50 美元的消费，这些减少的金额 10 年后的未来价值是多少？（假设每年向储蓄账户储蓄一次，年利率为 5%。）

14. 乔治的叔叔给了他 10 000 美元作为毕业礼物，如果他把这些资金储蓄到账户中，年利率为 4%，15 年后的资金总额是多少？

## 问答题

1. 描述会引起长期财务问题的一般资金管理错误。

2. 你认为有效保管财务文件和记录的系统的主要特征是什么。

3. 计划并进行理财活动时，应如何使用财务比率。

4. 讨论一下如果家庭收入减少，如何修改预算计划。首先需要减少的消费是什么？

5. 对于个人及国家而言，低储蓄的长期影响是什么？

## 案例一                                  积少成多

你能想象一周储蓄 25 美分，并使它增长到多于 30 000 美元吗？

这件不可思议的事正是肯·佩罗兹所做的。从二年级开始，他建立了自己的储蓄账户，每周储蓄 25 美分。这些资金之后被投资到了各种股票和共同基金中。大学的时候，他每月能够储蓄 50 美元～100 美元，并且能够支付他的大学费用。他及时控制支出，并且意识到购买零食以及其他小物品的几美元加起来是一笔不小的数目。

如今，肯27岁，是一家零售公司网络销售部的客户服务经理。他和他的妻子艾丽卡有两个孩子，家庭消费计划使他们能够满足自己的所有支出，并且依旧能够定期为孩子的教育费用及退休金做储蓄和投资。近期，肯的一个同事布朗问他："你和艾丽卡看来好像从来没遇到过财务危机，这是为什么啊？"

肯回答说："你知道你每月的钱都花在哪里了吗？"

"不是很清楚。"布朗回答说。

"如果你计算一下你在小事情上花费了多少资金的话，你会非常惊讶的。"肯说。

"或许吧，我只是不想每天都在笔记本上记下钱都花在了哪里。"布朗失落地说。

"如果你希望你的财务状况有所改变，那么你就需要采取行动啊。"肯鼓励布朗道。

布朗说："好吧，你可以给我些建议吗？"

**问题**

1. 肯采取了哪些他人常常忽略的资金管理方法？

2. 基于网上的信息（www.kiplinger.com，www.money.com，www.asec.org），给出适合布朗的资金管理与财务计划建议。

3. 还有哪些目标适合肯及他的家人？

## 案例二

威奇（22岁）和父母一起生活了一年，她开始偿还学生贷款并且准备搬入她自己的公寓。她工作的公司实行401(k)福利计划，并且她的老板近期让她参加了一个名为"年末——你需要为客户了解什么"的培训。这个培训强调了整理信息的重要性，这样报告才能被更快地撰写出来。威奇认为这个培训很有价值，并且觉得她需要改进她自己家里的财务档案管理方式。令她失望的是，她意识到她要做的比她原本想象得要多很多。她的工资存根信用卡账单、收据、401(k)报表，以及其他一些工作福利信封，所有文件都堆放到了橱柜的鞋盒子里。她承认她需要一个更好的系统。

威奇的财务统计数据如下：

| 资产 | 负债 | 收入 |
| --- | --- | --- |
| 经常账户 3 500 美元 | 学生贷款 14 000 美元 | 年收入总和 40 000 美元 |
| 车 7 500 美元 | 信用卡 1 850 美元 | （税前） |
| 401(k) 2 500 美元 | 汽车贷款 200 美元 | 税后月收入 2 333 美元 |
| **每月支出** | 信用卡支付 40 美元 | **退休储蓄** |
| 租金 200 美元 | 娱乐 100 美元 | 401(k) 每月 500 美元，加上 |
| 食品 100 美元 | 汽油费/修理费 150 美元 | 雇主支付工资的 7% 的一半 |
| 学生贷款 250 美元 | | |

**问题**

1. 你会给威奇的记录系统提出哪些建议？

2. 如果她搬出去居住，她的预算中将增加哪些费用？

3. 她的应急基金中应该有多少资金？为达到这个金额，她需要采取哪些行动？

4. 她应该如何使用你的个人理财规划表8？

## 消费日记

"对于如何积少成多，我感到惊讶……然而，自从记录了我的支出后，我意识到我需要减少一些消费项目，这样可以把这些钱用来储蓄。"

**指导**

开始或继续使用本书最后提供的消费日记表，或者建立你自己的表格，以记录项目中你的每一分支出。这将使你更好地了解你的消费模式并帮助你实现理财目标。消费日记表在本书末的附录 C 中，或登录网站 www.mhe.com/kdh 获取。

**问题**

1. 你的每日消费记录提供的信息将如何鼓励你考虑采取多种资金管理行动？
2. 当进行预算时，每日消费记录将如何帮助你？

## 你的个人理财规划表 5

姓名：_____    日期：_____

### 理财文档和记录

**理财规划活动**：指出下列记录的位置，并为八大类财务文档建立档案。

**推荐网站**：www.money.com    www.kiplinger.com

| 项目 | 家庭档案 | 安全的保险柜 | 其他（详细说明） |
|---|---|---|---|
| **1. 资金管理记录**<br>　预算、财务状况 |  |  |  |
| **2. 个人/雇佣记录**<br>　当前简历、社保卡<br>　学校成绩单<br>　出生证明、结婚证明、离婚证明<br>　公民证、军官证<br>　领养证明、抚养证明 |  |  |  |
| **3. 税收记录** |  |  |  |
| **4. 金融服务/消费信用记录**<br>　未使用、取消了的支票账单<br>　储蓄、银行存折<br>　大额存单<br>　信用卡信息、账单<br>　债务合同 |  |  |  |
| **5. 消费者购买、住房及汽车记录**<br>　保修卡、收据<br>　房产证明<br>　租赁或抵押证明、所有权证书、财产税收信息<br>　车主证明 |  |  |  |

续前表

| 项目 | 家庭档案 | 安全的保险柜 | 其他（详细说明） |
|---|---|---|---|
| 机动车注册 | | | |
| 机动车服务记录 | | | |
| **6. 保险记录** | | | |
| 保险政策 | | | |
| 房产 | | | |
| 医疗信息（健康史） | | | |
| **7. 投资记录** | | | |
| 经纪人声明 | | | |
| 分红记录 | | | |
| 股票/债券证明 | | | |
| 稀有硬币、邮票及收藏品 | | | |
| **8. 房产及退休计划** | | | |
| 遗嘱 | | | |
| 养老金、社会保险资料 | | | |

## 个人理财规划的下一步是什么？

- 选择一个计算机程序来保存你的理财文件和记录。
- 如果文件不再需要了，你将怎么做？

## 你的个人理财规划表 6

姓名：＿＿＿＿＿＿＿＿＿＿＿＿＿＿＿＿＿＿　　日期：＿＿＿＿＿＿＿＿＿＿＿＿＿＿＿＿＿＿

## 建立个人资产负债表

**理财规划活动**：列出资产的当前价值，负债的金额，通过总资产减去总负债得出资本净值。

**推荐网站**：www.kiplinger.com　www.money.com

资产负债表　＿＿＿＿＿＿＿＿＿＿＿＿＿＿＿＿＿＿＿＿＿＿＿

**资产**

**流动资产**

经常账户余额　＿＿＿＿＿＿＿＿＿＿＿＿

储蓄/货币市场资金、基金　＿＿＿＿＿＿＿＿＿＿＿＿

人寿保险的现金价值　＿＿＿＿＿＿＿＿＿＿＿＿

其他＿＿＿＿＿＿＿＿＿＿＿＿＿＿＿＿＿＿＿

流动资产总额　＿＿＿＿＿＿＿＿＿＿＿＿＿＿＿＿＿＿＿＿

**住房资产和私人财物**

住房的市场价值　＿＿＿＿＿＿＿＿＿＿＿＿

汽车的市场价值 _____
**家具** _____
音响、相机等设备 _____
**首饰** _____
其他_____ _____
其他_____ _____
家庭总资产 _____
**投资资产**
大额存单 _____
股票及债券 _____
个人退休账户 _____
共同基金 _____
其他_____ _____
投资资产总额 _____
**总资产** _____
**负债**
**流动负债**
费用账户及信用卡余额 _____
贷款余额 _____
其他_____ _____
其他_____ _____
流动负债总额 _____
**长期负债**
抵押贷款 _____
其他_____ _____
长期负债总额 _____
**负债总额** _____
**资本净值（资产减负债）** _____

## 个人理财规划的下一步是什么？

- 将你的资本净值与之前的资产负债表相比较。
- 决定你间隔多长时间制作一份新的资产负债表。

---

### 你的个人理财规划表 7

姓名：_____  日期：_____

### 建立个人现金流量表

**理财规划活动**：记录每一个月（或三个月）的现金流入与流出。

**推荐网站**：www.americasaves.org  www.money.com

到月末　　　_____

**现金流入**

工资（税后）　_____

其他收入　　　_____

其他收入　　　_____

**收入总计**　　_____

**现金流出**

**固定费用**

抵押贷款或租金　_____

贷款支付　　　_____

保险　　　　　_____

其他_____　_____

其他_____　_____

固定现金流出总计　_____

**可变费用**　　_____

食品　　　　_____

服装　　　　_____

电费　　　　_____

电话费　　　_____

水费　　　　_____

交通费　　　_____

个人护理费　_____

医疗费　　　_____

娱乐费用　　_____

礼品费用　　_____

捐赠　　　　_____

其他_____　_____

其他_____　_____

可变资金流出合计　_____

**资金流出总计**　_____

**盈余/赤字**　_____

**盈余分配**

应急资金储蓄　_____

理财目标储蓄　_____

其他储蓄_____　_____

## 个人理财规划的下一步是什么？

● 决定消费的哪一部分需要被修改。

● 评估你的消费模式，并为预算做准备。

## 你的个人理财规划表 8

**姓名：** _____ **日期：** _____

## 建立个人预算表

**理财规划活动：** 基于你的现金流量表估计预计消费额，并记录实际的消费。

**推荐网站：** www.betterbudgeting.com   www.asec.com

| 收入 | 预算金额 美元 | 预算金额 % | 实际金额 | 变动额 |
|---|---|---|---|---|
| 工资 | | | | |
| 其他 | | | | |
| **收入总计** | | 100 | | |
| **费用** | | | | |
| **固定费用** | | | | |
| 抵押贷款或租金 | | | | |
| 资产税 | | | | |
| 贷款 | | | | |
| 保险 | | | | |
| 其他 | | | | |
| **固定费用总计** | | | | |
| **应急资金/储蓄** | | | | |
| 应急资金 | | | | |
| 为_____储蓄 | | | | |
| 为_____储蓄 | | | | |
| **储蓄总计** | | | | |
| **可变费用** | | | | |
| 食品 | | | | |
| 公共事业 | | | | |
| 服装 | | | | |
| 交通费 | | | | |
| 个人护理 | | | | |
| 医疗费 | | | | |
| 娱乐 | | | | |
| 教育 | | | | |
| 礼品/捐赠 | | | | |

续前表

| 收入 | 预算金额 | | 实际金额 | 变动额 |
|---|---|---|---|---|
| | 美元 | 比例 | | |
| 杂项 | | | | |
| 其他 | | | | |
| 其他 | | | | |
| **可变费用总计** | | | | |
| **费用总计** | | | | |

## 个人理财规划的下一步是什么？

● 评估你的预算是否符合你当前的生活状况。

● 评价你的预算行为是否对你达到理财目标有所帮助。

# 第 3 章　理财计划中的税收问题

**自我测评**

对于以下各项陈述，选择"同意"或"不同意"来反映你当前的税收筹划行为。

　　　　　　　　　　　　　　　　　　　　　　同意　不同意

1. 我会有条理地进行税收记录，这使我很容易找到需要的信息。　　____　____

2. 我会从我的工资中多为缴税扣除些资金，这样我可以每年得到一笔退税，而不是把这些资金存入储蓄账户。　　____　____

3. 我能够每年按时缴税。　　____　____

4. 我的税收返还从未被国内税收署质疑过。　　____　____

5. 我及时关注与当前经济形势相关的税收政策变化。　　____　____

学习完这章之后，你将需要重新思考这些问题。

*你的个人理财规划表*

9. 预估联邦所得税

10. 税收计划行为

**目　标**

在本章中，你将会学习到：

1. 识别人们需要赋税的主要税种。
2. 计算应纳税所得额以及联邦所得税额。
3. 为联邦所得税申报做准备。
4. 选择适合不同生活状况的税收策略。

**为什么这很重要？**

经济和政治环境的变化通常会带来税收政策的变动，有些变动是对你有利的，有些却不是。税收筹划中重要的一个因素就是退税。每年，超过 900 万的美国家庭接受了平均超过 1 600 美元的税收退款，总数超过 1 440 亿美元。如果每年投资收益率为 5％，这些退款将代表 72 亿美元的收入损失。通过获得少量的退税，你可以用这笔资金储蓄或投资以获得自己的收益。

# 理财计划中的税收问题

**目标 1：** 识别人们需要赋税的主要税种。

税收是每日生活中都会发生的事情。当你购买或者支付账单时，都需要缴税。然而，大部分人只有临近 4 月 15 日时才考虑税收问题。

## 设计你的税收策略

每年，赋税基金会都会计算人们在缴税上平均花费多少时间。近年来，从 5 月初便开始进入"税务自由日"，这意味着从 1 月 1 日起到 4 月末是一年中人们为纳税而干活的日子。

税收筹划是从了解当前的税收法律开始的，下一步是保留完整和适当的税收记录，之后，作出可以减少你的税收的购买或投资决定。你当前的目标应当是充分利用税收福利，并支付你应当支付的税费。

## 税收种类

**消费税：** 对于特定商品及服务实施的税，比如，汽油、烟草、含酒精饮料、轮胎、飞机旅行，以及电话服务。

大部分人需要支付以下税费：消费税、财产税、遗产税以及所得税。

**消费税**　在购买商品时，你可能会支付消费税。在很多州，食品及药品可以免除消费税，以减少低收入家庭的财务负担。近年来，除 5 个州外（阿拉斯加州、特拉华州、蒙大拿州、新罕布什尔州以及俄勒冈州）的所有州都征收消费税。**消费税**是联邦及州政府对特定商品及服务实施的税，比如，汽油、烟草、含酒精饮料、轮胎、飞机旅行，以及电话服务。

**财产税** 房地产税是当地政府收入的主要来源。这个税种是建立在土地及房屋的价值基础之上的。有些地区会对汽车、船舶、家具及农场设备征收个人财产税。

> **遗产税**：死亡后对其财产征收的税。

**遗产税** 遗产税是死亡后对其财产征收的税。这个税种是基于死亡人的投资、财产以及银行存款的正常市场价值减去可抵扣额及其他税费的差额征收的。

> **继承税**：基于继承的财产的价值征收的税。

留给继承人的资金或财产需要缴纳州税。**继承税**是基于继承的财产的价值征收的。这个税收是针对获得遗产的权利征收的。

如果个人每年被赠与现金或物品的价值不超过 13 000 美元，那么不需要缴税。礼品金额超过 13 000 美元则需要缴纳联邦税。用来支付学费或医疗费的金额是不需要缴纳赠与税的。

**所得税** 针对月薪及周薪的两大主要税收是社会保障税与收入所得税。联邦保险捐赠法案（FICA）设立了社会保障税，用来资助社会保障系统以及医院保险部分（医疗保险）中的老年人、生还者及残障人士。

所得税是大多数人财务计划的主要构成部分。有的人需要缴联邦、州及地方所得税。当前，仅有七个州不需要缴纳州所得税。

你的雇主将会从你的薪水中扣除所得税支付，或者如果你自己拥有一个公司，那么你需要计算应扣除的税费。这些税费仅是预估税额，你可能需要支付更多的金额，或许会得到税款返还，以下部分将帮助你准备联邦所得税返还，并帮助你选择未来的税收策略。

---

**你知道吗？**

根据税收基础（www.taxfoundation.org），阿拉斯加、特拉华、蒙大拿、新罕布什尔以及俄勒冈是税收友好型州。相比之下，缅因州、纽约州、罗得岛州、佛蒙特州及俄亥俄州收入的税费最高。

---

## 概念检测 3—1

1. 税收的四大种类是什么？

2. 列出以下情形所描述的税种。

| 理财计划描述 | 税种 |
|---|---|
| a. 针对个人房屋价值的税收 | |
| b. 汽油及飞机旅行的附加费 | |
| c. 联邦政府退休福利的工资抵扣 | |
| d. 继承死者遗产的金额 | |
| e. 抵扣工资的收入税 | |

---

## 自我应用！

**目标 1**：列出你所在地区人们普遍需要支付的税种。

# 联邦所得税基础

每年，成千上万的美国人需要向联邦政府支付所得税。如图表 3—1 所示，这个过程包括五步。

图表 3—1 计算应纳税所得额以及联邦所得税额

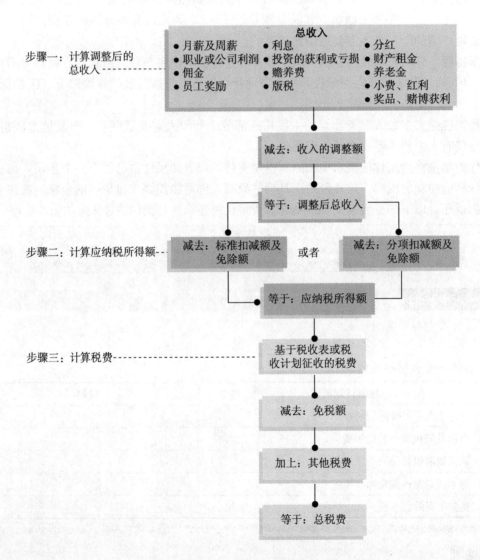

# 步骤一：计算调整后的总收入

这个过程就是计算**应纳税所得额**，即收入减去准予抵扣额之后的净值，这是计算收入所得税的基础。

**收入种类** 大部分收入都需要缴税。你的总收入主要包括以下三部分。

**1. 已获收入**，通常指周薪、月薪、佣金、规费、小费或红利。

**2. 投资收入**（有时也叫组合收入），是以投资的红利、利息或租金等形式收到的资金。

**3. 被动收入**来自你没有主动参与的商业活动，比如，有限责任合伙。

其他需要缴纳联邦所得税的收入包括赡养费、奖金、彩票奖金、奖品。比如，电视节目中获得的现金和奖品需要缴纳联邦以及州税。

收入总额会受**免除额**的影响。免除额即不计算在总收入中的金额。比如，国外收入免除项允许在国外工作或生活的美国公民在缴纳联邦所得税时减除一部分收入（80 000 美元）。

免除额也叫**免税收入**，即不需要缴税的收入。比如，很多州或市的债券是免除联邦所得税的。**延期纳税收入**是以后需要缴税的收入。

**收入的调整** 调整后的总收入（AGI）是经过特定减除后的总收入。这个减除额也叫收入的调整额，包括了 IRA 或基奥退休计划的捐赠、提前撤资的惩罚以及赡养费的支付。调整后的总收入是计算各种应纳税所得额扣减的基础，比如，医疗费。

# 步骤二：计算应纳税所得额

**扣减款项** 税收扣减款项是从调整后的总收入中减去的为了得到应纳税所得额的数额。每个纳税人都有**标准扣减款项**，即不需要缴税的一定金额。2008 年，单身人士的标准扣减额度是 5 450 美元（夫妻一共是 10 900 美元），盲人以及 65 岁以上老年人的减除额度更高。

很多人的扣减额度高于标准扣减额度。**分项扣减款项**是纳税人可以从调整后的总收入中扣减的费用额。常见的分项扣减款项包括：

* 医疗及牙科费用——没有报销或没有被其他人支付的诊疗费、处方药费、住院费、医疗保险费、助听器、眼镜以及巡诊费。这项

扣减金额是医疗及牙科费用超过调整后总收入的 7.5％（2009 年的情况）的金额。
- 税费——州或市的所得税、房地产税，以及州或市的个人财产税。
- 利息——抵押贷款利息、房屋贷款利息，以及投资利息费用，其合计等于投资收入。
- 赞助——捐赠给合格的慈善组织的现金或物品，以赞助总额大于调整后总收入的 20％为限。
- 偶然及盗窃损失——自然灾害、车祸或不合法行为带来的财物损失。
- 搬家费——与新工作相关的住所的变动导致的费用，新工作的地点至少比旧工作地点到原住所远 50 英里以上。
- 与工作相关的费用及杂项——未报销的出差费用、社团费、继续教育的费用、工作服或制服费、投资费用、纳税准备费、安全保管箱租金（为储存投资文件）等。这些费用的总额必须超过调整后的总收入的 2％，这样才被视为扣减项。

从调整后的总收入中减去标准扣减项或分项扣减项，以及免除额（后面介绍），将得到你的应纳税所得额。

**注意！** 每年，纳税人会被一些伪造的机会欺骗，比如，以家庭为主的商业活动符合"家庭办公"扣减项，"税务顾问"费用使退款额增加，为得到奖品支付预付款，以及获得因支付 100 美元文书工作费而引起社会保障税退税的邀请。更多的相关信息以及税务欺诈信息请登录网站 www.ustreas.gov/tigta 获得。

# 个人理财实践

## 它属于应纳税所得额吗？可扣减吗？

一些个人财务收入是不需要缴纳联邦所得税的。指出在计算联邦所得税时，以下各项哪些属于、哪些不属于应纳税所得额。

| 它是应纳税所得额吗？可扣减吗？ | 是 | 否 |
| --- | --- | --- |
| 1. 彩票中奖金额 | — | — |
| 2. 儿童抚养费 | — | — |
| 3. 工人补偿福利 | — | — |
| 4. 人寿保险死亡赔偿 | — | — |
| 5. 市政债券利息所得 | — | — |
| 6. 物物交换收入 | — | — |
| 7. 人寿保险费 | — | — |
| 8. 为改变长相而进行的整容手术 | — | — |
| 9. 交通违章罚款 | — | — |
| 10. 开车去参加志愿者活动走的英里数 | — | — |
| 11. 订立遗嘱的律师费 | — | — |
| 12. 所得税准备费用 | — | — |

注意：这些应纳税所得额及可扣减额基于 2009 税收年度的情况，可能会随着税收法律的变动而变动。

**答案：** 1、6、10、12——是；2、3、4、5、7、8、9、11——否。

你需要保留税收扣减文件记录，比如，使用税收记录系统（见图表3—2）。已付支票以及收据是扣减项付款的证据，比如，慈善捐助、医疗费用以及与工作相关的费用。旅行费用可以通过日志记录英里数、通行费、停车费以及离家费用得到。

图表 3—2                          税收记录系统

| 纳税申请表及税务申报信息 | 收入记录 | 费用记录 |
|---|---|---|
| ● 当前纳税申请表及指导手册<br>● 当前税法及税收规避方法的参考书<br>● 家庭中享有社会保障的成员数<br>● 前些年纳税表的复印件 | ● 记录工资、周薪及扣缴税款的W—2表格<br>● 记录退休金收入的W—2P表格<br>● 记录储蓄或投资的利息、分红及资本所得或损失的1099表格<br>● 记录个体经营收入、版税收入以及养老金或退休金计划的一次性付款额的1099表格 | ● 医疗费用、抚养费用及与工作相关费用的收据<br>● 抵押贷款利息（1098表格）以及其他可扣除的利息<br>● 商务、投资及财产租赁费用的文件 |

通常情况下，你的税收记录归档后还需要保留三年，然而，直到六年后你可能需要再次提供文件，过去的税收退款以及住房文件等记录应当被永久保存。

**你知道吗？**
最近常被忽视的税收扣减项就是州销售税、再投资分红、用现金支付的慈善捐款、父母支付的学生贷款利息、军队预备役军人的路费、去参加第一份工作的搬家费、孩童照顾抵扣额、死者的遗产税、春季支付的州税、再融资费，以及雇员的工伤费。

**免除：是从你自己、配偶以及其他符合资格的家属的调整后总收入中扣减的数额。**

**免除**  **免除**是从你自己、配偶以及其他符合资格的家属的调整后总收入中扣减的数额。家属的收入不能超过一定数额，除非他或她在19岁以下或者是24岁以下的全职学生，你必须对家属提供一半以上他所需要的支持，且该家属必须住在你的住所中。这个家属也可能是你特定的亲戚，但他必须满足特定的公民条件。2008年，每个免除申请的应纳税所得额扣减了3 500美元，扣除免除额后，你就得到了你的应纳税所得额。

## 步骤三：计算税费

你的应纳税所得额是计算税费的基础。

# 计 算

## 税收免除与税收扣减

很多人无法区分税收免除与税收扣减，哪个更好一些呢？税收免除包括符合条件的孩童的抚养费或家属赡养费，它将导致税费的直接减少。税收扣减，例如，分项扣减，以医疗费、抵押贷款利息或慈善捐助的形式，减少了应纳税所得额。

下面通过100美元的税收免除与100美元的税收扣减来解释这两者的区别：

| 100美元的税收免除 | 100美元的税收扣减 |
|---|---|
| ↓ | ↓ |
| 税费减少100美元 | 应纳税所得额减少100美元，具体减少的税费将取决于你的税收等级。如果你在15%的税收等级上，你的税收将减少15美元；如果你在28%的税收等级上，你的税收将减少28美元。 |

**计算**

1. 如果你在28%的税收等级上，并且受到了1 000美元的税收扣减，那么税费将减少多少？

2. 如果你在33%的税收等级上，并且受到了200美元的税收免除，那么税费将减少多少？

**税率** 将你的应纳税所得额与税收等级表联系在一起。2008年，六个税率等级的联邦所得税计税方式如下：

| 应纳税税率（%） | 单身纳税人（美元） | 已婚纳税人合并申报（美元） | 户主（美元） |
|---|---|---|---|
| 10 | 直到8 025 | 直到16 050 | 直到11 450 |
| 15 | 8 025~32 550 | 16 050~65 100 | 11 450~43 650 |
| 25 | 32 550~78 850 | 65 100~131 450 | 43 650~112 650 |
| 28 | 78 850~164 550 | 131 450~200 300 | 112 650~182 400 |
| 33 | 164 550~357 700 | 200 300~357 700 | 182 400~357 700 |
| 35 | 超过357 700 | 超过357 700 | 超过357 700 |

分段的税率制度同样适用于已婚但分别申报所得税收入的纳税人。

> **边际税率**：是为了计算应纳税所得额的最后一美元（及下一美元）的税费。

10%、15%、25%、28%、33%及35%为**边际税率**。这些税率是为了计算应纳税所得额的最后一美元（及下一美元）的税费。在税收免除与税收扣减之后，一个在35%的税收等级的人，每一美元应纳税所得额需要缴税35美分。

> **平均税率**：总税费除以应纳税所得额得到的数值。

相比较而言，**平均税率**是用总税费除以应纳税所得额得到的数值。除了10%税收等级外，其他等级的平均税率小于个人边际税率。比如，某人应纳税所得额是40 000美元，总税费是4 200美元，那么平均税率是10.5%（4 200/40 000）。

如果纳税人的税收扣减额较高，并且收入种类多，那么他可能需要缴纳其他税费。替代最低税额（AMT）是用来保证有税收免除的纳税人依旧能够正常交税的。最初，AMT是用来阻止高收入的纳税人通过税收免除等手段仅支付较少的税费。然而，近些年来，它影响了更多的人。导致人们支付AMT的税收情况包括高数额的州及市所得税的税收扣减额、第二份抵押贷款利息、医疗费用以及其他税收扣减项。其他可以引发AMT的项目包括投机性股票期权、长期资本增值、免税利息。其他关于 AMT 的信息请登录网站 www.irs.gov 获取。

**税收免除**　税费可以通过**税收免除**的形式减少，它是从税费中直接减去的金额。税收免除的一个例子是孩童抚养费及家属抚养费的直接减免。低收入工作者符合已获收入减免政策（EIC），这个政策适用于工资收入在一定金额以下的有工作的父母。收入低于联邦所得税门槛的也符合 EIC，可以得到一定金额的税收免除。税收免除不同于税收扣减，因为税收免除是直接降低税费的美元金额，而税收扣减减少了用来计算税费的应纳税所得额。

最近的税收免除仍然包括：

- 在已付给外国税收的情况下，为避免双重赋税的国外税收免除政策。
- 鼓励中低收入纳税人对个人及雇主赞助的退休计划进行投资的退休税收免除制度。
- 当领养了低于 18 岁的孩子时，为减少家长费用的领养税收免除制度。
- 为补偿大学教育费用的奖学金及终生学习税收免除计划。

## 步骤四：缴税

你将通过扣缴工资或预估税款的方式缴纳联邦所得税。

**扣缴税款**　账单到期即付系统需要雇主从你的薪酬中扣减联邦所得税。扣缴税款是根据免除额以及预期税收扣减额计算的。比如，一个有孩子的已婚人士将比相同收入的单身人士扣缴的金额少，这是因为已婚人士的税费少于单身人士。

年末，你将收到 W—2 表格，它显示了你的年收入以及扣减的金额。扣缴税款与应缴税款的区别在于是需要缴纳额外的金额还是将得到退税。学生以及低收入者如果上一年度没有缴纳联邦所得税，并且预计这一年也不需要支付，那么将不予扣缴。

很多纳税人把每年的税收退款视为意外的收获，即每年都指望得到的额外资金。这些纳税人忘记了扣缴过多税款的机会成本。其他纳税人把这笔额外资金视为强制的储蓄。然而，工资扣款计划可以达到相同的目的，并且会有利息。

> **你知道吗？**
> 每年，超过 90 000 的纳税人没有收到他们的退税，无法送达的票据总额超过 6 000 万美元，平均每张票据 600 美元。这些退税被邮局退回，因为不能够送达。查询退款的纳税人可以联系 IRS，电话为 1-800-829-1040。

**预估税款**　来自储蓄、投资、独立合同、版税以及养老金支付的收入在表格 1099 中显示。有这些收入的人们可能需要在一年中缴纳税款（4 月 15 日、6 月 15 日、9 月 15 日以及 1 月 15 日是前一个税收年度的最后缴税日），税款是建立在年末税费预估额基础之上的。缴费不足或失败将导致罚款或带来额外的利息。

## 步骤五：注意截止日期以避免惩罚

大部分人需要在 4 月 15 日之前报税，如果你没能及时报税，你可以通过表格 4868 获取 6 个月的自动延期。

上述延期适用于表格 1040 以及其他文件，但它不能推迟你的债务支付期。你必须在 4 月 15 日前上交预估金额及表格 4868。上交失败将导致罚金。如果季度预估税款的缴费不足，你需要根据所支付的金额支付利息。由疏忽或欺诈引起的缴费不足将导致 50%～75% 的罚金。

好消息是如果你几个月或者几年后收到退税，IRS 将会支付你利息。然而，退税必须在报税三年内或者缴税两年内领取。

## 概念检测 3—2

1. 税收免除与税收扣减有什么不同？

_____

2. 在什么情况下你将使用标准税收扣减，而不是分项扣减？

_____

_____

3. 边际税率和平均税率的区别在哪里？

_____

4. 对于以下各项，指出其是税收免除还是税收扣减。

| 指出它是…… | 税收扣减 | 税收免除 |
|---|---|---|
| a. 支付的州个人所得税 | | |
| b. 慈善捐赠 | | |
| c. 孩童抚养费 | | |
| d. 搬家费 | | |

## 自我应用！

**目标 2：** 使用图书馆资源或通过网络搜索来找出可以免除联邦所得税的收入类型。

# 联邦所得税申报

**目标 3：为联邦所得税申报做准备。**

为报税做准备时，你必须首先决定你是否需要报税，其次，你需要决定哪种税表最适合你，你是否需要提交补充计划或表格。

## 谁必须报税？

美国的每一个公民或居民以及每一个居住在波多黎各的美国公民，如果他的收入达到一定数额，都需要缴纳联邦所得税。这个数额是基于个人的报税身份以及其他因素的，比如，年龄。例如，65 岁以下的单身人士如果收入超过 8 950 美元，则他需要在 2009 年 4 月 15 日报税（为 2008 税收年度）。如果你的总收入低于这个数额但是税金已经被扣缴，那么你需要纳税申报以得到退税。

你的报税身份受婚姻状况以及家属的影响，报税身份分为以下五类：

单身——从未结婚、离异或合法分居的、无家属的个人。

已婚，共同缴税——夫妻的收入合并计算。

已婚，分别缴税——夫妻中的每一个人负责缴纳自己的税。在一定的情形下，已婚夫妇可以从这种方式中获得好处。

户主——未结婚的个人或尚存配偶，为一个孩子或一个未独立的亲属而经营一个家庭（支付超过一半的费用）。

寡妇或鳏夫——过去两年中配偶死亡且是独立的个人，这种状况仅限于配偶死亡两年之内。

在某些情形中，你可以选择报税身份。这时候，计算你在不同选择下的税费来决定最有优势的报税身份。

## 你应该选择哪种税表？

虽然大约有 400 种联邦税表存在，你有三种基本表可以选择（见下面的"个人理财实践"）。最近，20％左右的纳税人选择使用表格 1040EZ 或表格 1040A。60％左右的纳税人选择使用常规的表格 1040。你在这个问题上的决定将取决于你的收入类型、收入金额、税收减扣数额，以及你税收情况的复杂性。大多数税收软件将建议你选择表格 1040。

> **你知道吗？**
> 国内收入署用 500 种不同的税表制定了超过 17 000 页的法律与规则。

## 个人理财实践

**表格 1040EZ**

如果你满足下列情况，你可能会选用表格 1040EZ：

- 你是单身或者已婚且选择共同缴税，年龄在 65 岁以下，无家属。
- 你的收入仅包括周薪、工资以及小费，应缴税利息不超过 1 500 美元。
- 你的应缴税所得额低于 100 000 美元。
- 你没有分项扣减额，或者不需要任何收入调整抑或税收免除。

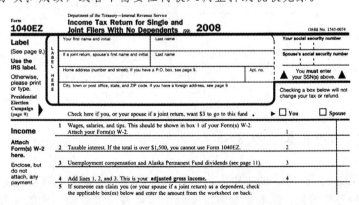

**表格 1040A**

如果来自周薪、工资、小费、失业补偿、利息或分红的应纳税所得额低于100 000美元，那么可以选择这个表格，并且使用标准扣减额。通过这个表格，你也可以从个人退休账户（IRA）中抵扣捐款额，并且可以对孩童抚养费及家属赡养费进行税收免除。如果你同时符合表格1040EZ和1040A的情况，那么你可以选择能够简化报税过程的那个表格。如果表格1040能够让你支付较少的税费，那么你可能不会选择表格1040EZ和1040A。

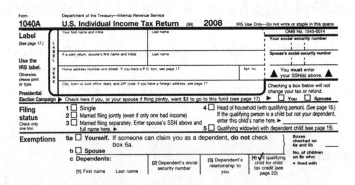

**表格 1040**

表1040是表格1040A的延展，它包括了所有的收入类型。如果你的收入超过50 000美元，或者如果你可以作为父母的家属报税，并且你的利息和分红超过了一定限额。

表格1040使得你可以分项扣减，你可以列出各种可扣税的支出（医疗费、住房抵押贷款利息、房地产税），这将减少应纳税所得额及你需要缴纳的金额。你需要了解所有你可能符合的收入的调整、扣减及减免。

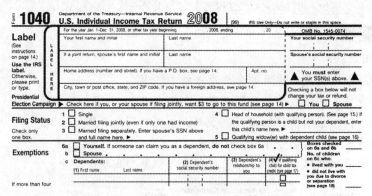

**表格 1040X**

这个表是用来弥补之前的应报税的。如果你发现没有报税的收入，或者你发现了额外的扣减项，你需要通过表格1040X来支付额外的税费或者获得退税。

## 联邦纳税申报的过程是什么？

表1040（见图表3—31）的主要内容与这章中前几节所讲的内容相吻合：

1. 报税身份及免除额。你的税率取决于你的报税身份以及你、你的配偶和每一个你申报为家属的人的限额。

2. 收入。雇用所得（在你的 W—2 表中显示）以及其他收入，比如，储蓄和投资收入，将会体现在表 1040 中。

3. 收入的调整。这章的后半部分我们将会讨论到这个问题，如果你符合条件，你可以从个人退休账户（IRA）或其他退休计划中扣减相应额度。

4. 税收计算。你的调整后的总收入将减去分项扣减额（见图表 3—4）或者标准扣减额。并且每一项免除项都会减掉一定的金额以得到应纳税所得额。这个数额将是计算税费的基础（见图表 3—5）。

5. 税收免除。任何你所符合的税收免除都将在此处减去。

6. 其他税收。任何其他税收，比如，个体经营税，都将包括在此处。

7. 税费。你所扣缴的税费以及其他支付都包含在这部分。

8. 退还或欠款。如果你的支付额超过了你需要支付的所得税，那么你将得到退税。如果是相反的情况，那么你需要补缴税费。纳税人如果希望退款直接打入银行账户，可以在表 1040、表 1040A、表 1040EZ 中直接提供相关账户的信息。

9. 你的签名。忘记签名是经常出现的一个报税问题。

**图表 3—3**　　　　　　　　　　**联邦所得税报税——表 1040**

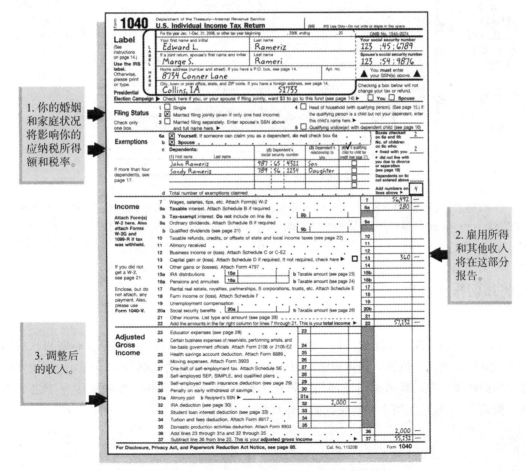

1. 你的婚姻和家庭状况将影响你的应纳税所得额和税率。

2. 雇用所得和其他收入将在这部分报告。

3. 调整后的收入。

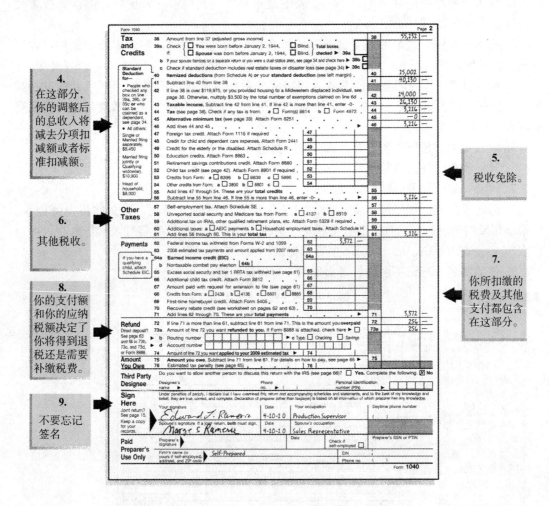

注意：这些表是近些年使用的，当前的表不一定与之完全相同。你可以从当地的 IRS 办公室、邮局、公共图书馆或网站 www.irs.gov 上获取当前所得税表以及当前的税收信息。

## 我将如何报州税？

除了 7 个州（阿拉斯加州、佛罗里达州、内华达州、南达科他州、得克萨斯州、华盛顿州以及怀俄明州）以外，均需要缴纳州所得税。大多数州的税率是 1％～10％。如果需要更多的相关信息，联系州财政部门。州所得税申报通常在联邦所得税报税完毕之后进行。图表 3—6 介绍如何为你的税收活动做计划。

**图表 3—4**　　　　　　　　　　　　**分项扣减项的 A 方案——表 1040**

# 我将如何在网上报税?

　　像 *TaxCut* 和 *TurboTax* 等软件可以帮助你完成纳税工作,你可以选择网上提交或者打印后邮寄报税。每年有超过 6 000 万人使用电子纳税方式,通过电子纳税,纳税人可以在 3 周之内收到退税。这项服务的费用在 15 美元~40 美元之间。

　　**税款准备软件**　　如今,大部分纳税人用个人电脑记录税务状况并为纳税做准备。电子制表软件会帮助你保存并更新你的收入及消费信息。像 *TaxCut* 和 *TurboTax* 等软件可以使你完成网上提交或者打印后邮寄的报税表格。

　　当使用表 1040 为税收做计划时,使用税收软件可以为你节省超过 10 小时的时间。选择税收软件时,需要考虑以下内容:

　　1. 你的个人状况——是雇员还是经营自己的公司?

　　2. 收入类型、罕见的扣减项以及各种税收免除导致的特殊税收状况。

　　3. 软件的特点,如"会计审核",未来税收筹划,以及在网上提交的联邦及州报税表。

图表 3—5　　　　　　　　　　　　　　　　纳税申请表以及税率表

**纳税申请表　（美元）**

| 如果43行（应纳税所得额）是—— | | 你是—— | | | |
|---|---|---|---|---|---|
| 至少 | 但少于 | 单身 | 已婚且联合报税* | 已婚且单独报税 | 户主 |
| 26 000 | | | | | |
| 26 000 | 26 050 | 3 503 | 3 101 | 3 503 | 3 331 |
| 26 050 | 26 100 | 3 510 | 3 109 | 3 510 | 3 339 |
| 26 100 | 26 150 | 3 518 | 3 116 | 3 518 | 3 346 |
| 26 150 | 26 200 | 3 525 | 3 124 | 3 525 | 3 354 |
| 26 200 | 26 250 | 3 533 | 3 131 | 3 533 | 3 361 |
| 26 250 | 26 300 | 3 540 | 3 139 | 3 540 | 3 369 |
| 26 300 | 26 350 | 3 548 | 3 146 | 3 548 | 3 376 |
| 26 350 | 26 400 | 3 555 | 3 154 | 3 555 | 3 384 |
| 26 400 | 26 450 | 3 563 | 3 161 | 3 563 | 3 391 |
| 26 450 | 26 500 | 3 570 | 3 169 | 3 570 | 3 399 |
| 26 500 | 26 550 | 3 578 | 3 176 | 3 578 | 3 406 |
| 26 550 | 26 600 | 3 585 | 3 184 | 3 585 | 3 414 |
| 26 600 | 26 650 | 3 593 | 3 191 | 3 593 | 3 421 |
| 26 650 | 26 700 | 3 600 | 3 199 | 3 600 | 3429 |
| 26 700 | 26 750 | 3 608 | 3 206 | 3 608 | 3 436 |
| 26 750 | 26 800 | 3 615 | 3 214 | 3 615 | 3 444 |
| 26 800 | 26 850 | 3 623 | 3 221 | 3 623 | 3 451 |
| 26 850 | 26 900 | 3 630 | 3 229 | 3 630 | 3 459 |
| 26 900 | 26 950 | 3 638 | 3 236 | 3 638 | 3 466 |
| 26 950 | 27 000 | 3 645 | 3 244 | 3 645 | 3 474 |

*以上适用于丧偶人士。

**税率表**

表Y—1——如果你的状况是已婚且联合报税或丧偶（美元）

| 如果你的应纳税所得额是： | | 税费是： | |
|---|---|---|---|
| 超过—— | 但是不超过—— | | 超过的金额—— |
| 0 | 16 050 | ……10% | 0 |
| 16 050 | 65 100 | 1 605.00+15% | 16 050 |
| 65 100 | 131 450 | 8 962.50+25% | 65 100 |
| 131 450 | 200 300 | 25 550.00+28% | 131 450 |
| 200 300 | 357 700 | 44 828.00+33% | 200 300 |
| 357 700 | …… | 96 770.00+35% | 357 700 |

注意：税率表已经使用了一些年了。当前的税率可能会随着报税制度的变化或为了调整通货膨胀而变化。你可以从当地的 IRS 办公室、邮局、银行、公共图书馆或网站 www.irs.gov 获取最新的所得税小册子。

4. 设备特点，比如硬件及操作系统的要求，以及提供的网络支持。

**电子纳税表**　　近年来，IRS 使网上纳税越来越简单且便宜。通过免费报税联盟，纳税人可以免费在网上进行税收准备并进行电子报税。网上报税过程涉及以下几步：

**步骤一：**登录网站 www.irs.gov 上的"免费报税"页面，点击"现在开始"，可以看到各种免费报税公司。

> **你知道吗？**
> 电子纳税的准确率是 99%，而纸质纳税的准确率仅为 81%，大多数的电子报税软件会自动计算并指出可能的错误。

**步骤二：**考虑你是否符合特定公司的条件，每一个公司的条件都有详细的描述。一些公司将纳税人限定在特定州中，其他可能会有年龄限制（超过 61 岁或不到 21 岁）。有些服务仅限于低收入纳税人，也有些标明"没有限制，每个人都适合"。"指导我选择服务"的选项会帮助你缩小提供免费服务的公司范围。

**步骤三：**登录公司网站，开始为你的报税做准备。

**步骤四：**最后，使用公司的网上软件为报税做准备。你的联邦纳税表将通过网络提交，并且你的信息被储存在公司的网络中。不符合免费报税联盟要求的纳税人需要交网上报税费。你不需要购买软件，只要登录软件公司的网络并付费使用报税软件即可。

使用免费报税联盟的纳税人需要警惕些，公司可能试图向没有经验的纳税人销售其他理财产品，比如，昂贵的预期退税贷款。使用免费服务的纳税人同样需要注意，他们可能不能使用免费软件进行州税申报。

电话报税是通过电话系统进行报税的，它已经在很多地区测试过了，纳税人可以拨打免费电话，通过按键式电话报税，它需要之后的手写签字或声音"签字"确认。

| 一月 | 二月 | 三月 |
|---|---|---|
| ● 建立你的税收信息记录系统。<br>● 如果你期待退税，那么报前一年度的税费。<br>● 计算前一年度未扣缴的收入的预估季度税费。 | ● 确认你已经收到表格W—2和表格1099，这些表上有你前一年度的收入；这些需要在1月31日前收到；如果没有收到，联系相关机构。 | ● 整理税收信息并为报税做准备，如果你期望有退款，那么应尽早报税。 |

| 四月 | 五月 | 六月 |
|---|---|---|
| ● 4月15日是申报联邦所得税的截止日期，如果是周末，那么将推迟到下一个工作日（通常是周一）。<br>● 如果需要的话，可以申请自动延期。 | ● 检查你的税收、免除项及扣缴款是否有变动，或者是否还没有把你的婚姻状况告知你的雇主。 | ● 之前没有扣缴的预估税费的第二个付款日是6月15日。 |

| 七月 | 八月 | 九月 |
|---|---|---|
| ● 一年的一半已经过去了，为IRA或基奥退休计划做准备。 | ● 申请了4个月的自动延期的纳税人将在8月15日进行纳税申报。<br>● 考虑你是否符合IRA的条件，如果满足，考虑申请。 | ● 之前没有扣缴的预估税费的第三个付款日是9月15日。 |

| 十月 | 十一月 | 十二月 |
|---|---|---|
| ● 考虑年末将某些投资卖出的税收好处。<br>● 准备一个初步的税表，列出有优势的报税内容。<br>● 申请了6个月的自动延期的纳税人将在10月15日进行纳税申报。 | ● 让你的雇主对扣缴额进行修订，以避免因扣缴款太少而引起的罚款。<br>● 考虑你是否符合IRA的条件，如果满足，考虑申请。<br>● 准备一个初步的税表，列出有优势的报税内容。 | ● 考虑如果在今年12月31日缴纳下一年度的税费是否对自己有利。<br>● 考虑你是否能够把当前年度的一部分收入延迟到下一年度。 |

注意：在年末前，如果孩子出生，那么你可以有一整年的免除额，所以应合理计划！

## 税收协助的来源有哪些？

和个人理财规划的其他方面一样，许多纳税资源可以帮助你报税。

**IRS 服务** 如果你准备自己的纳税申报或者需要报税信息，IRS 可以从以下四个方面帮助你：

1. 出版物。IRS 提供上百种免费的小册子，这可以从 IRS 办公室获得，或通过邮寄申请或电话等方式获得。《你的联邦所得税》（*Your Federal Income Tax*，IRS 17 号出版物）会给予你需要的帮助。IRS 出版物以及纳税申报表可以通过拨打电话 1-800-TAX-FORM、登录网站 www.irs.gov 或者拨打传真 703-368-9694 获得。

2. 记录的信息。IRS 电税系统将提供 24 小时服务，你可以通过拨打 1-800-820-4477 获得 150 多条税收建议。

3. 电话热线。通过拨打 IRS 员工服务热线 1-800-820-1040，你可以咨询具体问题。

4. 进入服务。你可以去当地 IRS 办公室（400 个）获取税收帮助。

> **你知道吗？**
> IRS 对它的税收协助中心的顾客进行了调查，结果显示 26 个报税单中有 19 个（83%）是错误的。19 个错误的虚构报税单中的 17 个造成了近 32 000 美元的错误退款。

**税收出版物** 每年都会有一些税收指导性刊物出版并出售，你可以在网上或当地书店购买到这些刊物，比如，《J. K. 拉瑟的你的所得税》（*J. K. Lasser's Your Income Tax*）以及《安永税收指南》（*The Ernst & Young Tax Guide*）。

**网络** 像其他个人理财话题一样，可以通过网络得到更多的信息。

## 报税准备服务

美国有超过 4 000 万的纳税人选择付费让他人代办报税工作。这项服务的费用从 40 美元的简单纳税准备工作到 2 000 美元的专业会计的复杂纳税工作不等。

**税收服务类型** 你可能不希望自己进行报税，特别是如果你的收入类型较多时。专业的税收服务机构有以下几种：

- 税收服务范围不同，从当地公司、个体经营户到有成千上万办公室的跨国公司，比如，布洛克税务公司。
- 注册代理商——政府认可的税收专家——提供税收建议及报税活动。你可以通过拨打 1-800-424-4339 联系注册代理商协会，了解更多注册代理商的信息。
- 很多会计提供税收协助以及其他种类的服务。经过专业税收培训的注册会计师可以帮助你进行报税准备工作。
- 律师通常不能帮助你完成报税工作，但当你处在与税务相关的交易中，或你与 IRS 有不同意见时，你可以咨询律师。

**评估税收服务** 如果你准备使用税收服务，那么你需要考虑以下问题：

- 税务专家参加过哪些培训且有哪些经验？
- 费用是怎样计算的？（避免报税员从你的退税中赚取一定比例的收入。）
- 报税员是否建议你申报各种可能被质疑的扣减项？
- 进行税务审计时，报税员是否要代表你参与？
- 报税服务是公司的主要业务，还是销售其他理财产品及服务是公司的主要业务？

如果需要获取其他相关信息，请登录注册代理商协会网站（www.naea.org），或登录全国税务员协会网站（www. natptax. com）。

**税收服务提醒** 即使你雇用了专业报税人员，你依旧有提供正确完整信息的责任。雇用专业报税员不能保证你支付的金额是正确的。《财经》（*Fortune*）杂志对41个报税员做了调查，结果显示费用从375美元～3 600美元不等，且同一个家庭的应纳税额为31 846美元～74 450美元。如果你因为报税单有错误而多缴纳了税款或者有不允许的记录项，你需要支付额外的税费、利息及罚款。

如果报税员或其他公司提前给你退税，那么你需要注意。"预期退税贷款"通常会收取高额利息。调查显示利率有时超过了300%（以年为基础）。

## 如果你的报税单被审计了你该怎么办？

国内收入署会对所有税表的完整性与正确性进行审查。如果有错误，那么你的税费将自动被重新计算，你将收到退税或账单。如果有不允许的记录，国内收入署将会用邮件通知你。**税务审计**是IRS详细检查你的报税单的过程。在大多数审计中，IRS需要你提供更多的纳税信息，你需要保证提供正确的信息。收据、已付支票以及其他证据可以证明你申报的金额。避免常见的报税错误可以减少你被审计的次数（见图表3—7）。

> **税务审计：**国内收入署详细检查你的报税单的过程。

**谁将被审计？** 每年，大于0.6%的报税单——不到100万人——将被审计。虽然IRS不披露审计的规则，但是一些指标是很明显的。申报大额扣减项或不常见扣减项的人被审计的概率会加大，税务咨询人士建议报税时提供简要的解释或可能被质疑的扣减项收据的复印件。

**审计类型** 最简单、最常见的审计类型是通信审计，收到的咨询邮件需要你澄清或用文件证明一些小问题。内勤审计需要你去IRS办公室说明报税的问题。

图表3—7　　　　　　　　　　　　如何避免常见的报税错误

- 准备所有与税务相关的信息。
- 仔细按照指示操作。很多人减去了全部医疗费用，而不是这部分费用超过调整后总收入7.5%的金额。
- 使用适当的税率表。
- 确认免除项数是正确的，并确认标准扣减额是正确的。
- 考虑适合你的情况的最小税费。记得支付个体经营税以及IRA扣缴款项的税费。
- 多次检查你的计算是否正确。
- 在你的税表上签字（配偶需要在共同税表上签字），否则IRS将不允许它通过。
- 确认你的社会保障号是正确的，并且在正确的位置记录正确的金额。
- 提供需要的文件，比如，W—2表格以及需要的相关计划表。
- 在支票上注明支付给"美国财政部"。
- 在支票上写上你的社会保障号、缴税年度以及电话号码——并且记得在支票上签字。
- 留一份报税单的复印件。
- 把适当的邮票贴在你的信封上。
- 最后，再次检查所有项目并及时报税。

外勤审计更加复杂。IRS 代理人拜访你的住所、你的公司或你的会计的办公室以获得所需信息。外审可能会去证实一个人是否像他申报的一样有一个家庭办公地点。

IRS 每年将对大约 50 000 个纳税人进行更详细的审计，这包括了从随机提问到逐行审核所提供的纳税材料等工作。

**你的审计权利** 当你收到审计通知时，你有权利申请准备时间。同时，你也可以向 IRS 索要被质疑项目的说明。当被审计时，可以参考以下建议：

- 决定你是否要带着你的报税员、会计及律师。
- 准时会见，仅携带相关文件。
- 有逻辑地、冷静自信地提供税务证明，并采取积极的态度。
- 确保你提供的信息与税法一致。
- 直接回答审计员的问题。回答问题要清晰完整，尽可能的简洁。五种最好的回答问题的方式是："是"、"否"、"我想不起来"、"我将再核查一下"、"你希望查看哪个具体的条目"。

如果你不认可审计结果，你可以要求在区域上诉部门召开会议。虽然大部分不统一的意见已经解决了，但是一些纳税人会把这个问题延伸。人们可能会去美国税务法院、美国法院、州地方法院上诉。一些税务争端已经上诉到了美国最高法院。

## 概念检测 3—3

1. 你的申报纳税身份将如何影响你的报税准备？

2. 帮助人们报税的主要信息来源是什么？

3. 如何减少 IRS 审计的几率？

4. 以下每个人应当使用哪种 1040 表格？

| 税务状况 | 1040EZ | 1040A | 1040 |
|---|---|---|---|
| a. 用课余时间打零工的高中生，储蓄账户的利息所得是 480 美元。 | | | |
| b. 拥有财产所有权的大学生，需要逐项扣减而不是按标准扣减。 | | | |
| c. 没有家属的年轻工作者，收入仅为工资。 | | | |

## 自我应用！

**目标 3：** 展示（视频展示或幻灯片展示）报税时人们可能会采取的减少错误的行为。

## 税收筹划策略的应用

**目标 4:** 选择适合不同生活状况的税收策略。

**避税:** 用合法的方式减少税费。

**漏税:** 使用不合法的方式减少税费。

对于希望公平赋税的人们,他们需要知道如何**避税**,即用合法的方式减少税费。相反,**漏税**是使用不合法的方式减少税费。为了减少税费,可以参考以下几条建议:

- 如果你希望明年使用相同的或更低的税率,把扣减项加到当前年度中,在 12 月 31 日缴纳房地产税或进行慈善捐款。
- 如果你希望明年使用更低的或相同的税率,把收入的证明延迟到下一个年度,这样资金将会以更低的税率赋税或者延迟赋税日期。
- 如果你希望明年使用更高的税率,可以考虑延迟扣减项目,因为它们会带来更多的利益。1 000 美元的扣减额在 25% 的边际税率下减少税费 250 美元,而在 28% 的边际税率下,你的税费将减少 280 美元。
- 如果你希望明年使用更高的税率,可以增加收入的收据,让这笔资金在今年以较低的税率赋税。

考虑与税务有关的理财决定时,你需要知道的是,购买、投资及退休计划均会受到税法的影响。

## 计 算

### 短期与长期资本所得

如果你持有资产超过 12 个月,那么你的投资或股票收入的税率将会降低。以 2009 年为例,纳税人在 28% 的税率等级时,1 000 美元的短期资本所得需要支付 280 美元税费(资产持有期为一年或少于一年),然而,如果你的投资超过一年,你只需要支付 150 美元税费(15% 的资本增值税)。

| | 短期资本所得<br>(资产持有期为一年或少于一年) | 长期资本所得<br>(资产持有期超过一年) |
| --- | --- | --- |
| 资本所得 | 1 000 美元 | 1 000 美元 |
| 资本所得税率 | 28% | 15% |
| 资本所得税 | 280 美元 | 150 美元 |
| 节税额 | — | 130 美元 |

## 消费者购买

税收影响的购买决定包括住房购买决定、信用卡的使用决定以及与工作相关的费用决定。

**居住地** 拥有房产是最好的避税方法。房地产税以及抵押贷款的利息都是可扣减的，从而可以减少你的应纳税所得额。

**消费者负债** 当前的法律规定，如果你拥有房产，那么你可以贷款进行消费者购买。你可以扣减用你的第一处房产或第二处房产作抵押的贷款的利息（直到 100 000 美元），最高不超过你在其上投资的美元价值——房屋的市场价值与你的欠款的差额。房屋净值贷款是第二次按揭贷款，它使你可以进行其他采购。一些州对房屋净值贷款做了限制。

**与工作相关的费用** 如前所述，一些工作上的费用是可以包含在分项扣减款项中的，比如，工会会费、交通与教育费用、业务工具，以及寻找工作的费用等。

**保健费** 弹性支出账户（FSA）也叫健康储蓄账户以及费用报销账户，当支付医疗费或孩童抚养费时，你可以通过这个账户减少你的应纳税所得额。员工可以把税前的资金放入雇主赞助计划中。这部分"存款"将减少应纳税所得额。这样，FSA 中的资金可以用来支付医疗费用以及孩童抚养费。

---

**你知道吗？**

所得税志愿者援助（VITA）为不能自行纳税的中低收入者提供了免费的税务帮助。合格的志愿者在社区中心、图书馆、学校、商场等场所提供这项服务。大多数地点同样提供免费的电子报税系统。你可以拨打 1-800-829-1040 查询最近的 VITA 地点。

---

## 投资决定

税收计划的一个主要部分就是投资决定。

**免税投资** 州或当地政府发行的市债的利息收入以及其他免税投资是不用缴纳联邦所得税的。虽然市债的利率低于其他投资品，但是税后收入可能会更高。例如，如果你在 27% 的税收等级下，100 美元的免税收入将比 125 美元的应纳税所得额的价值要高。125 美元的税后价值为 91 美元——125 美元减去 34 美元（125 美元的 27%）。

**延期纳税投资** 虽然延期纳税投资可能不比免税投资利润更高，但是它使你可以在未来赋税而不是现在赋税。延期纳税投资的事例包括：

- 延期纳税年金，通常由保险公司发行，这些内容将在第 10 章中介绍。
- 529 储蓄计划是政府执行的税收延期计划，目的是为孩子的教育储蓄资金。529 计划就像提前支付学费计划，你为了未来教育费用而投资。每个州的 529 计划会有所不同。
- 退休计划，比如 IRA、基奥或者 401(k) 计划。下一节将讨论这些计划对税收的影响。

**资本所得**　**资本所得**是卖出股票、基金或不动产等资产获得的利润，它也是延期纳税的；直到你卖出了资产，你才需要缴税。近年来，长期资本所得（持有资产超过一年）的税率逐渐降低。

一项投资卖出时的价格低于购买时的价格即为投资损失。投资损失可以用来抵扣资本利得以及超过 3 000 美元的普通收入。没有使用的投资损失可以延迟到未来年度抵扣资本利得或每年超过 3 000 美元的普通收入。

**个体经营**　拥有你自己的公司可以享受税收优惠。个体经营者可以扣减健康和特定人寿保险等费用，将其作为公司费用。然而，企业主需要在正常税率之外支付个体经营税。

**孩子的投资**　14 岁以下的孩子的投资收入如果超过 1 500 美元，将以父母的最高税率进行纳税。投资收入低于 1 500 美元，孩子可以得到 750 美元的扣减，剩下的 750 美元将按照他或她自己的税率纳税，这将低于父母的税率。这个规定不适用于 14 岁及以上年龄的孩子。

# 退休计划

从业者主要的一个税收优惠策略就是使用税收延迟退休计划，比如，IRA、基奥计划，以及 401(k) 计划。

**传统的 IRA**　通常，IRA 的扣减仅适用于没有加入雇主赞助退休计划或者调整后的总收入在一定数额下的人们。以 2007 年为例，IRA 限制额是 4 000 美元。50 岁及以上的老龄工作者的限额是 4 500 美元，这是作为他们失去退休储蓄时间的一种补偿。

通常，从 IRA 中提出的金额将被计算在总收入中。如果在 $59\frac{1}{2}$ 岁之前提取资金，一般会受到 10% 的罚款，除非是因为死亡、残疾、交付医疗费或符合要求的高等教育费而提取。

**罗斯退休计划**　在罗斯退休计划中，每年可以储蓄 5 000 美元，这笔资金是不可以进行税收扣减的。但是 5 年后，账户的收入是免税的。如果户主残疾了或者需要购买第一处房产（最大值为 10 000 美元），那么可以在 $59\frac{1}{2}$ 岁前从账户中提取资金。像传统 IRA 计划一样，罗斯 IRA 仅限于调整后总收入在一定数额下的人们。

可扣减的 IRA 为人们提供了减少当前税收的方式，但是从账户中提取资金时，必须支付税费。然而，罗斯 IRA 没有提供及时的利益，但是投资增长后是免税的。从账户中提取资金是免联邦税及州税的。

**教育 IRA**　教育储蓄账户是以帮助家长储蓄孩子的教育费用为目的而设立的。每年的资金（2 000 美元以下）是不可以税收扣减的并且仅限于总收入在一定数额下的人们。但是，与罗斯 IRA 一样，资金积累一段时间后是免税的。

**基奥计划**　如果你是个体经营者并拥有你自己的公司，那么你可以加入基奥计划。这个退休计划也叫 HR10 计划，结合了其他投资的利润共享计划以及退休金计划。通常，人们会在这个税收延迟的退休计划中投资他们年收入的 25%，总额不超过 30 000 美元。

**401(k) 计划**　401(k) 代表了雇主赞助的税收延迟的退休计划。这个计划使你能够放入比 IRA 更多的税收延迟金额（2009 年为 16 500 美元）。如果雇主允许，50 岁及以上的老年工作者可以多放入 5 500 美元。但是大多数公司会设定限额，比如，你收入的 15％。一些雇主会在 401(k) 计划中也存入相同的金额。比如，对于员工放入的每一美元，公司可能会放入 0.5 美元。这将带来投资的 50％的及时回报。

纳税筹划师建议尽可能多地参与基奥计划或 401(k) 计划，原因有以下两点：（1）积累的投资金额的增值将是免税的。（2）加入计划减少了你的调整后总收入，从而减少了你当前的税费。

## 转换税收策略

人们常常讨论什么样的税收改革可以使美国经济从当前的经济危机中复苏，国会不断地通过更改税法的法案。这些变化需要人们决定如何更好地利用税法的优势进行个人理财规划。

联邦政府需要采取哪些税务行为以刺激经济增长？低税率？高税率？税收免除？退税？近期，税收变化包括：

- 个人所得税减免，可以降低扣缴的税款，使人们有更多的资金，从而刺激经济。
- 大学费用的希望教育抵扣额增加，从而减少大学教育费用。
- 首次购房抵扣，可以鼓励人们购房，并刺激房地产的相关工作。
- 家庭能源税收扣减，使用节能的天窗、窗户、门、烧水壶、中央空调以及炉子等。
- 增加已获收入减免额，以帮助低收入纳税人。

除了这些外，IRS 通常每年修改纳税申请表以及报税流程，所以你可以认真考虑改变你个人的状况以及收入等级。消息灵通的纳税人及时关注自己的税收策略，以便最好地满足日常生活需求并达到长期理财目标。

### 概念检测 3—4

1. 避税与逃税的区别有哪些？

_____

2. 大多数个人及家庭会选择哪些节税方法？

_____

3. 以下税收状况中的各项支出是免税收入还是税收延迟收入？

| | 免税收入 | 税收延迟收入 |
|---|---|---|
| a. 市债的利息 | | |
| b. 个人退休账户的收入 | | |
| c. 为支付大学费用的教育 IRA 计划中的金额 | | |
| d. 美国公民在其他国家工作的收入 | | |

**目标4:** 调查你的朋友或亲戚的税收筹划策略,大部分人每年是得到税收退款还是欠款? 这个状况(退款或欠款)是有计划的吗?

# 最后一分钟节税建议

在当今的经济中,税收退款可以带来一丝安慰。2008年,国会通过了超过500多项的税法变更,以应对房地产衰退、股市暴跌以及其他自然灾害。全新的经济刺激方案意味着更多的变化即将到来。

妮基·罗伯茨是西雅图的一位平面设计师,也是税法变革的受益者。25岁的罗伯茨认为,作为一位单身女性,她永远不可能购买房产。但是随着房价的下跌,她决定试一试。"我希望抓住这个机会。"她说。去年夏天,罗伯茨购买了两室一厅的房子,并为她的小狗麦蒂建了一个有围栏的院子。如今,她可以从各种政策中获益——其中包括首次购房者7 500美元的税收免除,以及房地产税的扣减、抵押贷款利息和个人抵押贷款保险等——这使得她在今年春天得到了一笔退税。

**住房税收优惠** 新出台的首次购房税收免除政策是一种免税贷款,必须15年以上还清——从税收免除两年后开始计算。如果你在还清贷款前出售了房屋,那么贷款将在你出售房屋那年结清。具体流程如下:如果你在2008年4月8日以后购买了首套住宅,你可以申请购买价格的10%作为税收免除

额(最高7 500美元)。由于税收免除是直接减少你的税费,所以比税收扣减更有利,税收扣减是减少你的应纳税所得额。

如果你在2009年1月1日到11月30日间购买了房产,你可以申请2008年或者2009年的税款扣减(刺激政策使扣减额提高到了8 000美元,只要你持有房屋至少3年,那么2009年购房的一揽子条款将失效)。如果你已经报税了或者已经使用了4868表格延长了你的纳税申报截止期到10月15日,那么你可以使用1040X表格修改你的纳税申报单。(延期延长了你提交报税单的截止日期,但不延长你的欠款缴费期)。

**选择你的扣减项** 2008年,国会更改了条款,使纳税人可以选择扣减州所得税或者州销售税,罗伯茨将从这项新的税收政策中受益。由于罗伯茨居住在华盛顿,华盛顿没有州所得税,所以很容易作出选择。她可以使用IRS的销售税计算器来计算基于她的收入、州及当地销售税率以及单身纳税人身份基础之上的税费(她可以减少837美元)。如果这将导致大额扣减的话,她也可以选择提供真实票据。

**资料来源:** Reprinted by permission from the April issue of *Kiplinger's Personal Finance*. Copyright © 2009 The Kiplinger Washington Editors, inc.

1. 税收免除与税收扣减的区别有哪些?

_____

2. 税法的变化如何反映经济状况?

_____

3. 哪项节税建议会使你现在或者未来受益?

_____

回顾本章开始时你对"自我测评"中问题的回答。如果希望更加有效地进行税收筹划，参考以下建议：

- 考虑建立税收记录系统，见图表 3—2。
- 通过"个人理财实践"了解什么是应纳税所得额，什么是税收扣减。
- 从网站 www.irs.org 上获取最新联邦所得税报税表以及报税指导。登录网站 www.taxadin.org 获取州所得税的相关信息。
- 不断扩展你的税收知识以帮助你更好地作出理财决定。了解他人所采取的报税策略，并减少你的税费。

在这章中，你学到了哪些帮助你进行税收筹划的方法？

## 本章小结

**目标 1** 税收规划将影响消费、储蓄、贷款以及投资决定。了解收入所得税、消费税、特许权税、财产税、遗产税、赠与税、社会保障税的含义对于有效的理财规划是非常重要的。

**目标 2** 应纳税所得额是总收入减去税收调整、税收扣减、免除额后的差额。你的总税费是基于公布的税率表减去税收免除额得到的。

**目标 3** 表格 1040 提供了报税的基本框架。税收协助的主要来源是 IRS 提供的帮助及其出版物、其他出版物、网络、计算机软件、专业报税组织，比如，商业税收服务、注册代理商、会计、律师等。

**目标 4** 你可以通过提前做计划来减少你的税务负担，也可以通过消费者购买、负债的使用、投资、加入退休计划等相关措施减少税费。

## 关键词

| | | |
|---|---|---|
| 调整后总收入（AGI） | 遗产税 | 避税 |
| 平均税率 | 投资收入 | 税收免除 |
| 资本所得 | 分项扣减 | 税收扣减 |
| 已获收入 | 边际税率 | 税收延期收入 |
| 房产税 | 逃税 | 特许权税 |
| 标准扣减 | 免税收入 | 除外项 |
| 应纳税所得额 | 免除 | 税收审计 |

## 自测题

1. 某人的所得税扣缴款项为 2 345 美元，实际税费为 2 410 美元，那么他是应该得到税收退款，还是欠缴税费？

2. 根据以下数据，计算应纳税所得额。

   总收入 37 400 美元　　　　　　　利息 320 美元

   分红收入 160 美元　　　　　　　其他免除额 3 500 美元

   分项扣减额 4 730 美元

## 自测题答案

1. 通过比较所得税扣缴款项与实际税费，可以得到答案。用实际税费 2 410 美元减去所得税扣缴款项

2 345 美元，所得差额 65 美元为欠缴税费额。

2. 应纳税所得额是用工资加收入加分红减去分项扣减额及免除额得到的。

## 练习题

1. 富兰克林的税收信息如下：

总收入 41 780 美元　　　　　利息收入 225 美元

分红收入 80 美元　　　　　　个人免除额 2 650 美元

分项扣减额 3 890 美元　　　　收入调整 1 150 美元

他的应纳税所得额是多少？

2. 罗拉的分项扣减额如下所示，那么他应该使用计划 A 还是标准扣减项？

　　　标准扣减额为 6 050 美元

　　　慈善捐赠额为 1 980 美元

　　　药费超过调整后总收入的 7.5%，为 430 美元

　　　州应纳税所得额为 690 美元

　　　与工作相关的费用，超过调整后总收入的 2%，为 1 610 美元

3. 一个人的应纳税所得额为 39 870 美元，税费为 4 864.14 美元，那么他的平均税率是多少？

4. 根据以下信息，安妮及威尔顿将会收到退税款还是需要补缴税费？

调整后总收入 43 190 美元　　　　分项扣减额 11 420 美元

孩童抚养费税收免除额 80 美元　　联邦所得税扣缴额 6 784 美元

个人免除额 7 950 美元　　　　　税率 15%

5. 如果税费扣缴额是 3 432 美元，应纳税额为 3 316 美元，那么应该收到退税还是补缴税费？金额是多少？

6. 如果 400 000 人每人收到退税 1 900 美元，按年利率 4% 计算，退税导致的储蓄的年收入损失为多少？

7. 通过图表 3—5，计算下列情况下的税费：

　　a. 户主的应纳税所得额为 26 210 美元。

　　b. 单身人士的应纳税所得额为 26 888 美元。

　　c. 已婚分开交税，应纳税所得额为 26 272 美元。

8. 艾琳每年都会为自己的纳税申报做准备，纳税人会支付她 60 美元的服务费，10 年后她的收入是多少？假设她的储蓄收益率是 3%。

9. 每年，IRS 会根据通货膨胀水平来调整免除额（四舍五入到 50 美元）。如果免除额是 3 100 美元，通货膨胀率为 4.7%，那么下一年的免除额是多少？

10. 你会选择投资收益率为 10.7% 的全纳税投资还是投资收益率为 8.1% 的免税投资？为什么？假设税率为 28%。

11. 12 月 30 日，你决定慈善捐款 1 000 美元。

　　a. 如果你在 27% 的纳税等级，当年你的节税金额是多少？

　　b. 如果你把节税额储存在储蓄账户中 5 年，年利率为 8%，那么你的账户的未来价值是多少？

12. 杰夫每年在税收延期的退休账户中储蓄 2 000 美元，如果他在 27% 的纳税等级，那么 20 年间，他的税费将减少多少？

13. 如果某人在 30% 的纳税等级，在税收延期的退休账户中存款 4 000 美元，那么当期税费可以减少多少？

## 问答题

1. 当你缴纳税款时，需要考虑哪些因素？
2. 政府将如何利用免税收入以及税收免除来刺激经济增长？
3. 你最可能应用哪些税收信息来源？为什么？
4. 通过 IRS 出版物以及其他参考资料回答具体的税收问题。联系 IRS 办公室获得相同问题的答案，如果答案有所不同，可能会存在哪些不同？

## 案例一　　　　　　　　　　　单身父亲的税收状况

自从斯坦福的妻子去世后，他的生活经济状况日渐窘迫，他工作的薪水较高，却使他每 20 天才能见到自己 8 岁和 10 岁的两个女儿一次。这使他需要使用孩童照顾服务，并花去一部分收入。由于他的住房较小，一切变得很不方便。

由于有了孩童照顾费用，斯坦福需要纳税的收入额变得较少，因此每年可以余下更多的资金，但是每年 4 月支付过去一年的税费成了他的一个负担。

虽然斯坦福建立了孩子的教育费用储蓄账户以及他自己的退休账户，他依旧不能够进行有税收优惠的投资活动。所以，他需要全面认识他的税收状况以便寻找到最适合他的税收策略。

斯坦福提供了以下信息：

收入 42 590 美元

储蓄的利息 125 美元

IRA 扣减 2 000 美元

经常账户利息 65 美元

三项免除额，每项 2 750 美元

当前的标准扣减项 6 350 美元

应纳税所得额扣缴款 3 178 美元

孩童抚养费的税收扣减额 400 美元

纳税状况：户主

### 问题

1. 在当前情况下，斯坦福主要担心的问题是什么？
2. 斯坦福可以从哪些方面改进他的税收状况？
3. 计算：

　a. 斯坦福的应纳税所得额是多少（见图表 3—1）？

　b. 他的总税费是多少（使用图表 3—5）？他的平均税率是多少？

　c. 基于他的扣缴款，他将收到退税费还是欠款？金额是多少？

## 案例二

23 岁的威奇在一家当地公司工作，该公司实行 401(k) 计划 6 个月了，威奇刚刚收到 W—2 表格、她的银行的 1099 表格以及她的 401(k) 计划的年终说明。她的父母，48 岁的大卫和 46 岁的艾米收到了他们的财产税表以及抵押贷款的年末报告单。

由于威奇和她的父母住在一起，威奇希望和父母讨论一下赋税问题。她的妈妈建议她自己准备材料，并使用 1040EZ 表格网上报税。威奇将她的收入输入电脑，详细地看了雇主提供的 W—2 表格，她很惊喜地看到她 6 个月的收入可以扣减很多项目。扣减额加上 401(k) 计划的总额超过了她作为学生去年一年的收入！她担心当她工作满一年后，明年的扣减额将多少，她同样担心她的扣缴款项是否会太多。

威奇的财务状况如下:

**资产**

经常账户 5 500 美元（去年的利息收入为 50 美元），包括她的应急资金

汽车 7 500 美元

401(k) 账户余额 3 000 美元

**每月支出**

租金 200 美元

食品 100 美元

学生贷款 250 美元

汽车贷款 200 美元

信用卡支付 40 美元

娱乐项目 100 美元

汽油及修理费 150 美元

**负债**

学生贷款 13 700 美元（去年支付的利息为 480 美元）

信用卡余额 1 880 美元（去年支付的利息为 120 美元）

**退休储蓄**

401(k) 每月 500 美元，加上雇主支付工资的 7% 的一半（去年捐赠总计 3 000 美元）

**收入**

去年总收入 20 000 美元（6 个月的税前收入）

税后每月收入 2 333 美元

**问题**

1. 威奇需要支付哪些税? 她的父母需要支付哪些税?

2. 用你的个人理财规划表 9 及书中的税率，计算威奇的预估税费。

3. 税收免除与税收扣减的区别是什么? 哪个更好?

4. 她需要考虑哪些税收筹划策略? 她的父母需要考虑哪些税收策略?

5. 她将如何使用你的个人理财规划表 10?

## 消费日记

"销售税会增加你的消费花销。"

**指导**

坚持写消费日记以记录你的各种消费。你的评论需要反映从你的消费模式中你需要了解什么，并且它要能够帮助你改变你可能希望改变的消费习惯。消费日记表在本书最后的附录 C 中，或者你可以登录网站 www.mhhe.com/kdh 获得。

**问题**

1. 你的消费日记直接或间接地反映了你需要上缴哪些税种?

2. 你将如何改进你的消费习惯以便更好地节税?

---

## 你的个人理财规划表 9

**姓名:** _____    **日期:** _____

### 预估联邦所得税

**理财规划活动:** 根据去年的报税单，估计当前的税收规则与税率制度下的税费。

**推荐网站:** www.irs.gov   www.taxlogic.com   www.walletpop.com/taxes

| | | | |
|---|---|---|---|
| **总收入**（周薪、月薪、投资收入以及其他普通收入） | | | 美元 |
| **减去收入的调整**（参见税收规则） | | — | 美元 |
| **等于调整后的总收入** | | = | 美元 |

| **减去标准扣减项**　或者 | 分项扣减项 | | |
|---|---|---|---|
| | 医疗费用（超过 AGI 的 7.5%） | | 美元 |
| | 州/当地所得税，财产税 | | 美元 |
| | 抵押贷款、住房净值贷款 | | 美元 |
| | 利息 | | 美元 |
| | 捐赠 | | 美元 |
| | 偶然损失与盗窃损失 | | 美元 |
| | 搬家费、工作相关费用及杂项（超过 AGI 的 2%） | | 美元 |
| **总额－**　美元 | **总额** | — | 美元 |

| | | | |
|---|---|---|---|
| **减去个人免除额** | | — | 美元 |
| **等于应纳税所得额** | | = | 美元 |
| **预计税收**（基于当前税率表） | | | 美元 |
| **减去税收免除额** | | — | 美元 |
| **加上其他税费** | | + | 美元 |
| **等于总税费** | | = | 美元 |
| **减去预估扣缴额** | | — | 美元 |
| **等于赊欠税款**（或退税） | | = | 美元 |

## 个人理财规划的下一步是什么?

- 建立报税及储存与收入、可扣减费用及与当前税表相关的税收记录系统。
- 通过 IRS 或其他网站，了解可能影响你的理财决定的税法变动。

## 你的个人理财规划表 10

**姓名:** _____　　　**日期:** _____

## 税收计划行为

**理财规划活动:** 以下哪项活动适合你的税收状况，并能帮助你避免税收处罚，节约税费。

**推荐网站:** www.turbotax.com　http://taxes.about.com

| | 将采取的行动 | 完成的行动 |
|---|---|---|
| **报税身份/扣缴税费**<br>基于生活状况的变化而改变报税身份或免除项。 | | |
| 根据税收状况的改变而改变扣缴的税费。 | | |
| 预估税费计划（4月、6月、9月，以及1月的15日）。 | | |
| **税收记录**<br>建立维护和检索信息的家庭档案。 | | |
| 把当前的邮寄地址及社会保障号告知 IRS、雇佣单位及其他收入来源处。 | | |
| **每年的税收行为**<br>确保所有的所需数据与税表都是可以在截止日期前准备好的。 | | |
| 了解税法的变动以及生疏的税法内容。 | | |
| **节税行为**<br>考虑可以免税及延迟税收的投资。 | | |
| 如果你希望明年使用相同的或更低的税率，把扣减项加到当前年度中。 | | |
| 如果你希望明年使用更低的或相同的税率，把收入的证明延迟到下一个年度。 | | |
| 如果你预期明年使用更高的税率，可以考虑延迟扣减项目，因为它们会带来更多的利益。 | | |
| 如果你预期明年将使用更高的税率，可以增加收入的收据，让这笔资金在今年以较低的税率赋税。 | | |
| 开始或增加税收延迟的退休计划的应用。 | | |
| 其他 | | |

## 个人理财规划的下一步是什么？

- 了解能够减少未来税费的储蓄或投资决定。
- 制订一个与当前及未来税收状况相关的税收计划。

# 第 4 章　储蓄与支付服务

---

**自我测评**

你对待金融服务的态度是什么？以下各项陈述中，请圈出能代表你当前状况的选项：

1. 以下各项金融服务中，我最不熟悉的是：

a. 网上银行

b. 大额存单及其他储蓄计划

c. 经常账户及其他付款方式

2. 我的基础金融服务行为包括使用：

a. 银行或信用合作社

b. 网上支付及 ATM

c. 支票兑现服务

3. 当选择储蓄计划时，我主要考虑的是：

a. 银行位置及提款机的使用便捷度

b. 联邦储蓄保险范围

c. 报酬率

4. 我的活期账户记录：

a. 每次储蓄或开出支票后都会自己更新

b. 基于我的支票簿预估的

c. 只有我的金融机构知道

学习完这章之后，你需要重新考虑这些问题的答案。

**目　标**

在本章中，你将会学习到：

1. 识别常用的金融服务。

2. 比较不同类型的金融机构。

3. 评价不同类型的储蓄计划。

4. 评估不同类型的付款方式。

**为什么这很重要？**

虽然很多金融机构面临着经济困难，但是消费者支付的银行费用依旧很高。ATM 取现费从没有到每笔 3 美元不等。如果你每周被收取两笔 1 美元的交易费，且可以将你的资金以 5％的收益率投资，那么 5 年的取现费用将超过 570 美元。

# 你需要什么金融服务？

目标 1：识别常用的金融服务。 　超过 20 000 家银行、储蓄与贷款协会、信用合作社及其他金融机构提供各种支付、储蓄及信贷服务。如今，去"银行"意味着去一趟信用合作社、商场的 ATM 或者在网上转账。不仅有些理财决定直接关系到你的目标，而且你每天的活动需要不同的金融服务。图表 4—1 描述了管理现金流及达到特定理财目标的金融服务内容。

## 满足日常的资金需求

不论是购买商品、支付房租还是完成其他日常消费行为，都需要现金管理计划。现金、支票、信用卡，以及借记卡都是常见的支付选择。当管理现金需求时，经常会出现以下错误：（1）冲动性购买或使用信用卡导致的过度消费；（2）用不充足的流动资产支付当前账单；（3）用储蓄或借款支付当前费用；（4）未能将不需要的资金放入有利息的储蓄账户或投资计划中。

| 图表 4—1 | 管理现金流及达到理财目标的金融服务 |

**满足短期目标的金融服务**
- 满足日常购买
- 生活费用支付
- 应急资金

| 现金的可用性 | 储蓄 | 活期与付款 | 信用卡 |
|---|---|---|---|
| ● 支票兑现 | ● 日常储蓄账户 | ● 日常账户 | ● 一卡通 |
| ● 自动提款机、借记卡 | ● 货币市场账户 | ● 网上支付 | ● 预付现金 |
| ● 旅行支票 | | ● 自动支付 | |
| ● 外汇 | | ● 支票兑现 | |
| | | ● 汇票 | |

**满足长期目标的金融服务**
- 大额购买
- 长期金融债券

| 储蓄 | 借贷服务 | 投资服务 | 其他服务 |
|---|---|---|---|
| ● 大额存单 | ● 汽车、教育以及其 | ● 个人退休账户（IRA） | ● 保险（汽车、住房、 |
| ● 美国储蓄债券 | 他目的的现金贷款 | ● 中间业务 | 人寿、健康） |
| | ● 抵押贷款 | ● 投资咨询 | ● 信托服务 |
| | ● 房屋抵押贷款 | ● 共同基金 | ● 税收准备 |
| | | | ● 安全保险箱 |
| | | | ● 预算咨询 |
| | | | ● 房地产规划 |

## 快速获取现金

不论你怎样仔细地管理你的资金，都会有资金不足的时候。为了解决这个问题，你有两种最基本的选择：增加你的储蓄的流动性或者借款。储蓄账户、存款证明、共同基金或者其他投资都可以变现，或者信用卡透支以及个人贷款也可以满足你的资金需求。但是，不论使用储蓄还是增加借款都将减少你的资金净值以及达到长期资金安全的可能性。

## 金融服务的种类

银行以及其他金融机构提供了很多种服务，这些服务可以分为四大类：

1. **储蓄**是一种安全的资金储藏方式，可以为未来提供资金。通常我们将储蓄计划称为定期存款，包括储蓄账户中的资金以及存款证明。

2. **付款服务**提供了将资金转换成其他资产的能力，以满足日常业务活动的需要。活期账户以及其他付款方式通常也被叫做活期存款。

3. **贷款**，大多数人一生中都会贷款，不论是信用卡、现金贷款等短期贷款还是住房抵押贷款等长期贷款。

4. **其他金融服务**包括保险、投资、税收协助以及理财计划。**信托**是一种合法协议，它使得一方通过另一方对资产的管理控制而获利。这种协议通常由商业银行或律师创建。父母如果希望为孩子的教育费用储蓄，可以加入信托计划。

**资产管理账户**: 多合一账户，包括储蓄、活期、借款、投资以及其他金融服务，仅收取单一费用，也叫现金管理账户。

**信托**: 一种合法协议，一方通过另一方对资产的管理控制而获利。

为了简化金融服务，很多金融公司提供了一卡通账户。**资产管理账户**也叫现金管理账户，它提供了完整的金融服务，并且只收取单一费用。投资公司及其他公司提供这种类型的账户，包括活期账户、ATM 卡、信用卡、网上银行、信用最高额度，并且可以购买股票、债券、共同基金，以及其他投资。

## 电子银行及网上银行

网上银行以及电子系统继续扩张（见图表 4—2）。虽然大多数传统的金融机构也提供网上银行业务，但是纯网上银行依旧是主要的竞争对手。比如，E* Trade 银行既提供网上银行业务，也提供 ATM 服务。这种"电子银行"以及"电子业务"提供了几乎所有需要的金融服务：

| 种类 | 可利用的网上服务 | 提供商 |
|---|---|---|
| 储蓄计划 | ● 储蓄账户、货币市场账户、大额存单，以及退休金账户的存款<br>● 工资直接存入账户及政府支付 | www. Netbank. com<br>www. INGdirect. com<br>www. hsbcdirect. com |
| 付款服务以及现金通道 | ● 网上支付包括租金、抵押贷款、公共事业、贷款及投资账户的自动转账<br>● 各种银行业务的 ATM 服务<br>● 网上购买支付 | www. usbank. com<br>www. etradebank. com<br>www. paypal. com<br>www. paytrust. com |
| 存款 | ● 当前贷款利率的比较<br>● 汽车贷款、信用卡、抵押贷款，以及其他贷款的在线申请及审核 | www. eloan. com<br>www. chase. com<br>www. citibankdirect. com |
| 其他服务 | ● 各种类型保险的在线利率及申请<br>● 购买、出售以及监控投资（股票、债券、共同基金以及其他有价证券） | www. insure. com<br>www. wachovia. com<br>www. etrade. com<br>www. schwab. com |

**自动提款机 (ATM)**: 进行银行业务交易的电脑终端系统，也叫自动柜员机。

**自动提款机（ATM）**也叫自动柜员机，它可以提供各种银行业务以及其他交易类型的服务，比如，过境签证、邮票以及礼品券等。为了减少 ATM 的费用，你可以比较不同金融机构的费用。使用你拥有银行卡的 ATM 可以避免额外费用，提取大额资金以避免进行几次小额交易发生的费用。

**借记卡**: 使用在计算机化的银行交易中的塑料卡片，也叫现金卡。

**借记卡**也叫现金卡，它可以通过 ATM 进行交易，也可以用于购物。借记卡与信用卡相对应，借记卡使用的是你自己的资金，而不是借来的资金。借记卡丢失的代价较大，如果你在丢失 2 天内告知了金融机构，你将支付 50 美元的未授权使用费，如果超过 2 天但在 60 天之内挂失，你将支付 500 美元，超出 60 天后，你的责任将是无限的。有些卡片发行机构会将相同的条款应用在丢失或被盗的信用卡上：最高 50 美元。当然，你不需要为未授权使用而担负责任，比如，骗子使用了你的账号支付。记得在收到账单 60 天内报告诈骗案，以保证你不会被收取交易费用。

**图表 4—2**                          **电子银行服务**

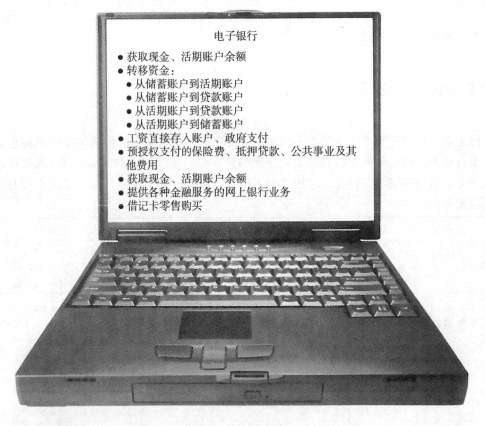

电子银行

- 获取现金、活期账户余额
- 转移资金：
  - 从储蓄账户到活期账户
  - 从储蓄账户到贷款账户
  - 从活期账户到贷款账户
  - 从活期账户到储蓄账户
- 工资直接存入账户、政府支付
- 预授权支付的保险费、抵押贷款、公共事业及其他费用
- 获取现金、活期账户余额
- 提供各种金融服务的网上银行业务
- 借记卡零售购买

策划网上银行业务时需要考虑的其他方面的因素：

| 网上银行的优点 | 网上银行的弊端 |
| --- | --- |
| 节省时间和金钱 | 潜在的隐私、安全性受到侵犯 |
| 交易的便捷性、利率的可比性 | ATM 费较高 |
| 无纸化追踪窃取者 | 储存现金的困难性 |
| 贷款、投资的资金转移 | 便捷性带来的过度消费 |
| 到期日的电子邮件通知 | 网络诈骗、"网络钓鱼"、垃圾邮件 |

## 金融服务与经济形势

利率的变动、物价的上升以及其他因素都会影响金融服务。充分了解当前的利率趋势以及未来利率的期望值才能够更好地进行理财规划（见图表4—3）。你可以通过阅读《华尔街日报》（*The Wall Street Journal*）、日报的金融板块以及金融期刊等了解趋势的变化，比如，《商业周刊》（*Business Week*）、《福布斯》（*Forbes*）、《财富》（*Fortune*）等杂志。

**注意！** "网络钓鱼"是通过垃圾邮件或垃圾短信进行的一种诈骗，它诱使你泄露信用卡账号、银行账户信息、社会保险密码或其他个人信息。这些电子邮件通常看起来很正式，像来自合法的银行或其他金融机构。不要在网络上随意泄露个人信息或者在电话上向不熟悉的来电者泄露信息。

**图表4—3**　　　　　　　　　　　　　　　变换利率及金融服务选择

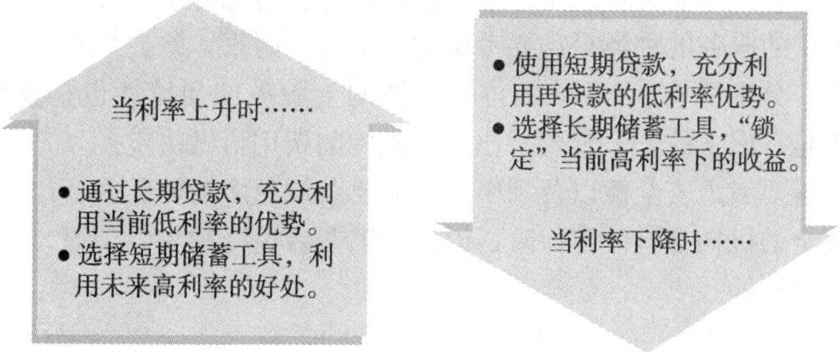

当利率上升时……

- 通过长期贷款，充分利用当前低利率的优势。
- 选择短期储蓄工具，利用未来高利率的好处。

- 使用短期贷款，充分利用再贷款的低利率优势。
- 选择长期储蓄工具，"锁定"当前高利率下的收益。

当利率下降时……

### 概念检测 4—1

1. 金融服务主要有哪几类？

2. 通过电子银行系统可以进行哪些金融服务？

3. 经济状况的变化如何影响金融服务的使用？

**自我应用！**

**目标1：** 通过调查一些人了解其对各种金融服务（例如，网上银行）的熟悉度与使用情况。

# 金融服务的来源

以前，金融服务仅由银行提供，但是现在很多公司都提供金融服务，比如，保险公司、

**目标 2**：比较不同类型的金融机构。投资经纪人，以及信用卡公司等。像通用汽车、希尔斯、美国电话电报公司等都发行信用卡。银行也扩大了服务范围，提供投资、保险及房地产服务等多种业务。

## 金融机构的对比

选择金融机构时，最基本的问题包括以下几个：
- 我的储蓄在哪里能获得最好的收益？
- 我将如何最小化服务费用？
- 如果我的资金短缺，我能够贷款吗？

当你接受金融服务时，你需要知道你希望从该机构的服务中满足你的哪些需求。随着金融市场的不断变化，你需要在选定一个机构前，综合考虑各种因素。

金融机构提供的服务的种类是需要考虑的一个主要因素，除此之外，个人服务可能对你来说非常重要，分支机构、ATM 的位置以及网上服务的便捷性也是很重要的。记住：便利性与服务都是有成本的，一定要对比不同机构的费用再做决定。

最后，你也需要考虑安全性以及利率。你需要获取更多的储蓄收益以及贷款利率方面的信息。大多数金融机构都有储蓄保险，以保护消费者免受损失，但是，不是所有的保险都是由联邦政府发行的。

## 金融机构的种类

尽管金融环境不断地变化，很多熟悉的金融机构依旧可以满足你的需求。如图表 4—4 所示，一些机构（比如，银行和信用合作社）提供了多种服务，也有些机构提供专业化的服务，比如，住房贷款。不同金融机构的差异性在逐渐地消失，比如，今天，人们可以在银行或信用合作社购买投资品，也可以在投资公司或中介公司购买。

**商业银行**：为个人、公司及政府提供多种金融服务的金融机构。储蓄机构介于资金的供给方与需求方之间，最常见的机构包括以下几类：

- **商业银行**，提供多种金融服务，包括活期存款、储蓄、贷款等。商业银行同公司一样，通过投资者（股票持有者）资助资本进行经营。

**储蓄与贷款协会 (S&Ls)**：传统意义上仅提供储蓄及抵押贷款服务的金融机构。- **储蓄与贷款协会 (S&Ls)**，传统意义上仅提供储蓄及抵押贷款服务。但是如今，很多机构扩大了业务范围，也像银行一样，提供多种金融服务。

- **合作储蓄银行**，由存款人拥有的、专门进行储蓄及抵押贷款业务的机构。该银行大多设在北美，通过给予储蓄高利率使存款人获得收益。

- **信用合作社**，使用者享有的、非营利的合作组织。虽然从传统意义上讲，信用合作社的成员需要有共同之处，比如，工作地点、教派、社区关联等，但现在的信用合作社成员更加灵活，超过 8 000 万的人都是信用合作社的成员。每年的银行业报告显示，相比于其他银行，信用合作社的费用及贷款利率不断地降低，消费者满意度不断地提升。

非储蓄机构提供了多种多样的金融服务。这些机构包括：

人寿保险公司，通过各种各样的人寿保险政策为人们提供财务的安全性。有些公司也开展储蓄与投资的业务。

● 投资公司，也叫共同基金公司，提供**货币市场基金**——储蓄投资组合计划。公司利用投资者的资金购买短期金融工具。大多数投资公司的账户与储蓄机构的不同，不在联邦储蓄保险范围内。

● 经纪公司，通过雇用投资专家，为买方、卖方提供股票、债券及其他投资证券信息的代理机构。这些公司通过收取佣金及服务费盈利。

**图表 4—4**　　　　　　　　　　　　　**谁提供金融服务？**

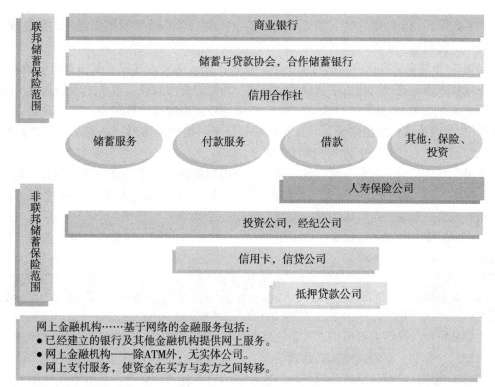

注：由特定机构提供的实体服务会不同。

● 信用卡公司专门提供短期零售贷款，但是如今，VISA、万能卡、发现卡等的功能也扩展到了各种其他银行及投资服务。

● 信贷公司为消费者及小公司提供贷款。这些贷款通常是短期的，利率高于其他机构的。大多数信贷公司也提供其他理财规划服务。

- 抵押贷款公司，最初提供房屋抵押贷款，抵押贷款公司的服务将在第 7 章中介绍。

以上及其他金融机构为夺取你的业务而竞争。越来越多的公司提供组合服务（储蓄、活期、信贷、保险、投资）。这种一站式金融服务通常也被叫做金融超级市场。

## 可疑的金融业务

你是否愿意花 8 美元兑现一张 100 美元的支票？或者你是否愿意支付 20 美元以借入 100 美元两周？

大多数未开通金融服务的人们（特别是低收入消费者）通常使用当铺、支票兑现店、贷款店以及先租后买中心。

**当铺**　当铺根据有形商品的价值提供贷款，比如，珠宝首饰或者其他有价值的商品。很多中低收入家庭通过当铺快速获取现金贷款。当铺的费用较高。成千上万的人越来越需要小额贷款，通常 50 美元～75 美元，30～45 天偿还。当铺从"社区银行"变成了"当地商店"，这是因为他们既提供贷款，又提供零售服务，出售不再赎回的商品。州政府规定了当铺的利率，通常月利率为 3% 或者更高。

**支票兑现店**　大多数金融机构仅办理有账户的消费者的支票兑现业务。超过 6 000 个支票兑现店（CCOs）可以兑现支票面额的 1%～20%，平均费用在 2%～3% 之间。但是对于低收入家庭来说，这将成为总的家庭预算中一个很重要的部分。CCOs 通常也叫货币兑换所，也提供各种服务，比如，电子报税、汇票、私人邮箱、账单支付等。人们通常可以以更低的费用获得这些服务。

**发薪日贷款**　一些消费机构对发薪日贷款的使用比较警惕，它也被称做现金预支、支票预付贷款、远期支票贷款或延期储蓄贷款。急需资金的贷款者甚至会支付高达 780% 或者更多的年利率从发薪日贷款公司贷款。这些机构已多达 8 000 个，最习惯于使用发薪日贷款的是因灾难而陷入负债中的人们。

在发薪日贷款中，人们会用 115 美元的个人支票借出 14 天的 100 美元。出借人统一持有支票到发薪的第二天。14 天 15 美元的费用转换成年利率高达 391%。一些消费者会选择复利贷款，即未来的 14 天，用 15 美元借出另外的 100 美元。复利几周后，融资费将超过借款总额。芝加哥消费服务部曾报道过利率为 659%～1 300% 的发薪日贷款事件。

**先租后买中心**　很多年前，租用家具或电器的人们发现很少有高级商品是可用的，如今，租赁公司提供大屏彩电、七块板樱桃木床及个人电脑等。先租后买行业是将商品租给希望支付一段时间费用后可以拥有它们的人们。

在威斯康星州，超过 10 000 多位先租后买中心的消费者集体投诉该机构，要求退回租赁商品所收取的费用。诉讼称，租赁中心不合法地对电视及其他电器收取了高达 100% 的租赁利率，甚至向低收入地区的消费者收取该笔费用。

**概念检测 4—2**

1. 选择金融机构时人们通常会考虑哪些因素？

_____

2. 储蓄类金融机构有哪些？

_____

3. 将下列描述与对应的金融机构配对。
   a. 商业银行　　　　　　　　_____通常针对没有银行账户的人们
   b. 信用合作社　　　　　　　_____主要为公司提供投资服务
   c. 人寿保险公司　　　　　　_____传统意义上提供最全面的金融服务
   d. 支票兑现店　　　　　　　_____为会员提供更低的费用

**自我应用！**

**目标 2：** 通过国际信用合作社协会的网站或其他来源，了解加入信用合作社的信息以及这类金融机构所提供的服务内容。

# 比较储蓄计划

**目标 3：** 评价不同类型的储蓄计划。

储蓄计划对于实现理财目标是非常重要的。储蓄的种类较多（见图表 4—5），储蓄计划可以归为以下几类。

## 日常储蓄账户

日常储蓄账户也叫银行存折或财务账户，通常无最低存款余额或较低的最小额，使你可以根据需要提取资金。银行、储蓄与贷款协会以及其他金融机构提供日常储蓄账户。在信用合作社，这个账户也叫共享账户。

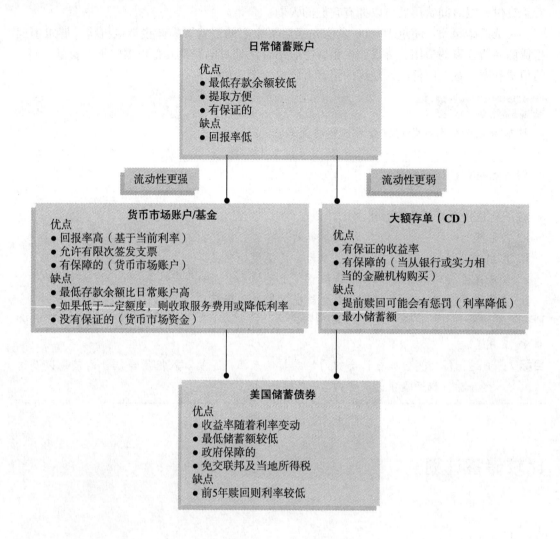

日常储蓄账户
优点
- 最低存款余额较低
- 提取方便
- 有保证的
缺点
- 回报率低

流动性更强　　　　　　　　　　　　　　　流动性更弱

货币市场账户/基金
优点
- 回报率高（基于当前利率）
- 允许有限次签发支票
- 有保障的（货币市场账户）
缺点
- 最低存款余额比日常账户高
- 如果低于一定额度，则收取服务费用或降低利率
- 没有保证的（货币市场资金）

大额存单（CD）
优点
- 有保证的收益率
- 有保障的（当从银行或实力相
  当的金融机构购买）
缺点
- 提前赎回可能会有惩罚（利率降低）
- 最小储蓄额

美国储蓄债券
优点
- 收益率随着利率变动
- 最低储蓄额较低
- 政府保障的
- 免交联邦及当地所得税
缺点
- 前5年赎回则利率较低

## 大额存单

如果人们将资金储蓄一定时期，那么收益率将较高。**大额存单**就是这样的一种储蓄计划，它需要把一定金额的资金储蓄一定的时间（从 30 天到 5 年甚至更长时间），以得到一定的收益率。这种储蓄可以与普通储蓄相互替换。但是，如果提前撤资，将受到一定的惩罚。

> **大额存单（CD）:**
> 把一定金额的资金储蓄一定的时间，以得到一定的收益率。

**大额存单的种类**　金融机构提供的大额存单有以下特征：

- 利率增长型大额存单在不同的阶段有更高的利率，但是，这个利率可能仅持续几个月的时间。

- 股指型大额存单的收益基于股票市场，股票市场景气时，收益较高，其他时候，可能会没有收益，甚至损失本金。

- 可赎回大额存单的利率较高、期限较长，如果利率下降，一段时间后银行可能会赎回存单，比如一年或两年。当看涨期权行权后，投资者收到本金及已取得的利息。

- 增强型大额存单试图用礼品或特殊的利率吸引储户。科罗拉多州某银行通过提供劳力士手表、箭术设备及橡皮艇以代替利息，消费者可以自己比较所提供商品的价值与损失的利息。

**大额存单管理**　当初次购买或滚入下一期（到期后购买新一期）大额存单时，你需要调查一下潜在的收益与费用。不要让你的金融机构自动将你的资金滚入下一期大额存单中。如果利率下降，你需要考虑短期产品，如果你认为利率不变，并且你不需要使用这些资金，可以选择长期大额存单。

考虑使用不同到期日的大额存单组合，比如，2 000 美元的 3 个月 CD，2 000 美元的 6 个月 CD，2 000 美元的 1 年期 CD，以及 2 000 美元的 2 年期 CD，这样会增加你再投资时的资金流动性及灵活性。

## 有息活期账户

通常，活期账户具有储蓄的特征，但有息活期账户的利率较低。

## 货币市场账户及基金

浮动利率的储蓄计划的目的在于为储户提供更高的利率。**货币市场账户**是储蓄账户的一种，它需要最低储蓄额，收益基于变动的市场利率水平。货币市场账户允许有限次签发支票，但如果账户余额低于最低额度（通常是 1 000 美元），将会收取一定的费用。

> **货币市场账户：**银行、储蓄与贷款协会及信用合作社发行的，有最低储蓄额度，收益基于市场利率水平的储蓄账户。

货币市场账户及货币市场基金提供了基于当前利率水平的收益，两者都有最低储蓄额度的限制，并允许签发支票，它们最大的区别就是安全性不同。银行、储蓄与贷款协会的货币市场账户是在联邦储蓄保险范围内的。而货币市场基金则不同，它是投资及保险公司的产品。由于货币市场基金主要投资于短期政府债券及公司债券（少于一年），所以它们通常也比较安全。

## 美国储蓄债券

很多年前，由于储蓄债券的收益较低，所以人们购买储蓄债券更像是一种爱国行为而不是储蓄行为。近些年，财政部提供了多种计划，使储蓄债券更加地受欢迎。

**EE 债券**　EE 系列债券（2001 年 9 月 11 日恐怖袭击之后更名为爱国者债券）的购买额

从 25 美元~5 000 美元不等（面值分别为 50 美元或 10 000 美元）。电子 EE 债券可以按面值购买，比如，支付 50 美元购买 50 美元的债券。这些债券可以购买 25 美元或更高的金额。

## 关于你的货币市场基金，你需要知道些什么？

**1. 不要将货币市场基金与现金相混淆。** 很多人习惯于把货币市场基金等同于银行中的现金存款——直到 9 月，此类产品中的一种出现了问题，使政府不得不介入并提供基金保险，才让大家意识到之前的概念混淆。虽然货币市场基金是现金类产品，但是它们依旧是含有短期负债的共同基金。

最保守的货币市场基金产品仅持有美国财政部发行的债券。这些短期国库券和中期国债是以美国政府的财政收入为担保的，几乎不存在信用违约风险。更为常见的货币基金是那些仅持有与政府相关债券的基金组合，其中除了持有国债之外，还持有其他发行人发行的政府支持债券。

**2. 不要将货币市场基金保险与银行保险相混淆。** 近期，政府宣布将为货币市场基金提供保险，与此同时，对银行存款的保险额度也由之前的 10 万美元提高到 25 万美元。这两个举动的目的都是为了阻止大额兑付或赎回的发生，否则金融危机将进一步恶化。虽然额外的银行保险将持续到下一年且所有银行都自动享有这份保险，但是货币市场基金保险却是短期的，公司需要申请才可以得到。

**3. 你的保险范围是有限的。** 联邦政府工作人员保证 12 月 18 日之前你的货币市场储蓄额每份不会跌到 1 美元以下。但是这份承诺仅对 9 月 19 日交易结束之前的账户余额有效。这就意味着无论有多少次的赎回和认购，只要发生在 9 月 19 日之前就是受保证的，但这之后，新追加的资金则不受保护。

**4. 确保你在保险范围内。** 货币基金需要申请政府保险并支付一小笔费用。依据仙鹤数据公司的数据，34 亿美元货币市场资产中的 95% 是在政府保护计划范围内的，其余的部分多是国库券及政府债券基金这样的安全资产。不要认为你的基金仅持国库券，不到 10% 的基金仅持有国库券。富达、先锋、嘉信及普信的基金是有保险的，但是你最好打电话或登录网站检查以确保它们是被保的。

**5. 偏执将付出代价。** 你可能会选择超级安全的仅持有国库券的基金，或者干脆将钱藏在床垫底下。目前，仅持有国库券的基金的七天平均收益还不到 1%，而一般的基金产品的收益率为 2.5% 甚至更高。就让我们对美国政府再保有一份信心，相信它不会让货币基金跌破面值。这时，你会发现，由于急需融资的政府不得不提供高于平均水平的收益率，那些免税的货币市场基金的收益率可以达到 3% 甚至更高的水平。

**6. 期待保险方案将会继续。** 如果货币基金市场的情形依旧不稳定，那么可以预期政策将会延期，超过 12 月 18 日的期限。此外，由于政府十分担心商业票据市场交易量的大幅萎缩会致使信用市场失去流动性而无法正常运转，在 10 月份又启动了一个新的救市计划，即从发行方处直接购买短期贷款。

**资料来源:** Reprinted by permission from the December issue of *Kiplinger's Personal Finance*. Copyright © 2008 The Kiplinger Washington Editiors, Inc.

1. 货币市场基金与银行账户有哪些区别？

_____

2. 描述你可能采取的确保你的资金安全的行为。

_____

3. 登录 www.kiplinger.com 获取最新的关于货币市场安全的信息。

_____

由于 EE 债券的利息每月累加且按半年复利计算，所以它的价值每月都会增加。如果你在 5 年内赎回，那么你最后 3 个月的利息将被没收，5 年后你将不受惩罚。证券至少持有一年才可以变现。

在 1997 年 5 月到 2005 年 4 月 30 日之间购买的 EE 债券享有市场基准利率。自那以后，将享有固定利率。EE 系列债券持续获取 30 年的利息，远超过达到面值的日期。EE 系列债券的主要优点包括：（1）利息是免税的；（2）直到赎回时才需要缴纳收益的联邦所得税。

如果你购买 EE 系列债券是用来为你自己或家属支付大学或技校的学费，那么赎回时可以免缴联邦所得税。债券的购买者必须超过 24 岁，并且必须以父母一方或双方的名义购买，目的是帮助中低收入家庭。收入超过一定金额的人不能享受免税条款。

**HH 债券**　HH 系列债券是当前收入型债券，每 6 个月支付一次利息，利息自动转入你的银行账户，利息是作为当期收入缴税的。HH 债券由于半年支付一次利息，这使它成为普遍的退休收入来源。

发行日 6 个月后，你可以随时赎回 HH 债券，HH 债券的价值不会改变，所以当你赎回时你可以获得你的投资本金。HH 债券的面额包括 500 美元、1 000 美元、5 000 美元及 10 000 美元。以 2004 年为例，投资者不能够对 HH 债券进行再投资，也不能将 EE 债券转成 HH 债券。

**I 债券**　I 债券的收益率包括两部分：（1）债券的固定收益率；（2）每两年变化一次的通货膨胀率。每 6 个月，新债券的固定收益率将重新设定一次，额外支付的利息将基于当前的年通货膨胀率，每年变化两次。I 债券的面额与 EE 债券一样，但是需要以面值购买，没有折扣。并且，与 EE 债券一样，I 债券的最短持有期是一年。

关于储蓄债券的主要网站：
www.savingsbonds.gov

每年，一个人可以最高购买 15 000 美元的美国储蓄债券（到期面值 30 000 美元），这个金额是任何人都可以购买的，所以家长可以以每一个孩子的名义购买额外的一份债券。美国储蓄债券可以在银行及其他金融机构购买，也可以在网上购买。如遇丢失、被窃或损毁等情况，政府将免费替换。需要了解更多的信息或基金价值的计算方法，可以登录网站 www.

savingsbonds. gov，在该网站上，你还可以查询你的储蓄账户状况。

## 评估储蓄计划

储蓄计划的选择通常会受到回报率、通货膨胀、税费、流动性、安全性、限制条款及费用的影响（见图表 4—6）。

> **回报率**：获取的利息带来的储蓄价值增长的百分比，也叫收益率。

**回报率**　储蓄的收益可以通过**回报率**来衡量，或者叫做收益率，即获取的利息带来的储蓄价值增长的百分比。

**图表 4—6**　　　　　　　　　　选择一个储蓄计划

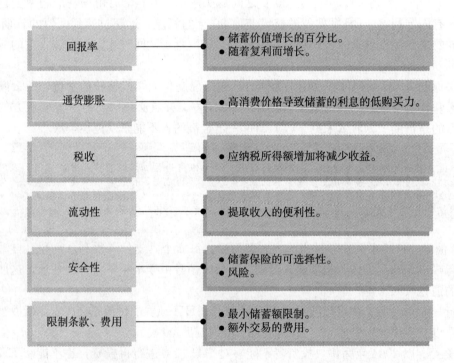

| | |
|---|---|
| 回报率 | • 储蓄价值增长的百分比。<br>• 随着复利而增长。 |
| 通货膨胀 | • 高消费价格导致储蓄的利息的低购买力。 |
| 税收 | • 应纳税所得额增加将减少收益。 |
| 流动性 | • 提取收入的便利性。 |
| 安全性 | • 储蓄保险的可选择性。<br>• 风险。 |
| 限制条款、费用 | • 最小储蓄额限制。<br>• 额外交易的费用。 |

比如，储蓄 100 美元，以 5％的回报率计算，一年后的收益是 5 美元。收益率是通过利息收益（5 美元）除以储蓄额（100 美元）得到的。储蓄的收益率将会随着利率的增长而增加。

> **复利**：基于前期获得的利息计算新利息的过程。

**复利**是前期已获得的利息带来的利息。每期利息增加到你的储蓄额中，下一期利息基于新的储蓄额重新计算。复利期越短，收益越高。比如，储蓄账户中的 100 美元按年计息，以年利率 6％计算，将带来一年后 6 美元的收益，但是如果每日计息，那么 100 美元按年利率 6％计算，将得到 6.19 美元。虽然有时候这种差额较小，但是如果金额较大、储蓄期较长，那么差额将会非常大（见图表 4—7）。

**图表 4—7**　　　　　　　　给定复利计息期后 1 美元的未来价值（复利）　　　　　　　　单位：美元

较短的复利计息期将带来较高的收益。下面的表格中，初始投资为 10 000 美元，收益率为 8%，但是复利计息期不同。

| 投资时间 | 计息方法 | | | |
|---|---|---|---|---|
| | 每日 | 每月 | 每季度 | 每年 |
| 1 | 10 832.78 | 10 830.00 | 10 824.32 | 10 800.00 |
| 2 | 11 743.91 | 11 728.88 | 11 716.59 | 11 664.00 |
| 3 | 12 712.17 | 12 702.37 | 12 682.41 | 12 597.12 |
| 4 | 13 770.82 | 13 756.66 | 13 727.85 | 13 604.89 |
| 5 | 14 917.62 | 14 898.46 | 14 859.46 | 14 693.28 |
| 年收益率（%） | 8.33 | 8.30 | 8.24 | 8.00 |

**年收益率（APY）：** 基于年利率及一年复利计算频率计算的投资 100 美元将会收到的利息的百分率。

储蓄条款的真实性需要金融机构公开以下储蓄计划的相关信息：（1）储蓄账户的费用；（2）利率；（3）年收益率（APY）；（4）其他储蓄计划的相关条款。公信储蓄法案（TIS）将**年收益率**定义为基于年利率及一年复利计算频率计算的投资 100 美元将会收到的利息的百分率。

**例子**

　　如果条款中规定的是 365 天（即规定的到期日是 365 天），或者投资账户没有规定的成熟期，那么 APY 的计算公式为：

$$APY = 100\left(\frac{利息}{本金}\right) = 100\left(\frac{66}{1\ 200}\right) = 100\ (0.055) = 5.5\%$$

**通货膨胀率**　你的储蓄的收益率需要和通货膨胀率相对比。当通货膨胀率超过 10% 时，如果投资的收益率为 5% 或 6%，那么货币的购买力下降。通常，通货膨胀率增加，利率会上升。

**税收**　与通货膨胀相似，税收将降低储蓄的利息。比如，投资者有 10% 的收益率，处于 28% 的税收等级时，意味着真实收益率仅为 7.2%（120 页的"计算"将介绍如何计算税后收益率）。如第 3 章所讲解的，一些免税或税收延期的储蓄计划可以增加你的真实收益率。

**流动性**　流动性使得你不需要损失价值或缴纳费用就可以撤出你的资金。一些储蓄计划会对提前撤资进行惩罚或采取其他限制措施。对于一些特定种类的储蓄账户，提前撤资意味着利息的损失或收益率的降低。你需要将你的储蓄目标与流动性结合起来考虑，为达到长期理财目标，很多人选择更高的收益率而放弃流动性。

**安全性**　银行、储蓄与贷款协会及信用合作社中大部分储蓄计划都是由联邦政府附属机构联合发行的，它保护了由于发行机构的破产导致的资金的损失。近年来，少数金融机构破产，储户如果享有联邦保险将不会损失任何资金。破产机构的储蓄者可以选择提取全部资金或者将其转移至其他稳定的机构名下。

联邦存款保险公司（FDIC）将保险基金分为：银行保险基金及储蓄机构保险基金

（SAIF）。信用合作社可能会通过全国信贷联盟（NCUA）获得储蓄保险。一些政府特许信用合作社可以选择私人保险计划。

# 计 算

## 税后储蓄回报率

对利息征税将减少你的真实收益率，换句话说，你将因为税收而失去一定的利息。计算过程包括以下几步：

1. 明确你的联邦所得税税收等级。
2. 用 1.0 减去用小数表示的税率。
3. 用上一步结果乘以你的储蓄账户收益率。
4. 得到的结果用百分比表示就是你的税后收益率。

比如，

1. 你在 28% 的税收等级下。
2. $1.0-0.28=0.72$。
3. 如果你的储蓄账户的收益率是 6.25%，那么 $0.062\,5\times0.72=0.045$。
4. 你的税后收益率是 4.5%。

你可以通过相同的计算过程计算基于通货膨胀水平的真实收益率。比如，如果你的储蓄收益率是 6%，通货膨胀率是 5%，那么你的真实收益率（通货膨胀后）是 5.7%：$0.06\times(1-0.05)=0.057$。

**计算**

1. 如果储蓄收益率是 4%，税收等级是 15%，那么税后收益率是多少？
2. 如果利息 100 美元，税收等级是 31%，那么税后收益是多少美元？

FDIC 保证的额度是每个被保险的金融机构的每个储蓄者最高 100 000 美元（最近暂时增长到 250 000 美元），如果一个人以两个不同所属人的账户持有资金，那么他可以享受额外的保险。

通过个人、共同及信托账户，你可以享有的联邦储蓄保险额度将超过保险限额。但是，如果你的个人账户资金为 70 000 美元，与亲戚在同一个金融机构所拥有的共同账户资金为 240 000 美元，那么你储蓄资金中有 20 000 美元不能享受联邦储蓄保险（240 000 美元的一半超过了 100 000 美元的限额）。不同的分支机构被认为是同一个机构，这将影响你的保险限额。同样，金融服务机构的合并重组将导致不同银行账户的合并。

以 2006 年 4 月为例，联邦存款保险公司以及全国信贷联盟针对特定的退休账户将储蓄保险范围由 100 000 美元增加到 250 000 美元。更高的保险额度应用于传统退休金账户、罗斯退休金账户、简单员工保险退休金账户以及员工储蓄激励计划退休金账户，也包括基奥计划及针对政府员工的计划，但仅限于 FDIC 及 NCUA 所保护的金融机构中的退休账户。

**限制条款与费用** 其他限制条款也可能影响你对储蓄计划的选择。比如，利息获取的时间与利息到账的时间相比会有所延迟，这意味着利息不能解决你即刻的需求。同样，一些机构会收取存款或取款的交易费用。有些金融机构会为达到特定储蓄额的储蓄者提供免费服务，在免费享受服务的同时，你需要将资金储蓄特定的时期，或者你所享有的利率将降低，这是因为机构要通过这些收益来补偿它们提供免费服务的成本。

## 概念检测 4—3

1. 金融机构提供的主要储蓄计划都有哪些？

2. 货币市场账户与货币市场基金有哪些区别？

3. 美国储蓄债券的优点有哪些？

4. 通货膨胀与税收如何影响储蓄的收益？

5. 在以下情形中，勾出选择储蓄计划时对人们产生重要影响的选项。

| 理财计划情况 | 回报率 | 通货膨胀 | 税收 | 流动性 | 安全性 |
|---|---|---|---|---|---|
| a. 需要随时从基金中提取生活费用的老年夫妻 | | | | | |
| b. 非常在乎购买基金所带来的购买力损失问题的人 | | | | | |
| c. 希望通过储蓄计划最大化收益的储蓄者 | | | | | |
| d. 需要确保基金安全的中年人士 | | | | | |

**自我应用！**

**目标3：** 进行网上调研并获取过去与当前的利率数据（比如，最优惠贷款利率、国库券利率、抵押贷款利率、公司债券利率以及六个月 CD 利率）。可以通过网站 www.federalreserve.gov 以及其他网站获取所需信息。这些利率将如何影响个人理财决定？

# 支付方式的比较

**目标 4：评估不同类型的付款方式。** 每年，纸质支票账户在支付中所占的份额越来越少。虽然纸质支票使用得越来越少，但是支票账户依旧是大多数借记卡交易及网上支付最常见的渠道。如图表 4—8 所示，通常有三种主要的支付方式。

| 图表 4—8 | 支付方式的选择 | |
|---|---|---|
| 电子支付 | 活期存款账户 | 其他支付方式 |
| 借记卡、信用卡 | 日常活期储蓄账户 | 保付支票 |
| 网上支付 | 业务账户 | 银行本票 |
| 智能卡（"电子钱包"） | 有息活期储蓄账户 | 旅行支票 |
| 储值卡 | | 汇票 |

## 电子支付

随着科技的发展，现金、支票或信用卡外的交易方式不断增多，增强了安全性及客户接受度。

**借记卡交易** 大多数零售商店、酒店及其他商业机构都可以使用借记卡，借记卡也叫做支票卡，是由 Visa 和万事达卡公司发行的。使用借记卡交易时，购买商品的金额将从账户中扣减。大多数借记卡可以通过两种方式使用：（1）像信用卡一样通过签字支付；（2）像 ATM 卡一样，通过个人识别码（PIN）支付。

**网上支付** 银行及网络公司作为第三方促进了网上交易的进行。网络公司包括 www.paypal.com，www.mycheckfree.com，www.paytrust.com 等。使用这些服务时，需要考虑每月支付的费用，以及网络的安全性和客户服务的便利性。网上的"电子货币"服务可以建立自己的电子货币，这是网上交易交换媒介的一种。

**储值卡** 常见的预付卡可以支付电话费、交易费、高速公路费、洗衣服务费以及学校午餐费。有些储值卡不是便携式的，也有些可以再充值。

**智能卡** 这个"电子钱包"与其他 ATM 卡类似，嵌入的芯片记录了预付金额、交易记录、保险信息、医疗信息等。

> **你知道吗？**
> 通过移动电话和其他无线设备建立起来的移动支付系统逐渐发展起来，这通常是通过已经存在的银行账户进行的。大多数银行的服务都通过电脑实现，之后通过电话实现。未来很多银行交易将直接通过你的手机账单付费。

## 活期存款账户

尽管电子支付系统使用得越来越多，活期存款账户依旧是大多数人的必需品。活期存款账户分为以下三类：日常活期储蓄账户、业务账户以及有息活期储蓄账户。

**日常活期储蓄账户** 日常活期储蓄账户通常每月收取服务费，你可以通过保证最小储蓄额度来避免这项费用。如果你保证了一定的储蓄额度，一些金融机构将免去月服务费。

免去月服务费是很有益的，比如，每月 7.5 美元的服务费将导致一年 90 美元的费用。但是，对于无息账户来说，你可能将损失一定的利息。

**业务账户** 在业务账户中提款将收取一定的费用，并且有时储蓄也将收费，该账户还有月服务费。但是，你不需要保证最小额度。业务账户最适合每月提款次数较少并且不能保证最低额度的人群使用。

**有息活期储蓄账户** 有息活期储蓄账户通常需要保证最低额度。如果账户金额低于这个额度，你可能将得不到利息，并且可能需要支付一定的服务费用。在信用合作社，这个账户被称做股权提款账户。

## 评价活期储蓄账户与付款账户

如果有以下两种选择，你将选择哪项：1. 最低储蓄额度为 1 000 美元的有息活期储蓄账户；2. 最低储蓄额度为 300 美元的无息活期储蓄账户。要作出决定，你需要在不同的因素间权衡，比如，限制条款、费用、利息以及特殊服务等（见图表 4—9）。

图表 4—9                       **活期储蓄账户选择要素**

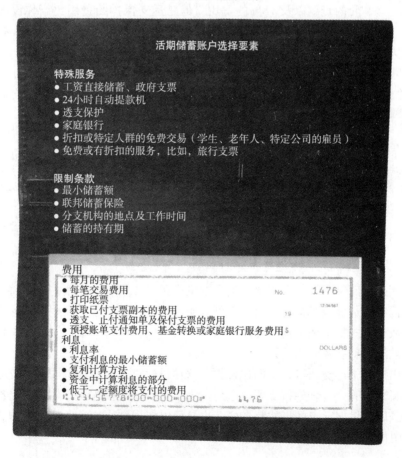

▶*123*
第 4 章 储蓄与支付服务

**限制条款** 最常见的限制条款就是为了获取利息或避免费用而必须储蓄的最小额度。过去，金融机构常规定资金的持有期限，在获取资金前，通常需要等待一段时间。21世纪支票交换法案缩短了等待的时间。这项法律批准了替代支票，它是原始纸质支票的数字化形式，是原始支票的法定等价物。

**费用** 几乎所有的金融机构都规定了最小储蓄额度或活期储蓄账户收取的服务费用。当使用有息活期储蓄账户时，你需要比较你的服务费用及储蓄的收益。并且，考虑一下损失的成本或因最低储蓄额度导致的利息的减少额。近几年，储蓄账户的费用不断增长，支票打印、透支以及支付通知等的费用是以前的两倍甚至三倍。

> **注意！** 空头支票将导致30美元或者更多的费用，以及未来你所开的支票的接受度的限制。一些支票授权系统可能将你的名字放入"限制"名单六个月到五年的时间不等。

**利息** 利息率、复利的计算频率以及利息计算方法都将影响你的收益。

**特殊服务** 由于金融机构试图减少纸张与邮票的费用，所以已付支票不再退回。银行的客户将收到更多详细的月账单并且将通过网上渠道打印已付支票。

> **透支保护：** 当需要支付的金额超出储蓄账户的可用余额时，为储户提供的一种自动贷款。

**透支保护**是当需要支付的金额超出储蓄账户的可用余额时，为储户提供的一种自动贷款，这项服务非常便捷，但是费用较高。大多数透支计划以50美元或100美元的额度增加。1美元的透支可能会带来50美元的贷款以及18%的费用。但是透支保护的费用比当你没有足够资金时签发的支票的费用低，支票的费用为30美元或者更多。很多金融机构允许你以从储蓄账户中转移正常费用的方式来透支。

如果储蓄账户与其他服务绑定在了一起（安全保险柜、旅行支票、低利率贷款以及旅行保险），并且每月只需要缴纳单一的费用，那么你需要小心了。这些服务看起来物超所值，但是理财专家发现只有少数人才会使用所有的服务。

> **你知道吗？**
> "远程储蓄"使人们可以在家中或者办公室将资金储蓄到银行账户中，而不需要亲自去银行办理。这个过程需要扫描仪捕捉到支票的数字图像，之后将图像传到网上。虽然这项技术主要在商业上使用，但是未来这个系统可能也将被应用到个人业务中。

## 其他付款方式

保付支票是保证付款的个人支票。当金融机构保付支票时，支票的金额将从你的账户中扣减。银行本票是金融机构的支票，你可以通过支付支票金额及费用而获取支票。你也可以通过相似的方式从金融机构、邮局及商店购买汇票。保付支票、银行本票以及汇票都使你可以付款给信息有效的收款人。

当你外出时，旅行支票可以帮助你付款，这种付款方式需要你签署每张支票两次。首先，当你购买时你需要签署旅行支票，之后，为了确认你是授权人，你需要再次签署。电子旅行支票是以预付旅行卡的形式存在的，也是可以使用的。这个卡使去他国旅游的人可以从ATM中提取本地货币。

## 活期储蓄账户的管理

获取以及使用活期储蓄账户涉及以下几个活动。

**开户** 首先，明确谁是户主，只有一个人可以使用个人账户。共同账户可以有两个或者更多的所有者。个人账户及共同账户都需要一张签名卡，记录授权人正规的签名。

**储蓄** 存款单是用来在你的储蓄账户中增加资金的，存款单上将记录你储蓄的金额，每一次储蓄都需要背书——支票背面的签名——为转移资金到你的账户授权。背书的常见形式有以下三种：

- 空白背书只有你的签名，仅在真实的储蓄兑现支票发生时使用，一旦签字，支票可以被任何人兑现。
- 限制背书包含了"仅储蓄"的字样以及你的签名，用支票存款时非常有用。
- 记名背书允许你将支票转给他人，支票上有"支付给"的字样以及你的签名、第三方的名字。

**签发支票** 签发支票前，将记录你的信息并从你的账户中扣除支票金额，有些储蓄账户的使用者使用支票副本记录当前账户余额的变动。

签发支票有以下几步：（1）记录日期；（2）记录收款机构或收款人的姓名；（3）用数字记录支票金额；（4）用汉字记录支票金额，如果金额小于1美元，则需要写成"仅79美分"的样式；（5）签发支票；（6）注明付款原因。

如果支票被窃，可能需要止付通知单，大多数银行不签发陈旧的支票（通常六个月或更长时间）。止付通知的费用通常在20美元~30美元之间，如果丢失多张支票或丢失支票簿，那么关闭该账户重新开立新账户的费用会比止付费用低。

**活期储蓄账户的调整** 每月你将收到银行对账单，上面记录了储蓄、支票付款、ATM取款、利息、服务费及支票打印费等情况。对账单上的余额通常与你的支票簿的余额不同，这是因为有些支票还未结算、储蓄还未到账或取得利息等。

你可以准备一个银行存款余额调节表来解释银行对账单余额与支票簿余额不等的原因，具体过程如下：

1. 将对账单上的已付款项与支票簿上的作对比，通过已付支票作对比，或用对账单上的支票编号与支票簿上的作对比。

2. 查看账单上是否有未记录的储蓄，将在途存款金额加到银行对账单余额中。

3. 将银行对账单上的费用扣除，将支票簿上的ATM费用扣除。

4. 在支票簿账户中增加已获得的利息。

修改后的支票簿余额与银行对账单余额应该是相等的，如果不等，重新计算。

## 个人理财实践

## 你是否在避免身份盗窃？

如果你将社会保障号、驾驶证号记录在支票上，那么很容易遭遇身份盗窃。通过一张支票，骗子可以获取你的社会保障号、驾驶证号、银行账号、地址、电话，甚至你的签名样式。

一位律师曾经钱包被窃，一周之内，小偷制定了昂贵的手机月套餐、申请了 Visa 卡、获得了贷款购买电脑的许可，并且从机动车部门获取了 PIN 码并在网上修改了他的驾驶记录。

身份盗窃可以通过开空头支票、窃取信用卡等方式进行。每天超过 1 000 人的身份被盗窃，以下建议可以帮助你避免成为这 1 000 人中的一人。

如果你是受害者，那么采取以下行动：

- 在被窃地报警，这可以证明你的行为是积极的，这是进行调查的第一步。
- 立刻拨打三家国家信用报告机构的电话来报告欺诈事件，并提供你的姓名及社会保障号，电话是：Equifax，1-800-525-6285；益百利（前身是天合集团）1-888-397-3742；荣晋锐达 1-800-680-7289。
- **拨打社会保障局报案热线 1-800-269-0271。**

如果需要获取更多的关于理财安全与身份盗窃的信息，请登录 www. identitytheft. org，www. idfraud. org，www. privacyrights. org 等网站。

| 你采取过以下哪种方式来避免身份盗窃？ | 是 | 否 | 所需行为 |
|---|---|---|---|
| 1. 我的支票上只有首字母及姓，所以别人不知道我如何签支票。 | | | |
| 2. 付款时我不会将全部账号都写在支票上，我只用后四位。 | | | |
| 3. 我在支票上留下了办公电话以及邮件地址而不是家庭电话。 | | | |
| 4. 除非法律需要，我不会将我的社会保障号写在任何文件上。 | | | |
| 5. 我粉碎或烧掉与账户及社会保障号有关的信息。 | | | |
| 6. 我使用密码而不是婚前姓。 | | | |
| 7. 我不使用家里的信箱收取账单，特别是如果家里的信箱在街道上。 | | | |
| 8. 每年我通过三个主要的信用报告机构查阅我的信用报告一到两次以确保它是正确的。 | | | |
| 9. 我告知信用机构及提供信用服务的公司将我的名字从邮寄列表中移除。 | | | |
| 10. 我将钱包中的物品复印下来（每件正反两面），作为销户的依据。 | | | |

## 例子

计算银行账户的真实余额：

| 银行对账单 | 支票簿 |
|---|---|
| 银行账户余额　920 美元 | 支票簿余额　1 041 美元 |
| 减去：未兑现支票金额　−187 美元 | 减去：费用、ATM 提款额　−271 美元 |
| 加上：转移中的储蓄　＋200 美元 | 加上：已获利息、直接储蓄　＋163 美元 |
| 调整后的银行对账单余额　933 美元 | 调整后的支票簿余额　933 美元 |

1. 活期储蓄账户的利息比日常储蓄账户的利息更高吗？为什么是或者为什么不是？

2. 选择储蓄账户时，主要考虑哪些因素？

3. 在以下情形中，选择并描述最适合的支付方式。

| 付款情况 | 建议的支付方式 |
|---|---|
| a. 支付购买费用，需要有保证的支付。 | |
| b. 去亚洲旅行，希望能够获取不同国家的当地货币。 | |
| c. 希望通过家里的电脑付款，而不是通过支票。 | |
| d. 每月只使用少量的支票，并且你希望减少你的成本。 | |

4. 基于以下信息，计算活期储蓄账户的真实余额。

支票簿余额，356 美元　　　　　　银行账户余额，472 美元

服务费用及其他费用，15 美元　　　已获得利息，4 美元

在途存款额，187 美元　　　　　　转移中的储蓄额，60 美元

## 自我应用！

**目标4：** 观察零售商店里顾客的付款行为，现金、支票、信用卡或借记卡的使用频率如何？

---

### 自我测评回顾

回顾你在本章开始时对于"自我测评"栏中问题的回答。以下行为可以帮助你更好地进行理财决策：

- 在网上搜索网络银行以获取你需要的相关服务信息。考虑变动的利率是如何影响你的理财服务选择的。
- 考虑金融服务的来源。信用合作社提供低费用的金融服务，需要更多信用合作社的信息，请登录网站 www. cuna. org 或 www. creditunion. coop。
- 如果需要获取 CD 的当前利率以及其他储蓄计划的相关信息，可以登录网站 www. bankrate. com。如果需要美国储蓄债券最新的利率信息，请登录网站 www. savingsbonds. gov。

这章中你学到了哪些帮助你更好地选择理财服务的知识？

## 本章小结

**目标1**　通过金融产品更好地进行每日金融活动，比如，储蓄计划、活期储蓄账户、贷款、信托服

务以及电子银行等。

**目标 2** 以服务、利率、费用、安全性、流动性及特殊计划为基础比较商业银行、储蓄与贷款协会、互助储蓄银行、信用合作社、人寿保险公司、投资公司、金融公司、贷款公司、当铺及支票兑现店等机构。

**目标 3** 常见的储蓄计划包括日常储蓄账户、大额存单、有息活期账户、货币市场账户、货币市场基金以及美国储蓄债券等。储蓄计划可以以回报率、通货膨胀率、税收、流动性、安全性、限制条款及费用为基础进行评价。

**目标 4** 借记卡、网上支付系统以及储值卡的使用频率逐渐增多。日常储蓄账户、业务账户以及有息储蓄账户可以通过限制条款（最低储蓄额度）、费用、利息及特殊服务等几方面进行比较。

## 关键词

| | | |
|---|---|---|
| 年收益率（APY） | 复利 | 互助储蓄银行 |
| 资产管理账户 | 信用合作社 | 透支保护 |
| 自动提款机（ATM） | 借记卡 | 回报率 |
| 大额存单（CD） | 货币市场账户 | 储蓄与贷款协会（S&L） |
| 商业银行 | 货币市场基金 | 信托 |

## 重点公式

| 对象 | 公式 |
|---|---|
| 年收益率（APY） | APY＝100%×[(1＋利息/本金)^{365/条款日}－1]<br>本金＝储蓄的原始金额<br>利息＝本金取得收益的美元价值<br>条款日＝储蓄条款中规定的实际天数 |
| 条款中规定的实际天数为 365 天或者账户没有规定到期日时，APY 公式可以简化 | APY＝100%×(利息/本金)<br>例如：<br>$100\% \times \left[ \left(1 + \frac{56.20}{1\,000}\right)^{\frac{365}{365}} - 1 \right] = 0.056\,2 = 5.62\%$ |
| 税后收益率 | 利率×(1－税率)<br>例如：<br>0.05×(1－0.28)＝0.036＝3.6% |

## 自测题

1. 储蓄账户的金额为 3 250 美元，365 天后利息为 174 美元，那么年收益率（APY）是多少？
2. 如果你的储蓄账户的收益率是 4.2%，税率是 15%，那么税后收益率是多少？

### 自测题答案

1. 当条款中的计息天数为 365 天时，使用下面公式计算：

$$APY = 100\% \times \left(\frac{利息}{本金}\right) = 100\% \times \left(\frac{174}{3\,250}\right) = 5.35\%$$

2. 使用下面的公式计算税后收益率：

利率×(1－税率)＝0.042×(1－0.15)＝0.035 7＝3.57%

## 练习题

1. 某人每年使用 ATM 服务 100 次，每笔服务费为 2 美元，那么每年支付的服务费用 10 年后的未来价值是多少（年利率为 4%）？

2. 如果某人每月的 ATM 费用是 22 美元，使用 8 年的总费用是多少？

3. 一个贷款公司两周的贷款利率是 4%，那么年利率是多少？

4. 计算以下情形中的储蓄金额，用第 1 章中的货币的时间价值（见图表 1—3）或第 1 章附录中提供的内容进行计算。

   a. 初始资金 500 美元，收益率 6%（按年复利计算），10 年后账户资金总额是多少？

   b. 布拉达希望 8 年后拥有 10 000 美元，并用这笔资金给他的女儿作大学基金。如果收益率是 7%（按年复利计算），他现在需要储蓄多少钱？用单一资金额的现值计算。

   c. 如果每年储蓄 1 500 美元，储蓄 30 年，年利率 8%，那么 30 年后的资金总额是多少？

5. 储蓄账户过去一年的储蓄额为 800 美元，利息为 56 美元，那么年收益率是多少？

6. 如果你有两种选择：收益率为 7% 的免税投资方式，或者收益率为 9.5%、边际税率为 28% 的投资方式，哪种投资方式收益率更高？为什么？

7. 珍妮的个人货币市场账户中有资金 70 000 美元，其中，30 000 美元是大额存单，她和她的母亲拥有共同账户储蓄 214 000 美元，基于联邦储蓄保险机构 100 000 美元的保险额限制，珍妮的储蓄中将有多少资金不受保险保护？

8. 如果在大额存单到期前提取资金，通常会遭遇一定的惩罚，如果罚款额是两个月的利息，那么提前取出 20 000 美元，6% 的大额存单的罚金是多少？

9. 某人购买了 5 年期 CD，利率 4.67%，而没有选择 18 个月，利率 3.29% 的储蓄，那么他的储蓄目标可能是什么？

10. 最低储蓄额为 350 美元的活期储蓄账户的年机会成本是多少？假设利率是 3%。

11. 比较下面两个账户的费用与收益：

    账户 1：当普通储蓄账户余额低于 300 美元时，每月的费用是 6 美元。

    账户 2：有息储蓄账户的收益率是 1.2%，如果账户余额低于 100 美元，每月的费用是 3 美元。

12. 某银行提供透支保护，透支时每 100 美元的费用是 12%。

    a. 如果客户透支 188 美元，那么利息是多少？（假设这一利息是一年透支额的利息。）

    b. 如果使用透支保护贷款，客户一年中缴纳了 3 次透支费，每笔 30 美元，那么他可以节省多少钱？

13. 以下账户的年净费用是多少？

    a. 每月费用 3.75 美元，每笔手续费 0.25 美元，平均每月签发支票 14 次。

    b. 最低额度 500 美元，利率 4%，每月平均余额 600 美元，如果账户余额低于最低额度，那么月服务费 15 美元，每年三次低于最低额度（这些月份无利息收入）。

## 问答题

1. 网上银行是如何改变客户选择及使用金融服务的方法的？

2. 利率的变化与储蓄账户的收益率、货币市场账户及大额存单间存在何种关系？

3. 对于考虑使用当铺、发薪日付款或支票兑现店的人群，你会给出何种建议？

4. 计算储蓄账户余额时，哪些费用和减免项目可以忽略？

5. A. 透支保护的潜在好处有哪些？

   B. 在决定使用透支保护服务前，你需要考虑哪些费用？

## 案例一　　　　　　　现在我应该做什么……

"哇，我的账户余额比我预期的要少。"丽莎边浏览她的银行账单边说道，"等一下！ATM提款以及其他费用将近20美元！"她沮丧地说。

很多人不知道每月支付给银行的各种费用有多少，这些费用来源于可以带给客户便利性、安全性的各种服务。"哦，不！我的资金余额低于免费账户需要的最小余额。"丽莎说，"这些费用总共7.5美元！"

被困扰在各种金融服务费用中的不止丽莎一个人。粗心的资金管理将会带来很多费用，如果多对比各种金融机构的费用，可以减少或者消除费用。

很多顾客很担心服务较慢或者等待时间较长，这些缺点使得一些客户考虑选择网上银行服务，是使用当前金融机构的网络服务，还是开一个网上银行的账户是需要考虑的。其他的一些好处包括网上银行的服务费用低于传统的服务费用。网上银行可以提供更多的理财服务通道。比如，一些网上银行提供低费用的网上投资服务以及贷款许可服务。

丽莎相信网上银行服务可以为她提供更好的控制服务费用的渠道。但是，她依旧对低成本、私人性和交易信息的安全性存在顾虑。

### 问题

1. 丽莎使用网上银行服务后会得到哪些好处？

2. 基于 www.bankrate.com 的信息，描述丽莎应该如何减少各种银行费用。

3. 使用网上银行业务会带来哪些顾虑？

## 案例二

威奇一年前大学毕业，她和父母住在一起，每月支付父母200美元的房租，她准备搬出去自己居住，她知道这意味着一些调整。

她希望从父母大卫和艾米（49岁及47岁）那里得到一些建议，使得她可以顺利搬入新家。她询问了父母的想法、经历以及避免不好的理财决定的建议，希望可以高效利用她的资金。

下个月当她搬入新家后，她的房租将增加到560美元，饭费将增加到每月250美元。她的新家将离工作单位更远，但是离朋友家、购物中心及餐馆较近。以前，她经常去父母社区的银行，但是她现在决定转换金融机构。

威奇的理财数据如下：

| 资产 | 收入 | 每月支出 |
|---|---|---|
| 储蓄账户 8 500 美元，包括她的应急基金 | 年总收入 40 000 美元 | 租金 200 美元 |
| | 税后月收入 2 333 美元 | 食品 100 美元 |
| 汽车 7 300 美元 | | 学生贷款 250 美元 |
| 401(k) 5 500 美元 | | 汽车贷款 200 美元 |
| **负债** | **退休储蓄** | 信用卡支付 40 美元 |
| 学生贷款 13 300 美元 | 401(k) 每月 500 美元，加上 | 娱乐 100 美元 |
| 信用卡余额 1 680 美元 | 雇主支付工资的 7% 的一半 | 汽油及修理费 150 美元 |

### 问题

1. 你认为威奇需要哪些金融服务？

2. 你会建议她使用哪家银行的网上银行？为什么？

3. 威奇应该选择何种金融机构？

4. 她将如何使用你的个人理财规划表 11～你的个人理财规划表 14？

## 消费日记

"我的现金提款导致了 ATM 费用较高，使得其他预算项目的资金减少了。"

**指导**

开始（或继续）使用你的消费日记，或使用你的个人表格记录和监控各种消费行为，你的评论将反映你学到的消费模式，并帮助你考虑可能变动的因素。

**问题**

1. 你每月是否需要缴纳银行费用？可以采取哪些行为减少或消除这些费用？
2. 你日常消费的哪些方面可以减少或修改？

---

## 你的个人理财规划表 11

姓名：_____ 日期：_____

### 为使用金融服务做计划

**理财规划活动**：列出（1）当前使用的金融机构的服务，以及金融机构的信息（姓名、地址、电话）；（2）未来可能使用的服务种类。

推荐网站：www.bankrate.com  www.banking.about.com

| 金融服务种类 | 当前使用的金融服务 | 需要的其他金融服务 |
|---|---|---|
| 支付服务（现金、ATM、网上支付、汇票） | 金融机构 <br> _____ <br> _____ | |
| 储蓄服务（储蓄账户、货币市场账户、大额存单、储蓄债券） | 金融机构 <br> _____ <br> _____ | |
| 信贷服务（信用卡、个人贷款、抵押贷款） | 金融机构 <br> _____ <br> _____ | |
| 其他金融服务（投资、信托账户、税收计划） | 金融机构 <br> _____ <br> _____ | |

### 个人理财规划的下一步是什么？

- 评价当前金融服务的种类与来源是否是合适的。
- 考虑未来你可能使用的金融服务。

## 你的个人理财规划表 12

姓名: _____  日期: _____

## 比较储蓄计划

**理财规划活动:** 从网上或金融机构处获取信息比较基于以下因素的储蓄计划。

**推荐网站:** www.bankrate.com  www.banx.com

| 储蓄计划种类<br>(日常储蓄账户、特殊账户、储蓄存单、货币市场账户及其他) | | | |
|---|---|---|---|
| 金融机构 | | | |
| 地址/电话 | | | |
| 网址 | | | |
| 年利率 | | | |
| 年收益率 (APY) | | | |
| 复利计息期 | | | |
| FDIC、NCUA 或其他机构保证的 | | | |
| 投保的最大金额 | | | |
| 最初储蓄的最小金额 | | | |
| 最短储蓄期 | | | |
| 提前取款的惩罚 | | | |
| 服务费用、交易费用、其他费用 | | | |
| 额外服务、其他信息 | | | |

### 个人理财规划的下一步是什么?

● 基于对以上储蓄计划的分析,选择适合你当前及未来财务状况的最好类型。

● 分析储蓄计划时,你需要仔细调查哪些因素?

## 你的个人理财规划表 13

姓名: _____  日期: _____

## 通过储蓄计划达到理财目标

**理财规划活动:** 记录储蓄计划信息以及你的账户余额或每期收入。

**推荐网站:** www.savingsbonds.gov  www.fdic.gov

| 日常储蓄账户 | 储蓄目标/所需金额/所需日期 |
|---|---|
| 账号_____<br>金融机构<br><br>地址_____<br>_____<br>电话_____ | 最初储蓄额：日期_____  _____美元<br>余额：    日期_____  _____美元<br>        日期_____  _____美元<br>        日期_____  _____美元<br>        日期_____  _____美元 |
| **大额存单** | **储蓄目标/所需金额/所需日期** |
| 账号_____<br>金融机构<br><br>地址_____<br>_____<br>电话_____ | 最初储蓄额：日期_____  _____美元<br>余额：    日期_____  _____美元<br>        日期_____  _____美元<br>        日期_____  _____美元<br>        日期_____  _____美元 |
| **货币市场/基金账户** | **储蓄目标/所需金额/所需日期** |
| 账号_____<br>金融机构<br><br>地址_____<br>_____<br>电话_____ | 最初储蓄额：日期_____  _____美元<br>余额：    日期_____  _____美元<br>        日期_____  _____美元<br>        日期_____  _____美元<br>        日期_____  _____美元 |
| **美国储蓄债券** | **储蓄目标/所需金额/所需日期** |
| 账号_____<br>金融机构<br><br>地址_____<br>_____<br>电话_____ | 最初储蓄额：日期_____  _____美元<br>余额：    日期_____  _____美元<br>        日期_____  _____美元<br>        日期_____  _____美元<br>        日期_____  _____美元 |
| **其他储蓄** | **储蓄目标/所需金额/所需日期** |
| 账号_____<br>金融机构<br><br>地址_____<br>_____<br>电话_____ | 最初储蓄额：日期_____  _____美元<br>余额：    日期_____  _____美元<br>        日期_____  _____美元<br>        日期_____  _____美元<br>        日期_____  _____美元 |

## 个人理财规划的下一步是什么?

● 评价你当前达到储蓄目标的过程。评估已存在的以及新的储蓄目标。

● 计划如何扩大储蓄金额以达到储蓄目标。

## 你的个人理财规划表 14

姓名：＿＿＿＿＿＿＿＿＿＿＿＿＿＿＿　　日期：＿＿＿＿＿＿＿＿＿＿＿＿＿＿＿＿

## 支付方式的比较；银行存款余额调节表

**理财规划活动：** 比较不同金融机构的储蓄账户以及付款服务（银行、储蓄与贷款协会、信用合作社、网络银行）

**推荐网站：** www.bankrate.com　　www.kiplinger.com

| 机构名称 | | | |
|---|---|---|---|
| 地址 | | | |
| 电话 | | | |
| 网址 | | | |
| 账户类型（日常储蓄账户、业务账户、代缴费业务账户） | | | |
| 最低储蓄额度 | | | |
| 不足最低储蓄额时的月费用 | | | |
| 为学生提供的免费服务 | | | |
| 网上银行服务 | | | |
| 分支机构/ATM 所在地 | | | |
| 银行工作时间 | | | |
| **其他费用** | | | |
| 存折打印 | | | |
| 止付命令 | | | |
| 透支账户 | | | |
| 保付支票 | | | |
| ATM、其他费用 | | | |
| 其他信息 | | | |

### 银行存款余额调节表

| 对账日期 | 对账单 | | ＿＿＿＿＿美元 |
|---|---|---|---|
| | 账号 | 金额 | －＿＿＿＿＿美元 |
| **步骤一：** 对比账单上的已付款项，从银行账户余额中减去未兑现支票额。 | | | |
| | | | |
| | | | |
| **步骤二：** 查看是否有储蓄款项未列在账单上，将在途存款额加到银行对账单上。 | 储蓄日期 | 金额 | ＋＿＿＿＿＿美元 |
| | 调整后余额 | | ＝＿＿＿＿＿美元 |
| | 账户余额 | | |
| **步骤三：** 从账户余额中减去银行账户及 ATM 提款费用。 | 项目 | 金额 | －＿＿＿＿＿美元 |
| **步骤四：** 在账户余额上加上利息或直接储蓄额。 | | | ＋＿＿＿＿＿美元 |
| **注意：** 调整后的余额应当相等；如果不等，仔细检查并重新计算。 | 调整后余额 | | ＝＿＿＿＿＿美元 |

# 第5章 消费信贷：优点、缺点、来源和成本

**目 标**

在本章中，你将会学习到：

1. 分析使用消费信贷的优势和弊端。
2. 评估消费信贷的类型和来源。
3. 确定你是否有贷款的能力以及如何申请贷款。
4. 通过多种利率计算公式计算利率，确定贷款成本。
5. 设定计划来保护个人信用并管理债务。

**为什么这很重要？**

你用信用卡支付了 2 000 美元的学费和其他费用，利率为 18.5％。如果你想以每月最低还款金额还贷，你将需要超过 11 年才能还清贷款。当你还清贷款时，你已经支付了额外的 1 934 美元的利息——几乎等同于实际的学费和费用。了解取得贷款涉及的成本将会使你识别最好的贷款来源。

# 什么是消费信贷？

**目标 1：分析使用消费信贷的优势和弊端。**

**信贷：** 当期得到现金、商品或服务，未来对其进行支付的一种安排。

信贷是当期得到现金、商品或服务，未来对其进行支付的一种安排。消费信贷指个人或家庭为满足个人需求（房产抵押贷款除外）而使用的信贷，与用于商业目的的贷款相反。

消费信贷基于相信人们在账单到期时有还款的能力和意愿。消费信贷进行顺利是因为大部分人诚实并且负责任。但是，消费信贷如何影响我们的经济，同时又被经济所影响呢？

## 经济体系中消费信贷的重要性

**消费信贷：** 使用信贷满足个人需求（房产抵押贷款除外）。

消费信贷可以追溯到殖民时期。尽管信贷起初是富人的特权，但是逐渐地，农民开始广泛地应用它。虽然没有直接收取费用，但信贷成本被加在物品价格之内。20 世纪初期，随着汽车的出现，分期付款信贷，即在确定的一段时期内通过等额分期付款还贷，在美国大行其道。

现在，所有的经济学家意识到消费信贷已经是美国经济中一股强大的动力。任何关于经济的预测和评估均认为消费者消费趋势和消费信贷是支持经济增长的动力。套用一句老的政治术语，消费者走到哪里，美国经济就走到哪里。

## 信贷的使用和滥用

使用信贷购买商品和服务可能允许消费者更有效率或更多产，或者使消费者的生活更令人满意。使用信贷有许多合理的理由。急诊可能使一个人资金紧缺；家庭主妇重返工作岗位可能需要一辆车；某个项目现在花费的钱可能比将来花费得要少。为支付大学学费而借款是另一个重要原因。但是为日常生活消费而借款，或者当你的全部预算只允许购买一辆福特汽车时，你却用信用卡购买了克尔维特，这很可能并不合理。

现在，使用信贷可以增加个人购买商品或服务所能够支付的总金额，但是它相应减少了你未来可花费的金额。然而，许多人都预期他们的收入会增加，并期望能够支付过去贷款购买的东西，因而仍然购买新物品。

在决定如何与何时进行大件采购之前，有如下的问题你需要考虑，例如，买一辆车：

- 我拥有预付首付款所需的现金吗？
- 我是否想用个人的存款买东西？
- 该采购与我的预算是否相符？
- 我能否通过更好的方式利用信贷支付所需采购的商品？
- 我能否推迟购买？
- 推迟购买的机会成本是什么（交通成本，这辆车可能增长的价格）？
- 使用信贷的财务成本和心理成本是什么（利率，其他财务费用，处在债务中并承担每月还款）？

如果你决定使用信贷，确信现在购买得到的好处（提高的效率或者生产力，更好的生活等等）超过使用信贷产生的成本（财务和心理成本）。这样，有效使用信贷便能够帮助你拥有并享受更多。如果误用信贷，则会导致违约、破产和信誉的流失。

## 信贷的优点

消费信贷使消费者能够在现在拥有商品并享受服务——一辆车、一栋房、教育以及紧急事件——并依据未来收入通过付款计划对其进行支付。

信用卡允许你在存款不足时仍然可以购买商品。具有核准信用的用户可能会享受到额外的服务，比如，有关商品销售的提前通知，通过电话订货的权利以及购买可退换商品的权利。除此之外，商家认为退还用分期付款方式购买的商品比退还用现金购买的商品要容易。信用卡同样能够给购物提供便利，以及用每月一次付款的方式支付多次购买的商品的账单。

信贷不仅仅是现金的替代品。它提供的许多服务也被视为理所当然的。你每次打开水龙头，按下电灯开关，或者打电话给朋友，都是在使用信贷。

关于资金管理的主要网站：
www. moneymanagement. com
www. moneypage. com

使用信贷很安全，因为赊账和信用卡使得你在商店以及旅途中并不需要携带大量现金。信贷带来很多便捷，比如，你只需要一张信用卡来预订酒店、租车，以及通过电话或网络进行购物。你也可以使用信用卡在兑换支票时进行身份识别，并且可以保留消费记录。

使用信用卡可以提供最长 50 天的浮动期，意味着在你购买东西之后直到付款期限截止日，贷方从账户中扣除相应金额有 50 天的时间。很多信用卡发行机构设有浮动期，浮动期还包括 20～25 天的无息期。在无息期期间，如果你每个月都能在账单日后 25 日内全额还款，那么对现在的购买将不收取额外的费用。

一些像通用电气和通用汽车这样的公司，发行它们自己的 Visa 卡和万事达信用卡，并且在购买时提供折扣。然而，在 20 世纪末期，一些公司开始废除此类卡的使用。

关于消费信贷的主要网站：
www. abcguides. com
www. lendingtree. com

最后，信贷意味着稳定性。贷方认为你是良性风险者通常意味着你是一个负责任的人。然而，如果不及时还清债务，你就会发现信贷有很多缺点。

## 信贷的缺点

也许使用信贷最大的缺点就是过度消费的诱惑，尤其是在通货膨胀时期。货币贬值时，今天买东西，明天支付，看起来确实很容易。但是持续的过度消费确实可能引发严重的问题。

无论信贷是否涉及抵押品（用以抵押贷款的有价物品），无法还贷可能会导致收入、有价资产以及名誉的损失，甚至可能发展到涉及法庭裁决以及破产。滥用信贷能够产生长期的、严重的理财问题，给家庭成员之间的关系造成损伤，并推迟了达到理财目标的进程。因此，你需要谨慎对待信贷，避免在预算范围外使用信贷。

尽管信贷能够给你带来需求和欲望的直接满足感，但是它并没有增加总的购买力。信贷购买必须使用未来收入进行支付，因此，信贷和未来收入的使用紧密联系在一起。此外，如果你的收入无法增加以抵消花费的增长，那么你将不再有保证还款的能力。在使用信贷购买商品和服务前，需要考虑它们是否有持续的价值，是否会在现在和未来增加你的满足感，以及你现在的收入将来是保持不变还是会增长。

最后，信贷具有成本。你必须付钱才能得到这种服务。在一段时期内付款比一次性现金支付需要更高的成本。相对于现金购物，使用信贷购物的一大劣势就是每月的融资费用和复利效应造成的成本更高。

1. 什么是消费信贷?

_____

2. 为什么消费信贷对经济来说很重要?

_____

3. 针对下列每个情景,如果有充足理由借款请选是,否则请选否。　　　　　　是　否
   a. 急诊。　　　　　　　　　　　　　　　　　　　　　　　　　　　　—　—
   b. 为大学学费借钱。　　　　　　　　　　　　　　　　　　　　　　　—　—
   c. 为日常生活花销借钱。　　　　　　　　　　　　　　　　　　　　　—　—
   d. 借钱购买奢侈轿车。　　　　　　　　　　　　　　　　　　　　　　—　—

4. 在下列每项描述中,如果是信贷的优点请选是,缺点请选否。　　　　　是　否
   a. 如果用信贷购买商品,退还比较容易。　　　　　　　　　　　　　　—　—
   b. 信用卡提供了便捷的购物。　　　　　　　　　　　　　　　　　　　—　—
   c. 信贷诱使人们过度消费。　　　　　　　　　　　　　　　　　　　　—　—
   d. 无法还款可能导致收入损失。　　　　　　　　　　　　　　　　　　—　—

**自我应用!**

**目标 1:** 使用网络进行搜索调查,并和家人及朋友讨论,绘制一张使用信贷的优、缺点的列表。

# 信贷种类

| 目标 2:评估消费信贷的类型和来源。 |
|---|

消费信贷存在两种基本类型:封闭式和开放式信贷。采用**封闭式信贷**,你需要在固定的一段时间内以相同金额分数次偿还贷款。采用**开放式信贷**,贷款循环发放,根据定期邮寄的账单进行部分缴付。图表5—1举例说明了封闭式信贷和开放式信贷。

**图表 5—1**　　　　　　　　　　　　**封闭式和开放式信贷举例**

| 封闭式信贷 | 开放式信贷 |
|---|---|
| ● 抵押信贷<br>● 汽车贷款<br>● 分期付款贷款(分期付款销售信贷,分期付款现金信贷,一次性信贷) | ● 百货商店发行的卡,银行卡(Visa,万事达信用卡)<br>● 旅游和娱乐(T&E)(美国捷运,大来俱乐部)<br>● 透支保护 |

# 封闭式信贷

封闭式信贷用于特定目的并且涉及具体金额。抵押贷款、汽车贷款、购买家具或者电器的分期付款都是封闭式信贷的范例。通常来讲，卖家持有商品的所有权，直至完成全部付款。

封闭式信贷三种最常见的形式是分期付款销售信贷、分期付款现金信贷和一次性信贷。分期付款销售信贷是通过贷款使你收到商品，通常类似于电器或家具等高价商品。你支付首付款，并且通常要签订还款合同，在固定期限内分期等额偿还包括利率和服务费用在内的所有款项。

分期付款现金信贷是为个人目的、房屋改善，或者假期消费而建立的一种直接贷款。你不需要预付款项，只需定期支付具体的金额。

一次性信贷的贷款必须在具体的某一天全部偿还清，通常在 30～90 天之内。一次性信贷很普遍，但并不经常被使用，用来购买单一产品。如图表 5—2 所示，分期付款的消费信贷在 2008 年达到并超过 25 000 亿美元。

图表 5—2 消费信贷量

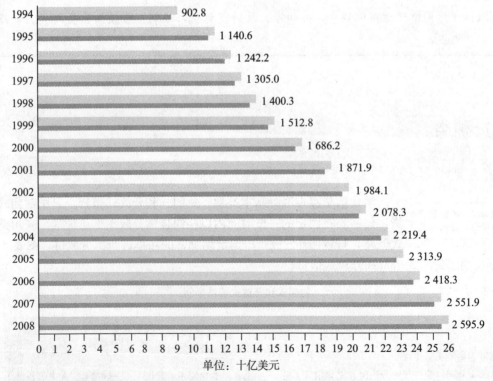

单位：十亿美元

| 年份 | 数值 |
|------|------|
| 1994 | 902.8 |
| 1995 | 1 140.6 |
| 1996 | 1 242.2 |
| 1997 | 1 305.0 |
| 1998 | 1 400.3 |
| 1999 | 1 512.8 |
| 2000 | 1 686.2 |
| 2001 | 1 871.9 |
| 2002 | 1 984.1 |
| 2003 | 2 078.3 |
| 2004 | 2 219.4 |
| 2005 | 2 313.9 |
| 2006 | 2 418.3 |
| 2007 | 2 551.9 |
| 2008 | 2 595.9 |

注：现在所有的经济学家均把消费信贷视作美国经济的主要动力。

资料来源：www. federalreserve. gov/RELEASES/g19/current accessed June 24，2009.

## 开放式信贷

**信用额度**：贷方提供给借方的可用的最大信贷额度，该金额可能被借出，也可能未被借出。

使用百货商店发行的信用卡或者使用银行发行的信用卡（Visa，万事达信用卡）在不同商店购买东西，在餐馆付餐费，以及使用透支保障都是开放式信贷的范例。很快你会发现你不会像封闭式信贷那样为了一次简单的采购而进行开放式信贷。然而，你可以在不超过你的信用额度的范围内使用开放式信贷购买任何你想购买的东西，所谓**信用额度**，就是贷方提供给你的可用的最大信贷额度。你可能需要支付利息，即因使用信贷而定期征收的费用，或者其他形式的信贷费用。一些债权人在开始收取利息之前，提供20～25天的无息贷款期，可以让你还清全部贷款。

**利息**：因使用信贷而定期征收的费用。

大多数零售商使用开放式信贷，消费者能够在任何时候购买商品或服务，所购总额有固定的上限。通常你可以选择在30天内还清贷款并且不支付任何利息，你也可以每月分期付款，偿还贷款金额和利息。

**循环性活期贷款**：与银行事先约定贷款金额的贷款，又称为银行信用限额。

很多银行还提供**循环性活期贷款**，又称做银行信用限额，这是你可以签署特殊支票提取事先约定的限额的贷款。还款采用约定期限内分期付款的形式，并且根据该月内使用的信贷额度和已贷款余额收取费用。

# 消费信贷来源

消费信贷有很多可利用的资源，包括商业银行和信用合作社。图表5—3概括了主要消费信贷的来源，研究并比较它们之间的区别，决定哪种来源能更好地满足你的需求。

## 贷款

贷款是涉及借钱以及在确定一段时期内偿还贷款和利息的安排。如果你正在考虑要贷款，那么你可能直接想到去当地的银行，当然也可能想先看一看有没有其他的选择。

**廉价贷款**　父母或者其他家庭成员经常是最低廉贷款——低利率贷款——的来源。他们收取的利息可能只相当于他们将钱存在储蓄账户挣到的钱。他们也可能免息借钱给你，但是你需要清楚地认识到，这种借钱可能使家庭成员之间的关系变得复杂起来。你能通过像kiva.org网站这样的小额信贷机构借钱或者参与投资。有良好信用的借款者能够获得的利率比银行和信用合作社收取的利率更低。

**图表 5—3** 消费信贷的来源

| 信贷来源 | 贷款种类 | 贷款政策 |
|---|---|---|
| 商业银行 | 单项支付贷款<br>个人分期付款贷款<br><br>存折贷款<br><br>支票贷款<br><br>信用卡贷款<br><br>第二抵押贷款 | • 寻找有一定信用记录的消费者<br>• 通常要求有抵押品或担保<br>• 更愿意接受如汽车、住房改良和住房翻新这样的大额贷款，信用卡贷款和支票贷款计划除外<br>• 根据贷款目的确定还款计划<br>• 根据贷款种类、时间、消费者信贷历史以及提供的担保物变换贷款利率<br>• 可能需要几天时间处理新的贷款申请 |
| 消费者融资公司 | 个人分期付款贷款<br>第二抵押贷款 | • 经常向没有建立信贷历史的消费者提供贷款<br>• 经常提供无担保贷款<br>• 经常根据贷款额度大小变换利率<br>• 提供多种还款计划<br>• 小额贷款比例高于其他贷款机构<br>• 依法限制最高贷款额<br>• 申请处理过程迅速，一般都在申请当天结束 |
| 信用合作社 | 个人分期付款贷款<br>股份汇票信用计划<br>信用卡贷款<br>第二抵押贷款 | • 仅向会员发放贷款<br>• 提供无担保贷款<br>• 超过一定额度的贷款可能需要抵押品或担保人<br>• 可能要求用工资抵扣的方式还款<br>• 可能要向委员会提交大额贷款申请以获得批准<br>• 提供多种还款计划 |
| 人寿保险公司 | 单项支付或部分支付贷款 | • 根据寿险保单的现金价值贷款<br>• 没有还款期限或罚金<br>• 如果还款前当事人死亡或保单到期，将从保单保险金中扣除相应金额 |
| 联邦储备银行<br>（储蓄与贷款协会） | 个人分期付款（一般由州注册的储蓄协会批准）<br>房屋改良贷款<br>教育贷款<br>储蓄账户贷款<br>第二抵押贷款 | • 将给所有信誉良好的个人贷款<br>• 经常需要抵押品<br>• 贷款利率依据贷款额度、支付时间长度以及担保物而变化 |

几种渠道都可以得到消费信贷。哪种渠道提供最宽泛的贷款种类？

关于消费信贷的主要网站：
www.consumercredit.com
www.practicalmoneyskills.com
www.bankrate.com

**成本适中的贷款**　通常你可以从商业银行、储蓄和贷款协会以及信用合作社获得成本适中的贷款。从信用合作社借款有若干优点。它们提供个性化的服务，而且通常非常耐心地对待那些延迟付款或未付款而有充足理由的借款人。但是，要想获得贷款，你必须有信用合作社的会员资格。

**高成本贷款**　最容易取得的贷款也是最贵的贷款。融资公司和零售商店给消费者贷款通常征收较高的利息，利率范围在 12％～25％ 之间。银行也为其信用卡持有者通过预付现金（在消费者信用卡账户记账的贷款）提供贷款。大多数卡对预付现金征收较高的利息，并且从预付现金当日开始计息。因此，取得预付现金要比直接用信用卡购买更昂贵。阅读如下内容，了解为什么你应该避免预支现金。

## 计 算

# 现金预支

现金预支属于信用卡贷款。你可以用信用卡在银行或者 ATM 机上预支现金，或用信用卡账户签支票。

大多数卡的现金预支服务收取特殊费用，费用大概相当于预支金额的 2％～3％。

一些信用卡征收的最低现金预支费高达 5 美元。你可以预支 20 美元现金，同时缴纳 5 美元服务费，这相当于你借款金额的 25％。

大多数卡对于预支现金没有无息期。这意味着直到你偿还预支的现金为止，每天都要支付利息，即使前期报表中无未清余额。

一些卡的现金预支利率高于购物利率。请检查信用卡发行商寄来的合同的细节。

下面的例子是预支 200 美元现金，并在账单抵达时偿还可能发生的费用：

现金预支费＝4 美元（200 美元的 2％）

一个月的利息＝3 美元（按年息 18％ 计算，200 美元缴纳的利息）

一个月的总成本＝7 美元（4 美元＋3 美元）

相比较而言，用信用卡在无息期内购买 200 美元的东西，若及时还清贷款，则成本为 0 美元。

**底线：** 预支现金通常比用信用卡购买贵得多。因而只有在真正紧急的情况下才预支现金。

**住宅股权贷款**　住宅股权贷款依据你的房屋净值，即你的住房的当前市场价格与抵押贷款余额之间的差额而定。

### 例子

你可以申请的住宅股权贷款金额根据你的收入和住宅股权比例的不同在 10 000 美元到 250 000 美元之间或者多于 250 000 美元。

一些贷方要求贷款金额不超过住宅价值的 75％ 减去第一抵押贷款金额。一些银行可以允许最高 85％ 的贷款金额。如此高的贷款限额很可能对你负担住房改良、教育以及其他开支的能力产生很大影响。

请使用下面的表格计算你的住房贷款价值，该价值约等于你的住宅股权信用额度。

| | 例子（美元） | 你的住房（美元） |
|---|---|---|
| 住房市场价值近似值 | 100 000 | ———— |
| 乘以 0.75 | ×0.75 | ×0.75 |
| 贷款价值近似值 | 75 000 | ———— |
| 减去抵押贷款余额 | 50 000 | ———— |
| 可用信贷额度近似值 | 25 000 | ———— |

与其他种类信贷的利息不同，对于住宅股权贷款，你所支付的利息是免税的。你只可以将这些贷款用于教育、房屋改善或医疗费用等主要项目，并且要小心使用。如果你未偿还住宅股权抵押贷款，贷方可以收走你的房子。

## 信用卡

信用卡非常流行。平均每位信用卡持有者拥有超过 9 张信用卡，包括银行卡、零售卡、汽油卡以及电话卡。那些每月偿还所有欠款的持卡者被称为方便型用户。那些每月无法偿还欠款的持卡者被称为借款人。

**信贷费：为使用信用卡而支付的金钱。**

大多数信用卡公司提供免息期，即在一段时间之内账户中不收取信贷费。**信贷费**是你为使用信用卡而支付的金钱。通常，如果你在还款到期日之前还清你每月账单上的欠款，你就不需要支付信贷费。借款人超过免息期还款，需要支付信贷费。

**关于信用卡的主要网站：**
www.cardratings.com
www.bankrate.com

信贷的费用根据你所拥有信用卡的种类以及贷方陈述的借款条款而定。作为持卡人，你可能需要支付利息或者其他理财费用。一些信用卡公司向持卡人征收年费，通常大约是 25 美元。但大多数公司为了吸引消费者，已经取消收取年费。如果你想要办一张信用卡，那么请比较后寻找无年费的信用卡机构。我们在随后的"个人理财实践"栏中为选择信用卡提供了一些有用的线索。

**借记卡** 不要将信用卡与借记卡弄混。尽管它们看起来很像，实际上却是不同的。借记卡会自动地在你的存款或支票账户中扣除相应金额以支付所购买的商品或服务。信用卡扩展了你的信用，同时可以将付款延迟。借记卡更常在自动取款机（ATM）上使用。然而，渐渐地，借记卡也开始用于在商店购买商品或者进行其他形式的支付。

拉克尔·加西亚尽量避免出现债务。这位来自于 U-Haul 的 18 岁的客户代表最近注销了她的信用卡。现在，她将薪水全部存入借记卡，并全部用它进行购买。由于加西亚只能够使用账户中存有的金额，所以她不必再担心花费超出预算："我只购买我需要的东西"。

**储值卡（礼品卡）** 储值卡、礼品卡或预付卡类似于一张典型的借记卡，使用磁条技术存储信息并查询存款。然而，储值卡与传统的借记卡不同，它是预付的并且可以直接为你提供现金。20世纪中期，大型零售商开始发行储值卡来代替传统的纸质礼品券。在过去的10年中，储值卡发展迅速。今天，礼品卡用于多种目的，包括工资、普通消费、旅行花费、政府福利以及员工福利和奖金。

一家市场调研公司估计，在最近零售商破产数目激增的情况下，礼品卡的持有者损失了超过7 500万美元。破产法院对礼品卡采取了与无担保债务相同的措施：如果一家零售商破产了，持卡者最多能得到几美分，大多数情况下什么都得不到。最近，美国消费者花费约263亿美元在商家的礼品卡上面。

# 个人理财实践

## 选择信用卡

在选择信用卡时，货比三家非常重要。请根据以下建议选择最符合你需求的信用卡。

1. 百货商店和加油站是取得第一张信用卡的好地方。

2. 银行信用卡在银行和储蓄与信贷协会销售。银行卡的费用与融资费用差别很大，所以一定要多做比较。

3. 如果你计划每月还清所有账款，那么请找一张拥有免息期的卡，通常不收取年费或收取较低的年费。你可能有一个较高的利息率，但是你可以计划尽可能正当地少还或者不还利息。

4. 注意那些不收年费或年费很少，但每次使用时都会征收交易费的信用卡。

5. 如果你计划每月不全部还款，那么请找一种每月收取较低费用的信用卡。确保你知道所收取的理财费用是如何计算的。

6. 为了避免因拖延而引起融资费用，请根据信用卡发行公司对何地、以何种方式、何时支付账单的指示行事。

7. 警惕那些贷款便利的宣传。没有人保证你能够得到贷款。

8. 如果你的信用卡有免息期，利用它并且每月按时还款。拥有25天免息还款期，而且每月都能付清账单，那么你实际上就获得了免息贷款。

9. 如果你的信用记录不良，而且在申请信用卡时遇到了问题，那么你需要寻找一家提供担保信用卡的储蓄机构。使用此种信用卡，你的信贷额度将根据你开卡时存入卡内的金额而定。

10. 旅游和娱乐卡的年费通常高于大多数信用卡。通常你必须在收到账单的30天内付清费用，否则该账户不会接受任何购买要求。

11. 你需要清楚借记卡不是信用卡，只是支票或现金的替代品。所有销售的价款将从你的活期账户中扣除。

12. 在拨打 900 电话索取信用卡时要三思。900 电话费从 2 美元到 50 美元不等，而且你可能根本得不到信用卡。

在你走入信用卡的世界之前，你需要了解自身可用的多种选择。在选择信用卡时，上述哪种因素对于你来说最重要？

**资料来源：** American Institute of Certified Public Accountants. U. S. Office of Consumer Affairs. Federal Trade Commission.

**智能卡** 一些贷款者开始提供一种新型信用卡，称做智能卡。智能卡是一张装备了电脑芯片的塑料卡，能够存储是普通信用卡 500 倍的数据。智能卡能够融合信用卡账户、驾照、医疗保健的身份证明、病史以及其他信息为一体。例如，智能卡可被用于购买机票，并将飞机旅程以数字形式存储起来，并追踪经常飞行的旅客的里程数。

**旅游和娱乐卡** 旅游和娱乐（T&E）卡不是严格的信用卡，因为每月账款必须当月结清。但是，大多数人还是认为类似大来俱乐部或美国捷运卡的卡就是信用卡，因为他们购买相关商品和服务时不用支付现金。

## 概念检测 5—2

1. 消费信贷主要有哪两种形式？

_____

2. 选择以下关键名词最恰当的解释。
   a. 封闭式信贷　　＿＿＿＿＿＿一种根据信用额度发放的循环贷款。
   b. 开放式信贷　　＿＿＿＿＿＿一段时间内，以相同金额分数次偿还的贷款。
   c. 信贷额度　　　＿＿＿＿＿＿贷方提供给借方可用资金的额度。
   d. 利息　　　　　＿＿＿＿＿＿为使用信用卡而支付的资金总额
   e. 信贷费用　　　＿＿＿＿＿＿因使用信贷而定期征收的费用

3. 以下各项贷款的主要来源是什么？

| 低廉贷款 | 成本适中的贷款 | 高成本贷款 |
| --- | --- | --- |
| ＿＿＿＿＿ | ＿＿＿＿＿＿＿ | ＿＿＿＿＿＿ |
| ＿＿＿＿＿ | ＿＿＿＿＿＿＿ | ＿＿＿＿＿＿ |

4. 信用卡与借记卡有什么不同？

_____

_____

**自我应用！**

**目标 2：** 对三家信用卡公司进行调研。列出它们的费用及所提供服务的优势。记录你的调研结果。

# 申请信贷

## 你有贷款的能力吗?

目标3: 确定你是否有贷款的能力以及如何申请信贷。

要确定你可以承担的信贷额度,唯一的方法是首先学会制定准确、可行的个人或家庭预算。

贷款前,你应该了解自己能否在满足所有基本支出的同时支付月贷款金额。你可以用两种方法进行计算。一种是月总支配收入扣除月总基本开支。如果差额小于月还贷金额,并且还需要为支付其他费用留有资金,那么你就根本没有还贷能力。

第二种,也是更可靠的方法,就是估算自己需要放弃哪些支出以支付月还贷金额。如果你当前储蓄的收入大于月支付金额,你可以利用这些存款偿还贷款。但如果不是,你必须放弃一些娱乐项目、新电器,甚至一些基本需求的支出。你准备作出这种牺牲了吗? 虽然准确衡量自身的信贷能力很难,但是还有一些基本的规则可以遵循。

## 信贷能力的基本准则

**债务支付—收入比** 将月还债支出(不包括住房支出,因为它属于长期债务)除以月收入得到债务支付—收入比。专家建议你每月的消费信贷支出不要超过月税后净收入的20%。图表5—4表明一个月税后净收入为1 068美元的人每月的信贷支出不应该超过213美元。

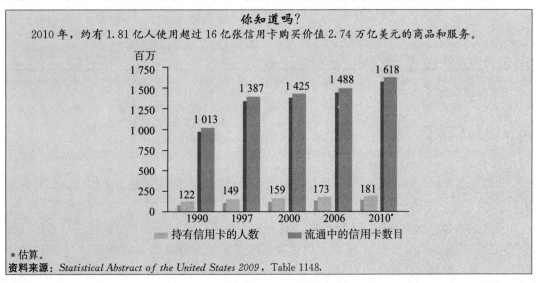

**你知道吗?**
2010年,约有1.81亿人使用超过16亿张信用卡购买价值2.74万亿美元的商品和服务。

百万

持有信用卡的人数　　流通中的信用卡数目

* 估算。
资料来源: *Statistical Abstract of the United States 2009*,Table 1148.

20％的比例是最高限额，不过15％的比例更好。20％的比例是根据家庭的平均费用预测的，没有将大额紧急支出计算在内。如果你刚刚开始使用信贷，而且信贷支出占净收入20％时，切忌高枕无忧。

**负债—权益比** 总负债除以净资产等于负债—权益比。该比率不包括你的住房价值和抵押贷款金额。如果负债—权益比等于1，即消费性分期付款负债额大致等于净资产（不包括住房或抵押贷款），那么你的负债很可能已经接近最高限额了。

以上两种方法并非适用于所有人，而且最高限额只有指导意义。你必须根据自己的收入、当前负债以及未来的理财规划来决定你需要并且可以承担的信贷额度。你必须成为自身的信贷管理者。

图表5—4　如何计算债务支付—收入比，花费低于净收入（税后）20％的金额在信贷支付上 单位：美元

| | |
|---|---|
| 月总收入 | 1 500 |
| 减去： | |
| 税收 | 270 |
| 社会保险 | 112 |
| 月养老金支付 | 50 |
| 月净收入 | 1 068 |
| 月信贷分期付款 | |
| Visa | 25 |
| 万事达信用卡 | 20 |
| 发现卡 | 15 |
| 教育贷款 | — |
| 个人银行贷款 | — |
| 汽车贷款 | 153 |
| 月支付总额 | 213 |
| 债务支付—收入比（213/1 068） | 19.94％ |

## 信贷的五C原则

当你准备申请贷款或者信用卡时，你应该了解能够决定贷款人是否向你提供信贷的因素有哪些。

贷款人向客户提供贷款时，应该意识到其中一些客户将无法或不愿意偿还贷款的情况很有可能发生。因此，贷款人建立了贷款发放政策。大多数贷款人建立了"信贷五C原则"的政策：性格（character）、能力（capacity）、资本（capital）、担保（collateral）和

状况（conditions）。

**性格：你会偿还贷款吗？** 贷款人想知道你的性格，即他们把钱借给什么样的人。他们需要确认你是值得相信并且很稳定的。贷款人可能会询问一些与个人及职业相关的信息，也可能会查看你是否有触犯法规的历史记录。为确定你的性格，贷款人可能会问到如下问题：

> **性格**：借款人对自己信贷义务的态度。

- 你之前是否使用过信贷？
- 在现居住地已生活了多久？
- 你在现在的岗位已经工作了多长时间？

**能力：你能够偿还贷款吗？** 你现有的收入以及债务将对你的还款能力将造成影响。所谓能力，即你能支付额外债务的能力。在你已经有大额的债务且接近收入的情况下，贷款人可能不会再向你提供更多的贷款。贷款人可能问到的关于你的收入和消费的问题有：

> **能力**：借款人履行信贷义务的经济能力。

- 你是做什么工作的？你的收入是多少？
- 你有其他收入来源吗？
- 你现在的债务有多少？

**资本：你有多少资产？资产的净值是多少？** 资产是包括现金、财产、个人所有物以及投资在内的你所拥有项目的价值。资本是你所拥有的资产超过负债的部分。贷款人想确信你有足够的资本以保证贷款的偿还。基于此，如果你丧失了收入来源，那么你可以通过储蓄或变卖部分资产来偿还贷款。贷款人可能会询问：

> **资本**：借款人的资产或净资产。

- 你的资产有什么？
- 你的负债有什么？

**担保：倘若你不偿还贷款会怎么样？** 贷款人会了解你拥有的财产或储蓄，因为这些可以作为贷款的**担保**。如果你无法还款，贷款人可能没收你所承诺的作为抵押品的所有东西。贷款人可能会询问：

> **担保**：用于保证贷款偿付而抵押的有价资产。

- 你拥有什么样的资产以确保贷款的稳定（例如，汽车、住房，或者家具）？
- 你有其他有价值的资产吗（例如，债券或存款）？

---

**你知道吗？**

**来自益百利（Experian）的 VantageScore**

VantageScore 已经被消费者和贷方共同使用，并且是第一个由益百利和其他信用报告公司共同开发的信用评分机制。

VantageScore 的范围接近于熟知的数量范围，这使得 VantageScore 评分的数字与字母级别联系起来。现在你可以清楚地了解到贷方如何应用 VantageScore 来评审你的信誉。

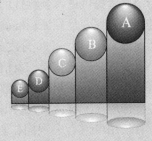

| 分数 | |
|---|---|
| 901～900：A | 601～700：D |
| 801～900：B | 501～600：E |
| 701～800：C | |

资料来源：www.vantagescore.experian.com.

**状况：如果你的工作不稳定会怎样？** 一般的经济**状况**，如失业和经济衰退，会影响你还贷的能力。因而最基础的问题就是安全性——你的工作的稳定性以及你所供职的公司的稳定性。

通过从你的申请表以及信用管理局收集到的信息，建立你的信用级别。信用级别是用来衡量个人及时偿还贷款的能力和意愿的，用以决定个人信用级别的因素有收入、现有债务、性格信息以及偿还贷款的历史记录。如果你总是能及时偿还贷款，你将很有可能拥有很高的信用评级。相反，信用级别就会很差，并且债权人很可能不会继续向你发放贷款。一个好的信用等级相当于有价值的资产，你应该尽力维护。

债权人对五C原则进行不同的组合后作出决定。有些债权人的标准很高，有些债权人极其厌恶某种贷款。一些债权人严格依赖自己的直觉和经验。其他一些债权人会利用信用评分或统计体系来预测申请人是否具有较少的信用风险。当你申请贷款时，贷款人很可能会通过一些问题来评价你的申请，问题会涉及以上所列的各项以及在个人理财实践中遇到的问题。

**FICO 和 VantageScore** 在信贷申请表中可能出现的比较典型的问题如图表 5—5 所示。信贷报告中的信息会被用来计算你的 FICO 信用得分——这个分数通常介于 350～850 分之间，用以评价借款人的风险等级。分数越高，对于贷方来说你的风险越小。个人的 FICO 评分可以通过 www. myfico. com 网站免费获得。免费信贷报告无法提供你的信用评分。图表 5—6 显示了对于你的信贷资格的数值描述法，并且说明你该如何改善你的信用评分。

**图表 5—5**　　　　　　　　　　　　信贷申请的问题样例

| | |
|---|---|
| ● 申请的信贷总额 | ● 先前是否从我处得到过贷款？ |
| ● 贷款的用途 | ● 如果是，是什么时候在哪里？ |
| ● 姓名和出生日期 | ● 活期存款账户号、机构以及分支机构 |
| ● 社会保险和驾驶执照号码 | ● 储蓄账户号、机构以及分支机构 |
| ● 现在的以及先前的居住地 | ● 和你最近的但未居住在一起的亲戚 |
| ● 现在的以及先前的供职公司地址 | ● 亲戚的地址和电话号码 |
| ● 现在的薪水 | ● 你的婚姻状况 |
| ● 被抚养人姓名及人数 | ● 联合申请人的信息：与以上问题相同 |
| ● 其他收入及其他收入来源 | |

VantageScore 是一项新的评分技术，由三家信用报告公司首次联合开发。该模型能够为消费者提供更具预测性的信用评分，甚至能够对那些有很少信贷记录的消费者同样可以进行信贷评分且预测较准确，并且降低了人工更新信贷信息的需求。VantageScore 的评分范围通常在 501～990 分之间（得分越高代表出现风险的可能性越低）。VantageScore 的一个重要的好处是只要三家信用评分机构就你的信贷历史有着相同的记录信息，那么你在三家机构中会得到相同的分数。不同的信用评分会让你意识到信贷报告存在差异。

你应该了解债权人根据法律不应该考虑的因素。《公平信用机会法》（ECOA）规定对所有信用申请者一视同仁。该法规定，在信用交易的任何阶段，种族、国籍、年龄、性别、婚姻状况以及其他一切条件都不应该成为歧视的原因。

# 信贷的五C原则

贷方用以决定你是否具有信贷资格所需了解的内容。

**信贷历史**

**1. 性格：你会偿还贷款吗？**　　　　　　　　　　　　　　　　是　　否

你对信贷义务持有良好的态度吗？　　　　　　　　　　　　　　——　——

你曾借贷过吗？　　　　　　　　　　　　　　　　　　　　　　——　——

你会及时还款吗？　　　　　　　　　　　　　　　　　　　　　——　——

你曾申请破产吗？　　　　　　　　　　　　　　　　　　　　　——　——

你能平衡收支吗？　　　　　　　　　　　　　　　　　　　　　——　——

**稳定性**

你在现在的地址居住了多久？　　　　　　　　　　　　　　____年

你有自己的住房吗？　　　　　　　　　　　　　　　　　_____

你在现在的单位工作的时间有多长？　　　　　　　　　____ 年

**收入**

**2. 能力：你能偿还贷款吗？**

你的工资有多少？职业是什么？　　　　　　　　　____美元；____

你的单位所在地？　　　　　　　　　　　　　　　　_____

你的收入来源可靠吗？　　　　　　　　　可靠____；不可靠____

是否有其他收入来源？　　　　　　　　　　　　_____美元

**支出**

被抚养人数量？　　　　　　　　　　　　　　　　_____

你支付赡养费或儿女抚养费吗？　　　　　　　　是__；否__

现有债务是多少？　　　　　　　　　　　　　　_____美元

**净资产**

**3. 资本：你的总资产和净资产**

你的总资产是多少？　　　　　　　　　　　　　_____美元

你的总负债是多少？　　　　　　　　　　　　　_____美元

你的净资产是多少？　　　　　　　　　　　　　_____美元

**贷款安全性**

**4. 担保：如果你无法偿还贷款怎么办？**

你用什么资产作为贷款抵押品？（汽车、住房、家具？）　　_____

除了工资，你还有其他收入来源吗？（存款、股票、债券、保险？）　_____

**工作安全性**

**5. 条件：什么样的经济状况会影响你偿还贷款？**

你的工作是否安全？　　　　　　　　　　　安全____；不安全____

你的公司安全性如何？　　　　　　　　　　安全____；不安全____

资料来源：Adapted from William M. Pride, Robert J. Hughes, and Jack R. Kapoor, *Business*, 10th ed. (Mason, OH: South-Western Cengage Learning, 2010), p. 551.

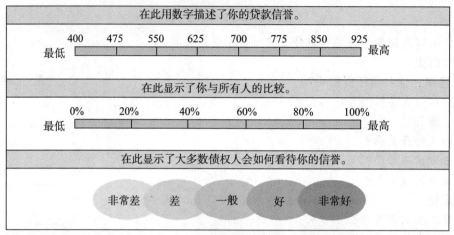

你的信用评分是:

评分日期: 2010/02/18

你可以通过拨打 1-866-SCORE-TU 或 1-866-726-7388,花费 7.95 美元购买你的信用评分。

## 决定信誉的其他因素

**年龄** 《公平信用机会法》对于如何将年龄作为信用决策的一个重要因素有很明确的说明。贷方可能要求你在信贷申请表中写明年龄,但是如果你已经达到了可以签署具有法律效力合约的年龄(通常是 18~21 岁,依国家法律而定),贷款方并不会因为年龄而否决你的申请或者降低你的信用。贷款方也不会关闭你的信贷账户,因为你已经达到了一定年纪。

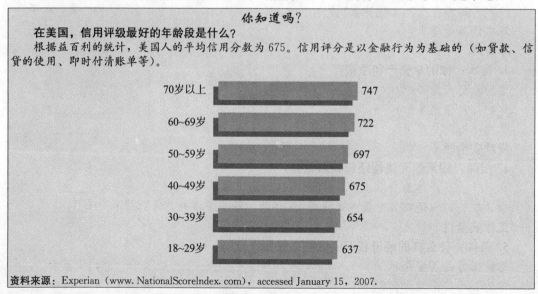

**你知道吗?**

**在美国,信用评级最好的年龄段是什么?**

根据益百利的统计,美国人的平均信用分数为 675。信用评分是以金融行为为基础的(如贷款、信贷的使用、即时付清账单等)。

| 年龄段 | 信用分数 |
|---|---|
| 70岁以上 | 747 |
| 60~69岁 | 722 |
| 50~59岁 | 697 |
| 40~49岁 | 675 |
| 30~39岁 | 654 |
| 18~29岁 | 637 |

资料来源: Experian (www.NationalScoreIndex.com),accessed January 15,2007.

**公共援助** 你可能不会因为享受社会保险或者公共援助而遭到信贷申请的拒绝。但是,关于这笔收入来源的准确信息会在决定你的信誉时被列入考虑因素。

**住房贷款** ECOA 也有关于住房抵押贷款以及住房改善贷款申请的相关规定。需要特别指出的是，该法禁止由于你居住地附近居民的种族或国籍、你的居住地或者想在哪里买房等因素歧视你，对此行为我们称做贷款歧视。

## 如果你的申请被拒绝了该怎么办？

如果你的申请被拒绝了，ECOA 规定你有权利了解拒绝的原因。如果是基于信用机构的信用报告而作出的拒绝，你有权知道在信用报告中导致你被拒绝的项目的具体信息。在你收到该消息后，可以联系信用机构索取信贷报告的复印件。只要你在发出信用申请拒绝通知的 60 天内申请查看该文件，那么信用机构不能对此项服务索取费用。你有权利要求信用机构去调查不准确的或者并不全面的信息，并且更改记录（如图表 5—7 所示）。

图表 5—7　如果你的申请被拒绝了该怎么办？如果你的申请被拒绝，你可以采取以下步骤

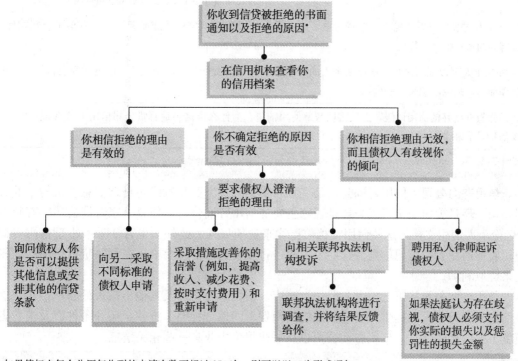

\* 如果债权人每个公历年收到的申请次数不超过 150 次，则可以以口头形式通知。

**资料来源：** Reprinted Courtesy of Office of Public Information，Federal Reserve Bank of Minneapolis，Minneapolis，MN 55480.

## 信用报告

当你申请贷款的时候，贷方将会非常严密地审查你的信用记录。一个人全部的信用记

录被称为信用报告，或者称为信用文档。信用咨询公司整理并维护个人的信用记录。大多数贷方在评估贷款申请时主要依靠信用报告。图表5—8描述了建立并维护个人信用历史的相关信息清单。

---

**图表5—8　　　　　　　　　　　建立并维护个人信用历史的相关信息清单**

建立并保护个人信用历史很方便并且很明智。可按如下步骤进行操作：

- 开立支票或储蓄账户，或者两者均开立。
- 申请一张当地百货公司的信用卡。
- 在银行中进行小额贷款，及时还款。

| 贷方必须…… | 谨记贷方不能…… |
| --- | --- |
| 1. 以同样的准则评估所有申请者。 | 1. 如果你的个人信誉可靠，拒绝你个人名下的信贷。 |
| 2. 考虑兼职工作的收入。 | 2. 要求你的配偶作为贷款托付者。任何资信可靠的人均可作为贷款托付者（如果有需要）。 |
| 3. 如果共同账户可以准确反映信贷历史，则查看所有共同账户的还款历史。 | 3. 询问你的家庭计划或者假设拥有孩子会影响你的收入。 |
| 4. 如果个人可以证明账户无法反映个人的还款意愿和能力，则忽略该账户的信息。 | 4. 考虑是否有挂在个人名下的电话列表。 |

如果你想有良好的信用评级，必须很明智地使用信贷。为什么申请当地百货公司信用卡或者银行的小额信贷是个好主意？

**资料来源：** Reprinted by permission of the Federal Reserve Bank of Minneapolis.

---

**信用咨询公司**　信用咨询公司是一家收集个人及商业及时偿还贷款信息的机构。益百利公司、环联公司和艾可飞公司是三家主要的信用咨询公司。任意一家咨询公司持有超过2亿份个人信用文档，这些信用文档信息均来自债权人。此外，也有几千家小型信用咨询公司收集消费者的信用信息。这些公司通过将收集到的信息卖给正在评估贷款申请的债权人来赚取利润。

信用咨询公司从银行、财务公司、商店、信用卡公司以及其他出借人处获取信息。这些信息来源通常可以提供关于它们提供给消费者的信贷种类、贷款金额和条件以及消费者还款方式的相关信息。信用咨询公司也从法律报告中收集一些相关信息。

> **注意！** www.annual.creditreport.com 是唯一授权的、提供免费信贷报告的来源。请注意其他看起来或听上去相似的网站。

**信贷档案中包含什么内容？** 一份典型的信贷咨询公司的档案包括姓名、地址、社会保险账号和出生日期等信息。档案中也有可能包含以下信息，如：

- 你的雇主、职位和收入
- 你的先前住址
- 你的前任雇主
- 你的配偶的姓名、社会保险账号、雇主及收入

- 你是拥有房屋还是租赁房屋
- 存款不足引起的账单返回

此外，个人信用文档中也包括详细的个人信贷信息。每次你使用信用购买物品或者产生任何形式的贷款，信用咨询公司都会被告知有关你的消费账号、日期、金额、条款及信贷类型。你的档案会定期及时更新以便显示有关个人进行多少笔还款、多少延迟偿付或未偿付款项，以及欠款金额等的信息。据此也会产生针对个人的法律诉讼或审判。当信用档案信息不准确的时候，联邦法律会依法保障个人权益。

> **你知道吗？**
> 《公平信用报告法》要求每一家全国性的消费者报告公司——益百利公司、艾可飞公司和环联公司——每年给你提供一份免费的信用报告副本。电话：1-877-322-8228。

**公平信用报告**　公平准确的信用报告对于债权人和消费者都是至关重要的。1971 年，美国国会颁布了《公平信用报告法》，规定了信用报告的使用范围。该法规要求删除过期信息，允许消费者接触他们的信用档案并给予消费者修改档案中包含的不准确信息的权利。这项法规也对可以取得个人信用报告的对象进行了限制。

**谁能取得信用报告？**　个人信用报告只可以发给具有特定目的的特定人群，个人也可以通过法庭指令或提交书面申请而取得信用报告。信用报告也可以为信贷交易、保险承保或一些合法商业需要而提供。朋友、邻居或其他个人无权查看关于你个人的信用报告信息。事实中，如果他们要求此类信息，则可能遭受罚款、监禁或两者并罚的处分。

**不利数据的时间限制**　信用档案中的大多数信息只在报告中保存 7 年。但是，如果你已经申请破产，则这类事实数据会在报告中保存 10 年。信用报告机构不可以公开个人信用档案中超过 7 年或 10 年的信息，除非你正在进行数额大于 75 000 美元贷款申请的审查，或者购买金额大于 150 000 美元的人寿保险等。

> 关于信用报告的主要网站：
> www.experian.com
> www.ftc.gov

**个人信用文档中的不真实信息**　信用咨询公司必须依据合理程序来确保人们信用文档中信息的正确性，但错误可能并一定会出现。如果你认为信用机构在你的个人档案中报告了错误信息，则可以联系该机构对此部分信息进行质疑。信用机构必须检查记录并且更改或删除不实信息。如果你对个人信用报告中的某些信息产生质疑，信用机构必须移除该部分信息，除非贷方能够证明该信息的准确性。

如果依据信用报告中的信息申请信贷、保险、工作或租房而遭到拒绝，你有权得到一份报告复印件。记住要在收到申请被拒绝的通知 60 天内索要。

**个人拥有哪些合法权利？**　你拥有合法权利控告信用机构或贷方由于没有遵守《公平信用报告法》规定而造成你的损失的行为。

## 概念检测 5—3

1. 常用来评测信贷能力的两条通用规则是什么？如何计算？

_____

_____

2. 选择以下名词最恰当的解释。

a. 性格 ＿＿＿＿＿＿＿＿为取得贷款而抵押的资产

b. 能力 ＿＿＿＿＿＿＿＿借方对待信贷义务的态度

c. 资本 ＿＿＿＿＿＿＿＿符合信用贷款的财务能力

d. 担保 ＿＿＿＿＿＿＿＿借方的资产或资产净值

e. 状况 ＿＿＿＿＿＿＿＿影响你还款能力的综合经济因素

3. 依据法律，贷方不能考虑的因素有哪些？

＿＿＿＿＿＿＿＿＿＿＿＿＿＿＿＿＿＿＿＿＿＿＿＿＿＿＿＿＿＿＿

4. 什么是信用咨询公司？

＿＿＿＿＿＿＿＿＿＿＿＿＿＿＿＿＿＿＿＿＿＿＿＿＿＿＿＿＿＿＿

5. 如果你申请贷款被拒绝，应采取哪些步骤？

＿＿＿＿＿＿＿＿＿＿＿＿＿＿＿＿＿＿＿＿＿＿＿＿＿＿＿＿＿＿＿

**自我应用！**

**目标3：** 与进行了委托贷款的人谈话。作为委托人，他有什么经验？

# 信贷的成本

> **目标4：** 通过多种利率计算公式计算利率，以确定贷款成本。

当你考虑借钱或者开设信贷账户时，你应该首先考虑贷款成本和你的承担能力。尽可能寻找最好的条件。有两个重要概念需谨记，即融资费和年度百分率。

## 融资费和年度百分率

贷款成本各不相同。如果你知道融资费和年度百分率，你就可以比较不同贷款渠道的贷款价格了。融资费是你支付的资金占用费。它包括利息成本，有时还包括其他成本，如服务费、与贷款有关的保险费或评估费等。

> **年度百分率（APR）：** 以百分比表示的年贷款成本。

例如，借100美元一年的利息成本是10美元，如果加上服务费1美元，则融资费就是11美元。**年度百分率（APR）** 是以百分比表示的年贷款成本。无论是贷款金额还是偿还期限，年度百分率是比较成本最重要的指标。

假设你贷款100美元一年，并支付融资费10美元。一年后如果你立刻偿还100美元，则年度百分率是10％。

| 贷款金额（美元） | 月份 | 支付金额（美元） | 贷款余额（美元） |
|---|---|---|---|
| 100 | 1 | 0 | 100 |
| | 2 | 0 | 100 |
| | 3 | 0 | 100 |
| | ⋮ | ⋮ | ⋮ |
| | 12 | 100 | 0 |
| （加 10 美元利息） | | | |

总之，你在一年内充分使用了 100 美元。要计算贷款的平均使用额，请把第一个月和最后一个月的贷款余额相加，然后除以 2：

$$平均余额=\frac{100+100}{2}=100 \text{ 美元}$$

但是如果你将 100 美元贷款和融资费（共计 110 美元）在 12 个月中的每个月偿还一次，那么并没有在一年里充分利用这 100 美元。实际上，如下表所示，你每个月可以使用的贷款额正在逐渐降低。在这个例子中，10 美元的融资费实际上相当于 18.5％的年度百分率。

| 贷款金额（美元） | 月份 | 支付金额（美元） | 贷款余额（美元） |
|---|---|---|---|
| 100 | 1 | 0 | 100 |
| | 2 | 8.33 | 91.67 |
| | 3 | 8.33 | 83.34 |
| | 4 | 8.33 | 75.01 |
| | 5 | 8.33 | 66.68 |
| | 6 | 8.33 | 58.35 |
| | 7 | 8.33 | 50.02 |
| | 8 | 8.33 | 41.69 |
| | 9 | 8.33 | 33.36 |
| | 10 | 8.33 | 25.03 |
| | 11 | 8.33 | 16.70 |
| | 12 | 8.33 | 8.37 |

请注意，虽然你在第二个月期间只使用了 91.67 美元，而不是 100 美元，但你依然要支付 10％的利率。在最后一个月中，你只欠了 8.37 美元，但利息支付金额依旧是 100 美元的 10％。在上例中，当年的资金平均使用额是（100 美元＋8.37 美元）÷2＝54.18 美元。下面的"计算"专栏说明了计算年度百分率的方法。

## 年度百分率的数学计算

计算 *APR* 有两种方法：年度百分率公式法和年度百分率计算表法。年度百分率计算表法比公式法更精确。下面的公式只大概计算了年度百分率。

$$r=\frac{2\times n\times l}{P(N+1)}$$

其中：

$r$＝近似年度百分率

$n$＝一年中的支付次数（如果是每月支付，则为 12；如果是每周支付，则为 52）

$l$＝贷款总成本

$P$＝本金或贷款净资金

$N$＝计划偿还贷款所需支付总次数

现在比较一下年底一次性偿还 100 美元的方法以及每月偿还、12 个月付清相等贷款金额方法的年度百分率。两种贷款的年利率是 10%。

根据这个公式，一次性贷款的年度百分率是：

$$r=\frac{2\times 1\times 10}{100(1+1)}=\frac{20}{100\times 2}=\frac{20}{200}=0.10$$

或是 10%。

每月偿还贷款方式的年度百分率是：

$$r=\frac{2\times 12\times 10}{100(12+1)}=\frac{240}{100\times 13}=\frac{240}{1\,300}=0.184\,6$$

或是 18.46%（近似为 18.5%）。

## 选择过程

当选择融资方法时，你必须在自己偏好的特性（贷款期、支付规模、固定还是可变利率，或支付计划等）与贷款成本之间进行权衡。以下是一些你应该考虑的主要折中因素。

**期限与利息成本** 许多人选择长期融资是因为他们希望降低月支付额。但是在既定利率条件下，贷款的期限越长，你支付的利息更高。请参考下面的贷款期限和利息成本之间关系的分析。

假设你购买了一辆价值 7 500 美元的二手车，需要借 6 000 美元。请比较以下三种贷款安排：

|  | APR（％） | 贷款期限 | 月支付额（美元） | 总融资成本（美元） | 总成本（美元） |
|---|---|---|---|---|---|
| 债权人 A | 14 | 3 年 | 205.07 | 1 382.52 | 7 382.52 |
| 债权人 B | 14 | 4 年 | 163.96 | 1 870.08 | 7 870.08 |
| 债权人 C | 15 | 4 年 | 166.98 | 2 015.04 | 8 015.04 |

如何比较这些选择呢？答案一部分与你的需求有关。债权人 A 的贷款成本最低。如果你需要更低的月支付净额，你可以选择较长时间的贷款期限，不过总成本将随之提高。债权人 B 的贷款年度百分率也是 14％，但贷款期限是 4 年，这样你的融资成本也会增加 488 美元。

如果只有债权人 C 提供的 4 年期贷款，15％的年度百分率会使你的融资成本再增加 145 美元。其他条件，如首期付款规模，也会影响融资成本。在作出决定前一定要查看所有的条件。

**贷款者风险与利率**　你可能喜欢定期还贷金额少但最后付款额高的融资，或首期还款额最少的融资。但这些要求都可能增加你的借款成本，因为它们均增加了贷方的风险。

如果想让借款成本最小化，你就需要接受减少贷方风险的条件。以下是一些减少贷方风险的条件。

- **可变利率**　可变利率是根据银行系统利率的变化而变化的利率，例如，最优惠利率。在此类贷款中，你将与贷方共同承担利率风险。因此，贷方可能提供低于固定贷款利率的初始利率。
- **担保贷款**　如果你将个人财产或其他资产进行担保，你的贷款利率可能会降低。
- **首期现金付款**　许多贷方相信，如果你在融资时，对该商品的大部分金额以现金方式支付，你偿还贷款的几率较高，你也会更容易得到其他你想得到的条件。
- **贷款期限缩短**　你已经了解到贷款期限越短，出现阻止你偿还贷款的障碍的可能性越小，因此，贷方的风险也越小。因此，如果你接受较短期限的贷款，你的贷款利率可以相应降低，但是支付的金额将会增加。

在下一节中，你将了解到以上各种折中方案将如何影响封闭式和开放式贷款的成本。

## 计算贷款成本

计算利息的最常见方法是简单利息公式。其他方法还包括余额递减简单利息法和利息叠加法等。

| 简单利息：只计算本金的利息，不计算利息的累积的计算方法。|

**简单利息**　简单利息是只计算本金的利息，而忽略利息的累积的计算方法，它是贷款的美元成本。该成本根据以下三种要素：贷款金额，又称为本金，利率以及本金贷款期计算而得。

你可以使用下面的公式计算简单利息：

利息＝本金×利率×时间

或

$I = P \times r \times T$

**例子**

假设你说服亲戚借给你 1 000 美元来购买笔记本电脑。你的亲戚答应只收 5％的利息，你同意一年后偿还贷款。根据简单利息法，一年的利息是 1 000 美元的 5％，即 50 美元，因为你占用了 1 000 美元整一年。

$$I = 1\ 000 \times 0.05 \times 1 = 50\ 美元$$

现在使用 ARP 计算公式：

$$APR = \frac{2 \times n \times l}{P(N+1)} = \frac{2 \times 1 \times 50}{1\ 000 \times (1+1)} = \frac{100}{2\ 000} = 0.05，或 5\%$$

注意：计算所得的 5％就是年度百分率。

关于信贷成本的主要网站：
www.pirg.org/consumer/credit
www.econsumer.equifax.com

**余额递减简单利息法**　当简单利息贷款的偿还次数超过 1 次时，计算利息的方法就称为余额递减法。每次支付的利息只是未偿还贷款余额的利息，因此支付次数越多，利息越低。大多数信贷联盟使用这种方法。

**例子**

用余额递减简单利息法计算利息支出。假设贷款额为 1 000 美元，年利率为 5％，两次付清，第一次付款在半年末，第二次付款在第二个半年末，总利息是 37.50 美元，计算过程如下。

第一次支付：

$I = P \times r \times T$

　$= 1\ 000 \times 0.05 \times 1/2$

　$= 25$ 美元利息加 500 美元，即 525 美元

第二次支付：

$I = P \times r \times T$

　$= 500 \times 0.05 \times 1/2$

　$= 12.50$ 美元利息加 500 美元余额，即 512.50 美元

贷款总偿还金额是：

$525 + 512.50 = 1\ 037.50$ 美元

用 APR 公式进行计算：

$$APR = \frac{2 \times n \times l}{P(N+1)} = \frac{2 \times 2 \times 37.50}{1\ 000 \times (2+1)} = \frac{150}{3\ 000} = 0.05，或 5\%$$

**利息叠加法**　采用利息叠加法时，利息以贷款初始本金的总额为基础进行计算时，与支付次数无关。当一次性偿还贷款时，年度百分率计算法与简单利息法一致。但是当分期支付时，该方法产生的实际利率就会高于法定利率，并且利息不会随着每次贷款的偿还而

减少。贷款偿还期限越长，利息支付越多。

> **注意！** 很多银行会因为一次延期支付而提高利率。银行也可能会为此而征收罚金，罚金甚至可高达 50 美元。

**开放式贷款的成本** 《贷款真实法》要求开放式贷款的债权人披露融资费以及年度百分率对你的贷款成本造成的影响。例如，债权人必须告诉你融资费的计算方法。他们还必须告诉你贷款账户的计息起始日，这样你就知道在被征收融资费前还有多少时间支付账单。

**贷款成本与预期通货膨胀** 通货膨胀降低了货币的购买力。通货膨胀每上升一个百分点，你以相同数额的货币可以购买的商品和服务的数量相应下降 1%。因此，贷方为了保护贷款的购买力，在决定利率的过程中加上预期通货膨胀率。

回到之前的例子中，即你从姨妈那里以 5% 的利率借款 1 000 美元，为期一年。如果当时的通货膨胀率是 4%，那么贷方的实际回报率只有 1%（5% 减去 4% 的通货膨胀率）。如果是专业的贷款人，那么他为了获得贷款额 5% 的利息必须要征收 9% 的利息（5% 的利率加上 4% 的预期通货膨胀率）。

**避免最低月支付额的陷阱** 对于信用卡账单以及有其他固定形式的贷款来说，最低月还款额是你保持借方良好信誉的最低支付金额。贷方常鼓励你偿还最低金额，因为此方法可以延长你的还款期限。如果你仅仅在每月结账过程中支付最小月支付额，那么就需要认真计划一下你的预算了。还款期限越长，支付的利息越多。对一笔款项实际支付的融资费最后很可能超过该笔款项应有的实际价值。

请参考以下的例子。在每个例子中，最低还款金额是已消费金额的 1/36 或 20 美元中的较高者。

---

**例子 1**

购买大学新课本时，如果你用利率为 19.8% 的信用卡购买 500 美元的课本，每月偿还最低限额，则至少花两年半的时间才能还清债务，而利息成本也将达到 150 美元。但是用利率为 12% 的信用卡购买相同商品的利息成本只有 78 美元。

**例子 2**

你使用利率为 19% 的信用卡购买 2 000 美元的音响设备，最低支付限额是 2%。如果你每月只偿还最低限额，则要花 265 个月——超过 22 年——才能还清债务，而利息支付高达 4 800 美元。如果你每月将还款额提高一倍，达到 4%，你的还款时间将缩短到 88 个月，或 7 年，而且能节约 3 680 美元的利息成本。

---

## 概念检测 5—4

1. 借款时需要谨记的两个重要概念是什么？

2. 贷款时应该考虑的三个主要折中因素是什么？

3. 利用以下列出的名词完成句子。在空格中填入所选名词。
   融资费　年度百分率　简单利息　最低月支付额　利息叠加法

a. _____是以百分比表示的年贷款成本。

b. 为使用信贷支付的美元称做_____。

c. _____是借款人为保持借方良好信誉为信用卡还款而支付的最低金额。

d. _____只计算本金的利息，而忽略利息的累积。

e. _____只以贷款初始本金的全额为基础计算利息。

**自我应用！**

**目标 4：** 利用网络探究关于封闭式信贷和开放式信贷的成本信息。

# 保护你的信用

**目标 5：** 设定计划来保护个人信用并管理债务。

你是否收到过让你支付没有购买，或者已经退回商店，或从未收到过的商品的账单吗？你是否在某件商品上重复交费或者信用公司在账户上扣除了不正确的金额呢？很多人都有过这样的经历。

## 账单错误与争端

**《公平信贷收费法》(FCBA)** 规定了迅速纠正收费错误、拒绝支付或从信用卡上扣除有缺陷商品的费用，以及迅速在账户上扣除费用的程序。

1975 年通过的《公平信贷收费法》（FCBA）规定了迅速纠正收费错误、拒绝支付或从信用卡上扣除有缺陷商品的费用，以及迅速在账户上扣除费用的程序。

当你认为账单出现错误或希望了解更多信息时，请采取以下步骤。首先，以书面形式通知债权人，内容应包括任何有助于你达到目的的信息（打电话并不能保障你的权利）。然后支付账单上其他你认为没有疑问的费用。

债权人必须在 30 天内给予答复。他们也必须在两个付款期（但不超过 90 天）内纠正账户错误或告知他们认为账单无误的理由。如果是债权人出错，你不需要对有争议的金额支付任何融资费。如果债权人没有发现任何错误，则必须立刻把他们关于此争议的解释以及账单寄给你，账单包括任何未支付款项的最低付款金额以及在你质疑账单的准确性时发生的融资费。

**保护你的信用等级** 根据法律，在你质疑账单的过程中，债权人不可以威胁你的信用等级或者作出任何有损于你信用声誉的事情。此外，在你的投诉处理完之前，债权人不可以采取任何措施追讨有疑问的账款。

关于保护信用的主要网站：
www. consumeraction. org
www. ftc. gov/ogc/stats. htm

**有质量问题的商品或服务** 尼克使用信用卡买了一辆新的山地车。当收到货物时，尼克发现一些齿轮有问题。于是他尝试退货，但是百货商店不接受退货。随后，他要求店家修理这辆车或者换一辆车，但尼克没那么好运。根据《公平信贷收费法》，他可以要求信用卡公司停止为该辆山地车付款，因为他真诚地试图与店家解决这个问题。

## 身份危机：身份被盗用时该如何应对

"我不记得购买过这些东西，而且我根本没有去过这家商店。"可能你从来没有购买过这些商品和服务，但是别人可能买过——他们利用你的姓名和个人信息进行了诈骗。当诈骗犯利用你的个人信息达到他们自己的目的时，他们触犯了法律。

关于防止身份盗用的主要网站：
www. consumer. gov/
idtheft/index
www. econsumer. eq-
uifax. com

最大的问题是什么？当你意识到出问题之前，你根本不知道你的身份被盗用了：你可能收到从未开启的信用卡的账单，或者看到账户支付了你从未购买过的一些商品。

如果你认为身份被盗用，并且盗用者利用你的身份购买商品或以其他方式取得贷款，联邦贸易委员会建议你立刻采取三个行动：

**1. 联系信用机构。**让他们在你的档案上标记"诈骗警告"，包括一份声明，声明要求债权人开立以你的名字登记的账户前必须和你取得联系。

**2. 联系债权人。**告知债权人任何被篡改或以欺诈方式开立的账户。提交书面声明。

**3. 提交报警报告。**保留报警报告的复印件，以防债权人需要犯罪证明。如果还存在身份问题，请时刻警惕身份被盗用的新迹象。你也可以联系隐私权清算机构，拨打 1-619-298-3396。

**注意！** 如果在你的信贷报告中发现错误，请直接联系三大信用机构：艾可飞公司（1-800-685-1111），益百利公司（1-888-397-3742）和环联公司（1-800-916-8800）。

## 保护你的信用免遭盗用或丢失

一些罪犯可能会从你的垃圾中获得你的个人信息。你可以撕碎任何包含你个人信息的文件以防止此种事情发生。

如果你认为某一盗用身份的罪犯已经进入了你的银行账户，请立即关闭账户。如果你的支票被偷或被盗用，请停止支付。如果你的贷记卡丢失或被盗，请取消该卡，然后用新的身份识别号码（PIN）开立一张新卡。

信用卡丢失是信用卡诈骗案件的主要因素。为了保护你的信用卡，你应该采取以下措施：

- 购买商品后确认信用卡已经退还给你。未归还的信用卡很可能落入盗用身份的罪犯手中。
- 请保留信用卡号码记录。应该将此记录与信用卡分开放置。
- 当信用卡丢失或被偷时，请立即通知信用卡公司。根据消费者信贷保护法，如果某人非法使用你的信用卡购买商品，则你需支付的上限额度为 50 美元。但是，如果你在信用卡被非法使用前告知信用卡公司，则你无须进行支付。

## 在网络上保护个人信用信息

互联网对于人们的日常生活来说已经变得和电话与电视同样重要。越来越多的消费者使用网络来进行与金融相关的活动，例如，投资、办理银行业务和购物等。

当你在网上购买商品时，请确保交易的安全，即你的个人信息需要受保护，并且保证防止诈骗及盗用的系统很强大。尽管你无法控制网上诈骗，但是你可以采取措施识别诈骗、避免诈骗并且报告诈骗。步骤如下：

- 使用安全的浏览器。
- 保留在线交易记录。
- 查阅并核对每月的银行和信用卡账单。
- 阅读所访问网站的隐私和安全协议。
- 确保个人信息的隐私性。
- 绝不把个人信息透漏给网上的其他人。
- 不要下载陌生人传给你的文件。

## 贷款担保

如果朋友或亲戚请求你对一笔贷款进行担保，请三思。担保一笔贷款意味着如果其他机构或个人无法偿还贷款，则由你负责偿还贷款。当你有担保的时候，专业的贷款方很有可能不会贷款给你。如果贷款方认为借款方风险小，则无须贷款担保人。

如果你对一笔贷款进行了担保，并且借款人不偿还贷款，那么你可能必须偿还全部贷款，此外还包含延期费和融资费。贷方甚至不需要首先向借款人索取贷款，而直接向你索取贷款。贷款方对于借款方可以采取的一切措施，也可以全部对你采用。如果贷款没有被偿还，则这个事实会直接体现在你的信用记录中。

## 关于消费信贷的投诉

如果你认为债权人没有遵守消费信贷保护法，请首先设法直接与债权人解决相关争端。只有在这种努力失败后你才能使用更正规的投诉程序。本节介绍了如何向消费信贷保护法的联邦执行机构投诉。

---

**你知道吗？**

**选择退出**

你可以通过拨打 1-888-567-8688 取消预先审核通过的信用卡申请。

---

## 消费信贷保护法

如果你有与某银行相联系的与消费信贷保护法有关的问题，你可以向联邦储备银行体系寻求建议和帮助。提出投诉时你不需要在银行开立账户。你也可以针对债权人采取法律措施。如果你决定提出诉讼，那么你需要对下面列出的多项消费信贷保护法有所了解。

**《诚实借贷法》和《消费者租赁法》**　　如果债权人没有向你披露《诚实借贷法》或者《消费者租赁法》要求的相关信息，或者告知你错误信息，则你可以要求赔偿因此而损失的金额。你也可以控告债权人没有遵守有关信用卡的相关规定。此外，《诚实借贷法》和《消费者租赁法》还允许遭受同样不公平待遇的人进行集体诉讼。

**《公平信用机会法》**（ECOA）　　如果你认为你能够证明债权人以《公平信用机会法》所禁止的理由歧视你，你可以提起诉讼要求对方赔偿实际造成的损失以及惩罚性损失（违反法律的惩罚），罚金最高可达 10 000 美元。

**《公平信用收费法》**　　未遵守收费错误纠正规定的债权人将自动丧失有疑问的项目的费用及相关融资费，即使账单最后被纠正依然必须缴纳罚款，罚金最高为 50 美元。你也可以起诉要求赔偿实际的损失加上相当于任何融资费两倍的罚金。

关于消费信贷保护法的主要网站：
www.federalreserve.gov
www.uschamber.com

**《公平信用报告法》**　　若任何信用报告机构或债权人在获得你的信用报告以及纠正信用档案有关错误时违反了有关法规，你完全可以起诉他们。你有权获得相当于实际损失的赔偿金，如果违法行为是蓄意的，法庭可以加收惩罚性赔偿金。

**《消费信贷改革报告法》**　　1977 年的《消费信贷改革报告法》规定，信用信息的举证责任由信用报告机构而非消费者承担。法律规定债权人必须证明被质疑的数据是正确的。如果债权人或信用机构确定信息有误，那么消费者可以起诉要求赔偿。

**《电子资金转账法》**　　如果一家金融机构没有遵守《电子资金转账法》，你可以起诉要求获得实际损失的金额加上 100 美元～1 000 美元之间的惩罚性赔偿金。胜诉后，你也有权获得法庭诉讼费及律师费的赔偿。该法规还允许集体诉讼。

**《信用卡问责责任和信息披露法》**　　奥巴马总统在 2009 年 5 月 22 日签署了这项里程碑式的信用卡法案。该法也被认为是信用卡持有人的权利法案，于 2010 年 2 月生效。该项法律规定，银行不可以就待偿还款项提高利率，除非偿还期限超过 60 天。但是，如果你在接下来的 6 个月中及时还款，则公司必须立即恢复原来较低的利率。该法律也取消了收取网上偿付余额费用的规定，并要求信用卡公司将还款首先用于支付利率最高的那部分债务。

## 消费信贷法规定的消费者权利

如果你认为信贷被拒绝是由于遭遇了歧视，你可以采取以下措施中的一项或多项：

- 向债权人投诉。让债权人知道你了解这些法律。
- 向政府投诉。你可以向有关政府执行机构报告任何违法行为，请参考图表5—9。
- 如果所有其他努力都失败了，你可以起诉债权人。如果你胜诉了，你可以获得实际损失赔偿以及多达1万美元的惩罚性赔偿，你也可以得到合理的律师费和法庭诉讼费。

**图表5—9** 　　　　　　　　　　　　执行消费信贷法规的联邦政府机构

| 如果你认为受到下面机构的歧视性对待 | 你可以向以下机构提出诉讼 | |
| --- | --- | --- |
| 消费者报告机构、债权人和其他没有列出的机构 | 联邦贸易委员会：消费者回应中心——FCRA | |
| | 华盛顿特区 20580 | 1-877-382-4357 |
| 国民银行、外国银行的联邦分支或机构（"国民"或者首字母缩写"N. A."出现在国外银行名字中间或之后） | 货币监理署 | |
| | 合规管理部门 | |
| | 华盛顿特区 20219 | 800-613-6743 |
| 联邦储备成员银行（除了国民银行和外国银行的联邦分支或机构外） | 联邦储备监察组 | |
| | 消费者和团体事务部 | |
| | 华盛顿特区 20551 | 202-452-3693 |
| 储蓄协会和联邦特许储蓄银行（"联邦"或者首字母缩写"F. S. B."出现在联邦机构的名字中） | 储蓄机构监理局 | |
| | 消费投诉部门 | |
| | 华盛顿特区 20552 | 800-842-6929 |
| 联邦信用联盟（"联邦信用联盟"出现在机构的名字中） | 国民信贷联盟管理局 | |
| | 杜克大街 1775 号 | |
| | 弗吉尼亚州亚历山大市 22314 | 703-519-4600 |
| 非联邦储备系统的特许银行 | 联邦存款保险公司 | |
| | 格兰大道 2345 号消费者回应中心 | |
| | 堪萨斯城，MO 64108-2638 | 1-877-275-3342 |

法律给予你作为信用消费者特定的权利。什么类型的关于债权人的投诉你可以报告给这些政府机构？

# 债务管理

突发性疾病或者失去工作可能使你无法按时偿还账单。当你发现无法支付账单时，请立刻和债权人联系，尽量与他们商讨、修改支付计划。

## 债务问题的警示信号

克里斯在快 30 岁的时候，大学毕业，有一份稳定的工作，年收入 4 万美元。在他新房子的车道上停放了一辆新型跑车，看起来克里斯的生活过得很不错。

但是，克里斯实际上却是负债累累。他的账单不计其数，几乎所有的收入都用来还债了。他已经丧失了银行的住房抵押品赎回权，一些商店也得到法庭指令收回住房内所有新的家具和电子配件。现在他已经拖欠了汽车款项，而且所有信用卡的贷款都已经拖延了一段时间了。如果他不及时采取新的行动计划，他将失去一切。

克里斯的境况不是个例，是很常见的现象。一些表面上看起来富裕的人实际上也只是勉强地维持生计。一般来说，他们遇到的问题就是自身理财观念不成熟。他们缺乏自我约束，无法控制冲动的欲望，在管理资金方面要么判断不够准确，要么不够负责任。

克里斯和像他一样的人其实并不是坏人，他们只是没有考虑到自身长期的财务目标。可能某天你也会发现自身处境和克里斯一样。以下列出的就是表明你很可能存在债务问题的危险信号：

- 每月只偿还信用卡账单的最低金额。
- 即使每月只偿还信用卡账单的最低金额，仍然有困难。
- 每月信用卡的总应付金额都在增加。
- 每月要么忘记支付账单，要么推迟支付账单。
- 用储蓄来支付日常必需品，如食物和公用事业费等。
- 收到债权人的第二个或第三个缴费通知。
- 借钱还旧债。
- 超出信用卡的贷款限额消费。
- 由于负面的信贷机构报告而被拒绝贷款请求。

如果你经历过两个或更多的以上的危险信号，那么是时候考虑哪些是该优先办的事情了。

## 讨债程序

联邦贸易委员会实施《公平债务追讨行为法》（FDCPA），禁止帮助债权人追讨债务的人或机构实施某些行为。该法不是取消消费者所欠的合法的债务，而是控制债权人或机构回收债务的方法和行为。

## 理财咨询服务

如果你在支付账单时出现了问题并且需要帮助，你有几种选择。你可以和债权人联系并商讨新的还债计划，或者你可以联系非营利性理财咨询组织。

**消费信贷咨询服务** 消费信贷咨询服务（CCCS）是隶属于国家消费信贷基金（NFCC）的非营利性组织。CCCS 的当地分支机构为存在严重理财问题的家庭和个人提供各种债务咨询服务。CCCS 不是慈善机构、接待机构或政府机构。CCCS 咨询通常是免费的。但是，当组织机构监督债务偿还计划时，它有时会征收小额费用来支付管理成本。

根据 NFCC 的统计，每年有上百万消费者联系 CCCS 的办公室寻求个人理财问题的帮助。要寻找一家离你较近的办公室，请在当地电话号码本的白页上寻找消费者信贷咨询服务，或者拨打电话 1-800-388-CCCS。所有信息都严格保密。

信贷咨询师知道大多数债台高筑的人基本上都是希望摆脱债务的诚实之人。但这些人的问题通常是计划不善或错误地计算了他们赚得的收入。CCCS 既关心如何解决债务问题，也关心如何预防债务问题。所以，它的工作内容分为两部分：

> 关于信贷咨询的主要网站：
> www. uscourts. gov

- 对存在严重债务问题的家庭，帮助他们更好地进行资金管理，同时建立一个实际的预算。
- 帮助人们预防债务问题，教育人们认识预算规划的重要性，提供有关不明智贷款购买陷阱的教育活动，鼓励信贷机构拒绝为无法偿还贷款的人支付贷款。

请在后面的"个人理财实践"专栏中阅读关于选择信贷咨询师的相关帮助。

**其他咨询服务** 除了 CCCS 外，大学、信贷联盟、军事基地以及州和联邦住房管理局有时会提供非营利性咨询服务。这些咨询服务通常收取很低的费用，或者免费。你可以和银行或者当地的消费者保护办公室联系，看它们能否提供信誉良好的理财咨询服务公司的名录，如美国债务顾问等。

## 个人理财实践

### 选择一个信贷咨询师

声誉良好的信贷咨询组织会雇用那些在消费信贷、债务管理以及财务预算等方面经过专业训练并具有职业资格的咨询师。以下所列的是在选择信贷咨询师时可以询问的一些重要问题。

**1. 你能提供哪些服务？** 寻找能够提供多样化服务的组织或机构，包括预算咨询机构、储蓄和贷款管理机构，以及经过培训具有职业资格的咨询师。

**2. 在我国内，你是否具有提供服务的执照？** 许多国家要求信贷咨询机构在提供咨询服务前需要注册并取得相关执照。

**3. 你是否提供免费信息？** 避免组织针对服务性质之类的信息进行收费。

**4. 我能否得到一份正式的书面协议或合同？** 不要通过电话参加贷款管理项目。要将所有的口头保证和协议书面化。在相关文件上签字之前一定要仔细阅读。如果要求你立刻签字，那么你就要考虑寻找另一家组织或机构。

**5. 你们的咨询师具有哪些资格？** 咨询师是否被外部组织机构所认证或许可？哪家组织机构？如果没有职业资格，那么经过了哪些专业培训？尽量寻找拥有外部组织机构认证的咨询师的机构，且认证机构与咨询师之间无关联。

**6. 其他消费者对他们所享有的服务是否满意？** 一旦你发现符合你需求的信贷咨询机构，请在州检察官、当地消费者保护机构以及商业服务监督局处检查机构的相关资质。

**7. 如何收费？** 是否有初始费用及月支付费用？要一份书面的、详细的报价单，尤其要询问是否所有的费用均被包含在该报价单中。如果某家机构因你无法支付高额费用而拒绝帮助你，请到其他机构处再寻求帮助。

**8. 你们的雇员是如何被支付薪酬的？** 如果我对特定的服务项目签字、缴纳费用，或者为你们作出特殊贡献，工作人员或者机构是否能得到更多薪酬？那些建议你购买特定服务的工作人员在你签字后很可能会得到额外的佣金。如果你在贷款管理项目中注册，许多信贷咨询机构会从债权人处收取额外的酬劳。

**9. 你们如何保证客户个人信息的安全？** （例如，姓名、地址、电话号码和财务信息等？）信贷咨询机构处理你的最为敏感的财务信息。该机构应该拥有防护措施来保证信息的安全并防止被滥用。

## 宣布个人破产

如果一个债务人受到经济萧条的极端影响怎么办？这个人还值得信任吗？答案是进行破产诉讼。破产是由于债务人无法偿还个人债务，进而对其个人部分或全部财产在债权人之间进行分配。破产也包括债务人采取分期付款方式向债权人支付的计划。宣布破产是最后没有办法的办法，因为这样一来会对你的信用等级造成严重影响。

安妮塔·辛格就是破产的最好例证。她是加利福尼亚州的一个自由摄影师，现年43岁，直到去年她的医疗费用大幅上升前从来没有任何严重的财务困难。她动用信用卡偿还医疗费造成了债务。安妮塔没有医疗保险，所以她的债务很快就积累到了1.7万美元，而每年的自由职业收入只有2.5万美元。她解决此问题的办法就是宣布个人破产，结果立即摆脱了债权人的追讨。

**1978年《美国破产法》** 图表5—10说明了美国个人的破产比率。在美国，大多数类似安妮塔·辛格的破产者是根据《美国破产法》的第7章申请破产的。在宣布个人破产时，你有两个选择：第7章式破产（直接破产）和第13章式破产（挣工资者的计划破产）。两者都是无奈之举，都不应该被视为债务问题的轻松解决办法。

图表 5—10　　　　　　　　　　美国消费者的破产记录，1980—2008 年

在案的破产消费者（单位：百万人）

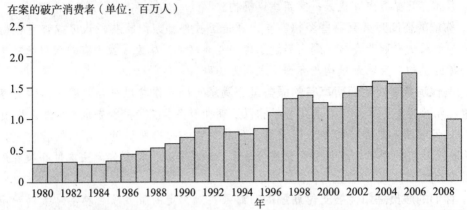

资料来源：Administrative Office of the United States Courts；www. uscourts. gov/press-releases/bankruptcyfilingsDec2008. cfm，accessed January24，2009.

**第 7 章式破产**　根据第 7 章式破产，债务人必须提交列明个人资产和负债的上诉状。根据破产法，申请免除债务的个人被称为债务人。债务人向美国地区法庭提交上诉状并支付申请费。

第 7 章式破产是一种直接破产，可以豁免许多债务，但并非所有债务。债务人的大多数财产将被出售，用来偿还债务。不过，债务人的一些特定财产受到一定程度的保护。在所有资产中，通常受保护的有：社会保险金、失业赔偿金以及一定价值内的住房、汽车、家具和家用电器、工作中用到的工具以及书籍等。

法院必须收取 245 美元的案例归档费、39 美元的杂项管理费以及 15 美元的托管费。如果债务人即使分期付款也无法缴纳费用，法院可能放弃该笔费用的收取。

在归档上诉状时，债务人必须提供以下信息：

- 所有债权人和他们索赔金额及性质的清单。
- 债务人收入的来源、数额以及频率。
- 债务人所有财产的清单。
- 债务人每月花费的详细列表。

债务豁免权并不涉及赡养费、子女养育费、特定税金、罚款、教育贷款引起的某些债务或你无法向破产法庭准确披露的债务。此外，不豁免的债务还包括因欺诈、醉酒驾驶，或其他一些蓄意行为及犯罪而产生的债务。

**2005 年的《防止滥用破产和消费者保护法》**　在 2005 年 4 月 20 日，乔治·W·布什总统签署了《防止滥用破产和消费者保护法》，该法是对 1978 年颁布的破产法的最大的一次修正。总统发表声明说："在法律体系中，破产应该是我们最后的办法。近些年来，太多人滥用了破产法。在新法案中，所有有能力支付的美国人至少要偿还一部分贷款。这部法律旨在令更多的贷款可以得到偿还，因为当破产案例越来越少时，就会有更多的人接受和使用信贷。那些想除去债务的债务人现在必须等到距离上一次申请破产 8 年以后才可以再次进行破产申请。该法也能够帮助我们取缔那些利用体系漏洞给破产者提出滥用破产建

议而赚取佣金的机构。"

在其他条款中，法律还要求：

• 美国受托人行政办公室总监提供一门理财管理训练课程，用来在如何更好地管理财务方面训练部分债务人；并就该项课程的有效性进行测试、评估以及向国会报告。

• 债务人完成有关个人理财管理的指导课程。

• 每一个破产地的办公人员保存信贷咨询机构和有关个人理财管理课程的列表。

此外，法律还提出需要国家开发适用于小学生和初中生的个人理财课程。

结果是：新法规使消费者更难采取第 7 章式破产，并强制他们采取第 13 章式还款计划。

**第 13 章式破产**   第 13 章式破产是指有正常收入来源的债务人提出的在未来一段时间内使用未来收入或其他财产来消除债务的计划。在这类破产中，债务人通常可以保留大多数或全部财产。债务人必须提供和第 7 章式破产一样的立案信息。

该计划的有效期一般长达 5 年，债务人向第 13 章规定的受托人或代表定期支付钱款，他们随后再将钱款交给债权人。在某些情况下，破产法庭可能在债务人没有偿还所有债务时批准债务人保留所有的个人财产。

**破产的影响**   申请破产而重新获得信贷的人经历各异。一些人发现更难申请贷款，而其他人却发现申请贷款更容易了，因为他们已经没有债务负担，或者债权人认为他们一段时间内无法再申请破产。申请第 13 章式破产并偿还了一部分债务的人，比努力偿还债务的第 7 章式破产者更容易得到贷款。

## 概念检测 5—5

1. 在每月账单出现错误时应该采取哪些措施？

_____

2. 如果有人盗用你的身份，你应该怎么做？

_____

3. 如何保护网络上的个人信用信息？

_____

4. 债务问题的警示信号有哪些？

_____

5. 区分第 7 章式破产和第 13 章式破产。

_____

## 自我应用！

**目标5：** 使用网络引擎查找全国范围内消费者信贷咨询服务的分支机构。在你所在区域内选择一家，同时在另一个州选择一家。访问它们的网站找出谁为其提供资金帮助。

重新考虑在本章开始时出现的"自我测评"栏中问题的答案。

更有效地使用消费信贷：

- 在评估信贷来源时，尽可能寻找这些来源的相关信息，包括许多网站和图表5—3。
- 在选择信用卡之前请想好你打算如何使用它。请依据所给出的建议寻找一个最符合你需求的信用卡来使用。请参考 168 页的"个人理财实践"栏中的相关内容。
- 保留信贷报告的副本，也要确保信息的准确性。取得免费信贷报告的唯一网上来源是 www. annualcreditreport. com，或者拨打电话 877-322-8228。
- 需要清楚地知道信用修复的陷阱。联邦贸易委员会关于信用修复的答复："自行办理为最佳选择"（www. ftc. gov/bcp/online/pubs/credit/repair. shtm）说明了个人如何改善自己的信用度。

本章学习到的哪些知识可能对你现在或未来使用信贷有一定的影响？

## 本章小结

**目标 1**  消费信贷指个人或家庭为满足个人需求而使用的信贷。使用信贷的优点包括：能够购买需要的商品然后分期付款、能够应付各种经济上的紧急事件、提供购物便利性以及建立信用级别。其缺点包括：信用会减少金钱、鼓励人们过度消费，以及减少部分未来的收入。

**目标 2**  消费信贷分为封闭式信贷和开放式信贷。封闭式信贷是指借款人在规定的时间内按照规定次数分期偿还一次性的贷款。开放式信贷是指借款人被允许持续借款并定期支付部分款项。

消费信贷的主要来源是商业银行、储蓄和贷款协会、信贷联盟、财务公司、人寿保险公司，以及家人和朋友。每一种来源都有其各自的优点和缺点。

从父母或者其他家庭成员处贷款成本是最低的。他们可能只收取如果没有贷款时挣得的利息。但是，这种贷款可能会令家庭成员之间的关系变得复杂。

**目标 3**  衡量信贷能力的两种基本准则是债务支付—收入比和债务—权益比。债权人在审查你的可信度时往往从三大国家级信用机构或地方性信用机构处寻找有关信息。

债权人根据五 C 原则来判断你的可信度：性格、能力、资本、担保和状况。

**目标 4**  当选择信用提供方时要对信贷成本和年利率进行比较。根据《贷款真实法》中的相关规定，债权人必须披露借贷成本，以方便信用需求方比较信用成本并选择适合的信用提供方。

**目标 5**  当你的账户出现账务错误时，请在 60 天内以书面形式通知债权人。如果争议结果对你不利，你可以把对此争议的理解记录在你的信用档案中。当你用信用卡购买的商品或服务有缺陷时，只要你已经努力和销售部门沟通尝试解决这个问题了，那么你可以拒绝支付相关费用。

如果你对信用有不满之处，请首先直接和债权人联系并寻求解决方法。当这种努力失败后，你可以寻求相关消费信用法律的帮助。这些法律法规包括：《诚实借贷法》、《消费者租赁法》、《公平信用机会法》、《公平信用收费法》、《公平信用报告法》、《消费信贷报告改革报告法》，以及《电子资金转账法》。

如果无法履行个人义务，请直接与债权人联系。你也可以联系当地的消费信贷咨询服务机构或者其他贷款咨询公司。

债务人的最后一项选择就是宣布破产，这是 1978 年《美国破产法》所允许的。请在迈出这一极端的步骤之前考虑破产的财务和其他成本。债务人可以宣布第 7 章式破产（直接破产）或者第 13 章式破产（挣工资者的计划破产）。

## 关键词

| | | |
|---|---|---|
| 年度百分率 | 条件 | 授信额度 |
| 能力 | 消费信贷 | 开放式信贷 |
| 资本 | 信用 | 循环性活期贷款 |
| 性格 | 《公平信贷收费法》（FCBA） | 简单利息 |
| 封闭式信贷 | 信贷费 | 抵押物 |
| 利息 | | |

## 重点公式

| 对象 | 公式 |
|---|---|
| 计算年度百分率（$APR$） | $APR = \dfrac{2 \times 一年中的支付次数 \times 贷款的总成本}{贷款净资金 \times (偿还所有贷款所需支付的次数+1)} = \dfrac{2 \times n \times l}{P(N+1)}$ |
| 计算简单利息 | 利息（用美元表示）＝本金×利率×贷款时间（年数）<br>$I = P \times r \times T$ |

## 自测题

1. 假设你每月的净收入为 1 200 美元，需要偿还助学贷款和天然气信用卡，它们总共需要花费 180 美元。请问你的债务支付—收入比是多少？

2. 假设你以 8％的利率借款 1 000 美元，在年底前一次还清。请使用简单利息计算公式计算你需要支付的利息金额。

## 自测题答案

1. 使用债务支付—收入比公式：每月支付的债务/每月净收入。

   债务支付—收入比＝180/1 200＝0.15，或 15％。

2. 使用简单利息公式（利息＝本金×利率×时间），利息是 80 美元，按照如下公式进行计算：

   80 美元＝1 000 美元×0.08×1 年

## 练习题

1. 几年前，迈克·塔克以 10 万美元购买了一所住房。今天该住房价值 15 万美元，他剩余的抵押贷款还有 5 万美元。假设迈克能借的款项相当于住房市场价值的 80％，他可以借的住房贷款的最高金额是多少？

2. 路易·麦克因特每月总收入 2 000 美元。她的老板每月代扣 400 美元的联邦、州和地方所得税，以及 160 美元的社会保障税。路易每月向她的个人退休账户存入 80 美元。每月她的 Visa 卡、万事达卡和发现卡的信用支付金额分别是 35 美元、30 美元和 20 美元。她的汽车贷款月支付金额是 285 美元。路易的债务支付—收入比是多少？路易的收支是否平衡？请说明理由。

3. 罗伯特·图默拥有一栋价值 14 万美元的室内住宅，未偿还的抵押贷款还有 11 万美元。除抵押贷款外，他还有如下债务：

   | | |
   |---|---|
   | Visa 卡 | 565 美元 |
   | 万事达卡 | 480 美元 |

| | |
|---|---|
| 发现卡 | 395 美元 |
| 教育贷款 | 920 美元 |
| 个人银行贷款 | 800 美元 |
| 汽车贷款 | 4 250 美元 |
| 合计 | 7 410 美元 |

罗伯特的净资产（他的房屋除外）大约是 2.1 万美元，主要包括共同基金投资、汽车、货币收藏、家具，以及其他个人财产。罗伯特的债务—权益比是多少？他是否达到了负债的最高限额？请说明理由。

4. 金·李正在决定自己是否能够承担得起进入按摩学校学习所需的贷款。现在金住在自己家，并在一家鞋店工作，每月总收入为 820 美元。她的雇主每月扣除她 145 美元的税款，每月金还需支付 95 美元的信用卡贷款。进入按摩学校学习每月还要增加 120 美元的贷款。通过计算贷款与不贷款情况下她的债务支付—收入比来帮助金做决定。（请记住 20% 规则）

5. 戴夫借款 500 美元，期限为一年，并支付 50 美元的利息。银行向他收取 5 美元的服务费。该笔贷款的融资费是多少？

6. 在问题 5 中，戴夫在 2009 年 1 月 1 日借款 500 美元，并在 2009 年 12 月 31 日一次性全部还清贷款。请问 APR 是多少？

7. 如果戴夫将 500 美元贷款在 12 个月中每月等额分期偿还，APR 又是多少？

8. 茜德尼通过与信用卡相连的支票账户预借了 200 美元的现金。银行收取了 2% 的预借现金费，对此笔预借的现金没有提供优惠期。账单到期时，茜德尼将款项还清。请问预借现金费是多少？如 APR 为 18%，那么每月的利息是多少？她总共需要支付多少钱？如果她是用信用卡购买商品，并且及时还款，情况又是怎样的？

9. 陶乐茜购买洗碗机的现金缺口是 600 美元。她可以利用信贷从商店购买，12 个月内每月还款 52.74 美元，合计还款额达到了 632.88 美元。相反，陶乐茜决定每月在银行存 50 美元，直到储蓄了足够的现金后再去购买洗碗机。一年后，她存了 642 美元——600 美元本金加上利息。当她返回商店时，她发现洗碗机现在价值 660 美元，价格上涨了 10%。对陶乐茜来说，推迟购买是否是一件好事？

10. 如果一笔为期 6 个月的 1 500 美元的贷款，利率为 13.2%，以简单利息公式来计算利息和总还款金额。

11. 理查德在走访了几家汽车经销商后选了一款他想要的二手车。他看好了 1 万美元的价格，但是从经销商处融资是无法讨价还价的。他有首付款 2 000 美元现金，但需要 8 000 美元的贷款。在咨询过若干家银行的分期贷款后，他发现汽车贷款的利率是附加利率，即在贷款期限内，即使一部分本金已经被偿还，支付的利息是以贷款总额为基础进行计算的。理查德以附加利率 11% 的条件借款 8 000 美元，为期 4 年。理查德贷款的利息总共是多少？该车的成本是多少？每月需要支付多少钱？年度百分率是多少（APR）？

## 问答题

1. 维姬正在考虑是否为她购买的野马敞篷车融资。在维姬作出决定前，应该问她自己哪些问题？

2. 请列出使用信贷的优点和缺点。

3. 加勒为他的新公寓的沙发筹措资金，在以分期付款形式支付款项的合同上签字。加勒所使用的是什么类型的消费信贷？

4. 奥卡打算花 5 000 美元购买一个等离子电视和一套家庭影院。她想要花掉自己的 9 000 美元储蓄存款中的一部分，并为剩余的金额进行融资，期望通过每月小额分期付款形式来还贷，金额不超过她兼职工作所挣的 400 美元。她如何能够得到低利率、月支付额低的贷款？

5. 在评估是否宣布个人破产时，你会考虑哪些因素？为什么个人破产是最后才采用的办法？

## 案例一            为苏的现代卓越车融资

在货比三家后，苏·华莱士决定选择一款二手的现代卓越车。经销商要价 8 000 美元。苏决定使用 2 000 美元的储蓄作为首付款，借款 6 000 美元。在苏准备寻找贷款融资后，销售人员将以上信息写在了苏的合同中。

当苏申请贷款时，和银行信贷工作人员就贷款条款进行了讨论。工作人员告诉她银行的借款政策是只能提供二手车总价格的 80％。苏向工作人员出示了销售合同，合同中表明她本人同意拿出 8 000 美元的 25％，即 2 000 美元作为该车的首付款，这使得她向银行的贷款可行。虽然银行希望就该二手车提供年度百分率为 15％的为期 48 个月的贷款，但是苏选择了 36 个月的还款计划。她认为自己可以支付相对较高的还款金额，并且她知道如果越快还完贷款，利息越低。银行工作人员给苏提供了一份《诚实借贷公开声明》的复印件，如下所示。

### 诚实借贷公开声明（贷款）

| 年度百分率 | 融资费 | 融资金额 | 总支付金额（36 个月） |
| --- | --- | --- | --- |
| 以年度比率为基础的贷款成本。 | 信贷花费的美元成本。 | 提供给你或你的授权人的信贷。 | 按计划如期还款一共支付的金额。 |
| 15％ | 1 487.64 美元 | 6 000.00 美元 | 7 487.64 美元 |

此时你有权要求获得所融资金额的详细记录。

□我需要详细记录     □我不需要详细记录

你的支付计划是：

| 支付次数 | 每次支付金额 | 支付到期日 |
| --- | --- | --- |
| 36 | 207.99 美元 | 每月 1 号 |

苏决定将这家银行提供的 APR 与另一家银行提供的进行比较，另一家银行（B 银行）20％的 APR 比第一家银行（A 银行）15％的 APR 更昂贵。如下是她将两家银行贷款进行比较的结果：

单元：美元

| | A 银行 15％APR | B 银行 20％APR |
| --- | --- | --- |
| 融资金额 | 6 000.00 | 6 000.00 |
| 融资费 | 1 487.64 | 2 027.28 |
| 总支付金额 | 7 487.64 | 8 027.28 |
| 每月支付金额 | 207.99 | 222.98 |

两家银行 5％的 APR 差异意味着如果苏选择第二家银行进行贷款，那么她每个月需要多支付 15 美元。所以，她选了第一家银行进行贷款。

**问题**

1. 所示的公开声明中哪项最重要？为什么？

2. 融资费都包括什么？

3. 苏将从银行收到多少钱？

4. 苏应该从 A 银行还是 B 银行贷款？为什么？

## 案例二

韦琦·洛可可（26岁）已经在自己的公寓里住了3年。她的储蓄状况良好，自己也感到比较满足，正在一步步地达到自己的理财目标。她的信用卡每月都能按时还款。为了完成401（k）计划，韦琦继续将超过自己工资10％的钱存起来，并且生活花费一直控制在预算内。在和蒂姆·赛博（28岁）约会了两年之后，韦琦终于和他订婚了，并打算在9个月后正式结婚。

因为他们想在接下来的两三年内买房，韦琦和蒂姆决定和提供抵押贷款的债权人见个面，研究他们能承担多少金额的抵押贷款，以及他们需要多少储蓄。抵押贷款债权人询问一些有关他们的理财问题，包括他们没有考虑到的问题。虽然韦琦觉得问题回答得不错，但是蒂姆被要求出示他的财务资金状况时却显得很紧张。他意识到实际上自己有很多不知道的债务。

韦琦和蒂姆的财务统计数据如下所示：

| 资产 | 收入 | 每月支出 |
|---|---|---|
| 支票账户＊10 500 美元（韦琦），4 000 美元（蒂姆） | 总收入 50 000 美元/年（韦琦），48 000 美元/年（蒂姆） | 租金 750 美元（韦琦），450 美元（蒂姆） |
| ＊包括应急基金 | 税后月收入 2 917 美元（韦琦），2 800 美元（蒂姆） | 食物 250 美元（韦琦），350 美元（蒂姆） |
| 车 2 500 美元（韦琦），15 000 美元（蒂姆） | **退休储蓄** | 学生贷款 250 美元 |
| 401(k) 余额 25 000 美元（韦琦），8 000 美元（蒂姆） | 401(k) 每月 500 美元，加上雇主支付工资的 7％ 的一半（韦琦），每月 400 美元，加上雇主支付工资的 8％ 的一半（蒂姆） | 信用卡支付 300 美元（蒂姆） |
| **负债** | | 娱乐 300 美元 |
| 学生贷款 9 000 美元 | | 结婚花费 500 美元 |
| 信用卡余额 10 000 美元（蒂姆） | | 天然气/修理费 350 美元（合计） |

### 问题

1. 请区分韦琦和蒂姆的贷款哪些是开放式信贷？哪些是封闭式信贷？

2. 请分别计算韦琦和蒂姆的债务支付—收入比。

3. 请分析韦琦和蒂姆的信贷 5C 原则。

4. 对于韦琦和蒂姆来说，取得信用报告的最好的方法是什么？

5. 他们是否存在贷款问题的警示信号？如果存在，都有哪些警示信号？

6. 他们应该如何应用你的个人理财规划表 15～你的个人理财规划表 17？

## 消费日记

"我敬佩每月能够还清贷款的人。"

### 指导

要想成功实现资金明智管理和长期财务安全稳定的目标，自己监督消费和信贷的使用的能力是先决条件。请使用本书后提供的消费日记表来分种类记录你所有的消费，一定要在表中记录所有的信用卡使用情况。消费日记表在本书后的附表 C 中，也可以在学生网站 www.mhhe.com/kdh 中找到。

**问题**

1. 请描述能显示你过度使用信贷的消费习惯。

2. 消费日记表怎样才能为更明智的信贷使用提供信息?

---

**你的个人理财规划表 15**

姓名: ＿＿＿＿＿＿＿＿＿＿＿＿＿＿＿＿ 日期: ＿＿＿＿＿＿＿＿＿＿＿＿＿＿＿＿

**消费信贷使用方式**

**理财规划活动:** 记录账户名、号码以及对当前消费贷款的支付。

**推荐网站:** www.finance-center.com www.ftc.gov

---

**汽车、教育、个人和分期贷款**

| 财务状况 | 账户号 | 当前余额 | 每月支付额 |
|---|---|---|---|
| ＿＿＿ | ＿＿＿ | ＿＿＿ | ＿＿＿ |
| ＿＿＿ | ＿＿＿ | ＿＿＿ | ＿＿＿ |
| ＿＿＿ | ＿＿＿ | ＿＿＿ | ＿＿＿ |
| ＿＿＿ | ＿＿＿ | ＿＿＿ | ＿＿＿ |

**记账账户和信用卡**

| | | | |
|---|---|---|---|
| ＿＿＿ | ＿＿＿ | ＿＿＿ | ＿＿＿ |
| ＿＿＿ | ＿＿＿ | ＿＿＿ | ＿＿＿ |
| ＿＿＿ | ＿＿＿ | ＿＿＿ | ＿＿＿ |
| ＿＿＿ | ＿＿＿ | ＿＿＿ | ＿＿＿ |

**其他贷款(透支保护、住房权益、人寿保险贷款)**

| | | | |
|---|---|---|---|
| ＿＿＿ | ＿＿＿ | ＿＿＿ | ＿＿＿ |
| ＿＿＿ | ＿＿＿ | ＿＿＿ | ＿＿＿ |
| | 合计 | ＿＿＿ | ＿＿＿ |

$$债务支付—收入比 = \frac{每月支付总额}{净收入(税后)}$$

**个人理财规划的下一步是什么?**

● 调查 3~4 人来了解他们对信贷的使用状况。

● 咨询若干受访者,了解他们第一次使用信贷是在什么时候。

## 你的个人理财规划表 16

姓名：_____  日期：_____

## 信用卡/记账账户的比较

**理财规划活动：** 分析信贷申请及其优势，与多家金融机构联系并获取以下信息。

**推荐网站：** www.bankrate.com　www.banx.com

| 信用卡/记账账户的种类 | | | |
|---|---|---|---|
| 公司/账户名 | | | |
| 地址/电话 | | | |
| 网址 | | | |
| 可以购买的种类 | | | |
| 年费（如果有） | | | |
| 年度百分率（*APR*）（计算利息的信息） | | | |
| 新的消费者信贷限制 | | | |
| 最低月支付额 | | | |
| **其他成本：**<br>信贷报告<br>延迟费<br>其他 | | | |
| 限制（年龄、最低年收入） | | | |
| 需要消费者考虑的其他信息 | | | |
| 经常飞行者奖励计划或消费积分 | | | |

### 个人理财规划的下一步是什么？

- 列出使用借记卡和贷记卡的优缺点。
- 联系一家当地的信用机构，取得其提供的服务及收取的费用的相关信息。

## 你的个人理财规划表 17

姓名：_____  日期：_____

## 消费信贷比较

**理财规划活动：** 联系或者拜访一家银行、信贷联盟和消费者理财公司，就某一具有明确目的的贷款取得相关信息。

**推荐网站：** www.eloan.com　www.centura.com

| 金融机构的类型 | | | |
|---|---|---|---|
| 名称 | | | |
| 地址 | | | |
| 电话 | | | |
| 网址 | | | |
| 首付款 | | | |
| 贷款期限（月） | | | |
| 需要的抵押物 | | | |
| 需要支付的金额（每月支付金额×月份数＋首付款） | | | |
| 理财费用/信贷成本合计 | | | |
| 年度百分率（APR） | | | |
| 其他成本<br>信用人寿保险<br>信用报告<br>其他 | | | |
| 是否需要担保人? | | | |
| 其他信息 | | | |

## 个人理财规划的下一步是什么?

● 询问几个消费者，他们如何比较不同金融机构之间的贷款。

● 对几个朋友或者亲戚进行调研，查看他们是否曾经担保过贷款。如果担保过，那么担保的结果是什么?

# 第6章　消费者购买决策和明智地购买汽车

## 自我测评

针对下面每一种购物行为，请圈出"同意"、"中立"或"反对"来表明你对该行为的态度。

1. 对我来说质量好至关重要。　　　　　　　　　　同意　中立　反对
2. 全国知名品牌对我来说最好。　　　　　　　　　同意　中立　反对
3. 打折商品我尽可能多的买。　　　　　　　　　　同意　中立　反对
4. 我应该对自己的购物行为有更好的计划。　　　　同意　中立　反对
5. 我有不断购买其商品的喜欢的品牌。　　　　　　同意　中立　反对
6. 低价产品通常是我的选择。　　　　　　　　　　同意　中立　反对

在完成本章学习后，请重新回答这些问题。

### 你的个人理财规划表

18. 消费者购买比较
19. 二手车购买比较
20. 买车还是租车

21. 法律服务成本的比较

## 目　标

在本章中，你将会学习到：

1. 识别有效的消费者购买的策略。
2. 实施消费者购买决策的步骤。
3. 描述解决消费者投诉的主要步骤。
4. 评估消费者可以采取的法律行动。

## 为什么这很重要？

在经济出现困难的时候，作出不明智购买决策的频率通常增加。很多人会不诚实地承诺他们会很快挣到钱，或者会很快还清债务。无计划地或者随意地购买东西无疑会阻碍你实现长期财务的稳定。如果你每周都有购买几美元东西的冲动，那么几年后你就会花费上千美元。许多明智的购买策略会帮助你避免陷入不该有的消费选择。

# 消费者购买活动

> **目标 1：** 识别有效的消费者购买的策略。

在作出日常消费决策时，需要在当前消费和储蓄之间作出选择。许多经济、社会以及个人性格等因素影响着日常消费的习惯，这些因素也是消费、储蓄、投资以及实现个人理财目标的基础。简单来说，如果想达到长期的财务稳定，就不要花掉你当前所有的钱。此外，过度消费也会导致滥用信贷和财务困难。

## 实际消费策略

比较购物就是考虑商店、品牌和价格的过程。相反，冲动购买就是无计划的消费，结果很可能导致财务出现问题。以下是一些常见的明智消费的技巧。

**购物时机**　有些东西会在每年的同一时间打折。如果在冬天过半之后去买冬装，或者在夏天过半之后去买夏装，就会看到打折的现象。许多人通过在 12 月末或者 1 月初购买降价的节日用品或者其他产品来省钱。

> **你知道吗？**
> 如下这些问题可以表明你是否存在购物的冲动：你是否有极强的欲望去买东西？你是否通过购物来改善心情？你的购物习惯是否伤害了你的人际关系？过度购物是否造成你的财务问题？

**商店选择**　选择特定零售商的决定会受到许多因素的影响，包括所处位置、价格、可选择的商品以及可提供的服务等。竞争和技术已经使零售业发生改变，出现了大型超市、专卖店和网上商店这样的形式。这种逐渐扩大的购物环境提供给消费者更多的选择、更低的价格以及更仔细进行购买决策的需要。

**品牌比较** 食品或者其他产品拥有很多品牌。一些全国性品牌的商品广告在很多商店里都会看到。由连锁店销售的商店品牌和自有品牌的商品可以作为一些著名品牌商品的低成本替代品。由于商店品牌商品一般也是由那些生产著名品牌商品的厂家生产的，因此能节省消费者很大一笔费用。利用一个或几个这种商品比较网站可以在选择过程中对你有所帮助。

**标签信息** 一些标签信息非常有用，不过有些标签信息仅仅是广告而已。联邦法律要求食品标签必须包含一些特定的信息。器械装置的标签要求包含操作成本的信息，以便可以帮助你选择最节能的样式。公开的保质期描述了易腐食品的保鲜期或保藏期，也应该在标签上注明。例如，"在 2009 年 5 月前使用"或"10 月 8 日后禁止出售"等字样应该出现在大多数杂货食品上。

**价格比较** 单位价格利用标准的计量单位来比较不同型号包装产品的价格。计算单位价格时，用所选商品的总价除以计量单位数，比如，盎司、磅、加仑、张或片（对于纸巾和面巾等）。然后比较不同型号、不同品牌以及不同商店的产品的单位价格。

## 例子

为了计算一种商品的单位价格，用总花费除以购买量。例如，一个 64 盎司的产品花费了 8.32 美元，计算方法如下：

单位价格＝8.32÷64

＝0.13 美元，或者每盎司 13 美分

对于明智的消费者来说，优惠券和打折券提供了以更低成本购物的机会。一个家庭如果通过使用优惠券每周能节省 8 美元，一年就可以节省 416 美元，五年下来就可以节省 2 080美元（不包括这些钱存入银行带来的利息）。网上优惠券可以从 www.coolsavings.com，www.centsoff.com 和 www.couponsurfer.com 上获得。打折是将产品价格的一部分退还给客户。

在比较价格时，请记住：

- 商店越是便利（地理位置、营业时间、销售人员等的便利），通常意味着价格越高。
- 方便商品的价格也较高。
- 通常来说，最好买大包装的商品；但请利用单位价格法比较成本。
- "促销"并不一定意味着省钱。
- 使用网上的资源可以节省时间。

图表 6—1 概括出了一些可以帮助你作出购买决定的小技巧。

**图表 6—1** 　　　　　　　　　　　明智的购物技巧：摘要

√ 比较类似产品的品牌，确定最符合你需求的品牌。

√ 根据价格、服务、产品质量以及退货权利等因素比较不同的商店和其他的网上资源。

√ 阅读并评价标签信息。

√ 使用优惠券购买日常用品或试用产品。

√ 利用标准单位定价比较不同大小的包装物。

√ 索取"留作下次继续使用的票根"，待未来购买暂缺货的广告促销商品。

√ 根据注明期限确定易腐烂产品的新鲜度和保藏期。

√ 利用各种消费性信息来源帮助你进行购物决策。

√ 考虑你购买的产品的营养价值和健康成分。

√ 评估并比较不同品牌的质量保证书。

√ 阅读产品测试报告，确定最安全、质量最好的产品。

√ 作出购买计划，以充分利用各种促销和特价销售活动。

√ 考虑评价不同选择和逛不同商店所花费的时间和精力。


## 担保

　　大多数商品都会有质量担保。**担保**是指制造商或分销商出具的书面证明，说明在什么样的情况下产品可以被退回、替换或维修。明示担保通常采用书面形式，由生产厂家或者销售商出具，共有两种形式：完全担保和有限担保。完全担保意味着瑕疵产品可以在一个合理的期限内被维修或者替换。

> **担保**：制造商或分销商出具的书面证明，说明在什么样的情况下产品可以被退回、替换或维修。

　　有限担保仅对产品的某些部分担保，如零部件，或要求购买者负担部分运输或维修费用。隐含担保包括没有以书面形式规定的产品的用途或其他基本知识。例如，隐含权利担保指消费者今后有权利出售这件产品。隐含商品性能担保保证了该产品适用于其目标用途：面包烤箱必须用于烤面包，音响用于播放 CD 或唱片。各个州对隐含担保的规定各不相同。

　　**二手车担保**　联邦贸易委员会（FTC）要求二手车具有买方购买指南，说明该车是否有质量担保，如果有担保，经销商提供什么样的担保；如果没有担保，销售的只是裸车，经销商默认对该车的任何维修不承担责任，口头的保证并不能算提供了担保。FTC 二手车规则并不适用于从私人车主处购买的车辆。

　　通常，二手车并没有一个明示担保，大多数只有隐含担保来维护二手车买主的利益。隐含性能担保意味着保证产品的常规使用，二手车的担保就是保证车辆能够行驶——至少行驶一小段距离。

> **你知道吗？**
> 　　当购买礼品或者家用产品时，如果在万村工艺品公司（www.10000villages.org）进行网上采购，会对工匠的生活有不同的影响。这个机构帮助工匠们赚取公平合理的工资，改善生活质量，更好地支付食物、教育、卫生保健和住房所需的费用。在美国和加拿大，有超过 150 个万村工艺品商店。

　　**新车担保**　新车担保提供给买方质量担保。这些担保在保修时间、英里数和车零部件方面不尽相同。新车担保的主要方面有：（1）基础部件的缺陷；（2）包括发动机、变速器和驱动系统在内的传动系统；（3）锈蚀担保，通常应用于因生锈而导致的洞，不包括表面的生锈。其他担保的重要条款主要侧重于关注担保是否可以传递给车的其他买家，以及支付的细节问题，如果有收费的细节，主要是关于一些主要维修的免赔额。

**服务合同**　服务合同是商家和消费者就支付产品维修费用问题达成的一项协议，通常叫做维修保险，并不是常规意义上的担保。对于某项费用来说，它为买方在维修时产生的费用损失进行担保。汽车服务合同中包含的是没有列在厂家担保条目中的相关维修事宜。服务合同涉及金额从 400 美元到多于 1 000 美元不等；但是，它们并不总是涵盖你期望的所有事项。这些合同一般都包括为发动机制冷系统工作失灵而上的保险；但有些合同规定，如果是由于过度加热引起的该系统失灵，则不提供保险。

服务合同由于涉及花费和排他选项，可能并不是一个理想的理财方法。对于可能产生的高额维修费，你可以留出一笔资金用于其支付，这样，如果需要维修汽车，资金随时可用，你就不必担忧了。这种方法可以看做"自助保险"。

> **关于担保的主要网站：**
> www.ftv.gov
> www.consumerauto-motiveresearch.com

> **服务合同：**商家和消费者就支付产品维修费用问题达成的一项协议。

## 基于研究的购买

购买决策应当基于特定决策程序作出，该程序包括四个阶段。

**第一阶段：购物前的准备活动**　以如下行为作为购买程序的开端：

- 明确目标，将重点放在购买活动上。
- 收集信息，从他人的购买经验中获益。

**第二阶段：评估替代方案**　针对每个决定，都要考虑多种选择：

- 对产品特点比较后作出属性评估。
- 价格分析应当包括对多个购买地点价格的考虑。
- 比较购买活动来评价购物的地理位置。

**第三阶段：选购商品**　在作出最后的决定时，应该有以下行动：

- 通过讨价还价争取更低的价格或提高品质。

> **关于网上购物比较的主要网站：**
> www.bizrate.com
> www.shopzilla.com
> www.pricegrabber.com
> www.pricescan.com

- 支付方式的选择，包括使用现金和不同的信贷计划。
- 估计可能出现的运输及安装费用。

**第四阶段：购买后的活动**　购物后，建议进行如下行动：

- 正确的维护和操作。
- 了解并比较售后服务。
- 解决购买后可能出现的问题。

### 概念检测 6—1

1. 消费者常购买的商品的品牌是什么？

2. 在什么情况下，比较价格可以帮助人们作出购买决策？

3. 服务合同与担保有什么不同？

4. 请将下列描述与各项担保进行搭配。将答案写在提供的空格处。

　　明示担保　　有限担保　　完全担保　　服务合同　　隐含担保

　　a. _____只对购买的产品的某些方面进行担保。

　　b. _____通常被认为是维修保险。

　　c. _____通常表现为书面形式。

　　d. _____包括产品的用途；其可能没有呈现在书面上。

　　e. _____在一段时间内保证对产品进行维修和替换。

**个人应用！**

**目标 1：** 针对品牌忠诚度进行一个调查。哪些产品是消费者品牌忠诚度最高的？哪些因素（如价格、地理位置、信息）可能影响他们选择其他品牌？

# 主要的消费者购买：购买汽车

　　如图表 6—2 所示，有效的购买步骤对于明智购买汽车很有帮助。

**图表 6—2**　　　　　　　　　　**基于研究的买车方法**

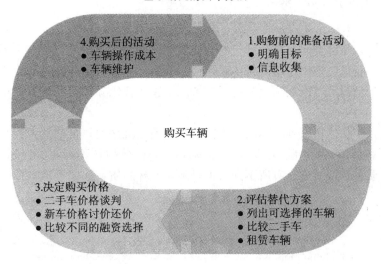

## 第一阶段：购物前的准备活动

<table>
<tr><td>目标 2：实施消费者购买决策的步骤。</td><td>　　首先请明确你的需求，了解产品的相关信息。这些活动是作出购买决策的基础，有利于帮助你实现自己的目标。</td></tr>
</table>

**明确目标**　作出有效的目标决定时首先应该有开明的态度。有的人总是热衷于一个品牌，但其他价格低一些的品牌商品也能满足他们的需求，或者价格相同、质量更高的其他品牌的商品。狭隘地看待问题是明确目标阶段的弱点。可能你认为你的问题是"我需要一辆车"，而实际上你的问题是"我需要解决交通问题"。

**信息收集**　信息就是力量，获得了更多的信息，你就能作出更好的选择。有些人几乎不花什么时间收集和评估购买信息。另一类极端表现是有些人用大量的时间去搜集消费者相关信息。对于明智购买来说，信息确实很重要，但是过度的信息也会令人疑惑和迷茫。以下的信息来源通常会对你有所帮助：

1. 个人接触能够让你了解到产品的性能、品牌质量和其他经销商的价格。

2. 商业组织提供广告、产品标签以及包装，这些包装提供商品价格、质量和可用性信息。

3. 媒体信息（电视、电台、报纸、杂志和网站）能提供有价值的有关购买建议的信息。

4. 独立的检测机构，如消费者联盟，每月在消费者报告中提供有关商品和服务质量的信息。

5. 政府机构（地方、州和联邦政府）可以向消费者提供公开出版物、免费电话、网站和社区项目等信息。

6. 网上资源提供了大量的产品信息和购物建议。

## 第二阶段：评估替代方案

每次购物时，你都会面临几种可行的选择方案。可以问问自己：推迟购买或者不买这件商品可以吗？我是应该用现金支付还是用信用卡支付呢？对不同商店的价格、质量和服务该如何比较？是否可以以租用代替购买？考虑了这些替代方案后一定有助于你作出更有效的购物决策。

研究指出，产品价格因种类不同而不同。对于照相机来说，价钱从不到 100 美元到超过 500 美元都有。100 片含量为 250 毫克的阿司匹林的价格从不到 1 美元到 3 美元不等。虽然照相机的质量和性能可能有所不同，但是阿司匹林的质量和数量确实是一样的。

### 你属于哪种消费者类型？

想要更清楚地了解你自己吗？请思考自己为什么买东西？《破产：为什么美国人无法存钱》（牛津大学出版社，25 美元）的作者斯图亚特·维斯在书中说："我们是什么样的人影响着我们如何消费。"

多伦多大学市场营销学教授迪利普·索曼说过，我们习惯于用财产来衡量自己，所以我们购物寻求的都是那些能提高自我形象和提升社会地位的东西。

探究身份是一个问题，索曼和维斯帮助

基普林格认识了另两类问题，可以用来证明自己是某种特定类型的消费者。你可以通过我们的测试来看一看自己是不是其中的一种或多种类型。

**过度自信的消费者**

1. 当你一天过得很糟糕时，购物是不是能让你感觉好很多？

2. 在完成一个很大的交易后是不是令你感觉热血沸腾？

3. 在你根本不需要任何东西时是否购物？

**购物瘾**

1. 在你买东西之前，是否在意钱是从哪里挣来的？

2. 你是否进行过大额的无意识的购物？

3. 你是否用信贷限额作为消费引导？

**身份探究者**

1. 你是否常拿自己的配饰与别人的相比？

2. 你是否拥有当下最潮流的东西？

3. 当你无法拥有别人拥有的东西时是否感到失落？

购物会让一些人对自己感觉好一些。维斯说，这些人常常用购物来弥补生活中的缺憾。一些购物成瘾的人经常把购物看做一种竞争，然后还用正在打折等理由使他们的消费看起来很合理。

**建议**：做些有益的事。寻找一些其他的活动，这些活动可以让你有成就感和自我价值感，而且不用花钱，例如，运动和志愿者活动。我们所有人都试图对未来抱有乐观心态。过度自信的消费者对于明天依旧很乐观。他们仅有一点甚至没有存款，如索曼所说，信贷限额不变时，他们也通常高估自己未来能赚取的金钱。

资料来源：Reprinted by permission from the November issue of *Kiplinger's Personal Finance*. Copyright © 2008 The Kiplinger Washington Editors, Inc.

1. 在本篇文章中提到的每一种消费类型的人群可能存在的缺点是什么？

_____

2. 对于上文描述的每一种类型的消费者，你会对其有什么建议？

_____

3. 你如何利用这些信息来改变你的消费观念和行为？

_____

许多人认为货比三家是在浪费时间。虽然在某些情况下这种看法是正确的，但当出现以下状况时，进行购物前的比较会给你带来很多收益：（1）购买昂贵和复杂的商品；（2）买一些你经常需要购买的商品；（3）货比三家并不难（利用广告、产品目录或网站）；（4）不同销售商提供不同的价格和服务；（5）产品质量和价格差别很大。

> **注意！** 每年，超过450 000人购买可以让仪表里程数回滚的二手车。根据国家高速公路交通安全管理局的报告，消费者为欺诈里程而平均支付2 336美元，这已经超过他们应该支付的金额。

关于二手车的主要网站：
www.dealernet.com

**买车选择** 汽车的自选装备可以分成以下三类：（1）可以改善性能的机械装置，例如，更大马力的发动机、变速器、动力转向装置、动力刹车器以及定速巡航系统；（2）提高方便性能的装置，包括电动坐椅、空调系统、立体音响系统、电动锁、后窗去雾系统以及有色玻璃；（3）可以增加车辆外观视觉美感的配置，如金属漆、特殊内饰和坐席。

**二手车比较**  二手车平均花费 1 万美元，低于新车的平均花费。常见的二手车车源包括：

- 新车经销商，能够提供最新车型并提供质量保证。价格通常比其他来源高。
- 二手车经销商，通常拥有的是旧一些的车辆。如果提供质量担保，也是有限担保。但是，价格比较低。
- 个人卖掉自己的车。如果车辆维护得较好，是值得进行讨价还价的，但是对这种个人销售的车辆，几乎没有消费者保护方面的规定。
- 拍卖行，以及销售曾被商业团体、车辆租赁公司和政府机构使用的车辆的经销商。
- 二手车超市，像卡迈仕公司，有很多二手车存货。

经过认证的二手车几乎和新车一样，有最初的制造商的质量担保。严格的检查和维修程序意味着这样的车肯定比普通二手车的价格要高。经过认证的二手车最初是为了满足对那些在供出租后又还回的低里程数车辆的需求。

二手车的外观不足为信。保养得很好的发动机可能安装在一个已经生锈的车辆内；一辆干净而又有光泽的车可能隐藏着很严重的操控问题。因此，必须进行如图表 6—3 所示的二手车检查。选择一个经过培训并值得信赖的技工帮助你检查车辆，评估一下潜在的维修成本。这项服务可以避免买车后因维修费用过高而吃惊。

**租车**  租赁是在固定的一段时间内，通常是三年、四年或者五年，每月支付使用车辆的费用而形成的合同协议。在租赁期结束时，车辆通常要归还汽车出租公司。

租车的优势有：(1) 只有一小部分钱需要支付，利于你的存款安全稳定，而买车需要一大笔钱进行支付；(2) 每月的租赁费用通常低于每月的融资费用；(3) 如果出于商业目的而租车，租赁协议能提供详细的记录；(4) 通常你可以得到一辆比较贵的车。

租车同样也有一些缺点：(1) 你无法享受拥有车的快感；(2) 你必须达到像申请信贷一样的要求；(3) 有可能会出现额外的花销，用来支付超出的里程、某些维修、提前换车，甚至将车辆开至其他州。

关于租赁的主要网站：
www.leasesource.com
www.leaseguide.com

租赁时，你可能在为经销商通过融资公司出售车辆而做准备。结果你需要知道实际的花费包括：

1. 资本化成本，即所买车辆的价格。车辆买主平均支付标价的 92% 购进车辆。平均的租车资本化成本为标价的 96%。

2. 资金因素，即为资本化成本而支付的利息。

3. 支付计划，即每月支付金额以及一共支付的次数。

4. 剩余价值，或者叫汽车在租赁到期时的期望价值。

在最后一次支付后，你可以还回、继续保留或者卖掉该车。如果当前市场价值高于车辆剩余价值，你可以通过卖掉车辆而赚取一定的利润。如果车的剩余价值低于市场价值（这种状况很常见），那么把车还给租赁公司是最好的选择。


## 第三阶段：决定购买价格

一旦你作出调查和评估，就可以进行其他活动和决策了。某些商品，比如，不动产或者汽车，购买时就需要在价格上做一番讨价还价。在其他购物状况下也可以利用讨价还价争取低价或者更多的特色。议价时有两个很重要的因素：（1）掌握所有关于产品和购物环境的必要信息；（2）与具有提供更低价格权利的人或能向你提供产品其他特性的人，比如，店主或商店经理进行谈判。

图表6—3 检查二手车

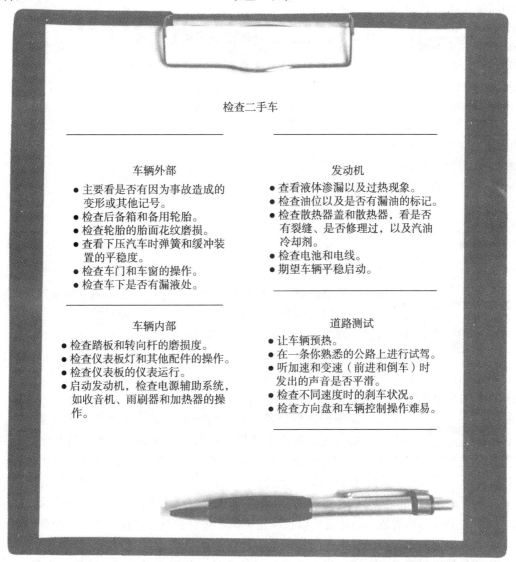

检查二手车

**车辆外部**
- 主要看是否有因为事故造成的变形或其他记号。
- 检查后备箱和备用轮胎。
- 检查轮胎的胎面花纹磨损。
- 查看下压汽车时弹簧和缓冲装置的平稳度。
- 检查车门和车窗的操作。
- 检查车下是否有漏液处。

**发动机**
- 查看液体渗漏以及过热现象。
- 检查油位以及是否有漏油的标记。
- 检查散热器盖和散热器，看是否有裂缝、是否修理过，以及汽油冷却剂。
- 检查电池和电线。
- 期望车辆平稳启动。

**车辆内部**
- 检查踏板和转向杆的磨损度。
- 检查仪表板灯和其他配件的操作。
- 检查仪表板的仪表运行。
- 启动发动机，检查电源辅助系统，如收音机、雨刷器和加热器的操作。

**道路测试**
- 让车辆预热。
- 在一条你熟悉的公路上进行试驾。
- 听加速和变速（前进和倒车）时发出的声音是否平滑。
- 检查不同速度时的刹车状况。
- 检查方向盘和车辆控制操作难易。

## 计 算

## 买车还是租车

利用下面的方式来比较买车和租车的成本。该分析涉及付款金额相当的两种情况。

| 购买成本 | 例子（美元） | 你的金额（美元） | 租赁成本 | 例子（美元） | 你的金额（美元） |
|---|---|---|---|---|---|
| 车辆总成本，含税（20 000 美元）首付款（或者全款支付总额） | 2 000 | _____ | 保证金（300 美元）每月支付租金：385 美元×36——租赁的月份数 | 13 860 | _____ |
| 每月贷款支付：385 美元×48——融资期的月份数（如果车辆没有贷款则此项为 0） | 18 480 | _____ | 保证金的机会成本：300 美元保证金×3 年×3% | 27 | _____ |
| 首付款的机会成本（或所付全款的机会成本）：2 000 美元×4 年（将该笔资金借出）×3% | 240 | _____ | 租期末的支付*（如果有） | 800 | _____ |
| 减去：在贷款期末或所有权终止时该车的估计价值 | −6 000 | _____ | 租车总成本 | 14 687 | _____ |
| 购买总成本 | 14 720 | _____ | | | |

* 如额外里程数的收费。

关于二手车价格的主要网站：
www.edmunds.com
www.kbb.com

**二手车价格协商**　首先查看报纸广告进行类似车辆的价格对比，决定一个你认为比较公平合理的价格。现在二手车价格的一些其他信息来源还有：埃德蒙二手车价格和凯利蓝皮书。

很多因素影响着二手车的价格。车辆已经行驶的公里数，以及车的功能和选项都影响着价格。行驶里程数低的车要比行驶里程数高的同类车价格高。车自身的情况和对该款车的需求等也对价格产生影响。

关于新车的主要网站：
www.edmunds.com
www.consumer reports.org

**新车的讨价还价**　新车价格信息的一个重要来源就是贴在新车上的价签，报出了零售建议价格。价签上呈现的价格还包括了额外的附加功能的价格，所以，通常经销商的要价，或者发票上的价格，是低于标价的。经销商成本和价签标出的价格之差就是议价的可行范围。议价空间对于整车和豪华车型来说很大；小型汽车通常就没有多大的议价空间了。关于经销商成本的信息可以在埃德蒙新车报价和消费者报告等来源中获得。

对于被设定固定价格的经销商来说，没有议价空间，无论成交与否，都以标价出售。买车服务是帮助消费者以合理价格购得某款车的交易，其提供者通常也叫做汽车经纪人，对于消费者所选车型，他们通常以高出经销商成本价 50 美元到 200 美元左右的价格销售。首先，汽车经纪人对你所选的车型的价格信息征收小额的费用。然后，如果你决定购买，汽车经纪人会安排你在离家比较近的经销商处购买。

为了避免对新车成交价格造成混乱，请在确定新车交易价格后再提及以旧换新的车辆。然后你可以询问经销商能为你的旧车支付多少钱。如果价格无法接受，那么不如自己将旧车卖掉。实际的谈判对话可能会像这样：

消费者："这车我最高出价15 600美元。"

汽车销售人员："让我跟经理联系一下吧。"回来后，说："经理说这车我们最低只能卖16 200美元。"

消费者（此刻应该要离开）："我只能给15 650美元。"

汽车销售人员："我们正好有您想要的车，现在就可以看，15 700美元怎么样？"

如果消费者同意，经销商得到了比消费者最高出价多100美元的价格。

在销售技巧方面，你应该避免的问题包括：

- 向顾客虚报低价，开始要价很低，最后将附加的费用包括进来。
- 向顾客虚报高价，对换购的旧车辆给出一个高价，然后把高出的价格加在新车的价格里。
- 除了问消费者"每月您可以支付多少钱"外，还应该问可以支付多少个月。
- 预留车仅需要支付一小部分订金。除非你准备好买车，或者愿意损失这部分钱，否则绝对不要缴纳订金。
- 不切实际的表达，像"你的价格只高出我们成本 100 美元"。通常来说，隐藏的成本已经被加在经销商的成本之中了。
- 销售协议中有预先写好的金额，删去你认为购买中不合理的数字。

**比较融资选择**　你可能会用现金支付，但大多数人利用信贷买车。银行、信贷联盟、消费者融资公司和一些其他的金融机构会提供汽车贷款。许多债权人会事先默认你使用特定的贷款金额，使得你的贷款和买车的议价相分离。等到新车价格确定了，你才可以表明你要使用经销商的信贷计划。

最低的利率或者最低支付额并不一定意味着是最好的信贷计划，还要考虑支付的期限。此外，在两三年后，该车的价值可能低于你所欠的钱；这种状况通常被称做颠倒或负资产净值。如果你拖欠贷款或者此时将车卖掉，还需支付差额金。

汽车制造商常常提供低利息贷款。它们可能会同时提供折扣，让消费者选择是接受折扣还是低利息贷款。认真比较打折和低利息贷款。特殊的折扣有时只面向学生、教师、信贷联盟成员、不动产机构和其他群体。

## 第四阶段：购买后的活动

关于伪劣商品赔偿法的主要网站：
www.lemonlaw-america.com

一些购买还涉及维护和拥有成本。正确地使用物品能够提高物品的性能，减少维修次数。当你需要进行的维修不在保修范围时，请根据类似购买时的步骤进行选择：调查、评估，并就各种服务方案进行选择。

过去，当新车出现严重问题并且保修无法解决这个难题时，消费者缺少一些行动。结果是，所有 50 个州和哥伦比亚地区颁布了《伪劣商品赔偿法》，规定在消费者多次作出努力要求取得维修服务时，可以要求退换车辆。该法律应用在以下情形中：当消费者针对同一问题四次要求解决，或者当该车处在超过 30 天保修期而在购买 12 月的期限以内，或者前 12 000 英里。各个州法律对此的规定各不相同。

**汽车运行成本**　在你的一生中，预期会在与汽车相关的消费中花费超过 20 万美元。你的驾驶成本主要取决于两点：汽车的大小和你行驶的里程。这些成本包括以下两类：

| 固定的所有权成本 | 可变运营成本 |
|---|---|
| 折旧 | 汽油和其他机油 |
| 汽车贷款的利息 | 轮胎 |
| 保险 | 保养和维修费用 |
| 牌照、注册、税收及其他费用 | 停车与养路费 |

新车最大的固定支出费用是折旧，是由于时间和使用令车的价值发生的损失。因为折旧并不涉及现金支出，所以许多人并不认为折旧是一项花费，但是汽车的折旧的确是汽车所有人发生的一项成本。保养得好的汽车和像宝马、雷克萨斯一样的高质量、昂贵的车型折旧率比较低。

汽油、机油以及轮胎等成本随着汽车驾驶里程数的增加而增加。如果你的驾驶里程数比较稳定，那么这些费用就比较容易预先做好计划。但是意料之外的旅程会增加这种成本。

**汽车维护**　那些为生计而出售、维修或驾驶汽车的人非常重视汽车的日常保养。虽然车主手册和文章提供了进行某些保养的里程数或时间，但经常更换机油或调整性能可以减少大型维修的次数，并延长汽车的寿命。图表 6—4 给出了一些关于汽车保养的可供考虑的建议。

**图表 6—4**　　　　　　　　　正确维护以延长汽车的使用寿命

- 经常更换机油（每 3 个月或每 3 000 英里）。
- 检查各种装置（刹车、动力转向系统、传送系统）。
- 检查软管和安全带的磨损情况。
- 每行驶 12 000 英里～15 000 英里就调整发动机（新的火花塞、油料过滤器、空气过滤器）。
- 检查并清洗电池电缆、终端。
- 每行驶 50 000 英里就检查火花塞。
- 每行驶 25 000 英里就冲洗散热器和维护装置。
- 保证车灯、转向灯、喇叭的正常工作。
- 检查消音器和排气管。
- 检查轮胎的磨损程度，每 7 500 英里就更换轮胎。
- 检查刹车状况。

**汽车服务机构**　下列机构提供汽车的保养和维修服务。

- 汽车经销商的服务部门提供广泛的汽车保养服务。汽车经销商收取的费用可能高于其他维修机构的费用。

- 服务站可以为日常保养和维修提供便捷性服务和收取合理的价格。但是全能型服务站最近几年数量下降很多。
- 独立汽车维修店能以极具竞争力的价格为你的汽车提供服务。可能的原因是像以往的顾客描述的那样，这些维修店的质量参差不齐。
- 大宗商品零售商，如希尔斯公司、沃尔玛公司等，可能更偏向于轮胎和电池的销售，以及更换刹车、更换机油并调整发动机等。
- 专业商店提供安装刹车、轮胎、自动传送器以及更换机油等服务，并且价格合理，服务迅捷。

为了避免不必要的花费，要警惕如图表 6—5 所列出的常见的维修欺骗行为。请记住要和声誉较好的汽车服务机构打交道。一定要预先索取书面的详细费用预测，服务结束后索要详细的费用收据。目前关于消费者问题的研究都将汽车维修列为诈骗最频繁的消费领域。很多人为了避免麻烦，最小化成本，选择自己修理和保养汽车。

**图表 6—5**　　　　　　　　　**常见的汽车维修欺骗行为**

大多数汽车服务机构都是诚实公正的，但有时消费者会陷入以下陷阱中，白白浪费金钱：

- 检查机油时，服务员把量油器调整到一半的位置，让你误以为需要加油了。
- 服务人员会割断风扇皮带或软管，当检查你的引擎盖下的设备时要紧紧盯住他。
- 某车库的员工把一些液体撒到电池上，试图让你相信电池漏了，需要更换新电池。
- 把轮胎里的气放掉，而不是充气，会使没有经验的司机相信要购买新轮胎，或对完好无损的轮胎补胎。
- 服务员把油污撒到减震器上或地上，然后告诉你减震器坏了，需要换新的机器。
- 散热器清洗剂只加了一加仑却收两加仑的钱。

避免欺骗性的维修伎俩的最好办法就是选择信誉好的服务商，而且具备汽车的基本知识。

## 概念检测 6—2

1. 消费者信息的主要来源有哪些？

_____

2. 在购买二手车时，应采取哪些适当的行动？

_____

3. 什么时候租车合适？

_____

4. 什么样的保养行为会减少汽车的寿命？

_____

5. 以下缩写出现在销售二手车的广告中，请解释这些缩写词汇。

AC _____　　　　　　　pwr mrrs _____

ABS _____　　　　　　　P/S _____

## 个人应用！

**目标 2**：比较不同汽车服务机构给出的电池、调整发动机、更换机油以及轮胎的价格。

# 解决消费者投诉

**目标 3**：描述解决消费者投诉的主要步骤。

大多数消费者投诉是由于购买的产品有瑕疵、产品质量差、产品寿命短、产品有额外的支出、虚假报价以及修理不完善。联邦消费者联合会统计发现，每年这些欺骗性的商业行为给消费者带来的损失巨大，电话推销和邮购给消费者带来的损失达到 100 亿美元～400 亿美元，信用卡诈骗带来的损失有 30 亿美元，投资诈骗带来的损失有 100 亿美元。此外，消费者也会在其他一些方面遇到问题，如汽车、邮购、在家里工作的机会、干洗、旅行服务、订阅杂志、比赛和彩票抽奖等。

人们都不希望在购买商品时遇到问题，但是需要做好遇到问题的准备。图表 6—6 列出了解决彼此分歧的步骤。为了确保胜利，请保留收据的存根、你接洽的人的名字、尝试维修的日期、你所写信件的复印件以及发生的各项成本。汽车所有者保留详细的购买汽油、更换机油以及维修的记录和单据，即使当争议发生时，也能得到应有的维修服务，以及得到汽车缺陷的赔款。

**图表 6—6**             **解决消费者投诉的步骤建议**

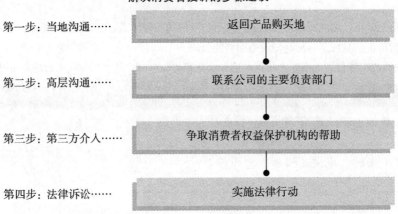

第一步：当地沟通……　　返回产品购买地

第二步：高层沟通……　　联系公司的主要负责部门

第三步：第三方介入……　　争取消费者权益保护机构的帮助

第四步：法律诉讼……　　实施法律行动

## 第一步：返回购买地点

关于公司地址信息的主要网站：
www. consumeraction.
gov

大多数消费者的投诉都在最初的购货地点得到解决。当你同销售人员、客服人员，或者商店经理谈话时，要避免大喊大叫、威胁要上诉，或者提出不合理的要求。总之，冷静、理性以及坚持的态度才可取。

## 第二步：联系公司高层

如果问题没有在当地的商店得以解决，那么你可以向公司层面表达你的不满，可以使用如图表6—7所示的信件或邮件，关于公司的地址你可以在 www. consumeraction. gov 网站或者图书馆参考书目中获得。公司网站通常提供了联系信息。拨打1-800-555-1212可以查询公司专门为消费者开设的免费热线，也有一些公司将免费热线电话和网址信息印在产品包装上。

> **你知道吗？**
> 由皮尤互联网和美国生活项目作出的一项调查报告显示，美国学生中有2/3进行过网上购物，75%对提供财务和个人信息表示担忧。

## 第三步：争取消费者权益保护机构的帮助

> **调解：** 公平的第三方通过磋商和谈判的方式来解决消费者和商家之间的冲突的尝试。

> **仲裁：** 引入第三方解决争端，且决定具有法律约束力。

如果你没有从商家那里得到满意的答复，可以向有关机构寻求帮助以解决有关汽车、设备、卫生保健以及其他消费者担忧的问题。**调解**是引入第三方来解决争端。在调解中，公平的调解员将努力通过磋商和谈判的方式来解决消费者和商家之间的冲突。调解是一个不受程序约束的过程，和其他争端解决方式相比，调解能够节约时间和成本。

**仲裁**同样通过引入第三方来解决争端，但是和调解有所不同，其引入了仲裁员，仲裁员的决定具有法律约束力。当双方同意仲裁后，分别向仲裁员提出自己的理由。仲裁员都是经过选拔的志愿者，并为达到仲裁的目的而经过专业训练。大多数大的汽车制造商和许多工业组织都有自己的仲裁机构，来解决消费者的投诉。

> **注意！** 不知不觉中，很多消费者会在含有规定仲裁作为争端解决方法的条款的合同上签字。结果消费者将面临多种风险，包括不同于陪审团制度的规定、支付给仲裁员的高额成本和由被告选择仲裁员。

庞大的政府机构网络可以帮助消费者维护权益。对当地的饭店或食品店的投诉可以交给城市或县里的卫生机构来处理。每个州都有专门的机构来处理涉及虚假广告、商业欺诈、银行、保险公司和公共事业费率的问题。联邦机构也能够帮助消费者解决一些他们担忧的问题（详见附录B）。

> **关于消费者担忧问题的主要网站：**
> www. consumer. gov
> www. complaints. com
> www. bbbonline. org/consumer/complaint. asp

## 第四步：实施法律措施

下一部分内容介绍了多种解决消费者争端的法律措施。

**图表 6—7**　　　　　　　　　　　　　**投诉信或邮件模板**

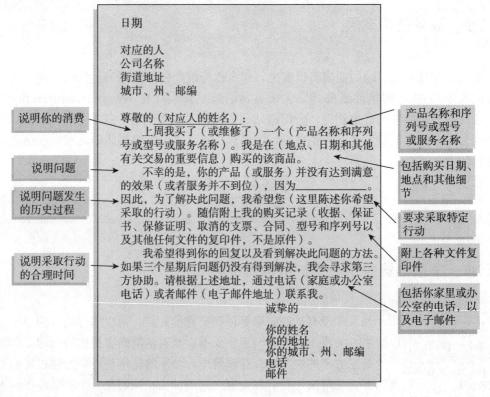

说明你的消费

说明问题

说明问题发生
的历史过程

说明采取行动
的合理时间

日期

对应的人
公司名称
街道地址
城市、州、邮编

尊敬的（对应人的姓名）：
　　上周我买了（或维修了）一个（产品名称和序列
号或型号或服务名称）。我是在（地点、日期和其他
有关交易的重要信息）购买的该商品。
　　不幸的是，你的产品（或服务）并没有达到满意
的效果（或者服务并不到位），因为_____。
　　因此，为了解决此问题，我希望您（这里陈述你希望
采取的行动）。随信附上我的购买记录（收据、保证
书、保修证明、取消的支票、合同、型号和序列号以
及其他任何文件的复印件，不是原件）。
　　我希望得到你的回复以及看到解决此问题的方法。
如果三个星期后问题仍没有得到解决，我会寻求第三
方协助。请根据上述地址，通过电话（家庭或办公室
电话）或者邮件（电子邮件地址）联系我。
　　　　　　　　　　　诚挚的
　　　　　　　　　　　你的姓名
　　　　　　　　　　　你的地址
　　　　　　　　　　　你的城市、州、邮编
　　　　　　　　　　　电话
　　　　　　　　　　　邮件

产品名称和序
列号或型号
或服务名称

包括购买日期、
地点和其他细
节

要求采取特定
行动

附上各种文件复
印件

包括你家里或办
公室的电话，以
及电子邮件

注：保存你的信件以及相关文件和信息的副本。
资料来源：Consumer's Resource Handbook（www. pueblo. gsa. gov）.

## 概念检测 6—3

1. 引发消费者争端和投诉的主要原因有哪些？

_____

_____

2. 如何解决大多数消费者的投诉？

_____

_____

3. 仲裁和调解有什么不同？

_____

_____

## 个人应用！

**目标 3：** 进行网上调查，确定消费者投诉最频繁的来源是什么。

# 消费者可采取的法律手段

如果之前的措施无法解决你的投诉，以下方法可能会适合你。

目标4：评估消费者可以采取的法律行动。

## 小额赔偿法庭

**小额赔偿法庭**：受理小于固定金额的法律争端，受理过程中诉讼人一般不动用律师。

在小额赔偿法庭中，你可以提出小于固定美元金额限制的索赔。最高限额各个州之间并不相同，从500美元到10 000美元不等，大多数州将金额限制在1 500美元到3 000美元之间。虽然在很多州小额赔偿法庭允许律师出席，但是这个过程并不需要律师的参与。为了更有效地利用小额赔偿法庭，专家给出如下建议：

- 熟悉法律程序和上诉费用（通常在5美元到50美元之间）。
- 通过观察其他案例来更多地了解相关程序。
- 以礼貌、平静、简明的方式陈述你的案件。
- 提供照片、合同、收据以及其他文件等证据。
- 利用有利于你的证人。

## 集体诉讼

**集体诉讼**：几个人代表所有遭受不公平待遇的人采取的法律行动。

有时，一部分人的诉讼内容相同。**集体诉讼**是几个人代表所有遭受不公平待遇的人采取的法律行动。这些人由一个或者多个律师代表其出面。一旦某种情况满足集体诉讼条件，那么所有受到影响的人均需得到起诉的通知。人们可以决定不参加集体诉讼而进行单独诉讼。最近的集体诉讼案件包括汽车销售商卖给车主不需要的汽车替代零件，以及一些投资者起诉开户的经纪公司等案例，由于该经纪公司在未被授权的情况下擅自替客户做买卖交易，导致客户缴纳高昂的手续费。

> **你知道吗？**
> 集体诉讼费用会很昂贵。德克斯特·J·凯米乐维茨在赢回2.19美元后，他在抵押托管账户上发现了一项91.33美元的杂项扣费，这笔费用是他参与的一场获胜的集体诉讼案件的律师费，但他并不知情。

## 个人理财实践

### 它合法吗？

下面的情景是消费者常遇到的问题。当你分别遇到每种情况时，你会如何对待？

1. 一家商店给洗发水打出的广告是"原价 1.79 美元，现折扣价为 99 美分"。如果该商店从未以 1.79 美元的价格出售这款洗发水，而制造商的指导价格为 1.79 美元，这是否为一个合法的价格比较？

2. 你以 650 美元的价格购买了一套音响设备。两天后，该家商店将这套音响设备的售价改为 425 美元，这样做合法吗？

3. 你在信箱内收到未订购的花籽，但你决定把它们种下去，看是否会在你的花园中生长。几天后，你收到了这些花籽的账单，你是否要为这些花籽买单？

4. 一家商店在窗户上贴出"店面关闭，所有商品打折出售"的字样。6 个月后，这个标志还在那里。这是否是欺诈性的商业行为？

5. 一个 16 岁的孩子在当地公园玩球时手受伤了，被送往医院接受治疗。父母拒绝支付医疗费，因为他们觉得并不需要该医疗服务。孩子的父母是否有责任支付医药费？

6. 你给一个朋友买了一件 T 恤，但是并不合身。当你想向商店退货时，店家只能提供换货服务，因为商店规定不能退还现金。这合法吗？

7. 汽车制造商拒绝对一辆仍在保修期内的车辆进行维修。制造商提供了该车辆是由于违规操作造成的损坏的证据，如果这是事实，制造商是否还需遵守质保的要求？

8. 一个商店的员工在给商品标价时犯了错误，结果标价低于实际应售价格。商店是否必须要按照标出的较低价格出售商品？

　　各种具体情况、对法律的诠释、商店的规定，以及州和当地法律都会影响以上情况的结果。一般来说，上述问题答案为否定的有 1、3、7 和 8；答案为肯定的有 2、4、5 和 6。

## 聘请律师

　　在某些情况下，你可能需要聘请律师。通常的方法是朋友帮你推荐，或者通过广告以及美国律师协会的当地分支机构来寻找律师。

> **法律援助协会**：由公众资助的、为没有能力聘请律师的人提供法律援助的社区法律办公室网络。

　　通常来说，简单的法律案件像小额赔偿法庭案例、租房，或者在一起小交通事故中维护自己的利益等，不需要向律师寻求帮助。但在一些复杂的案例中，如立遗嘱、购买不动产，或就某种伤害而起诉等，很可能就需要寻找律师来帮助解决。

　　在选择律师时，可能需要考虑几个问题：这个律师是否在你涉及的案件类型中有丰富的经验？律师费是按固定费用收取的，还是按小时收取的，或者是按临时支出费用收取的？前期咨询是否收费？你需要在何时以何种方式支付费用？

## 其他法律措施

　　法律服务成本很高。**法律援助协会**是由公众资助的、为没有能力聘请律师的人提供法律援助的社区法律办公室网络。这些社区机构以最低的成本或免费提供法律协助。

关于法律问题的主要网站：
www. nolo. com
www. smallclaimscourt.com

预付法律服务收取固定的费用，为你提供无限制的法律援助，或允许法律服务的费用递减。有些项目会提供一些基本服务，如电话咨询和准备简单遗嘱等，收取的是年费。预付法律服务是为防止一些小麻烦变成复杂的法律问题而设置的。

## 概念检测 6—4

1. 什么情况下小额赔偿法庭和集体诉讼会起到作用？

_____

_____

2. 请描述在何种情况下你会聘请律师？

_____

_____

3. 针对下列情况，请选择你认为应该采取的最合适的法律措施。

a. _____一名低收入者需要聘请律师进行产品责任的诉讼。

b. _____一个人想取回储存在餐饮服务处的 150 美元。

c. _____一名消费者想在庭外使用合法第三方解决一场争端。

d. _____一群消费者在过去的 22 个月中，每月被多征收 1.10 美元的电话费。

## 个人应用！

**目标 4：** 对曾进行过消费者投诉的某人进行采访。起诉的原因是什么？采取了什么措施？该诉讼是否以满意的方式解决了？

### 自我测评回顾

请重新考虑本章开始处的"自我测评"栏中的测试问题。通过以下方式作出更好的日常消费选择：

- 和有购物经验的人交谈，如朋友、亲戚或者其他人等，向他们学习节省时间和金钱的购物习惯或小窍门。
- 阅读附录 B 以了解更多有关消费者信息的来源，咨询政府机构和组织，帮助你作出购买决策，避免潜在的消费问题发生。
- 避免成为众多欺骗消费者案例中的受害者，这些骗术很高超。
- 在网络上搜索并学习有关小额赔偿法庭的相关程序，以及你所在州内其他消费者可采取的合法措施。

通过本章的学习，在进行重要购买决策时，哪些内容可以帮助你作出更明智的选择？

## 本章小结

**目标 1** 常见的有效购买策略包括选择购物时间、比较商店和品牌、利用价签信息计算单位价格以及评价保证书等。

**目标 2** 消费者以调研为基础的购买方式包括：（1）购物前准备，如识别问题和收集信息等；（2）评估各项选择；（3）决定购买价格；（4）购买后活动，如合规的操作和正确的维护等。

**目标 3** 大多数消费者问题可以通过如下步骤解决：（1）回到购买地；（2）联系公司的主要负责部门；（3）寻求消费者权益保护机构的协助；（4）采取法律行动。

**目标 4** 如果消费者遇到的问题与有关企业沟通后，或者通过消费者保护协会无法解决，则可以通过小额赔偿法庭、集体诉讼、律师服务、法律援助协会和预付法律服务等法律途径来解决。

## 关键词

| 仲裁 | 调解 | 小额赔偿法庭 | 集体诉讼 |
|------|------|------------|---------|
| 服务合同 | 担保 | 法律援助协会 | |

## 自测题

1. 用信用卡买了一件物品，首付款为 60 美元，余款每月支付 70 美元，期限为 36 个月。该商品的总成本是多少？

2. 一份食品重 32 盎司，花费了 1.76 美元，该产品的单位成本是多少？

## 自测题答案

1. 36×70＝2 520 美元，加上首付款 60 美元，总成本为 2 580 美元。

2. 1.76÷32＝5.5 美分/盎司。

## 练习题

1. 一家网上购物俱乐部会员资格价为 175 美元，如果成为会员，对于你所购买的所有品牌的商品均享受 10% 的折扣。那么你需要消费多少金额才能弥补成为会员的成本？

2. 约翰·沃特斯想比较贷款购买商品和用现金购买商品的成本。如果约翰的首付款为 60 美元，之后每月支付 32 美元，付款期为 24 个月，那么这样比支付 685 美元现金超出多少金额？

3. 请计算下列物品的单位价格：
   a. 车用机油——1.95 美元 2.5 夸脱　　　　　　_____ 美分/夸脱
   b. 谷物——15 盎司 2.17 美元　　　　　　_____ 美分/盎司
   c. 水果罐头——13 盎司 89 美分　　　　　　_____ 美分/盎司
   d. 面巾纸——300 张 2.25 美元　　　　　　_____ 美分/100 张

4. 一项电视投像摄影系统的服务合同每年花费 120 美元。你期望该系统可以使用 5 年。如果你没有购买这项服务合同，而将这笔每年支付的费用存起来，利率为 4%，那么 5 年后这些钱的未来价值是多少？

5. 有一个在家工作的机会，你将赚取该公司消费者消费额的 3% 作为回报。你的加盟费为 840 美元，那么你的消费者需要购买多少金额的商品才能弥补你的加盟费？

6. 如果一个微波炉价值 159 美元，每年能为你节约时间和食物的价值为 68 美元，那么这项消费的现值为多少？假设 5 年期储蓄的年均收益率为 4%。（提示：计算每年储蓄额的现值，然后减去微波炉的成本。）

7. 如果某人通过使用优惠券和比较购物法每月节省 63 美元，那么（a）一年会节省多少钱？（b）10 年后这笔年金的未来价值是多少？假设利率为 4%。

8. 基于财务成本和机会成本，以下两种选择你认为哪种更为明智？

车辆 1：该车行驶了 45 000 英里，使用了 3 年，成本是 6 700 美元，直接维修费为 385 美元。

车辆 2：该车行驶了 62 000 英里，使用了 5 年，成本是 4 500 美元，直接维修费为 760 美元。

9. 请基于以下数据，就一辆现金价为 24 000 美元的车辆进行购买和租赁的财务比较：

首付款（贷款买车），4 000 美元  租车首付款，1 200 美元

每月支付贷款，560 美元  每月支付租金，440 美元

贷款期限，48 个月  租用期，48 个月

贷款末期的汽车价值，7 200 美元  租期末缴费，600 美元

在选择究竟是买车还是租车时，人们还应该考虑哪些因素？

10. 请使用以下数据，计算 a、b 两个问题：

年折旧额，2 500 美元  年行驶里程，13 200

当期贷款利息，650 美元  每加仑汽油可行驶距离，24 英里

保险，680 美元  牌照和注册费，65 美元

汽油平均价格，2.1 美元/加仑  汽油更换/修理费用，370 美元

停车费/养路费，420 美元

a. 汽车每年运行总成本。

b. 每英里的运行成本。

11. 请根据以下数据计算买车和租车的成本。

购买成本  租赁成本

首付款，1 500 美元  抵押存款，500 美元

支付贷款，450 美元，48 个月  支付租金，450 美元，36 个月

预估贷款末期的汽车价值，4 000 美元  租期末缴费，600 美元

机会成本利率，4%

12. 在一起集体诉讼案件争端解决中，被告的一家公用事业公司被要求向 62 000 名消费者支付 120 万美元。如果 300 000 美元法律费用需要从这笔费用中扣除，那么每名原告最后可以拿到多少钱？

## 问答题

1. 请描述如何利用广告、新闻、网上资源和个人观察来进行明智的购买决策？
2. 当你使用本章描述的以研究为基础的购买方式时，你认为哪种行为被购物者忽视了？
3. 在先租后买的业务中购买家具、器械或者其他商品时，潜在的担忧是什么？
4. 什么是"认证二手车"？购买此类商品的优点和缺点是什么？
5. 在评估和比较汽车价格时，你推荐购买者采取哪些行动？

## 案例一

### 网上买车

麦肯奇轻轻一点鼠标，就进入了网上展厅。在过去的几个月里，她发现自己的这辆用了 11 年的车的维修成本在逐渐增加。现在她认为是时候在网上买一辆新车了，并决定在网上首先浏览小型和中型的运动型多功能车（SUV）。

朋友建议麦肯奇多看看几种型号的车辆，也提醒她有多家汽车制造商可以提供比较车型。

在麦肯奇网上买车的过程中，下一步她要做的就是比较价格。通过在网上查看更多的信息，她也得到了多方报价。随后，她准备了一份有关网上买车经验的介绍。

| 网上买车步骤 | 在线活动 | 访问网站 |
|---|---|---|
| 收集信息 | 查看符合需求的汽车型号和选择<br>评估使用费用及安全性能 | http：//autos.msn.com<br>www.consumerreports.org<br>www.caranddriver.com<br>www.motortrend.com |
| 价格比较 | 确定具体的构造、型号及所需的性能<br>在你所在区域选取价格和可行性合理的商家 | www.autosite.com<br>www.edmunds.com<br>www.kbb.com<br>www.nada.com |
| 完成购买 | 进行支付或确定贷款计划<br>亲自检查车辆<br>安排送货 | www.autobytel.com<br>www.autonation.com<br>www.autoweb.com<br>www.carsdirect.com |

　　麦肯奇的下一步就是做最后决定。在选好计划购买的汽车型号后，她最终在网上完成购买并决定让当地一家经销商送货。

　　近年来，仅有不到5％的汽车购买者实际通过网络买车。虽然这个数量在增长，但是买车方面的专家还是强烈建议在送货前亲自检查所购车辆。

**问题**

1. 在麦肯奇的经历中，你认为在网上买车的优点和缺点是什么？
2. 在麦肯奇买车前，她还应该有哪些行动？
3. 你认为在网上购买汽车或者其他商品有哪些优点和缺点？

## 案例二

　　韦琦·洛可可（26 岁）和蒂姆·赛博（28 岁）正在为他们两个月后的婚礼做准备。除了研究婚礼计划外，他们还一直在讨论结婚后彼此将带来的东西。当然，他们需要给蒂姆的高尔夫俱乐部和韦琦的健身器材留出空间，但是韦琦的有划痕的咖啡桌和蒂姆的塌陷的沙发可能需要被换掉。

　　另一件需要更换的物品是韦琦的车，这辆旧车经常出问题，马上就需要换新刹车了，并且还可能有其他需要维修之处。他们最后还是想买一套离蒂姆工作近的房子，但不幸的是，这里离韦琦工作的地方比较远。因此，在考虑其他搬家问题之前，他们决定给韦琦买一辆新车。由于过去几年油价波动很大，所以他们想买一辆耗油低的车，安全性也至关重要。

　　像给韦琦购买车的渴望一样强烈，这对夫妇也非常希望在接下来的几年中实现他们长期的梦想，就是买一套房。所以，他们决定不买新车，而是买一辆使用过 3～4 年的二手车。

　　韦琦和蒂姆的财务状态统计如下：

| 资产 | 收入 | 退休储蓄 |
|---|---|---|
| 支票账户*12 500 美元（韦琦），<br>5 200 美元（蒂姆）<br>*包括应急基金<br>车 2 000 美元（韦琦），<br>14 000 美元（蒂姆）<br>401(k)余额 28 000 美元（韦琦）， | 总收入 50 000 美元/年（韦琦），<br>50 000 美元/年（蒂姆）<br>每月税后收入 2 917 美元<br>（蒂姆），2 917 美元（韦琦） | 401(k)每月 500 美元，加雇主支付工资的 7％的一半（韦琦），<br>每月 417 美元，加雇主支付工资的 8％的一半（蒂姆） |

12 000 美元（蒂姆）

**每月支出**

租金 750 美元（韦琦），450 美元（蒂姆）　　娱乐 300 美元

**负债**

食物 250 美元（韦琦），350 美元（蒂姆）　　婚礼花费 500 美元

助学贷款 8 000 美元　　　助学贷款 250 美元　　　汽油/维修费 450 美元（合计）

信用卡余额 8 200 美元（蒂姆）　信用卡付款 500 美元（蒂姆）

**问题**

1. 该夫妇需要采用何种策略来研究并购买大件商品，如家具或者给韦琦的车？
2. 他们应该花多少钱买车？
3. 购买这辆车的实际成本是多少？
4. 他们该如何使用你的个人理财规划表 18？

## 消费日记

"记录消费日记可以帮助我抑制冲动性消费。当我写下每笔消费时，会让我对消费更理性。现在我可以将更多的钱储蓄起来。"

**指导**

开始（或者继续）你的消费日记或者用你自己的方式记录并监督各种各样的消费。大多数参与这项活动的人发现这样做有助于更好地监督并控制自己的消费习惯。消费日记表如本书后的附录 C 所示，也可以在网站 www.mhhe.com/kdh 中找到。

**问题**

1. 为提高储蓄额，哪些日常消费项目的金额可以被降低或者被取消？
2. 消费日记表如何帮助你实现更明智的消费并为未来增加储蓄？

---

## 你的个人理财规划表 18

姓名：＿＿＿＿＿＿＿＿＿＿＿＿＿＿＿＿　　　　　日期：＿＿＿＿＿＿＿＿＿＿＿＿＿＿＿＿

## 消费者购物比较

**理财规划活动**：当考虑购买一件重要消费品时，可以利用广告、产品目录、网络、实体店访问或者其他方式来取得以下信息。

**推荐网站**：www.consumerreports.org　　www.consumer.gov　　http://clarkhoward.com

## 产品

准确描述（大小、型号、特点等）

＿＿＿＿＿＿＿＿＿＿＿＿＿＿＿＿＿＿＿＿＿＿＿＿＿＿＿＿＿＿＿＿＿＿＿＿＿＿＿＿＿＿＿＿

在消费者期刊或网络上找到有关该产品的信息

文章/期刊＿＿＿＿＿＿＿　　　网址＿＿＿＿＿＿＿

日期/页码＿＿＿＿＿＿＿　　　日期＿＿＿＿＿＿＿

文章中提出了哪些购买建议？

＿＿＿＿＿＿＿＿＿＿＿＿＿＿＿＿＿＿＿＿＿＿＿＿＿＿＿＿＿＿＿＿＿＿＿＿＿＿＿＿＿＿＿＿

文章中推荐了哪些品牌？为什么？

＿＿＿＿＿＿＿＿＿＿＿＿＿＿＿＿＿＿＿＿＿＿＿＿＿＿＿＿＿＿＿＿＿＿＿＿＿＿＿＿＿＿＿＿

联络 2～3 家销售该商品的商店，获取以下信息：

| | 商店 1 | 商店 2 | 商店 3 |
|---|---|---|---|
| 公司 | | | |
| 地址 | | | |
| 电话/网址 | | | |
| 品牌/价格 | | | |
| 与其他产品的不同之处 | | | |
| 质量担保（描述） | | | |
| 你会在哪家商店购买何种品牌的该商品？为什么？ | | | |

## 个人理财规划的下一步是什么？

- 对你在未来作出购买决策最有帮助的消费者信息来源是什么？
- 请列出未来当你购买大件商品时采取的准则。

## 你的个人理财规划表 19

姓名：_____    日期：_____

## 二手车购买比较

**理财规划活动：** 当你考虑购买一辆二手车时，可以利用广告、网上资源以及访问新车和二手车经销商的方式来取得以下信息。

**推荐网站：** www.carbuyingtips.com   www.kbb.com

| | | | |
|---|---|---|---|
| 汽车（年份、构造、型号） | | | |
| 名称 | | | |
| 地址 | | | |
| 电话 | | | |
| 网站（如果有） | | | |
| 成本 | | | |
| 里程 | | | |
| 汽车情况 | | | |
| 轮胎情况 | | | |
| 收音机 | | | |
| 空调 | | | |
| 其他选项 | | | |
| 质量担保（描述） | | | |
| 需要修理的项目 | | | |
| 检查项目： | | | |
| （1）是否有生锈、严重凹陷处？ | | | |
| （2）是否有油或液体渗漏？ | | | |
| （3）刹车情况怎样？ | | | |
| （4）加热器、雨刷器等附件操作是否正常？ | | | |
| 其他信息 | | | |

## 个人理财规划的下一步是什么?

● 保留车辆操作成本的记录。

● 准备一份维护车辆的常规计划。

---

## 你的个人理财规划表 20

姓名:＿＿＿＿＿＿＿＿＿＿＿＿＿　　　　日期:＿＿＿＿＿＿＿＿＿＿＿＿＿

### 买车还是租车

理财规划活动:*寻找有关租车和买车成本的信息。*

推荐网站:www.leasesource.com　　www.kiplinger.com/tools

---

**购车成本**

车辆总成本,包括营业税(＿＿＿＿＿美元)

首付款(或支付现金的总额度)　　　　　　　　　　　　　　　＿＿＿＿＿美元

每月支付贷款:＿＿＿＿＿美元乘以＿＿＿＿＿个月贷款

(如果车辆没有贷款购买,则此项为0)　　　　　　　　　　　＿＿＿＿＿美元

首付款的机会成本(或者现金购买车辆的总成本):

＿＿＿＿＿美元乘以贷款/所拥有的年数乘以百分之＿＿＿(资金可以赚取的利率)　＿＿＿＿＿美元

减去:在贷款期末/所有期末该车的估计价值　　　　　　　　　＿＿＿＿＿美元

**买车的总成本**·················································　　＿＿＿＿＿美元

**租车成本**

押金　　　　　　　　　　　　　　　　　　　　　　　　　　　＿＿＿＿＿美元

每月租金:＿＿＿＿＿美元乘以＿＿＿＿＿个月　　　　　　　　＿＿＿＿＿美元

押金的机会成本:＿＿＿＿＿美元乘以年数乘以百分之＿＿＿＿＿　＿＿＿＿＿美元

租期末支付费用(如果有*)　　　　　　　　　　　　　　　　　＿＿＿＿＿美元

**租车的总成本**·················································　　＿＿＿＿＿美元

*如果是封闭期限的租车,支付的费用为超出的里程数或车辆的过度磨损费;如果是开放期限的租车,在评估报价低于预估租期末报价时,需要支付费用。

## 个人理财规划的下一步是什么?

● 请列出一份未来买车、贷款买车和租车时的行为措施表。

● 请保留车辆操作和维修成本的记录。

## 你的个人理财规划表 21

姓名：_____    日期：_____

## 法律服务成本的比较

**理财规划活动**：联系提供法律服务的多家机构（律师、预付法律服务、法律援助协会），来比较它们的成本和可提供的服务。

**推荐网站**：www.nolo.com    www.abanet.org

| 法律服务的类型 | | | |
|---|---|---|---|
| 机构名称 | | | |
| 地址 | | | |
| 电话 | | | |
| 网址 | | | |
| 联系人 | | | |
| 推荐人 | | | |
| 专业化服务范围 | | | |
| 首次咨询费 | | | |
| 订立简单遗嘱费用 | | | |
| 不动产收盘费用 | | | |
| 其他服务的收费方法——固定收费、按小时收费、以额外开支为基础收费 | | | |
| 其他信息 | | | |

## 个人理财规划的下一步是什么？

- 如果未来需要法律协助，请选择最适合的方法。
- 保留法律的相关文件以及其他财务记录。

# 第7章 住房选择和融资策略

## 自我测评

你对住房持什么态度？针对下列每条陈述，请圈出能最准确描述你现在境况的选项。

1. 在选择居住地点时，对你来说什么是最重要的？

a. 离工作地点或者学校近　　　b. 涉及的成本　　　c. 未来搬家的便捷性

2. 对我来说，租房的好处是：

a. 移动的便利性　　　b. 较低的初始成本　　c. 对我来说没有好处

3. 对我来说购买的最好住房是：

a. 独立住宅　　　b. 公寓或连排别墅　　c. 移动住房

4. 我最可能利用的抵押贷款种类是：

a. 固定利率，期限为 30 年的抵押贷款

b. 可调节利率的抵押贷款

c. 联邦住宅管理局（FHA）或退伍军人管理局（VA）抵押贷款

在学习完本章后，请你重新考虑这些问题并作答。

**目　标**

在本章中，你将会学习到：

1. 了解租房的成本和优势。
2. 购买住房的流程。
3. 确定购买住房的成本。
4. 制定一套出售住房的策略。

**为什么这很重要？**

在 20 世纪 70 年代的巨大住房危机中，买房的人不断遇到各种诈骗。抵押—重组公司在发表公开声明时夸大了中止抵押品赎回权的成功率。消费者也被警告要避免在防止丧失抵押品赎回权服务中预先缴纳费用。只针对拥有住房且年龄在 62 岁及以上的老人开放反向抵押贷款，并且该形式的贷款只有在其他形式的贷款如房屋净值贷款无法实现时才可以使用。许多不诚实的反向贷款发放者对此征收一笔极高昂的初始使用费。

# 租房和买房的选择

> **目标 1：了解租房的成本和优势。**

当你在散步时看到邻居家的住房时，你也看到了多种可供选择的房屋类型。当你评价各种住房类型时，首先应该了解那些将会影响你决定的因素。

## 生活方式和住房选择

生活方式是指人们消耗时间和金钱的方法，虽然生活方式是无形的，却会对人们购物产生有形的实质影响。每一个购买决定都是你生活方式的体现。个人偏好是决定住房选择的基础，不过财务因素也会对最终选择产生很大影响。

传统的理财建议是"在住房上的花费不要超过实际工资的 25%～30%"，或者"住房的成本应该相当于年收入的 2.5 倍"。随着经济和社会环境的改变，这些建议也可能变得不正确。你的预算和其他的财务记录提供的信息将会帮助你决定花费在住房上的适当金额。

## 租房还是买房

租房还是买房应该以你的生活方式和财务因素为基础进行决定。流动性是租房者的主要购买动力，而买房者通常希望永久性定居（见图表7—1）。在"计算"专栏中，你可以看到买房和租房两种选择通常很难辨别。一般来说，租房在短期内成本较低，但买房从长期来看更具有优势。

**计 算**

### 租房还是买房

比较租房和买房的成本时要考虑很多因素。下面的分析框架和例子为你评价这两种选择提供了一定的基础。在本例中，租住公寓每月的租金为1 250美元，房子的成本是200 000美元。假定税率为28%。

尽管本例中的数据更偏向于买房，但请记住在任何财务决策中，计算只能给你提供部分答案。你还需要考虑个人需求和价值，以及评估租房和买房的机会成本。

| | 例子（美元） | 你的数据（美元） |
|---|---|---|
| **租房成本** | | |
| 每年支付的租金 | 15 000 | _____ |
| 租房者的保险 | 210 | _____ |
| 抵押金的利息损失（抵押金乘以税后储蓄账户的利率） | 36 | _____ |
| 每年租房总成本 | 15 246 | _____ |
| **买房成本** | | |
| 每年抵押贷款支付额 | 15 168 | _____ |
| 财产税（年成本） | 4 800 | _____ |
| 房主的保险（每年的保险费） | 600 | _____ |
| 估算的保养和维修费用（1%） | 2 000 | _____ |
| 首付款和买卖手续费的税后利息成本 | 750 | _____ |
| 减去（住房所有者的经济利益） | | |
| 所有者权益的增长 | −1 120 | _____ |
| 抵押贷款利息的税收节约资金（每年的抵押贷款资金乘以税率） | −3 048 | _____ |
| 房产税的税收节约资金（年房产税乘以税率） | −1 344 | _____ |
| 预估年升值比率（1.5%*） | −3 000 | _____ |
| 年购房总成本 | 14 806 | _____ |

 * 此为全国平均值；实际房产升值比例由于地域和经济状况的不同而不同。

| 图表 7—1 | 租房和买房的比较 | |
|---|---|---|
| 优点 | 缺点 | |
| **租房** | | |
| ● 灵活机动 | ● 没有税收优惠 | |
| ● 承担少量的房屋保养责任 | ● 房屋改造受限制 | |
| ● 最少的资金投入 | ● 饲养宠物或其他活动受限制 | |
| **买房** | | |
| ● 所有权的自豪感 | ● 资金投入大 | |
| ● 经济利益 | ● 高于租房的居住花费 | |
| ● 生活方式的灵活性 | ● 移动性受限制 | |

## 住房租赁

你明白 "2-bd. garden apt，a/c，crptg，mod bath，lndry，sec＄850" 的意思吗？不清楚？这句话是指一个两居室的花园公寓（与地面相平或稍低），带有空调、地毯、现代化浴室和洗衣房，需要支付 850 美元的抵押金。

在你的一生中，很可能在某些时候需要租房。作为承租人，你要向拥有住房的人支付一定费用以获得居住权。图表 7—2 说明了寻找和居住在租赁住宅中的相关活动。

图表 7—2　　　　　　　　　　　　　租房活动

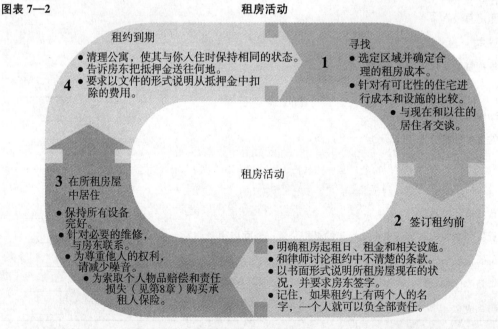

**挑选租赁房屋**　租住公寓是租房中最常见的形式，有装备了各种娱乐设施的现代化

的、豪华的公寓，也有在安静区域拥有一居室或两居室的公寓。如果你需要更多的房间，那么你可以考虑租一个住宅。如果所需空间较小，可以在私人住宅中租一个房间。租房最主要的信息来源是报纸、不动产、租赁办公室以及从你所认识的人处获取信息。在比较租赁房屋时，请考虑图表7—3中的因素。

图表7—3　　　　　　　　　　　　选择一处公寓

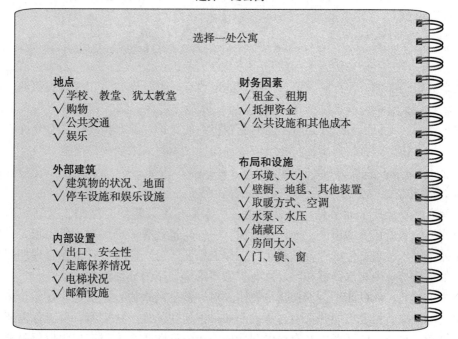

选择一处公寓

**地点**
√ 学校、教堂、犹太教堂
√ 购物
√ 公共交通
√ 娱乐

**外部建筑**
√ 建筑物的状况、地面
√ 停车设施和娱乐设施

**内部设置**
√ 出口、安全性
√ 走廊保养情况
√ 电梯状况
√ 邮箱设施

**财务因素**
√ 租金、租期
√ 抵押资金
√ 公共设施和其他成本

**布局和设施**
√ 环境、大小
√ 壁橱、地毯、其他装置
√ 取暖方式、空调
√ 水泵、水压
√ 储藏区
√ 房间大小
√ 门、锁、窗

**租房的优点**　当你有需要换房或者渴望换房时，租房的灵活性很强。租房者与房屋所有者相比责任更小，因为他们不用担心房屋的保养和维修。此外，租房的成本也比买房的成本低很多。

**租房的缺点**　租房者无法享受住房所有者能得到的理财收益。承租人不能享受抵押贷款的利息优惠和房产税的免除优惠，也不能因房地产升值而受益。承租人通常会在住宅内举行活动方面受到限制。他们的音响设备或聚会发出的噪音很容易受到监督。承租人也会遭到饲养宠物或装修房屋方面的限制。

> 租约：定义租房协议各项条款的法律文件。

**法律细节**　大多数承租人会签订**租约**，租约是定义租房协议各项条款的法律文件，该文件包括的内容有：

- 对房产的描述，包括房屋地址。
- 房屋所有者/房东（出租人）的姓名与地址。
- 承租人的姓名。
- 租约的生效日期以及租约的期限。
- 抵押金、月租金金额和缴纳日。

- 延期缴纳租金时所需缴纳的滞纳金及缴纳日期。
- 租约包含的公共设施、家用电器、家具，以及其他设施。
- 针对特定活动（如饲养宠物和房屋改造等）的限制；承租人转租房子的权利。
- 破坏住房的费用，以及迟于到期日搬离住房所需缴纳的罚金。
- 房东可以进入公寓的情况和条件。

标准的租约可能包含你不想接受的条件，你可以找房东就你无法接受的租约条款进行谈判。有些租约还允许承租人转租房子。如果你在租约到期前就要搬出，那么就有必要转租了。转租条约还允许你和另一人共同住在该房屋内，并共同承担租金。

---

**你知道吗？**

在美国以及世界的其他地方，有数以百万的人没有住房。仁人家园（www. habitat. org）已经建造了超过 300 000 套房屋，给超过 150 万人提供庇护所。仁人家园还继续努力通过当地和全球的志愿活动以及号召捐款、捐赠建筑所需物品等方式为需要者提供帮助。

---

大多数租约都是书面合同，但口头形式的租约有时也具有效力。在口头租约中，一方在终止租约或提高租金前必须提前 30 天向另一方提交书面通知。租约对出租人和承租人均有保护作用。承租人可以在租金上涨时受到租约的保护，除非租约中含有允许租金变动的条款。租约使房东有权向不支付租金或破坏房产的承租人采取法律措施。

---

**注意！** 对于租住公寓来说，承租人的保险常常是最易被忽视的一项花费。房屋损坏、个人财产（衣服、家具、音响设备和珠宝）失窃通常不在房东保险条款范围内。

---

**租房成本** 抵押金通常是一个月的租金，常常在签订租约时缴纳。这笔钱由房东保管，以弥补房屋损坏等的损失。如果房东拥有一栋建筑且有多个房屋可供出租，一些州和地方法律还要求房东支付抵押金的利息。在你退租后，房东应将抵押金在合理期限内退还给你。如果抵押金中有部分被扣除，你有权索要维修费用的详细清单。

作为承租人，你可能还会承担其他费用。对许多公寓来说，水费包含在租金内；但在有些房屋租赁中，租金可能并不包含水费。如果你租住的是一栋别墅，可能你需要支付取暖费、电费、水费、电话费以及有线电视费。你还应该购买个人财产保险以保障自己的财产安全。

## 概念检测 7—1

1. 租房的主要优点和缺点是什么？

_____

2. 租约中的哪些条款最有可能讨价还价？

_____

_____

3. 针对以下各种情景，你推荐租房还是买房？（圈出你的答案）

    a. 承租人希望降低支付的所得税。    租房    买房

    b. 承租人希望尽快到达工作地点。    租房    买房

    c. 承租人可供买房的资产不多。    租房    买房

**目标 1：** 采访一位承租人和一位房东，探究他们彼此就租房过程中存在的潜在问题的看法。他们观点如何因他们身份的不同而不同？

## 买房过程

许多人都梦想拥有一套属于自己的住房。拥有住房是最普遍的理财目标。图表 7—4 说明了达到这个目标的过程。

目标 2：购买住房的流程。

## 第一步：确定拥有住房的需求

在买房过程的第一个阶段中，要仔细考虑这项重大财务支出的利与弊。此外，还要评估房屋类型以及确定你可以承担的支付金额。

图表 7—4                                          买房过程

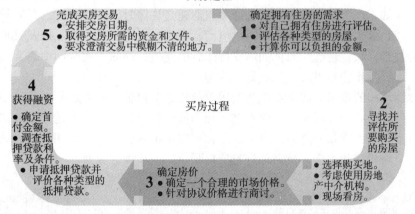

**对拥有住房进行评估**    对于很多买房者来说，居住的稳定性以及个性化的居住场所是最主要的买房动因。一项理财优惠就是抵押贷款利息和房产税赋可以抵扣联邦所得税。

拥有住房的缺点是理财的不确定性。获得首付款以及抵押贷款融资很可能是个难题。该地区的房屋价值的变动也有可能给你的理财投资造成影响。此外，拥有住房可能不能像租房那样轻易改变居住地，当环境变化迫使你出售住房时，你可能又很难出售。

拥有自己住宅的成本可能会很昂贵。房屋所有人需要承担住房的维修、喷漆、修理以及改建的各类成本。房产税是住房所有者的主要开支之一。高价值的房地产和增长的税率意味着房产税会很高。

**可选择的各种类型的住房**    买房者通常从以下选项中挑选住房：

1. 单亲家庭的住房包括之前拥有的住房、新房以及定制构建的住房。
2. 多单元住宅是包含多于一个单元的住宅。二联式公寓是包括两个单独住宅的建筑。

排屋是包含两个、四个或六个单独家庭住宅的建筑。

3. **共有公寓**是同一建筑中有几个独立所有的居住单元的住宅，独立所有权并不包括公共区域，如门廊、公共场所和娱乐设施等。这些公共区域由共有公寓协会所有，该协会对公寓的管理和运作进行监督。公寓的每一户居住者必须按月支付一定的费用，用来支持建筑和公共区域的维护、修缮、改建和保险。共有公寓并不是建筑结构，是一种住房所有权的法律形式。

4. **合作住房**是指非营利性组织所拥有的建筑物内的住房单元。股东们通过购买股票来获得居住在该建筑内住房单元的权利。居住者并不拥有住房单元，他们只是在合作协会拥有股票以获取法律上的居住权。该房地产归合作协会所有。这种所有权的安排方式与个人拥有居住单元的共有公寓有所不同。

5. 预制式住房是在工厂完成加工和安装，然后转移到居住地的居住房屋。预制安装式住房是在工厂内完成加工，然后在居住地完成安装的住房。活动式住房的用语并不确切，因为该种住房很少从原址移动。这种住房的规模一般小于1 000平方英尺，但其功能与传统住房一样——装修完善的厨房、壁炉、教堂式楼顶和漩涡浴等。可移动式住房既可以购买，也可以租赁。

6. 自建式住房满足那些对住房有特定需求的人们。开始自行建造住房前，要确定你有足够的专业知识、资金和毅力。在选择承包商建造住房时，需要考虑：（1）承包商的经验和声誉；（2）承包商与建筑商、材料供应商、电工、水管工人、木工以及其他建造这个房子的人的关系；（3）建造期间你如何安排账款的支付。你的书面合同中需要包括进度计划、成本估算、工作描述以及支付计划等内容。

**确定你能承担的费用**　你能承担的费用总额受到首付款、收入水平以及当前生活开支的影响。此外，还有一些因素你需要考虑，如当前抵押贷款利率、房地产潜在的未来价值以及你每月支付抵押贷款的能力。为了确定你可以承担多少买房的费用，可以请抵押贷款公司或其他金融机构的工作人员对你进行资格预审，这项服务免费。

---

**你知道吗？**
保险交易综合损失（CLUE）报告就买房者想要购买的房屋提供过去5年的房屋保险损失记录。这项报告具有信息独立性，你可以在网站 www.choiceturst.com 上查找更多的信息。

---

首次买房时，你可能无法实现你所有的预期，但理财咨询师建议你应该到房地产市场上购买你支付得起的房子。随着你在房地产市场上支付能力的增强，你可以将更多预期的特性融入第二套或者第三套房中。

你购买的房屋质量应该良好，但有些时候你可能希望买一个需要修缮的房子，这样你可以支付较低的价格。接下来你可能会花较多的钱对房屋进行维修和改善，甚至要亲自干一些活。

## 第二步：寻找并评估所需购买的房屋

下一步，你应该选择居住地，考虑是否需要房地产中介机构提供服务，以及亲自到现场看房。

**选址** 买房时，选址常被认为是最重要的因素。你可能喜欢城区、郊区或农村，或者你希望在小镇或度假胜地居住。但在选址时，你需要了解**区域法律**，区域法律是对如何利用某地区房产的限制性规定。商业选址以及未来的建筑项目可能会对你的决策造成影响。

如果你已经成家，你该评估一下学校的情况。教育专家建议根据学校课程的多样性、学生成绩、大学的升学率、学校教职员工的敬业精神、学校设施、自己以及父母的参与程度等因素对学校作出评估。即使没有孩子，房屋所有者也会从有教育优势的区域处受益，因为教育优势有助于房地产的保值。

**房地产中介的服务** 房地产中介机构会给你提供你所感兴趣的区域的房源信息。它们的主要服务包括：（1）向你提供满足你需求的房源；（2）以对市场的分析为前提，向卖房者传达你的买房邀约；（3）商定购房价格；（4）帮助你获得融资；（5）替你进行结算。房地产中介还会依照你的需求向你推荐律师、保险机构、房屋考察以及抵押贷款公司。

由于卖房者通常向中介机构支付费用，所以买方并无直接成本。但是，这笔花费会反映在你支付的房屋价格中。在一些州中，房地产中介为房屋出售人服务，但在其他一些州，中介可能会为买房人、房屋出售人服务，或作为双重代理，同时为买方和卖方服务。当有双重代理中介时，一些州要求购房者签署一份信息披露协议，说明他们知道房地产中介同时为买方和卖方服务。但这项协议可以限制提供给任何一方的信息。许多州出现代表购房者利益的买房中介，佣金可以由卖方或买方支付。

**房屋考察** 经验丰富的房产评估师能够帮助你尽量减少将来遇到的问题。尽量谨慎小心，这样能减少麻烦以及额外的开支。图表7—5列出了房屋考察的一些细节。一些州、城市以及贷款机构要求提供房屋评估报告，包括害虫、氡元素以及发霉处等细节。抵押贷款公司通常对房地产进行评估，这项评估不是对房产的情况进行考察，而是确定房地产的市场价格。

## 第三步：确定房价

在选定房子后，你应该确定买房的价格，并对最后的成交价格进行磋商。

**确定房屋价格** 你提供的买房价格会受到很多因素的影响，如该区域最近卖出的房子的价格、现在的住房需求、房源流通到市场上的时间、卖房者卖房的迫切程度、融资选择以及房屋的状况和特点等。这些因素中的每一点都会影响你的报价。例如，在利率较低且住房需求很高的时期，你会出高价买房。另一方面，如果一个房子已经在市场上待售一年，那么你就有机会以低价购入。你的报价将会以购买协议或合同的形式出具，这种文件就是你购买住房的法律报价。

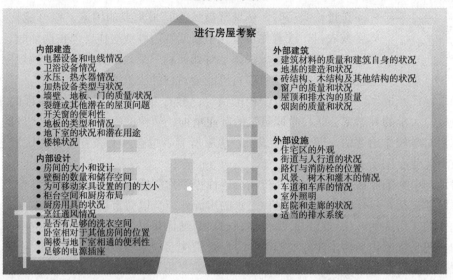

进行房屋考察

**内部建造**
- 电器设备和电线情况
- 卫浴设备情况
- 水压；热水器情况
- 加热设备类型与状况
- 墙壁、地板、门的质量/状况
- 裂缝或其他潜在的屋顶问题
- 开关窗的便利性
- 地板的类型和情况
- 地下室的状况和潜在用途
- 楼梯状况

**内部设计**
- 房间的大小和设计
- 壁橱的数量和储存空间
- 为可移动家具设置的门的大小
- 柜台空间和厨房布局
- 厨房用具的状况
- 烹饪通风情况
- 是否有足够的洗衣空间
- 卧室相对于其他房间的位置
- 阁楼与地下室相通的便利性
- 足够的电源插座

**外部建筑**
- 建筑材料的质量和建筑自身的状况
- 地基的建造和状况
- 砖结构、木结构及其他结构的状况
- 窗户的质量和状况
- 屋顶和排水沟的质量
- 烟囱的质量和状况

**外部设施**
- 住宅区的外观
- 街道与人行道的状况
- 路灯与消防栓的位置
- 风景、树木和灌木的情况
- 车道和车库的情况
- 室外照明
- 庭院和走廊的状况
- 适当的排水系统

---

**你知道吗？**

将房屋增加为两层、改建浴室、装修厨房、添加露台、整修地下室，这些都是提高房屋档次让住房升值的方法。

---

**磋商房屋价格**　如果你最初的报价被对方接受，那么你的合同就生效了。如果你的报价被拒绝，你有几种方法可以选择。如果房屋所有者还价了，表明对方愿意同你进行价格磋商。如果对方的报价与你的出价差距不大，那么下一次报价时你应该报出接近他的还价价格。如果还价与购买价差距很大，那么你报出的价格应该更靠近购买价。如果对方没有还价，则你需要再报一次价，试探卖方是否有议价的余地。议价的内容不仅仅包括价格，还应包括交房日期以及房屋中包含的现有物品，如电器等。

作为报价过程的一部分，买方还需提供定金，即买房价格的一部分，以表明买房的诚意。在房屋成交时，定金转为首付款的一部分。如果发生买方无法控制的情况而导致房屋没有成交，则定金会退还给买方。

房屋买卖协议包括或有条款，说明只有当某种事情发生时，协议才具有约束力。例如，买卖协议可能规定只有当买方在约定期限内获得融资时，合同才能生效，或者只有当购房者出售现有的住房时购房行为才可以发生。

## 概念检测 7—2

1. 拥有住房的优点和缺点是什么？

2. 哪些方法可以用来确定买房的支出金额？

3. 教育条件的优势如何使社区中没有学龄儿童的房屋所有人受益？

**自我应用!**

**目标 2:** 向房地产中介机构了解买房和卖房过程中涉及哪些步骤，谈论一下你所在区域住房的价格以及房地产中介机构提供服务的内容。

## 购房融资

在你决定以某一个价格购买特定住房时，你很可能需要取得贷款。

**目标 3:** 确定购买住房的成本。

## 第四步：获得融资

**首付款**　你能够支付的首付款金额影响着需要获得的抵押贷款的规模。如果你能够支付较高的首付款，通常是 20% 或更多，那么你就会相对较容易地获得抵押贷款。首付款资金的来源通常包括自己的储蓄、投资产品或其他财产的出售，以及来自亲戚的帮助。父母也通常会支付现金或贷款来帮助子女买房。

> **你知道吗？**
> 此次"次级贷款"危机导致大量的贷款违约，因为大量的抵押贷款发放给了信贷历史不良的借款人，结果使贷款人面临新的监管措施。为了保证你申请住房贷款的良好信誉，及时给信用卡还款，及时支付现有贷款，并积攒资金支付首付款。

关于私人抵押贷款保险的主要网址：
www.privateemi.com

如果首付款低于 20%，通常需要购买私人抵押贷款保险（PMI）。该保险可以保障贷款人免受由于借款人的违约而造成的损失。当住房所有人对住房的所有者权益达到 20% 时，住房者应该与贷款人取得联系取消私人抵押贷款保险。《住房所有人保护法》规定，当住房所有人对住房的所有者权益达到发放抵押贷款时房屋价值的 22% 时，私人抵押贷款保险应该自动终止。如果房屋所有人可以证明其拥有的住房权益达到房屋现在市场价格的 22% 时，他们可以要求提前终止该保险。

抵押贷款：是针对特定的财产如住房或其他不动产的一项长期贷款。

**抵押贷款**　抵押贷款是针对特定的财产如住房或其他不动产的一项长期贷款。抵押贷款的支付期限通常为 10 年、15 年、20 年、25 年或 30 年。申请抵押贷款包括三个步骤：

1. 填写抵押贷款申请表，向贷款人提供工作、收入、财产所有权以及现有负债等的证明材料。
2. 贷款人获取信贷报告，并审核你的申请表及财务状况。
3. 申请抵押贷款成功与否取决于你的财务历史及对你想要购买的房屋的评估。

现在，如果你的信用评分很高（得分 700 分或更高），那么你就可以获得住房融资。较高的信用评分还可能会使你的抵押贷款利率降低，以及申请贷款的程序简化。

上述过程也将体现在你够资格申请的抵押贷款上限上。如图表 7—6 所示，影响你付款能力的主要因素包括收入、其他债务、预付房款的可用资金、贷款期限以及现在的抵押贷款利率。计算结果包括：（a）你每月负担的抵押贷款额；（b）你承担的抵押贷款的总额度；（c）你可以承担的所购房屋价格。

| 图表 7—6 | 住房可购性和抵押贷款资格金额 | 单位：美元 |
|---|---|---|
| | 例 A | 例 B |
| 第一步：确定你每月的总收入（年收入除以 12）。 | 48 000÷12 | 48 000÷12 |
| 第二步：贷方在借方支付至少 3％的预付款后，以月总收入的 33％作为 PITI（本金，利息，税金和保险）的标准，并以月总收入的 38％作为 PITI 加上其他债务支付金额的标准。 | 4 000 ×0.38 1 520 | 4 000 ×0.33 1 320 |
| 第三步：减去支付其他债务的金额（例如，汽车贷款）以及预估的房产税和住房所有者的保险费。 | −380 −300 | — −300 |
| （a）每月承担的抵押贷款支付金额。 | 840 | 1 020 |
| 第四步：将这一金额除以当前抵押贷款利率下（例如利率 8％，期限 30 年的贷款）每 1 000 美元抵押贷款需偿付的月还债金额，然后乘以 1 000（见图表 7—7）。 | ÷7.34 ×1 000 | ÷7.34 ×1 000 |
| （b）可承担的抵押贷款金额。 | 114 441 | 138 965 |
| 第五步：将可承担的抵押贷款金额除以 1 减去首付比例（例如，1−首付比例为 10％时的 0.1）。 | ÷0.9 | ÷0.9 |
| （c）可承担的购房价格。 | 127 157 | 154 405 |

注：贷款机构使用的两种比例（第二步中），以及其他的贷款要求可以根据一系列因素的变化而变化，这些因素包括抵押贷款类型、首付金额、收入水平以及当前的利率水平。例如，首付款为 10％或更多，信用得分超过 720 分，这个比例在该案例中可能增长至 40/45。

上面的计算例子是大多数金融机构使用的；实际的抵押贷款资格可能因贷款机构和贷款种类的不同而有所差异。金融机构决定提供购买选定住房所需资金的贷款。被通过的抵押贷款申请通常将抵押贷款利率锁定在 30～90 天的利率内。

当利率较低时，你具有的资格所申请的抵押贷款金额会比利率较高时多。例如，某人每月可以负担 700 美元的抵押贷款，有资格申请 30 年期限的抵押贷款，金额为：

| | | | |
|---|---|---|---|
| 130 354 美元，利率 5％ | | 95 368 美元，利率 8％ |
| 116 667 美元，利率 6％ | | 86 956 美元，利率 9％ |
| 105 263 美元，利率 7％ | | 79 726 美元，利率 10％ |

随着利率的上升，可以承担平均住房价格的人越来越少。

**例子**

为确定你每月需要支付的抵押贷款额，将你的贷款金额（单位为 1 000 美元）乘以图表 7—7 中对应的支付因数。对于 30 年期，利率为 7％的数额为 223 000 美元的抵押贷款来说：

每月的支付金额＝223×6.65＝1 482.95 美元

| 期限利率（%） | 30 年（美元） | 25 年（美元） | 20 年（美元） | 15 年（美元） |
|---|---|---|---|---|
| 5.0 | 5.37 | 5.85 | 6.60 | 7.91 |
| 5.5 | 5.68 | 6.14 | 6.88 | 8.17 |
| 6.0 | 6.00 | 6.44 | 7.16 | 8.43 |
| 6.5 | 6.32 | 6.67 | 7.45 | 8.71 |
| 7.0 | 6.65 | 7.06 | 7.75 | 8.98 |
| 7.5 | 6.99 | 7.39 | 8.06 | 9.27 |
| 8.0 | 7.34 | 7.72 | 8.36 | 9.56 |
| 8.5 | 7.69 | 8.05 | 8.68 | 9.85 |
| 9.0 | 8.05 | 8.39 | 9.00 | 10.14 |
| 9.5 | 8.41 | 8.74 | 9.32 | 10.44 |
| 10.0 | 8.78 | 9.09 | 9.65 | 10.75 |
| 10.5 | 9.15 | 9.44 | 9.98 | 11.05 |
| 11.0 | 9.52 | 9.80 | 10.32 | 11.37 |

图表 7—7 的标题为 **抵押贷款的支付因数（每 1 000 美元贷款的本金和利息因数）**

> **内扣利息：**贷方预先收取的利息费。

在比较抵押贷款公司时，请记住所征利率并不是你唯一要考虑的因素。所需的首付款及内扣利息都会对利率产生影响。**内扣利息**是贷方预先收取的利息费。每个贴息百分点相当于贷款金额的 1%，并应该被视作为取得低贷款利率而支付的溢价。当决定是否采用低利率、高内扣利息的抵押贷款，或者高利率、低内扣利息的抵押贷款时，应考虑如下因素：

- 如果你计划居住在该房屋内较长时间（超过 5 年），那么较低的抵押贷款利率可能是最好的选择。
- 如果你计划在未来 5 年内卖掉住房，那么高利率、低内扣利息的抵押贷款可能更好。

通过上网查询可以比较现在的抵押贷款利率，并且你也可以在线申请抵押贷款。

> **分期付款：**在一定时期内，贷款本金随着每次还款而逐渐降低。

**固定利率、定期支付的抵押贷款**  如图表 7—8 所示，固定利率、定期支付的抵押贷款是所有抵押贷款中比较重要的一种形式。传统抵押贷款通常采取在 15 年、20 年或 30 年内以固定利率为基础，定额偿付贷款的形式。抵押贷款允许**分期付款**，即在每次支付后，应付的债务余额相应减少。由于借贷资金额度较高，初期支付的抵押贷款主要用来偿还利息，很少用来偿还本金。随着所欠贷款的额度降低，每月还款额就会对债务余额影响较大。在接近贷款期末时，几乎所有的还款额都用于偿还本金余额了。

## 抵押贷款类型

| 贷款类型 | 优点 | 缺点 |
|---|---|---|
| | **固定利率、定期支付** | |
| 1. 传统的 30 年期抵押贷款。 | ·30 年每月偿还金额不变，本金和利息确定。 | ·初始利率比可调利率贷款的高。 |
| 2. 传统的 15 年期或 20 年期抵押贷款。 | ·比 30 年期利率低，房产权益增长快，偿还贷款快。 | ·每月偿还金额较高。 |
| 3. FHA/VA 固定利率抵押贷款（30 年期或 15 年期）。 | ·首付款金额需求较低，无须支付提前偿付罚息就可以转移给下家。 | ·可能需要额外的处理操作时间。 |
| | **可调利率、可变支付** | |
| 4. 可调整利率抵押贷款（ARM）——根据 1，3，5，7 或 10 年期计划改变支付金额。 | ·初始利率比固定利率贷款的低，尤其是一年期可调整利率贷款的利率更低。未来可能会降低利率和支付金额。有最高利率限制的贷款可以保护借款人，防止利率上升太多。 | ·与固定利率贷款相比，将更多的利率风险转嫁给了借款人，未来可能会提高月支付金额。 |
| 5. 选择性可调整利率抵押贷款。 | ·较低的初始利率允许你仅仅支付（a）利息，（b）利息和本金，或者（c）更低的支付金额；首付款金额较低。 | ·每月利率可调整，可能导致抵押贷款余额超过房屋价值。 |
| 6. 仅支付利息抵押贷款。 | ·最初几年的还款额较低；更容易负担得起。 | ·所欠贷款金额无法降低；除非房屋价值上升，否则权益不增长。 |

### 例子

例如，一笔 75 000 美元的抵押贷款，如果期限为 30 年，利率为 10%，那么每月还款金额为 658.18 美元。还款金额的计算如下所示：

| | 利息（美元） | 本金（美元） | 余额（美元） |
|---|---|---|---|
| 第 1 月 | 625.00 | （75 000 美元×0.10×1/12）33.18 | 74 966.82（75 000－33.18） |
| 第 2 月 | 624.72 | （74 966.82 美元×0.10×1/12）33.46 | 74 933.36（74 966.82－33.46） |
| 第 360 月 | 5.41 | 649.54 | —0— |

过去，许多传统抵押贷款是可递延的。这使得购房者可以继续执行卖房者的原有合同。当抵押贷款利率低于销售期的市场利率时，可递延抵押贷款很有吸引力。今天，由于利率频繁地变动，可递延抵押贷款已经很少见了。

**政府担保的融资项目** 政府担保的融资项目包括由联邦住宅管理局担保以及由退伍军

人管理局担保的贷款。这些政府机构不提供抵押贷款，但是它们会帮助购房者获得低利息、低首付款的贷款。

为取得 FHA 担保的贷款资格，借款人需要在首付款和有关费用方面达到一定条件。大多数低收入或中等收入的人群都能符合申请 FHA 贷款的资格。退伍军人管理局担保的贷款项目是协助合格的武装退伍军人购买住房的。和 FHA 项目一样，VA 的贷款资金由金融机构或者抵押贷款公司提供，但政府的参与使得风险部分降低。VA 贷款可以不需要支付首付款。

**可调整利率、可变支付额的抵押贷款**　**可调整利率抵押贷款（ARM）**又被称为浮动利率抵押贷款或可变利率抵押贷款，其利率在贷款期内可以上升或下降。ARM 的初始利率通常比固定利率抵押贷款的要低，但是，却是借方，而非贷方，承受未来利率上升的风险。

利率限制指在可调整利率抵押贷款有效期内限制利率上升或下降的幅度。这项限制使借款人无须支付远远高于初始协议规定的利率。利率限制将可调整利率抵押贷款保持在既定水平上，或限制支付金额上升的幅度。当抵押贷款偿付金额没有上升，而利率上升时，分期付款金额就无法弥补利息支出的上升，导致贷款余额增加，这种结果被称为负摊销，意味着对住房的所有者权益不升反降。

---

**你知道吗？**

如果贷款 20 000 美元买房，贷款期限为 15 年，那么可以比贷款期限为 30 年的贷款省下 150 000 美元的利息支付。短期抵押贷款中房屋的所有者权益增值也是一大好处。

---

在评估可调整利率抵押贷款时，需考虑如下因素：（1）确定利率变动的频率和限制；（2）考虑月偿付金额变动的频率和限制；（3）调查贷款因为负摊销而延期的可能性，并了解是否存在对负摊销金额的限制；（4）找出用来确定抵押贷款利率的指数。

**创造性融资**　可转换的可调整利率抵押贷款允许购房者在一定时期内，将可调整利率抵押贷款转换为固定利率抵押贷款，这个时期可以在贷款的第二年到第五年之间。为获得固定利率的贷款，需要支付 500 美元或更多的转换费，利率通常比现在传统的 30 年期抵押贷款的利率高出 0.5%。

---

**注意！**抵押贷款欺诈每年导致贷款人损失 10 亿美元。这种欺骗行为是由于人们为取得贷款而提供收入及房屋价值的虚假证明造成的。虽然银行和其他贷款机构常常是受害者，但个人投资者也会面临损失。当这种骗取贷款的行径导致失修的空房屋出现时，社区团体也会受到影响。为了避免卷入抵押贷款诈骗，请确认抵押贷款公司有合法执照，并在贷款过程中就不准确信息及时发布报告。

---

当抵押贷款利率较高时，通常使用气球抵押贷款，即每月支付固定的费用，3 年、5 年或 7 年后最终支付较高的费用。这种融资计划主要适用于那些想在高利率时期购买住房，但在气球抵押贷款到期时或者之前能够重新融资或出售房屋的人。在满足特定条件的前提下，大多数气球抵押贷款允许被转换为传统抵押贷款（支付费用）。

权益增长抵押贷款（GEM）允许通过付款金额的逐步增长缩短贷款期限。这种贷款允许借款人在 15～18 年内还清 30 年期的贷款。

仅支付利息抵押贷款允许购房者在贷款的最初几年内偿付较少金额。在此期间，所有的抵押贷款偿付金均不计入贷款总额的偿付中。当初始期结束后，抵押贷款调整为仅在新的支付利率上支付利息。或者，借款人通过获取不同类型的抵押贷款来增加所有者权益。

请记住，使用仅支付利息抵押贷款时，在贷款期的靠后阶段会支付较高的还款额，这是因为最初的贷款金额的本金未被偿付。如果房产价值下降，那么这种仅支付利息的抵押贷款可能会变得很危险。

**其他融资方法** 购房补贴是在贷款的前几年期间，住房建筑商或房地产开发商提供的降低抵押贷款付款额的利息补贴，其目的是促进那些无法负担传统融资方式的购房者买房。购房补贴结束后，抵押贷款的支付将回复到没有补贴的水平。

共享升值抵押贷款（SAM）是借款人同意在房屋出售后与贷款人分享住房价值上升的安排。该协议使得购房者可以获得低于市场利率的贷款利率，并且支付额也低于传统贷款。

---

**你知道吗？**

为了买房，从父母那里获得资金会使你增强购房能力。采用共享权益融资时，父母或其他亲戚在为你提供部分首付款后，也享有房地产升值的利益。这些主体应该在合同中明确：(a) 谁来支付抵押贷款以及谁来享有税金抵扣；(b) 每个人将支付多少房产税；(c) 这项权益将以何种方式在何时共享。

---

第二抵押贷款又叫做住房权益贷款，是允许住房所有人就已拥有的房产权益部分作为贷款的抵押。贷款机构提供了一系列住房权益贷款，包括一种允许借款人获得额外资金的信贷计划。当利用住房权益信贷计划时，你应该十分小心。如果你需要预支现金，这种循环性质的贷款会令你保持负债状态。住房权益贷款可以令你将消费性购买的利息支出从联邦所得税额中抵减。但是，当第一和第二抵押贷款要求的付款无法支付时，你可能面临失去住房的风险。

逆向抵押贷款（也被称做住房权益转换贷款）为年龄为 62 岁或超过 62 岁的老年人提供贷款形式的免税收入，贷款（加利息）将在住房被出售或住房所有人去世时偿还。

在抵押贷款期间，你可能希望对住房进行再融资，即对现在的住房以低利息取得新的抵押贷款。但在采取这一行动之前，请确定再融资的成本是否会抵消支付低利息所节约的费用。

另一种融资选择是每月对抵押贷款进行额外付款。由于这笔还款是用来偿还本金的，所以你可以尽早还清贷款并节省下利息支付。就一笔75 000美元、期限为 30 年、利率为 10％的抵押贷款来说，每月额外还款 25 美元，结果将节省34 000美元的利息支付，并可以使你在 25 年内还清贷款。要警惕那些承诺帮你支付抵押贷款额外费用的机构，你可以自行完成这项活动，而且还不需要向这些机构缴纳费用。

## 第五步：完成买房交易

**房地产买卖手续费**：是当房地产交易完成时需要支付的一笔费用，也被称做结算成本。

在完成交易前，请回顾所有的交易步骤，并请查看你计划购买的住房的状况。你可以使用照相机或者摄像机收集任何你要在随后谈判中用到的细节性问题的证据。

完成交易是买房者、卖房者和贷款人或每方的代表会面完成的交易。这时，相关文件已经签署，最后的细节问题也得以解决，并且支付了合理的费用。完成交易时还有一些费用发生，**房地产买卖手续费**，也被称做结算成本，是当房地产交易完成时需要支付的一笔费用；这些费用的具体名目如图表7—9所示。

**产权保险**有两个方面。第一，产权保险公司定义所购房产的边界，并进行调查确定该房产是否存在像未支付房产税等应付债务问题。第二，在抵押贷款期间，产权保险公司将保护住房所有人和贷款人避免因该房产未来出现缺陷以及保险范围内的其他不可预期的房产索赔问题所带来的经济损失。

**图表7—9** 　　　　　　　　**常见的房地产买卖手续费** 　　　　　　　　单位：美元

在房地产买卖交易结算时，买方和卖方将会遇到多种费用，通常被统称为交易手续费。

| | 发生的成本的范围 | |
|---|---|---|
| | 买方承担 | 卖方承担 |
| 产权调查费 | 50～150 | — |
| 产权保险 | 275～500 | 100～600 |
| 律师费 | 300～700 | 50～700 |
| 房产调查 | — | 100～400 |
| 评估费（或不可归还的申请费） | 100～400 | |
| 记录费；移交税 | 75～100 | 15～30 |
| 结算费 | 300～475＋ | — |
| 白蚁检查 | 70～150 | |
| 贷款人的启动费 | 贷款额的1%～3% | — |
| 住房保险与房产税的准备金 | 不确定 | |
| 预付利息（从交易结束到月底）和内扣利息 | 不确定 | |
| 房地产中介机构的佣金 | — | 购买价格的4%～7% |

注：买方支付的金额不包括首付款。

**怎么了？贷款人想要一个缓冲垫防止违约风险。**

## 即将出台的抵押贷款费

房利美和房地美从银行和经纪人处购买的抵押贷款越来越昂贵。从四月份开始，为了应对违约风险，最近的一系列费用调整将开始对大部分地区的购房者和抵押贷款再融资者产生影响。

房利美和房地美购买的贷款额达到417 000美元，在高价市场购买的贷款额达到625 000美元。借款人曾经享受过的折扣现在已经没有了，例如，对信用得分超过720分和拥有所住房屋权益少于15%（这种贷款被认为是比较安全的，因为该类借款人通常会购买保险）的人来说已经不再有优惠。如果贷款期限在15年以上，购买共有公寓或者再融资购买共有公寓者首付款少于25%的人将有史以来第一次需要支付贷款额的0.75%的费用。

信用得分在 700 分以下，拥有少于 30% 产权的借款人将支付更多的钱；拥有少于 15% 产权的借款人即使信贷历史毫无瑕疵也将支付更多的钱。位于新奥尔良市的基本抵押贷款公司主席迈克·安德森说："此前不久，如果信用分数达到 680 分，就已经是信誉很好的消费者了，并且基本符合所有贷款的条件。"现在，如果你要获得住房权益贷款，或者在再融资时获取现金，那么你很可能会遭遇重创。

在房地美新的规定下，申请 250 000 美元、30 年期贷款，且拥有 15% 的住房产权、信用得分为 699 分的借款人如果想在再融资时提取现金，也要比四月份时多支付 2 500 美元。安德森说："利率太低，以至于人们想将支付金额减低 200 美元或 300 美元。但是，所有这些费用使得成本更高。"

1. 这种修改后的抵押贷款费将如何影响房屋购买者？

_____

2. 在获得抵押贷款时，可以采取哪些措施降低费用？

_____

3. 在网站 www.kiplinger.com 上，哪些信息对你获取贷款会有所帮助？

_____


## 个人理财实践
## 你还需要有关购买住房的哪些信息？

对于下面这些涉及买房的主要因素，请将你的问题、补充信息或者你认为需要采取的措施列出来，并找出提供这些信息的网站。

- **位置**　要考虑社区和地理位置。价值 250 000 美元的住房在一个地区可能只是中等价格，但在其他地区可能属于相当昂贵的住房。住房的需求受到经济及就业的影响很大。
- **首付款**　首付款金额较大，就会使你的抵押贷款金额降低，但你还需要资金缴纳交易手续费、搬家费、维修费及家具费等。
- **抵押贷款申请**　当申请住房贷款时，通常要求你提供付款存根、完税单、住宅及就业史、银行与投资账户信息、债务清单以及汽车和任何房地产所有权的证明。
- **利息点**　你可能要在高利率、无折扣利息点和低利率、但有预付利息点之间进行选择。
- **交易手续费**　结算费为贷款金额的 2%～6% 不等，这意味着你可能要支付多达 6 000 美元的费用来实现 100 000 美元的抵押贷款。这笔费用不包括你的首付款。
- **PITI**　你每月支付的本金、利息、税金和保险都是很重要的预算项目。要小心购买"过多住房"同时无法支付其他生活开支的情况发生。
- **保养成本**　所有的房主都会告诉你，拥有住房的成本很高。请额外存一笔钱供维修和改建之用。

访问的网站：

_____

_____

此外，在交易结束时需完成的费用还有转让合同公证费。转让合同是将房产所有权从一方处转变给另一方的转换文件。具有担保的转让合同，卖方将保证产权的明确。该文件确定出售方是实际的房屋所有人，该房产不存在任何索赔问题，以及卖方有权出售房产。

关于 RESPA 的主
要网站：
www. hud. gov

《房地产结算程序法》（RESPA）帮助买房者了解完成交易的程序和交易手续费。该法规要求贷款申请人在交易结束前被告知预估的交易手续费。尽早得知这项信息有利于买房者做好计划以准备缴纳交易手续费所需的金额。

托管账户：是通常
在贷款机构中的存
款，用于支付房产
税和住房保险。

交易结束以及开始支付月还款费用时，你可能会存一些钱用以支付房屋费用。例如，贷款人要求你购买房产保险。**托管账户**是通常在贷款机构中的存款，用于支付房产税和住房保险。

作为新房购买人，你可能也在考虑购买一种防止住房出现缺陷的协议。由州政府建立的隐含保证可能会覆盖一些可能发生问题的区域，但其他维修费用还是可能会发生。住房建筑商和房地产销售公司也为买房者提供保证。保证的范围通常包括电、水管、加热装置、家用电器和其他机械性缺陷。大多数住房保证项目都有很多限制条款。

## 购买住房：总结

对大多数人来说，购买住房可能是他们作出的最昂贵的决定。在此提醒，"个人理财实践"专栏中提供了很多在你作出这个重大决定时需要考虑的重要因素。

### 概念检测 7—3

1. 首付款的资金来源有哪些？

2. 哪些因素会对个人申请抵押贷款的资格产生影响？

3. 变动的利率如何影响人们承担的抵押贷款金额？

4. 在什么情况下，可调整利率抵押贷款更为合适？

5. 针对下列情况，请选出最为合适的住房融资方法：
   a. 买房者希望以现有利率来计算贷款期内的抵押贷款。
   b. 买房者希望降低月支付额，因为过去几年利率降低了。

c. 买房者希望获得的贷款资金可以用来改造住房。

d. 买房者曾在军队中服役，没有钱支付首付款。

e. 退休的人想从房屋的价值中获得收入。

**自我应用！**

**目标 3**：针对不同种类的抵押贷款在网上进行搜索，并查找现在的利率标准。

## 售房策略

大多数买房者最后都会成为房地产交易的另一方。出售住房时你必须做好售房的准备，确定卖房的价格，以及确定是要自己卖房还是利用房地产中介机构卖房。

## 准备出售住房

有效地展示你的住房能够帮助你尽快出售住房并获得令你满意的价格。房地产中介机构的销售人员建议你对住房进行适当的维修，并对房屋外表和内壁进行重新粉刷；清洗车库和外部设施，修建草坪，耙去树叶；保持厨房和浴室的整洁干净；将多余的家具搬走，扔掉不需要的物品，令住房、壁橱以及储藏区看上去空间比较大。在展示你的住房时，要打开窗帘，并打开电灯；可以考虑使用节能电灯泡或者节水型水龙头，让买房者对室内环境感觉舒适。这样，你的房产能给人留下良好的印象，同时更吸引潜在的购房者。

> **目标 4**：制定一套出售住房的策略。

## 确定出售价格

> **评估**：对房产当前价值的估计。

确定你的房屋出售价格确实很困难。如果你定价过高，则可能面临无法立即出售房屋的风险；如果你定价过低，那么你可能无法获得一个公允的房屋价值。这时你可以利用**评估**，即对房产的当前价值进行评估，这样可以为你的定价提供一个适当的参考。对方的出价会受到近期当地类似住房的出售价格、住房市场的需求和现在的抵押贷款利率等方面因素的影响。

> **你知道吗？**
> 一项评估的费用可能在 250 美元～500 美元之间。这项成本可以帮助卖房者明确该项资产的实际价值。

对房屋所做的修缮不一定会提高房屋价值。热水浴盆或健身房可能对潜在的买房者毫无用处。最受欢迎的改良设施是节能装置、重新规划的厨房、额外的或重新装修的浴室、增加的房间和储存空间、可改装的地下室、壁炉，以及阳台或天井。日常的住房维护、及时的维修和房屋改善确实可以提高房屋未来的销售价格。

## 个人理财实践

## 降低房产税

房产税根据区域的不同而不同，税额范围通常是你的住房市场价值的2%～4%。房产税是以评估价值为基础进行征收的，由当地政府来决定用以交税的房地产的评估价值。评估价值通常会低于市场价值，一般为市场价值的一半左右。一个市场价值为18万美元的房地产，评估价值可能为9万美元。如果税率是每1 000美元的评估价值征收60美元的税，那么结果是，每年缴纳5 400美元的税收（90 000除以1 000再乘以60）。该比率按照评估价值的6%征收，但是实际是市场价值的3%。

尽管人们渴望更高的市场价值，但是这意味着更高的评估价值。快速上升的房产税会让你感到很沮丧，但是你可以采取如下措施：

| 建议措施 | 你的措施 |
| --- | --- |
| 第一步：获悉申诉的截止日期。给当地评估办公室打电话。你通常会有14～90天的时间发起申诉。超过期限的申请会被拒绝。请用挂号信邮寄你的申诉申请，确保你在截止日期前申诉，并保留所有文件的副本。 | |
| 第二步：检查错误。评估办公室可能会获取错误的信息。有些很明显的错误，例如，住房建筑面积错误或者评估报告可能将只有三间卧室的住房写成了有四间卧室。 | |
| 第三步：确定你要强调的内容。房产税申诉可以基于评估报告的错误信息或者评估价格高于类似的房屋。需要特别注意对你房屋价值有负面影响的方面。比如，在你的住房附近不再修桥，这会令你住房的便利性降低从而降低房屋价值。或者车库被当成花园面积计算，住房的价值也会降低。将你的住房评估与同样大小、同时建设、地理位置大体相同的房屋进行比较，与5～10个其他住房进行比较。 | |
| 第四步：准备听证会。收集你的证据，并准备一份组织条理的论证介绍。利用可比较房屋的照片，以及电子数据表，让听证委员会更容易了解你的证据。提出一个更为详细的正确的评估，并陈述你的理由。观摩其他人的听证会，以便你对此程序有所了解。 | |

## 自行出售

每年自行出售住房的人数占所有住房销售者的10%。如果你不用房地产中介出售住房，那么你可以在当地报纸上打出广告，制作一个信息详尽的表格。在商店或者其他公共区域内分发你的信息卡片。当你自行出售房屋时，请了解有关融资可得性和融资要求的信息，这样能够帮助潜在的买房者确定购买的可行性。请使用律师或者产权公司帮助你起草合同、完成交易以及处理其他法律事务。

要求潜在的购买者提供姓名、地址、电话号码以及背景信息。请在有预约的前提下向购买者展示你的住房并保证有两个或两个以上成年人在家。自行出售房屋可以帮助你节省几千美元的中介费，但是你必须投入足够的时间和精力。

## 在房地产中介处登记待售房产

如果你需要房地产中介机构的协助来出售住房，你需要了解销售人员对于该社区的了解程度以及中介机构对在市场上出售你的住房的意愿。房地产中介机构会为你提供各种服务，例如，建议一个出售价格、让潜在的购买者了解你的住房、提供突出住房特色的有关建议、组织看房，以及处理销售的资金事项。营销方面的努力措施包括在多处网站上展示你即将出售的住房的信息。

房地产中介机构还可以帮助你筛选潜在的购房者，确定其是否具有申请贷款的资格。折扣房地产经纪商向那些愿意自行承担某些责任，而且希望降低出售成本的售房者提供帮助。

**概念检测 7—4**

1. 在计划出售你的住房时，被建议采取的措施有哪些？
   _____
   _____

2. 哪些因素会影响你的住房价格？
   _____
   _____

3. 在决定是由你自己出售住房，还是利用房地产中介机构出售住房时，你需要考虑哪些因素？
   _____
   _____

**自我应用！**

**目标 4：** 探访几处待售住房。你认为住房的哪些特点会吸引潜在购房者？为吸引潜在消费者，在参观住房前需要作出哪些努力？

重新考虑在本章开始时你所回答的"自我测评"栏中的问题。为作出与住房相关的明智的决策：

- 在计划作出有关住房的决策时，利用多方面的信息来源，包括和你认识的人讨论，利用这些可能对你有所帮助的网站：http://homebuying.about.com，http://realestate.msn.com，www.hud.gov/buying 和 www.homefair.com。
- 在签订租赁合同前，要确定你了解这份法律文件的各项内容。有关租赁的其他信息，请访问网站 http://apartments.about.com。
- 在你开始准备购房时，考虑一下你可以负担的花费有多少。你可以在网站 www.mortgage101.com 或者 www.erate.com 上预先了解你是否具有贷款资格。有关现在的抵押贷款利率的信息请访问网站 www.bankrate.com，www.hsh.com，www.interest.com，也可以从当地的金融机构处获取。
- 当你计划自行出售房屋时，你可以在网站 www.owners.com 上获取帮助。也可以和那些出售过住房的人探讨房屋价值的问题。

在本章学习过的哪些内容可以帮助你在选择住房时更好地作出融资决策？

## 本章小结

**目标1** 针对融资成本和机会成本评估租房和买房选择的优势。租房的主要优势是流动性强、负担小以及初始成本低。租房的主要缺点是经济利益小、生活方式受局限以及一些法律限制。

**目标2** 买房涉及五个主要阶段：(1) 确定拥有住房的需求，(2) 寻找并评估待买房产，(3) 房产定价，(4) 住房融资，(5) 完成房地产交易。

**目标3** 购买住房涉及的成本包括：首付款，抵押贷款申请成本，交易手续费（如转让费），预付利息，律师费，产权保险费和房地产调查费；还有支付住房保险和房产税的托管账户。

**目标4** 在出售住房时，你必须确定是否要进行相关的维修和改善，确定出售价格，在自行出售和利用房地产中介机构销售两种方式中进行选择。

## 关键词

| | | |
|---|---|---|
| 可调整利率抵押贷款（ARM） | 共有公寓 | 租赁 |
| 合作住房 | 抵押贷款 | 摊销 |
| 租约 | 利息点 | 评估 |
| 定金 | 产权保险 | 交易手续费 |
| 托管账户 | 区域法律 | |

## 自测题

1. 对于贷款额为 180 000 美元，贷款期限为 20 年，利率为 6% 的抵押贷款，每月需还款的金额是多少？
2. 每月支付 850 美元的 30 年期抵押贷款的总额是多少？

## 自测题答案

1. 利用图表 7—7 进行计算，用 180 乘以 7.16 美元，确定每月付款额为 1 288.80 美元。
2. 用 850 美元乘以支付次数 360（30 年乘以 12 个月），得到总额为 306 000 美元。

## 练习题

1. 针对以下数据，你推荐买房还是租房？

| 租房成本 | 买房成本 |
| --- | --- |
| 每年租金，7 380 美元 | 每年支付抵押贷款，9 800 美元（9 575 美元是利息） |
| 保险，145 美元 | 房产税，1 780 美元 |
| 抵押金，650 美元 | 首付款/交易手续费，4 500 美元 |
| 保险/维护，1 050 美元 | 抵押资产净值增长，225 美元 |
| | 预估每年升值，1 700 美元 |

假定税后储蓄的利率为 6%，税率为 28%。

2. 在租房时，搬入过程中可能会发生很多费用。估算以下各项的金额：

| | |
| --- | --- |
| 第一个月的租金 | _____ 美元 |
| 抵押金 | _____ 美元 |
| 屋内设施使用押金（如果有） | _____ 美元 |
| 搬家卡车，其他搬家费用 | _____ 美元 |
| 家居用品（餐具、毛巾、床上用品） | _____ 美元 |
| 家具和其他电器（如果需要） | _____ 美元 |
| 承租人保险 | _____ 美元 |
| 为帮你搬家的朋友准备的茶点 | _____ 美元 |
| 其他项目：_____ | _____ 美元 |

3. 很多地区要求向承租人支付抵押金的利息。如果你的抵押金有 1 150 美元，那么以 3% 的利率计算你会得到多少利息？

4. 共有公寓通常需要你每月为多种服务缴纳费用。如果每月缴纳 160 美元，承租人在该公寓内居住 10 年，那么他需要支付多少钱？

5. 本和韦琦·曼彻斯特计划购买一套共有公寓。他们想获得一份总额 15 万美元、期限 30 年、利率 6% 的抵押贷款。他们每年的房产税估计在 1 800 美元左右。房产保险每年 480 美元，房管协会费每月 220 美元。根据这些花费项目，确定曼彻斯特一家每月为房屋支付的金额。

6. 根据下列情况，估算每月可承担的抵押贷款支付金额、可承担的抵押贷款总额和可承担的所购房屋价格（见图表 7—6）。

   每月总收入，2 950 美元

   其他债务（每月支付金额），160 美元

   利率 8% 的 30 年期贷款

   将支付的首付款——买房价格的 15%

   预估的每月支付的房产税和保险费，210 美元

7. 根据图表 7—7，针对下列每种情况，每月需要支付的抵押贷款额度为多少？

   a. 总额 140 000 美元，期限 15 年，利率 8.5%

   b. 总额 215 000 美元，期限 30 年，利率 7%

   c. 总额 165 000 美元，期限 20 年，利率 8%

8. 下面哪项抵押贷款将导致支付更多的钱？

   抵押贷款 A：每月 985 美元，共计 30 年。

   抵押贷款 B：每月 780 美元，共计 5 年；加上每月 1 056 美元，共计 25 年。

9. 如果一项 30 年期的可调整利率抵押贷款总额为 120 000 美元，初始利率为 5.5%，而后上升到 6.5%，

那么每月增长的支付额是多少？（利用图表7—7）

10. 凯利和蒂姆·琼斯计划对他们的抵押贷款进行再融资，以获取更低的利率。他们将每月降低还款额56美元。再融资的交易手续费是1 670美元，多长时间可以弥补再融资的成本？

11. 如果简·卡尔森试图在五年内准备好买房的首付款资金，他计划每年存款3 000美元，持续五年。如果利率是4%，那么五年后简所拥有的可用来支付首付款的资金是多少？

12. 根据图表7—9，如果你想购买住房，那么交易手续费大约是多少（不包括首付款）？你可以联系几家房地产机构或者在网上查询以获取相关数据。

13. 你预估如果自行销售住房会比利用房地产中介机构出售住房节省3 800美元。如果这笔钱以6%的利率投资五年，请问其未来价值是多少？

## 问答题

1. 在选择住房时，你认为哪些因素是最重要的？
2. 在人们租住公寓或者其他类型的房屋时，容易犯哪些共同的错误？
3. 当某人考虑购买住房时，并且该住房需要一些修缮，你会建议他采取哪些措施？
4. 请描述有关现行利率的知识如何更好地帮助你获取抵押贷款。
5. 请列出出售住房时的一系列行动。

## 案例一

### 你能在网上买房吗？

当杰米·卡温顿购买她的第一套住房时，她从未单独见过抵押贷款经纪人或者产权保险代表。她是第一批全部在网上完成购房交易的人群中的一员。

杰米的买房过程开始于在各种房地产公司网站和当地报纸公布的网站上寻找房源。而后，杰米也实地考察过她曾考虑过的几处住房。融资过程包括如下几个在线操作：

- 进行贷款资格预审查，确定杰米够资格申请的贷款金额。
- 比较本地和全国的不同贷款机构提供的抵押贷款利率。
- 抵押贷款申请过程，该抵押贷款申请过程可以令杰米在几个小时内通过抵押贷款的申请。

最后的磋商涉及多次的邮件沟通。一旦买方和卖方确定了协议价格，接下来就是完成交易，该程序可以全部在线完成。为杰米提供抵押贷款的银行准备好完成交易所需的文件，并通过网络发送给交易机构，交易机构将所有文件在专用电脑的屏幕上展示，杰米在屏幕上的文件中签字。签字后的契约经扫描后以计算机图像形式传输。所有完成的文件将被传送给相关的当事人。杰米会收到一张记录所有纸质工作副本的CD光盘。

全球和国家商业法的电子签章允许该过程的执行。该法律视电子签章为"一种电子的声音、符号或者过程，附属于合同或其他记录之中，或在逻辑上与其相关，该过程也是当事人自愿采用的，并有意愿签署记录文件。"

交易程序结束所需的时间也被减少。文件的记录和产权保险规定的执行通常需要45天。在线完成这些过程仅需要约3个小时。这个过程降低了交易的手续费。许多理财专家估算，在线完成交易可以为商业机构或者住房购买者节省约750美元。

#### 问题

1. 技术如何使买房过程发生改变？
2. 根据 www. homefair. com 上的信息，请阐述一些可以帮助人们购买住房的建议。
3. 在线购买住房时，你会担心哪些问题发生？通过网络搜索有关利用电子方式购买住房的信息，针对在不同的住房购买阶段使用网络，你会提出哪些建议？

## 案例二

韦琦和蒂姆·赛博（分别 27 岁和 29 岁）已经结婚 6 个月了，他们意识到韦琦的公寓比他们预想得要狭小。在星期天的下午，他们驾车到城市的不同地区去看房。他们发现了一套非常喜欢的住房。但是，为了将价格控制在预算范围内，他们决定即将购买的住房的价格应该在价格上限以内，而不是主要考虑入住的条件。由于他们想要自己的孩子，因而想买一套可以伴随他们成长的住房。

韦琦和蒂姆希望在一年之内买到房。

韦琦和蒂姆的财务数据统计如下：

**资产**

支票账户＊15 000 美元

＊包括应急基金

住房基金（用于首付款）
20 000 美元

车 9 000 美元（韦琦），
13 000 美元（蒂姆）

401(k)余额 33 500 美元
（韦琦），17 000 美元（蒂姆）

**负债**

助学贷款 7 500 美元

汽车贷款 4 000 美元

信用卡余额 4 800 美元（蒂姆）

**收入**

年工资总收入：53 000 美元（韦琦），
55 000 美元（蒂姆）

税后月工资：3 091 美元（韦琦），
3 208 美元（蒂姆）

**退休储蓄**

401(k)每月 500 美元，加上雇主
支付工资的 7% 的一半（韦琦），
每月 417 美元，加上雇主支付工资
的 8% 的一半（蒂姆）

**每月支出**

租金 750 美元

食物 550 美元

助学贷款 250 美元

汽车贷款 175 美元

信用卡付款 500 美元

娱乐 300 美元

汽油/维修费 450 美元

### 问题

1. 居住在独立房屋内和公寓相比，韦琦和蒂姆应该了解生活方式和花销方面存在哪些不同？

2. 为了获得最优惠的利率，他们在申请抵押贷款之前应该采取哪些措施？

3. 利用图表 7—6，韦琦和蒂姆可以负担的最大额度的抵押贷款是多少？假设房产税和住房所有者的保险将是每月 500 美元，贷款人比率为 40/45。

4. 购买住房相对于租房的税收优势有哪些？

5. 这对夫妇该如何使用你的个人理财规划表 22～你的个人理财规划表 25？

## 消费日记

"当我支付了租金、公共事业费和承租人保险费后，我几乎没有钱可支付其他花费了。"

### 指导

你的消费日记会帮助你更好地管理住房消费，以便你制订更好的消费计划。在你记录每日消费时，你的评论会反映出你所了解的有关消费模式的知识并且帮助你思考自身期望的消费模式转变。消费日记表可以在本书后的附录 C 中查阅，或者通过网站 www.mhhe.com/kdh 找到。

### 问题

1. 在你的消费支出中，有多大比例是和住房有关的？

2. 如果你养成更好的消费习惯，哪些和住房相关的消费金额会降低？

## 你的个人理财规划表 22

姓名：_____  日期：_____

## 租房还是买房

**理财规划活动：** 针对租房和买房进行比较，获取可比住房的有关数据。

**推荐网站：** www.homefair.com  www.newbuyer.com/homes/  http：//finance.move.com
www.dinkytown.net

---

**租房成本**

| | |
|---|---|
| 每年支付的租金（每月租金_____美元×12） | _____美元 |
| 承租人保险 | _____美元 |
| 抵押金损失的利息（抵押金乘以税后存款利率） | _____美元 |
| 每年租房成本合计 | _____美元 |

**购房成本**

| | |
|---|---|
| 每年支付的抵押贷款 | _____美元 |
| 房产税（年成本） | _____美元 |
| 住房所有人保险（每年保险费） | _____美元 |
| 预估的维护和维修费 | _____美元 |
| 首付款/交易手续费损失的税后利息 | _____美元 |
| 减去：住房所有权的财务优势 | _____美元 |
| 抵押资产净值的增长 | _____美元 |
| 节省的抵押贷款利息税（每年抵押贷款的利息乘以税率） | _____美元 |
| 节省的房产税（每年的房产税乘以税率） | _____美元 |
| 预估的年折旧额 | _____美元 |
| 买房成本合计 | _____美元 |

---

## 个人理财规划的下一步是什么？

● 确定在现阶段究竟是租房还是买房才是你最合适的选择。

● 列出可以改变你住房需求的情形或行为。

## 你的个人理财规划表 23

姓名：_____　　　　日期：_____

## 公寓租金的比较

**理财规划活动：** 获取如下所需信息，比较三所公寓的设施和成本。

**推荐网站：** www.apartments.com　　www.apartmentguide.com/

| 出租人姓名或公寓建筑名 | | | |
|---|---|---|---|
| 地址 | | | |
| 电话 | | | |
| 月租金 | | | |
| 抵押金额度 | | | |
| 租期 | | | |
| 租房中包括的可使用的公共设施 | | | |
| 停车设施 | | | |
| 建筑内的储存区域 | | | |
| 洗衣设施 | | | |
| 与学校的距离 | | | |
| 与公共交通的距离 | | | |
| 与购物中心的距离 | | | |
| 游泳池，娱乐区，其他设施 | | | |
| 估计的公共设施花费： | | | |
| ● 电 | | | |
| ● 电话 | | | |
| ● 汽油 | | | |
| ● 水 | | | |
| 其他费用 | | | |
| 其他信息 | | | |

## 个人理财规划的下一步是什么？

● 哪处公寓最符合你现在的住房需求？

● 在租住公寓时还有哪些信息需要考虑？

**你的个人理财规划表 24**

姓名：_____ 日期：_____

## 购买住房的支付能力和抵押贷款的资格

**理财规划活动：** 请填入在估计可承担的抵押贷款支付额、抵押贷款总额和住房购买价格时所需的金额。

**推荐网站：** www.realestate.com  www.kiplinger.com/tools/

---

**第一步**

确定你的每月总收入（年收入除以 12）                                    _____美元

**第二步**

在需要至少 10％的首付款时，贷款人利用月总收入的 28％作为 TIPI

（税收、保险、本金和利息）的准则，月总收入的 36％作为 TIPI 加上        ×_____

其他债务支付的准则，（填入 0.28 或者 0.36）

**第三步**

减去其他债务支付（如汽车贷款的支付）（如果有）                          －_____

减去预估的每月房产税和住房所有人保险费                                 －_____

可承担的每月抵押贷款支付额                                            _____美元

**第四步**

用上述金额除以每月 1 000 美元需要支付的抵押贷款，根据当前抵押

贷款利率计算（如图表 7—7 所示）。例如，利率为 10％的 30 年期贷

款，该金额为 8.78                                                   ÷_____

乘以 1 000 美元                                                     ×1 000 美元

可承担的抵押贷款总额                                                _____美元

**第五步**

用可承担的抵押贷款总额除以 1 减去你的首付款的比例（例如，10％

的首付款除数为 0.9）                                                ÷_____

可承担的购买住房的价格                                              _____美元

---

注：贷款机构和其他的贷款需求使用的这两种比率（第二步）并不固定，很可能根据很多因素而改变，这些因素包括抵押贷款类型、首付款金额、你的收入水平和当前利率。如果你还有其他债务，贷款人将对两个比率均进行计算，然后使用可以在借款方面有更大流动性的比率。

## 个人理财规划的下一步是什么？

● 了解你为满足抵押贷款资格可能需要作出的努力。

● 和抵押贷款经纪人或者其他贷款方探讨抵押贷款资格。

## 你的个人理财规划表 25

姓名：_____    日期：_____

## 抵押贷款公司比较

**理财规划活动：** 获取如下所需信息，比较不同住房抵押贷款来源提供的服务与其成本。

**推荐网站：** www.hsh.com  www.eloan.com  www.bankrate.com

抵押贷款金额：

_____美元                     首付款：_____美元              年限：_____

| | | |
|---|---|---|
| 公司 | | |
| 地址 | | |
| 电话 | | |
| 网址 | | |
| 联系人 | | |
| 申请费、信贷报告、房地产评估费 | | |
| 贷款发放手续费 | | |
| 其他费用和征费项目（担保、产权、税收转移） | | |
| **固定利率抵押贷款** | | |
| 每月支付额 | | |
| 折扣点 | | |
| **可调整利率抵押贷款** | | |
| ● 距首次征收利息的时间 | | |
| ● 征收利息的频率 | | |
| 每月支付额 | | |
| 折扣点 | | |
| 支付上限 | | |
| 利率上限 | | |
| 使用的利率指数 | | |
| 担保期限 | | |
| 其他信息 | | |

## 个人理财规划的下一步是什么？

● 在选择抵押贷款时，还有哪些因素需要考虑？

● 哪家抵押贷款公司能够为你现在和未来的需求提供更好的服务？

# 第8章 住房与汽车保险

你明白为你的住房和汽车购买保险的重要性吗？阅读可能风险的详尽列表，然后，把每种风险的编号按发生的可能性在列表下边的横线上排序。

1. 你的房子会面临自然灾害、盗窃和其他不良事件的风险。

2. 你的公寓可能会遭到抢劫。

3. 龙卷风会摧毁你的房子和汽车。

4. 有人可能在你家前面的人行道上摔倒，然后起诉你。

5. 你的孩子会不小心打碎邻居的玻璃。

6. 你的狗可能会咬伤人。

7. 你的汽车会卷入车祸并且会伤害乘客。

8. 一辆未上保险的汽车可能撞到你的车子。

**最可能发生**　　　　**较小可能发生**

学习完本章后，你会被要求重新考虑你的优先顺序。

**目　标**

在本章中，你将会学习到：

1. 了解不同种类的风险和风险管理方法，并且制订一份风险管理计划。

2. 评估有房者或者租房者可以购买的保险范围和保单类型。

3. 分析影响房屋保险的范围与成本的各种因素。

4. 了解汽车保险的主要类型。

5. 评估影响汽车保险成本的因素。

**为什么这很重要?**

在美国，私有住房拥有者或者房东每年都由于超过 300 万起盗窃、50 万起火灾和 20 万起其他灾害而损失数十亿美元。汽车事故造成的伤亡和财产损失数额也是非常巨大的。在理财方案中包括财产和责任保险，你就能够避免上述这些经济损失。

# 保险和风险管理

## 什么是保险?

> **目标 1:** 了解不同种类的风险和风险管理方法，并且制订一份风险管理计划。

在当今这个"信不信由你"的社会里，你几乎可以对任何事情投保。你也许会由于自己可能被外星人绑架而购买保单。如果你认为自己有变成狼人的风险，一些保险公司也会向你提供帮助。如果你跑得很快，那也许你在购买寿险时会享受到一些折扣。有人购买婚礼灾难险，以防在大喜的日子里出差错。也许你永远不需要这些类型的保险，但是你肯定需要对你的房屋、汽车、个人财产进行投保。你对保险知道得越多，你就能够在投保时作出更好的决定。

> **保险:** 针对可能的经济损失的一种保障。

**保险**是针对可能的经济损失的一种保障。你不能预测未来，但是保险能够让你对最坏的事情有所准备。保险提供了针对很多风险的保障，比如，意外的财产损失、疾病和伤害。虽然保险的种类繁多，但是它们有一些相同的特征。保险令你有一种安全感，并且当麻烦发生时能使你免受经济损失。

**保险公司（承保人）**，是一种风险共担的企业组织，其愿意承担其保障的风险可能导致的经济损失。个人通过购买一种叫做保单的书面合同来加入这个风险共担的团体。购买保单的人被称为**保单持有人**。按照保单的规定，保险公司同意在保单持有人支付一定费用（**保险费**）的基础上承担该种风险。保单条款提供的保障就叫做**责任范围**，保险单保障的对象叫做**被保险人**。

> **保险公司（承保人）**：是一种愿意承担其保障的风险可能导致的经济损失的风险共担的企业组织。

## 风险种类

> **保单**：保险的书面合同。
> **保单持有人**：购买保单的个人。
> **保险费**：保单持有人向保险公司支付的费用。
> **责任范围**：保单条款提供的保障。
> **被保险人**：保险单保障的对象。

我们每天都要面对各种风险，过马路就有被车撞的风险；拥有财产后，就存在财产丢失、被盗、被损坏或者被损毁的风险。

"风险"、"风险事故"，以及"风险因素"都是保险中的重要术语。虽然在日常的用法中，这些词语有着几乎相同的意思，然而在保险业中，它们有着各自的含义。

**风险**是指损失或者伤害发生的可能性或者不确定性。在保险里，它是指没有人能够预测麻烦这个事实。这意味着保险公司签任何一份保险单时都要承担风险。保险公司经常将被保险人或者被保险财产称为风险。

> **风险**：损失或者伤害发生的可能性或不确定性。

**风险事故**是指任何可能导致损失的事情。它是人们购买保险的直接原因。人们购买保险来抵御大范围的风险事故，包括火灾、暴风雨、爆炸、抢劫以及意外事故等。

> **风险事故**：可能导致损失的事情。

**风险因素**是指通过某些风险事故提高损失的可能性的任何因素。例如，有缺陷的住房布电系统是一种风险因素，它提高了火灾发生的可能性。

> **风险因素**：通过某些风险事故提高损失的可能性的任何因素。

> **疏忽**：在某种情况下，未能采取通常的或者合理的措施去阻止事故的发生。

最常见的风险可以分为个人风险、财产风险以及责任风险。个人风险是由于疾病、残疾、老龄或者失业导致的收入损失或生命丧失的不确定性。财产风险是由于风险事故（如火灾、失窃）和风险因素而导致财产损失的可能性。责任风险是指因疏忽而伤害了他人身体或造成了财产损毁。**疏忽**是指未能采取通常的或者合理的措施去阻止事故的发生。举例来说，如果一个房主没有扫除房门前台阶上的结冰，那么她就会因为拜访者可能在冰上摔倒而承担责任风险。

个人风险、财产风险以及责任风险都是纯粹风险，或可投保风险。保险公司只在保险覆盖的特定事件实际发生时才作出赔偿。纯粹风险是意外的、无意的风险。尽管没人能够预测纯粹风险是否会发生，但是预测当其确实发生时产生的成本却是可能的。

投机性风险是既可能产生损失，也可能获得收益的风险。创立一个可能成功或者可能失败的小企业就是一种投机性风险。投机性风险是不可投保的。

# 风险管理方法

风险管理是一个为了保护你自己，保护你的家庭以及你的财产的有组织的计划，它能帮助降低破坏性事件导致的经济损失。风险管理是一个长期规划过程，人们的风险管理需求会随着生活阶段的不同而发生改变。如果你知道如何进行风险管理，你就能为自己和自己的家庭提供更好的保障。大多数人认为风险管理就是买保险，然而，保险却不是对付风险的唯一方法。以下是四种常见的风险管理技术。

> **你知道吗？**
> 世界上的穷人常常缺少保护他们的资产的能力。但是近年来，小额保险已经开始向传统的保险项目覆盖不到的顾客和企业提供服务。这些低保险费、低覆盖范围的保单能够使低收入家庭免受对经济状况产生重大影响的损失。

**风险规避** 不开车上班就可以避免交通事故。汽车生产商不引进新款汽车就可以避免产品失败的风险。这两种情况都是风险规避的例子。它们是避免风险的方法，但是成本相当高。前者你可能要放弃工作，而后者汽车制造商可能在敢于承担风险生产新款汽车的竞争对手面前败北。

> 关于管理风险的主要网站：
> www.insure.com
> www.insweb.com

当然，在有些情况下，风险规避还是切实可行的。在高犯罪发生率区域采取预防措施，也许就能避免被抢劫的风险。

**降低风险** 虽然我们不可能完全避免风险，但是可以降低风险对我们产生危害的可能性。例如，你可以通过系安全带降低交通事故造成伤害的风险；你可以通过不吸烟减小患肺癌的风险；你可以通过在家里安装灭火器来降低火灾可能带来的损失；你可以通过平衡饮食和经常锻炼身体降低患病的风险。

**风险承担** 风险承担意味着担负起风险可能带来的损失或伤害的责任。在知道潜在损失较小或者已经采取所有可能的防护措施来避免或降低风险的情况下就应该承担风险。

当某个特定项目的保险总额很昂贵时，那个项目可能就不值得投保。例如，你可以决定不为旧车购买撞车保险。如果事故发生了，旧车也许损毁，但是不管怎样它并不值多少钱。自我保险是以存款建立一种特殊基金以承担损失成本的过程。自我保险并不能减少风险，但是它确实为承担损失提供了一种购买保单的替代方法。一些人由于不能从保险公司那里获得保险而进行自我保险。

**风险转移** 对付风险最常用的办法是转移风险。它意味着把风险转移给保险公司。作为你支付保险费的交换，保险公司同意赔偿你的损失。

> **你知道吗？**
> 免赔条款是风险承担与风险转移的一种组合。被保险人承担一部分风险，赔付一项索赔的前100美元、250美元，或者500美元。一项数额巨大的索赔的大部分被转移给了保险公司。

部分保单包括免赔条款。免赔条款是风险承担与风险转移的一种组合。在一份保单中，免赔额是指保单持有人必须承担的特定损失额。例如，如果一棵倒下的树砸坏了你的汽车，你可能不得不付200美元的维修费，余额才由保险公司负责赔偿。

图表8—1总结了不同种类的风险和管理风险的有效方法。

## 图表 8—1　　　　　　　　　　　　风险与风险管理策略的例子

| 风险 | | 降低经济冲击的策略 | | |
| --- | --- | --- | --- | --- |
| 个人事件 | 经济冲击 | 个人资源 | 私人部门 | 公共部门 |
| 残疾 | 收入损失<br>服务损失<br>开支增加 | 储蓄、投资<br>家庭安全预防措施 | 残疾保险 | 残疾保险 |
| 疾病 | 收入损失<br>灾难性住院开支 | 增强健康的行为 | 健康保险<br>健康维护组织 | 军人健康医疗<br>医疗保健计划<br>医疗援助计划 |
| 死亡 | 收入损失<br>服务损失<br>最后开支 | 房地产规划<br>风险降低 | 人寿保险 | 退伍军人人寿保险<br>社会保险<br>幸存者福利 |
| 退休 | 收入降低<br>计划外生活开支 | 储蓄、投资<br>嗜好、技能 | 退休金<br>养老金 | 社会保险<br>政府雇员养老金计划 |
| 财产损失 | 灾难性暴风雨<br>财产损毁<br>修补或更换<br>盗窃损失 | 财产修补和保养<br>安全计划 | 汽车保险<br>住房所有者保险<br>洪水保险（与政府<br>的联合计划） | 洪水保险（与私人<br>企业的联合计划） |
| 责任 | 索赔与安置成本<br>诉讼与法律费用<br>个人财产与收入损失 | 遵守安全预防措施<br>维护财产安全 | 住房所有者保险<br>汽车保险<br>失职保险 | |

## 保险方案规划

你的个人保险方案应该随着你的需求和目标的变化而变化。戴夫和埃伦是一对年轻的夫妻。为了满足他们的需求和目标，他们应该怎样进行保险方案的规划呢？

图表 8—2 列出了制定个人保险方案的步骤。

**图表 8—2　　　　　　　　　　　　创建个人保险计划**

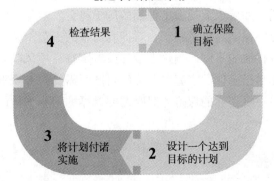

4　检查结果
1　确立保险目标
3　将计划付诸实施
2　设计一个达到目标的计划

**第一步：确立保险目标**　戴夫和埃伦的主要目标应该是使个人风险、财产风险以及责任风险最小化。他们还要决定如何承担一项潜在损失的成本。收入、年龄、家庭规模、生活方式、经验以及责任都是影响他们的目标的重要因素。他们购买的保险一定要反映这些目标。戴夫和埃伦应该试着想出一个能实现以下目标的基本风险管理计划：

- 减少因过早死亡、疾病、事故或者失业而导致的收入损失；
- 减少由于风险事故（如火灾、失窃）和风险因素导致的潜在财产损失；
- 减少因为个人疏忽导致的收入、储蓄以及财产损失。

**第二步：设计一个达到目标的计划**　计划是一种主宰生活而非顺其自然的生活方式。戴夫和埃伦需要决定他们面临什么风险以及他们能够承受什么风险。他们还必须决定能够帮助他们减少严重的风险引起的损害的资源有哪些。

此外，他们需要知道可以购买的保险种类。不同种类保险的成本以及不同保险公司的成本变化的方式将是他们在计划中要考虑的重要因素。最后，他们需要调查不同的保险公司的可靠性记录。

当戴夫和埃伦在设计他们的风险管理计划时，他们必须要问下面四个问题：

- 他们需要保险的是什么？
- 他们应该投保它的多大金额？
- 他们应该买哪种类型的保险？
- 他们应该从谁那里买保险？

**第三步：实施计划**　一旦他们设计好了保险计划，戴夫和埃伦就应该将其付诸实施。在这个过程中，他们可能会发现他们没有足够的保险保障。如果是这样，他们可以购买另外的保险或者更改他们的保险的种类。另外一种可行的方法是调整他们的预算来覆盖额外保险的成本。最后，戴夫和埃伦可能增加他们的储蓄或者投资项目，并且在紧急情况下使用这些资金。

最好的风险管理计划应该具有足够的灵活性来让戴夫和埃伦应对生活状况的改变。他们的目标应该是建立一个能够随着他们的保障需求的变化而增长或者缩减的保险方案。

**第四步：检查结果**　戴夫和埃伦应该每隔两到三年或者每当他们的家境发生变化时就花时间来审查他们的规划。

直到不久前，戴夫和埃伦一直满意于他们的保单提供的覆盖范围。然而，当这对夫妻6个月前买了一栋房子后，他们就应该检查他们的保险规划了。有了新房子后，他们面对的风险就增加了。毕竟，如果火灾损毁了他们的房子将会发生什么呢？

一对租房子的夫妻的保险需求不同于一对拥有房子的夫妻。两者面对的风险相同，但是他们的经济责任却有很大的不同。当你在设计或者审查一项风险管理计划时，问自己你是否提供了能够保护你自己、你的家庭以及你的财产所需的财务资源。下面的"个人理财实践"专栏提供了几种在规划你的保险方案时需要遵循的指导方针。

## 个人理财实践

### 如何设计保险方案呢？

| | 你是否： | 是 | 否 |
|---|---|---|---|
| ● | 向一个有能力的并且可靠的保险顾问寻求建议？ | ☐ | ☐ |
| ● | 确定在你去世后你的家庭能够获得有足够保护的保险？ | ☐ | ☐ |
| ● | 考虑了社会保险以及团体保险提供的家庭保障份额？ | ☐ | ☐ |
| ● | 确定了保险还必须满足的其他需求（丧葬费、储蓄、退休年金等）？ | ☐ | ☐ |
| ● | 确定什么类型的保险最符合你的需求？ | ☐ | ☐ |
| ● | 设计了一个保险方案，并付诸实施，并且定期对变化的需求和环境进行审查？ | ☐ | ☐ |
| ● | 避免购买高于你需求或者支付能力的保险？ | ☐ | ☐ |
| ● | 考虑放弃一种保险，购买另一种成本更低、保障范围相同的保险？ | ☐ | ☐ |

注：选择"是"表示在保险规划时采取了明智的行为。

### 概念检测 8—1

1. 三种风险各是什么？各举例说明。

2. 管理风险的四种方法是什么？各举例说明。

3. 列举规划保险方案的四个步骤。

4. 针对每种风险（个人风险、财产风险以及责任风险）各举一个例子。

**自我应用！**

**目标 1：** 使用网络引擎并且与他人讨论，设计一个最适合你当前的保险需求的风险管理计划。

## 财务规划中的财产与责任保险

　　大规模自然灾害在美国以及其他国家造成了灾难性的财产损失。2005 年，卡特里娜飓风、丽塔飓风以及威尔玛飓风造成了 500 亿美元的损失。1992 年，安德鲁飓风导致了价值 223 亿美元的保险**理赔额**。1993 年的中西部洪水造成了 20 多亿美元的损失。

第 8 章　住房与汽车保险

大多数人在自己的住房和汽车上投入了大量资金，因此，保护这些财产免遭损失十分重要。每年，美国的房屋所有者和房东都要因 300 多万起盗窃事件、50 多万起火灾以及 20 多万起其他灾害性事故而损失数十亿美元。汽车导致的伤害和损失也非常严重。

你支付住房和汽车保险的资金可以看成是保护你最有价值的财产的一种投资。这类保险的成本看上去也许很高，但是保险保障的经济损失更高。

与住房和汽车有关的主要风险有两种类型。一种是财产损毁或者损失的风险；另一种涉及伤害他人或者破坏他们的财产的责任。

> **理赔额**：用来覆盖经济损失的索赔要求。

**可能的财产损失** 人们在他们的屋子、汽车、家具、衣服以及其他个人财产上花费了大量的钱财。财产所有者面临两种风险：第一种是由火、风、水以及烟等灾害造成的物质破坏。这些风险会使财产部分损坏或者彻底损毁。例如，暴风雨可能使一棵大树的树枝打碎你的挡风玻璃，当汽车修理时，你就不得不寻找其他的代步方式。第二种风险是由抢劫、盗窃、故意破坏以及纵火等犯罪行为导致的财产损失。

> **责任**：对另一个人的损失或者伤害的经济成本负有的法律责任。

**责任保护** 你还需要保护自己免于承担责任风险。**责任**是对另一个人的损失或者伤害的经济成本负有的法律责任。即使这些损毁或者伤害不是你的过错，你也可能负有法律责任。例如，假设特里在她朋友丽莎的院子里玩耍时摔伤了，特里的家人也许会起诉丽莎的父母，即使他们没有做错任何事。相似地，假设桑杰在帮助艾德搬家具时不小心破坏了一幅名贵的画，艾德可能会采取法律措施使桑杰赔偿这幅画。

> 关于国家保险监督机构的主要网站：
> www.naic.org
> www.ircweb.org

你的法律责任通常指由于你的疏忽导致了事故，你应该对此负责。这种疏忽的例子包括让孩子在游泳池游泳时未加照顾，或者把东西堆在一个楼梯上并且可能导致某人滑倒。

> **目标 2**：评估有房者或者租房者可以购买的保险范围和保单类型。

# 房屋与财产保险

> **房屋所有者保险**：对你居住地以及其相关经济风险的保险。

你的房屋和个人财物也许占据了你资产的一大部分。无论你是租房还是自己拥有房屋，财产保险都是很重要的。**房屋所有者保险**是对你居住地以及其相关经济风险的保险，例如，个人财产损失以及对他人造成的损失（见图表 8—3）。

**图表 8—3** 住房保险覆盖范围

建筑物及其他结构

个人财产

无法居住/无法使用时发生的额外生活费用

个人责任以及相关保险范围

## 住房所有者的保险范围

一份住房所有者保险的保单提供了以下的保险范围：
- 你居住的建筑以及该建筑上的其他结构；
- 额外的生活开支；
- 个人财产；
- 个人责任以及相关保险范围；
- 特殊保险范围。

**住房和其他结构**　住房所有者保险的主要目的是保护你免受因住房的损坏或损毁造成的经济损失。与你的住房不相连的结构，如车库、工具室等也在保护之列。住房所有者保险甚至还包括树木、灌木丛以及其他植物。

**额外生活开支**　如果火灾或者其他事件导致你无法正常使用自己的房屋，额外生活开支保险能为你支付过渡性住所的成本。例如，房屋修理期间，你需要居住在汽车旅馆或者租一栋公寓。你的保险将支付这些额外的生活开支。一些保单把额外生活开支保险限制在住房保险额的 10％～20％的范围内，并把支付期限限制为最多 6～9 个月，其他的保险品种可能会赔偿一年内发生的额外生活开支。

**个人财产**　房屋所有者保险覆盖你的家居物品，如家具、家用电器以及衣物等，理赔金额为住房保险金的一定比例，通常是 55％、70％或 75％。例如，一个有 16 万美元保险金的住房的家居物品的理赔金额可能是 11.2 万美元（70％）。

个人财产保险通常限制一些特定物品的失窃赔偿额，比如，珠宝最多赔 5 000 美元。它为你离家时带着的物品提供保护使其免受损毁或损坏的经济损失。比如，你旅行时携带的或者上大学时使用的物品通常是覆盖在保单限额范围内的。个人财产保险的覆盖范围甚至扩展到了你租用的物品，比如，在你财产范围内的地毯吸尘器。

大部分房屋所有者保单包括针对个人电脑，包括储存的数据，的可选择性覆盖，这种覆盖有一定的限制。你的保险代理人可以决定这些设备是否可投保，保障因饮料外溢或电量过大而造成的数据损失。

如果你的财产真的出现损失或者丢失，你必须能证明你对财产的所有权以及财产的价值。编制一份家居清单可以使这个过程更简单。**家居清单**是标明购买日期与成本的个人财产的清单或证明文件。你可以从保险代理人那里得到类似的清单样本。如果你决定编制自己的清单，图表 8—4 提供了一份你可能包括在清单里的物品的列表。对那些有特殊价值的物品，你应该保留收据、产品序列号、商标名称以及价值评估书。

> **家居清单：** 标明购买日期与成本的个人财产的清单或证明文件。

你的家居清单包括住房以及家具的照片或录像。拍照时要确保橱柜和储藏室的门是开着的。在照片背面要标明拍照日期及物品价值。要定期更新你的清单、照片以及相关文件。把每个文本的复印件放在安全的地方，比如，保险箱内。如果你拥有贵重物品，比如，昂贵的乐器，或者需要为电脑或者相关设备提供额外的保护，你可以购买一份个人移动财产保险。**个人移动财产保险**是为特定的高价值物品的损毁或丢失而提供的额外财产保险。保险公司要求你提供一份关于投保物品及其价值的详细描述。你还需要时不时地提供专家对投保物品的评估意见，以确保它的价值没有发生改变。

**图表 8—4** 家居清单

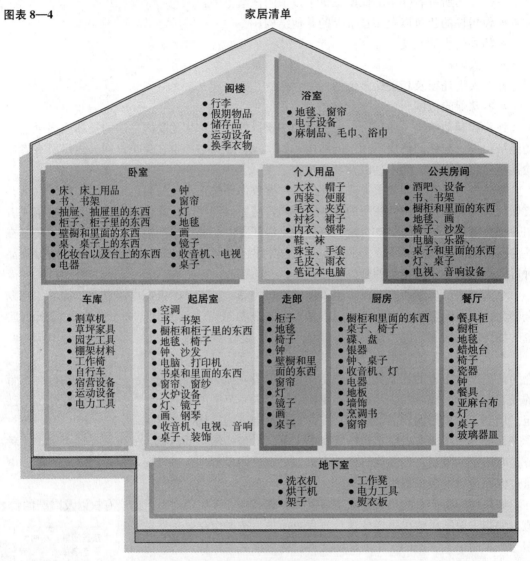

**个人责任与相关保险** 每天人们都面对由于对他人造成的伤害或对他人的财产造成的损坏而必须承担经济损失的风险。以下是这类风险的例子：

- 一位客人踩到你家台阶的冰上而摔伤了胳膊。
- 你在后院烤肉时飞溅的火花引发的火灾损毁了邻居的屋顶。
- 你的儿子/女儿在邻居家玩耍时不小心打碎了一盏古董灯。

这些状况下，你都可能要承担赔偿损失的责任。住房所有者保险中的个人责任险能保护你和你的家人避免因对他人的身体造成伤害或者对他人财产造成损失而引发的诉讼。该保险还包括律师辩护费。

不是所有到你房屋中的人都能得到你的责任保险的保障。朋友、客人或者保姆可能有保障。但是，如果你家里有固定员工，比如，管家、厨师或者园丁，那么你可能就需要为他们购买工人赔偿保险。

伞式保险：又被称为个人灾难保险，是对你的个人基本责任险的补充。

大部分住房所有者保险的个人基本责任险的保险额度是 10 万美元，但是这些通常是不够的。**伞式保险**，又被称为个人灾难保险，是对你的个人基本责任险的补充。这种额外的保险能保障所有类型的个人伤害索赔。例如，如果有人由于你写或者说了某些负面的或者不正确的或者损害了他/她的名誉的话起诉你，伞式保险能够为你提供保障。延伸的责任保险额度为 100 万美元或者更高，这对那些富有的人很有用。如果你是企业主，你可能还需要其他的责任保险。

医疗费保险：赔付在你的房屋内发生的较小的意外伤害。

**医疗费保险**赔付在你的房屋内发生的较小的意外伤害。它还覆盖你、你的家人或者你的宠物出门后造成的小伤害。医疗费保险的保险金支付无须确定责任方。这使得保险公司能够快速处理一般小于 5 000 美元的小额索赔。更严重的个人伤害性赔偿由住房所有者保险中的个人责任险提供。医疗费保险不包括那些住在家里的人受到的伤害。

背书：标准保险保单的附加保险。

如果你或者你的家人无意损坏了别人的财产，住房所有者保险的补充保险能赔付这些小损失，保险金一般只有 500 美元或 1 000 美元。同样，保险金的支付不追究责任方是谁。任何更高金额的财产索赔都在个人责任保险范围内。

**特殊保险品种**　住房所有者保险往往不包括洪水或者地震造成的损失。住在这两种风险高发地区的人们需要购买特殊保险。许多地方都有国家洪水保险计划，这种保障独立于住房所有者保险。保险代理人或者联邦保险局的联邦紧急管理机构可以提供这种保险的更多信息。

**你知道吗？**

房屋所有者每年付出 50 美元～80 美元，就可以获得 1 万美元的污水和下水道阻塞的危害保障。阻塞下水道管线的大雨能够损害地下室的家具及其他物品。

地震保险可以作为住房所有者保险的一种**背书**或附加保险品种，也可以通过一个国营的保险计划得到。最严重的地震发生在太平洋沿海地带，但是地震也会发生在其他地区。如果你计划在洪水和地震发生风险很大的地方买房子，为了获得抵押贷款，也许你不得不买必要的保险。

## 房屋租赁者保险

对房屋租赁者而言，住房保险范围包括个人财产保险、额外生活开支保险以及个人责任与连带保险。房屋租赁者保险并不覆盖建筑或其他结构。

房屋租赁者保险有两类。综合保险保障个人财产免受保单中特定的风险的影响，比如，火灾或者盗窃。最广泛全保保障个人财产免受未被保单排除的风险的影响。当购买房屋租赁者保险时，注意以下这些政策：

- 通常只赔付损失的真实货币价值。重置成本覆盖需要缴纳额外的保险费。
- 只是全面覆盖你家里的个人财产。旅行时，你的行李以及其他个人财产最多只能被保障到保单的总覆盖额的一定百分比。
- 如果有人在你的房屋里受到伤害，责任保险将自动提供保障。
- 可以复制其他的保险。例如，如果你仍旧接受父母的抚养，你父母的房屋所有者保险可以覆盖你的个人财产。然而，这种覆盖一般限制到这份保单提供的全部个人财产保险的一定百分比。

房屋租赁者保险最重要的部分是它向你的个人财产提供的保障。许多租房者相信他们的财产受房东的保险的保障，但是，实际上，这种情况只在能够证明房东是对损毁负责的情况下才有效。例如，如果旧电线引起火灾并且损毁了租赁者的财产，那么租赁者能够从房东那里获得赔偿。房屋租赁者保险保险费相对较低，并且能提供很多跟房屋所有者保险相同类型的保障。

## 房屋保险单

房屋保险有几种不同形式的保单。这些保单提供不同的保障范围。有些保单并不是在每个地方都能买到的。

基本保单（HO—1）保障像火灾、闪电、暴风雨、冰雹、火山爆发、爆炸、烟、盗窃、破坏他人财产、玻璃破碎、暴乱等风险。

综合保单（HO—2）覆盖更广泛范围的风险，包括坠落的物体和冰、雪或雨夹雪导致的破坏。

特殊保单（HO—3）包含了除了保单标明的拒保状况外所有的基本的和综合的风险。

常见的拒保状况有洪水、地震、战争和核事故。个人财产保险范围在保单中被明确标明。

租赁者保单（HO—4）为房屋租赁者提供保单中列出的特定风险的保障。租赁者保险不包括建筑及其他结构的保险。

最广泛全保（HO—5）扩大了特殊保单的保障范围。最广泛全保包括像内置物的重置成本保险和有保证的建筑物重置成本保险这类条目的背书。

注意！房屋保险通常不保障家庭企业使用的电脑和其他设备。联系你的保险代理人来获得需要的保险。

共同所有者保险（HO—6）保障的是共同所有者的个人财产和对住房单元添置的用品或者翻新的物品。这些物品可能包括书架、电器、墙纸或者地毯。共同所有者协会购买建筑及其他结构的保险。

工业性住房和移动房屋通常也适用一般的住房保险。但是一些移动房屋可能需要保险费更高的特殊保险，因为这类住房更容易着火、受到风暴的破坏。移动房屋保险的成本由住房所在地以及住房与地面的连接方式而定。这种财产保险很贵：一栋价值4万美元的移动房屋的保险成本相当于12万美元的普通住房的保险成本。除了上面讨论的这些风险外，住房保险还保障以下事项：

- 信用卡欺诈、支票伪造以及假钞；
- 清理受损财产的成本；
- 为保护财产免受损失而进行的紧急清理；
- 为避免进一步遭到损害进行的损坏后的即期清理；
- 消防费用。

房屋保险不能保障所有的风险（见图表8—5）。

---

**图表8—5**                    **不是所有风险都能被保障**

房屋保险不包括的特定个人财产：

| | |
|---|---|
| ● 单独投保的物品，像珠宝、皮具、游艇或者昂贵的电器设备等 | ● 飞机和零件 |
| ● 动物、鸟或者鱼 | ● 租赁者的财产 |
| ● 没有注册用作交通工具的汽车，用于家庭维护的除外 | ● 出租公寓中的财物 |
| ● 车载音响设备，例如，收音机和CD播放器 | ● 房屋所有者租借给他人的财物 |
| | ● 商业财产 |

---

独立保险可以为这些房屋所有者保险覆盖范围以外的个人财产提供保障。

## 概念检测8—2

1. 给下面的概念下定义：

房屋所有者保险       个人移动财产保险       房屋租赁者保险

家居清单       伞式保险       医疗费保险       背书

2. 选出最佳答案使表述完整或者回答问题：

   a. 房屋所有者保险中的个人责任险部分保障下列哪项发生时造成的经济损失？
   
   （a）洪灾      （b）珠宝被偷      （c）客人伤到了自己      （d）名誉

   b. 房屋租赁者保险不保障下列哪项风险？

   （a）建筑物      （b）个人财产      （c）额外的生活开支      （d）个人责任

   c. 基本房屋保险保障哪些风险？

   （a）冰雹      （b）闪电      （c）洪水      （d）地震

3. 列出至少四种房屋所有者保险不覆盖的个人财产。

_____

_____

_____

**目标 2:** 你将要首次租赁公寓,你拥有大约 1 万美元的个人财产。联系一家保险代理人以便了解房屋租赁者保险的成本。

# 影响住房保险成本的各类因素

## 你需要多少保险金额?

**目标 3:** 分析影响房屋保险的范围与成本的各种因素。 你在购买保险时,可以通过选择合理的保险金额,并了解影响保险成本的各种因素,来得到最好的保险价值(见图表 8—6)。你的保险额应根据重建或者修理住房所需的成本而定,而不是你购买房子的资金。随着建筑成本的上升,你也应该提高保险金额。实际上,现在大多数保单随着建筑成本的增加会自动增加保险金额。

图表 8—6            **确定你需要的住房保险金额**

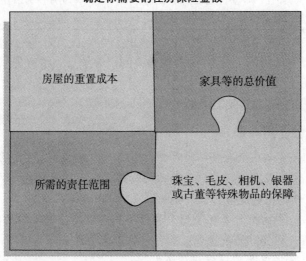

房屋的重置成本        家具等的总价值

所需的责任范围        珠宝、毛皮、相机、银器或古董等特殊物品的保障

**实际现金价值法(ACV):** 被保人得到的赔付金等于被损坏或者丢失的物品的重置成本减去折旧的理赔方法。

过去,许多房屋所有者保险仅仅保障房屋重置成本的 80%。在这种情况下,如果房屋被毁,那么所有者将不得不自己支付一部分可能会很昂贵的维修费用。但是现在,大多数保险公司建议购买足额的保险。

如果你为买房融资,贷款机构会要求你购买财产保险。请记住,住房保险的金额将决定各种个人物品的保险金额。个人物品的保险金额一般相当于房屋保险金额的 55%~75%。

保险公司根据以下两种方法中的一种或者两种进行理赔。在**实际现金价值法(ACV)**中,你得到的赔付金等于被损坏或者被丢失的物品的重置成本减去折旧。折旧是一件物品随着老化而损失的价值。这意味着对于一辆已经有 5 年寿命的自行车来说，你会得到少于本来价格的赔付。

根据**重置价值法**，你获得的赔付金等于修理或者更换该物品的全部成本金额。此法不考虑折旧，但是许多公司把重置成本限制在物品实际价值的 400% 的范围内。重置价值保险的成本比实际现金价值保险的成本高。

> **重置价值法**：被保人得到的赔付金等于修理或者更换损坏或者丢失物品的全部成本的一种理赔方法。

## 影响住房保险成本的因素

你购买住房保险的成本主要受到住房所在地、住房类型和建筑材料等因素的影响。保险金额、保单种类，以及不同保险公司的保险费率差异等因素也影响住房保险的成本。

**住房所在地**　住房所在地影响保险费率。保险公司对靠近水源、有消火栓或者拥有好的消防设施的地区的住房提供较低的保险费。相反，在犯罪率高的地区，保险费就会相对较高。飓风、冰雹等极端气候特征也会影响住房保险成本。

**结构类型**　住房与建筑材料的类型影响了保险的成本。例如，砖石结构住宅的保险费比木质结构住宅的保险费低。但是砖石结构住宅的地震保险保险费要高于木质结构住宅的保险费，因为木制住房更有可能在地震中保存下来。另外，老房子可能更不容易恢复到原来的条件，这就意味着老房子的保险费会较高。

**保险金额与保单种类**　你选择的保险金额及保单种类影响了你的保险费支出。很明显，投保一栋价值 30 万美元的房子比投保一栋价值 10 万美元的房子要贵。

保险免赔额也影响了你的保险成本。如果你提高了保险免赔额，你的保险费将相应地降低，因为当索赔发生时，保险公司赔付的金额将降低。最常见的保险免赔额是 250 美元。如果把这个金额从 250 美元提高到 500 美元或者 1 000 美元，则保险费将减少 15% 或者更多。

> **例子**
>
> 假设你的房屋保险的保险费是 800 美元，并且有 250 美元的免赔额。如果你把免赔额提高到 500 美元，那么你将减少 10% 或者 80 美元的保险费。

**住房保险保险费折扣**　如果你采取措施来降低风险，大多数保险公司会提供保险费折扣。如果你装了烟雾探测器或者灭火器，你的保险费就可能降低；如果有锁定插销门锁和警报系统等防盗窃装置，保险费也会降低。一些公司对一定年限不提出索赔的投保人提供优惠。

**公司差异**　通过比较不同的保险公司的保险费，你可以节省超过 30% 的住房所有者保险成本。有些保险代理人仅仅代理一家保险公司，也有些是代理几家不同公司的独立机构。可以联系这两种代理人，得到的信息将使你能够比较不同的保险费率。

关于洪水保险的主要网站：
www.fema.gov
关于房屋和汽车保险的主要
网站：
www.independentagent.com
www.trustedchoice.com

不要单凭价格选择保险公司，也要考虑公司的服务和保险范围。保险公司理赔的方式也有差异。例如，假设某地的住房的两侧被冰雹打凹了，这些屋子的边线都是相同的，但是由于原来建造这些住房侧翼的材料没有了，所以住房的所有侧翼都需要更换，一些保险公司会赔偿更换所有侧翼的费用，而其他的保险公司只赔付更换损坏的侧翼的费用。州保险委员会和消费者组织都可以提供不同的保险公司的信息。《消费者报告》定期公布保险公司的满意度指数。

阅读下面的"个人理财实践"专栏来了解如何降低房屋所有者保险及房屋租赁者保险的成本。

## 个人理财实践
## 如何降低保险费用

如何降低房屋所有者保险及房屋租赁者保险的成本。答案是货比三家并且比较价格。下面是一些每年能帮你节省几百美元的小提示。

1. 考虑较高的免赔额。把你的免赔额提高几百美元可以使你的保险费降低很多。

2. 向你的保险代理人咨询相关的折扣。如果你的房屋有门栓、烟雾检测器、警报系统、防风盖、防火器材等安全设施，那么你能够以较低的保险费购买保险。超过55岁的人或者老顾客也可能得到折扣。

3. 只投保你的房屋，而不要投保屋子下的土地。灾害过后，土地不会受到损坏。如果你在确定投保金额时未除去土地价值，你将多花费很多钱。

4. 确信你购买的保险金额足够覆盖重置标的物的费用。"重置"保险能够赔付你重建房屋或者重置其中的家具的费用。一份实际现金价值保单虽然便宜，但是在损失发生时，只赔付你财产的价值———成本减去折旧。

5. 咨询你可能需要的特殊保险。你可能不得不为电脑、相机、珠宝、艺术品、古董、乐器、邮票集以及其他物品另外支付保险费。

6. 请记住标准的房屋所有者保险是不覆盖洪水和地震的损失的。单独的地震保险的成本取决于你房屋所在地的地震风险的大小。住在易发生洪水地区的人应该投保国家洪水保险项目。致电 1—888—CALLFLOOD 或者访问网站 www.floodalert.fema.gov。

7. 如果你是一个租房者，请不要相信房东会为你的个人物品投保，为租房者购买一份特殊保险。

## 概念检测 8—3

1. 判断下列说法的正确性。（正确的写"T"，错误的写"F"）

a. 现在很多保单随着建筑费用的增加而自动提高保险金额。____

b. 在过去，很多房屋所有者保险只保障建筑物重置价值的50%。____

c. 很多抵押贷款的放款人不要求你购买房屋保险。____

d. 个人物品保险通常覆盖你房屋保险金额的55%～75%。____

2. 保险公司在理赔时采用的两种理赔方式是什么？

_____

_____

3. 列出影响房屋保险成本的五种因素。

_____

_____

**自我应用!**

**目标3:** 在网上搜索并了解你所在地区经常发生的自然灾害的情况。你应该怎样保护你的家人免受这些自然灾害的影响。

# 汽车保险

目标4: 了解汽车保险的主要类型。

每年，机动车辆碰撞造成1 500亿美元的工资收入损失和医疗费用。交通事故能够在身体上、经济上以及精神上摧毁人们的生活。买保险并不能消除由交通事故引起的痛苦，但是，它却能够减少经济上的影响。

**经济责任法**: 要求司机证明他们有能力赔偿汽车事故造成的损失或者人员伤害的州法律。

美国的每个州都有一部**经济责任法**，它要求司机证明他们有能力赔偿汽车事故造成的损失或者人员伤害。几乎所有的州都有法律要求人们投保汽车险。在剩下的州，人们选择性地购买汽车保险。很少有人拥有能够满足经济责任要求的经济能力。

汽车保险提供的主要险种分为两类：身体伤害保险和财产损坏保险（见图表8—7）。

**图表8—7**　　　　　　　　　　　　　　**汽车保险的两种主要类型**

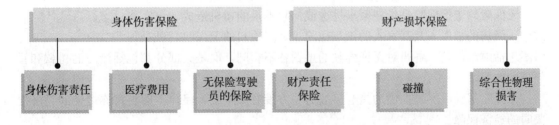

## 身体伤害保险的保险范围

大多数汽车保险公司的赔付金是用来支付伤害索赔的法律费用、医疗费用以及其他相关成本的。主要的身体伤害保险包括身体伤害责任保险、医疗费用保险以及无保险驾驶员保险。

**身体伤害责任保险：保障由被保险人造成的车祸引起的法律费用、医疗费用、工资损失以及其他开支。**

**身体伤害责任保险**　**身体伤害责任保险**是一种覆盖由你造成的交通事故引起的身体伤害的保险。如果事故造成路人、其他汽车里的人或者你汽车里的乘客的伤害或者死亡，那么身体伤害责任保险将支付有关这次事故的费用。

责任保险通常用三个数字表达，例如，100/300/50。这些金额的单位是 1 000 美元。前两个数字表示身体伤害责任保险。在上例中，保险公司对一个人在一次事故中最多赔偿 10 万美元。第二个数字代表每次事故各方所能得到的最高赔偿金是 30 万美元。第三个数字表示对他人财产损失的最高赔偿金是 5 万美元（见图表 8—8）。

图表 8—8　　　　　　　　　　　　身体伤害责任保险

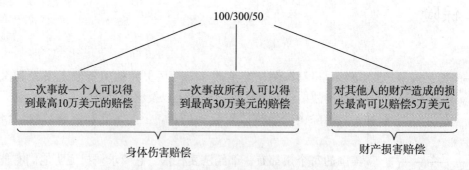

**医疗费用保险：对汽车事故中车内人的医疗费用进行赔偿的汽车保险。**

**医疗费用保险**　**医疗费用保险**覆盖在你车里的人（包括你自己）受到伤害的医疗费用。这种保险还向你及你的家人提供额外的医疗好处；如果你或者你的家人驾驶其他人的汽车时发生车祸而受伤，费用保险同医疗样赔偿医疗费用。

**无保险驾驶员保险**　不幸的是，你并不能保证每次交通事故的相关方都是有保险的人。当你和你的乘客牵涉到一桩有没有保险的人的交通事故中时，你该如何保护自己呢？答案就是无保险驾驶员保险。

**无保险驾驶员保险：在肇事逃逸或保险不足的司机造成的汽车事故中，覆盖受伤的被保险人及其家人的汽车保险。**

**无保险驾驶员保险**是指在肇事逃逸或保险不足的司机造成的汽车事故中，受伤的被保险人及其家人的汽车保险。大多数州的无保险驾驶员保险不包括财产保险。各州对无证驾驶的惩罚各不相同，但是大部分都包括严厉的罚款和暂停驾驶执照。

无保险驾驶员保险提供的是当事故另一方没有保险或者保险不够支付你遭受的经济损失时的经济保障。

## 汽车财产损失保险

夏日的一天下午，暴风雨如期而至，卡丽是一家烤饼屋的老板，正在下班开车回家的路上。瓢泼大雨阻挡了她的视线，卡丽没有看到前面的车准备左转弯，结果她撞车了。这次事故令卡丽的新车几乎报废，幸好她之前购买了财产损失保险。财产损失保险能保障你因对他人财产或对自己的机动车造成损坏而产生的经济损失，包括财产损失责任险、碰撞险和综合性物理损害险。

**财产损失责任险** 财产损失责任险是一种机动车保险，主要在你对他人的财产造成损害时该保险才起到应有的作用。此外，该保险还在你经他人同意后驾驶他人车辆的情况下提供保障。虽然损失的财产通常是另一辆车，不过保险范围还包括建筑物和街道路标、电话亭这样的设施。

> **财产损失责任险**：保障你损坏了他人财产时蒙受的经济损失的汽车保险品种。

**碰撞险** 碰撞险指当交通事故发生时，对你的车辆遭受的损失提供的保障。无论责任方是谁，你都能获得保险公司支付的赔偿金。但是，你获得的赔偿金仅限于事故发生时汽车的实际现金价值。如果你的汽车增添了许多新的功能，你应该在事故发生前备份有关汽车状况和价值的文件记录。

> **碰撞险**：支付车祸中被保险汽车所受损失的汽车保险。

**综合性物理损害险** 综合性物理损害险保障的是由非事故因素导致的车辆损坏而引起的经济损失。该保险为汽车提供的风险保障包括以下情况，如火灾、盗窃、坠物撞击、蓄意破坏、冰雹、洪水、龙卷风、地震和雪崩等。

## 无责任方保险

> **无责任方保险**：汽车事故中，双方司机各自向自己的保险公司申领医疗费用、工资收入补贴等的赔偿金。

为减少在汽车理赔案件中花费的时间成本和金钱成本，许多州纷纷试图寻找更为适当的解决方法。在**无责任方保险**体系中，责任方是谁并不重要，交通事故的当事司机要从自己一方的保险公司处获取赔偿金。每家公司为被保险方支付的金额以其保险额为上限。由于各个州的无责任方保险不尽相同，所以你需要仔细调查当地的无责任方保险的范围和内容。

## 其他汽车保险品种

除上述保险外，你还可以购买一些其他的汽车保险。工资损失保险将为你支付由于汽车事故而造成的所有收入或工资的损失。在采纳无责任方保险体系的州中，工资损失保险常常是一种强制性保险，而其他州则采取选择性保险。

拖车与紧急道路服务保险可以在汽车抛锚时为你支付需要的机械性协助费用。在长途旅行或恶劣天气下，这种保险很有用。如果必要的话，你可以将车辆拖至服务站。但是，一旦你的车辆抵达了维修店，产生的所有维修费将由你自己买单。如果你属于某一个汽车俱乐部，你的会员费可能包括拖车保险。如果是这样的话，那么你购买紧急道路服务保险就是一种浪费了。租赁补偿保险赔偿的是你租赁的车被偷窃或发生事故后修理产生的费用。

## 概念检测 8—4

1. 请列出三种主要的汽车身体伤害保险。
   _____

2. 针对下列叙述内容，正确的标记"T"，错误的标记"F"。
   a. 经济责任法要求驾驶者证明他们能够支付由汽车事故造成的损伤。_____
   b. 保障由于交通事故而造成人身伤害并且你为责任人的保险叫做无保险驾驶员保险。_____
   c. 汽车责任保险额通常由三个数字的形式 100/300/50 来表示。_____
   d. 100/300/50 中的前两个数字表示支付他人财产损失的上限。_____
   e. 无保险驾驶员保险是一种为你和你的家人在涉及有无保险驾驶员或逃逸驾驶者的交通事故时提供保障的保险。_____
   f. 碰撞险在你的车辆遇到交通事故时提供保障。_____

3. 什么是无责任方保险？该保险的目的是什么？
   _____
   _____

4. 列出你可以购买的其他三种汽车保险。
   _____
   _____

**自我应用！**
**目标 4：**调查遭盗窃频率最高的车的构造和型号，这些盗窃会导致保险费率上升。

> 目标 5：评估影响汽车保险成本的因素。

# 汽车保险成本

机动车保险并不便宜，平均每个家庭每年花费在汽车保险上的钱超过 1 200 美元。保险费是与保险公司根据承保范围赔偿的金额相关的。你的汽车保险的成本直接和你的保险总额，以及如车辆、你的居住地、你的驾驶记录等因素有关。

汽车保险/金柏莉·兰克福特撰文

# 汽车保险额的新算法

汽车保险在定价方法上已经有了很大的改变，这意味着你有机会节省更多的钱。去年12月当尼克·斯凯乐收到他的续保通知时，他的保险费降低了 26%，但是他并没有换车，也没有更改保险范围。

斯凯乐的承保人是纽约中央共同保险公司，该公司已经开始对保单持有人的驾驶记录和信贷历史进行检查。因为斯凯乐的信用评级很高，所以他获得了自己所见到的降幅最高的保险费。

在过去一段时间里，大多数承保公司仅依靠可控变量计算保险费，如车辆类型、居住地点、年龄、婚姻情况和驾驶记录等。现在它们关注了 30 多个影响因素。汤姆·米克勒是新罕布什尔州基恩市的独立代理人，他说："我预计与我共事的 14 家公司在接下来的几年里都将会改变它们的定价策略。"

**定位风险** 保险公司已经针对你的信贷历史考虑了一段时间了（州法律许可），因为它们发现在你的信贷历史和保险索赔额之间有着很大的关联。现在它们正在更仔细地研究你的信贷报告，比如，它们将你迟缴贷款 30 天或 60 天的细节信息都标注出来了。保险公司也更关注你所驾驶车辆的类型。除了研究针对该类型车的损失和盗窃索赔外，他们还查看了驾驶员伤害索赔以及事故给其他车辆和驾驶者造成的损失额度。

因为他们现在有定位风险的计算能力，可以将其定位在具体的价格之上，承保人再也不需要将很多人考虑进宽泛的定价层级之

中了。例如，好事达保险已经将原来的 7 个定价层次提高至 384 个。结果，拥有最佳信贷记录的人所缴纳的保险费降低了 25%。保险咨询中心的主任鲍勃·哈特维尔说："如果你是一名较好的驾驶者，那么由于你为较差的驾驶者所提供的补贴的降低，你个人的保险费率也很可能下降。"

但是，即使驾驶记录不良的驾驶者也有可能受益。过去，这些驾驶者都由高风险保险公司承保，它们所征收的费用也非常高。因为大多数主流公司都没有面向驾驶者的高风险保单定价系统，这些驾驶者通常多次发生事故并且有很多违章记录。现在，主流的保险公司也都开始为风险略大的驾驶者提供保险，但受理此类保单的比例却小于那些高风险承保人。

**特殊津贴** 有些公司依照原先的规定向你提供低价保险，意味着这样的保险交易不再是最好的。即使在新的定价结构中，如米克勒所说："保险费也可能有几百美元的差异。"

你可能在与保险代理人的共事中受益，发现最佳保险价格。作为纽约州尤蒂卡市的代理人，斯凯乐利用评级服务机构快速查询客户的信贷信息、保险索赔信息、驾驶记录等，并从几家不同的保险公司处获取报价。（你可以通过网站 www.iiaba.net 在你所处区域找到一家代理商；也可以联系销售某一特定公司保险的代理商，例如，好事达保险。）

## 问题

1. 为什么尼克·斯凯乐在没有更换车辆和保险范围的情况下保险费下降了 26%？

2. 在确定你的汽车保险费时，承保人如何定位风险？

_____

_____

3. 你怎样做可以降低你的汽车保险费？

_____

_____

## 保险总额

你为保险支付的金额取决于你需要的保险额度。你需要足够的保险额度来合法地保障自身权益，并且所获取的赔偿也应该可以为你提供很好的保障。

**法律问题**　如前面所论述的，大多数身陷汽车事故的人都无法自己出钱负担昂贵的法庭调解费。正由于此原因，大多数驾驶者都购买责任保险。

过去，10/20 的身体伤害责任险额度已经足够。但是，在最近一些造成伤害的案例中，一些人获取了百万美元的赔偿金，所以现在通常推荐 100/300 的保险额度。

**财产价值**　医疗费用和法律诉讼费上升了，汽车的成本也提高了。因此，现在你该考虑 5 万美元到 10 万美元的财产损失责任险的保额。

## 影响汽车保险保险费的因素

汽车类型、评级地域以及司机级别是另外三种影响保险成本的主要因素。

**汽车类型**　汽车的生产年份、牌子以及型号对汽车保险成本有很大的影响。更换配件成本高以及维修复杂的车型通常保险成本很高。此外，一些常被盗窃的牌子和型号的车辆的保险费也较高。

**评级地域**　在大多数州，评级地域就是你的居住地，用来确定你的汽车保险保险费。不同地域的成本不同。例如，乡村地区汽车事故较少，并且偷盗案件较为罕见。因此，你的保险费在乡村地区会比在城市地区便宜。

> **你知道吗？**
> 报道声称，在汽车事故中，使驾驶员分心的最常见的因素是食物和饮料：咖啡、热汤、煎玉米卷、辣味食物、汉堡包、鸡肉、果酱或奶油夹心的甜甜圈以及一些软饮料。

**司机级别**　司机级别是根据司机的年龄、性别、婚姻状况、驾驶记录以及驾车习惯等因素而划分的等级。通常来说，年轻的司机（25 岁以下）和年龄较大的司机（70 岁以上）事故发生的频率以及事故的严重性较高。因此这些群体缴纳的保险费也相对较高。你的驾驶记录同样会影响你的保险费，如果你发生事故，或者由于违章收到罚单，那么你的保险费率也将上升。

你向保险公司提交的索赔金额和索赔次数也会影响你的保险费。如果你的索赔金额较大，你的保险费率也会上升。如果你的索赔次数过多，保险公司可能会撤销你的保单，而你也很难从其他公司处获得汽车保险。为了处理这个问题，每个州都有指定风险池。**指定风险池**收集所有无法获取汽车保险的人的名单。其中的一些人被指定给州里的保险公司。这些保单持有人要支付正常费率的几倍，但是他们确实可以得到汽车保险。一旦他们建立了良好的驾驶记录，他们可以普通费率重新申请汽车保险。

> **指定风险池**：由于不良驾车或事故记录而无法获得汽车保险的人的名单，其中一些人通过州政府指定的保险公司以更高的保险费获取保险。

当保险公司在考虑是否向你出售保单、更新保单或取消保单，以及需要考虑征收多少保险费时，他们会考虑你的信用得分。但是，承保人也不是仅仅依靠你的信用得分向你提供住房或汽车保险保单。阅读后面的"个人理财实践"专栏中的内容，理解保险公司如何使用信用信息。

## 个人理财实践

### 保险公司如何使用信用信息

《公平信用报告法》（FCRA，第5章探讨的内容）允许保险公司在未经你同意的情况下调查你的信用报告。这些公司相信对自己财务负责的消费者通常没有高额的损失，因此，这些人应该为他们的保险支付较少的费用。保险公司通过两种方式使用信用评分：

- 承保———决定是否向你出售新的保单或者续保现有保单。一些州的法律禁止保险公司仅仅依据信用评分拒绝出售保单或者续保现有保单。此外，一些州的法律还禁止保险公司以信用信息作为唯一因素决定是否接纳你并将你划入属于集团公司的特定公司。

- 评级———决定向你的保险收取多少费用，或者将你划入某个特定的层级中，或者将你分配在集团公司的某个特定公司内。一些保险公司在使用信用信息的同时，也利用其他的传统的影响评级的因素，如汽车驾驶记录和索赔历史。在一些州的法律许可的地方，保险公司可能仅使用你的信用得分来决定你的保险费率。

《公平信用报告法》要求保险公司向你告知它们是否根据你的信用报告信息而对你采取了不利行动。如果公司告知你已经受到了负面影响，它也必须告诉你是哪家信用机构提供的这些信息，你可以免费获得信用报告的副本。要想了解你的信用评分是否影响了承保人以最优费率给予你最好的保单，最好的方法就是询问。

## 降低汽车保险费

降低汽车保险成本的两种方法是：对公司进行比较以及利用提供的折扣。

**公司比较**　保险费率和服务由于汽车保险公司的不同而不同。即使在同一地区的公司中，保险费也可能存在100%的差异。你应该对当地保险机构的服务和保险费率进行比较。大多数州对此类信息进行公开。此外，你可以通过多种渠道查看公司的信誉，例如《消费者报告》或者当地的保险部门。

**保险费折扣** 降低保险费的最好方法就是建立并维持一个安全的驾车记录,避免汽车事故和违章驾车。而且,大多数保险公司提供不同的折扣。如果你的年龄在25岁以下,在完成司机培训计划或在学校保持较好的学习成绩的情况下,就可以申请降低保险费。

此外,安装安全装置会降低汽车被盗的概率并且可以降低你的保险成本。非吸烟者可以申请低汽车保险费率。在同一家保险公司购买两辆车或两辆车以上的保险,也可以享受折扣。

**注意!** 如果你发生过交通事故,或者由于严重违章而记名,保险公司可能会收取额外的费用。更糟糕的是,保险公司可能不续保你的保单。

提高免赔额也会降低保险费。如果你拥有一辆旧车,价值不高,你可能会决定不为其购买碰撞险或综合性汽车保险。但是,在你作决定之前,请将使用旧车上班或者上学创造的价值与购买这份保险的成本进行比较。下面的"计算"专栏描述了汽车保险的成本比较。

## 计 算

### 汽车保险——花费多少成本?

在马里奥买车前,他需要搞清楚自己是否能够支付得起该车的保险。在下面的例子中,他选择了责任较小的、无保险驾驶员保险和较高的免赔额来确保保险费尽可能低。显然,承保人B针对同样的保险范围提供了较低的价格。

单位:美元

| 调查保险公司 | 承保人 A | 承保人 B |
| --- | --- | --- |
| **身体伤害保险:** | | |
| ● 身体伤害责任保险50 000美元/人;100 000美元/每次事故 | 472 | 358 |
| ● 无保险驾驶员保险 | 208 | 84 |
| ● 医疗支付费用:2 000美元/人 | 48 | 46 |
| **财产损失保险:** | | |
| ● 财产损失责任保险50 000美元/每次事故 | 182 | 178 |
| ● 有500美元免赔额的碰撞险 | 562 | 372 |
| ● 有500美元免赔额的综合性物理损害险 | 263 | 202 |
| **租车费** | 40 | 32 |
| **折扣:技术较好的司机,安全气囊,车库停车** | (165) | |
| **每年总花费** | 1 610 | 1 272 |

调查

找到一款你想拥有的车的牌子、型号和生产年份。调查两家保险公司并依照上面这个例子获取相应价格。你可以通过电话获取它们各自的费率，也有很多公司有自己的网站。使用你的工作簿或者单独一张纸的表格记录你所查到的信息。它们如何进行比较？你会选择哪家公司？为什么？

## 概念检测 8—5

1. 针对下列叙述，对你同意的描述标记"A"，对你不同意的描述标记"D"。

    a. 汽车保险并不便宜。_____

    b. 平均每个家庭每年花费在汽车保险上面的金额少于 500 美元。_____

    c. 大多数发生过汽车事故的人能够自己负担起昂贵的法庭调解费。_____

    d. 通常推荐责任保险 100/300。_____

    e. 你应该考虑保险额在 5 万美元和 10 万美元之间的财产损失责任险。_____

    f. 汽车生产年份、牌子、型号并不影响保险成本。_____

    g. 汽车保险在农村地区可能比你住在大城市要贵。_____

2. 列出影响驾驶者评级的五个因素。

    _____

    _____

3. 你降低汽车保险成本的两种途径是什么？

    _____

    _____

### 自我应用！

**目标 5**：利用网络搜索，查询你所在的州针对无保险驾驶员保险的有关法律。

### 自我测评回顾

　　重新考虑在本章开始处你所回答的关于"自我测评"栏中有关问题的答案。如何更有效地为房产保险：

- 在购买住房和汽车保险时，你需要综合考虑多方面信息。咨询你的朋友或者亲戚，查看黄页或者联系当地的保险部门。
- 考虑在同一家保险公司处购买住房和汽车保险。有些公司将会提供保险费的 5%～15% 的折扣。
- 请记住，在标准的住房所有者保险条款中，并不包括洪水保险和地震保险。如果你住在洪水多发地区，请访问联邦紧急事务管理署（FEMA）网站 www. FloodSmart. gov 获取相关信息。关于更多的有关联邦水灾保险的信息，请拨打 1 - 800 - 638 - 6620 联系国家洪水保险计划项目组。

　　最后，请总结本章中你学习到的内容，这些内容将帮助你制订有效的保险计划，以达到你的理财目标。

## 本章小结

**目标1** 风险主要划分为个人风险、财产风险和责任风险。风险管理方法包括风险规避、风险降低、风险承担和风险转移。

制订保险计划是管理风险的一种方法。

财产保险和责任保险可以防止你遭受住房和汽车的财务损失。

**目标2** 住房所有者保险包括对建筑以及其他结构、额外生活开销、个人财产、个人责任和相关项目的保障，以及对特定的保险项目的保障。

租赁者保险的保障范围与住房所有者保险的范围大部分相同。

**目标3** 影响住房保险范围和成本的因素包括住房所在地、住房结构、保险金额、保单类型、折扣以及不同保险公司的选择。

**目标4** 汽车身体伤害保险包括的范围有：身体伤害责任保险、医疗费用保险和无保险驾驶员保险。汽车财产损失保险包括财产损失责任险、碰撞险以及综合性物理损害险。

**目标5** 汽车保险成本主要取决于你需求的保额，也与车辆类型、评级地域和司机级别有关。

## 关键词

| | | |
|---|---|---|
| 实际现金流量法（ACV） | 住房所有者保险 | 风险事故 |
| 指定风险池 | 家居清单 | 个人移动财产保险 |
| 身体伤害责任 | 保险 | 保单 |
| 索赔 | 保险公司 | 保单持有人 |
| 碰撞险 | 被保人 | 保险费 |
| 保险范围 | 承保人 | 财产损失责任 |
| 免赔额 | 责任 | 重置价值 |
| 背书 | 医疗支付保险 | 风险 |
| 经济责任法 | 疏忽 | 伞式保险 |
| 风险因素 | 无责任方保险 | 无保险驾驶员保险 |

## 自测题

1. 艾瑞克·福勒和他的妻子苏珊刚刚花费13万美元购买了他们的第一套住房。他们购买了一份住房所有者保险，为房屋投保12万美元，为个人财产投保75 000美元。他们拒绝了其他生活消费的保险。该保单的免赔额为500美元。在艾瑞克和苏珊搬进新房后不久，一场暴风对屋顶造成了损害。他们申报了17 000美元的屋顶损失。在维修屋顶时，他们在附近的宾馆住了三天，住宿费用为320美元。假设保险公司以重置价值的方法处理索赔，那么保险公司将为损害的屋顶支付多少钱？

2. 艾瑞克的福特野马和苏珊的丰田普锐斯在同一家保险公司投保。他们的车辆保险额度是50/100/15。苏珊在暴风肆虐的那天出了交通事故。她的汽车失去了控制，撞到了一辆停着的车，也给前面的一家商店造成了损失。对停着的车的损害为4 300美元，对商店的损害为15 400美元。保险公司将为苏珊的交通事故赔付多少钱？

## 自测题答案

1. 住房损坏：

住房价值：130 000美元

保险额：120 000美元

申报损失额：17 000美元

产生的额外生活开销：320美元

由于暴风产生的花费总计：17 320 美元

免赔额：500 美元

保险公司的保险额度（17 000 美元－500 美元免赔额）：16 500 美元

艾瑞克和苏珊的花费（500 美元＋320 美元旅馆花费）：820 美元

2. 汽车事故：

商店损失额：15 400 美元

对停着的车造成的损失额：4 300 美元

合计损失额：19 700 美元

保险公司保险额度（50/100/15）：15 000 美元

艾瑞克和苏珊的花费（19 700 美元－15 000 美元）：4 700 美元

## 练习题

1. 大多数住房保险保单对珠宝提供 1 000 美元的保险额，对银器提供 2 500 美元的保险额，如果这些物品有单独保险，那么保险额另算。如果某个家庭丢失了价值 3 500 美元的珠宝和价值 3 800 美元的银器，请问保险公司不能提供的索赔额是多少？（目标 2）

2. 如果某人购买了两年的家具被大火烧毁，那么在购买了实际现金价值保险（AVC）的情况下，他会获得多少赔偿？现在替换家具需要花费 1 000 美元，使用期限估计为五年。（目标 2）

3. 保险公司对家庭的初始成本为 1.8 万美元的个人财产的赔付金是多少？这些物品的重置成本上涨了 15%。（目标 2）

4. 如果卡瑞萨·道尔顿为价值 13 万美元的住房购买了保险额为 10 万美元的保险，在共同保险条款 80% 的比例的基础上，保险公司针对 5 000 美元索赔额需要偿付多少？（目标 2）

5. 针对下列每种情形，保险公司将分别支付多少钱？（目标 2）

a. 暴风损坏了价值 785 美元的物品，被保险人的免赔额为 500 美元。

b. 价值 1 300 美元的音响设备被盗，被保险人的免赔额为 250 美元。

c. 故意损坏行为对住房造成 375 美元的损失，被保险人的免赔额为 500 美元。

6. 贝基·凡顿购买了 25/50/10 的汽车保险。如果在一起交通事故中贝基被判定为责任人，若其他两个人分别被支付了 35 000 美元的伤害赔偿，保险公司应支付的赔偿金额是多少？（目标 4）

7. 卡特·西蒙斯购买了 50/100/15 的汽车保险。某晚他的汽车失控后撞上了一辆停放的汽车，并损坏了街道旁边的一家商店。对所停车辆造成的损坏额为 5 400 美元，对商店造成的损坏额为 12 650 美元。保险公司会为这起交通事故支付多少赔偿金？卡特自己需要支付多少钱？（目标 4）

8. 贝瓦利和克里·尼尔森各向一家公司投保了他们的汽车，分别每年支付 450 美元和 375 美元。如果他们在同一家公司投保，他们每年会节省 10% 的保险费。以现在的利率水平 6% 计算，10 年后他们每年节约的保险费的总价值是多少？（目标 4）

9. 卡罗琳娜的房子被烧毁了，她共计损失了 25 000 美元。她的住房保险额为 8 万美元，住房所有者保险为她的个人财产提供了住房投保价值的 55% 的保额。计算卡罗琳娜的保单为她的个人财产提供了多少保险额？她能否收到保险公司对在火灾中损毁的所有物品的赔付？（目标 2）

10. 马特和克里斯汀刚刚结婚并居住在他们拥有的第一套住房中。根据他们自身需要投保的住房所有者保险的保险费为每年 450 美元。如果他们为所有外面的门安装锁定插销锁，那么保险公司可以提供 5% 的折扣。如果他们在每层楼都安装烟雾探测器，还能获得 2% 的折扣。他们已经联系修锁匠为外面的两扇门安装了锁定插销锁，每个成本 60 美元。在当地的硬件商店，烟雾探测器的价格为 8 美元，新房有两层，克里斯汀和马特可以自行安装。如果马特和克里斯汀安装了锁定插销锁，他们会得到多少折扣？如果安装了烟雾探测器呢？（目标 2）

11. 在前面的例子中，假定他们的保险费率不变，那么他们需要几年时间才能获取等同于锁定插销锁成本的保险折扣费呢？为弥补烟雾探测器的成本呢？你是否推荐马特和克里斯汀在这些安全设施上进行投资？为什么？（目标2）

## 问答题

1. 向朋友和亲戚了解他们用过的保险种类和保险额。此外，了解他们挑选保险的过程。（目标1）
2. 根据以下步骤拟定一份个人保险计划：（a）识别个人、经济和财产风险；（b）确定你购买所需保险时应达到的目标；（c）描述你为达到这些目标所采取的措施。（目标1）
3. 与理财规划师或保险代理机构讨论缺乏足额住房和汽车保险的人会面临的经济困难。许多人经常忽视的常规保险有哪些？（目标2）
4. 联系两家或三家保险代理机构，获取有关住房或租赁者保险方面的信息。使用你的个人理财规划表29来比较保险范围和成本。（目标2）
5. 检查住房所有者或租赁者的保险保单。这些保单包括的保险内容有哪些？保单中是否有含义模糊的条款或措辞？（目标3）

## 案例一

### 我们租房，为什么还需要保险？

纳森在走进公寓时问他的妻子艾琳："你去过地下室吗？"

"没去，怎么了？"艾琳答道。

"上周末的大雨把地下室全淹了！"他大声喊道。

"哦，不！地下室还有妈妈给我们的多余家具呢！所有东西都被毁了吗？"艾琳问道。

"沙发和茶桌的腿都被浸泡在水里了；只有双人沙发是唯一看起来完好的。哎，我没有想到我们的地下室是不防水的，我马上去找房东太太。"

在艾琳考虑目前这番情景时，她想到了去年秋天他们搬入的时候，他们的房东凯西告诉过她们保险范围包括这栋建筑但是不包括承租人的个人财产。正因为这样，她们购买了租赁者保险。"纳森，我想起来我们的租赁者保险是会支付损失费的。让我给保险公司打个电话吧。"

当艾琳和纳森购买保险时，他们需要决定是购买现金价值型还是重置成本型保险。重置成本型保险更贵一些，但是能够让他们获得足够的保障，能以最新的价格购买新的家具。如果他们选择现金价值型保险，艾琳母亲送给他们的五年前购买的睡椅当初花费1 000美元，现在连500美元都不到。

艾琳打电话过去，发现他们的保险范围涵盖地下室的家具，并且支付以重置成本价值扣除免赔额后的赔付金。他们去年投资的300美元的保险现在真是物超所值了。

并不是每个承租人都会像艾琳和纳森一样幸运。购买租赁者保险的人不到40%。一些人意识不到他们需要这份保险，他们可能认为这些已经包括在房东保险的范围内了，但实际上并不是这样。这种错误的代价实在是太大了。

想想你为自己的物品投资了多少钱，重新购置这些物品需要多少钱？从你去年购买的音响设备或者平板电视或者DVD播放机算起。专家建议那些租房人需要在他们一搬进公寓时就考虑这些问题。你的保单应当涵盖你的个人财产，在火灾或其他灾难发生后你一无所有时为你提供生活费用。

### 问题

1. 为什么对租赁者来说购买保险很重要？
2. 建筑所有者的财产保险是否涵盖租赁者的个人财产？
3. 现金价值型保险和重置成本型保险有什么区别？
4. 在选择租赁者保险时，你应该注意哪些保险特征？

## 案例二

韦琦和蒂姆·赛博（年龄分别为30岁和32岁）已经结婚两年了。他们购买了他们的第一套住房并在六个月前入住了，并且从那时起一直在装修房屋，而且进行了小范围的改造。他们首先关注的是婴儿房，他们的孩子两个月前刚刚出生。

韦琦正在休产假，将很快回到全职工作当中。由于家庭成员和住房环境的改变，韦琦和蒂姆正在重新评估他们的保险。即使是韦琦的父母，在刚刚降低他们新车保险费的情况下，也建议韦琦和蒂姆每年重新为住房和汽车投保。这对新婚夫妇知道他们以前并没有对保险特别在意。现在他们该问问自己：针对住房和汽车，我们的保险是否合适？

韦琦和蒂姆的财务统计数据如下所示：

**资产**
支票/储蓄账户*15 000美元
*包括应急基金20 000美元
住房250 000美元
汽车6 000美元（韦琦），
7 000美元（蒂姆）
住房所有人财产5 000美元
401(k)余额45 000美元（韦琦），
30 000美元（蒂姆）

**负债**
抵押贷款200 000美元

**收入**
总收入58 000美元/年（韦琦），
62 000美元/年（蒂姆）
税后月工资3 383美元（韦琦），
3 617美元（蒂姆）

**退休储蓄**
401(k)每月总收入的10%

**每月支出**
抵押贷款1 200美元
房产税/保险500美元
日常生活消费（包括公共设施费，食物，儿童保育，尿不湿）2 100美元
助学贷款250美元
娱乐300美元
汽油/维修费450美元

**问题**

1. 韦琦和蒂姆应该设定什么样的保险目标和风险管理计划？
2. 讨论韦琦和蒂姆应该投保的住房保险。
3. 他们应该考虑哪些类型的汽车保险？对保险费有什么影响？
4. 他们该如何利用你的个人理财规划表26～你的个人理财规划表30？

## 消费日记

"我的钱大多都花掉了，如果再支付汽车保险，我的预算就更紧张了。"

**指导**

当你继续（或者开始）使用消费日记表时，你应该对优先消费的项目作出更好地选择。你提供的财务数据能够帮助你更好的理解你的消费模式，并且帮助你做好计划，以达成财务目标。消费日记表可以在本书最后的附录C中或者在网站 www.mhhe.com/kdh 上查阅。

**问题**

1. 消费日记表中的哪些信息能够令你将钱花在不同的地方？
2. 为了能够负担合适的住房和汽车保险，你该如何培养自己的消费习惯？

---

## 你的个人理财规划表 26

姓名：_____     日期：_____

### 当前的保险需求和政策

**理财规划活动**：建立当前的和需要的保险记录。列出当前的保险政策和新的或需要增添的保险范围。

**推荐网站**：www.insure.com   www.insweb.com

| 当前的保险范围 | 需要的保险范围 |
|---|---|
| 财产＿＿＿＿＿＿＿＿＿＿＿＿＿＿＿＿ | |
| 公司＿＿＿＿＿＿＿＿＿＿＿＿＿＿＿＿ | |
| 保单号＿＿＿＿＿＿＿＿＿＿＿＿＿＿ | |
| 保险额度＿＿＿＿＿＿＿＿＿＿＿＿＿ | |
| 免赔额＿＿＿＿＿＿＿＿＿＿＿＿＿＿ | |
| 每年的保险费＿＿＿＿＿＿＿＿＿＿＿ | |
| 代理人＿＿＿＿＿＿＿＿＿＿＿＿＿＿ | |
| 地址＿＿＿＿＿＿＿＿＿＿＿＿＿＿＿ | |
| 电话＿＿＿＿＿＿＿＿＿＿＿＿＿＿＿ | |
| 网址＿＿＿＿＿＿＿＿＿＿＿＿＿＿＿ | |
| **汽车保险** | |
| 公司＿＿＿＿＿＿＿＿＿＿＿＿＿＿＿ | |
| 保单号＿＿＿＿＿＿＿＿＿＿＿＿＿＿ | |
| 保险额度＿＿＿＿＿＿＿＿＿＿＿＿＿ | |
| 免赔额＿＿＿＿＿＿＿＿＿＿＿＿＿＿ | |
| 每年保险费＿＿＿＿＿＿＿＿＿＿＿＿ | |
| 代理人＿＿＿＿＿＿＿＿＿＿＿＿＿＿ | |
| 地址＿＿＿＿＿＿＿＿＿＿＿＿＿＿＿ | |
| 电话＿＿＿＿＿＿＿＿＿＿＿＿＿＿＿ | |
| 网址＿＿＿＿＿＿＿＿＿＿＿＿＿＿＿ | |
| **伤残收入保险** | |
| 公司＿＿＿＿＿＿＿＿＿＿＿＿＿＿＿ | |
| 保单号＿＿＿＿＿＿＿＿＿＿＿＿＿＿ | |
| 保险额度＿＿＿＿＿＿＿＿＿＿＿＿＿ | |
| 联系人＿＿＿＿＿＿＿＿＿＿＿＿＿＿ | |
| 电话＿＿＿＿＿＿＿＿＿＿＿＿＿＿＿ | |
| 网址＿＿＿＿＿＿＿＿＿＿＿＿＿＿＿ | |
| **健康保险** | |
| 公司＿＿＿＿＿＿＿＿＿＿＿＿＿＿＿ | |
| 保单号＿＿＿＿＿＿＿＿＿＿＿＿＿＿ | |
| 豁免条款＿＿＿＿＿＿＿＿＿＿＿＿＿ | |
| 联系人＿＿＿＿＿＿＿＿＿＿＿＿＿＿ | |
| 电话＿＿＿＿＿＿＿＿＿＿＿＿＿＿＿ | |
| 网址＿＿＿＿＿＿＿＿＿＿＿＿＿＿＿ | |

续前表

| 当前的保险范围 | 需要的保险范围 |
|---|---|
| **人寿保险**<br>公司_____<br>保单号_____<br>保单类型_____<br>保险额度_____<br>现金价值_____<br>代理人_____<br>电话_____<br>网址_____ | |

## 个人理财规划的下一步是什么？

- 和朋友或者亲戚探讨他们所拥有的保险类型。
- 登录相关网站寻找有关不同保险范围的可用信息。

## 你的个人理财规划表 27

姓名：_____ 日期：_____

### 家庭财产清单

**理财规划活动：** 在进行家庭保险索赔时，请记录可用的个人财产。针对家中不同的区域，列出你所拥有的物品描述（包括型号、序列号）、成本和取得日期。

**推荐网站：** www.ireweb.com  http：//money.com

| 物品 | 描述 | 成本 | 取得日期 |
|---|---|---|---|
| 阁楼 | | | |

浴室

卧室

家庭娱乐室

客厅

走廊

---

厨房

---

餐厅

---

地下室

---

花园

---

其他项目

---

## 个人理财规划的下一步是什么？

- 对他人为住房保险的区域，以及对他们正在考虑的保险范围进行调查。
- 与当地的保险代理机构谈话，了解大多数人容易忽略的保险区域。

---

### 你的个人理财规划表 28

**姓名：** _____　　**日期：** _____

### 确定需要的财产保险

**理财规划活动：** 确定住房或公寓需要的财产保险。评估你所需要的保险范围及其价值。

**推荐网站：** www.iii.org www.quicken.com

---

**不动产（本部分不适用于承租人）**

当前住房的重置价值 _____ 美元

**个人财产**

电器、家具、衣物和其他家庭用品（作一份财产清单）的估算价值 _____ 美元

个人财产的保险类型（二选一）

　　现金价值型 _____

　　重置成本型 _____

　　标准个人财产保险范围外的额外保险项目，如珠宝、枪械、银器、摄影器材、电子设备以及电脑设备等。

**项目**　　　　　　　　　　　　　　　　　　　**金额**

---

---

**个人责任**

为应对可能的个人伤害索赔，所需的额外的个人责任保险的金额 _____美元

**特定的保险范围**

调查不包含在住房保险条款中的洪水和地震保险金额 _____美元

注：使用你的个人理财规划表 29 比较公司、保险总额以及公寓或住房的保险成本。

## 个人理财规划的下一步是什么？

● 概述在做保险计划时涉及的步骤有哪些。

● 概述特定的财产和责任保险的类型，如个人电脑保险、行程取消保险和责任保险等。

---

### 你的个人理财规划表 29

姓名：_____ 日期：_____

### 公寓/住房保险比较

**理财规划活动：** 调查并比较公司、保险范围、公寓或住房保险的成本。与三家保险代理机构取得联系，获取如下所需信息。

**推荐网站：** www.freeinsurancequotes.com  www.insure.com

建筑类型： ☐公寓 ☐住房 ☐共有公寓

地址 _____

建造类型_____ 建筑年代_____

单位：美元

| 公司名称 | | | |
|---|---|---|---|
| 代理机构名称、地址和电话 | | | |
| 保险范围： | 保险费 | 保险费 | 保险费 |
| 住宅 | | | |
| 其他结构 | | | |
| （不适用于公寓/共有公寓） | | | |
| 个人财产 | | | |
| 额外生活花费 | | | |
| 个人责任 | | | |
| 　身体伤害 | | | |
| 　财产损失 | | | |
| 医疗费用 | | | |
| 　每人 | | | |
| 　每次意外事故 | | | |
| 免赔额 | | | |
| 其他保险范围的费用 | | | |
| 服务费 | | | |
| 保险费合计 | | | |

## 个人理财规划的下一步是什么？

● 与一家保险代理机构或索赔调解员探讨确定索赔所需要的文件类型。

● 列出承租人不购买租赁者保险的常见理由。

---

### 你的个人理财规划表 30

姓名：_____  日期：_____

### 汽车保险成本比较

**理财规划活动：**调查并比较提供汽车保险的公司、保险范围和保险成本。与三家保险代理机构取得联系，获取如下所需信息。

**推荐网站：** www.autoinsuranceindepth.com  www.progressive.com

---

汽车（年份、制造商、型号、发动机大小）_____

驾驶者年龄_____  性别_____  每年驾驶的英里数_____

是全职还是兼职司机？_____  每年驾驶的英里数_____

驾驶者是否完成教育？_____

在过去三年内发生过的事故或违规行为？

_____

_____

单位：美元

| 公司名称 | | | |
|---|---|---|---|
| 保险代理机构名称、地址和电话 | | | |
| 保单期限（6个月，1年） | | | |
| 保险范围： | 保险费 | 保险费 | 保险费 |
| 身体伤害责任 | | | |
| 　每人 | | | |
| 　每次意外事故 | | | |
| 每次事故的财产损失责任 | | | |
| 碰撞险免赔额 | | | |
| 综合免赔额 | | | |
| 每个人的医疗费用 | | | |
| 无保险驾驶员责任 | | | |
| 　每人 | | | |
| 　每次意外事故 | | | |
| 其他保险范围 | | | |
| 服务费 | | | |
| **保险费合计** | | | |

## 个人理财规划的下一步是什么？

● 对于强制性汽车保险，请列出支持者与反对者的争论观点。

● 与朋友、亲戚和保险代理机构探讨降低汽车保险成本的方法。

# 第 9 章　健康险和失能收入险

**你的个人理财规划表**

　　31. 评价现有的和所需的健康险

　　32. 对失能收入险的需求

**目　标**

在本章中，你将会学习到：

1. 认识到健康险在个人理财规划中的重要性。

2. 分析购买不同类型的健康险所需的成本和可以获得的保险利益，了解保单中的主要保险条款。

3. 评价不同健康险计划中利益的权衡。

4. 评价由私人公司和政府提供的医疗保障计划的不同点。

5. 解释失能收入险在理财计划中的重要性，然后识别其来源。

6. 解释为什么健康险和健康保障费用在持续增加。

**为什么这很重要？**

将近 4 800 万美国人缺少健康险，而拥有健康险的那部分人也面临缩小的承保范围、更高的就医自付比例和更高的看病开销自负额等还未解决的问题。只有 11% 的消费者感觉自己可以处理源源不断到来的账单。同时，医院和医生们也忍受着逐渐增长的费用和逐步减少的保险公司退款额。本章会帮助你知道，在发生不可预知的医疗费用时或你突然不能去工作的情况下，你如何达成自己的财务目标。

# 健康险和理财计划

## 什么是健康险？

目标 1：认识到健康险在个人理财规划中的重要性。　　健康险是一种在人们遭受疾病或意外伤害时减轻人们的财务负担的保障险。你支付一定金额保险费或费用给承保人，相应地，承保的保险公司会承担你大部分的医疗费用。尽管保险所涵盖的赔偿范围不同，承保人还是有可能承担你的住院费、医生就诊费、药品费，有时甚至还包括视力矫正和外科手术费等。

健康险包括上面已经谈到过的医疗险和失能收入险。医疗险一般只赔付事实上发生的医疗费用。失能收入险提供的赔付额是用来弥补一个人在患病或受伤时不能继续取得收入的损失的。在本章中，名词"健康险"指代的是医疗险。

健康险计划可以由以下几种方式获得：群体健康险，个人健康险和《1986 年统一综合预算调和法》。

**群体健康险**　大多数拥有健康险的人都是包括在群体健康险中的。特别地，这些群体健康险都是由雇主出资的。这就说明雇主向雇员提供健康险计划，并且承担一部分或大部分的保险费。但是，不是所有的雇主都向雇员提供这项福利。奥巴马总统的执政政策要求大雇主需要向所有员工提供健康险。其余的组织，比如，工会和专家联会也提供群体健康险。群体健康险的保险对象是你和你目前的家庭成员。1996 年的《健康险携带和责任法》确立了新的联邦规则来确保雇员不会因为更换工作而失去自身的健康保险。因此，举例来说，一对有个患儿的夫妇可以从一个健康险保险群体中转移到另一个群体中，同时，健康险不会失效。此外，这对夫妇不需要比其他雇员缴纳更多的保险费用。

群体健康险的花费相对而言比较低，因为许许多多的人都处于同一种保单的保障范围内，这份合同是属于同一风险共担群体，或是说同一保险公司的。但是，群体健康险的保障范围有很大的差别。比如说，一些险种限制了住院费和外科手术的赔付金额。如果你参与的群体健康险计划不包括你所需的医疗保险内容，你还有一些其他的选择。

如果你结婚了，你有可能享有同等收益险（coordination of benefits，COB）的好处，大部分的保险团体都提供这种形式的联合保险。这种保险允许你将不同群体保险的保障范围合并起来。这个合保范围是限制在 100%的许可医疗费之下的。举例来说，一对夫妇可以使用一方参与的群体健康险加上另一方参与的群体健康险计划，承保额度达到 100%时为限。

如果你无法取得这种形式的保险，或者你是单身，你可以再买一份个人健康险来扩大你的承保范围。

**个人健康险**　一些从事个体工作的人是没有办法获得由雇主出资赞助的群体保险计划的。还有一些人对雇主提供的群体险的保障范围并不满意。在这些情况下，个人健康险就成了解决问题的途径。你可以直接从你所选择的保险公司处购买自己的健康保险。这些个人保险计划的保障范围一般包括你自己和你的家人。个人险可以根据你的需要来变动承保范围。你需要货比三家地选择保险公司，因为不同公司的收费标准是不同的。

关于健康险信息的
主要网站：
www. insure. com
www. life-line. org

**COBRA**　汉克姆从他的雇主那里得到了一份群体健康险，但是他最近被裁掉了。他不知道在他找到另外一份工作之前如何获得医疗保障。幸运的是，《1986 年统一综合预算调和法》（Consolidated Omnibus Budget Reconciliation Act of 1986，COBRA）规定了，像汉克姆这种情况的人可以在一定时期内保留他前雇主提供的群体险。他需要自己缴纳保险费，但是至少他的保险没有被取消。当他找到一份新工作时，他就可以将保险转到新雇主提供的群体险计划中，这样他的被保险期就没有间断。

## 概念检测 9—1

1. 什么是健康险？

_____

2. 获得健康险的三种方式有哪些？

_____

3. 对下列陈述进行判断，对的选 "T"，错的选 "F"。

　a. 健康险只能作为雇主提供的一种福利来获取。　　　　　　　　　　T　F

　b. 即使你失去工作你也可以继续享受健康险。　　　　　　　　　　T　F

**目标 1：** 询问在人力资源部工作的人员来获取有关雇主提供的作为员工福利的健康险的信息。

# 健康险保险项目

目标 2：分析购买不同类型的健康险所需的成本和可以获得的保险利益，了解保单中的主要保险条款。

　　一些种类的健康险的保险项目是可以通过群体保险计划或个人购买保险而取得。一些承保项目是大部分健康险都含有的，但是一些项目几乎所有的保险都不会提供。

## 不同形式的健康险保险项目

　　**基本健康险保险项目**　基本健康险保险项目包括住院消费、外科费用和内科费用。

基本健康险保险项目：包括住院消费、外科费用和内科费用。

　　**住院消费**　住院消费保险项目赔付部分或所有的日常住院的房间费、膳食费和其他费用。日常的护理费、少数药品的补给费和使用医疗设施的费用也包含在其中。比如，包含的费用包括麻醉费、实验费、病号服费、X 射线透视费、救护车服务费和手术室使用费。

住院消费保险项目：赔付部分或所有的日常住院的房间费、膳食费和其他费用。

　　需要注意的是，大部分的医疗保险政策规定了每天住院费用赔付的最大限额。承保机构也经常限制承保的天数。复习第 8 章你会发现很多保险保单都有一个**免赔额**，免赔额是指保险拥有人在承保公司赔付前必须自己承担的规定的医疗费数目。

免赔额：被保险人在享受保险利益前必须承担的费用。

　　**外科费用**　外科费用保险项目赔付部分或所有外科手术的外科医生收费，不论手术是在医院还是在医生的诊所中进行的。该保险项目经常列出一张赔付的手术项目单据，并且规定了每项手术的最大赔付额度。比如说，盲肠切除手术的最大赔付额度是 500 美元。如果全部的外科费用超过了这个额度，保险持有人则需要自付超出的部分。人们经常在购买住院消费保险项目的同时购买外科费用保险项目。

外科费用保险项目：赔付部分或所有外科手术的外科医生收费。

　　**内科费用**　内科费用保险项目赔付部分或所有不含外科的内科治疗费用。这种健康保险包含了在医院、在医生的诊所，甚至在患者家里的治疗费用。该保险项目可能包括日常的医生出诊费、X 射线透视费和检测费用等。同外科费用一样，内科费用保险项目明确了每项服务的最大赔付额度。内科费用保险项目经常同住院消费和外科费用保险项目捆绑在一起，并作为基本健康险保险项目提供给消费者。

内科费用保险项目：赔付给非外科的医生的费用，如 X 射线透视费和检测费用等。

　　**重大医疗支出险**　大部分人认为基本健康险已经满足了他们的日常需求。但是，严重的疾病或事故的花费会迅速超过基本健康险的最大赔付额度。陈先生做了次紧急外科手术，这意味着一台外科手术、两个星期的住院治疗、一些实验室的检测和出院后的跟踪治疗。他震惊地发现他的基本健康险只赔付了不到一半的全部医疗费用，给他留下了超过10 000美元的债务。

如果陈先生之前购买了重大医疗支出险，他就可以拥有更好的医疗保险保护。这种保险项目赔付大额的长时间住院费用和多种手术费用。换句话说，这项保险在基本险不起作用的情况下发挥作用。几乎所有种类的由医师指定的护理和治疗，不论是在医院内还是医院外，都被包括在承保范围内。最大承保额度可从每人每年5 000美元到1 000 000美元不等。

> **共同保险**：一种由承保人和被保险人共担费用的保险机制。

当然，这种医疗保险的保险费是不便宜的。为了限制赔付额，大多数重大医疗支出险都规定了一个免赔额。一些该种类的保险还要求确立一个**共同保险**机制。共同保险就是在免赔额之外，被保险人需要支付的一定比例的费用。大多数该项保险都要求被保险人在支付完免赔额后再支付20％～25％的费用。

---

### 例子

爱莲娜参与的健康险包含800美元的免赔额和个人承担全部费用20％的共同保险条款。假如她医疗账单总共是3 800美元，则保险公司先要减去她的免赔额800美元，然后承保人赔付剩下的3 000美元的80％，即2 400美元。因此，爱莲娜个人的总花销是1 400美元（800美元的免赔额加上600美元的共同保险）。

---

> **止损**：被保险人赔付固定的金额，超过部分由承保人100％赔付的一种条款。

一些主要的医疗保险包含一项止损条款。**止损**（stop-loss）是这样一种条款，它要求被保险人承担一定金额以内的所有费用，而保险公司赔付在承保范围内的超出该金额的所有费用。一般情况下，被保险人会支付大约3 000美元到5 000美元的金额才能达到承保人开始赔付的金额的下限。

## 健康险交接中的空白期

子女经常在18、19岁或大学毕业时将自己的保险同父母的相分离。但是现在有16个州的政府要求承保人将尚未独立的子女的保险纳入其父母的保险中，一直到其25岁左右为止，甚至最高年龄到30岁。

这项新的规定使没有从工作中获得保险福利或还没有工作的子女有了医疗保险的保障。为了公平起见，已成年子女必须未婚并

且和父母居住在同一个州。但是这些人不需要仍同父母住在一起，甚至他们可以作为独立的纳税个体缴纳税款。

这项规定对于那些有健康问题并且独立购买保险有困难的成年子女是项非常有吸引力的选择。但是其他的年轻人很有可能放弃这项待遇。在许多州，健康的20多岁的年轻人可以用不到100美元每月的保险费购买

自己的保险。这种方法一般比在家庭中添加一个子女健康险的价格要便宜。

　　在大部分的州（除了新泽西州），承保人不对家庭中已成年的子女收取额外的保险费用。但是保险费率会因子女从家庭保险中离除而降低，特别是当你只为一个子女投保家庭险时，你可以把家庭保险费率转化成个人险或是夫妻险中的较低保险费率。你需要将投保家庭险的保险费和为子女投保个人险的花费做比较，然后再决定使用哪种保险。

　　如果你还有其他的子女在你的保单下投保，你仍可以为成年的子女投保而不需要缴纳额外的保险费（只要你的承保人不以你家庭成员的数目来计算保险费）。那将会是最划算的交易了。

　　需要了解各个州的独立投保年龄，请查阅国会立法网（www. ncsl. org）。注意这些法律不适用于自行投保的雇员。

1. 新规定对于那些雇主不提供健康险或是没有工作的成年子女有什么帮助？

_____

_____

2. 20 岁到 30 岁的健康人从哪个机构可以购买到月保险费不超过 100 美元的健康险？

_____

_____

　　重大医疗支出险可以作为一项独立政策被包含在基本健康险保险项目中，也可以单独购买。全保型重大医疗支出险是一种完整的赔付住院、外科、内科和其他账单费用的保险。它的免赔额很低，经常在 400 美元到 800 美元之间。大部分的重大医疗支出险政策都规定了其赔付的固定费用，比如，手术费、住院病房费和膳食费等。

> **你知道吗？**
> 　　对保险骗局的联合抵制促生了假冒健康险"骗局预警机制"，其中包括 10 大骗局特征清单。请访问网站 www. insurancefraud. org 获取信息。

　　**医院赔偿险**　当你住院时医院赔偿险开始发挥赔付的功效。不像上面提到的其他保险险种，这种保险不是直接赔付医疗消费的。被保险人直接得到赔付的现金，然后再决定将保险金用在医疗或非医疗消费上。

　　**牙科消费险**　牙科消费险赔付牙科服务和供给物的费用。此种保险提高了人们对牙齿问题防护的重视程度。该险的保险项目通常包括牙科检查（包含 X 射线费和清理费）、补牙、拔牙、牙齿手术、镶假牙和牙齿矫正等费用。和其他的保险一样，牙科保险一般都有一个免赔额或是含有一个共同保险条款，规定了被保险人缴付扣除免赔额后20%～50%的费用。

**眼科保险**　越来越多的保险公司开始在群体保险项目中添加眼科保险计划。眼科保险一般包括眼科检查费、配框架眼镜费、配隐形眼镜费、眼科手术费和眼部疾病治理费。

**重大疾病险**　重大疾病险、交通事故险、生命险，还有癌症险经常是以邮件、报纸、杂志或上门推销的方式销售的。这种形式的保险是为了应付日常生活中实际不存在的事件的发生，在美国的很多州，这些险种是不合法的。它们一般只涵盖特定条件下发生的事件，这些事件在通常情况下都包含在你所购买的重大医疗险中。

> **长期保障险：为长期的疾病或残疾提供全方位的保障。**

**长期保障险**　长期保障险（LTC）在投保人得了重大疾病或残疾后无法照料自身时，保障了投保人所需的日常费用。不论是投保人需要长期入住看护病房的费用，还是投保人仅仅在家需要得到的日常行为帮助，比如，穿衣服、洗澡、处理日常杂务等等，该险种的作用都十分有效。该险种一年的保险费从不到 1 000 美元至超过 16 000 美元不等，数额取决于投保人的年龄和承保的范围。投保时年龄越大，年保险费越高。通常情况下，个人保险计划面向 50～80 岁的人群销售，向参保人发放最多 2～6 年的红利，并且红利发放数额有一个规定的上限。随后的"个人理财实践"专栏可以帮助你理解长期保障险的特征。

> **关于长期保障险的主要网站：**
> www.longtermcare-insurance.org

调查你所在社区里可以利用的用来满足长期保障需求的服务。通过家庭成员提供的照顾，可以上门服务的护士，家庭健康助手，友好访问者，家庭配送餐，杂务处理，成人白天看护中心等项目来实现彼此间的互补，从而缓解需要休息的看护者的日常看护任务。

这些服务已经变得越来越普遍。它们中的一些甚至全部都可以在你所在的社区中找到。投保人所在地的老年人机构或老年人服务办公室可帮助你定位你所需要的服务。

# 个人理财实践

## 长期保障保单检查表

下面的检查表可以帮助你比较不同的长期保障保单：

| | 保单 A | 保单 B | | 保单 A | 保单 B |
|---|---|---|---|---|---|
| 1. 该保单涵盖了何种服务？ | | | 7. 在保险收益开始前投保人需要等待多长时间？ | | |
| 　经验丰富的看护 | ___ | ___ | 　看护室中的看护 | | |
| 　水平居中的看护 | ___ | ___ | 　家中的健康看护 | | |
| 　照料性看护 | ___ | ___ | 8. 阿尔茨海默病（老年痴呆）、其他器官疾病、神经失调是否包括在承保范围中？ | ___ | ___ |
| 　家庭健康看护 | ___ | ___ | 9. 此种保单是否需要： | | |
| 　成人日间看护 | ___ | ___ | 　医师证明？ | ___ | ___ |
| 　其他 | ___ | ___ | 　日常活动能力评价？ | ___ | ___ |
| 2. 不同保单每天的支付额如何？ | | | 　优先的护士看护？ | ___ | ___ |
| 　经验丰富的看护 | ___ | ___ | 　优先的家庭看护？ | ___ | ___ |
| 　水平居中的看护 | ___ | ___ | 　其他 | ___ | ___ |
| 　照料性看护 | ___ | ___ | 10. 该保单是否可以确保延期？ | ___ | ___ |
| 　家庭健康看护 | ___ | ___ | | | |

成人日间看护 　　 ___ ___
其他 　　 ___ ___

3. 保险收益何时截止发放?
在看护室中的:
经验丰富的看护 　　 ___ ___
水平居中的看护 　　 ___ ___
照料性看护 　　 ___ ___
在家:

4. 该种保单是否有最长的时间限制? 如
果有,是多长时间?
看护室中的看护 　　 ___ ___
家中的健康看护 　　 ___ ___

5. 该种保单对不同的卧床期是否有最大的
承保范围? 如果有,是什么范围的限制?
看护室中的看护 　　 ___ ___
家中的健康看护 　　 ___ ___

6. 在所有前期保障条件都已满足的情况下,
投保人需要等待多长时间? 　 ___ ___

11. 投保该种保险的年龄范围是什么?
　　 ___ ___

12. 是否有自动弃权保险条款?
看护室中的看护 　　 ___ ___
家中的健康看护 　　 ___ ___

13. 在自动放弃保险条款执行前,投保人需
要被限制多长时间? 　　 ___ ___

14. 该保单是否有根据通货膨胀调整的特征?
增加率为多少? 　　 ___ ___
多久调整一次? 　　 ___ ___
持续多长时间? 　　 ___ ___
是否有附加费用? 　　 ___ ___

15. 该保单的保险费为多少? 　　 ___ ___
按年计算:含通货膨胀调整机制 ___ ___
不含通货膨胀调整机制 　　 ___ ___
按月计算:含通货膨胀调整机制 ___ ___
不含通货膨胀调整机制 　　 ___ ___

16. 是否有每月的免费审查? 　　 ___ ___

资料来源: *Guide to Long-term Care Insurance* (Washington, D. C.；Health Insurance Association of America, 1994), pp. 11—12.

## 健康险保单中的主要条款

所有的健康险保单一般都含有固定的条款,投保人必须明确地知道自己的保单所涵盖的范围。承保利益有哪些? 承保范围是什么? 下列条款为一般的健康险保单中经常出现的条款。

- 资格条款:投保人必须满足特定的资格要求,比如,家庭关系、子女的年龄等等。
- 利益分配条款:投保人在提交赔付请求和账单时即提出保险补偿,当投保人分配保险利益时,必须让承保人直接将保险款付给医生或医院。
- 内在限额条款:有内在限额的保单为特定服务设置了不同的赔付额度。即使投保人的住院费达到了 400 美元一天,也不可能在有限额的保单中得到超过 250 美元的赔付额度。

> 共同支付:每次被保险人在享受保险范围内服务且免赔额已达到时,都需要支付一定费用的条款。

- 共同支付条款:**共同支付**的费用是浮动的,每次你在享受保险范围内服务时都需要支付一定的费用。投保人需支付的账单一般在 15 美元到 25 美元之间,承保人支付剩下的账单费用。此支付方式与共同保险不同,共同保险是在抵扣免赔额之后投保人仍需支付占总医疗费用一定百分比的金额。

- 服务利益条款：含有该条款的保单列出了所承保的服务，而不是货币金额。比如，投保人可以享受做 X 射线的服务，而不是每次做 X 射线都要花费 40 美元的费用。服务利益条款一般比内在限额条款更受欢迎，因为承保人会赔付服务利益条款中列出的所有承保服务的费用。
- 利益限制条款：该条款规定了一个最大的保单收益，可能以货币数额度量，也可能以在医院住院的天数计算。
- 除外和限制条款：该条款明确说明保单中不包括的服务有哪些。它有可能包括既存状况（一种在投保人保单生效前已确诊患病的情况），整容手术或其他。
- 保证可更新条款：该条款意味着承保人不可取消保单，除非出现投保人未缴保险费的情况。该条款还规定了禁止承保人向单一投保人提高保险费，除非一个投保群体中所有投保人的保险费一同增加。
- 取消与终止条款：该条款解释了承保人在何种情况下可以取消投保人的保单。此条款还说明了投保人将群体保险合同变更为个人保险合同的方法。

## 概念检测 9—2

1. 基本健康险有哪三种保险范围？
   _____

2. 每种保险提供的保险利益是什么？
   _____

   a. 住院消费的保险范围是什么？_____

   b. 外科费用的保险范围是什么？_____

   c. 内科费用的保险范围是什么？_____

3. 将下列概念与正确的解释连线。
   共同保险　　　　　a. 要求承保人在赔付额低于固定的数额时，承担所有的花费。_____
   止损　　　　　　　b. 投保人必须支付的医疗费用的百分比。_____
   医院赔偿保单　　　c. 一种用于补充基本健康险和重大医疗险的保单。_____
   除外和限制条款　　d. 定义何人可投保此保险。_____
   共同支付条款　　　e. 明确说明保单中不包括的服务有哪些。_____
   资格　　　　　　　f. 浮动的费用，每次享受保险服务时都需要支付一定的费用。_____

### 自我应用！

**目标 2：** 拉什正在考虑投保一份重大医疗支出保险，用于和自己从雇主那里得到的基本健康险补充使用。列出一种拉什需要重大医疗保险的情形。

# 健康险买卖权衡

目标3：评价不同健康险计划中利益的权衡。

不同的健康险保单提供不同的保险利益。当你决定购买何种健康险时，要考虑以下几种利益的权衡。

**偿付和补偿** 偿付保单向投保人支付实际发生的费用。补偿保单则向投保人提供特定金额的赔付，不论实际发生的费用为多少。

---

**例子**

卡蒂和塞思都购买了一份向同一名医师问诊一次的价值200美元的健康险。卡蒂的偿付保单有一个300美元的免赔额。她就诊的金额一旦超过这个免赔额，保险公司就会偿付她本次问诊的所有超出的费用。塞思的补偿保单会赔付他125美元，不论他去任何一名医师那里就诊时花销有多少。

---

**内在限额和合计限额** 一个有内在限额的保单只提供固定额度内的花费的赔付，比如，每天的住院房间费或住院膳食费。一个有合计限额的保单只限制保险范围内所有花费的总额度（一年中赔付的所有利益的最大额度），比如，重大医疗险为1 000 000美元。

**免赔额和共同保险** 免赔额的大小可极大地影响健康险保单的价格（免赔额为投保人在承保公司赔付前必须自己承担的规定的医疗费的数额）。保单价格也会受共同保险条款的影响（共同保险规定了除免赔额之外的必须由投保人支付的医疗费用占总医疗费用的百分比）。

**损失限额** 一些保单对投保人支付的免赔额和共同保险费用的数额有最高限制。当投保人需要支付的金额达到该限额时，保险公司就会承担100％的超出的费用。损失限额帮助投保人减少了财务风险，但同时增加了保险费。

**基于通常性费用的保险利益** 一些保单会将特定地区的服务的平均费用纳入考虑中。保险公司一般会利用该平均费用对投保人的赔付金额做限制。如果一个特定服务项目的标准费用在你所在地区为1 500美元，你所投保单的赔付额一般不会超过这个数额。

---

**你知道吗？**

劳动者权益保障机构（The Employee Benefits Security Administration，EBSA）提供《消费者健康险教育与健康险小贴士》一书，拨打免费电话866-444-3272或访问网站www.dol.gov/ebsa获得。

---

## 你需要购买何种保险？

现在你已熟悉了几种常见的健康险和它们的主要条款，你怎样从中选择一种保险呢？你所选择的保险的种类取决于你可以承担的保险费的数额和你自身希望得到的保险利益。如果你的雇主提供保险福利，它还受雇主提供的保险范围的影响。

你可以购买基本健康险保单，重大医疗险保单，或者二者都购买。三者中的任何一种选择都可以涵盖至少一部分医疗费用。理想情况下，你需要拥有一份基本健康险保单，再加一份重大医疗险保单做补充。另一种选择是购买一份综合重大医疗险保单，一份保单中包含了以上两种保单的利益。图表9—1列出了你所需要考虑的大部分基本要素。

---

**图表9—1**               **健康险必须包含的内容**

一份健康险保单必须：

- 提供住院和就医账单的基本保险范围。
- 提供至少120天的全部住院房间费和膳食费。
- 提供至少1 000 000美元的每个家庭成员的生命保险。
- 支付在每人抵扣500美元或全家抵扣1 000美元后，至少80%的院外医疗消费。
- 无强加的、不合理的免除条款。
- 将损失限额控制在不超过3 000美元到5 000美元的范围内，牙科、眼科和处方消费除外。

尽管不同的健康险计划千差万别，所有计划都有一些共同的基本特征。你还可以在以上必须包含的内容的列表中添加一些特征吗？

---

## 概念检测 9—3

1. 当你决定购买健康险时，有哪些利益权衡关系值得你考虑？

_____

_____

2. 将下列概念与正确的解释相匹配。

偿付     a. 一种只支付固定金额的保单。_____

补偿     b. 一种赔付实际花销的保单。_____

内在限额   c. 是这样一种保单，它只提供在固定额度内的花费的赔付，不论实际花费有多大。_____

免赔额    d. 当你的消费达到一定额度后，保险公司赔付超出部分的100%。_____

损失限额   e. 在保险公司提供保险利益前，投保人必须自行支付的既定的医疗费用的金额。_____

3. 在健康险计划中需要包含的基本特征有哪些？

_____

_____

---

## 自我应用！

**目标3：** 准备一个对你的健康险保单来说很重要的权衡列表。

# 私人医疗保障计划和政府医疗保障计划

## 私人医疗保障计划

**目标 4：**评价由私人公司和政府提供的医疗保障计划的不同点。

美国大部分的健康险都是由私人公司提供的，而不是联邦政府。私人医疗保障计划可通过很多途径获得：私人保险公司；医院和医疗服务计划；健康维持组织；优先医疗服务组织；家庭健康保障机构；雇主自建健康计划等。

**私人保险公司**　有几百所私人保险公司在运作健康险的业务。它们提供的大多数是面向雇主的群体健康险计划，由雇主作为一项福利提供给雇员。保险费可由雇主全额支付或部分支付，由雇员支付余下的金额。这些保单大多赔付你花费的医疗费用，或者由保险公司直接向认可该项服务的医生、医院或实验室支付费用。

**蓝十字：**一个独立的会员制法人，提供承保医院的医疗费用。

**蓝盾：**一个独立的会员制法人，提供承保外科和内科的医疗费用。

**医院和医疗服务计划**　蓝十字和蓝盾是同私人保险公司一样的遍布全美的组织。每个州都有各自的蓝十字和蓝盾组织，它们向上万个美国人提供健康保险。**蓝十字**提供医院保障保险福利。**蓝盾**提供外科和内科的医疗服务福利。

**管理式医疗：**预付费用并向成员提供综合健康医疗保障。

**健康维持组织**　增长的健康保障消费导致了管理式医疗数量的增长。根据最新的行业调查，23％有工作的美国人注册了各种形式的管理式医疗。**管理式医疗**指的是向成员提供综合健康保障的预付费用的健康计划。管理式医疗通过控制健康保障服务使用的方式来控制其费用。管理式医疗由健康维持组织（health maintenance organization，HMOs）、优先医疗服务组织（preferred provider organization，PPOs），以及点服务计划（point-of-service，POSs）提供。

**健康维持组织（HMO）：**提供范围广阔的医疗服务，并收取固定数额的每月预付保险金。

健康维持组织是基本医疗保险和重大医疗费用保险之外的另一个选择。**健康维持组织**直接雇用、联系被挑选的医师和其他医学专家来提供健康保障服务，并收取固定数额的每月预付保险金。

健康维持组织基于预防型服务的观念来实现日后医疗问题的最小化。因此，这些计划中特别包括常规免疫、体检、审查项目和诊断测试。它们还向消费者提供手术、住院和急诊等的保险。如果你投保了健康维持组织，你需要经常为各项服务支付小额的费用。其他补充项目可能包括眼科和处方服务，但需要特别缴纳一些附加费用。

当你第一次注册健康维持组织时，你必须从该组织提供的医生名单中选出一名医师，这名医师负责安排和提供你所有的健康保障服务。你必须通过你的这名医生接受保障服务；若不然，你自己将对服务的所有费用负责。其中唯一例外的承保情况是遇到医疗急诊时。如果你突然生病或受伤，不立即就医就会危及你的生命或健康，你可以到最近的医院的急诊室就诊。除此之外的其他服务必须由健康维持组织管理下的医院和医生提供。

健康维持组织并不是适合所有人的。有很多其消费者都抱怨自己的组织拒绝了自己的就医保障服务，还有些人认为可供选择的医生范围太有限。

关于健康险的主要网站：
www. money. cnn. com
www. kiplinger. com

图表9—2列举了一些选择和使用健康险时需要注意的小窍门。因为健康维持组织要求你只能在固定的医生处就医，你必须确保这些医生离家或办公室的距离较近。如果不喜欢自己一开始的选择，你还可以比较容易地更换医生。同样地，健康维持组织也必须为第二种选择承保，而且你有权利对因为健康维持组织造成的拒绝治疗事件上诉。最后，观察一下费用和服务收益：会出现超额支付或共同支付的情况吗？该医疗计划提供的服务有哪些？

> **你知道吗？**
> 地球上有上百万的人需要每天走很远的路去取水，而这些水往往不适合饮用。水伴侣国际组织（Water Partners International，网站 www. water. org）帮助世界上超过200个国家和地区的人获取安全的饮用水，以此来预防不洁饮水引发的疾病和死亡。水伴侣国际组织不为当地人修建饮水系统，而是和人们一起确保社区长期的可持续性。

**图表9—2**　　　　　　　　　　　　　　选用健康维持组织小贴士

**如何使用一个健康维持组织**

当你第一次在一个健康维持组织注册时，你必须选择一个今后负责安排和向你提供所有医疗保障服务的医师（家庭医生，内科医生，儿科医生，产科医生等）。今后非常重要的是，你要通过这名医生来接受你的医疗保障服务。若不然，你自己将对服务的所有费用负责。

其中唯一例外的承保情况是遇到医疗急诊时。急诊指突然生病或受伤，不立即就医就会危及生命或健康。在这种情况下，你可以到最近的医院的急诊室就诊。除此之外的其他服务必须由健康维持组织管理下的医院和医生提供。

**如何选择一个健康维持组织**

如果你决定注册一个健康维持组织，你需要考虑以下附加因素：

1. 易接近。因为你必须使用固定的医疗提供者，非常重要的一点是他们离你家或办公室的距离很近。
2. 方便的接诊时间。你的医师必须有方便的接诊时间。
3. 备选医师。当你对你第一次选择的医生不满意时，该健康维持组织必须允许你更换医生。
4. 第二次选择。你可以进行第二次选择。

5. 保险范围。你必须比较多个健康维持组织提供的不同健康保障服务，并注意是否会有超额损失或共同支付的情况出现。
6. 诉讼程序。健康维持组织必须有方便、及时的问题和争端解决系统。
7. 价格。你需要比较不同健康维持组织收取的费用，来确保你以同样的价格获得了最大化的服务。

**健康维持组织拒绝治疗或承保时如何处理**

● 获得书面材料。为了更好地为自己的案例辩护，要求该组织出具一份详细的拒绝请求的临床诊断理由，并加上对此负责的健康维持组织的工作人员和医生的签名。

● 知晓自身的权益。既有文件或健康维持组织的服务部门会告诉你实验性治疗的定义和范围，并告知你诉讼的运作程序。

● 保留证据。将你与组织的通信记录复制下来，包括支付和赔付记录。另外，将有关你索赔的谈话都记录下来。

● 寻找支持者。寻求你的医生、雇主和州立保险部门的支持，并在该健康维持组织前陈述你的案例。

资料来源：*Business Week* by special permission，May 18，1997，McGraw-Hill Companies.

**优先医疗服务组织
(PPO)：** 由愿意提
供医疗服务并收取
投保人认可的费用
的医生和医院组成
的团体。

**优先医疗服务组织**　　健康维持组织的一种变化形式就是**优先医疗服务组织**（PPO），是由愿意提供特别的医疗服务并收取预先约定费用的医生和医院组成的团体。优先医疗服务组织直接或间接地通过保险公司向雇主提供服务。它的保险费比健康维持组织的要稍微高一些。

优先医疗服务组织的成员一般不用支付免赔额，并且以最低的共同支付比例进行支付。不同于健康维持组织要求其成员只能接受该组织提供的服务的是，优先医疗服务组织的成员有很大的选择灵活性。成员可以到事先选择的医疗服务提供者处就诊（一名你从名单中选择的医生，同健康维持组织相同），也可以去自己的医生那里就诊。去私人医生那里就诊的患者不会像在健康维持组织那里一样失去承保利益。但是，患者必须支付免赔额和大量的共同支付金额。

**点服务计划：** 一个
由订立合同的医疗
服务提供者组成的
医疗保障网络；也
被称做混合型健康
维持—优先医疗服
务组织或开放式健
康维持组织。

优先医疗服务组织与健康维持组织之间的区别已经变得越来越不明显了。**点服务计划**（POS）结合了健康维持组织和优先医疗服务组织两者的特点。点服务计划使用的是订立了收取一定费用的契约的医师和医疗专家组成的医疗网络。同在健康维持组织中一样，你选择一个管理你医疗保障并控制你向专家转诊的医生。只要保障服务是从该医生处获得的，你就无须或只需很少量地缴纳费用，就同在健康维持组织中一样。但是，同在优先医疗服务组织中一样，你可以在该医疗网络外以更高的费用就医。

**家庭健康保障机构**　　增长的医疗费用、新兴的医疗技术，还有老年人口的持续增多使家庭健康保障机构成为增长速度最快的健康保障产业之一。家庭健康机构包括了家庭健康机构，家庭保障援助组织；还有救济院，帮助治疗致命疾病的援助组织。这些医疗服务提供者在家庭中按照医疗规则提供医疗服务，并只收取医院提供同等服务的费用的一部分。

关于健康险的主要
网站：
www. healthfinders.
gov

**雇主自建健康计划**　　一些公司选择了自我投保。这些公司运行自己的保险计划，从雇员处收取保险费并在需要时向其支付保险利益。但是，这些公司必须承保超出其收取保险费的所有费用。不幸的是，不是所有的公司在这种情况出现时，都有可以承担意外事件的财务资产，所以这对公司和雇员来说，很可能意味着财务灾难的发生。

---

**注意！**　　　　　　　　　　　健康储蓄账户与活期使用账户
不要将健康储蓄账户与活期使用账户（flexible-spending accout，FSA）搞混。同健康储蓄账户一样，活期使用账户允许你拨出资金来支付保险不承保的医疗费用，这部分资金是免税的。与健康储蓄账户不同的是，年末在活期使用账户中留下的钱不可以继续使用。如果你没有使用它，你最后会失去它。

---

**新健康保障账户**　　健康储蓄账户（health saving account，HSA）在 2003 年通过国会的认证，是一种新加入的供美国人选择的健康保险。你和你的雇主必须区分健康储蓄账户、健康偿付账户（health reimbursement account，HRA），还有活期使用账户。每种账户都对如何购买、什么情况下可以赔付、如何纳税有自己的规定。

活期使用账户、健康偿付账户、健康储蓄账户有什么区别呢？活期使用账户允许你将税前收入存入由雇主管理的账户中。你可以将账户中的资金用于医疗保障，但是年底剩下的一切资金都会失去。

健康偿付账户实行高免赔额政策。你的雇主为你单独投保基金，并给你一定数量的资金用于健康保障。你可以将上年剩下的资金转入下一年，但更换工作时你会失去该账户的余额。健康偿付账户的保险费比传统保险的要低，但比健康储蓄账户的要高。你可以将该基金用于投资股票、证券和共同基金。增加的钱是免税的，但只能用于健康保障。

如果你为灾难性大额支出投保了高免赔额的健康保险，健康储蓄账户允许你将资金投入一个免税的账户，这个账户被用来支付超额的健康保障消费。阅读下面的"个人理财实践"专栏来学习健康储蓄账户在 2009 年是怎样运作的。

## 个人理财实践

### 健康储蓄账户在 2009 年是如何运作的

1. 你的公司给你提供一份年免赔额至少 1 150 美元的健康保险。

2. 你可以每年将税前收入投入健康储蓄账户，直到达到免赔额为止——但是全家的规模不超过 5 950 美元，个人的规模不超过 3 000 美元，另外，超过 55 岁的需附加 1 000 美元。

3. 你可以将健康储蓄账户中投入的免税资金撤回，但这些钱只能用于你的家庭医疗费用。当达到免赔额并开始共同支付时，保险仍可赔付 80% 的医疗费用。

4. 健康储蓄计划提出了最大支出限制，个人为 5 800 美元，家庭为 11 600 美元。这是当你的公司承担 100% 的保险费用时的限制。

5. 你的公司愿意的话，可以选择支付部分或所有你的家庭健康保障机构保险费用，就如同它们对待 401(k) 条款一样。

6. 你可以将你的健康储蓄账户中的钱投资于股票、证券或共同基金。你的健康储蓄账户中未曾使用的资金年末免税。

7. 当更换工作或退休时，你仍可携带你的健康储蓄账户。

8. 为了帮助你购买你自己出资的健康保障险，雇主可向你提供当地医生与医院的详细价格与质量的信息。

资料来源：U. S. Department of the Treasury, www. ustreas. gov/press/releases/hp975. htm accessed February 7，2009.

除了这章讨论的私人公司提供的健康保险和健康保障外，政府健康保障计划覆盖了超过 4 600 万的人群。下一章节将讨论这些政府医疗保障计划。

## 政府医疗保障计划

前面讨论过的大部分健康保险保单是在私人保险公司处购得的。然而，其中一些消费者有资格得到联邦政府和州政府的健康保障计划所提供的健康保险保单。

**老年医疗保险**　最有名的政府健康计划可能就是老年医疗保险了。老年医疗保险是联邦政府资助的健康保险计划，主要面向 65 岁和 65 岁以上的老年人或残疾人。老年医疗保险有四个部分：住院保险（A 部分），医疗费用保险（B 部分），医疗保险优先计划（C 部分）和处方药保险（D 部分）。老年医疗保险的住院保险的一部分是用社会安全工资税金建立的。A 部分帮助住院病人支付住院保障，住院护理设施保障，家庭健康保障和救济院保障的费用。该保障计划的参与者每年仅缴纳免赔额。

---

**你知道吗？**

老年医疗保险每年向超过 100 万的健康保障供应者支付超过 377 000 000 美元来帮助超过 4 500 万的老年人。

---

B 部分帮助投保人支付医生的收费和其他各式各样的医疗服务费或 A 部分没能包括的服务项目的收费。B 部分有一个免赔额和自付 20％ 的共同保险条款。医疗费用保险对认为需要投保该险的人来说是一项补充。保险费有规律地被每月收取。联邦政府会垫付剩余部分的保险费。阅读下面的"个人理财实践"专栏来获取老年医疗保险 A、B、C、D 部分的概要。

## 个人理财实践

### 老年医疗保险概要

老年医疗保险是为 65 岁和 65 岁以上的老年人或不分年龄的残疾人和晚期肾病患者（需要透析或肾移植的永久性肾衰竭者）设立的医疗险。

| 原始老年医疗保险计划 | |
| --- | --- |
| A 部分 | B 部分 |
| （住院） | （医疗） |

以上为老年医疗保险提供的承保范围。B 部分为可选择项目。你可以自行选择医生。你的费用可能比医疗保险优先计划高。

+

| D 部分 |
| --- |
| （处方药承保范围） |

你可以选择这个承保范围。私人企业的该计划涵盖不同的药品。医疗必需药品必须涵盖在此范围之中。

+

| 补充医疗保险计划 |
| --- |

你可以选择购买这种私人保险（雇主或团体可能提供相似的保险）来补充 A 部分和 B 部分无法涵盖的范围。费用因政策和公司的不同而不同。

或

| 医疗保险优先计划（例如，健康维持组织和优先医疗服务组织） |
| --- |
| C 部分，这种选择将 A 部分与 B 部分结合起来 |

被老年医疗保险认可的私人保险公司提供这种险种。通常情况下，你必须在该计划的医生处就诊，费用可能比原始老年医疗保险计划低，而且可能会得到附加利益。

+

| D 部分 |
| --- |
| （处方药承保范围） |

C 部分的大部分计划中都包括处方药品。如果不包括，你可以选择这个承保范围。该保单包括不同的药品。医疗必需药品必须包括在其中。

查询老年医疗保险的信息，请访问网站 www.medicare.gov 或拨打电话 1-800-633-4227。

资料来源：*Medicare & You*（Washington，DC：The Centers for Medicare and Medicaid Services，2009）.

---

老年医疗保险仍陷在财政困境中。健康保障费用持续增长，并且社会老龄化人口比例也不断增加。这些状况都将老年医疗保险推入了资金耗尽的危险境地中。根据最近的预测，如果再不作出任何改进的话，该计划将在 2019 年破产。

《1997 年联邦收支预算法》建立了新的老年医疗保险选择计划。该计划允许很多承保人另选择一份管理型保障计划作为老年险的补充项目使用。虽然有一些附加的费用，成员可以获得更多的利益。图表 9—3 比较了不同的老年医疗保险的特征。

| 图表 9—3 | 现有的选项 | 新选项 | 不同的老年医疗保险计划的比较<br>计划描述 |
|---|---|---|---|
| 原始老年医疗保险 | ✓ | ✓ | ● 自己选择自己的健康保障提供者。<br>● 原始老年医疗保险向承保人赔付其承保项。<br>● 大部分受益者选择购买原始老年医疗保险的补充保险。 |
| 健康维持组织（HMO） | ✓ | ✓ | ● 必须在计划服务地区居住。<br>● 你同意使用计划网中的医生、医院等医疗提供者，紧急情况可例外。<br>● 老年医疗保险向健康维持组织支付医疗服务的费用。 |
| 优先医疗服务组织（PPO） | | ✓ | ● 同 HMO 的运作方式相似，但允许投保人到该医疗网外的医疗服务提供处就诊。<br>● 如果你在该医疗网外就医，需支付高额费用。 |
| 提供者—赞助者组织（PSO） | | ✓ | ● 同 HMO 的运作方式相似，但该组织的管理者为健康保障提供者，而不是保险公司。 |
| 私人服务费 | | ✓ | ● 老年医疗保险向私人保险计划赔付总额。<br>● 医疗账单可能比赔付金额高，你需自付余额。<br>● 该医疗计划可能提供比原始老年医疗保险更多的服务。 |
| 医疗储蓄账户（MSA） | | ✓ | ● 老年医疗储蓄账户是一种可以用来支付医疗账单的特殊账户。<br>● 老年医疗保障和救助服务中心（CMS）向投保人账户存放年度总金额。<br>● 医疗储蓄账户同私人保险公司合作运营，并有一个很高的免赔额。<br>● 因为非医疗费用而撤回的资金需缴纳税金和罚金。 |

**资料来源：** *Medicare & You* （Washington，DC：The Centers for Medicare and Medicaid Services，2009）.

关于老年医疗保险的主要网站：
www. ssa. gov

**老年医疗保险不承保的范围有哪些？** 尽管老年医疗保险对支付医疗费用非常有帮助，它并不涵盖所有的项目。它除了不承保免赔额和共同保险支付额外，也不涵盖其他的一些医疗支出。这些不承保项目包括固定的几项技术含量高或长期的护理保障、院外处方药、定期体检、牙科保障和大部分的免疫项目。老年医疗保险还严格地限制了提供的服务项目的类型和对这些服务赔付的金额。如果你的医生不接受老年医疗保险承认的全额支付金额，承保人有责任赔付其差额。

### 补充医疗保险计划（medigap）

那些有资格得到老年医疗保险并希望获得更多保障的人可以购买**补充医疗保险计划**。补充医疗保险计划作为老年医疗保险的补充可以填补老年医疗保险不包括的医疗费用。私人公司提供该种保险。

> **补充医疗保险计划：**填补老年医疗保险不包括的医疗费用的保险。

**医疗补助计划**　另一种比较有名的政府健康保障计划是医疗补助计划，由政府向低收入个人和家庭提供医疗援助。医疗补助计划由州政府负责管理，但经费供给是由州政府和联邦基金共同承担的。不同于老年医疗保险，医疗补助计划的承保范围非常广泛，所以拥有医疗补助计划的人无须再购买补充险种。典型的医疗补助保险利益包括医生服务费、院内和院外服务费、实验费、高技术含量的护理和家庭健康服务费、处方药、配镜，以及21岁以下人群的处方医疗费。

**政府消费者健康信息网站**　美国卫生与公众服务部（HHS）运作着60多个网站，提供了大量可靠的有关健康和医疗的信息，例如：

- 健康寻求者：健康寻求者包含超过1 000个政府和公益组织运营的网站，它根据项目列出主题。（www. hhs. gov）
- 医疗热线加：医疗热线加是世界上最大的收集已发布的医疗信息的网站。它一开始是为医学教授和研究人员设计的，但对于对健康保障和医疗问题感兴趣的学生和其他人来说，该网站都是非常有价值的。（www. nlm. nih. gov/medlineplus）
- NIH健康信息页：国家健康委员会（NIH）运营的一个网站，叫做NIH健康信息页，该网站可以直接指引你从NIH出版物和网站上获取健康信息。（www. nih. gov）
- FDA：食品与药品协会（FDA）也建立了一个网站。这个消费者保护机构的网站提供了大量的食品、药品、化妆品和医疗装置的信息。（www. fda. gov）

### 概念检测 9—4

1. 私人健康计划的六种获得途径有哪些？

_____

_____

2. 将下列概念与正确的解释匹配

蓝十字　　　　　　　　a. 由政府向低收入个人和家庭提供医疗援助的医疗援助工程。

_____

蓝盾　　　　　　　　　b. 有HMO与PPO的结合特性的组织。_____

健康维持组织　　　　　c. 提供承保医院保障费用的全国性组织。_____

优先医疗服务组织　　　d. 联邦基金成立的健康保险计划，主要面对65岁和65岁以上的老年人或残疾人。_____

点服务计划　　　　　　e. 直接雇用、联系被挑选的医师和其他医学专家来提供健康

保障服务，并收取固定的每月预付金的健康保险计划。_____

老年医疗保险   f. 提供外科和内科医疗费用的全国性组织。_____

医疗补助计划   g. 提供医疗服务并收取投保人认可的费用的医生和医院组成

        的团体。_____

3. 老年医疗保险中不承保的健康保障服务有哪些?

_____

_____

**自我应用!**

**目标 4：**同一些获得老年医疗保险和医疗补助计划保障的人交流，来获取这些保险提供的
    承保范围和有时面临的困难的信息。

# 失能收入险

## 失能收入的需求

> **目标 5：**解释失能
> 收入险在理财规划
> 中的重要性，然后
> 识别其来源。

> **失能收入险：**在投
> 保人无法工作时提
> 供的替代工作收入
> 的赔付。

在失能收入险出现之前，人因生病而失去的入账金额比其支付的医疗费都要多。失能收入险就是为防止这种情况出现而成立的。如今这种承保形式已非常普遍，有几百家保险公司提供该种保险。

**失能收入险**（disability income insurance）提供有规律的现金收入，在投保人因为怀孕、非工伤意外或疾病无法工作时开始发挥作用。它保障了你的收入能力，是对你最有价值的资源。

失能的定义对每一位投保人都不相同。一些承保人在你无法正常工作时开始赔付，而另一些只在你得大病或严重受伤无法从事任何工作时开始赔付。比如说，一位小提琴家的手受伤了就不可以从事往常的工作，但可以做许多其他种类的工作。一份好的失能收入险在你无法做常规工作时就开始赔付。好的失能收入险还应赔付部分利益，如果你现在不能做全职工作的话。

很多人都犯了忽视了失能收入险作用的错误，并没有意识到它是一种非常必要的保险。失能或残疾有可能带来比死亡更大的经济问题。残疾人失去了挣钱的能力，但生存仍需必要的花费。此外，他们经常要面对因残疾而导致的巨大的医疗治疗和特殊看护的费用。

## 失能收入险的获得途径

在你从私人保险公司购买失能收入险之前，需思考你可能已经拥有同种类型的保险。

如果你因公受伤，该款项可由工作赔偿金支付。失能利益也可从你的雇主或社会保障处获得，来防备长期失能的出现。

**工作赔偿金**　如果你的失能是由于工作中的意外或疾病造成的，你就有资格获得所在州的工人赔偿金保险利益。利益的大小由你的薪酬和工作时间来确定。

> **你知道吗？**
> 根据一个致力于帮助消费者作出最佳财务决定的非营利性组织——生命基金会的调查，大约 1/5 的美国人在 65 岁退休之前会失能一年或更长的时间。而社会保障部门显示，从 2000 年开始，失能工人的数量增加了 35%。

**雇主保险计划**　很多雇主使用群体保险计划向雇员提供失能收入险。在大多数情况下，你的雇主会帮你缴纳部分甚至全部的保险费。一些保险可能只持续支付几个月的薪金，但另一些会为你提供长时间的保护。

**社会保障**　社会保障可能最被人了解的是它是退休金的一种来源，但它也提供失能保障利益。如果你是一名缴纳社会保障金的劳动者，你就有失能时获得社会保障基金的资格。获得资金的多少取决于你的薪酬和缴纳社会保障金的年数。但是，社会保障的规则是非常严格的。劳动者只有在因身体或精神条件而无法工作的期限超过 12 个月，甚至死亡时，才被认定为失能。保障利益在失能满 6 个月时开始发放，直到失能的情况结束时为止。

**私人收入保险计划**　私人保险公司提供很多种保单来赔付投保人因生病或受伤而造成的收入损失。失能收入险向因伤病、意外而无法工作的投保人按周或月来支付保险利益。赔付额一般为正常收入的 40%～60%。一些保险甚至可赔付 75%。

## 失能收入险的权衡

同购买健康险一样，你需要在各种各样的私人失能收入险保单中权衡利弊。当你寻找适合自己的保险计划时，需要记住以下几点。

**等待或排除期**　保险利益不会在你刚刚失能的那天开始发放。在开始赔付之前，你需等待 1～6 个月的时间。这个时间间隔就叫做排除期。通常排除期长的保单保险费较低。

**利益持续期**　每份保单都特别规定了一个利益赔付的时间段。一些保单只赔付你几年时间，另一些在你达到 65 岁时自动废除，但也有在你健在的期间持续赔付的。你需要获得一份能在生存期间持续赔付的保单。如果你的保单在你 65 岁时停止赔付，则永久性失能就会成为巨大的财务和身体损失。

**利益数额**　你需要寻求一份可以赔付 70%～80% 所有来源的收入的保险。当然，高利益对应着高的保险费。

**意外与疾病的承保范围**　一些失能保单只承保意外情况。疾病的保障是非常重要的。意外并不是造成失能的唯一原因。

**保证可更新**　如果你的健康状况变差，你的失能收入险承保人有可能会试图取消你的保单。购买一份在你持续缴纳保险费的情况下会确保承保的保单，该费用可能会高，但因提供了附加保障和心理上的安全感，该保单是物有所值的。你还有可能找到一种在你失能时就停止收取保险费的保单，这也是另外一种保险利益。

## 你的失能收入需求

　　一旦你查明了多种多样的来源于公共的和私人的保单的不同利益，你需要确定这些利益是否能满足你的失能收入需求。理想上，你需要一份可替代所有收入的保单。这就要确保它可以赔付你恢复期间每天的支出。你会没有与工作相关的支出，而且你的税额在你失能期间会降低。在某些情况下，你无须缴纳一些特定的税。使用图表 9—4 来帮助你确定当你失能时可以得到的收入有多少。

**图表 9—4**　　　　　　　　　　**计算失能收入**

如果你失能的话你能得到多少收入？

| | 每月数量（美元） | 等待时间 | 持续时间 |
| --- | --- | --- | --- |
| 生病或短时间残疾 | _____ | _____ | _____ |
| 群体长时间失能 | _____ | _____ | _____ |
| 社会保障 | _____ | _____ | _____ |
| 其他政府保障计划 | _____ | _____ | _____ |
| 个人失能保险 | _____ | _____ | _____ |
| 信用失能保险 | _____ | _____ | _____ |
| 其他收入 | _____ | _____ | _____ |
| 储蓄 | _____ | _____ | _____ |
| 配偶收入 | _____ | _____ | _____ |
| 失能期间每月总收入 | _____ | | |

## 概念检测 9—5

1. 失能收入险设立的目的是什么？
   _____
   _____

2. 失能收入的四种获得途径是什么？
   _____
   _____

3. 将下列概念与正确的解释相匹配。

   等待或排除期　　a. 承保利益赔付的特定的时间段_____

   利益持续期　　　b. 一份在你持续缴纳保险费的情况下会确保承保的保单_____

   保证可更新　　　c. 在开始赔付之前，渡过 1～6 个月的时间_____

**目标5:** 联系一家保险机构来获得购买一份个人失能收入险保单的费用信息。

# 高额的医疗费用

| 目标 6: 解释健康险和健康保障费用持续增加的原因。 |

在这个时代,可承受范围内的健康保障已变成最重要的社会问题之一。新闻播报中充斥着美国健康保障危机的特别报道,或是政要们要求健康保险全球化的新闻。

老龄化和肥胖化的群体、处方药的费用、增加的未投保人群,以及先进的医疗技术之间有什么联系呢?这些和另外的一些因素都意味着增长的健康费用。美国是世界上人均医疗支出最高的国家。美国花了比欧洲和北美洲的其他 24 个工业国家的平均医疗消费高两倍的医疗支出。在 2008 年,每个劳动者的平均健康保障费用超过了 8 000 美元。随着时间的推移,美国公民除了死亡和赋税外可以确信的另一点是:高额医疗费用。

据预测,至 2009 年,健康支出将达到 2.56 万亿美元(如图表 9—5 所示)。从 1993 年开始,健康保障费用占国内生产总值的比例持续保持在 13.6%,除了 1997 年曾下跌到 13.4%外。但到了 2009 年,这个比重占到了 16.9%。来自医疗保障和援助服务中心的最新预测表示,在 8 年之后年健康保障支出预计将超过 4.3 万亿美元,占到 GDP 的 19.5%。另外,超过 4 800 万人、占总人数 15.7%的美国人将没有健康保险。

**迅速增加的医疗支出** 自从 1965 年联邦政府资助的健康保障计划开始实行后,健康保障费用从一开始的占 GDP 6%的 416 亿美元,增加到 2009 年的 2.56 万亿美元,占 GDP 的 16.9%。

**高额行政费用** 比起加拿大社保系统中 1%的行政费用,美国行政花销占了健康保障费的近 26%。这些花费包括的行为有:注册保单中的受益人,支付健康险保险费,审查投保人资格,获取专家转诊授权书,以及填制赔付声明等等。如今,有超过 1 100 份不同的保险单据在美国使用着。

## 为什么健康保障费用如此高?

造成健康保障费用持续增加的原因有很多,包括:

- 精密、昂贵的技术的使用。
- 重复的检测,重复的技术得到了相似的结果。
- 增加的治疗的品种和频率,包括所谓的不必要的检测。
- 老年化人口比例的升高和寿命的延长。
- 规章造成了费用的转移而非费用的降低。

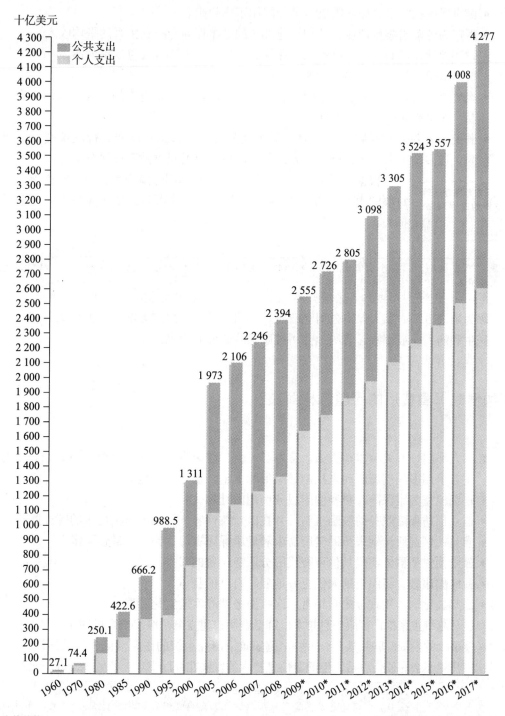

图表 9—5　　　　　　　　　　1960—2017 年美国全国的健康支出

十亿美元

公共支出
个人支出

4 300
4 200
4 100
4 000
3 900
3 800
3 700
3 600
3 500
3 400
3 300
3 200
3 100
3 000
2 900
2 800
2 700
2 600
2 500
2 400
2 300
2 200
2 100
2 000
1 900
1 800
1 700
1 600
1 500
1 400
1 300
1 200
1 100
1 000
900
800
700
600
500
400
300
200
100
0

27.1　74.4　250.1　422.6　666.2　988.5　1 311　1 973　2 106　2 246　2 394　2 555　2 726　2 805　3 098　3 305　3 524　3 557　4 008　4 277

1960　1970　1980　1985　1990　1995　2000　2005　2006　2007　2008　2009*　2010*　2011*　2012*　2013*　2014*　2015*　2016*　2017*

\* 为估计数。

资料来源：U. S. Department of Health and Human Service. The Centers for Medicare and Medicaid Service. http：// www. cms. hhs. gov/nationalhealthexpendata/03 _ nationalhealthaccountsprojected. asp，accessed February 5，2009.

- 越来越多的意外和犯罪事件的发生需要紧急医疗服务。
- 健康保障提供系统中的限制竞争和限制工作规则。
- 医疗为劳动密集型产业，外加快速增长的健康保障专家和主管的平均收入。
- 过多地使用不必要的、昂贵的医疗服务，比如，因感冒去急诊室就诊。
- 健康保险提供系统中的内置通货膨胀。
- 老龄化的婴儿潮人群更多地使用健康保障服务，包括：更多的就诊，抢用更贵的药品，无论是西乐葆，还是伟哥。
- 其他的主要因素导致了每年数十亿美元的支出，包括：欺诈、行政浪费、滥用保险、过多的手术程序、相同服务的不同收费，以及双重健康投保范围等。

关于老年医疗保险欺诈的主要网站：www.hhs.gov/stopmedicarefraud

根据美国审计署的统计，欺诈和滥用保险金额占全美健康保障支出总额的 10%。在 2008 年，这给老年医疗保险造成了超过 280 亿美元的损失。

**注意！** 只要 60 美元，一个小偷就可以买到你的健康档案，并用它来获得高额的保障项目。猜猜谁为这些账单买单？你！
资料来源：*Business Week*，January 8, 2007, p. 30.

因为第三方——私人保险公司和政府——赔付了整个国家大部分的健康保障账单，医院、医生和病人一般都缺乏节约地使用健康保障服务的动机。

## 高额健康保障费用的问题怎样解决？

在私人部门，有关群体，比如，雇主、工会、健康险承保人、健康保障专家，还有消费者，正着手用多种创新活动来控制健康保障支出。这些活动包括：
- 仔细检查健康保障收费和健康服务使用的计划。
- 建立预防保障服务的鼓励机制，并在医疗条件容许的地区提供更多的院外服务。
- 参与社区健康计划来帮助健康需求和健康保障资源达到一个最佳平衡。
- 鼓励预付型群体实践其他可替代的分服务付费的安排。
- 社区健康教育组织鼓励人们更好地照顾自己的身体。
- 医师鼓励病人用现金来缴纳常规医疗服务费和实验室化验费。

奥巴马总统主张推广健康信息技术以降低费用；建立电子医疗档案可能是一项明智的可减少医疗事故的投资。联邦基金——一个健康政策研究组织的主席卡伦·戴维斯说："尽管在最初的几年不会有任何收益，但健康信息技术的发展在今后十年会节约 880 万美元。"

**你知道吗？**
在 2009 年 6 月 22 日，奥巴马总统签署了一项《防止家庭内吸烟和烟草控制法》，目的在于降低健康保障支出、挽救生命、减少心肺疾病和其他与吸烟有关的疾病。

## 怎样做能降低个人健康保障支出？

避免高额医疗费用的最好的办法是保持身体健康。健康的处方和往常所看到的一样：

1. 平衡膳食，控制自身体重。
2. 避免抽烟和过量饮酒。
3. 保证充足的休息，放松和锻炼。
4. 小心驾驶，防止意外和家里火灾的发生。
5. 保护自己的个人医疗信息不被盗取。（阅读随后的"个人理财实践"专栏。）

## 个人理财实践

### 个人医疗信息失窃

找出个人医疗信息失窃的原因：

- 大部分的病人将未开封的"利益解释"信件扔掉了。你必须仔细地查看这些信件来确定自己名下是否有未授权的治疗项目。
- 每年，要求你的承保人或医生出具一份"历史曝光记录"。这份单据列出了曝光了的自身的各种医疗信息，比如，何人何时在何种情况下接受了何种服务。这有助于揭露医疗欺诈。
- 定期检查你的信用卡记录。一些受害者从收款通知中发现了自己的个人信息被盗用，产生了自己未接受的医疗服务费用。

如果你是一名受害者你会怎么做：

- 备份从警局和承保人处得到的信息失窃报告。
- 联系联邦交易委员会，获得有用的处理同一类失窃事件的资料（拨打电话 877-438-4338 或登录网站 www. consumer. gov/idtheft/）。
- 要求你的医生或医院出具一份你的医疗记录。如果他们拒绝出具，向卫生与公众服务人权办公室提出投诉（拨打电话 800-368-1019 或登录网站 www. hhs. gov/ocr/privacyhowtofile. htm）。

资料来源：Dean Foust, "Diagnosis：Identity Theft," *Business Week*, January 8, 2007, p. 32.

## 概念检测 9—6

1. 健康保障费用提高的原因是什么？

_____

_____

2. 不同群体使用什么样的方法来控制高额的健康保障费用？

_____

_____

3. 个人可以怎样做来减少健康保障支出？

_____

_____

**自我应用！**

**目标6**：列出一张个人可执行的能减少健康保障费用的行动清单。

## 自我测评回顾

重新考虑你在本章开始时对"自我测评"栏中问题的回答。为了了解更多的、有效的健康和失能保险计划，考虑以下因素：

- 雇主提供的健康保险计划的保险费一般较低。应多加利用低保险费的条件，但需做好从薪水中扣除部分保险费的准备。很多雇主都提供费用较低的牙科和眼科保险。
- 考虑使用一个活期使用账户（FSA），但要记得每年 3 月 15 日，账户内以前结存的资金会全部失去。
- 考虑使用一个健康储蓄账户（HSA），当你没有其他健康保险或你需要更多可负担的健康险时。这种高免赔额的健康计划提供了对医疗保险的承保，并给未来医疗需求的存蓄提供了一个免税的机会。了解更多的有关健康储蓄账户的信息，访问网站 www. treasury. gov/offices/public-affairs/hsa。
- 每个州都向中低收入家庭的儿童提供免费或低价的健康保险。要了解更多的信息，联系美国卫生与公众服务部，拨打电话 877-543-7669 或访问网站 www. insurekidsn-ow. gov。
- 数据显示，一个人残疾或失能的概率比在 65 岁之前死亡的概率要高。如果你的雇主向你提供了失能险，务必考虑购买该种保险，尽管你可能要自己承担一部分的保险费。

最后，在本章中你学到了哪些可以帮助你作出购买健康险和失能收入险决定的因素？

## 本章小结

**目标 1**　健康险是一种为承保范围内的疾病或伤害提供承保利益的保险。健康险需在你所有的保险计划中占有一定地位来保障你的家庭的经济安全。健康险计划可通过购买群体健康险、个人健康险和《1986 年统一综合预算调和法》（COBRA）获得。

**目标 2**　从群体健康险和个人健康险处可以取得四种形式的保险项目：住院消费险，外科费用险，内科费用险和重大医疗支出险。

健康保险保单中的主要条款包括：资格条款，利益分配条款，利益限制条款，除外和限制条款，保证可更新条款，取消与终止条款等。

**目标 3**　健康险保单的权衡项目包括：偿付和补偿，内在限额和合计限额，免赔额和共同保险，损失限额，基于通常性费用的保险利益等。

**目标4** 健康保险和保障可从私人保险公司，医院还有医疗服务组织——蓝十字、蓝盾、健康维持组织、优先医疗服务组织、点服务计划、家庭健康保障机构，雇主自建健康计划——处获得。

联邦和州立政府提供保险费和利益等符合法律规定的健康险的承保范围。老年医疗保险计划和医疗补助计划是两个有名的政府健康计划。

**目标5** 失能收入险向因意外、疾病或怀孕而失去收入的劳动者提供有规律的现金利益。失能收入险的来源包括雇主、社会保障、劳动者赔偿金以及私人保险公司。

**目标6** 除了1994—1996年外，健康保障费用的增长速度超过了通货膨胀率。造成高额健康保障费用持续增长的原因有：昂贵技术的使用，检测和技术的重复，治疗种类和数量的增加，非必需检测的实施，老年人口数量和寿命的增长，转移而非缩减费用的管理体制，增加的事故和犯罪导致的急诊室的使用，医疗服务组织中有限的竞争和严格的工作章程，快速增长的健康保障专家的收入，以及医疗系统中的内置通货膨胀。

## 关键词

| | | |
|---|---|---|
| 基本健康险保险项目 | 失能收入险 | 内科费用保险 |
| 蓝十字 | 健康维持组织 | 点服务计划（POS） |
| 蓝盾 | 住院消费保险 | 先选医疗服务组织（PPO） |
| 共同保险 | 长期保障险（LTC） | 止损 |
| 共同支付 | 管理式医疗 | 外科费用保险 |
| 免赔额 | 补充医疗保险计划 | |

## 自测题

1. 马克家庭是一个五口之家，他们有份每人免赔额为600美元并支付75％院外费用的健康保险保单。马克先生的就诊费和处方药品费为1 380美元，则保险公司需要支付多少？

2. 在罗斯的先选医疗服务计划中，承保网络内的急诊室收费是在自付300美元的免赔额之后可承保80％的费用。假设罗斯去了承保医疗网络内的急诊室，花费达到免赔额。她的总急诊费用为850美元。那么她需要自己支付多少？先选医疗服务承担多少费用？

3. 吉恩是一个汽车生产厂的装配线上的工人，每星期有900美元的净收入。他由于一次意外事故受伤而需离职18周。他的失能收入险弥补了65％的收入，并且该收入在6周之后开始赔付。他一共可以得到多少失能利益。

## 自测题答案

1. 总支出＝1 380美元

   免赔额＝—600

   ＝780美元

   保险公司会理赔780美元中的75％，即780美元×0.75＝585美元。

2. 总账单＝850美元

   免赔额＝—300

   ＝550美元

   罗斯还要支付550美元中的20％，即110美元＋300美元＝410美元。

3. 保险可以替代900美元中的65％，即900美元×0.65＝585美元每周。保险会赔付18—6＝12周，即585美元×12＝7 020美元。

## 练习题

1. 凯勒赫家庭有一份健康险，每人的免赔额为 500 美元并赔付 80%。如果一个成员生了病，就医和处方费用为 1 100 美元，那么保险公司支付多少？

2. 一份保险公司的保单为 200 美元的免赔额并赔付 65%。相对应地，一个健康维持组织的收费为每次身体检查自付 15 美元。如果一个人投保了健康维持组织，做了 10 次价值为 50 美元的身体检查，那比起上述保单节约了多少钱？

3. 莎拉工作单位提供的综合重大医疗险有一个 750 美元的免赔额，并赔付抵扣后金额的 85%。在一次徒步旅行中，莎拉感染了一种很少见的病毒性疾病。她总的治疗费用，包括药品、检查外加 6 天住院的花费为 8 893 美元。一个朋友告诉莎拉如果她的保单有止损的特质，她这次的总花费不会超过 3 000 美元。她的朋友说的对不对？写出你的计算过程。然后决定哪种保单的个人花费最少，金额为多少？

4. 乔治亚·巴拉克顿是一个寡妇，她有一份每周 600 美元的税后收入。她的失能收入险可提供 70% 的收入，等待期为 4 个星期。如果她得了病不能工作持续 16 个星期，可以收到多少失能险利益？

5. 斯黛芬妮在一次事故中受了伤并被送进了急诊室。她的脸部伤口接受了缝合手术，并治疗了受伤的手指。在她投保的先选医疗服务计划保单中，支付的承保医院的急诊室的年免赔额为 850 美元，并承担剩下费用的 80%。假设斯黛芬妮去了承保的急诊室就医。她的急诊室费用为 850 美元，她需要自付多少？先选医疗服务承保的金额为多少？

问题 6、7、8 都跟以下实例有关：

　　罗纳德·罗斯今天开始在一个航空系统中当控制员。卡若勒，雇员利益的负责人员，给了罗纳德一个装有公司健康保险可选项的数据包。航空系统为雇员提供的选择项有私人保险公司（蓝十字/蓝盾）、健康维持组织，还有点服务计划。罗纳德需要重复翻看这些选项并选择自己需要哪种健康保障。以下为这些信息的概括。

　　　a. 蓝十字/蓝盾：每月的保险费为 42.32 美元。罗纳德要自付 20% 的所有的医生看诊、处方和主要医疗的费用，保险公司赔付 80%。年免赔额为 500 美元。

　　　b. 健康维持组织对雇员是免费提供服务的。医生看诊和重大医疗收费的共同支付金额为 10 美元。药方的总支付金额为 5 美元。健康维持组织在罗纳德缴纳共同支付额后赔付 100% 剩下的费用。无年免赔额。

　　　c. 点服务计划要求雇员每月支付 24.44 美元来作为公司支付额的补充费用。如果罗纳德使用了该计划内的医疗保障，他需支付的金额和上述健康维持组织一样。他也可以选择计划外的医疗服务，则他需要在支付 500 美元的免赔额后支付剩下费用的 20%。点服务计划会弥补未付的 80% 的金额。该计划无年免赔额。

　　罗纳德打算重新检查一下前些年的医疗账单来计算自己花费了多少钱，由此帮助自己作出选择。他去年去医生那里就诊过 4 次，每次大约花费 125 美元。他还在药方上花费了 65 美元和 89 美元。使用这些数据，计算罗纳德投保每个计划自己花费了多少钱？（在点服务计划中，假设他去了网络计划外的医师处就诊，按计划内的药方开药）。

6. 假设罗纳德注册了蓝十字或蓝盾计划，他如果消费了例子中的医疗服务，则年医疗支出为多少？

7. 如果罗纳德参加了健康维持组织，他的总医疗费用为多少？

8. 如果罗纳德选择投保点服务计划，他的年医疗消费为多少？

9. 1999 年，约尔的健康保障花费为 3 600 美元。如果这个数额每年以 5% 的速度增长，那么他 2009 年使用相同的医疗服务的支出会是多少？（提示：使用第 1 章中的货币的时间价值概念。）

10. 2009 年，美国人均健康保障支出为 8 000 美元。如果这个数额以每年 5% 的速度增长，则十年后的人均支出为多少？（提示：使用第 1 章中的货币的时间价值概念。）

## 问答题

1. 拉瑞和利兹是一对全职工作的夫妇，每年大约有 50 000 美元的收入。他们最近买了一套房子，贷了很多款。因为他们都要工作，所以有两辆需继续还贷的车。利兹从雇主那里得到了重大医疗健康险，而拉瑞拥有的保险还不够。他们没有孩子，但希望在最近三年内组建一个家庭。利兹的老板提供了失能收入险，但拉瑞的老板没有。分析一下健康险和失能收入险对利兹和拉瑞的重要性。

2. 潘现在 31 岁，刚刚离婚并带着一个 3 岁和一个 6 岁的孩子。她做秘书一年的收入有 28 000 美元。她的雇主向她提供了基本健康险。她也从孩子的爸爸那里得到抚养费，但他总是不给钱并经常延迟给钱。她的前夫对孩子的医疗账单负责。分析健康险和失能收入险对潘的重要性。

3. 列出你的雇主提供的福利，比如，健康险、失能收入险和人寿险等。讨论这些福利对雇员的重要性。

4. 访问社会保障部的网站，获知最近几年如果你失能可获得的社会保障失能福利，或者拨打你的社会保障办公室的电话，索取最近版本的《社会保障：福利一览知》。

5. 从保险机构或经纪人那里取得多种健康保险保单的样本，并分析保险政策的定义、承保范围、除外情况、限制范围和承保数额。在哪些情况下这些保单相似，在哪些情况下这些保单不同？

## 案例一

### 购买足量的健康保险

凯西·琼是简恩巴德高中的低年级学生。她有两个弟弟。她的爸爸是当地一个超市的助理经理，每月有 3 000 美元的税后收入。他有一份群体健康保险和一份 30 000 美元的人寿保险。他说他无法再承担购买其他附加险的费用了。他所有的薪水都用来支付日常开支了，包括房子和车的开销，食物，衣服，交通，孩子们的零用钱，消遣娱乐以及旅行等费用。

一天晚上，凯西和爸爸讨论了保险的问题，这是她刚刚从一门经济课程中学到的。她询问爸爸家里购买了哪些保险。这些问题使得琼先生思考了现在为妻子和孩子做的计划好不好的问题。因为现在家里人一直非常健康，琼先生认为额外的健康险和人寿险都是不必要的。也许等到他加薪或女儿高中毕业后，就可以负担更多的保险了。

#### 问题

1. 你认为琼先生明智地为家庭的利益做计划了吗？你可以为这个家庭节省部分开支来购买更多保险提一些建议吗？

2. 尽管琼先生的收入现在无法负担覆盖所有风险的保险，你认为现在必须有的保险有哪些？

3. 假设琼先生受了严重的伤，使得他至少一年无法工作。他的家庭将会经受什么？这种情况对孩子会造成什么影响？

## 案例二

维基·崔伯，35 岁，最近因为希望做非全职工作而更换了工作。她的新工作处向她提供了多种不同的健康险；但她不能马上作出选择哪种计划的决定，因为她需要考虑家庭的需要，并与她丈夫提姆的老板提供的保险的承保范围和费用作比较。

提姆，37 岁，因为高中时的足球训练和遛宠物狗塔缇的关系，感觉膝盖有些不舒服。他的医生建议他去医师理疗室接受膝盖的巩固治疗。

提姆和维基的女儿茉莉今年 5 岁，在一家幼儿园上学。在园里的一次视力检查中，一位验光师鉴定茉莉需要佩戴眼镜。茉莉还因为过敏需要服用药物。

在最近一次与维基的父母见面时，维基的父亲戴维和母亲艾米，现 60 岁和 58 岁，透露了他们正在考虑明年退休的事情。但是，戴维被告知如果在 65 岁之前退休，公司只会交付一部分的保险费用。因为他们俩谁都不想延迟退休，戴维和艾米都质疑对方没有为家庭找到最好的承保方式。

维基和提姆的家庭财务数据如下所示：

| 资产 | 债务 | 收入 |
|---|---|---|
| 存款账户 20 000 美元 | 抵押贷款 185 000 美元 | 总收入 65 000 美元/年（维基）， |
| 应急基金 30 000 美元 | | 78 000 美元/年（提姆） |
| 房产 275 000 美元 | | 税后月收入 3 792 美元（维基）， |
| 车 20 000 美元和 4 000 美元 | | 4 550 美元（提姆） |
| 家用物品 10 000 美元 | | |
| 401(k) 账户维基 75 000 美元， | | |
| 提姆 65 000 美元 | | |
| 就学存款 8 500 美元 | | |

| 每月支出 | 储蓄 |
|---|---|
| 抵押贷款 1 200 美元 | 401(k) 10％的总月收入 |
| 财产税/保险 500 美元 | 就学存款 200 美元 |
| 日常生活费（含日用品和食物）2 300 美元 | |
| 子女保健 10 000 美元 | |
| 汽车贷款 450 美元 | |
| 娱乐支出 300 美元 | |
| 汽油/维修 500 美元 | |

## 问题

1. 当维基和提姆选择健康险时，需要考虑什么？你会向他们的保单提出什么建议？
2. 为什么戴维和艾米要考虑长期的健康保障？
3. 维基和提姆可以采取什么措施来减少家庭的税后医疗费用？
4. 什么决定了维基和提姆对失能收入险的需求和承保范围？
5. 维基和提姆该怎样使用你的个人理财规划表 31～你的个人理财规划表 32？

## 消费日记

"我的一些饮食习惯不仅浪费钱，而且对身体健康很不好。"

### 指导

坚持记录你的消费日记来管理你不同种类的支出。你的评论需要反映你从支出形式中学到了什么，还有其帮助你考虑可行的自身消费习惯的转变。消费日记表可以在本书最后的附录 C 中找到，也可以在学生网站 www.mhhe.com/kdh 上找到。

### 问题

1. 哪些消费行为会直接或间接地影响你的健康和身体？
2. 你的消费支出中有多少是健康险和失能收入险的费用支出？

---

## 你的个人理财计划表 31

姓名：_____ 日期：_____

### 评价现有的和所需的健康险

**理财规划活动**：评价现有的和所需的健康险。调查你现在拥有的医疗和健康保险，并决定是否还需要其他的保险。

**推荐网站**：www.insure.com  www.life-line.org

| 保险公司 | |
|---|---|
| 地址 | |

| 保险种类 | □个人健康保险　　□群体健康保单<br>□HMO　　□PPO　　□其他 |
|---|---|

保险费数额（月/季度/半年/年）

主要承保范围

每个范围承保的数额

- 住院消费

- 外科费用

- 内科费用

- 化验检验费用

- 门诊费用

- 产科费用

- 主要医疗费用

其他承保项/数额


限制政策（免赔额，共同保险，最大限额）


非承保项


非承保项是否可根据个人情况选择附加承保？


什么行为对你现在（或正打算购入）的承保项是必要的？


### 个人理财规划的下一步是什么？

- 同他人说明他们的健康险对其他理财计划的影响。
- 联系一家保险机构，获取购买一份个人健康险的成本信息。

---

## 你的个人理财规划表 32

**姓名：** _____　　　　**日期：** _____

## 对失能收入险的需求

**理财规划活动：** 确定财务需求和与就业失能情况相关联的保险。使用下面的分类来确定你潜在的收入需求和失能收入险的承保范围。

**推荐网站：** www.ssa.gov　www.insweb.com

**月支出**

| | 现在 | 若失能 |
|---|---|---|
| 抵押贷款（或租金） | _____美元 | _____美元 |

| | | |
|---|---|---|
| 日用品 | _____美元 | _____美元 |
| 食物 | _____美元 | _____美元 |
| 衣物 | _____美元 | _____美元 |
| 保险费用 | _____美元 | _____美元 |
| 债务偿付 | _____美元 | _____美元 |
| 汽车/交通费用 | _____美元 | _____美元 |
| 医疗/牙科费用 | _____美元 | _____美元 |
| 教育费用 | _____美元 | _____美元 |
| 个人零花钱 | _____美元 | _____美元 |
| 娱乐/休闲 | _____美元 | _____美元 |
| 捐献/捐款 | _____美元 | _____美元 |

**失能时的总月支出** _____美元

**替代收入**           **每月利益**[*]

| | |
|---|---|
| 群体失能险 | _____美元 |
| 社会保障 | _____美元 |
| 州立失能险 | _____美元 |
| 劳动赔偿金 | _____美元 |
| 信用失能险（某些汽车贷款或房屋贷款） | _____美元 |
| 其他收入（投资等） | _____美元 |

**失能时的总计划收入** _____美元

如果失能时的计划收入小于支出，其他的失能收入险就需要纳入考虑范围。

[*] 很多失能收入计划在开始赔付之前都有一个等待期，而且经常对其赔付期有个限额。

## 个人理财规划的下一步是什么?

● 调查一些人看看他们是否拥有失能险。

● 联系一家保险机构，比较不同保险公司的失能收入险的费用。

# 第 10 章　人寿险理财计划

**目　标**

在本章中，你将会学习到：

1. 给人寿险下一个定义，并确定你的人寿险需求。

2. 区分不同种类的人寿险保险公司，分析这些公司发行的不同人寿险保单。

3. 选出人寿险保险合同中重要的条款，并制订一份购买人寿险的计划。

4. 认识到养老保险在提供财务安全方面的重要性。

**为什么这很重要？**

　　如果历史是一位领路人，那你将比你的祖先活的时间要长。在 1900 年，一个美国男人的平均寿命为 46.3 岁，而一个美国女人的为 48.3 岁。相比较而言，在 2004 年，男人的平均寿命为 75 岁，而女人的为 80 岁。确定你是否需要人寿险，并仔细地、慢慢地思考哪种是最合适的保单。

# 什么是人寿险？

**目标 1：** 给人寿险下一个定义，并确定你的人寿险需求。

　　尽管给你的生命设定一个价格是不可能的，但你可能会拥有一些人寿险——你的雇主给老员工提供的或你自己购买的保单。人寿险是你所购买的最重要的、最昂贵的东西里的一种；因此，你需要对这一需求做一个预算。确定你是否需要它并深思熟虑地从大量的人寿险保单中选择最合适的一种。本章将帮助你决定购买哪种人寿险。本章介绍了什么是人寿险，人寿险是怎样运作的，人寿险主要的承保范围，还有如何用人寿险来保护你的家庭。

**受益人：** 保单中指定的从承保人那里接受收益（如人寿险利益）的那个人。

　　当你购买人寿险时，你就和提供该险的保险公司定下了合同。你同意定期支付其一定数量的资金，即保险费。与此对应的，保险公司同意为你的死亡赔付利益，或因你的死亡定期向你的受益人支付一定的金钱。**受益人**就是保单中指定的接受保险利益的人。

## 人寿险的目的

　　大部分购买人寿保险的人都是为了保护依靠自己生活的人免于遭受因自己的死亡而造成财务危机。这些人可能包括配偶、子女、父母、工作伙伴或公司。人寿险保险利益可能会用于：

- 死亡时偿付房屋贷款或其他债务。
- 向未成年子女提供长期资金援助，直到他们达到特定的年纪。
- 向子女提供教育或收入经费。
- 提供死亡后的慈善捐助。
- 提供退休收入。
- 累积储蓄。
- 向未亡人提供定期的收入。
- 制订不动产计划。
- 交付不动产和赠与税。

## 人寿险的规则

没有人可以肯定地说出一个特定的人能活多长时间，但保险公司可以作出一些有根据的猜测。在经营业务的这些年中，他们编辑了反映人们可以活多久的表格。使用这些表格，他们可以较严格地推测一个人的生命跨度，并有根据地对他收取保险费。一个人可生存的时间越短，则保险费越高。

## 你可以活多久？

如果历史是一位领路人，那你将比你的祖先活的时间要长。在 1900 年，一个美国男人的平均寿命为 46.3 岁，而一个美国女人的为 48.3 岁。相比较而言，在 2004 年，男人的平均寿命为 74.8 岁，而女人的为 80 岁。图表 10—1 显示了如今一个人预计可以活多久。比如，一个 30 岁的女性预计可以再活 51 岁。这并不是说她在 81 岁时死亡的可能性非常高，只是说 51 岁是一个 30 岁的女性可以继续生存的平均年数。

> **你知道吗？**
> 日本人均人寿险保险费用是世界上最高的，接下来是瑞士、美国、英国和荷兰。

## 你需要人寿险吗？

在你购买人寿险之前，你要确定你是否真正需要它。一般来说，如果你的死亡会对其他人造成财务困难，那么购买人寿险是一个明智的选择。有孩子的家庭最有购买人寿险的需求。未婚的独居者或和父母住在一起的人通常没有购买人寿险的必要，除非他们有很多的债务或想将保险利益给予父母、朋友、亲属或慈善事业。

平均寿命表（2004 年，所有人种）

这张表格帮助保险公司确定人寿险保险费。使用该表格来找出一个 15 岁的男孩或女孩还可以再生存多少年？

| 年龄 | 平均寿命（岁） | | 年龄 | 平均寿命（岁） | |
|---|---|---|---|---|---|
| | 男 | 女 | | 男 | 女 |
| 0 | 74.8 | 80.0 | 50 | 28.5 | 32.3 |
| 1 | 74.4 | 79.5 | 55 | 24.3 | 27.8 |
| 5 | 70.5 | 75.5 | 60 | 20.4 | 23.5 |
| 10 | 65.6 | 70.6 | 65 | 16.7 | 19.5 |
| 15 | 60.6 | 65.6 | 70 | 13.3 | 15.7 |
| 20 | 55.9 | 60.8 | 75 | 10.3 | 12.3 |
| 25 | 51.3 | 55.9 | 80 | 7.6 | 9.2 |
| 30 | 46.6 | 51.0 | 85 | 5.5 | 6.6 |
| 35 | 41.9 | 46.2 | 90 | 3.8 | 4.6 |
| 40 | 37.3 | 41.5 | 95 | 2.7 | 3.2 |
| 45 | 32.8 | 36.8 | 100 | 2.1 | 2.5 |

资料来源：Social Security Administration，www.ssa.gov/OACT/STATS/table4c6.html，accessed April 28, 2009.

## 估计你的人寿保险需求

在估计你的人寿保险需求时，考虑你的雇主给你提供的作为附加福利的保险的承保范围。很多雇主向员工提供了同年薪等额的人寿保险价值。比如说，你的年薪为 35 000 美元，你会得到一份承保额为 35 000 美元的人寿险。一些雇主会向有贡献的员工提供高于年薪两到三倍的人寿险。这些险的保险费一般要比个人投保的人寿险的保险费低，而且你也不需要做健康测试。

通常有四种方法来确定你需要的承保数额：简单法、丁克（DINK）法、无工作配偶法和家庭需求法。

**简单法** 尽管这种方法很简单，但非常实用。它是根据保险机构的经验做法进行计算的，即一个典型的家庭一般需要大约 70% 的你的年薪，并直到 7 年后，其他成员才能适应因你的死亡而造成的财务损失。换一种说法，人寿险的简单估计法就是用你现在的总收入乘以 7（7 年），再乘以 0.7（70%）。

```
例子
    30 000 美元现期收入×7×0.7＝210 000 美元×0.70＝147 000 美元
    计算你的人寿险保额
    _____美元现期收入×7×0.70＝_____美元
```

这种方法假设你的家庭是有代表性的。如果你有 4 个或更多的孩子，或你有很重的家庭债务，或你的一个家庭成员的身体状况很差，或你的配偶没有工作能力，则你可能需要更多的保险。反过来，如果你的家庭成员很少，你就不需要太多的保险。

**丁克（双工资，无孩子）法**　如果你没有依靠你养活的人，并且你的配偶和你挣得差不多或比你更多，你的保险需求就更简单了。基本上，你的保险要确保的就是你的配偶不会因你的死亡而过度地承担债务。下面是一个用丁克法进行计算的例子。

> **例子**
>
> 　　　　　　　　　　　　　　　　　　　　　　　　　　　　　　　单位：美元
>
> 　　　　　　　　　　　　　　　　　　　　　　　　　　范例　　　你的预期
>
> 丧葬费用　　　　　　　　　　　　　　　　　　　　　5 000　　＿＿＿＿
>
> 一半抵押贷款　　　　　　　　　　　　　　　　　　 60 000　　＿＿＿＿
>
> 一半车贷　　　　　　　　　　　　　　　　　　　　　7 000　　＿＿＿＿
>
> 一半信用卡还贷　　　　　　　　　　　　　　　　　　1 500　　＿＿＿＿
>
> 一半个人债务　　　　　　　　　　　　　　　　　　　1 500　　＿＿＿＿
>
> 其他债务　　　　　　　　　　　　　　　　　　　　　1 000　　＿＿＿＿
>
> 总保险需求　　　　　　　　　　　　　　　　 76 000 美元　　＿＿＿＿

这种方法的假设条件为你的配偶在你去世后仍继续工作。如果你的配偶健康状况差，或者在未来不确定的岗位上工作，则你需要考虑增加保险来作为缓冲，帮助配偶渡过困难时期。

**无工作配偶法**　保险专家估计替代一个主妇为一个家庭做的服务的额外价值不超过 10 000 美元每年。这些额外价值包括主妇的花费，孩子的看护，更多的外出就餐，更多的车费，洗衣服务，等等。其中不包括因更多照顾家庭而减少工作时间的幸存配偶所失去的潜在收入。

要估计一个家庭主妇需要多少额度的人寿保险，简单地将最小的孩子年满 18 岁之前渡过的年数乘以 10 000 美元即可。

> **例子**
>
> 最小的孩子的年龄＝8 岁
>
> 10 年×10 000 美元＝100 000 美元
>
> 计算你的人寿险保额
>
> ＿＿＿＿年×10 000 美元＝＿＿＿＿美元

如果孩子为十几岁，每年 10 000 美元的数额则需降低。如果有两个不到 13 岁的孩子，或家庭中某成员的健康状况很差或有特殊的需求，每年 10 000 美元的数额就需要适当地提高。

**家庭需求法**　前三种计算方法都假设你的家庭是典型的，并且忽视了重要的条件，比如，社会保障和你的流动资产。下面的"计算"专栏部分提供了工作表来帮助你做一个详细的你的人寿险需求的估计。

## 计　算

### 计算人寿险需求的工作表

1. 你的年收入乘以 5 　　　　　　　　　　　　　　　　　　　　　　_____ (1)

2. 你和你的依靠者日常生活费之外的花费（例如，学费、残疾家人的照顾费用）　_____ (2)

3. 你的应急基金数额（3～6 个月的日常生活费）　　　　　　　　　_____ (3)

4. 丧葬花费的估计值（美国平均为 5 000 美元～10 000 美元）　　+_____ (4)

5. 你的家庭的总财务需求（将第 1 行到第 4 行加总起来）　　　=_____ (5)

6. 你的流动资产（例如，活期存款、定期存款、货币市场资金、个人和群体的人寿保险资金、养老保险中的死亡收益，以及社会保障收益）　　　　　－_____ (6)

7. 从第 5 项中减去第 6 项的结果　　　　　　　　　　　　　　=_____ (7)

最后得到的净值（第 7 项）为你的家庭在你死亡时要面对的差额。记住，这只是用惯用方法计量的。要得到你的完整的人寿险需求额，向专家咨询。

**资料来源：** *About Life Insurance*，Metropolitan Life Insurance Company，February 1997，p. 3；*The TIAA Guide to Life Insurance Planning for People in Education*（New York：Teachers Insurance and Annuity Association，January 1997），p. 3.

尽管这种计算方法十分周密，如果你认为该方法无法表明你的特殊需求，则你需要从保险专家或理财计划专家处获得进一步的建议。

当你确定你的人寿保险需求时，不要忘了你可能已经购买的人寿险。你说不定已经从你的雇主或购买的抵押贷款和信用人寿险中得到了足够的保障。

关于人寿险计划的
主要网站：
www.ircweb.org
www.iiaa.com

在你考虑选择购买何种人寿险保单时，你需要确定你希望你的人寿险会给依赖者们带来什么。第一，如果你今天死去，你希望给你的依赖者们留下多少钱？你想留下多些还是少些保险利益来满足他们今后的需要？第二，你打算什么时候退休？到那时你认为你的依赖者们需要多少收入？第三，你愿意为你的保险计划花多少钱？该需求今后会在你的家庭预算中的其他生活费用中占据更多还是更少的分量？

当你考虑过这些问题并得到大概的答案后，你就做好充足的准备来选择可满足目标的人寿保险的种类和数额了。

### 概念检测 10—1

1. 什么是人寿险？人寿险的目的是什么？

_____

_____

2. 下列陈述中，根据你的回答来判断对或错。

a. 人寿险是一种最不重要而且很便宜的商品。_____

b. 受益人就是保单中指定的获得保险利益的人。_____

c. 人寿险利益可以在被保险人死亡时被用来偿付抵押贷款或其他债务。_____

d. 一个人接近死亡的时间越近，人寿险保险费越高。_____

e. 所有人都需要购买人寿险。_____

3. 确定人寿险需求的方法有哪四种？

_____

_____

**自我应用！**

**目标1：** 询问一些亲戚和朋友他们为什么购买人寿险，总结一下你的发现。

# 人寿险公司和保单的类型

## 人寿险公司的类型

> **目标2：** 区分不同类型的人寿险保险公司，分析这些公司发行的不同人寿险保单。

> **无分红保单：** 不提供分红的人寿保险。

> **分红保单：** 提供分红的人寿保险。

你可以从两种保险公司处购买所需的、新的或附加的人寿保险：由股东拥有的股份制人寿保险公司和由投保人拥有的互惠人寿保险公司。全美大约95％的保险公司为股份制人寿保险公司，5％的为互惠人寿保险公司。

股份制公司一般出售**无分红保单**，而互惠制公司的特殊性就在于它出售**分红保单**。分红保单的保险费比不分红保单的稍微高些，但是部分保险费每年都会返还给投保人。这种返还叫做保单红利。

关于是股份制公司还是互惠公司提供的人寿保险更便宜的问题的争辩现在还没有结论。你需要分别查证股份制公司和互惠公司后，再确定哪种公司提供的保单最适合你且价格最低。

如果你希望每年交付相同金额的保险费，你需选择保险费固定的无分红保单。但你可能更偏好保险费反映了保险公司的投资经验，或投保人的身体状况，或其运营成本的保单；这种保单就是分红保单。

然而，同其他形式的保险一样，保险费并不是选择人寿险保单时要考虑的唯一因素。你还需考虑保险公司的财务稳定性和服务质量。

## 人寿险保单的种类

互惠保险公司和股份制保险公司都出售两种基本形式的人寿保险：短期人寿险和终身

人寿险。短期人寿险可以是定期的、期限可更新的、期限可改变的或期限可减少的保险。终身人寿险有很多不同的名字，包括永久寿险、直付寿险、普通寿险和现金价值寿险。从下一个部分中你可以得知，终身人寿险有有限支付寿险、变额寿险、调整寿险和万用寿险几种。其他种类的人寿险，比如，群体寿险和信用寿险等，一般承保期是暂时的。图表10—2列出了主要的人寿险类型和亚类型。

| 图表 10—2 | 主要的人寿险类型和亚类型 | |
| --- | --- | --- |
| 定期（短期）寿险 | 终身人寿险 | 其他种类的人寿险 |
| 可续保寿险 | 有限支付寿险 | 群体寿险 |
| 多年期定额定期寿险 | 变额寿险 | 信用寿险 |
| 转换型定期寿险 | 调整寿险 | 两全寿险 |
| 递减定期寿险 | 万用寿险 | |
| 退还保险费定期寿险 | | |

## 定期寿险

**定期寿险**，一些情况下被称为短期寿险，是在一段特定的时期内提供生命损失的保险。一份定期寿险只在你在承保期间内死亡时才赔付保险利益，承保期间可能是 1 年、5 年、10 年或 20 年，甚至 70 年。如果你停止缴纳保险费，你的承保则中止。定期寿险一般是消费者的最佳选择。在你有孩子要抚养的时候你最需要人寿保险。而当你的孩子独立生活并且你的资产增加后，你可以减少你的承保额。定期寿险有很多不同的形式。下面给出了一些范例。

> **定期寿险**：在一段特定的时期内提供生命损失的保险，有时被称为短期寿险。

**可续保寿险** 定期寿险的承保期到时期终结时为止，但是你可以继续续保下一个时期——比如，五年——如果你还有续保的打算的话。但是，保险费会随着你年龄的增加而增长，而且它还有一个年龄限制；当你达到规定的年龄后不可再续保。

**多年期定额定期寿险** 多年期定额定期，或终生付费，该保单保证你在保险的存续期间缴纳相同数额的保险费。

**转换型定期寿险** 这种形式的保险允许你将定期寿险转为终身寿险。该种保险的保险费较高。

**递减定期寿险** 定期保险也可以使用随时间增加向受益人赔付的金额越来越少的保险形式。承保期可由你的年龄或需要的承保时期来决定。举个例子，如果你有一个房屋抵押贷款，你可以买一份 25 年期的递减定期寿险保单来确保你可以在死亡之前付清所有债务。承保额可以根据贷款数额的减少而降低。

**退还保险费定期寿险**   最近，保险公司开始销售定期退还保险费的人寿保险。该种保单会在你达到承保期限时退还你所有的保险费。该种保险的保险费比其他普通保单的要高，但你确实可以得到返还的所有保险费。

## 终身寿险

其他的主要保险被称为终身寿险（也被叫做直付寿险，现金价值寿险，普通寿险）。**终身寿险**是一种在你生存时每年缴纳固定数额的保险费的永久保险。对应地，保险公司在你死亡时赔付你的受益人规定数额的金钱。需要缴纳的保险费的数额一般由你购买保险时的年龄决定。

> **终身寿险**：一种在投保人生存时每年缴纳固定数额的保险费的永久保险。

终身寿险也可以被当作一种投资。你缴纳保险费的一部分被放在一个储蓄账户中。当你取消保单时，你有权利得到这些累计存款，该存款也被称为**现金价值**。终身寿险十分受消费者欢迎，因为它不仅提供了死亡保险利益，还有储蓄的功能，必要时你可以从你的现金储蓄中借款，尽管你要为此支付一定的利息。现金价值对一些希望长期拥有保单或更系统地储蓄的人

> **现金价值**：放弃一份寿险保单后得到的金额。

来说是非常有意义的。但是，美国保险联盟的消费者联盟建议，你在把钱投入永久性保单前，可使用其他的储蓄或投资策略。

每次你续保你的定期寿险时，保险费都会变高。相反地，终身寿险的保险费一开始会比较高，但之后每年的保险费都保持一样。为满足消费者的不同需求，终身寿险已发展出多种不同的类型，包括有限支付寿险、变额寿险、调整寿险和万用寿险。

> **你知道吗？**
> 哈里斯互动民意调查报道：在"9·11"事件后的一个月内，8％的美国人购买了更多的失能险，而6％的人购买了或增加了自己人寿险的保额。

**有限支付寿险**   有限支付寿险通常只在特定的时间段内收取保险费，一般为20~30年或被保险人达到一个特定的年龄。在这个时段的最后，保单就完全付清了，而投保人就可以终身享受保险利益了。等到被保险人死亡时，受益人可得到全部的死亡收益。该种保险的年保险费高的原因是保险费只在较短的一段时间内支付。

**变额寿险**   如果你投保的是变额寿险，你的保险费额则是固定的。因为有现金价值的内容，你的一部分保险费被存放在一个分开的账户中。这些钱被用于投资股票、证券或货币市场基金。该险的死亡收益额是固定的，但收益的现金价值则根据股票市场的上下波动而变动。根据分离账户中基金的盈利额，你的死亡收益额可能会增加。

**调整寿险**   调整寿险允许你根据不同的需要来调整承保范围。比如，你想增加或减少你的死亡利益，你可以调整保险费或承保时间。

**万用寿险**   万用寿险是一种有现金价值特质的重要的定期保单。保险费的一部分划入投资账户，用来赚得利益。你可以借出或撤回你的现金。与传统的终身寿险不同，万用寿险允许你在不改变承保范围的情况下改变保险费。图表10—3比较了定期寿险、终身寿险和万用寿险的重要特征。

# 更少的人寿险保险费

来计算一下和其他商品一起销售的人寿险。一个40岁的不吸烟的男性如果身体健康的话，可以用很低的每年345美元的保险费来购买一份价值500 000美元的20年定期寿险，但如果他体重轻微超标或胆固醇较高，这个数额就涨到了455美元每年。所以，如果你需要保险或需要重新购买保险，现在是绝佳的时机。

但并不是所有人都能得到最好的保险费率。一些超出你掌控的因素决定了你的保险费，比如，你的年龄和性别。年轻人的保险费较低，而女性的保险费也较低，因为其较长的平均寿命使得承保人有更长的时间收取保险费。但仍有很多降低保险费的方法可以使用。

**定期去医生处体检。**凤凰公司的理赔副总裁吉姆·戴维斯说："高血压、高胆固醇或糖尿病并不意味着你要缴纳超额保险费，只要这些情况在一定的控制之下。"比如说，一个不依赖胰岛素或身体很健康的糖尿病患者可以得到普通的保险费率。

**注意你的体重。**肥胖和其他的一些身体不良状况总是一同出现。比如，一个6英尺高、205磅重的男性一般可得到最好的保险费率，一个比较承保人定期保险费率的网站（www.accuquote.com）的首席执行者拜恩·阿戴尔说。他也指出，只要稍重几磅，保险费就会增加。超重的妇女需向承保人申请使用单性体重单，这个体重单通常更适用于测量范围更广的男性体重。

**小心驾驶。**"如果你不遵守交通规则，你被卷入危险情况的可能性就比较大。"阿戴尔说，这种情况会增加你的风险。很多保险公司都想知道在过去的3年中你是否收到过行车违规罚单，或5～10年内有过醉酒驾驶的处罚。交通事故不会增加你的保险费，除非你有行车违规罚单的记录。

**保证安全。**在一个高风险的岗位工作（比如，在伊拉克开燃料汽车），参加冒险的运动（开飞机或深海潜水）或去世界上未开发的地区旅游都会增加保险费。但是，各公司的标准不一样。简沃斯保险公司的人寿和长期保障险部门的首席执行官瑞恩·丁斯特说，只有你去一个高风险的地区超过4个星期，该公司才会开始在意你。

**保护你的信用记录。**当你申请健康险时，你的信用记录在其中也占有一席之地。如果你在过去的5年中有破产记录，保险公司可能会拒绝你的申请。

**寻求专家的建议。**除了基本的指南外，不同保险公司的标准各不相同。如果你有医疗方面的问题，你可以拨打800-442-9899来寻求一对一的专家帮助。

1. 为什么现在是购买定期人寿险的好时机？

_____

2. 哪些因素决定了你是否能得到最佳保险费率？

_____

3. 你可以怎样做来降低你的保险费？

_____

_____

| 图表 10—3 | 比较主要的人寿保险类型 | | |
|---|---|---|---|
| | 定期寿险 | 终身寿险 | 万用寿险 |
| 保险费 | 一开始低，每次续保时增加。 | 比定期寿险保险费高；一般情况下，保险费不再增加。 | 灵活的保险费。 |
| 承保期 | 一个特定时期。 | 如果持续缴纳保险费可保障一生。 | 灵活的承保期。 |
| 承保利益 | 仅死亡时赔付保险利益。 | 死亡利益；最终的现金和贷款价值。 | 灵活的死亡利益；最终的现金和贷款价值。 |
| 优点 | 费用低。<br>你可以用低保险费购买大量的承保额度。 | 帮助你保持财务记录。<br>一般为固定的保险费。<br>可积累现金价值。<br>可用保单来借贷。 | 更灵活。<br>能利用现在利率的优势。<br>提供改变死亡预期时间的可能性（可降低保险费）。 |
| 缺点 | 保险费随年龄增长而升高。<br>无现金价值。 | 过早放弃的话价格高。<br>开始的 3～5 年无现金价值。<br>不能满足短期需求。 | 同终身寿险一样。<br>因保单的灵活性而风险高。<br>低利率可影响现金价值和保险费。 |
| 选择权 | 可续保或转化为终身寿险。 | 可能有分红。<br>可以提供金额减少的保单。<br>允许部分放弃保额。 | 可以有分红。<br>最小化死亡利益。<br>允许放弃部分保额。 |

## 其他种类的寿险保单

其他种类的寿险保单包括群体寿险、信用寿险和两全寿险。

**群体寿险**　群体寿险基本上是定期寿险的变种。它在一份保单中承保了大量的人。这些被承保人获得保险前不需要检查身体。群体保险一般是由雇主提供的，并支付部分或全部的保险费；也有可能是专业的组织提供的，它们要求成员都签订该保险。群体保险很容易申请，但其保险费一般要比相似的定期险高。

　　**信用寿险**　信用寿险是被用来偿付固定的债务的，比如，汽车贷款或抵押贷款，以防在你死亡前这些债务未偿清。这种形式的保单对需求者来说并不算是最好的保护。递减定期寿险是一个比其更好的选择。

<table>
<tr><td>关于寿险信息的主要网站：<br>www. iii. org<br>www. insweb. com</td></tr>
</table>

　　**两全寿险**　两全寿险提供特殊时期的承保。如果投保人在承保期过后仍生存，则将双方认可数量的金钱支付给承保人。如果投保人在这期间死亡，则受益人可收到这些钱。

## 概念检测 10—2

1. 保险公司有哪两种类型？
_____

2. 对下列陈述，根据你的回答来判断对或错。
   a. 股份制保险公司一般销售分红保单。_____
   b. 互惠保险公司的特殊性在于其销售不分红保单。_____
   c. 如果你希望每年所交保险费的数额相同，你可以选择购买不分红保单。_____
   d. 永久人寿保险又被称为终身寿险、直付寿险、普通寿险和现金价值寿险。_____
   e. 定期寿险是最贵的一种寿险保单。_____

3. 定期寿险的五种形式有哪些？
_____
_____

4. 终身寿险的四种形式有哪些？
_____
_____

5. 定义以下几种形式的保单：
   a. 群体寿险_____
   b. 信用寿险_____
   c. 两全寿险_____

**自我应用！**
**目标2：** 选择一个股份制保险公司和一个互惠保险公司，比较二者保险费为 50 000 美元的定期、终身和万用寿险的异同。

## 选择条款和购买人寿保险

### 人寿保单中的重要条款

目标3：选出人寿险合同中重要的条款，并制订一份购买人寿险的计划。

认真地研究你的人寿险保单中的条款。下面给出了一些最普遍的特征。

**指定你的受益人**　由你决定什么人获得你的寿险保单的承保利益：比如，你的配偶、你的子女或你的合作伙伴。你还可以指定条件受益人，那些可以在你的第一受益人先于你或同你一同死亡时接受你的承保利益的人。在需要时更新你的受益人的名单。

**不容质疑条款**　不容质疑条款是说承保人在一特定时期内不可撤销保单，一般为2年。在那期间后，保单则在投保人生存期间被认为是有效的。该条款是有效的，尽管该保单有可能是以欺诈的形式取得的。无争议条款保护了受益人的利益，以防因承保人拒绝接受保单而遭受损失。

**宽限期**　当你购买一份人寿保险时，保险公司允许你在特殊情况下支付一定金额的保险费，你同意定期支付固定金额的保险费。宽限期为28～31天，你可以在此期间不缴纳处罚金。如果你过了该时期未缴纳保险费，则保单失效。

**你知道吗？**

能源和环境设计领导（Leadership in Energy and Environmental Design，LEED）是国际性的对建筑或社区表现进行评估的认证组织。LEED主要评估能源节约量、水利用效率、二氧化碳减排量和室内空气质量。该组织提供了环保建筑的设计、建造、运作和维护方面的指导。

**保单复效**　如果一个失效的保单未变现，则其可以被追回或复效。为了复效一份保单，你必须重新获得资格并缴纳有利息的逾期保险费。复效有时间限制，一般为1年或2年。

不能作废条款：一项允许被保险人不失去累积投保利益的条款。

**不能作废条款**　终身寿险保单的一个重要特征就是**不能作废条款**。如果你选择放弃保单，该条款保护了你的累积利益不会丧失。比如，你决定不再支付保险费，你可以选择此条款实现保险费的现金价值。

**年龄虚假陈述条款**　年龄虚假陈述条款规定，如果保险公司发现你陈述的年龄与实际年龄不符，它只会赔付你缴纳的保险费可购买的正确年龄的保额。该条款陈述了简单的步骤来处理复杂的法律问题。

**保单贷款条款**　保单中若有该陈述，则投保人可在保单生效的1年、2年或3年后，因购买终身寿险从该保险公司取得贷款。这项特征被称为保单贷款条款，它允许你借贷任何小于你保单现金价值的资金。但是，如果借款未被偿还，则死亡收益额将减去该借款的本金和利息。

**自杀条款**　在保单生效的前两年，自杀的被保险人的受益人只能获得其保险费的数额。两年之后，受益人可以获得所有的死亡利益。

附加条款：一份附加在保单上的修改承保范围的文件。

**寿险保单的附加条款**  一个保险公司可用添加附加项的方法来更改保单。**附加条款**就是一份保单的附加文件，它通过添加或去除特定条件或变更收益来更改保单条款。

**失能豁免保险费条款**  失能豁免保险费条款是一个常见的附加条款。该条款允许你若在规定时间前（一般为 60 岁）终身残疾的话，就可停止缴纳保险费。保险公司会为你继续缴纳保险费。

双倍赔偿条款：保险公司会在你意外死亡时双倍赔偿你的保单面额的保险利益。

**意外死亡双倍赔偿条款**  另一个寿险中常见的附加条款是意外死亡赔偿条款，有时被称为**双倍赔偿条款**。双重赔偿就是如果你在意外中丧生会双倍赔付你的承保额。同样地，这个条款只在一定的年龄前有效，一般为 60～65 岁。专家建议不需要添加该附加条款。这种保险是非常贵的，而且你在意外中死亡的概率非常小。

**保证可保险选择权**  第三种非常重要的附加条款是保证可保险选择权。该附加条款允许你在一定的间隔期内免于身体检查即可购买特定数量的人寿保险。该条款对于将来需要更多保险的人来说是一个很好的选择。

**生活费用保障**  该特殊附加条款用来防止通货膨胀造成的对已购买保单提供的保护的购买力的侵蚀。购买力的损失、减少或侵蚀是指通货膨胀对固定数额金钱的影响。因为通货膨胀增加了购买商品和服务的成本，该固定数额的金钱在将来不可能购买到像现在一样多的商品和服务。图表 10—4 显示了通货膨胀对价值为 100 000 美元的寿险保单的影响。但是，你的保险需求在今后会变得更大。

图表 10—4        通货膨胀对价值为 100 000 美元的寿险保单的影响

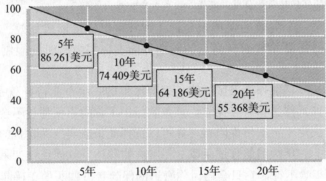

资料来源：*The TIAA Guide to Life Insurance Planning for People in Education* (New York：Teachers Insurance and Annuity Association, January 1997), p. 8.

**提前给付**  提前给付，又被称为生存保障金，是指在投保人因严重疾病面临死亡前，保险公司把保险利益提前赔付给投保人。该利益可直接由保单提供，更多地是以附加条款的形式附加于新的或已存在的保单上的。提供提前给付条款的保险公司的名单可从国家保险消费者帮助热线（NICH）800-942-4242 处获得。尽管有超过 150 家的保险公司提供一些形式的提前给付条款，但不是所有的州都批准该保单。NICH 不能告诉你一份特定的保单是否被给定的州所认可。要获取更多的信息，访问你的保险机构或你所在州的保险部门。

**第二生命寿险** 第二生命寿险保单，也被称为幸存寿险，为两个人提供了保险保障，通常为丈夫和妻子。死亡利益在第二个伴侣死亡时赔付。通常，第二生命寿险在一对配偶双亡时需要缴纳财产税。但是一些律师称，只要听取合理、合法的建议，可以使税费最小化甚至完全避免税收。

## 购买人寿保险

在购买人寿保险前，你需要考虑一些因素。同本章前面所讨论的内容一样，这些因素包括：你现在的和将来的收入，其他储蓄和收入保护政策，群体寿险，群体养老保险（或其他养老保险利益），社会保障，还有保险公司的财力。

> **注意！** 每一个评级机构都使用自己的标准来确定财务评级。尽管一般都使用"A"、"B"、"C"评价系统，但一个评级系统中的"A"有可能在另外一个系统中是"AA＋"或"Aa/"。

**从谁那里购买？** 在专业的、有资格的、财务雄厚的保险公司处寻找合适的保单。与一个保险公司有长达 20 年、30 年甚至超过 50 年的业务关系并不是很罕见的事情。因为这个原因，你必须非常仔细地选择保险公司或保险机构。幸运的是，有很多的资源供你选择。

**资源** 范围广泛的私人和公共保险资源都可以提供承保，包括保险公司和它们的代表；私人群体，比如，雇主、工会、专业的或兄弟组织；政府计划，比如，养老保险和社会保障；还有财务机构和生产企业提供的信用保险。

**评价保险公司** 国内一些资金雄厚的、有很高声望的保险公司以合适的价格提供了极好的承保范围。实际上，保险公司的资金实力是降低消费者保险费的重要因素。

使用企业声望来定位一家保险机构。询问家庭成员、朋友或同事喜欢的承保机构。图表 10—5 描述了贝氏和其他三家评级机构的评级系统。

> **你知道吗？**
> 通过测试并达到其他要求的人寿保险销售者都会得到可命名为特许人寿保险人（CLU）的奖励。

**图表 10—5    主要的评级机构的评级系统：你需要选择级别为非常好或很好的公司**

|  | 贝氏 | 标准普尔 Duff & Phelps | 穆迪 | 韦斯调查 |
|---|---|---|---|---|
| 非常好 | A＋＋ | AAA | Aaa | A＋ |
|  | A＋ |  |  |  |
| 很好 | A | AA＋ | Aa1 | A |
|  | A− | AA | Aa2 | A− |
|  |  | AA− | Aa3 | B＋ |

| | 贝氏 | 标准普尔 Duff & Phelps | 穆迪 | 韦斯调查 |
|---|---|---|---|---|
| 好 | B++ | A+ | A1 | B |
| | B+ | A | A2 | B− |
| | | A− | A3 | C+ |
| 合格 | B | BBB+ | Baa1 | C |
| | B− | BBB | Baa2 | C− |
| | | BBB− | Baa3 | D+ |
| 低于平均水平 | C++ | BB+ | Ba1 | D |
| | C+ | BB | Ba2 | D− |
| | | BB− | Ba3 | E+ |
| 差 | C | B+ | B1 | E |
| | C− | B | B2 | E− |
| | D | B− | B3 | |
| 无存活力 | E | CCC | Caa | F |
| | F | CC | Ca | |
| | | C, D | C | |

**选择你的保险机构**　保险机构会处理保险中的技术问题，但这只是一个开始。保险机构的工作中真正重要的环节是运用自身的知识来帮助你在可承受的经济负担内挑选最合适的保险种类。

选择一家好的保险公司是构建你的保险计划中最重要的一步。你怎样寻找这样一家公司？一种好的方法是询问父母、朋友、邻居和其他人，征求他们的意见。随后的"个人理财实践"专栏提供了选择保险公司的指导方针。

> 关于保险公司评级的主要网站：
> www. standardandpoors. com
> http: //infoseek. go. com
> www. ambest. com
> www. moodys. com

**比较不同保单的成本**　每个保险公司都将其销售的保单设计得对投保人既有吸引力又很实用。一种保单可能有其他保单没有的特质；一个保险公司可能比其他公司更有诱惑力；一个公司的投资回报可能比其他公司的要高。这样或那样的因素都影响了寿险保单的价格。

简要地说，有五种因素影响了保险公司对寿险保单的定价：公司的业务运营成本，投资回报率，公司期望的投保人死亡率，保单含有的特质和不同公司相似保单的竞争力。

> 利息调整指数：一种考虑货币的时间价值来评价人寿保险成本的方法。

要求你的承保机构给你一份利息调整指数。**利息调整指数**是一种考虑货币的时间价值来评价人寿保险成本的方法。大量复杂的数学计算式和公式融合了保险费缴纳额、分红、现金价值组合，还有现值分析，最后归结为一个指数数字。这使得公平准确地比较各个保险公司的保险费用的目标成为现实。指数越低，保单的成本就越低。随后的"计算"专栏展示了如何使用利息调整指数来比较保险成本。

**获得和检查保单**　一份寿险保单在你提交了保险申请并且保险公司接受了申请后开始

关于保险费比较的
主要网站：
www.accuquote.com
www.iquote.com

正式处理。保险公司使用你申请单上的信息、你的体检结果，还有检查报告来确定你的承保。当你收到一份保单时，一字一句地阅读该保险合同，如果有必要的话，要求你的保险机构出具一份点对点的解释文件。很多保险公司会重新编写保险合同使其更简单易懂。它们是合法的文件，而且你必须熟知保险公司承诺了什么，尽管有时它们使用了技术术语。

## 个人理财实践

### 选择保险机构的检查表

|  | 是 | 否 |
|---|---|---|
| 1. 你的投保机构是否在需要时可提供帮助？客户有可能在需要紧急回应时遇到问题。 | ☐ | ☐ |
| 2. 你的投保机构是否建议你制订财务计划？计划的每一部分对你的所有财务的保障是必需的。 | ☐ | ☐ |
| 3. 你的投保机构是否对你施加压力？你必须可以自由地选择自己的承保范围。 | ☐ | ☐ |
| 4. 你的投保机构是否持续更改保险领域？经常参加特殊课程或有自学活动的保险机构的目的是更好地为客户服务。 | ☐ | ☐ |
| 5. 你的投保机构乐意回答疑问吗？它是否愿意让你知道你所购买的保单的实际费用？ | ☐ | ☐ |

在你购买寿险之后，你有 10 天的观察期，在此期间你可以改变主意。如果你真的改变主意了，保险公司会退回你的保险费且不收取罚金。

**注意！** 坚决不要购买你不知道承保范围的保险。让你获知你所购保险的内容是保险公司的责任。

**选择结算方式**　选择合适的结算方式是制订保险计划的重要组成部分。最常见的结算方式有一次性付款、等额分期付款、终身年金收入选择权，还有保险金由保险公司持有。

**一次性付款**　保险公司一次性向受益人或被保险人的不动产支付保单面值。这种结算方式是最常用的一种选择。

**等额分期付款**　保险公司在被保险人死亡后的特定年限内，固定分期地将保险收益分配给受益人。

**终身年金收入选择权**　在该种结算方式下，保险公司向受益人支付其余生的收入年金。支付的金额基于被保险人死亡时受益人的年龄和性别等因素而定。

**保险金由保险公司持有**　人寿保险的保险金由保险公司持有，并支付相应的利息。保险公司将承担受托人的角色并将利息收入支付给保险受益人。不同保险公司所承诺的最低利率水平并不相同。

关于人寿保险信息
的主要网站：
www.accuquote.com
www.quickquote.com

**转换保单**　当你的保险公司建议你更换已拥有的终身险或万用寿险时一定要再三考虑。在你放弃一种保障时，一定要确定自己仍被承保着（检查医疗和其他资格要求）。询问你的承保机构或公司对两种新保单的建议。随后的"个人理财实践"专栏给出了 10 项重要的购买寿险的指导方针。

## 计 算

## 确定保险的成本

在确定保险的成本时，不要忽略了货币的时间价值。你必须将你用于缴纳保险费的那部分资金的利息（机会成本）算在保险成本中。很多年中，保险公司在其销售报告中，都没有给货币的时间价值赋一个值。只在近几年中，保险行业才广泛接受了利率调整后的估计成本。

如果你没有考虑货币的时间价值，你可能会有保险公司无偿地给予你福利的错误认识。这里举一个例子。假如你 35 岁，拥有一份面值 10 000 美元的 20 年承保期的有限赔付分红保单。你的年保险费为 210 美元，20 年中的总额即为 4 200 美元。你的 20 年内的总分红为 1 700 美元，所以你的总净保险费为 2 500 美元。你的保单在 20 年后的现金价值为 4 600 美元。如果你没考虑保险费可获得的利息，你可能会产生保险公司给了你超过你缴纳的保险费额 2 100 美元的印象（4 600 美元—2 500 美元）。但如果你考虑了货币的时间价值（即机会成本），保险公司并没有给你 2 100 美元。如果你将这些钱投入一只保守的股票共同基金中会怎么样呢？以 8% 的年利率计算，你的账户会在 20 年后累计到 9 610 美元（回看图表 1—B）。因此，保险公司非但没有给你 2 100 美元的利息，反而是你为 20 年期的承保向保险公司支付了 5 010 美元。

| | |
|---|---|
| 20 年中你缴纳的保险费 | 4 200 美元 |
| 货币的时间价值 | 5 410 美元（9 610 美元—4 200 美元） |
| 总成本 | 9 610 美元 |
| 现金价值 | 4 600 美元 |
| 净保险成本 | 5 010 美元（9 610 美元—4 600 美元） |

一定要求你的承保机构出具利息调整指数；如果它没有将其给你，询问其他的保险机构。如同你在以上的例子中看到的，你可以用通过保险费、红利、现金价值和现值计算出的指数来比较不同保险公司的保单成本。

### 概念检测 10—3

1. 人寿险保单的重要条款有哪些？

_____

2. 什么是附加条款？

_____

3. 人寿险保单中不同的附加条款有哪些？

_____

4. 选择保险机构时你需要考虑什么因素？

_____

5. 最常见的四种结算选择权是什么？

_____

6. 将下列概念与正确的解释相匹配：

两全寿险　　　a. 指定的从承保人那里接受利益（如人寿险利益）的那个人。_____

受益人　　　　b. 提供特殊时期的承保。如果投保人在承保期过后仍生存，则将双方承
认数量的金钱支付给承保人。_____

终身寿险　　　c. 一种在投保人生存时每年缴纳固定数额的保险费的永久保险。_____

双倍赔偿条款　d. 保险公司会在你意外死亡时双倍赔偿你的保单面额的附加条款。_____

## 自我应用！

**目标3：** 检查你的人寿险和家庭其他成员的人寿险。注意每种保单中的可比较条款。保险
公司会以什么作为保险费的回报呢？

## 个人理财实践

## 购买人寿险的十个黄金法则

　　你对人寿险承保范围的要求是根据时间的改变而改变的。你的收入可能会增加或减
少，并且你的家庭的大小也会改变。因此，定期地检查你的承保范围，确保其能匹配不断
变化的需求是十分明智的做法。

| 购买人寿险时要遵循以下规则 | 已遵守 |
|---|:---:|
| 1. 在购买任何人寿险前要了解自身对人寿险的需求，并确保你选择的公司可满足这些需求。 | ☐ |
| 2. 从在所在州注册的公司处购买你所需的人寿保险。 | ☐ |
| 3. 选择有经验、有专业知识、可信赖的保险机构。 | ☐ |
| 4. 询问不同的公司，比较价格。 | ☐ |
| 5. 只购买你所需的能负担得起的寿险额。 | ☐ |
| 6. 当你是不吸烟者时记得要求降低保险费。 | ☐ |
| 7. 仔细阅读你的保单，确保自己完全明白其内容。 | ☐ |
| 8. 告知你的受益人你购买保险的种类和数额。 | ☐ |
| 9. 将保单放置在家中安全的地方，并把保险公司的名字和你的保单编号保存在保险箱中。 | ☐ |
| 10. 定期检查你的承保范围。当你的情况有所改变时，确保保单可以满足你当前的需求。 | ☐ |

**资料来源：** American Council of Life Insurance, 1001 Pennsylvania Avenue NW, Washington, DC 20004 - 2599.

## 养老保险理财规划

像现在你所看到的那样，人寿险在你死亡后提供一定额度的保险利益。但是如果你希望在活着的时候享受利益，你可以考虑养老保险。养老保险保护你免受年老时财政枯竭的风险。

**养老保险**是一份你与保险公司签订的为你提供定期收入的理财合同。通常，你会每月收到保险利益，而且保险公司一般会支付到你生命终止时为止。该利益可以一签订合同就开始支付，也可以在未来的一个日子开始支付。

同前面讨论的寿险法则一样，大量人口的合同预期寿命也是养老保险的基础法则。通过确定许许多多给定年龄范围的人群的平均年龄，保险公司可以计算出该群体中每个人在其退休后每年需要支付的金额。

因为保险费的年支付额是由平均寿命的经验来确定的，养老保险合同对于那些根据健康状况、生活习惯还有家庭遗传寿命等因素认定其可能活得比平均寿命更长久的人更有吸引力。

## 为什么购买养老保险？

购买养老保险的首要原因是它为你余下的生命提供退休收入。在考虑购买养老保险时，你必须充盈你的个人退休账户（individual retirement accounts，IRA）、基奥计划，还有 401(k) 基金。我们会在第 14 章中讨论退休收入问题。

尽管人们开始购买养老保险已经很多年了，养老保险对人们的吸引力在 90 年代中期股市繁荣的时候才开始增加。固定养老保险规定养老保险受益人可以在规定时期或生命延续时期获得固定数额的收入。可变养老保险的月支付额都是变动的，因为该收入是以股票或其他投资的收益为基础的。

养老保险的数额开始增长一部分可以归因于 1974 年《劳动者退休收入安全法》（Employee Retirement Income Security Act，ERISA）的通过。该法案允许为个人退休账户购买养老保险。自营者也可以根据基奥计划来购买养老保险。你将在第 14 章中学习到，放入 IRA 和基奥计划中的资金是有特定限额的税收免征额的。

## 税收考虑

当你购买养老保险时，资金的利息和复利息构成了收入的免税部分。1986 年的《税收改革法》保留了养老保险的税收优势，但缩减了 IRA 的税收优惠。养老保险的投入没有金额限制。而且，如果你在养老保险金缴纳期间死亡，你的受益人可以得到确定的不少于已投入额的资金。

图表 10—6 展示了投资养老保险和定期存款（CD）之间的差别。记住，养老保险的联邦收入税是可以推迟的，而定期存款的利息收入的税费是即刻缴纳的。

同其他的理财产品一样，养老保险的优点也是同不利因素调和出现的。以变额养老保险为例，这些不利因素包括资金灵活性的减弱和费用导致的投资收益的减少。

**图表 10—6**　　税收推迟的养老保险和征税的定期存款（30 年存储期，本金 30 000 美元）的比较

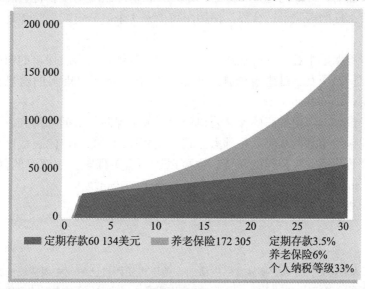

■ 定期存款60 134美元　　■ 养老保险172 305　　定期存款3.5%
养老保险6%
个人纳税等级33%

## 概念检测 10—4

1. 什么是养老保险？

_____

2. 即期养老保险和推迟养老保险有什么区别？

_____

3. 通常情况下，养老保险是否适合身体条件差的人？为什么？

_____

_____

4. 什么是固定养老保险和可变养老保险？

_____

**自我应用！**

**目标 4：** 访问购买了养老保险的朋友和亲属。他们购买了何种类型的养老保险？为什么购买它？

重新考虑你对本章一开始的"自我测评"栏中问题的回答。要使人寿保险的个人理财计划和评价更有效率，还需要：

- 在购买寿险之前，需要确定你是否真的需要它。单身的人独居或是同父母一起居住的，一般不需要或很少需要人寿保险。在决定购买人寿险时要考虑来自朋友、亲属和网站等不同渠道的信息。
- 要有书面的、详尽的寿险目标的记录，并在情况改变时重新检查。在目前的情况下什么样的寿险最适合你？使用图表 10—3 来区分定期寿险和终身寿险之间的区别。
- 评价寿险保单中各条款的缺点和优点。谁会收到你的寿险保单的保险利益——你的配偶、子女还是生意伙伴？可以从以下网站获取更多的信息：www. iii. org；www. insweb. com。
- 从规模最大、声望最高的保险公司处购买人寿保险。询问你的家人、朋友或同事，他们最中意的承保人是哪家公司。使用图表 10—5，此表是评级公司所使用的评价不同保险公司的系统。也可以访问有关保险公司评级的网站，比如，www. ambest. com 和 www. standardandpoors. com。

你从本章中学习到了哪些有助于你购买人寿险的内容？

## 本章小结

**目标 1** 购买人寿险是为了保护依靠自己生活的人免于遭受因自己的死亡而造成的财务危机。你可以使用简单法、丁克（DINK）法、无工作配偶法或家庭需求法来确定你所需要的人寿险的数额。

**目标 2** 两种不同的保险公司——股份制和互惠制——分别销售无分红寿险保单和分红寿险保单。它们都销售两种基本的保险：定期人寿保险和终身人寿保险。这两种险的变种险或结合险也都可以买到。

**目标 3** 大部分的寿险保单都有标准的形式。保险公司可以通过增加附加条款的方法来更改保单的内容。

在购买寿险前，你需要考虑你现在与将来的收入来源，然后比较其费用来选择合适的结算方式。

**目标 4** 养老保险利益是在你生存期间支付的，而人寿保险利益则在你死亡后支付。如果购买了固定养老保险，你可以在特定的一段时间内或终身享受固定数额的收入，而可变养老保险的每月支付额都是变动的，因为该收入是以股票或其他投资的收益为基础的。

## 关键词

| | | |
|---|---|---|
| 养老保险 | 利息调整指数 | 附加条款 |
| 受益人 | 不能作废条款 | 万用人寿险 |
| 现金价值 | 无分红保单 | 终身人寿险 |
| 双倍赔偿条款 | 分红保单 | |

## 自测题

1. 假设你拥有一个典型的家庭。你的年收入为 60 000 美元。使用简单法来确定你的寿险需求额。

2. 使用无工作配偶法，如果你最小的孩子为 2 岁，则你的寿险需求额为多少？

3. 假设你的 20 000 美元、20 年期的有限支付保单的年保险费为 420 美元。30 年后保单的现金价值为 9 200 美元。假设你原可以用年保险费投资年收益率为 7％ 的共同基金。则 20 年中你的保险的净成本为多少？

## 自测题答案

1. 现在的年总收入　　　　　　　　　　　　＝60 000 美元
   7 年总收入　　　　　　　　　　　　　　＝420 000 美元
   7 年总收入的 70％　　　　　　　　　　＝420 000 美元×0.70
   大约的寿险需求　　　　　　　　　　　　＝294 000 美元

2. 最小孩子的年龄　　　　　　　　　　　　＝2 岁
   在 18 岁成人之前还有 16 年
   保险需求为 16×10 000 美元　　　　　　＝160 000 美元

3. 20 年支付的保险费总额　　　　　　　　＝420 美元×20＝8 400 美元
   20 年期年收益率为 7％ 的共同基金的时间价值
   （查图表 1—B，使用因数 40.995）　　　＝40.995×420 美元＝17 218 美元
   现金价值　　　　　　　　　　　　　　　＝9 200 美元
   净保险成本　　　　　　　　　　　　　　＝17 218 美元－9 200 美元＝8 018 美元

## 练习题

1. 你是一个"典型家庭"中的经济来源，年总收入为 40 000 美元。使用简单法来确定你需要购买多少数额的寿险。

2. 你和你的配偶身体健康并有一份体面的工作。你们每人的年收入都为 28 000 美元左右。你们有一所抵押贷款为 80 000 美元的房子，汽车贷款为 10 000 美元，个人债务为 5 000 美元，还有价值 3 000 美元的信用卡债务。你没有其他的债务了。你最近几年没有增加家庭成员的打算。使用丁克法来估计你的总人寿保险需求额。

3. 提姆和奥里森结婚并有了两个孩子，分别为 4 岁和 7 岁。奥里森为无工作的家庭主妇，并把她所有的时间都投入了家务活中。估计提姆和奥里森需要数额为多少的人寿险。

4. 从当地的保险机构获得价值 25 000 美元的终身人寿险、万用人寿险和定期人寿险的保险费率。比较这些不同寿险保单的费用和条款。

5. 使用 307 页的"例子"中的工作表来计算自身的寿险需求额。

6. 基于美国政府 2004 年的统计数据，使用图表 10—1 来分别查找 20 岁的男性和女性可以继续生存的平均年数。

7. 马克和派雯是 3 个孩子的父母。马克是一家当地超市的仓库经理。他的总年薪为 65 000 美元。派雯是一个全职的家庭主妇。使用简单法来估计这个家庭的人寿险需求。

8. 你们是一个夫妻双收入、无孩子的家庭。你和你的配偶总共有以下的债务：180 000 美元的抵押贷款；10 000 美元的汽车贷款；2 000 美元的信用卡借款；其他债务为 6 000 美元。你估计你的葬礼会花费大概 4 000 美元。你的配偶预计在你死亡后会继续工作，使用丁克法来计算你的寿险需求。

9. 使用无工作配偶法来确定一个最小孩子的年龄为 7 岁的无工作家庭的寿险需求。

10. 使用无工作配偶法来确定一个最小孩子的年龄为 10 岁的无工作家庭的寿险需求。

11. 你的变额养老保险每年收取账户价值 0.15％ 的管理费用。今年你的平均账户价值为 50 000 美元，则今年的管理费用为多少？

## 问答题

1. 选择《金钱》、《基普林格的个人理财杂志》、《消费者调查》或《财富》中的一个现实问题，总结一篇提供有关人类平均寿命信息的文章和一篇人寿险如何提供财务安全的文章。

2. 分析四种确定人寿险需求的方法，哪种方法最好？为什么？

3. 访问一些保险公司的网站，诸如大都会人寿、纽约人寿、穿越美国人寿、林肯利益人寿或其他一些你选择的公司。然后总结这些公司提供的不同种类的人寿保险的范围。

4. 联系你所在州的保险部门来获取有关你所在的州是否要求利息调整费用曝光的信息。总结你的发现。

5. 检查你的家庭寿险保单的结算方式，并与你的家庭成员讨论此时对他们最优的选择。

## 案例一

杰夫和安今年都 28 岁。他们结婚 3 年了并且有个快 2 岁的儿子。他们期望几个月后能够迎接第二个孩子的到来。

杰夫是当地一家银行的出纳员。他刚得到每周 30 美元的加薪。他的周薪现在为 480 美元，税后为每月 1 648 美元。他所在公司提供了一份价值为 20 000 美元的人寿险、一份医疗/住院/手术保单和一份重大医疗保险。这些福利都只在他在该银行工作期间提供。

当杰夫收到了他的加薪后，他决定用其来提高对家庭的保障。杰夫和安联系了他们的保险机构，保险机构检查了杰夫从雇主那里得到的保险项目。在社会保障体系下，他们也有一些基本的诸如杰夫因完全失能而丧失收入或杰夫在孩子 18 岁之前死亡所能得到的保障。

但是这些保障是非常基础的，是杰夫和安的最低底线。比如，如果杰夫在两个孩子 18 岁之前死亡，安可以得到的社会保障支付额大概为每月 1 250 美元。但是整个家庭的总需求在第二个孩子出生后会变得更高。尽管杰夫死后家庭支出会减少，但也会比社会保障提供的数额每月要高 250 美元。

### 问题

1. 你会向杰夫和安推荐哪种保单？为什么？

2. 在你看来，杰夫和安是否需要其他的附加保险？为什么需要或为什么不需要？

## 案例二

维基和提姆（36 岁和 38 岁）拥有一所房子并育有一女儿茉莉，而且维基正怀着一对双胞胎。维基从医生那里回来的时候从妈妈那里听到了一个坏消息。她的叔叔乔在 56 岁的时候突然死亡。

那天晚上，等茉莉睡着了，维基想和提姆谈一谈。她说她当然希望他们两个能够健健康康活到 95 岁，却担心有些事情会发生在两人中的一方身上。他们是否有足够的人寿险？如果维基在双胞胎出生后就不再工作，他们的人寿险是否足够？

维基和提姆的财务数据如下：

| 资产 | 负债 | 收入 |
|---|---|---|
| 储蓄账户 2 300 美元 | 抵押贷款 182 000 美元 | 总收入 22 000 美元/年（维基）， |
| 应急基金 30 000 美元 | 汽车贷款 16 000 美元 | 82 000 美元/年（提姆） |
| 房屋 275 000 美元 | | 税后月收入 1 284 美元（维基）， |
| 汽车 18 000 美元和 4 000 美元 | | 4 783 美元（提姆） |
| 家庭用品 10 000 美元 | | |
| 401(k) 账户 78 000 美元（维基）， | | |
| 73 000 美元（提姆） | | |
| 就学存款 10 000 美元 | | |

**每月支出**

抵押贷款 1 200 美元

财产税/保险 500 美元

日常生活费（含日用品和食物）2 500 美元

子女保健（含课后看护和夏令营）6 000 美元

汽车贷款 450 美元

娱乐支出 350 美元

汽油/维修 500 美元

**储蓄**

401(k) 10％的总月收入

就学存款 200 美元

**问题**

1. 维基和提姆需要多少人寿险？使用简单法和无工作配偶法分别计算。

2. 如果他们使用家庭需要法来确定所需寿险额，有哪些因素需要考虑？

3. 提姆家庭可得到的保单类型有哪些？每种保单的保险利益是什么？

4. 如果提姆的雇主免费向其提供一份价值为其年薪的人寿保险，这会对其寿险的购买产生什么影响？他们是否应该百分之百地依靠雇主提供的保险？

5. 提姆家庭该怎样使用你的个人理财规划表 33～你的个人理财规划表 34。

## 消费日记

"我不确定购买人寿险对我现在的生活境况来说是否有必要。"

**指导**

在你坚持记录和管理不同账户目录时，一定要考虑不同的决定如何影响你长期的财务安全。不同的记录内容可以提醒你思考可行的消费习惯的改变。消费日记表可以在本书最后的附录 C 中找到，也可以在学生网站 www.mhhe.com/kdh 上找到。

**问题**

1. 是否有部分支出数额或项目你正试图减少或消除？

2. 对于人寿险的消费，现在或将来你可能要考虑的行为有哪些？

## 你的个人理财规划表 33

姓名：＿＿＿＿＿＿＿＿＿＿＿＿＿＿＿＿＿　　　日期：＿＿＿＿＿＿＿＿＿＿＿＿＿＿＿＿＿

## 确定人寿险的需求

**理财规划活动：**估计能包括预期费用和未来家庭生活费用的人寿险保险范围。

**推荐网站：**www.insure.com　www.kiplinger.com/tools/

**所需日常费用**

最终消费（葬礼，财产税等）　　　　1.＿＿＿＿＿＿＿＿＿＿美元

消费者债务数额　　　　　　　　　　2.＿＿＿＿＿＿＿＿＿＿美元

应急基金　　　　　　　　　　　　　3.＿＿＿＿＿＿＿＿＿＿美元

就学存款　　　　　　　　　　　　　4.＿＿＿＿＿＿＿＿＿＿美元

预期生活费用：

　平均生活费用　　　　　　　　＿＿＿＿＿＿＿＿＿＿美元

| 配偶税后收入 | _____ — _____ | 美元 |
| 年社会保障利益 | _____ — _____ | 美元 |
| 净年生活费 | _____ | 美元 |
| 到配偶 90 岁时所需年数 | _____ | 美元 |
| 投资率因数（如下） | _____ | 美元 |

**总生活费用**

（净年支出额乘以投资率因数）　　　　　　　　　　5. _____ 美元

**总货币需求（1＋2＋3＋4＋5）**　　　　　　　　_____ 美元

**减去：现行投资总额**　　　　　　　　　　　　_____ 美元

**人寿保险需求**　　　　　　　　　　　　　　　_____ 美元

---

**投资率因数**

| 配偶到 90 岁所需年数 | 25 | 30 | 35 | 40 | 45 | 50 | 55 | 60 |
|---|---|---|---|---|---|---|---|---|
| 保守投资 | 20 | 22 | 25 | 27 | 30 | 31 | 33 | 35 |
| 冒险投资 | 16 | 17 | 19 | 20 | 21 | 21 | 22 | 23 |

注：使用你的个人理财规划表 34 来比较人寿险保单。

### 个人理财规划的下一步是什么？

- 调查一些人来确定他们购买人寿险的原因是什么？
- 联系一家保险机构来比较不同公司和不同年龄阶段保险费率的不同。

---

## 你的个人理财规划表 34

姓名：_____　　　　日期：_____

### 人寿险保单的比较

**理财规划活动：** 调查和比较不同保险公司的人寿险保单承保范围和费用的差别。联系人寿保险机构来获取下面所需求的信息。

**推荐网站：** www.quotesmith.com　　www.accuquote.com

| 年龄： | | | |
|---|---|---|---|
| 公司 | | | |
| 机构的名称、地址和电话 | | | |
| 保险种类（定期、终身、有限支付、两全、万用） | | | |
| 保单种类（个人、群体） | | | |
| 承保金额 | | | |
| 支付频率（月、季度、半年、年） | | | |
| 保险费额 | | | |
| 其他费用： | | | |

| | | | |
|---|---|---|---|
| 服务费 | | | |
| 身体检查费 | | | |
| 回报率（现金价值年增长率；定期保单不适用） | | | |
| 广告或保险机构规定的保险利益 | | | |
| 该保单的潜在问题或缺点 | | | |

## 你的个人理财规划的下一步是什么？

- 联系一家保险机构，获取如何确定一个人所需的寿险金额的方法的信息。
- 调查互惠保险公司和股份制保险公司在收取保险费方面的不同。

# 第 11 章　投资基础和债券评估

**自我测试**

　　为什么我们要投资？对以下每个表述，选择"是"或"否"来反映你的投资行为模式。　　　　　　　　　　　　　　　　　　　　　是　否

　　1. 我有详细记录的投资目标。　　　　　　　　　　　　　　—　—

　　2. 我已执行过自我财务检查。　　　　　　　　　　　　　　—　—

　　3. 在经济危机中我采取了一些措施来维护我的财务安全。　　—　—

　　4. 在做投资决定时，我清楚资产的配置如何影响投资的选择。　—　—

　　5. 我知道为什么人们投资债券和其他保守的投资项目。　　　—　—

　　学习完本章后，你需要重新考虑这些问题的答案。

*你的个人理财规划表*

　　35. 制定投资目标

　　36. 评估投资风险

　　37. 评价公司债券

## 目 标

在本章中，你将会学习到：

1. 解释为什么你需要制订投资计划。
2. 解释安全性、风险、收入、增长率和流动性如何影响你的投资计划。
3. 鉴别可以降低投资风险的因素。
4. 明白投资者购买政府债券的原因。
5. 了解投资者购买公司债券的原因。
6. 在做投资时评价债券的优劣。

### 为什么这很重要？

如果你在 25 岁时就开始执行每年投资 2 000 美元的投资计划，你会在退休的时候成为一名百万富翁。尽管很多人梦想着成为下一个百万富翁，但梦想却从未实现。你必须学会如何成为一名智慧的投资者。这就是本章所讲的所有内容——引导你认识投资的概念，认识这些概念后结果会大有不同。

# 为投资计划做准备

目标 1：解释你制订投资计划的原因。

很多人都问了这样一个问题：为什么现在要开始投资？在本书刚出版的时候，鉴于近期的金融和银行危机，这是一个非常重要的问题。很多投资者都在这次金融危机中遭受了大量的损失，但专家们依然认为最好的投资计划是这样一个计划，它强调超过 20～40 年的长期增长。本章的内容再加上第 1 章中有关货币的时间价值的材料和第 14 章中有关退休计划的材料，将帮助你了解尽快开展投资计划的重要性。要记住，尽早开始执行投资计划，你的投资就会有更多的时间为你工作。

同其他决定一样，开始执行投资计划的决定是你为自己设立的。没有人会帮你储蓄你所需资助投资计划的基金。实际上，你需要完成的具体目标就是你投资计划背后的驱动力。

## 建立投资目标

一些理财师建议投资目标以金钱的形式设立：在 2018 年 12 月 31 日前，我的总资产额会达到 120 000 美元。其他的理财师相信以特定的、希望得到的事物作为投资目标，能更好地激发投资者工作：在 2020 年 1 月 1 日前，我要攒下足够的钱购买山里的自己的第二套房子。为了更有效果，投资目标要非常具体和有衡量性。它必须同你的特定的财务需求正好适应。下面的问题有助于你建立有效的投资目标：

1. 你使用这些钱干什么？
2. 为了满足你的投资目标你需要多少钱？
3. 你怎样获得这些钱？

4. 要挣到这些钱你需要多长时间？

5. 你愿意在投资计划中冒多大的风险？

6. 有哪些可能发生的经济或个人情况会改变你的投资目标？

7. 若考虑现阶段你的经济情况，你的投资目标是否合理？

8. 你是否愿意为你的投资目标作出必要的牺牲？

9. 如果你没能达到你的投资目标，会造成什么结果？

你的投资目标一直主导着你的未来。在第 1 章中，我们将目标划分为短期（短于 2 年）、中期（2～5 年）和长期（5 年以上）三种。同样的划分标准也适用于你的投资计划。比如，你可以设立一个在今后的 18 个月中储蓄账户累积 3 000 美元的短期目标。你可以使用这 3 000 美元来购买股票或共同基金来帮助你实现中期或长期的投资目标。

## 执行财务检查

在开始执行投资计划之前，你的个人财务状况必须良好。在本节中，我们会检查你在第一次投资前需要考虑的几个因素。

**做个人预算平衡的工作** 很多人经常花得比挣得多。他们使用信用卡买东西，然后再每月分期付款，支付 12％～18％甚至更高的财务费用。在这种情况下，投资利率为 2％～10％的定期存款、债券、股票、共同基金或其他投资产品都是毫无意义的，除非减少或消除信用卡消费、分期付款消费和与之伴随的财务费用。一个很有效的经验法则是将你的消费者信用支付缩减到税后净收入的 20％以下。最后，支付账单后剩下的资金会越来越多，然后你可以用其开始一项储蓄计划或理财投资。

**获取足够的保险保障** 我们在第 8 章、第 9 章、第 10 章中已经详细论述了保险，所以不会在这里重复这部分内容。但是，考虑保险需求是你必须要做的事情。在开始投资计划之前，你需要检查你的人寿保险、住院保险、房屋保险、汽车保险，还有其他需要投保的资产。

**建立应急基金** 在你开始一项投资计划之前，大多数理财师都建议你先建立应急基金。**应急基金**就是在你急需时可以很快拿到的一定数额的资金。这部分钱应存放在利率最高的储蓄账户中，或需要时可马上变现的货币市场的共同基金中。

> **应急基金**：在急需时可以很快拿到的一定数额的资金。

大部分理财师认为较合理的应急基金的数额最少应为 3 个月的生活费用。

---

**例子**

如果你的月支出额总共为 1 800 美元，在投资前你应该储蓄至少 5 400 美元的应急基金。

应急基金的最少数额＝月支出额×3 个月

＝1 800 美元×3 个月

＝5 400 美元

以自身为例：_____美元×3 个月＝_____美元（第一个空格为月生活费）

---

**紧急情况下可获得的其他现金来源** 你可能希望从商业银行、储蓄和贷款协会或信用联盟处取得一定的信用额度。**信用额度**是一种在你确实急需资金时可获批的短期贷款。因为有关申请的书面材料已经完成，并且借款是预先批准的，你可以在需要时立即获得资金。

主要的信用卡公司提供的预付现金条款也可在紧急情况下使用。但是，信用额度和信用卡都有一个上限，或称为最高额度，这限制了可获得资金的数额。如果在日常消费中你已经耗尽了这两种资金来源，则其无法在紧急情况下发挥作用。

## 在金融危机中存活

最近发生的金融和银行危机强调了个人理财和投资计划的重要性。受国家经济问题的影响，很多人都毫无防备，仓促地寻找资金以支付自己每月的账单。很多人只好借款或使用信用卡来熬过一次又一次的付款日。其中一些人只能被迫低价卖掉部分或所有的投资产品，只为了能够给家庭购买食物和其他生活必需品。

为了能在金融危机中幸存，很多专家建议你采取行动来确保你的财务状况良好。这里有 7 个你可以采用的步骤：

1. 建立比一般数额大的应急基金。在通常情况下，一个为 3 个月生活费用的应急基金已经足够了，但是你可以增加自己的基金数额来预防危机。

2. 知道自己拥有什么。做一张负债和月生活费用清单，然后确定必须要偿还的债务，一般包括抵押贷款或房租、医疗费、日用品、食物和交通费用。

3. 缩减费用。保留最基本的消费，缩减娱乐费用的开支，比如，外出就餐和旅游。尽管这不是件开心的事，但省下的钱可以用于增加你的应急基金或购买日常必需品。

4. 付清信用卡欠款。养成每月付清当月信用卡欠款的习惯。如果你有信用卡欠款，先还清最高利率的信用卡余额。

5. 在银行、信用联盟或理财机构处申请一个信用额度。像本章一开始处定义的那样，信用额度是一个预先批准的借款，它可以在未来的紧急情况下提供资金支持。

6. 如果你无法偿还债务，通知你的信用卡公司和债主。尽管不是所有的债主都愿意帮忙，但很多都会与你一同为此做一些事情并且降低你的贷款利率，减少你的每月支付额或延长还款时间。

7. 监管自己的投资和退休账户的数额。追踪你的股票、共同基金还有退休账户的数额，这可以帮你决定在紧急情况下哪种投资项目可以被卖掉。持续的投资估计值也可以帮助你重新配置你的投资来减少投资风险。

有了前面的手段，遇到金融危机时就无须恐慌。虽然经济问题会对人造成很大的压力，但保持冷静并考虑所有的选择项可以帮助你减轻压力。要牢牢记住破产是最后的手段。理由非常简单：破产的记录会在你的信用报告中保留 10 年之久。

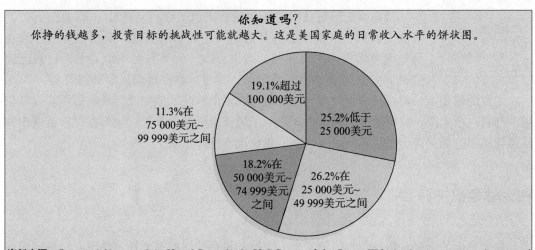

## 获取开展投资计划所需的资金

假设你有足够的投资基金,一旦设立了投资计划目标并完成了财务检查,你就可以开始投资了。不幸的是,这笔资金不可能自动出现。

**优先投资目标** 你对你的投资目标有多么渴望?你是否愿意放弃对一些物品的购买来为投资提供资金支持?这两个问题的答案都非常重要。我们以 32 岁的在圣路易斯医院当护士的丽塔·约翰逊为例。作为 2005 年离婚协议的一部分,她得到了大约 55 000 美元的现金。一开始她想用这笔钱买一辆宝马汽车和一些新家具。但经过仔细的规划后,她决定将 25 000 美元作为定期存款,而将剩下的钱用来投资保守型共同基金。在 2009 年 5 月 31 日,这笔投资将达到 79 000 美元。

什么对你来说最重要?你对其怎样估价?这些问题都会影响你的投资目标。一种极端的情况就是,有些人储蓄或投资自己几乎所有的薪水。他们从达到中期或长期投资目标中获得的满足感要远远超过在短期内花费大量金钱所获得的,比如,购买新衣服、在昂贵的餐厅用餐或周末旅游等。另一种极端的情况就是,有些人在下个发薪日之前已经花掉挣到的所有钱。大部分人认为这两种极端都不可取,就选择了折中的方式。这些人一般肯在可以使生活更愉快的项目上花钱,并且存储足够的资金来进行投资计划。可以帮助你获得开展计划所需资金的建议在下面的"个人理财实践"专栏中被列举出来。

### 个人理财实践

这里有一些可以帮助你获得开展投资计划所需资金的建议。

**1. 首先要自己付账。** 每个月,支付整个月的账单、储蓄或投资一定数额的资金,然后用剩下的来支付个人费用,比如,新衣服或娱乐项目。

这项建议可以如何帮助到你?

**2. 利用账户雇主资助的退休计划。**很多雇主会支付部分或全部的退休计划供款，通常被称为 401(k) 账户（个人退休账户）或 403(b) 账户。

这项建议可以如何帮助到你？

_____

_____

**3. 参加一个选择储蓄计划。**你可以选择一个储蓄计划：每月都在你发薪时留下一部分资金自动存入储蓄或投资账户中。

这项建议可以如何帮助到你？

_____

_____

**4. 每年努力做 1 或 2 个月的特别储蓄。**很多的理财师都建议你每年有 1 或 2 个月只维持最基本的生活状态。

这项建议可以如何帮助到你？

_____

_____

**5. 充分利用礼物、遗物和意外之财。**使用未预期到的资金来建立投资计划。

这项建议可以如何帮助到你？

_____

_____

**雇主赞助的退休计划**　对很多人来说，最简单的开展投资计划的方式是参与雇主赞助的退休账户，通常被称为 401(k) 或 403(b) 账户。很多雇主会支付部分或全部的退休账户的供款。比如说，一位雇主可能会支付雇员贡献的每 1 美元中的 25 美分。但这个支付比例是变动的，有些雇主会支付不超过规定薪水比例的雇员的所有退休供款。更多不同种类的退休账户会在第 14 章中学习到。

**注意！**受经济危机的影响，企业为了减少费用，很多雇主缩减或取消了雇员退休计划中的资助条款。

## 长期投资项目的价值

很多人从未开始过投资，因为他们的资金总额很少。但是就算是很少的资金，经过较长的时间也会增长。举个例子，玛丽和彼得·米勒在他们 20 多岁时就开始每年投资 2 000 美元；他们希望在彼得 65 岁时投资组合可以达到 1 000 000 美元。他们该怎样做？答案很简单，他们可以使用货币的时间价值。你可以达成相同类型的目标。比如，如果你每年投资 2 000 美元长达 40 年，年利率为 6%，你的投资总额会增长到 309 520 美元。

注意，你的投资价值由于两个因素每年都在增长。第一，假设你每年都投入 2 000 美元，在 40 年后，你会得到 80 000 美元。第二，每项投资收益都是可以累积加入你的年存款中的。在上面的例子中，你挣到了 229 520 美元（309 520 美元总回报－80 000 美元供款＝229 520 美元累积收益）。

# 401(k)账户

我明白在这个低落的股票市场中，为什么你会对自己的退休储蓄账户401(k)、403(b)或个人退休账户感到厌烦。你可能是嘲笑"自己的401(k)变成了201(k)"中的一员。而且我可以理解你为什么曾试图以亏损价格卖掉你的股票或共同基金，且全部转为长期国库券或仅转化为现金。

我也可以理解你为什么考虑推迟或削减周期性的401(k)供款。可能你的日常预算很拮据，你现在非常需要资金，或你正在考虑一种更激烈的方式：动用你的退休账户来支付当前的费用，尽管你需要支付所得税和10%的提前撤资罚金。

**401(k)的优势。**很简单，延期纳税的退休计划是华盛顿给美国劳动者们最好的礼物。是的，我知道在美国这种交易一时不如固定收益养老金计划那样有吸引力。雇主建立了退休计划并承担了所有风险，所以雇员在任何情况下都不能提前支取养老金。但是，

拥有这种养老金计划的日子已经一去不复返了，所以我们没有必要再怀念它。

当我调查为什么人们对401(k)感到厌倦时，我发现真正的问题并没有出在概念上。毕竟，在雇主为你储蓄资金并且退休前都无须交税的前提下，你还有什么不开心的呢？

与此相反的是，这个问题出在大部分人为其401(k)选择的投资上。他们懊悔自己的资产组合缺乏多样性。可能他们有太多雇主的股票了，它本不应该超过投资组合的10%的，或离退休只有几年了，也许他们太努力投资股票共同基金了。

约翰·博格尔，一个聪明的守财奴，是先锋基金的创始人，他认为带息投资占你退休账户的比重应该同你的年龄相同。比如说你现在55岁，你应该有55%的资产为债券或现金，而45%的资产为股票。这是一种很保守的投资组合，但在熊市中会保护你的401(k)的价值不受严重的侵蚀。

**不要低价售出。**对401(k)或个人退休账户已发生的损失该怎么办？不要抛售遭受重击的高质量的股票和管理良好的共同基金。从现在的低水平开始，今后几年，股票和房地产投资信托基金显示了比债券和现金更强的升值潜力。

资料来源：Reprinted by permission from the February issue of *Kiplinger's Personal Finance*. Copyright © 2009 The Kiplinger Washington Edition, Inc.

1. 假设你在一家提供401(k)退休计划的公司得到一份工作。你被问到是否愿意参加公司的这个退休项目。你该如何作答？说出你的理由。

2. 为你的退休账户选择合适的投资组合时需要考虑哪些因素？

3. 通常，人们不监管或重新评估退休账户中投资的价值。你可以采取哪些步骤来避免该情况发生？

而且，要注意如果投资的回报率高，总资产的增长会非常显著。比如，每年投资2 000美元年收益率为10％的投资产品长达40年后，总价值会增加到885 180美元。资金回报率和投资时间的长短确实可以使结果截然不同。图表11—1显示了你的投资组合在不同期间和不同回报率时的价值。追求高回报率就是很多投资者选择股票、基金和其他比起定期存款和储蓄账户潜在回报高的投资产品的原因之一。

## 概念检测 11—1

1. 为什么要设立具体的投资目标？

2. 在进行财务检查时，你需要考虑哪些因素？

3. 描述你可以采取的在金融危机中幸存下来的步骤。

4. 为什么你应该参加雇主赞助的 401(k) 或 403(b) 退休计划？

5. 用自己的语言描述货币的时间价值概念，它会怎样影响你的投资计划？

## 自我应用！

**目标1：** 访问消费信贷咨询服务组织的网站（www.cccs.net），然后描述在管理个人财务时急需帮助的人可以得到哪些服务。

图表11—1　　　　　　每年投资 2 000 美元在不同回报率和投资期间下的价值　　　　　单位：美元

| 回报率（％） | 年末余额 | | | | | |
|---|---|---|---|---|---|---|
| | 1 年 | 5 年 | 10 年 | 20 年 | 30 年 | 40 年 |
| 2 | 2 000 | 10 408 | 21 900 | 48 594 | 81 176 | 120 804 |
| 3 | 2 000 | 10 618 | 22 928 | 53 740 | 95 150 | 150 802 |
| 4 | 2 000 | 10 832 | 24 012 | 59 556 | 112 170 | 190 052 |
| 5 | 2 000 | 11 052 | 25 156 | 66 132 | 132 878 | 241 600 |
| 6 | 2 000 | 11 274 | 26 362 | 73 572 | 158 116 | 309 520 |
| 7 | 2 000 | 11 502 | 27 632 | 81 990 | 188 922 | 399 280 |
| 8 | 2 000 | 11 734 | 28 974 | 91 524 | 226 560 | 518 120 |

| 回报率 | 年末余额 | | | | | |
|---|---|---|---|---|---|---|
| （%） | 1 年 | 5 年 | 10 年 | 20 年 | 30 年 | 40 年 |
| 9 | 2 000 | 11 970 | 30 386 | 102 320 | 272 620 | 675 780 |
| 10 | 2 000 | 12 210 | 31 874 | 114 550 | 328 980 | 335 180 |
| 11 | 2 000 | 12 456 | 33 444 | 128 406 | 398 040 | 1 163 660 |
| 12 | 2 000 | 12 706 | 35 098 | 144 104 | 482 660 | 1 534 180 |

# 影响投资选择的因素

**目标 2：**解释安全性、风险、收入、增长率和流动性如何影响你的投资计划。

上百万的美国人购买股票、债券、基金或其他的投资产品。他们都有投资自己的金钱的理由。一些人想在 65 岁退休之前补充退休收入，而另一些人希望在 40 岁之前成为百万富翁。尽管每个人都有具体的、个人的投资目标，但所有的投资者都要在选择投资产品前考虑一些特定的因素。

## 安全和风险

安全和风险是一枚硬币的两个面。投资的安全性意味着最小化风险或损失。另一方面，投资的风险意味着对结果的不确定性的衡量。投资产品的范围从很安全到高风险的都包括。在投资领域的一端是最安全的投资产品。此类投资产品包括政府债券、储蓄账户、定期存款，以及特定公司的债券、股票和共同基金。实物资产也是一项很安全的投资选择。投资者选择它们是因为他们知道这种投资产品变得不值钱的可能性很低。

很多投资者选择保守型投资是基于个人生活情况的。比如，当人们离退休年龄越来越近时，他们一般会选择更保守的投资产品，失去财务篮子中大部分的鸡蛋的机会很少。而且，一些投资者纯粹是因为不喜欢承诺了高回报率的高风险投资产品。

**投机性投资：**期望在短期内赚到相对较高收益的高风险投资。

位于投资范围的另一端是投机性投资。**投机性投资**是期望在短期内赚到相对较高收益的高风险投资。这种投资提供了挣得大量收益的可能性，但是如果它们没有成功，你可能会失去大部分甚至全部的期初投资。投机性股票、特定债券、一些共同基金、一部分实物资产、日用品、期权、贵金属、收藏品都为风险导向型投资。

在一个投资者看来，安全与风险因素之间的关系可总结为一个基本的规则：任何投资的潜在收益应与投资者假定的风险有直接联系。比如，阿娜·露娜在 3 年前与工作有关的事务中受伤。经过长时间的诉讼后，她收到了一大笔资金，可用其投资来形成收益从而保障今后安稳的生活。因为以前没有投资过，她很快意识到自己对风险的承受度非常低。她必须以保守的方式来处理这笔价值 420 000 美元的赔款。最后，经过专家长时间的讨论和她自己做的调查，她选择将一半钱存为定期存款，剩下的另一半钱她选择了 3 种每年提供大约 2％分红的股票，既有潜在的升值可能，又因股票发行公司的金融稳定性而有很高的安全性。

刚入门的投资者经常会担心与投资项目相伴随的风险。但要记住这一点，在不冒险的情况下，要获取确实能使投资项目增长的大额收益是不可能的。关键在于确定你愿意承受多大的风险，再选择回报高的且风险可承受的、质量好的投资产品。要确定你可以承受多大程度的风险，做图表 11—2 展示的风险承受能力测试。

**图表 11—2　　　　　衡量投资风险承受能力的快速测试**

下面的问题改编自罗威价格组织的共同基金测试，它可以帮助你发现自己对不同程度风险的承受能力。

1. 你是一个电视节目的获胜者，你会选择哪种奖励？

   2 000 美元的现金 （1 分）

   有 50％的可能性赢得 4 000 美元的机会（3 分）

   有 20％的可能性赢得 10 000 美元的机会（5 分）

   有 2％的可能性赢得 100 000 美元的机会（9 分）

2. 你在扑克游戏中输了 500 美元。你愿意再投入多少钱来赢回这 500 美元？

   超过 500 美元（8 分）

   500 美元（6 分）

   250 美元（4 分）

   100 美元（2 分）

   什么都不押，切断你的损失额度（1 分）

3. 你购买一只股票一个月后，它突然上涨了 15％。在没有其他的信息下，你会怎样处理？

   继续持有股票，希望未来能继续上涨（3 分）

   卖掉股票获取利益。（1 分）

   买更多的该股票，未来它可能还有上涨空间。（4 分）

4. 你的投资产品在一个月后突然暴跌了 15％，但它的基本面仍看起来形势不错。你会怎样做？

   买更多的该投资产品。如果初始价格形势就很好，则以后会更好。（4 分）

   继续持有等待涨回。（3 分）

   卖掉该投资产品防止损失扩大。（1 分）

5. 你是一个刚成立公司的核心雇员之一。你可以以二选一的方式选择自己的年终奖。你会选择哪种方式？

   1 500 美元的现金（1 分）

   公司股票选择权：公司成功则明年可为你带来 1 500 美元的收益，但若失败会一文不值。（5 分）

**你的最终得分：_____**

评分标准

**5～18 分**　你是一个保守型投资者。你更倾向于最小化财务风险。你的分数越低则说明谨慎性越高。在你选择投资产品时，你更注重高信用度和财务的稳定性。在投资股票、债券和实物资产时，寻求以收入为焦点。

**19～30 分**　你是一个不保守的投资者。你愿意为更多的回报冒更大的风险。你的分数越高则表明你越大胆。你可能会考虑高收益率、低信用度的债券，新成立公司的股票，有抵押贷款的实物投资或激进的共同基金。

原始的投资基础可从罗威价格，100 E. Pratt St., Baltimore, MD 21202 处获得（800-638-5660）。

罗威价格组织免费提供关于投资基础知识的初级读本。公司地址为马里兰州巴尔的摩市东普拉特大街 100 号，邮编 21202（电话：800－638－5660）。

## 风险因素的组成部分

在选择一项投资时，你必须认真地评估风险因素的变化。实际上，所有的风险因素可以被拆分为 4 个部分。

**通货膨胀风险**  同第 1 章中定义的一样，通货膨胀（常见的大多数经济体的经济状况）是价格总水平的增长。在高通货膨胀时期，就有可能出现投资回报率跟不上通货膨胀率的风险。为了演示通货膨胀如何降低你的购买力水平，我们假设你存了一张利率为 2% 的 10 000 美元的定期存款。在一年后，你的这笔投资会挣得 200 美元的利息（10 000 美元×2%＝200 美元）。假设通货膨胀率为 3%，则它会花掉你额外的 300 美元（10 000 美元×3%＝300 美元），或花费 10 300 美元才可以买到一年前你可以用 10 000 美元买到的相同数量的产品。尽管你挣了 200 美元的利息，你失去了价值 100 美元的购买力。而且当你为这 200 美元交完税后，你失去的购买力会更多。

**利率风险**  同优先股、政府或公司债券有关的利率风险是经济体内利率改变的结果。当总利率水平升高时，投资价值会降低。相反，投资价值会在总利率水平下降时升高。

为了抵制利率风险的影响，联邦政府和公司正在发行抵御通货膨胀的债券。投资者收到的利息额会根据消费者价格指数（CPI）进行调整。通常的抵御通货膨胀的公司债券为 5 年、7 年或 10 年到期。联邦政府发行的抵御通货膨胀的债券的到期时间一般为 5 年、10 年或 20 年。

**经营失败风险**  经营失败风险是与投资股票和公司债券相联系的。投资这其中的每一项，你都要面临经营不善、产品失败、竞争或其他造成公司经营利润比原预期低的可能性。低利润通常意味着低分红或无分红。如果公司继续以亏损状态运营，甚至连债券的利息和本金的支付都会成为问题。公司可能会倒闭，被强制申请破产，使得你的投资毫无价值。在你忽视经营失败风险前，一定要考虑拥有雷曼兄弟和华盛顿互惠银行股票的投资者的困境。这两家金融机构在最近的金融危机中破产了。两家公司的投资者损失了上百万美元！

当然，保护自己不遭受此损失的最佳方法是仔细地评估发行你所购买的股票和债券的公司，然后在购买后要持续评估。购买多家公司的股票或债券，或购买共同基金的股份都可以帮助你实现投资的多样化，从而保护你不受损失。

**市场风险**  经济增长不像大多数投资者相信的那样有系统性和可预测性。通常，一段时期的快速增长后是一段时期的衰退。比如，经济周期——经济增长期和衰退期之间的循环——在二战[①]后的平均时间长度为 3～5 年。在刚刚公布时，很多经济领军人物和政要都在争论最近的经济衰退期的长短。除了联邦政府、美联储和财政部作出一些努力外，这个国家仍然承受着导致投资价值减少的经济问题。

在经济衰退期，投资项目的卖出有可能会变得困难，比如，实物资产。市场上股票和债券价格的波动对公司的财务状况的根本变化可能没有任何影响。这种波动也有可能是政治或社会情况造成的。比如，中东的政局活动可能会造成石油类股票价格的上升或下降。

---

① The Investpedia Web site at (www.investpedia.com), accessed January 12, 2009.

## 投资收入

投资者有时会购买特定的投资产品，因为他们希望获得可预期的收入来源。最保守的投资——存折储蓄账户、定期存款和美国政府发行的有价证券——是最容易预测的收入来源。有了这些投资，你可以确切地知道在某个具体的日期你会得到多少收益。

如果投资收益是首要的目标，你也可以选择市政债券、公司债券、优先股、公共事业股或选定的普通股。其他的提供潜在收益的投资有共同基金和房产出租。

> **注意！** 每年都有很多人受骗，因为他们接到的电话或电子邮件中提供的投资项目好得不能再好。为了避免投资欺诈，专家建议你要小心以下开头的任何宣传：
> ● 你的利润是被确保的。
> ● 没有任何风险。
> ● 错过这次机会你就是个傻子。
> ● 只有今天一天可以购买。
> 总之，在投资之前需从容地检查所提供的投资项目。
> 资料来源："Investment Fraud," AARP Website (www. aarp. org), accessed January 10, 2009.

## 投资增长

对投资者来说，增长意味着投资价值的增加。最大的增长机会一般为普通股的投资。在20世纪90年代，投资者发现经营电力、技术、能源和健康等行业的公司所发行股票的增长潜力最大。但是，很多相同行业的公司在21世纪初却遇到财务问题，低利润甚至亏损。2003年，经济开始反弹，并且在2～3年的时期内，成长型投资开始变得受欢迎（并且有利润）。不幸的是，很多投资者发现他们在成长型公司或共同基金上的投资利润从2006年开始降低。从2008年开始，金融危机成为最重大的经济问题，很多成长型投资停止了增长并且价值开始降低。但有一个因素是肯定的：投资者还是偏好成长型投资的潜力。

有盈利潜力，销售利润增加，并且经理可以处理好快速增长所伴生问题的公司通常被认为是成长型公司。同类公司一般很少甚至无分红。公司留下的资金至少可以负担公司今后成长所需的资金，并且控制借款的费用。结果它们的增长速度变得更快。

其他有着增值潜力的投资包括共同基金和房地产。例如，很多基金都被认为是成长型基金或激进的增长基金，就是由于包含在基金中的个别证券的成长潜力。

## 投资流动性

**流动性**指能够快速地买进或卖出投资项目，而投资价值没有实质上的影响的能力。投资产品的广泛范围包括准现金投资到事实上不可能再获得投资额的冻结投资。活期存款账户和储蓄账户非常具有流动性是因为它们可以快速变现。定期存款提前支出需要缴纳违约金。对于其他的投资，你可以很快地卖掉它，但是市场条件、经济情况或其他因素可能

**流动性**：快速地买进或卖出投资项目，而投资价值没有实质上的影响的能力。

会使你无法重新获得一开始你的投资数额。

## 概念检测 11—2

1. 为什么安全和风险是同一枚硬币的两个面？

_____

_____

2. 用自己的语言描述以下风险因素的四个组成部分。

| | |
|---|---|
| 通货膨胀风险 | |
| 利率风险 | |
| 经营失败风险 | |
| 市场风险 | |

3. 收入、增长和流动性怎样影响了投资选择？

_____

_____

### 自我应用！

**目标 2：** 这部分告诉我们收入和增长会怎样影响个人的投资选择。假设你分别是以下几种情况下的投资者。然后再选择是做收入投资还是增长投资，解释你作此选择的理由。

| 生活情况 | 收入投资还是增长投资 | 理由 |
|---|---|---|
| 你是一个没有工作的单身家长，刚得到了 300 000 美元的离婚分割财产。 | | |
| 你是一个 25 岁的单身投资者，你有一份年薪为 36 000 美元的全职工作。 | | |
| 你是一对有 65 000 美元退休存款的退休夫妇中的一员 | | |

## 减少投资风险的因素

**目标 3：** 鉴别可以降低投资风险的因素。

现在你可能在考虑，我该怎样选择适合我的投资呢？这是个很好的问题。为了帮助你回答这个问题，考虑以下情况：从 1926 年开始算起，股票平均每年的回报率为 10%。同期，美国政府债券的收益率为 6%[①]。

---

① "Money 101 Lesson 4：Basics of Investing," the CNN/Money Web site（http：//money. cnn. com/magazines/moneymag/money101/lesson4），accessed January 13，2009.

这个事实告诉我们每个投资者都需要投资股票，因为它提供的回报率是最高的。事实上，股票在你的投资组合中可能占有一席之地，但设立一个投资计划不仅仅是选择几只股票或投资股票的基金那么简单。在确定购买股票前，要考虑资产组合管理和资产分配等因素。

## 资产组合管理和资产分配

在本章的前面，我们调查了安全性、风险、收入、增长和流动性会如何影响你的投资选择。现在我们用一些典型的投资选项来比较影响投资选择的因素。图表11—3将安全性、风险、收入、增长和流动性五个选项分级评价。更多投资选择的信息会在本章的后面和第12章、第13章中讲述。

**图表 11—3**             **用来评估传统的投资选项因素**

| 投资类型 | 评估的因素 | | | | |
|---|---|---|---|---|---|
| | 安全性 | 风险 | 收入 | 增长 | 流动性 |
| 普通股 | 中 | 中 | 中 | 高 | 中 |
| 优先股 | 中 | 中 | 高 | 中 | 中 |
| 公司债券 | 中 | 中 | 高 | 低 | 中 |
| 政府债券 | 高 | 低 | 低 | 低 | 高 |
| 共同基金 | 中 | 中 | 中 | 中 | 中 |
| 房地产 | 中 | 中 | 中 | 中 | 低 |

> **资产分配**：将资产分配到很多不同种类的投资中从而分散风险的过程。

**资产分配**   资产分配就是将你的资产分配到很多不同种类的投资中从而分散风险的过程。资产分配这个词语是一种假想的说法，用来说明你需要多样化的投资，从而避免将鸡蛋放入一个篮子的缺陷。资产分配一般用百分比来表示。比如，我要将资产的百分之多少用于购买股票和基金？百分之多少用于购买债券和定期存款？为了帮助你回答这些问题，许多经纪公司设立了图表11—4所展示的组合模型。一些经纪公司会做进一步的工作，并推荐每一个组合模型中具体的债券、股票或基金。实际上，一些经纪公司甚至允许你购买证券的组合并打成一个包裹——一个通常被称为组合投资的概念。

仔细观察图表11—4中列出的每一个组合。然后自问：哪种组合是最适合我的？问题的答案通常与你对风险的承受能力相关。回忆本章前面讲过的基本规则：任何投资的回报潜力都应该与投资者愿意承担风险的大小直接相关。投资者经常会说他们希望获得更大的回报，则他们必须准备承担更大的风险来获取高回报。比如，图表11—4中非常积极的投资组合许诺的回报最大，因为你大部分的资金都投入到了股票和基金中。但由于股票和共同基金提供了最高的投资回报潜力，这些投资比债券、定期存款、现金和现金等价物的风险更高。因此，回报率最高组合的潜在风险比起其他组合的都要高。资产分配时还需考虑另外一些因素，那就是在投资前你需要考虑这项投资多久才会有回报和你的年龄。

| 图表 11—4 | 从保守到非常积极的三种不同投资组合 | |
|---|---|---|
| 模型名称 | 资产分配 | |
| 保守组合 | 15%～20%的股票和共同基金；70%～75%的债券和定期存款；5%～15%的现金和现金等价物。 | |
| 积极组合 | 65%～70%的股票和共同基金；20%～25%的债券和定期存款；5%～15%的现金和现金等价物。 | |
| 非常积极组合 | 80%～100%的股票和共同基金；0%～10%的债券和定期存款；0%～10%的现金和现金等价物。 | |

**时间因素**　你的投资会为你运作多长时间是你在管理自己的投资组合时需要考虑的另一个重要因素。想想本节中前面提到的投资回报。从 1926 年以来，股票的回报率超过了每年 10%，比其他的投资项目要高。但是，同期也出现了股票价格大幅下跌的情况。[①] 说这些话的目的是为了告诉你，如果你投资挑错了时期而且没有等待投资反弹，你就会遭受损失。比如说，在最近的金融危机中，很多退休的人被迫卖掉股票和基金来支付日常生活费用，都遭受了损失。另一方面，很多有长期投资目标的年轻投资者有能力继续持有其投资直到证券价格恢复原位。

在你需要收回投资资金前可供投资的时间是很重要的。如果你可以放任你的投资不管，让其自行运作 5～10 年甚至更长的时间，你就可以选择投资股票和基金。另一方面，如果你要在 2 年或更短的时期内收回资金，你就应该投资短期的政府债券、高利率公司债券或定额存款。短期投资若采取更保守的行动方式，你就降低了因市场萧条或经济低迷从而以损失价格卖出的可能性。

**你的年龄**　选择投资品种时最后一个需要考虑的因素就是你的年龄。年轻的投资者更倾向于在增长导向投资品中投入占其投资组合很高百分比的资金。如果他们的投资遭遇暴跌，他们有充足的时间等待其反弹。另一方面，年龄大的投资者会更保守，并投资政府债券、高质量的公司债券和非常安全的公司股票或基金。结果他们的投资篮子中的鸡蛋只有较少的一部分放进了增长导向的投资篮子中。比如说，年轻的投资者可能会选择图表 11—4 中描述的积极或非常积极投资组合，因为他们愿意承担高风险以此获取能使自己投资组合增长的高回报。反过来说，年长的投资者可能会选择保守组合，因为他们希望保守的投资品种能保证他们的财务安全。

---

① "Money 101 Lesson 4: Basics of Investing," the CNN/Money Web site (http://money.cnn.com/magazines/moneymag/money101/lesson4), accessed January 13, 2009.

《财富之路》和其他的一些个人理财辅导书的作者——舒泽·奥曼[1]建议你用110减去你的年龄，得到的结果就是你的资产应该投资于增长投资的比例。比如，你现在40岁，用110减去40得到70，所以你的资产的70%应该投资于增长导向型投资项目，剩下的30%应购买安全的保守型投资。

## 你在投资过程中扮演的角色

成功的投资者会持续评估自己的投资。他们从不坐视不管或对自己的投资放置不顾。选择不同投资时需要考虑的一些因素如下。

**评估潜在投资**　我们假设你有25 000美元用于投资，并假设你的投资会在第一年带来10%的回报。在第一年末，你将拥有2 500美元的收益，你的投资总额会达到27 500美元。这对你的初始投资来说不是坏结果。现在问问你自己：如果你去工作，要多久能挣到2 500美元？对一些人来说，可能是一个月；对另一些人可能要更长时间。说这些的目的在于如果你想要此种形式的回报，你应该愿意为其付出，但这种付出与普通工作的形式是不一样的。选择投资品种时，你需投入的工作就是调查不同的投资产品从而作出知情决策。

> **你知道吗？**
> 如果你真的想尽社会责任，那就选择绿色投资来证明你自己吧。首先要：
> ● 知道社会责任投资是什么。
> ● 调查社会责任公司和共同基金。
> ● 选择你的投资品，然后管理它们的财务状态和社会责任记录。
> 要获得更多的信息，访问社会投资论坛 www.socialinvest.org。

**管理你的投资价值**　你相信有一些人投资了大量的金钱却不知道他们的投资是增值还是贬值了吗。他们不知道是否应该卖掉自己的投资产品还是继续持有它们。一个更好的方式是自己管理自己的投资价值。如果你选择投资股票、债券、共同基金、商品期货或期权，你可以通过查看网站和报纸上的价格行情来确定你的持有品的价值。你拥有的房地产价值可通过与同地区类似房产最近的售价比较而确定。最后，你可以通过询问有威望的交易员和投资公司来确定你持有的贵金属、宝石和收藏品的价值。下面的"计算"专栏中列出了更多有关如何管理自己投资价值的信息。

**保持准确的记录**　持续的、准确的记录可在你出售投资产品时，帮助你标记出最大化利益或减少资金损失的机会。持续准确的记录也可以帮你确定是否要在一个具体的投资品上增大投资额。最起码你需要保存每项投资的购买记录，包括该投资的实际成本再加上你所支付的交易费用。还有一个很有用的方法是保存一张信息来源的列表（网址、商业期刊、相关研究的出版物等等），加上你所使用的评价每项投资的资料。到需要重新评估现存投资时，你就可以知道从哪里搜索当前信息了。另外，准确的记录也对税收有很大的指导意义。

---

[1]　Suze Orman，*The Road to Wealth*（New York：Riverbend Books，2001），p. 371.

## 绘制你的投资价值图

为了监管投资价值，很多投资者都使用如下所示的简单图表。要建立这样一个价值图，先将买入价标在图的一边，然后使用合理的价格增量来表示价格的增加或减少，也可以使用电脑软件来绘制投资价值图。

在图表的底部横轴线上写出具体的日期。对于股票、债券、基金和相似的投资，你可以每两周绘制某一天（比如，周五）的总投资价值。对于长期的比如房地产类投资，你可以绘制每六个月的价值。

### 需注意的事项

如果一项投资品价值开始大幅度地增加或减少，你就要更频繁地关注它。你也可以在固定的时间间隔继续绘制，但你需要更经常性地检查其价格，在有些情况下，甚至要天天关注。

### 熟能生巧

使用下面的日期和资金额，建立一个描述由切萨皮克制造公司发行的股票的价格运动过程的图表。

| 日 期 | 价 格 |
|---|---|
| 6 月 1 日 | 19 美元 |
| 6 月 15 日 | 16 美元 |
| 6 月 29 日 | 17 美元 |
| 7 月 13 日 | 20 美元 |
| 7 月 27 日 | 24 美元 |
| 8 月 10 日 | 25 美元 |
| 8 月 24 日 | 23 美元 |

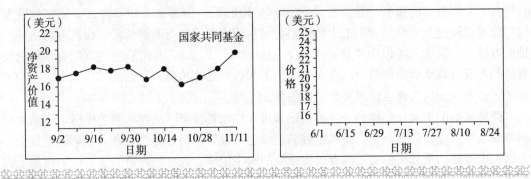

其他有助于投资决策的因素　为了达到理财目标，很多投资者都寻求专家的帮助。大部分情况下他们都求助于股票经纪人、律师、会计师、银行家或保险机构。但是这些专家都精通于某一个具体的领域，可能没有资格来为投资者提供中肯的建议，从而建立一个周密的投资计划。另一种提供投资帮助的来源是受过有关有价证券、保险、税收、房地产和其他不动产培训的专业理财师。

不论你是自己还是通过专家的帮助来做投资决策的，你必须考虑卖掉你的投资品之后产生的税收。税收已经在第3章中讲过了，这里我们不再赘述。但是，确定税收会如何影响你的投资决策是你的责任。你可能会复习有关分红、利息、房租，还有资本增加或减少等等与投资卖出相关的资料。你也可能希望阅读第14章中有关延迟纳税投资收入和退休计划的材料。要获得有关投资品税收方面的更多信息，访问国内税收服务网站 www.irs.gov。

## 概念检测 11—3

1. 假设你必须选择一种可以帮助你达到你的投资目标的投资。为下面的投资排序，然后解释你为你的投资组合作出的选择。（参见图表 11—3 来帮助你评估每项投资。）

| 投资项目 | 排名<br>（1＝低；6＝高） | 理由 |
|---|---|---|
| 普通股 | | |
| 优先股 | | |
| 公司债券 | | |
| 政府债券 | | |
| 共同基金 | | |
| 房地产 | | |

2. 为什么投资者要关注资产分配和投资运作的时间？

_____

_____

3. 为什么你要自己监管自己的投资的价值？

_____

_____

## 自我应用！

**目标3**：使用舒泽·奥曼法则来决定你的投资中增长性投资应该占的百分比。

# 保守型投资选择：政府债券

**目标4**：明白投资者购买政府债券的原因。

在上一节中提到过，股票比其他的投资项目在过去的80年中表现得更好。但是，聪明的投资者有时会选择其他的投资品。回答下面的问题来确定保守型投资产品是否更适合你。

| 问题 | 是 | 否 |
|------|-----|-----|
| 1. 股票价格被高估了，会在未来的 12～18 个月中降低。 | —— | —— |
| 2. 我需要在短期内将投资转化为现金。 | —— | —— |
| 3. 我害怕在投机性投资中遭受损失。 | —— | —— |

如果你对上面的三个问题中的任何一个回答为"是"，你就可能要考虑本节和下节中讲述的更保守的投资了。

如同在第 4 章中讲过的，储蓄账户、定额存款储蓄债券，还有货币市场账户都为你的资金提供了安全的投资环境。不幸的是，它们并没有大的增长或收入潜力。其他的保守型投资可能会提供更大的潜力，包括由美国政府、地方政府发行的债券和债务性证券等。

## 政府公债和债务性证券

> **政府公债**：由政府或自治市书面作出的归还一定数额借款和利息的承诺。

美国联邦政府，州和地方政府都通过发行债券来获得财政支持。**政府公债**就是由政府或自治市书面作出的归还一定数额借款和利息的承诺。在本节中，我们讨论不同级别的政府发行的债券，并说明为什么投资者会购买这些债券。

**美国短期国债、中期国债、长期国债**　投资者选择美国政府公债的主要原因是大部分投资者认为它们是没有风险的。因为它们是以美国政府的信用为后盾的，违约风险很低。它们提供的利息要比公司债券的低。在这部分我们讨论由美国财政部发行的四种主要类型的有价证券：短期国债、中期国债、长期国债和通货膨胀保值国债（TIPS）。这些国债可通过访问财政部直接网站 www. treasurydirect. gov 购买。财政部直接以拍卖的方式来出售政府公债，有意购买这些国债的人可进行竞争投标或非竞争投标。如果投资者选择竞争投标，他们必须具体化自己可以接受的利率。如果他们不进行竞争投标，他们要接受由拍卖规定的利率。国债也可通过收取佣金的银行或交易商购买。

美国政府公债可持有至到期日，或在到期前就售出或兑现。美国政府债券的利息是应缴纳联邦所得税的，但州和地方政府税收除外。

**短期国债**　短期国债，有时也叫国库券，是以最小单位 100 美元并加上 100 美元的附加值而出售的。通常财政部发行的短期国债只有 4 星期、13 星期、26 星期和 52 星期到期的。短期国债是折扣债券，你的实际购买价格要比到期价格低。到期时，政府会支付票面价值。

**中期国债**　中期国债是以 100 美元为单位发行的，偿还期限在 1 年以上 10 年以下。典型的中期国债为 2 年期、3 年期、5 年期、7 年期和 10 年期到期的。中期国债的利率要比短期国债的高，因为投资者在收回资金前要等待的时间更长，所以需要更高的利息。中期国债的利息每半年支付一次。

**长期国债**　长期国债（TIPS）是以 100 美元为单位且发行偿还期达 30 年的国债。长期国债的利率比短期和中期国债的都要高。同样地，高利率的主要原因是投资者要长期持有该债券。同中期国债一样，长期国债的利息也是每半年支付一次。

**通货膨胀保值国债**　通货膨胀保值国债（TIPS）是以 100 美元为单位并加上 100 美元的附加价值而出售的。通常，TIPS 的偿还期为 5 年、10 年或 20 年。TIPS 的本金随着通货膨胀而升高，随着通货紧缩而降低，同消费者价格指数的测量方式一样。当 TIPS 到期时，你会得到调整后本金和原始本金中较高的那个金额。TIPS 也是每年付两次利息，以调整后的本金乘以固定利率来确定金额。利息收入和本金的增长是免州和地方政府所得税的，但要支付联邦政府所得税。

**联邦机构债务性证券**　除了财政部发行债券和有价证券外，联邦机构和准联邦机构也会发行债券。尽管发行这些债券是为了实用目的，没有风险，它们提供比财政部发行的政府债券稍微高一些的利率。最小的投资额可能在 10 000 美元～25 000 美元之间。联邦机构发行的债券的兑换期从 1 年到 30 年不等，平均为 12 年。

| |
|---|
| **市政债券**：地方政府发行的债务性证券。 |

**州和地方政府债券**　**市政债券**是地方政府发行的债务性证券。这些债券被用于资助地方政府的运作和重大工程的建设，比如，机场、学校、收费公路、收费桥等，可直接从发行它们的政府单位或业务代表处购买。

| |
|---|
| **普通信用担保债券**：以其发行政府的信誉、信用和无限制的课税能力作为后盾的债券。 |

州和地方政府债券可被分成普通信用担保债券或收益债券。**普通信用担保债券**是以其发行政府的信誉、信用和无限制的课税能力作为后盾的债券。**收益债券**是以融资为目的的工程的收益来偿还的。尽管普通信用担保债券和收益债券都相对来说较安全，但最近几年违约事件也有发生。

| |
|---|
| **收益债券**：是以融资为目的的工程的收益来偿还的。 |

如果你因违约风险而感到担忧，你可以购买投保的市政债券。一些州政府提供了一些债券的担保支付。三家私人保险公司——美国城市债券保险公司（MBIA），金融安全保障公司（FSA），还有安巴克市政债券保障公司（AMBAC）——也承保市政债券。尽管有些市政债券已投保，但理财专家担心保险公司在发生如此巨大的债券违约时的赔付能力。大多数人都建议投资者确定债券的潜在品质，不管它是投保的还是非投保的。

市政债券的一个重要特征是其利率有可能是免联邦税收的。该市政债券是否免税通常由销售所得资金的使用用途来确定。作为一个投资者，确定市政债券是否免税是你应承担的责任。免除联邦税收的市政债券一般只在发行所在州是免税的。尽管市政债券的利息是免税的，但你在到期前出售市政债券时所获得的资本利得可能是要纳税的，同其他投资以盈利卖出时的资本利得纳税相同。

因为市政债券具有免税资格，所以它的利率比纳税债券的要低些。使用下面的公式，你可以计算出一个市政债券的等价纳税收益率：

$$等价纳税收益率 = \frac{免税收益率}{(1-个人税率)}$$

**例子**

比如，一个纳税等级为 28％ 的人的免税市政债券收益率为 5％，等价纳税收益率就为 6.94％。计算过程如下：

$$等价纳税收益率 = \frac{0.05}{(1-0.28)} = 0.0694$$

一旦你计算出了等价纳税收益率，你就可以比较免税债券的回报和纳税投资的回报了。图表11—5说明了免税投资的收益率和它们的等价纳税收益率。

1. 短期国债、中期国债、长期国债，还有通货膨胀保值国债之间的区别是什么？

   _____

   _____

2. 解释普通信用担保债券和收益债券之间的区别。

   _____

   _____

3. 投资州和地方政府债券的风险有哪些？

   _____

   _____

**自我应用！**

**目标4：** 使用本节中出现的公式，为以下的免税债券计算等价纳税收益率。

| 免税收益率 | 25%纳税等级的等价纳税收益率 | 28%纳税等级的等价纳税收益率 | 33%纳税等级的等价纳税收益率 |
|---|---|---|---|
| 4.5% | | | |
| 5.5% | | | |
| 6.5% | | | |

**图表 11—5** 　　　　　　　　　　　免税投资的收益率（％）

下面的信息可用来比较免税收益率和纳税投资的等价收益率。

| 免税收益率 | 纳税投资的等价收益率 | | | | |
|---|---|---|---|---|---|
| | 税率15％ | 税率25％ | 税率28％ | 税率33％ | 税率35％ |
| 4％ | 4.71 | 5.33 | 5.56 | 5.97 | 6.15 |
| 5％ | 5.88 | 6.67 | 6.94 | 7.46 | 7.69 |
| 6％ | 7.06 | 8.0 | 8.33 | 8.96 | 9.23 |
| 7％ | 8.24 | 9.33 | 9.72 | 10.45 | 10.77 |

## 保守型投资选择：公司债券

**公司债券**是公司书面作出的归还一定数额借款和利息的承诺。票面价值就是债券持有人在债券到期时可以收到的价值。通常公司债券的票面价值为 1 000 美元。在债券售出后与到期之间，公司会向持有人支付利息。

**公司债券**：公司书面作出的归还一定数额借款和利息的承诺。

> **例子**
>
> 假设你购买了价值 1 000 美元的波音公司的债券，每年的利率为 5.8%。使用下面的公式，你可以计算出年利息额。
>
> 年利息额＝票面价值×利率
> ＝1 000 美元×5.8%
> ＝58.00 美元

一般地，利息每半年支付一次，即每 6 个月支付一次。在上面的例子中，在债券到期前，每次分期支付的利息为 29 美元（58/2＝29 美元）。

**到期日**：公司需要偿还借款的日期。

**债券合约**：详细描述有关债券发行情况的法律文件。

**受托人**：充当债券持有者代表的经济独立的公司。

公司债券的**到期日**就是公司需要偿还借款的日期。在到期日这天，债券持有人将债券交还给公司，然后获得和债券票面价值相等的现金。债券的偿还期一般为发行后 1～30 年不等。

债券合约中规定了公司债券的实际法律条件。**债券合约**是详细描述有关债券发行情况的法律文件。因为公司债券合约对于普通人来说难以读懂并理解，所以发行债券的公司都指定了一个受托人。**受托人**是一个充当债券持有者代表的经济独立的公司。通常这个受托人是商业银行或其他一些金融机构。如果发行公司不能履行合约中规定的条款，受托人可以以法律行动来维护债券持有人的利益。

## 为什么公司要销售公司债券？

同人的行为一样，公司在没有足够的资金来支付主要开销时就会借款。债券也可以用来为正在进行的业务提供经费支持。另外，公司经常在发行股票很困难或根本不可能的情况下发行债券。债券的销售也可以提升公司的财务杠杆——通过使用借款来增加公司的投资回报。最后，公司付给债券持有人的利息是可抵扣税款的，所以可以用来减少公司必须向联邦政府和州政府缴纳的税款。

公司债券是举债筹资的一种形式。债券所有人会在未来的一个日期得到还款，并且要求一定的利息。最后,在公司破产的情况下,债券所有人对公司财产的要求比股票所有人有优先权。在发行债券前,公司必须决定发行哪种债券以及最后债券如何偿付的问题。

**公司债券种类**　大部分公司债券都是信用债券。**信用债券**就是仅仅以发行公司的信誉为担保的债券。如果公司无法支付利息或到期时无法偿还本金,债券持有人就变为普通债权人,和公司的供应商很像。

> **信用债券**:仅仅以发行公司的信誉为担保的债券。

为了使债券对保守型投资者更有吸引力,公司可发行抵押债券。**抵押债券**(有时被称为担保债券)是以发行公司的各种资产做担保的公司债券。因为这种附加的安全性,抵押债券的利率通常比无担保的信用债券的利率要低。

> **抵押债券**:以发行公司的各种资产做担保的公司债券。

**可转换债券**　一种公司可能发行的特殊债券就是可转换债券。**可转换债券**可以在持有人的选择下转换为特定数量的该公司普通股。这种可转换特性允许投资者享受公司债券的低风险性,也可以冒险式地体验到普通股的投机本质。举个例子,假设你购买了价值 1 000 美元的美敦力公司的可转换债券。每份债券可转化为 16.18 股该公司的普通股。这意味你可以将该债券转化为公司普通股,不论普通股的股价是 61.80 美元 (1 000 美元/16.18=61.80 美元) 还是比该价格更高。

> **可转换债券**:可以在持有人的选择下转换为一定具体数量的该公司普通股。

实际上,并没有谁保证美敦力公司债券持有人会将债券转化为普通股,即使普通股的市场价值涨到了 61.80 美元或更高。选择不行使该例子中的转化特性的理由非常简单。当普通股票的市场价格升高时,可转化债券的市场价格也会升高。在不转化为普通股的情况下,债券所有人可享受债券的附加安全性和利息收益,外加普通股价格上涨带来的债券市场价值的升高。通常地,可转换债券的利率要比传统债券低 1~2 个百分点。可转换债券,同所有的潜力投资品一样,需要认真仔细地评估。记住一点,不是所有的可转换债券都是高质量的投资。

**还款条款**　当今大部分的公司债券都是请求即付的。**提前兑换特征**允许公司在到期日前收回或买进持有人手中未偿付的债券。在大多数情况下,发行可提前兑换债券的公司都承诺在债券发行后的 5~10 年间不会收回债券。提前兑换债券的资金可来源于公司的利润、售出多余的股份或出售低利率的新债券。

> **提前兑换特征**:允许公司在到期日前收回或买进持有人手中未偿付的债券。

一家公司可能会用一到两种方法来确保其赎回债券时有足够的资金。首先,该公司会成立一个偿债基金。**偿债基金**就是专门为偿还债券而设立的每年或半年一存的存款。为了偿付 2.5 亿美元的债券,J. C. 彭尼公司批准了每年 1 250 万美元的优先偿债存款,直到 2021 年债券到期。

> **偿债基金**:专门为偿还债券而设立的每年或半年一存的存款。

其次,公司可以发行分期偿还债券。**分期偿还债券**就是一次发行后在不同时间到期的债券。举个例子,海滨制造发行了 20 年期的总价值为 1 亿美元的债券来为公司的扩张提供经费。这些债券中没有 10 年内到期的债券。之后,每年会有 10% 的债券到期,直到所有的债券在 20 年末期都偿付完毕。

> **分期偿还债券**:一次发行后在不同时间到期的债券。

有关还款的详细信息和其他的重要信息（包括到期日、利率、债券评级、提前兑回条款、受托人和有关有价证券的详细信息）可从穆迪投资者服务公司、标准普尔评级公司、惠誉国际评级服务和摩根特等机构处获取。下面的"个人理财实践"专栏提供了由摩根特出版的《工业指南》中的哈里伯顿公司——一家跨国的工程和建设公司——所发行的债券的信息。

## 个人理财实践

## 如何调查一只债券

你如何判断一只公司债券是否是提前兑换债券？你从哪里可以找到一只具体的债券的受托人？众多问题中只有两个是投资人评价债券投资时所关注的。幸运的是，如果你知道从哪里入手，这些答案是很容易找到的。

现在最容易获得的有关一个公司和它发行的债券的详细信息的资料来源就是摩根特出版的《工业指南》。个人订阅这一类出版物对大部分投资者来说太昂贵了，但是这些资料都可以在大学和公共图书馆中找到，其中包含工业公司、公共事业公司、银行和金融机构，以及运输公司的个人指南。每个指南都有着主要公司的详细资料，包括公司历史、运作、产品和发行的债券等。

下面给出的是由哈里伯顿公司发行的公司债券的数据，它会给你一个有关摩根特报告的"长期债务"内容的概念。

公司名称 ——→ 1. **哈里伯顿公司，债券利率为 8.75％，2012 年到期：** ←——利率

授权发行金额：2 亿美元。

已发行金额：2 亿美元（截至 2002 年 12 月 31 日）。

发行日期：1991 年 2 月 20 日。

到期日 ——→ 到期日：2021 年 2 月 15 日。

利息：经 F&A15 注册的持有人享有 F&A15 规定的利息。

受托人：得克萨斯商业银行全国协会。 ←——受托人

面值：1 000 美元或其整数倍，记名式。

是否可赎回：债券到期前不可赎回。 ←——可赎回条款

抵押信息 ——→ 是否有抵押：无抵押。与公司其他无抵押债券及非次级债券享有同等优先偿还的权利。

契约是否可修改：可修改，需取得绝大多数债券持有人的同意，另有规定的情况除外。

债券违约时享有的权利：受托人，或经 25％ 以上持有人同意，可宣布本金的到期偿还（利息的支付可有 30 天的宽限）。

融资目的：资金将用于赎回偿债基金债券，其中，赎回利率为 10.20％，2005 年 6 月 1 日到期的债券为 3 325 万美元，利率为 9.25％，2000 年 4 月 1 日到期的 ←——融资目的 债券为 2 000 万美元；以及用于一般性

的公司经营。

债券首发信息 ——►发行：（2 亿美元）以面值的 99.159% 加上应付利息，若可发行，
公司将获得融资总额的 98.284%，1991 年 2 月 12 日发
行，由雷曼兄弟以及拉扎德公司负责发行。

价格区间——

| | 2002 | 2001 | 2000 | 1999 | ◄——历史价格 |
|---|---|---|---|---|---|
| 高…… | 110.10 | 120.09 | 117 3/4 | 127 5/8 | |
| 低…… | 80.58 | 88.12 | 103 3/4 | 110 5/8 | |

资料来源：The information for the Halliburton Company corporate bond was taken from Mergent's *Industrial Manual*
(New York：Mergent，2008)，p. 1443.

## 为什么投资者会购买公司债券？

在和股票或共同基金相比较的情况下，投资者通常认为很多公司和政府债券是更安全的
投资选择。债券在经济危机中也被认作是"安全的避险港湾"。举个例子，很多投资者都在
2007—2009 年之间的金融危机中遭受了损失。假如你预期金融市场要下跌，若你的资金留在
股票和基金市场中，你可以将资金转移到公司或政府债券上来。这就同琼·古德在 2008 年
金融危机来临之前所做的一样。尽管当时他的朋友认为他选择这么保守的做法简直就是疯
了，但他确实避免了股票市场的暴跌风险。现在他的很多朋友都希望自己当初也像他那样
做。琼说，在等待股票市场反弹的过程中，他既保护了自己的资金，也从公司和政府债券中
赚得了利息。投资者有时购买债券是为了多样化自己的投资组合。很多投资者更喜欢购买债
券基金，而非个人债券。债券基金是间接拥有债券和其他由美国财政部、市政府、州政府和
地方政府发行的有价证券的方式。很多的理财专家都向小的投资者推荐债券基金，因为它们不
仅提供了多样性，还提供了专业的管理。第 13 章中会详细讨论债券基金的优缺点。

基本上，投资者购买公司债券出于三个原因：（1）利息收入；（2）价值增长的可能
性；（3）到期还款。

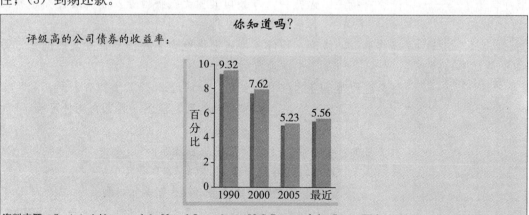

资料来源：*Statistical Abstract of the United States* 2009，U. S. Bureau of the Census Web site（www. census. gov），accessed
January 18，2009（Washington，D. C.：U. S. Government Printing Office），p. 729.

**利息收入** 同本节前面所讲的一样，债券持有人一般会每 6 个月收到一次利息。因为利息收入对债券持有人如此重要，我们在这里复习一下有关的公式。

---

**例子**

假设你购买了价值 1 000 美元的由 IMB 公司发行的债券，年利率为 7%。使用下面的公式，你就可以计算出年利息数额。

$$年利息数额 = 票面价值 \times 利率$$
$$= 1\,000 \times 7\%$$
$$= 70\ 美元$$

注：70 美元的年利息会分两次付款，每 6 个月末支付 35 美元。

---

**记名债券**：在发行公司注册了持有人姓名的债券。

**记名式附息票债券**：只注册本金，不注册利息的债券。

向债券持有人支付利息的方式是由他们持有的是记名债券、记名式附息票债券还是零息票债券所决定的。**记名债券**是在发行公司注册了持有人姓名的债券。现在大多数的债券都是被电子追踪的，使用电脑来记录所有者的信息。利息直接邮寄到债券持有人记录的地址。一种记名债券的变型就是记名式附息票债券。**记名式附息票债券**只注册本金，不注册利息。为了获取记名式附息票债券的利息支付，债券持有人必须向发行或支付机构出示可分开的息票。

**零息票债券**：是以低于票面价值很多的价格出售的，没有年或半年的利息支付，并在到期时兑换票面价值的债券。

**零息票债券**是以低于票面价值很多的价格出售的，没有年或半年的利息支付，并在到期时兑换票面价值的债券。零息票债券的持有人获得的回报基于债券到期日临近致使债券增加的市场价值。举例说明，假设你在 2006 年购买了 690 美元的通用磨坊的零息票债券。当通用磨坊于 2008 年 8 月进行赎回时，你将得到 1 000 美元。

在投资零息票债券前，你需要考虑两个因素。第一，尽管该种债券所有的利息都在到期时支付，IRS 也要求你每年都上报利息收入，即你挣到钱，而不是你实际收到它的时刻。第二，零息票债券比起其他种类的债券，市场行情更反复无常。

**债券的增值** 很多初入门的投资者都认为价值 1 000 美元的债券会一直就值 1 000 美元。实际上，公司债券的价格会在到期前一直浮动。经济体的总体利率水平的变动是大部分债券价值浮动的主要原因。像本章开始时讨论的那样，经济体总利率的变动造成的债券价格的变动是利率风险的一个实例。IBM 刚发行债券时，其 7% 的利率比起同期其他公司提供的利率更具有竞争力。如果总体利率水平下降，你所持有的 IBM 债券的市场价值会上涨，因为它有着 7% 的高利率。另一方面，如果总体利率水平上升，你所持有的债券的市场价格就会下降，因为它提供比其他债券要低的 7% 的利率。

可用下面的公式来估算一只债券的市场价格：

$$市场近似价格 = \frac{年利息额}{可比利率}$$

## 例子

假设你购买了票面价值为 1 000 美元、年利息为 58.75 美元的威瑞森新泽西债券，并假设同等质量的新发行债券的利率为 5%，则该债券的市场近似价格为 1 175 美元。计算过程如下：

$$市场近似价格 = \frac{年利息额}{可比利率} = \frac{58.75 \text{美元}}{5\%}$$

$$= 1 175 \text{美元}$$

债券的市场价值也受发行债券的公司或政府的财务状况、供求因素、经济体走势和临近到期时间的影响。

**到期时债券的偿付**　公司债券在到期时进行偿付。在你购买债券之后，你就有了两个选择：你可以持有债券至到期再获得偿付，或者你也可以将债券卖给其他的投资者。在任何一种情况下，你持有债券的价值都与公司的偿债能力有紧密的关系。比如，电缆巨头查特通信公司发行的债券如果到期时的偿付出现了问题，那么债券价格就会下跌。然后由于公司无法支付已发行债券的总价值为 73 700 000 美元的利息，债券价格会下跌更多。于是这家公司只能申请破产。[1]

## 概念检测 11—5

1. 计算票面价值为 1 000 美元的公司债券的年利息额和半年利息额。

| 年利率（%） | 年利息额（美元） | 半年利息额（美元） |
| --- | --- | --- |
| 6 | | |
| 6.5 | | |
| 7 | | |
| 7.5 | | |

2. 用自己的语言解释公司为什么要发行债券。

_____

3. 列出投资者购买公司债券的三个原因。

_____

### 自我应用！

**目标 5：** 历史上，债券的回报率比股票的回报率要低。但是，投资者通常会为其投资组合选择公司和政府债券。在下面的表格中描述债券投资的优缺点。

---

[1]　Kelly Riddell, "Charter Misses Bond Interest Payments, Risks Default," Bloomberg.com Web site (www. bloomberg. com), accessed January 16，2009.

| 债券种类 | 优点 | 缺点 |
|---|---|---|
| 公司债券 | | |
| 政府债券 | | |

## 典型的债券交易

大部分的债券是通过全方位服务的经纪公司、票据贴现经纪公司或网络来销售的。如果你使用全方位服务中介公司，你的客户代表会向你提供投资债券的信息和意见。同其他的投资一样，使用票据贴现中介公司或网络交易的首要优点就是手续费低，但你需要自己做市场调查。

通常地，如果你通过客户代表或经纪公司购买了价值 1 000 美元的公司债券，你预计最少缴纳 5 美元～35 美元的手续费。如果你买更多的债券，手续费相应地会降低到每份债券 2 美元～20 美元。你在销售债券时也需要缴纳手续费。

# 购买或出售债券的决定

目标 6：在做投资时评价债券的优劣。

我们所强调的贯穿本章的一个基本规则就是要评估每项潜在投资的必要性。当然，政府和公司债券也不能例外。你可以在本节中看到，非常多的信息源可被用来评估债券投资。

## 网络

通过访问一个公司的网站，输入搜索词条"财务信息"、"年度报告"或"投资者关系"，你就可以获得你的个人理财规划表 37 中很多问题的答案。

投资债券时，网络还有其他三种用途。第一，你可以通过网络跟踪获得具体债券的价格信息。特别是当你住在一个小镇或乡村，无法获得含有财经版面的报纸时，网络就成为最受欢迎的获取当前债券价格的信息来源。第二，在网络上可以进行债券的交易，且缴纳的手续费要比全方位服务经纪公司或贴现票据经纪公司的少。第三，你可以通过访问具体的网站来获得一个公司的债券发行情况（包括买卖建议）信息。注意，债券网站不如提供股票、共同基金或其他投资项目的网站数量多，而且很多比较好的债券网站的调查和推荐信息是收费的。

你可能希望通过访问穆迪投资服务公司的网站（www. moodys. com）和标准普尔评级公司的网站（www. standardandpoors. com）来获得政府和公司债券的详细信息。

## 债券交易的金融报道

关于债券投资信息
的主要网站:
www. bondsonline.
com
www. bondsearch123.
com
http://bonds. yahoo.
com

在债券报价单上,价格是以票面价值的百分比形式来显示的,票面价值一般为1 000美元。因此,要得到实际当前价格,你需要用票面价值(1 000美元)乘以债券报价。

**例子**

要计算一只债券的当前价格,将债券报价与票面价值(一般为1 000美元)相乘即可得到。如果债券报价为84,当前价格就为840美元,计算过程如下。

当前价格＝债券报价×票面价值

　　　　＝84％×1 000

　　　　＝0.84×1 000

　　　　＝840美元

尽管《华尔街日报》、《巴伦周刊》和一些大城市的报纸会发布有关债券的信息,大部分的投资者都通过网络来获得债券发行的详细信息。图表11—6中显示了从雅虎金融网(http://bonds. yahoo.com)上获得的利率为6.4％且2038年到期的票面价值为1 000美元的美国电话电报公司的债券信息。

**图表 11—6**　　　　　　　　通过访问雅虎金融网而获得的债券信息

| 美国电话电报公司 | |
|---|---|
| **概况** | |
| 1. 报价 | 111.60 |
| 2. 息票率(％) | 6.400 |
| 3. 到期日 | 2038年5月15日 |
| 4. 到期收益率(％) | 5.655 |
| 5. 当前收益率(％) | 5.787 |
| 6. 惠誉评级 | A |
| 7. 息票支付频率 | 每半年支付一次 |
| 8. 息票首次支付日期 | 2008年11月15日 |
| 9. 类型 | 公司债券 |
| 10. 是否可提前兑换 | 不可 |

1. 报价是票面价值的百分比：1 000 美元×110.60%＝1 106 美元

2. 息票率即为利率：6.4%

3. 到期日为持票人可获得票面价值的兑换日期：2038 年 5 月 15 日

4. 到期收益率考虑了债券到期日价值、到期日、当前价格和利率之间的关系：5.655%

5. 当前收益率是由年利息额除以当前价格所决定的：64 美元/1 106 美元＝5.787%

6. 惠誉评级是由惠誉债券评级发布的，用来评价与此债券相关的风险：A

7. 息票支付频率告知持票人每隔多长时间可收到一次利息支付：每半年

8. 息票首次支付日期：2008 年 11 月 15 日

9. 类型：公司债券

10. 告知持票人该债券是否可提前兑换：不可

资料来源：The Yahoo! Finance bond Web site（http：//bonds. yahoo. com），accessed January 16，2009.

## 债券评级

为了确定该债券的质量和风险，投资者可依靠由穆迪投资服务公司、标准普尔公司和惠誉评级提供的债券评级信息。这三家公司为上千家的公司和市政债券评级。

如同图表 11—7 表述的那样，标准普尔的债券评级标准是从 AAA 级（最高级）到 D 级（最低级），穆迪投资服务的则是从 Aaa 级（最高级）到 C 级（最低级）。惠誉评级与标准普尔和穆迪投资提供的评级标准相似。对穆迪投资和标准普尔的评级来说，前四个具体组别为投资级债券。投资级债券对要求安全投资和可预期回报的保守型投资者来说十分合适，后面两个组别的债券被认为是投机性质的。最后，C 级和 D 级的组别是用来区分低偿还预期甚至无法支付利息的债券的。该组别的债券有可能会违约。

**图表 11—7**            **穆迪投资服务公司和标准普尔公司提供的债券评级说明**

| 质量 | 穆迪投资 | 标准普尔 | 说明 |
|---|---|---|---|
| 高评级债券 | Aaa | AAA | 评价质量为最高级的债券。 |
| | Aa | AA | 每项评价标准都为高质量的债券。与第一组的债券共同组成通常意义上的高质量债券。 |
| 中等评级债券 | A | A | 拥有很多良好投资属性的债券，被认为优于中档义务债券。 |
| | Baa | BBB | 中档义务债券；无高保障也非低担保的债券。 |
| 投机性债券 | Ba | BB | 被认为具有部分投机成分的债券；其未来无法保证。 |
| | B | B | 通常缺乏满意投资品质的债券。 |

续前表

| 质量 | 穆迪投资 | 标准普尔 | 说明 |
|---|---|---|---|
| 前景差或违约债券 | Caa | CCC | 等级低的债券。 |
| | Ca | CC | 具有很大投机性的债券。 |
| | C | | 被认为前景非常差的债券。 |
| | | C | 标准普尔评级给予有破产申请记录的债券的评级。 |
| | | D | 违约债券。 |

资料来源：Mergent, Inc. , *Mergent Bond Record* (New York：Mergent，2008)，pp. 3 - 4，and Standard & Poor's Corporation, *Standard & Poor's Bond Guide*，September 2008, p. 4.

通常地，由美国财政部和其他联邦机构发行的政府有价证券是不参与评级的，因为它们是有实用目标的无风险证券，而市政债券的评级与公司债券的相类似。

## 债券收益率的计算

**收益率**：投资者持有债券一定时间后能获取的回报率。

对于债券投资来说，**收益率**就是投资者持有债券一定时间后能获取的回报率。**当前收益率**是用年利息额除以债券的当前价格得到的数值。下面的公式可以帮助你完成整个计算：

**当前收益率**：年利息额除以债券的当前价格得到的数值。

$$当前收益率 = \frac{年利息额}{当前价格}$$

> **例子**
>
> 假设你拥有年利率为 6.5% 的 D. R. 霍顿公司的债券。这意味着每年你可以收到 65 美元的利息（1 000 美元×0.65＝65 美元）。假设 D. R. 霍顿债券的当前市场价格为 908 美元，因为当前价格低于债券的票面价值，所以当前收益率上涨到了 7.16%，计算过程如下：
>
> $$当前收益率 = \frac{65 \ 美元}{908 \ 美元}$$
> $$= 0.0716 = 7.16\%$$

这种计算可允许你比较所投资债券的收益率和其他投资品的收益率，包括储蓄账户、定期存款、普通股、优先股和共同基金。一般来说，当前收益率越高越好！当前收益率为 8% 要好于当前收益率为 7.16%。

## 其他信息来源

投资者可使用其他的两种信息来源来评价潜在的债券投资。第一，商业期刊可提供有关经济、利率还有发行债券的政府机关或公司的详细财务信息。你可以从当地的学校或公共图书馆借到很多此类期刊，也可从网上获得信息。

第二，一些联邦机构向投资者提供纸质或网络版的有用信息。由美国联邦储备机构、美国财政部和商业部发布的调查和报告可以被用来评价一个国家的经济形势。你也可以通过访问美国证券交易委员会的网站来获取各债券发行公司向其提交的报告的信息。最后，州政府和地方政府会提供具体的各市政债券的信息。

## 概念检测 11—6

1. 网络上可获得的债券信息有哪几种？

2. 计算下面债券的当前市场价格：

| 票面价值（美元） | 债券报价（%） | 当前市场价格（美元） |
|---|---|---|
| 1 000 | 103 | |
| 1 000 | 92 | |
| 1 000 | 77.5 | |

3. 解释下列债券等级对投资者的意义是什么？

| 债券等级 | 解释 |
|---|---|
| Aaa | |
| BBB | |
| B | |
| CC | |

## 自我应用！

**目标6：** 访问本节中所列举的一家债券网站，解释这类信息怎样帮助你评价债券投资。

重新考虑你对本章一开始的"自我测试"栏中问题的回答。要使得个人理财计划和投资计划更有效率，还需要：

- 重新评估你的短期、中期还有长期理财目标来确保它们是你重要目标的真实反映。
- 做一个财务状况检查，确定你是否具有获得可预测经济危机的财务信息。
- 访问网站 www. fool. com 来获知人们为什么投资政府或公司债券。

最后，讲述你从本章中学到哪些知识可帮助你做投资计划，来实现个人的财务投资目标。

## 本章小结

**目标 1**　投资目标必须是具体的、可实际衡量的。除了制定投资目标外，你必须确保你的个人财务事务处理得很有条理。下一步是积累至少三个月生活费用的应急基金。实际上，你如果认为自己可能会失业或本国会遭受经济危机，你应该增加应急基金的数额。然后，现在就开始节约建立投资计划的本金吧。

**目标 2**　尽管每个投资者都有具体的个人投资理由，但每个投资者都必须考虑安全性、风险、收入、增长和流动性等因素。尤其重要的是安全性与风险之间的关系。基本上，这个关系可被总结为一句话：任何投资的潜在收益应与投资者假定的风险有直接联系。除了考虑安全性和风险外，投资者还选择能提供收入、增长或流动性的投资。

**目标 3**　在做投资决策之前，你还应考虑资产分配、投资品种运作时间，还有你的年龄等因素。资产分配就是将你的资产分配到很多不同种类的投资中从而分散风险的过程。除了资产分配外，在你需要收回投资基金前可供投资的时间也是你选择投资种类时需要考虑的一个重要因素。最后，你的年龄也是影响投资选择的因素。年轻的投资者倾向于将大部分的资金投入成长导向型投资。另一方面，年长的投资者要更保守些。你也可以通过评价所有潜在投资、监管个人投资价值并且保持准确连续的投资记录来提高自己的投资质量。

**目标 4**　保守的投资包括储蓄账户、定期存款、货币市场账户、储蓄债券和政府债券等。一般来说，美国政府有价证券被很多投资者认可的原因是他们认为其无风险。尽管联邦机构债券和市政债券可能风险要高一些，它们仍被认为是保守型投资。市政债券也可提供免税收入。

**目标 5**　公司发行债券是为了筹集资金。投资者购买公司债券的原因有三个：（1）利息收入；（2）价值增加的可能性；（3）到期日偿付票面价值。债券也是多样化投资组合的一种好的方式。向投资者支付利息的方式取决于投资者拥有的是记名债券、记名式附息票债券还是零息票债券。大部分公司债券是通过全方位服务经纪公司、贴现票据经纪公司和网络来进行买卖的。投资者在买卖债券时需支付手续费。

**目标 6**　当今人们可以通过网络来获得信息并且买卖债券。除了网络之外，《华尔街日报》、《巴伦周刊》和当地的一些报纸也向投资者提供了评估债券的一些信息。为了确定一只债券的质量，大部分投资者都依靠穆迪投资服务公司、标准普尔公司和惠誉评级提供的债券评级信息。投资者也可通过计算当前收益率来确定是否要进行债券买卖。最后，商业期刊和政府资源同样可被用来做债券和整个经济形势的评估。

## 关键词

| | | |
|---|---|---|
| 资产分配 | 普通信用担保债券 | 记名式附息票债券 |
| 债券合约 | 政府债券 | 收益债券 |
| 提前兑换特征 | 信用额度 | 分期偿还债券 |
| 可转换债券 | 流动性 | 偿债基金 |
| 公司债券 | 到期日 | 投机性投资 |
| 当前收益率 | 抵押债券 | 受托人 |
| 公司债券 | 市政债券 | 收益率 |
| 应急基金 | 记名债券 | 零息票债券 |

## 重点公式

| 对象 | 公式 |
|---|---|
| 应急基金 | 最少的应急基金数额＝月支出额×3 个月 |
| 等价纳税收益率 | 等价纳税收益率＝$\dfrac{\text{免税收益率}}{(1-\text{个人税率})}$ |
| 债券利息计算 | 年利息额＝票面价值×利率 |
| 市场近似价格 | 市场近似价格＝$\dfrac{\text{年利息额}}{\text{可比利率}}$ |
| 债券当前价格 | 当前价格＝债券报价×票面价值 |
| 债券当前收益率 | 当前收益率＝$\dfrac{\text{年利息额}}{\text{当前价格}}$ |

## 自测题

1. 对于耐德·马斯特森来说，过去几年就是一场财政噩梦。这要从他失去工作时开始算起。因为没有了收入，他就开始使用信用卡来支付日常生活费用。终于在经过精疲力竭地寻找工作的过程后，他找到了一份年薪 42 000 美元的新工作。尽管他每月的税后收入有 2 450 美元，但他需要建立一个应急基金，并偿付 6 200 美元的信用卡贷款，还需开始存钱来开始新的投资计划。

   a. 如果每月的生活费用为 1 750 美元，他需要存多少数额的应急基金。

   b. 耐德应该采取什么措施来偿付 6 200 美元的信用卡贷款。

   c. 耐德决定每年存 2 000 美元、存 5 年来建立一个长期投资计划。如果他的存款年利率为 4%，则 5 年后他会有多少钱？（使用图表 11—1 来回答该问题。）

2. 贝蒂·福瑞斯特现年 55 岁，她想多样化她的投资组合，但无法决定她是该投资免税市政债券还是公司债券。免税市政债券的评级很高，利率为 5.25%。公司债券更具有投资性，利率为 7.5%。

   a. 如果贝蒂的纳税等级为 33%，则免税市政债券的等价纳税收益率为多少？

   b. 如果你是贝蒂，你是选择市政债券还是公司债券？说明你的理由。

3. 玛丽·高沃购买了 10 份每份 1 000 美元的由 J. C. 彭尼公司发行的公司债券。年利率为 6.375%。

   a. 每份 J. C. 彭尼公司的债券的年利息额为多少？

   b. 如果该债券的当前报价为票面价值的 73%，则当前的债券价格为多少？

   c. 根据上面的信息，计算出 J. C. 彭尼债券的当前收益率。

## 自测题答案

1. a. 的应急基金为 5 250 美元。

応急基金＝月支出额×3个月

$$応急基金 = 月支出额 \times 3 个月$$
$$= 1\,750 美元 \times 3$$
$$= 5\,250 美元$$

b. 为了赔付价值 6 200 美元的债务，耐德需要采取以下的措施：（1）和信用卡公司取得联系并询问其是否可以降低利率；（2）支付信用卡的最少偿还额度来确保不错过任何一个最后期限；（3）最先还清利率最高的那张信用卡，然后再解决剩下的几张。

c. 根据图表 11—1 提供的信息，耐德会在 5 年后投资 10 000 美元。如果他的储蓄收益率为 4%，他会在 5 年后获得 10 832 美元用来作为投资计划的执行基金。

2. a. 市政债券的等价纳税收益率的算法如下：

$$等价纳税收益率 = \frac{免税收益率}{(1-个人税率)}$$
$$= \frac{0.052\,5}{(1-0.33)}$$
$$= 0.078$$

b. 市政债券的等价纳税收益率为 7.8%；公司债券的收益率为 7.5%，而且要注意该公司债券是投机性债券。在该案例中，贝蒂应该选择免税市政债券，因为其收益率高，而且其安全性更高。

3. a. 年利息额为 63.75 美元。

$$年利息额 = 票面价值 \times 利率$$
$$= 1\,000 美元 \times 0.063\,75$$
$$= 63.75 美元$$

b. 当前价格为 730 美元。

$$当前价格 = 债券报价 \times 票面价值$$
$$= 73\% \times 1\,000 美元$$
$$= 730 美元$$

c.
$$当前收益率 = \frac{年利息额}{当前价格}$$
$$= \frac{63.75 美元}{730 美元}$$
$$= 0.087$$

## 练习题

1. 简和比尔·科林每月的税后收入一共为 3 900 美元。他们每月的日常支出为 2 800 美元。计算该夫妇应建立的应急基金数额。

2. 使用图表 11—1 来完成下面的表格。

| 年存款额 | 收益率 | 年数 | 最后投资价值 | 最后投资额 | 总利息额 |
|---|---|---|---|---|---|
| 2 000 美元 | 3% | 10 | | | |
| 2 000 美元 | 9% | 10 | | | |
| 2 000 美元 | 5% | 30 | | | |
| 2 000 美元 | 11% | 30 | | | |

3. 基于下面的信息作图，内容为华盛顿公共债券的价格波动。

1月　　　　　　16.50 美元　　　　7月　　　　　　14.00 美元

| | | | |
|---|---|---|---|
| 2 月 | 15.50 美元 | 8 月 | 13.10 美元 |
| 3 月 | 17.20 美元 | 9 月 | 15.20 美元 |
| 4 月 | 18.90 美元 | 10 月 | 16.70 美元 |
| 5 月 | 19.80 美元 | 11 月 | 18.40 美元 |
| 6 月 | 16.50 美元 | 12 月 | 19.80 美元 |

4. 使用下面的表格来比较美国短期国债、中期国债、长期国债，还有通货膨胀保值国债。

| | 最小额度 | 偿还期 | 利息支付方式 |
|---|---|---|---|
| 短期国债 | | | |
| 中期国债 | | | |
| 长期国债 | | | |
| 通货膨胀保值国债 | | | |

5. 假设你的纳税等级为 35%，并购买了收益率为 4.25% 的免税市政债券。使用本章中提供的公式来计算该投资品的等价纳税收益率。

6. 假设你的纳税等级 28%，并购买了收益率为 3.75% 的免税市政债券。使用本章中提供的公式来计算该投资品的等价纳税收益率。

7. 假设 3 年前你购买了利率为 6.5% 的公司债券。购买价格为 1 000 美元。则你从你的债券投资中可获得的年利息额为多少？

8. 12 个月前，你购买了票面价值为 1 000 美元的 30 年期债券，利率为 3%。则你每年可以获得的利息为多少？

9. 假设你购买了价值为 1 000 美元的可转换公司债券。并假设该债券可以转为 35.714 股股票。则在投资者考虑将债券转换为普通股时，该公司股价至少要达到多少？

10. 5 年前你购买了价值为 1 000 美元的通用电气公司发行的公司债券。该债券的利率为 5%。如今可比较债券的利率为 7%。
   a. 你可以出手的通用电气债券的市场近似价格是多少？
   b. 用自己的语言解释为什么你的债券价值下跌了。

11. 在 1990 年你购买了 30 年期的 1 000 美元的由 AMR 发行的公司债券，AMR 为美国航空公司的前身。当时的债券利率为 9%。现在的可比较债券利率为 7%。
   a. 你可以出手的 AMR 债券的市场近似价格是多少？
   b. 用自己的语言解释为什么你的债券价值上升了。

12. 确定一只票面价值为 1 000 美元，利息率为 6%，当前价值为 820 美元的公司债券的当前收益率。

13. 确定一只票面价值为 1 000 美元，利息率为 5.5%，当前价值为 1 080 美元的公司债券的当前收益率。

14. 选择一只你认为你可以考虑购买的公司债券。然后使用从网络或图书馆获得的信息来回答你的个人理财规划表 37 上的问题。在你调查后，你还会购买这只债券吗？

## 问答题

1. 在进行过一次财务状况检查后，你发现你的信用卡债务太多了。你可以采取什么步骤来减少你的信用卡债务数额？

2. 从《基普林格的个人理财》、《财富》或《消费者报告》中选择一个现实问题，总结一篇告诉你如何更有效利用资金的文章。

3. 很多人都想马上开始投资，但他们从来没有积攒足够的钱来开始执行计划。你可以采取什么步骤来获得开始执行投资计划的基金？

4. 解释下面一句话：我的任何投资的回报潜力都应该与我愿意承担风险的大小直接相关。

5. 列出三个可以影响投资者更注重其投资计划的收入而非增长的个人因素。

6. 列出三个可以影响投资者更注重其投资计划的增长而非收入的个人因素。

7. 选择图表11—4中的一个投资组合模型，解释它如何帮助你达到你的投资目标。

8. 假设你为退休的父母选择一种投资产品，你是会选择由联邦政府发行的债券，还是由地方政府发行的债券？解释你的理由。

9. 信用债券、抵押债券和可转换债券之间有什么区别？

10. 为什么投资者关心债券是否可提前兑换？

11. 在什么情况下票面价值为1 000美元的公司债券的实际价格会比1 000美元高？什么情况下要比1 000美元低？

12. 你在考虑选择两种公司债券中的一种。一种债券的标准普尔评级为AAA，年利率为5.8%。另一种债券的标准普尔评级为B，年利率为7.5%。这些评级的意义是什么？你会选择哪种债券？为什么？

## 案例一

### 如果你不利用彩衣傻瓜网站的信息，你就是个傻瓜！

15年前，彭尼·泰尔森和吉姆·泰尔森开了一个经纪账户，并每个月都将可承受的数额存入其中。这些年来，他们在高科技公司中的总投资额已经达到了30 000美元。因为他们的投资价值增长了，到2000年1月，他们投资组合的价值上升到了100 000美元。但是到2005年1月，他们的投资跌到了55 000美元。他们在5年内损失了将近一半的投资价值。这是怎么回事？

为了回答这个问题，你必须知道泰尔森和其他人一样喜欢高科技类投资。他们选择科技类投资是因为它的回报率很高。电脑市场当时十分火爆，而谁又能知道这个泡沫最后会破灭，并使整个国家遭受一次经济危机呢？现在，泰尔森夫妇认识到他们不知道研究股票、共同基金或其他投资的方法。实际上，他们甚至不会查看经纪公司每个月给他们邮寄的资产状况报告。他们只认为他们的投资价值会一直增长下去。不幸的是直到2005年1月，他们检查资产评估报告来获取纳税信息时才幡然醒悟，自己损失了大量的资金。而且从那时起，他们才决定如果要继续投资下去，就必须学会正确的投资。

泰尔森夫妇开始从家庭电脑上寻找投资网站的教学材料。彭尼说有很多网站都提供投资信息，但他们选择了彩衣傻瓜网站，这是因为他们觉得自己不知不觉损失了很多资金就同傻瓜一样。该网站是大卫和汤姆·戈德纳创办的，目的在于帮助普通人为自己花的、存的、投资的每一分钱都作出最好的决定。在许许多多的投资网站中，比起有经验的投资者，彩衣傻瓜网站是对像泰尔森夫妇这样的初级投资者来说很好的一个选择。

当泰尔森夫妇访问其他的投资网站时，他们也时不时地光顾彩衣傻瓜网站，因为这个网站提供了普通投资者可以理解的建议。对吉姆来说，学习投资并不仅仅是为了获得回报，而且非常有乐趣。从开始投资起，这才是他们实际第一次知道如何来评估投资选项。彭尼补充说，最近几年他们才明白了如何在投资前评价投资产品。这个方法十分有效，因为在2010年初，他们的投资组合价值已经达到了125 000美元，尽管2008—2009年曾出现了金融危机。

#### 问题

1. 泰尔森夫妇在5年中损失了一半的资金，他们犯的错误是什么？

2. 访问彩衣傻瓜网站www.fool.com，说明上面提供的投资信息有哪几种。

3. 如果你也开始了自己的投资计划，你是否会使用彩衣傻瓜网站上提供的信息？解释你的理由。

## 案例二

维基·特瑞堡刚度过一个里程碑似的生日：40岁生日。她和她的丈夫提姆（42岁）是10岁的茉莉还有 3 岁的双胞胎科尔比和泰勒的父母。维基在夜校教书，所以他们可以减少照顾孩子的费用。她和提姆管这个叫做轮流小组养育法。

尽管维基的薪水自她在夜校教书时降低了，这对夫妇还要为子女的大学教育基金存款。他们希望可以为每个孩子的大学教育每年存 10 000 美元的资金。一些其他的费用也突然出现。茉莉最近开始学习大提琴课程，并且计划在她上高中时去参加一个长达 2 个星期的音乐露营（费用：2 100 美元）。整个家庭在一所房子里已经住了十多年，维基和提姆想改善一下他们的家庭住宅情况。

维基的父母大卫和艾米尽管已经退休了，他们还会每年访问他们的理财师来获知自己的财务状况。他们给维基的生日礼物就是：付费给自己的理财师来跟维基和提姆安排一次会面。这次会面的目的在于确定他们的短期和长期投资计划。

维基和提姆的财务数据如下：

**资产**

储蓄账户 25 000 美元

应急基金 25 000 美元

房屋 300 000 美元

汽车 11 000 美元和 2 000 美元

家庭用品 12 000 美元

401(k) 账户 86 000 美元维基，

110 000 美元提姆

就学存款 25 000 美元

人寿险现金价值 1 500 美元

**负债**

抵押贷款 167 000 美元

汽车贷款 10 000 美元

**收入**

总收入 18 000 美元/年（维基），

97 000 美元/年（提姆）

税后月收入 875 美元（维基），

5 658 美元（提姆）

**每月支出**

抵押贷款 1 200 美元

财产税/保险 550 美元

日常生活费（含日用品、食物和子女看护费）2 200 美元

汽车贷款 350 美元

娱乐支出 350 美元

汽油/维修 500 美元

定期/终身寿险 400 美元

**储蓄**

401(k) 8% 的总月收入

就学存款 600 美元

## 问题

1. 你认为维基和提姆的投资目标是什么？这个目标同维基父母的有什么区别？

2. 假设维基和提姆在大学毕业后就开始投资。他们在投资前需要经过哪些步骤？

3. 你会向维基和提姆建议哪些种类的投资产品？这个投资组合同维基父母的有什么区别？谁会对债券投资更有兴趣？

4. 特瑞堡家庭可以怎样使用你的个人理财规划表 35～你的个人理财规划表 37。

## 消费日记

"我已经有了相当大的存款数额，我应该考虑使用这些钱中的一部分来做其他的投资。"

## 指导

记录消费日记可以为你的支出提供非常有效的监管和控制。这显示了今后和将来更明智地使用资金的可能性。消费日记表可以在本书最后的附录 C 中找到，也可以在学生网站 www.mhhe.com/kdh 上找到。

指导

1. 解释怎样使用消费日记来帮助你建立投资计划。

2. 根据你的消费日记，描述你可以使用的确定和实现不同财务目标的措施。

## 你的个人理财规划表 35

姓名：＿＿＿＿＿＿＿＿＿＿＿＿＿＿＿　　　　日期：＿＿＿＿＿＿＿＿＿＿＿＿＿＿＿

### 制定投资目标

**理财规划活动**：确定投资计划的具体目标。根据你的短期的和长期的投资目标，填写下列要求的条目。

**推荐网站**：www.fool.com　　www.money.cnn.com

| 投资目标描述 | 数额 | 达成日期 | 可接受风险程度（高，中，低） | 为达到目标可选择的投资项 |
|---|---|---|---|---|
|  |  |  |  |  |
|  |  |  |  |  |
|  |  |  |  |  |
|  |  |  |  |  |
|  |  |  |  |  |

注：你的个人理财规划表 37、38 和 41 可被用来执行具体的投资计划，从而达到这些目标。

### 个人理财规划的下一步是什么？

● 使用本章中列举的建议来进行一次财务检查。

● 同家庭其他成员一起讨论重要的投资目标和理财计划。

## 你的个人理财规划表 36

姓名：＿＿＿＿＿＿＿＿＿＿＿＿＿＿＿　　　　日期：＿＿＿＿＿＿＿＿＿＿＿＿＿＿＿

### 评估投资风险

**理财计划行动**：评价同你的个人风险承受度和理财目标相关的不同投资产品的风险。根据不同的投资类型和其风险程度，列出你会考虑的不同的投资产品。

**推荐网站**：http://moneycentral.msn.com/investor/calcs/n_riskq/main.asp.　　www.fool.com

| 投资种类 | 市场价值损失（市场风险） | 风险种类 | | |
|---|---|---|---|---|
|  |  | 通货膨胀风险 | 利率风险 | 流动性风险 |
| 高风险 |  |  |  |  |
| 中等风险 |  |  |  |  |
| 低风险 |  |  |  |  |

## 个人理财规划的下一步是什么？

● 确定同你的投资选择相关的，可影响风险升高或降低的当今的经济趋势。

● 根据与你选择的投资相关的风险程度，你会选择哪种投资来实现你的投资目标？

## 你的个人理财规划表 37

姓名：_____          日期：_____

### 评价公司债券

**理财规划活动：** 没有任何一张检查单可以作为选择公司债券的简单入门指导。但是下面的问题可以帮助你评价有潜力的债券投资。

**推荐网站：** http://bonds.yahoo.com   www.bondsonline.com

### 类别一：公司信息

1. 公司的名称、地址和电话是什么？

_____

2. 该公司提供什么种类的产品或服务？

_____

3. 简要描述该公司的前景。（包括产品研发、扩张计划、并购计划等重要的因素。）

_____

### 类别二：债券基本信息

4. 该债券属于什么类型？

_____

5. 该债券的票面价值是多少？

_____

6. 该债券的利率是多少？

_____

7. 该债券的年利息额为多少？

_____

8. 该债券什么时候支付利息？

_____

9. 该公司最近是否按规定时间支付了利息？ □是□否

10. 该债券的到期日是哪天？

_____

11. 穆迪投资对该债券的评级是什么？

_____

12. 标准普尔对该债券的评级是什么？

_____

13. 这些评级的意义是什么？

_____

14. 原始的发行日期是什么时候？

_____

15. 该债券的受托人是谁?

16. 该债券是否可提前兑换? 如果可以, 是什么时候?

17. 该债券是否有抵押担保? 如果有, 是什么担保?

**类别三: 财务表现**

18. 发行公司去年的每股收益为多少?

19. 发行公司的收益在过去 5 年中是否增长?

20. 发行公司明年的计划收益为多少?

21. 分析家是否指出现在是投资该公司的好时机?

22. 简要描述你从穆迪投资、标准普尔或其他信息来源处获得的该公司的财务状况。

**注意事项**

上面的检查单不适合所有公司的债券投资, 但也提供了一些在你作出债券投资决定前非常有用的问题。如果你还需要其他的信息, 你自己负责获得信息并决定其如何影响你的潜在投资。

**个人理财规划的下一步是什么?**

● 同投资了政府债券、市政债券或公司债券的人交流。
● 与家庭其他成员讨论为什么债券是你投资计划中一个非常合理的选择。

# 第 12 章　股票投资

*你的个人理财规划表*

　38. 评价公司股票

　39. 投资经纪人的比较

**目　标**

在本章中，你将会学习到：

1. 指出普通股和优先股最重要的特征。
2. 解释你如何评价股票投资。
3. 分析导致股票价格上升或下降的数值计算法。
4. 描述股票是如何买入和卖出的。
5. 解释长期投资者和短期投机者使用的交易策略。

## 为什么这很重要？

尽管很多投资者在最近几年中损失了部分价值，但实际上从 1926 年开始，股票的平均年回报率要高于 10％。因此，很多理财专家都建议有长期投资计划的投资者购买股票。

# 普通股和优先股

| 目标 1：指出普通股和优先股最重要的特征。 |

标准普尔 500 种股票指数——一种财经新闻节目经常报道的衡量股票市场表现的基准——在 2007 年达到了记录以来的最高点。但在 2009 年 1 月初，该指数损失了 40％ 的价值。给出了这个信息，并加上国内令人沮丧的经济形势，很多投资者会提问：我们为什么要投资股票呢？为了回答这个问题，我们需要考虑股票在长时期内的回报。从 1926 年开始，根据标准普尔 500 种股票指数的计算结果，股票的年平均回报率超过了 10％，大大超过了很多保守型投资的回报率。[①] 简单来说，想获得更大回报的投资者会选择投资股票。虽然一段时期内会出现股票价值下降的情况。想要实例证明这一点，仅需直接询问一位长期投资者，最近的经济危机中他们的股票投资价值出现了什么情况。投资任何项目成功的关键因素还在于让该投资在你的手中能够长期地运作。长期投资允许你的资金渡过困难时期并享受经济繁荣期。但在你决定投入资金之前，你需要认识到评估股票的潜在投资价值的重要性。

很多投资者在开始投资计划前需要考虑两件事情。第一，他们不知道从哪里获得可用来评估股票的信息。实际上，可获得的信息量大大超出了投资者能够阅读完的范围。然而，就像你所听说的那样疯狂，一些投资者在完全没有做调查的情况下就开始投资股票了。开始学习本章前，你一定要记住的一点是，任何事情都无法取代潜在投资项目的调查过程。

第二，初学投资者有时会担忧，即使他们找到了投资信息也不知道该信息的意义是什么。很多常识可以帮助我们评估潜在投资产品。我们来举个例子，先考虑下列问题：

1. 销售收入的增长对公司来说是健康运营的信号吗？（答案：是）
2. 一家公司的净收入随着时间的增长会上升还是下降？（答案：上升）
3. 一家公司的每股收益随着时间的增长会上升还是下降？（答案：上升）

---

① "Money 101 Lesson 4：Basics of Investing," the CNN/Money Web site（http：//money.cnn.com/magazine/moneymag/money101/lesson4），accessed January 13，2009.

这些问题的答案都是显而易见的，并且你会在本章中找到更多、更详细的这些和类似问题的答案。实际上，这就是本章要讲的全部内容。我们想让你知道如何来评价一只股票，然后从你的投资决策中获得投资收益。

普通股持有人是公司实际上的拥有者，他们会一起分享公司成功的果实。但在你投资前，你需要知道公司为什么要发行普通股并且投资者购买股票的原因。

## 为什么公司发行普通股？

**普通股：公司所有权的一种最基本的形式。**

**普通股**是公司所有权的一种最基本的形式。公司发行普通股是为其启动筹集资金并且支付其扩张和运营活动。公司管理人员喜欢将出售普通股作为筹资方式有以下几点原因。

**股权融资：以出售所有权股份来获取资金的方式。**

**所有者权益的一种形式**　重点：股票是股权融资。**股权融资**就是在经营过程中以出售所有权股份来获取资金的方式。公司喜欢出售股票的一个原因是，出售股票获得的资金不需要再偿还给投资者，而且公司不需要从投资者那里回购股票。另一方面，股票持有人可以将其拥有的股票再出售给其他任何人。出售价格取决于购买者愿意为该股票支付的价格。股票的价格随着公司的公共信息和未来前景的变化而变化。比如，有关预期销售收益、收入、扩张或并购的信息，或者公司发展的其他重要信息都会促使股票价格升高或降低。

**分红非强制**　重点：分红是从利润中支付的，并且分红的支付必须通过公司董事会的批准。分红就是公司向持股人分配金钱、股票或其他资产的行为。分红政策因公司的不同而不同，大多数公司支付给持股人30％～70％的收益，但是一些公司遵循少分红或不分红的政策。这些公司一般为快速增长型公司，比如，亚马逊（网上销售）或银率网，它们保留大量的收益来发展、扩张公司，或用于其他重大项目。另一方面，像杜克能源这样的公共事业型公司，或其他的财务状况良好的公司可能会向投资者派发80％～90％的收益。一定要记住这一点，如果公司某一年的经营状况不好，所分红利可能会减少甚至被取消。

**代理人：持股人将投票权转交给其他人或群体的一种法定形式，代理人行使由持股人决定的事务。**

**投票权和公司的控制权**　为了回报出售股票而筹集的资金，公司管理层需要为持股人作出一定的限制公司政策的让步。举个例子，法律要求股份制公司每年举行股东大会，从而让持股人享有投票权，一般以一股一票的形式计算。股票持有人可以亲自投票或让代理人代理其行使投票权。**代理人**是一种法定形式，持股人将投票权转交给其他人或群体，代理人行使由持股人决定的事务。普通股持股人选举董事会成员，并且公司政策的重大变革都要经过持股人的同意。

## 为什么投资者要购买普通股

你怎样通过购买普通股盈利？基本上有三种途径：分红所得、股票价格上升和股份拆细使价值增加的可能性。

**分红所得** 尽管分红并不是董事会必须执行的法定义务，但大多数董事会成员都希望令持股人高兴。再没有比取消或减少分红更能使持股人迅速联合组成反对力量的事情了。因此，董事会在税后利润足够的情况下通常会宣布分红。因为分红是利润分配的一种形式，投资者必须密切注意公司未来的税后利润。

普通股的红利可能会以现金、增发股或公司产品的形式分配给持股人。但是，其中的最后一种形式并不常见。如果董事会宣布了现金分红，则每个普通股持股人都可以获得每股数量相同的红利。尽管公司的分红政策各不相同，但大部分公司都以季度为时间单位分红。

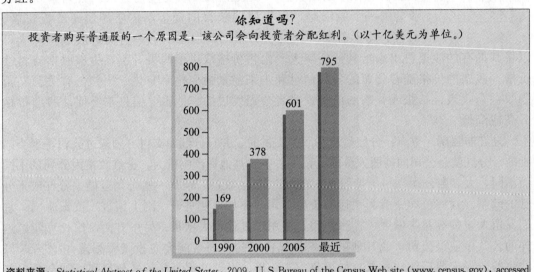

**你知道吗？**

投资者购买普通股的一个原因是，该公司会向投资者分配红利。（以十亿美元为单位。）

资料来源：*Statistical Abstract of the United States*, 2009, U. S. Bureau of the Census Web site (www. census. gov), accessed February 1, 2009 (Washington, D. C.: U. S. Government Printing Office), p. 506.

> **登记日期**：为了接受分红，持股人必须在公司登记在册的日期。

注意在图表 12—1 中，CMS 能源公司宣布了每股 0.125 美元的季度分红，持股人登记日期从 2009 年 2 月 6 日开始算起。**登记日期**就是持股人必须在公司登记在册的日期，目的在于接受公司的分红。当这只股票是在登记日期前后的一段时间内交易的情况下，公司就必须确定是卖家还是买家有接受这笔红利的权利。为了解决这个问题，大多数公司一般服从这个法则：在登记日期之前的两个工作日，持票人买入股票即可获得红利。在登记日期前的第二天，公司开始除息。购买除息股票的投资者本季度将没有获得红利的资格，红利会分配给之前的股票持有人。

举个例子，CMS 能源公司宣布季度分红为每股 0.125 美元，持股人登记拥有股票的日期为 2009 年 2 月 6 日。董事会会在 2009 年 2 月 4 日时分配前期红利，就是 2009 年 2 月

6 日的前两个工作日。在 2009 年 2 月 4 日或之后购买股票的持股人没有获得当期红利的资格。红利的实际支付日期是 2009 年的 2 月 27 日，公司向已登记的持股人发放了红利。投资者通常非常留意股票的前期红利日期，并且股票价格会因无分红而降低。

**图表 12—1**　　　　　　　《华尔街日报》上登记的典型的公司分红信息

纵列上的数字与表格下方的解释条目中的数字相一致。

| 1<br>公司/标志 | 2<br>收益率（%） | 3<br>新红利/旧红利 | 4<br>支付日/登记日 |
|---|---|---|---|
| CMC 能源公司 CMS | 4.2 | 0.125/0.09 每季度 | 2 月 27 日/2 月 6 日 |
| Gennine Parts 公司 GPC | 5.0 | 0.40/0.39 每季度 | 4 月 1 日/3 月 6 日 |
| Heritage Fin'l 公司 HBOS | 3.8 | 0.08/0.07 每季度 | 2 月 20 日/2 月 6 日 |

1. 支付红利的公司名称为 CMS，其股票代码是 CMS。
2. 当前收益率为 4.2%，这个是根据红利数额和当前股票价值所确定的。
3. 新发红利为每股 0.125 美元，上次红利为每股 0.09 美元。
4. 红利会在支付日（2 月 27 日）配发给在登记日（2 月 6 日）拥有该股票的持股人。

资料来源：Republished with permission of Dow Jones, Inc., from *The Wall Street Journal*, January 24, 2009; permission conveyed through Copyright Clearance Center, Inc.

**股票价格上升**　在大多数情况下，你购买股票后会持有股票一段时间。如果该股票的市场价格升高，你需要决定是在更高价格下出售该股票，还是过一段时间再出售。如果你决定卖出股票，则买入价和卖出价之间的差额就是你所获得的收益。

我们假设你在 2006 年 1 月 20 日购买了 100 股通用磨坊公司的股票，每股价格为 49 美元。你的成本为股票价值 4 900 美元加上手续费 55 美元，总共 4 955 美元。（注：手续费会在本章的后面部分讨论，一般在你买入和卖出股票时支付。）然后假设你持股到 2009 年 1 月 20 日，以每股 60 美元的价格卖出。在你持股期间，通用磨坊总共分配的红利为每股 4.64 美元。图表 12—2 显示了你在该投资上的收益。在本例中，你从派分的红利和股票价格从 49 美元增值到 60 美元中获得了利益。图表 12—2 中显示你的总收益为 1 454 美元。同样地，如果股票价格下降或董事会减少分红甚至决定不分红，你的最后回报甚至有可能比初始投资还要少。如要获得更多的如何确定出售时间的信息，阅读后面的"个人理财实践"专栏。

**股份拆细**：将现有持股人手中的股票分成更多数量股票的程序。

**股份拆细使价值增加的可能性**　投资者也有通过股份拆细获得利益的潜在可能性。**股份拆细**是一种将现有持股人手中的股票分成更多数量股票的程序。比如在 2009 年，乡村超市股份有限公司的董事会通过了一股拆分为两股的决议。一个开始拥有 100 股股票的持股人在股份拆分后会有 200 股股票。最常见的普通股拆分是一股拆为两股或一股拆为三股。

为什么公司要拆细它们的股票？在很多情况下，一个公司的董事会都有自己假定的理想的该公司的股价范围。如果公司股价超过了这个理想范围，一次股份拆细就可以使市场价格下降到理想范围内。在乡村超市的例子中，一股拆分为两股使股票市场价格降低到拆分前股票价格的一半。每股市场价格的降低是由于公司拆分了大量普通股。而且，拆细股票的决定使市场价格降低，这增加了该股票对投资大众的吸引力。这种吸引力是基于大部分公司都在财务前景上升期才施行股份拆细的人们的普遍认知。

---

**图表 12—2**　　　　　　　　　　　　　**通用磨坊的股票交易**

**假设**

2006 年 1 月 20 日买入了 100 股普通股，在 2009 年 1 月 20 日出售；持股期间，通用磨坊分配的红利为每股 4.64 美元。

| 买入成本 | | 卖出回报 | |
|---|---|---|---|
| 100 股×49 美元 | 4 900 美元 | 100 股×60 美元 | 6 000 美元 |
| 加手续费 | ＋55 | 减手续费 | －55 |
| 总投资 | 4 955 美元 | 总回报 | 5 945 美元 |

**交易总结**

| | |
|---|---|
| 总回报 | 5 945 美元 |
| 减总投资 | －4 955 美元 |
| 股票出售所得利润 | 990 美元 |
| 加分红所得 | ＋464 美元 |
| 交易净回报 | 1 454 美元 |

---

# 个人理财实践

## 应该何时出售股票？

这里有一些帮助你确定何时出售股票的建议。

1. 追踪股票价格。投资者购买股票后就忘记这件事情的情况太常见了。最好的一种方法是每隔 2 周绘制下你的股票价格走势图。

2. 关注公司财务信息。明智的投资者在购买股票之前就做好了评估股票的工作，而最明智的投资者会使用可利用的信息来持续评估自己的股票。

3. 跟踪公司的产品情况。如果公司的产品样式变得过时，并且公司没有推出适合当前发展水平的新产品，则公司的销售和利润都有可能大幅下降。

4. 监控经济发展走势。经济减退或复苏有可能使股票价格上升或下降，并且失业率、通货膨胀率、利率、生产率和其他的经济指标都需要被持续关注。

5. 要有耐心。从股票中挣得金钱的秘诀就是时间。本章前面提到过，从 1926 年开始计算的股票年投资回报率在通货膨胀调整前平均超过了 10%。假设你购买的股票品质好，你的投资会在今后增值。

---

注意：无法确保一只股票在拆细之后其市场价格一定会上升。这是非常值得注意的一点，因为投资者一般都认为股份拆细意味着短期的利润。只有事实会说明一切。下面给出

了原因。股票总市值——公司股票价格乘以股票发行数量——并没有因为公司拆分股票而发生变化。一股拆细为两股前有 100 000 000 美元股票市值的公司在股份拆细后仍有 100 000 000 美元的股票市值。简单地说，就是股票数量变为两倍，但每股的市场价格变为先前的一半。如果一只股票在拆细后市场价格上升，则它是由于公司财务表现良好，而不仅仅是因为股票的数量增多了。

## 优先股

> **优先股**：其持股人在普通股持股人分红前有优先获得现金红利权利的一种股票。

除了购买普通股之外，你还可以选择买入优先股。**优先股**是其持股人在普通股持股人分红前有优先获得现金红利权利的一种股票。这是优先股持股人最看重的一点。不同于普通股的红利数额，优先股的红利数额在购买股票前就已经确定了。

优先股一般被认为是一种"中间型"投资品，因为其代表普通股（持股人的所有者形式）和公司债券（持债券人的债权人形式）之间的投资中点。跟公司债券比起来，优先股的收益率一般要比债券收益率低。跟普通股比起来，优先股是一种更安全地提供了更多担保分红的投资。想获得可预期收入的投资者一般会购买优先股。其他公司有时也会购买优先股，因为红利收益的税收是可以退的。对其他投资者来说，优先股缺乏普通股的增长潜力和公司债券的安全程度。

和普通股作比较，优先股通常只有很少一部分公司会发行，但它是一种吸引不愿购买普通股的投资者来进行融资的方法。优先股同普通股一样，都是无须偿付的权益融资的一种。而且优先股的红利也可能像普通股一样，会因董事会的决定而被取消。因为优先股不代表必须偿付的法定债务关系，如果该公司解散或宣布破产，优先股持股人在债权人（包括债券持有人）之后对公司资产享有第一要求权。为了使优先股看起来更具吸引力，一些公司会提供附加的福利。

一种优先股持股人可以保护其红利不被取消的方法是购买累积优先股。累积优先股就是将未支付红利累积起来，并在普通股持股人收到任何现金红利时分配给优先股持股人的一种股票。如果一个公司在一个红利支付期内没有向累积优先股持股人支付红利，则未支付的红利会加入下一期的优先股红利中。如果你拥有的是非累积优先股，一次取消的红利支付以后不会再补发。

第二种使优先股更具有吸引力的特征就是可转化特性。可转化优先股可以在持股人的选择下转化为一定数量的普通股。可转化特性给优先股投资者提供了附加安全性，还有转化为普通股后的更大的投机收益。举例来说，马丁制造发行了可转化优先股。假设马丁制造发行的优先股的市场价格为 24 美元，年红利为每股 1.60 美元。并假设该公司的普通股价格为 9 美元，且普通股当前的年红利为每股 0.54 美元。在这种情况下，你会继续持有优先股。如果普通股的市场价格增长到每股 12 美元，你就有动机来行使转化权了。

是否将优先股转化为普通股是由三个复杂因素决定的。第一，优先股的分红比普通股的分红更具安全性。第二，优先股的红利数额通常比普通股的要高。第三，由于可转化特性，可转化优先股的市场价格一般随着普通股价格的升高而升高。

## 概念检测 12—1

1. 为什么公司要出售股票？为什么投资者要购买股票？

_____

_____

2. 为什么公司会拆细股份？对投资者来说股份拆细是好事还是坏事？

_____

_____

3. 从投资者角度来说，普通股和优先股之间的区别是什么？

_____

_____

**自我应用！**

**目标 1：** 使用网络或图书馆的资料来调查一个实行了股份拆细的公司。跟踪股份拆细前和拆细后每日的价格变化一周，并绘制价格图表。描述你的发现。

# 股票评估

**目标 2：** 解释你如何评价股票投资。

　　许多投资者都想从投资中获取超过 10％的回报率，却不愿花费想成为优秀投资者必须耗费的时间。实际上，很多人在不经过任何调查的情况下就购买了投资产品。他们不会在没有试驾的情况下购买一辆车，也不会在没有比较不同房屋前就买下一套房子，但不知何种原因，他们会在没有做任何功课的情况下就进行投资。实际上任何事情也无法取代选择投资产品前几个小时的细致侦查工作。本节介绍了怎样评价潜在的股票投资。事实上，不仅对你想购买的股票的发行公司进行评估很重要，还需评估发行公司所在产业的现状。例如，当汽车产业遇到问题时，很多该产业领域内的公司都会发现增加销量和利润是很困难的。而且要记住，整个国家和全球的经济大环境有可能影响一个公司的运作，并使公司股票的价格上升或下降。

　　股票投资者可以利用的信息资源非常庞大，并且评估股票逻辑上的初始程序就是依据图表 12—3 将股票分为不同的种类。一旦你确认了一种可以帮助你实现投资目标的股票种类，你就可以使用网络来评价潜在投资了。

**图表 12—3** 　　　　　　　　　　　　　　　　　　**对股票投资产品的分类**

当评估要投资的股票时，投资者经常将其分成下面的 10 类。

| 股票种类 | 该类股票的特征 |
|---|---|
| 蓝筹股 | 吸引保守型投资者的安全投资产品。 |
| 周期型股票 | 随着经济的繁荣或衰退而改变的股票。 |
| 防御型股票 | 在经济衰退中仍能保持稳定增长的股票。 |
| 成长股 | 盈利潜力比经济中所有公司的平均利润要高的公司发行的股票。 |
| 收入型股票 | 分红比所有股票的平均分红要高的股票。 |
| 大盘股 | 有超过 100 亿美元庞大资本总额的公司发行的股票。 |
| 微型股 | 资本总额不大于 2.5 亿美元的公司发行的股票。 |
| 中盘股 | 资本总额在 20 亿美元～100 亿美元之间的公司发行的股票。 |
| 低价股 | 价格通常低于 1 美元每股的股票。 |
| 小型股 | 资本总额在 2.5 亿美元～20 亿美元之间的公司发行的股票。 |

## 网络

在本节中，我们搜索一些网站来作为评价股票投资时逻辑上的初始步骤，但这只是所有网站中的一小部分。我们先从网络上能够获得的公司信息开始分析。

> **你知道吗？**
> 现在马上开始用一项投资来拯救地球吧！
> 专家预测下一个最佳的投资选择就是生产替代燃料、燃料箱、混合动力汽车和有机食物的公司。要获取生产环保产品或服务的公司的投资信息，访问网站 www. sustainablebusiness. com，www. green-chipstocks. com，www. ecobusinesslinks. com。

现在大部分公司都有公司网站，这些网站上提供的信息都是非常有价值的。第一，它非常容易获得。你所要做的仅仅是输入公司网址，或使用搜索引擎来确定公司的主页。第二，比起公司或其他资源提供的印刷品材料，网站上的信息可能更新、更完善。图表 12—4 中展示了沃尔特·迪士尼公司投资者网页提供的财务信息。只要点一下鼠标按钮，你就可以获得公司的盈利信息，还有其他影响公司股票价格的财务方面的信息。

你也可以访问像雅虎这样的主流网站或用其他搜索引擎来获取股票投资的信息。图表 12—5 中展示了从雅虎金融网上获得的波音公司（世界领军飞机制造企业）的部分总结信息。除了当前股价外，雅虎金融网甚至还提供具体到每个公司的信息，比如，波音公司。通过点击标题下的按钮你就可以获得每个公司的报价、图表、新闻信息、分析师报道、所有权，还有财务信息，你会发现能够获得的信息还要更多。选择强生公司（简称为 JNJ）或可口可乐（简称为 KO），然后去网上寻找信息怎么样？开始，在网页地址栏中输入雅虎金融（http：//finance. yahoo. com），然后输入公司的缩写，再点击看看报价。你会被你用一只鼠标所获得的信息量震惊到。

**图表 12—4** 　从沃尔特·迪士尼主页上可获得的与投资者相关的财务信息

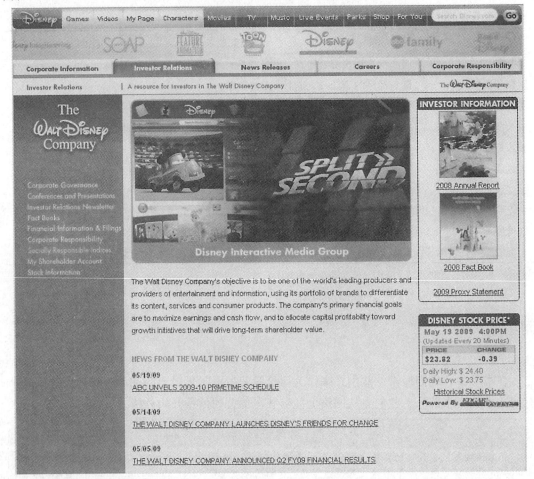

资料来源：The Walt Disney Web site（http：//corporate. disney. go. com/investors/index. html），accessed May 19，2009.

你也可以使用专业的咨询服务，比如，标准普尔金融服务（www. standardandpoors. com），摩根特在线（www. mergentonline. com）和价值在线（www. valueline. com）。尽管大部分的信息都是免费的，但要获得更详细的信息来评价股票则需支付一定的费用。要获得更多的专业咨询服务和其提供的信息种类，阅读下一节。

关于股票信息的主要网站：
www. thestreet. com
http：//money. cnn. com
http：//moneycentral. msn. com/investor

除了网络搜索引擎和专业的咨询服务外，你也可以访问个人理财网站，比如，明智财富（www. smartmoney. com）和基普林格的个人理财（www. kiplinger. com）。这两个网站都为股票投资者提供了大量的信息。更多的可帮助你学习投资股票的网站地址写在旁边的"重要的股票信息网站"栏中。

资料来源：Reproduced with permission of Yahoo! lnc. © 2009 by Yahoo! lnc. Yahoo! And Yahoo! logo are trademarks of Yahoo! lnc.

## 股票咨询服务

除了网络外，你可以用来评价潜在股票投资的信息来源还有股票咨询服务机构提供的纸质资料。信息范围包括从基本的按字母排序的公司名称到详细的财务报告。

标准普尔报告、价值在线，还有摩根特是三家全球知名的为股票投资者提供详细报告的咨询服务公司。这里我们提供的是百事公司的详细报告，该报告是在《摩根特普通股指南》上发表的（见图表 12—6）。

图表 12—6 中显示的基本信息报告有六个主要部分。最上面一部分提供了股票价格、利润和红利方面的信息。经营状况总结描述了公司详细的运作过程。第二部分为最近的发展状况，提供了当前公司的净收益和销售额等相关信息。下面的发展前景部分描述了公司今后的发展展望。财务数据部分显示了公司在过去 7 年和最近 3 个月中的重要数据。这部分内

图表 12—6　　　　　　　　　　　　摩根特公司对百事股份有限公司的报告

## PEPSICO INC.

| Exchange | Symbol | Price | 52Wk Range | Yield | P/E | Div Acheiver. |
|---|---|---|---|---|---|---|
| NYS | PEP | $68.30 (5/30/2008) | 79.57–64.65 | 2.49 | 19.63 | 36 Years |

*7 Year Price Score 99.84　*NYSE Composite Index = 100　*12 Month Price Score 99.96

### Interim Earnings (Per Share)

| Qtr. | Mar | Jun | Aug | Dec |
|---|---|---|---|---|
| 2005 | 0.53 | 0.70 | 0.51 | 0.65 |
| 2006 | 0.60 | 0.80 | 0.88 | 1.06 |
| 2007 | 0.65 | 0.94 | 1.06 | 0.77 |
| 2008 | 0.70 | | | |

### Interim Dividends (Per Share)

| Amt | Deci | Ex | Rec | Pay |
|---|---|---|---|---|
| 0.375Q | 07/19/2007 | 09/05/2007 | 09/07/2007 | 09/28/2007 |
| 0.375Q | 11/16/2007 | 12/05/2007 | 12/07/2007 | 01/02/2008 |
| 0.375Q | 02/01/2008 | 03/05/2008 | 03/07/2008 | 03/31/2008 |
| 0.425Q | 05/07/2008 | 06/04/2008 | 06/06/2008 | 06/30/2008 |

Indicated Div: $1.70 (Div. Reinv. Plan)

### Valuation Analysis　Institutional Holding

| Forecast EPS | $3.73 | No of Institutions |
|---|---|---|
| | (06/20/2008) | 1557 |
| Market Cap | $108.6 Billion | Shares |
| Book Value | 16.8 Billion | 1,260,247,040 |
| Price/Book | 6.46 | %Held |
| Price/Sales | 2.68 | 67.02 |

TRADING VOLUME (thousand shares)

**Business Summary**: Food (MIC: SIC: 2086 NAIC: 312111)
Pepsico is engaged in manufacturing, marketing and selling a range of salty, sweet and grain-based snacks as well as carbonated and non-carbonated beverages and foods. Co. is organized into four divisions: Frito-Lay North America (FLNA); PepsiCo Beverages North America (PBNA); PepsiCo International (PI); and Quaker Foods North America (QFNA). FLNA branded snacks include Lay's potato chips, Doritos tortilla chips and Rold Gold pretzels. PBNA's brands include Pepsi, Mountain Dew, Gatorade, Tropicana Pure Premium, and Dole. PI's brands include Lay's, Walkers, Cheetos; Doritos, Ruffles, Gamesa and Sabritas. QFNA's brands include Quaker oatmeal, Rice-A-Roni and Near East side dishes.
**Recent Developments**: For the quarter ended Mar 22 2008, net income increased 4.7% to US$1.15 billion from US$1.10 billion in the year-earlier quarter. Revenues were US$8.33 billion, up 13.4% from US$7.35 billion the year before. Operating income was US$1.55 billion versus US$1.42 billion in the prior-year quarter, an increase of 9.4%. Direct operating expenses rose 16.7% to US$3.83 billion from US$3.29 billion in the comparable period the year before. Indirect operating expenses increased 11.3% to US$2.95 billion from US$2.65 billion in the equivalent prior-year period.
**Prospects**: For full-year 2008; Co. expects 3.0% to 5.0% volume growth, high-single-digit net revenue growth and earnings per share of at least $3.72. Meanwhile, on May 6 2008. The Pepsi Bottling Group, Inc. and Co. announced that, through their PR Beverages Limited joint venture in Russia, they have completed their acquisition of Sobol-Aqua JSC, a beverage manufacturing company based in Novosibirsk. Russia Separately, on Apr 30 2008. Co. announced the acquisition of V Water, a vitamin water brand in the U.K. This acquisition reflects Co.'s strategy to transforming its portfolio of products and extending its range of healthier beverages, and should provide Co. with significant opportunities.

### Financial Data

| (US$ in Thousands) | 3 Mos | 12/29/2007 | 12/30/2006 | 12/31/2005 | 12/25/2004 | 12/27/2003 | 12/28/2002 | 12/29/2001 |
|---|---|---|---|---|---|---|---|---|
| Earnings Per Share | 3.48 | 3.41 | 3.34 | 2.39 | 2.44 | 2.05 | 1.85 | 1.47 |
| Cash Flow Per Share | 4.27 | 4.29 | 3.70 | 3.45 | 2.99 | 2.53 | 2.65 | 2.39 |
| Tang Book Value Per Share | 6.01 | 6.30 | 5.50 | 5.20 | 4.84 | 3.82 | 4.93 | 2.17 |
| Dividends Per Share | 1.500 | 1.425 | 1.160 | 1.010 | 0.850 | 0.630 | 0.595 | 0.575 |
| Dividend Payout % | 43.13 | 41.79 | 34.73 | 42.26 | 34.84 | 30.73 | 32.16 | 39.12 |
| **Income Statement** | | | | | | | | |
| Total Revenue | 8,333,000 | 39,474,000 | 35,137,000 | 32,562,000 | 29,261,000 | 26,971,000 | 25,112,000 | 26,935,000 |
| EBITDA | 1,926,000 | 9,092,000 | 8,399,000 | 7,732,000 | 6,848,000 | 6,269,000 | 6,077,000 | 5,189,000 |
| Depn & Amortn | 303,000 | 1,362,000 | 1,344,000 | 1,253,000 | 1,209,000 | 1,165,000 | 1,067,000 | 1,008,000 |
| Income Before Taxes | 1,566,000 | 7,631,000 | 6,989,000 | 6,382,000 | 5,546,000 | 4,992,000 | 4,868,000 | 4,029,000 |
| Income Taxes | 418,000 | 1,973,000 | 1,347,000 | 2,304,000 | 1,372,000 | 1,424,000 | 1,555,000 | 1,367,000 |
| Net Income | 1,148,000 | 5,658,000 | 5,642,000 | 4,078,000 | 4,212,000 | 3,568,000 | 3,313,000 | 2,662,000 |
| Average Shares | 1,632,000 | 1,658,000 | 1,687,000 | 1,706,000 | 1,729,000 | 1,739,000 | 1,789,000 | 1,807,000 |
| **Balance Sheet** | | | | | | | | |
| Current Assets | 11,065,000 | 10,151,000 | 9,130,000 | 10,454,000 | 8,639,000 | 6,930,000 | 6,413,000 | 5,853,000 |
| Total Assets | 35,699,000 | 34,628,000 | 29,930,000 | 31,727,000 | 27,987,000 | 25,327,000 | 23,474,000 | 21,695,000 |
| Current Liabilities | 8,587,000 | 7,753,000 | 6,860,000 | 9,406,000 | 6,752,000 | 6,415,000 | 6,052,000 | 4,998,000 |
| Long-Term Obligations | 4,884,000 | 4,203,000 | 2,550,000 | 2,313,000 | 2,397,000 | 1,702,000 | 2,187,000 | 2,651,000 |
| Total Liabilities | 18,985,000 | 17,394,000 | 14,562,000 | 17,476,000 | 14,464,000 | 13,453,000 | 14,183,000 | 13,021,000 |
| Stockholders' Equity | 16,806,000 | 17,325,000 | 15,447,000 | 14,320,000 | 13,572,000 | 11,896,000 | 9,298,000 | 8,648,000 |
| Shares Outstanding | 1,590,000 | 1,605,000 | 1,638,000 | 1,656,000 | 1,679,000 | 1,705,000 | 1,722,000 | 1,756,000 |
| **Statistical Record** | | | | | | | | |
| Return on Assets % | 17.47 | 17.58 | 18.35 | 13.44 | 15.84 | 14.66 | 14.71 | 13.34 |
| Return on Equity % | 35.51 | 34.62 | 38.01 | 28.77 | 33.17 | 33.76 | 37.02 | 33.58 |
| EBITDA Margin % | 23.11 | 23.03 | 23.90 | 23.75 | 23.40 | 23.24 | 24.20 | 19.26 |
| Net Margin % | 13.78 | 14.33 | 16.06 | 12.52 | 14.39 | 13.23 | 13.19 | 9.88 |
| Asset Turnover | 1.24 | 1.23 | 1.14 | 1.07 | 1.10 | 1.11 | 1.11 | 1.35 |
| Current Ratio | 1.29 | 1.31 | 1.33 | 1.11 | 1.28 | 1.08 | 1.06 | 1.17 |
| Debt to Equity | 0.29 | 0.24 | 0.17 | 0.16 | 0.18 | 0.14 | 0.24 | 0.31 |
| Price Range | 79.57–62.89 | 78.69–62.16 | 65.91–56.77 | 59.90–51.57 | 55.55–45.39 | 48.71–37.30 | 53.12–35.50 | 50.28–41.26 |
| P/E Ratio | 22.86–18.07 | 23.08–18.23 | 19.73–17.00 | 25.06–21.58 | 22.77–18.60 | 23.76–18.20 | 28.71–19.19 | 34.20–28.07 |
| Average Yield % | 2.15 | 2.09 | 1.90 | 1.82 | 1.66 | 1.43 | 1.29 | 1.25 |

| Address: 700 Anderson Hill Road, Purchase, NY 10577-1444 Telephone: 914-253-2000 Fax: 914-253-2070 | Web Site: www.pepsico.com Officers: Indra K. Nooyi - Chairman, President, Chief Executive Officer Michael D. White - Vice-Chairman | Auditors: KPMG LLP Investor Contact: 914-253-3035 Transfer Agents: The Bank of New York |
|---|---|---|

Source: *Mergent's Handbook of Common Stocks*, Summer 2008 (New York: Mergent, 2008).

容还包括总收益、每股收益、每股红利、股本回报率和净收入。报告的最后一部分是一些较零碎的信息，包括审计是由谁来执行的，公司的总部办公室位于哪里，公司的过户代理人是哪个公司，以及公司的主要管理者是谁等等。其他股票咨询服务公司提供的信息种类基本上和图表 12—6 中的相同，投资者的工作就是理解这些信息，然后决定该公司的股票是否是一项合适的投资。

## 怎样阅读报纸上的财经版块

尽管一些报纸删去或削减了财经版块的内容，但是《华尔街日报》，还有大部分大都市的报纸仍包含很多的股票信息。不是所有的报纸登载的内容都完全相同，但包含的基本信息是一致的。股票是按字母顺序排列的，所以你的第一项工作就是浏览报纸，找出你感兴趣的股票，然后阅读表格中的股票报价。图表 12—7 中的第三行提供了美国家庭人寿保险公司（Aflac）的股票信息。

**图表 12—7**　　　　　　　　　　　　　　**普通股的财务信息**

表的上半部分是《华尔街日报》中股票报价的放大版。纵列上的数字与表格下方的解释条目中的数字相对应。

| 1<br>股票 | 2<br>纽约证券交易所内的标志 | 3<br>收盘价 | 4<br>涨跌 |
|---|---|---|---|
| ACE 有限责任公司 | ACE | 48.82 | 3.44 |
| AES 公司 | AES | 8.67 | — |
| Aflac | AFL | 25.06 | 2.92 |

1. 公司名称（一般为缩写）：Aflac
2. 显示交易股票的标志或字母：AFL
3. 一天中最后一笔交易的价格：25.06 美元
4. 今日最后一笔交易价格与昨日最后一笔交易价格间的差额：2.92 美元（华尔街术语为今日报收上涨 2.92 美元）

资料来源：Republished with permission of Dow Jones, Inc., from *The Wall Street Journal*, January 24, 2009; permission conveyed through Copyright Clearance Center, Inc.

## 公司新闻

联邦政府要求每家公司在发行新证券时要公开收益、资产、负债、产品或服务，以及高层管理者资格等信息。除公司章程外，所有的上市公司还要给所有持股人发一份含有详细财务数据的报告。电子版的公司年报也可以从网络上获得。即使你不是持股人，你也可以从该公司网站获得其年度报表。对大多数公司而言，获得纸质版年报的方式有：拨打免费电话，向公司总部寄信索要，或访问公司的官方网站等。

除了公司发布的信息外，你也可以通过访问证券交易委员会网站（www.sec.gov）来获得公司向联邦政府递交的财务和其他重要信息。

最后，像《商业周刊》、《财富》、《福布斯》、《金钱》、《基普林格的个人理财》这样的期刊也包含了大量股票投资的信息。

## 概念检测 12—2

1. 描述下面的投资信息来源可以怎样帮助你评价股票投资。

| 信息来源 | 信息种类 | 可以提供何种帮助 |
|---|---|---|
| 网络 | | |
| 股票咨询服务 | | |
| 报纸 | | |
| 政府出版物 | | |
| 财经类出版物 | | |

2. 公司章程和年度报告之间有什么区别？

_____

_____

3. 使用图表 12—6，选择三种金融措施并说明它们可以怎样帮助你评估公司股票。

_____

_____

### 自我应用！

**目标 2**：去当地的图书馆，使用标准普尔、价值在线或摩根特的网站来研究一只你认为可帮助你达到投资目标的股票。

# 影响股票投资决策的数值计算法

**目标 3**：分析导致股票价格上升或下降的数值计算法。

你怎样判定现在是不是买入或卖出具体的一只股票的时机呢？这是个非常好的问题！遗憾的是，这个问题的答案不太简单。除了上节中提到的资料外，许多投资者在评估股票时都使用数值计算法来确定一只股票的买卖时间。我们以检验股票价格和公司收益两者间关系开始本节的内容。

## 为什么公司收益很重要？

很多分析师认为一个公司今后获得收益的能力是决定股票价格上升或下降的重要因素

之一。简单来说，就是高收益通常意味着高股票价格。这句话反过来说也是正确的。如果一个公司的收益减少了，它的股票价格一般也会下跌。公司收益都会显示在年报上。你也可以通过专业的财经网，比如，雅虎金融网或上节中所提到的任一个网站来获得一个公司当前的收益状况。

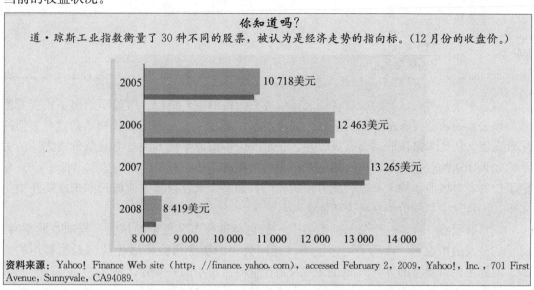

**你知道吗？**

道·琼斯工业指数衡量了 30 种不同的股票，被认为是经济走势的指向标。（12 月份的收盘价。）

资料来源：Yahoo! Finance Web site（http://finance.yahoo.com），accessed February 2, 2009, Yahoo!, Inc., 701 First Avenue, Sunnyvale, CA94089.

**每股收益**　许多投资者计算出每股收益来作为公司财务健康状况的评价标准。**每股收益**是用公司的税后收益除以公司普通股流通数量计算得出的。

> **每股收益**：公司的税后收益除以公司流通股数量。

---

**例子**

　假设 XYZ 公司 2009 年的税后收益为 5 000 000 美元，普通股数量为 10 000 000 股，所以每股收益为 0.50 美元，计算方法展示如下。

$$每股收益 = \frac{税后收益}{流通股数量}$$

$$= \frac{5\ 000\ 000\ 美元}{10\ 000\ 000}$$

$$= 0.50\ 美元$$

---

大部分的持股人都认为每股收益非常重要，因为它是衡量公司盈利能力的重要指标。计算所有公司每股收益的平均值并没有很大的意义，因为公司的股票数量会由于股票拆细等原因发生变化。以通常标准来说，每股收益的增加对公司和持股人来说是公司健康发展的标志。

**市盈率**　另一种可以用来评价潜在股票投资的方法是计算市盈率。**市盈率**（PE）是用股票价格除以公司的每股收益。

> **市盈率**：股票价格除以公司的每股收益。

**例子**

假设 XYZ 公司的普通股价格为每股 10 美元。前面计算的每股收益为 0.50 美元。所以公司的市盈率为 20，计算过程如下。

$$市盈率 = \frac{每股价格}{每股收益}$$

$$= \frac{10 \text{ 美元}}{0.50 \text{ 美元}} = 20$$

市盈率是一种被认真的投资者用来评估股票投资的重要指标。市盈率给出了投资者愿意为该公司的收益投入多少钱的概念。高市盈率（超过 20）一般表示投资者对这只股票持乐观态度，认为未来该股票会有高收益。一定要记得市盈率代表收益与股票价格之间的关系。如果未来的收益增加，该股票通常在今后会更有价值。相反，低市盈率（低于 20）显示了投资者对该股票的未来盈利能力预期较低。如果未来收益减少或增长率未维持在固定水平，则这只股票的价值在将来可能会降低。

同每股收益一样，一个公司的市盈率一般也会被公布在投资网站上。当调查股票时，将不同公司的市盈率、市场平均市盈率或相同公司的历史市盈率做比较都是很有用的方法。但要记住市盈率的计算只能在研究股票投资时占很小的一部分比重。

**预期收益** 每股收益和市盈率的计算依据的都是历史数据。换句话说就是这些都是公司过去做的事情。由于这个原因，很多投资者也会关注公司估计的未来收益。雅虎金融网或其他财经网站都提供了主要公司的预期收益。举例来说，雅虎金融网提供苹果公司——美国一家最具创意的科技公司[①]——的预期收益。

| 苹果公司 | 今年 | 明年 |
| --- | --- | --- |
| 预期年收益 | 每股 5.21 美元 | 每股 6.04 美元 |

对投资者来说，预期收益从 5.21 美元增长到 6.04 美元是一个好的投资信号。以苹果公司为例，这些预测值是由很多持续追踪苹果公司动态的调查分析师计算得出的。使用同一个项目的预期收益使得计算预期市盈率和预期每股收益成为可能。当然，你必须知道这个预期值不是完全固定的。升高或降低的利率，高或低的失业率，恐怖袭击和其他能够影响经济、行业或公司的销售额和盈利额的变化，都可以使分析师改变先前的预期。

## 计 算

# 计算可以有助于提高投资决策水平！

数字！数字！数字！事实是你如果要做一名优秀的投资者，必须学会数字游戏。本章介绍了很多计算方法用来估计一只股票的潜在投资价值。这些计算方法可以帮助你确定现在是否是卖出股票的正确时机。

现在轮到你了。使用波总石油公司的财务信息来计算其每股收益、市盈率和股息生

---

[①] Yahoo! Finance Web site (http://finance.yahoo.com), accessed January 28, 2009, Yahoo!, Inc., 701 First Avenue, Sunnyvale, CA 94089.

息率。

税后收入 6 250 000 美元

股利数额 0.60 美元

每股价格 30 美元

流通股数量 5 000 000

| 计算项 | 计算公式 | 计算结果 | 意义 |
|---|---|---|---|
| 每股收益 | | | |
| 市盈率 | | | |
| 股息生息率 | | | |

答案：每股收益（EPS）＝1.25 美元；市盈率（PE）＝24；股息生息率＝2%。

## 其他影响股票价格的因素

股息生息率：一项投资产品的每股年股利除以股票的当前价格。

投资者使用最频繁的用来衡量其投资价值的计算指标就是股息生息率。股息生息率的计算同第 11 章中介绍的当前收益率的计算方法十分相似。不同点在于当前收益率所使用的"年利息额"变成了"年股利额"，因为股票向投资者提供的是分红收入而非利息收入。**股息生息率**是一项投资产品的每股年股利除以股票的当前价格。

### 例子

假设你持有麦当劳公司的股票。每股的年股利为 2.00 美元，当前股票价格为每股 59 美元。所以当前的股息生息率为 3.4%，计算过程如下。

$$股息生息率 = \frac{每股年股利}{当前股票价格}$$

$$= \frac{2 \text{ 美元}}{59 \text{ 美元}} = 3.4\%$$

通常来说，股息生息率增加对任何投资产品都是好的投资信号。股息生息率为 4% 的产品要好于股息生息率为 3.4% 的产品。

总回报：包含年分红所得和原始投资品价格的增加或降低的一种计算方法。

尽管股息生息率的计算很重要，你也需要考虑这项投资的现金价值是增加了还是降低了。**总回报**是包含年分红所得和原始投资品价格的增加或降低的一种计算方法。这个概念可以应用于任何投资品，我们继续使用上面的麦当劳公司发行的股票来解释这个概念。

> **例子**
>
> 假设你有 100 股麦当劳发行的股票，买入价为每股 49.50 美元。你的持有期为一年，正打算以当前每股 59 美元的价格卖出。可计算出你的总回报为 1 150 美元，计算方法如下。
>
> 总回报＝分红所得＋资本利得
>
> ＝200 美元＋950 美元＝1 150 美元

分红所得 200 美元是由一年中的红利支付额计算得出的（每股红利 2.00 美元×100 股）。资本利得 950 美元是股票价格从每股 49.50 美元增长到 59 美元而获得的收入（每股增长额 9.5 美元×100 股＝950 美元）。（下一节中会讲到股票买卖手续费，它们会使你的总回报减少。）

> **账面价值**：由公司的总资产减去总负债后所除以普通股流通数量所确定的每股价格。

尽管股票的市场价格与账面价值之间的相关性很小，账面价值也经常在各种财经出版物中出现。因此，账面价值也需要在此提及。一只股票的**账面价值**是用该公司的总资产减去总负债后除以普通股流通数量所确定的每股价格。

> **例子**
>
> 假设 ABC 公司的总资产为 60 000 000 美元，而负债为 20 000 000 美元。该公司发行的股票数量为 5 000 000 股。所以，该公司股票的账面价值为每股 8 美元，计算过程如下。
>
> $$账面价值＝\frac{（资产－负债）}{流通股数量}$$
>
> $$＝\frac{（60\ 000\ 000\ 美元－20\ 000\ 000\ 美元）}{5\ 000\ 000}＝8\ 美元/股$$

当一只股票的市场价格低于账面价值时，一些投资者会认为他们找到了一个特价的投资产品。注意：账面价值可能是有误导性的，因为上面公式中使用的总资产价值可能会被公司的财务部门高估或低估。从实用的角度来看，大部分理财专家建议，投资者在评估潜在投资产品时要将账面价值视作投资难题中的一小部分，要连同其他因素做综合的考虑。

## 概念检测 12—3

1. 解释公司收益和股票市场价格之间的关系。

_____

_____

2. 为什么一个公司的每股收益和市盈率非常重要？

_____

_____

3. 写出下面股票的评估计算公式，并解释这些公式怎样帮助你确定股票的买入或卖出。

| 计算项 | 计算公式是什么？ | 该计算公式的作用是什么？ |
|---|---|---|
| 每股收益 | | |
| 市盈率 | | |
| 股息生息率 | | |
| 总回报 | | |
| 账面价值 | | |

**自我应用！**

**目标3：** 使用网络来确定微软公司（MSFT），3M 公司（MMM）和高露洁公司（CL）股票的当前价格和每股收益。

# 买入和卖出股票

**目标4：** 描述股票是如何买入和卖出的。

**一级市场：** 投资者通过投资银行或其他代理从证券发行方处购买有价证券的证券交易市场。

**投资银行：** 帮助公司筹集资金，通常帮助其发行新有价证券的一种经纪公司。

**首次公开募股：** 公司第一次向社会公众出售股票。

**二级市场：** 投资者交易现存有价证券的市场。

你通常要通过经纪公司来购买普通股或优先股。经纪公司必须在一级市场或二级市场上购买股票。在**一级市场**上，你通过投资银行或其他代理从证券发行方处购买有价证券。**投资银行**是帮助公司筹集资金，通常帮助其发行新有价证券的一种经纪公司。

以前发行过股票和债券的公司可以通过投资银行发行新证券来帮助其筹集额外的资金。新发行的证券也可以采取首次公开募股的方式。**首次公开募股**（IPO）指公司第一次向社会公众出售股票。首次招募额最大的三个公司是威士信用卡公司（179 亿美元），美国电话电报公司（106 亿美元）和卡夫食品公司（87 亿美元）。[1] 因为这些公司明智地使用了首次公开募股所得的资金，所以它们都在健康繁荣地发展，而且投资者从首次公开募股中获得了回报。

注意：许多公司的快速盈利的许诺经常会引诱投资者购买首次公开募股的股票。首次公开募股的股票一般被划分为高风险类投资——期望在短期内获得相对较高利益的投资。比起其他的新发行证券，首次公开募股股票对大多数投资者来说投机性都太强了。

一只股票在一级市场上被售出后，可以在二级市场上再次出售。**二级市场**是投资者交易现存有价证券的市场。股票可以在二级市场上转手的特点增加了股票投资的流动性，因为你为这只股票所花费的资金会转

---

[1] The Renaissance Capital IPO Home Web site（www.ipohome.com），accessed January 30，2009.

移给出售者。

## 股票的二级市场

为了购买普通股或优先股，你通常要和经纪公司的雇员打交道，他们会通过证券交易所或证券交易场外市场来买入或出售你的股票。

**证券交易所**：代表投资者的证券经纪人在一起买卖证券的市场。

**证券交易所**　证券交易所是代表投资者的证券经纪人在一起买卖证券的市场。在一个具体的交易所里出售的证券都需要在该交易所上市，或承认交易。国内公司发行的股票一般在纽约证券交易所或地区交易所内交易。特大型企业发行的证券有可能会在多个交易所内交易。在国外开展经济活动的美国公司可能会在国外的证券交易所内上市交易，比如，在东京、伦敦和巴黎。

**股票交易经纪人**：为了保持市场的公平有序而在市场上买卖特定的证券。

纽约证券交易所（NYSE），现在在纽约证券交易所欧洲交易所公司的旗下，是世界上最大的证券交易所之一。该交易所内挂牌交易的有近 4 000 家公司的股票，总市值超过 30 万亿美元。[1] 大部分的纽约证券交易所内的员工都会向投资者收取证券交易手续费，因其代表该经纪公司为投资者提供了服务。其他的成员为股票交易经纪人或股票交易经纪公司。**股票交易经纪人**在市场上买卖特定的证券是为了保持市场的公平有序。

一家公司的股票在被纽约证券交易所批准上市交易前，必须满足规定的具体要求。各种地区交易所也有规定的具体要求，但比起纽约证券交易所的规定要宽松些。不能满足纽约证券交易所要求的公司、认为在纽约证券交易所上市价格太高的公司或没有选择在纽约证券交易所进行交易的公司一般都会选择一家地区交易所进行交易，或选择证券交易场外市场。

**证券交易场外市场**：买卖在证券交易所内未上市的公司股票的交易商的网络。

**证券交易场外市场**　不是所有的证券都在有组织的交易所内进行买卖。上千家公司的股票是在证券交易场外市场进行交易的。**证券交易场外市场**是买卖在证券交易所内未挂牌的公司股票的交易商的网络。如今这些股票并不是真的在证券交易场外交易。这个概念从证券在银行柜台之外销售开始，已经存在了超过 100 年。

**纳斯达克**：一个电子化的将近 3 200 家公司发行的股票的交易市场。

大部分的证券交易场外证券是通过纳斯达克实现买卖的。**纳斯达克**是一个电子化的将近 3 200 家公司发行的股票的交易市场。[2] 除了提供价格信息外，纳斯达克交易系统允许投资者通过其计算机化的系统来买卖公司股票。当你希望购入或卖出纳斯达克上市公司的股票，比如，微软公司的股票时，你的账户经理将你的指令发送至纳斯达克电脑系统，电脑屏幕上显示了所有想买卖微软公司股票的指令信息。然后，一个纳斯达克交易员（有时被称为做市商）坐在电脑终端前匹配所有微软公司股票的买入和卖出指令。一旦一个买卖指令与你的交易

---

[1]　New York Stock Exchange Web site (www. nyse. com), accessed January 30，2009.

[2]　The Nasdaq Web site (www. nasdaq. com)，accessed January 30，2009.

价格相匹配，交易就成功了。

从 1971 年成立起，纳斯达克就因为它包含的创新且有前瞻性的增长性公司而闻名于世。尽管该所交易的很多证券都是由小公司发行的，但一些非常大的公司，比如，英特尔、微软和思科等，也在纳斯达克证券交易所交易。

## 经纪公司和账户经理人

账户经理人，也被称为股票经纪人，是特许的可为其客户买卖投资产品的有从业资格的个人。即使所有的账户经理人都可以为其客户买卖股票或其他投资产品，但大部分的投资者都希望能从其账户经理人处获得更多服务。理想情况下，股票经纪人可以为投资者提供投资信息，并可以在投资者评价潜在投资产品时提供建议。

> **账户经理人**：为其客户买卖投资产品的有从业资格的个人。

在选择账户经理人之前，你必须确定你的短期和长期理财目标。然后你需要和你的账户经理人交流你确定的这些理财目标，以便其更好地为你提供有价值的意见。需要说明的一点是，账户经理人有可能会在推荐投资产品时犯错误。为了避免你的账户经理人的推荐自动执行，你必须主动参与你的投资计划的确定，决不允许你的账户经理人在未经你批准的情况下擅自做投资决定。检查你的账户是否有非法快速买卖股票的痕迹。**非法快速买卖股票**就是你的股票经纪人为了收取手续费而故意买卖证券的行为。非法快速买卖股票在证券交易委员会的规则下是违法行为；但难以验证该行为是否真实发生。最后要记住的是，账户经理人对因自己错误建议而造成的客户的损失一般是不负任何责任的。实际上，大部分的经纪公司都要求新客户签署一项合约，约定其只能向国外的仲裁机构提起控诉。这项仲裁条款阻止了大部分客户起诉股票经纪人或经纪公司的行为。

> **非法快速买卖股票**：股票经纪人为了收取手续费而故意买卖证券的行为。

## 你该选择全方位服务经纪公司还是贴现票据经纪公司？

当今，全方位服务经纪公司、贴现票据经纪公司和网络经纪公司之间存在着健康的竞争关系。全方位服务经纪公司、贴现票据经纪公司和网络经纪公司之间的最明显的区别就在于你在买卖证券时三种公司收取的交易费不同，但要考虑三个因素。第一，要考虑可获得的调查信息的数量和费用。这三种经纪公司都提供非常优秀的调查资料，但你若选择贴现票据或网络经纪公司，你需为此支付额外的费用。

第二，要考虑你在做投资决定时需要获得多大的帮助。许多全方位服务经纪公司都声称你需要专业人员来帮助你做重大的投资决策。尽管这对一些投资者来说是非常实用的，但大部分全方位服务经纪公司雇用的股票经纪人工作都非常繁忙，根本没有时间为你做一对一的服务，特别是在你的投资数额非常少的情况下。另一方面，很多贴现票据和网络经纪公司都争论只有你自己需要对自己的投资决策负责任。他们指出最成功的投资者都是自已参与到投资计划中的人，而且他们还声明自己也有帮助你学习如何成为一个优秀投资者的人力、物力资源。尽管异议很多，下面的信息可以帮助你确定是否该使用全方位服务经纪公司、贴现票据经纪公司或网络经纪公司。

- 全方位服务经纪公司　　没有或只有很少投资经验的投资者。

  在做投资决策时会感到不安的投资者。

  对网上股票交易感到不安的投资者。

- 贴现票据经纪公司　　知道怎样调查股票并愿意自己做投资决策的投资者。

  对网上股票交易感到不安的投资者。

- 网络经纪公司　　知道怎样调查股票并愿意自己做投资决策的投资者。

  对网上股票交易感到满意的投资者。

最后，要考虑通过全方位服务经纪公司、贴现票据经纪公司或网络经纪公司买卖股票的难易程度。需要考虑的问题如下：

1. 我是否可以通过电话买卖股票？
2. 我是否可以通过网络买卖股票？
3. 该经纪公司最近的办公室离我这里有多远？
4. 该经纪公司是否有免费的消费者热线？
5. 我每隔多久得到一份报告单？
6. 获取报告单、调查报告和其他财务报告是否要收取费用？
7. 在买卖股票时除了手续费是否要缴纳额外费用？

> **注意！** 无论你是投资新手还是有很多年经验的投资者都不重要；从来没有太早或太晚提出问题的说法，特别是有关：
> - 具体的股票和其他投资产品
> - 股票经纪人
> - 经纪公司
>
> 要获取其他投资者对账户经理人或经纪公司的投诉，或投资诈骗的信息，请访问证券交易委员会的网站 www.sec.gov。

## 计算机化的交易

很多投资者仍喜欢通过电话来交易股票，但越来越多的投资者开始使用计算机来完成证券交易。为了满足投资者的这项需求，网络、贴现票据经纪公司和许多全方位服务经纪公司都允许投资者进行网上交易。

经验法则是：投资者参与交易的程度越高，则使用计算机进行交易的意义就越大。其他可以证明计算机交易优越性的因素包括：你的投资组合大小、可即时管理你的投资产品的能力，以及你的电脑和软件的性能。

尽管使用网络进行投资交易的程序更简单和快捷，你仍必须认识到你要为分析信息并做最后决策负责任。

## 股票交易的例子

一旦你和你的股票经纪人确定了一次具体的交易，就到了执行一次买卖命令的时刻了。我们从三种股票交易命令的解释开始说起。

**市价盘**：以当前市场价格买卖股票的要求。

**市价盘**是以当前市场价格买卖股票的要求。因为股票交易所为竞价市场，账户经纪人代表努力获取可得到的最优价格来尽快完成交易。股票的支付一般要求在三个交易日内完成。之后，在四到六个星期内，股权证会送达股票购买者手中，除非该股票为安全保管而被经纪公司留下。现在，投资者将股权证交给经纪公司保管的情况非常普遍。因为股权证在经纪公司手中，股票交易的所有权转移就会更加方便。短语"留在街上"就被用来形容经纪公司保管投资者的股权证。

**限价盘**：以规定的具体价格买卖股票的要求。

**限价盘**是以规定的具体价格买卖股票的要求。当你购买股票时，限价盘确保你在价格最佳时购买股票，并在股价不低于具体的数额时卖出股票。举例说明，如果你设置的亚马逊公司股票的购买限价为 58 美元，则当该股票价格不高于 58 美元时才会买入。同样地，如果你将亚马逊公司股票的卖出价限定为 58 美元，则直到该股票价格涨到 58 美元时才会被卖出。注意，限价盘只在达到具体价格或更佳的价格时才会被执行，且先前接受的命令已达成。

**止蚀盘**：在市场价格达到具体数额时在下一个可获得的最佳出售时机卖出特定股票的交易命令。

许多投资者都希望其购买的股票达到一个具体价格时再卖出，而限价盘不能确保这个目标一定会达成。像上面所提到的那样，如果使用限价盘，其他投资者的命令可能会排在你之前执行。如果你希望确保你的交易命令被执行，你可以设定一项特殊种类的限价盘，又被称为止蚀盘。**止蚀盘**（有时被称为止损盘）是在市场价格达到具体数额时在下一个可获得的最佳出售时机卖出特定股票的交易命令。这种形式的命令被用来防止投资者在股票价格暴跌时遭受损失，由此可以减少投资股票时损失的发生。举例来说，假设你在市价为 58 美元时购买了亚马逊公司的股票。在进行该投资两个星期之后，亚马逊公司公布了低于预期值的收益和利润。你害怕你所持有的该公司股票价格会下跌，你为你的股票确定了 40 美元的止蚀盘。这意味着当股票价格跌到 40 美元甚至更低时，股票经纪人会出售这只股票。但止损盘并不确保你的股票一定会在指定的价格被售出，它确保的是在下一个可获得的最佳交易时机出售你的股票。限价盘和止蚀盘可能适用于一天、一个星期、一个月，或直到被取消时为止。

## 手续费

大部分的经纪公司都有着最小数额为 7 美元～35 美元的买卖股票的手续费。附加手续费则根据买卖股票的数量和价格而定。

图表12—8显示的为典型的贴现票据经纪公司和网络经纪公司的手续费项目。一般来说，全方位服务经纪公司和贴现票据经纪公司比网络经纪公司的手续费要高。经验法则为，全方位服务经纪人会收取交易数额1%～2%的费用。作为高额手续费的回报，全方位服务经纪人通常会和每位客户相处更长的时间，帮助其做投资决策，并提供免费的股票调查信息。

尽管全方位服务经纪公司收取的费用较高，但在某些情况下，贴现票据经纪公司收取的手续费用会更高。这种情况通常出现在交易数额很小、总价值不超过1 000美元时，投资者被要求支付最小数额的手续费。

图表12—8　　　　　　　　典型的买卖1 000股股票的交易手续费用

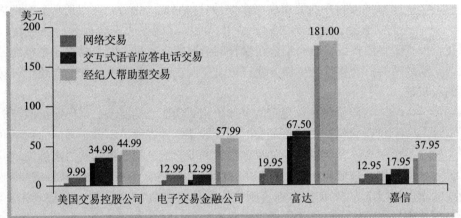

资料来源：TD Ameritrade Web site (www.tdameritrade.com)，accessed January 30，2009，TD Ameritrade, Inc.，4211 South 102nd Street，Omaha，NE 68127.

## 概念检测 12—4

1. 一级市场与二级市场之间的区别是什么？什么是首次公开募股（IPO）？

2. 假设你打算购买股票。你会选择使用全方位服务经纪人还是贴现票据经纪人？你会在网上交易股票吗？

3. 解释下面不同形式交易命令的重要特征。

| 市价盘 | |
|---|---|
| 限价盘 | |
| 止蚀盘 | |

## 自我应用！
目标4：准备一张你可用来面试你未来的账户经理人的含五个以上问题的清单。

# 长期和短期投资策略

目标 5：解释长期投资者和短期投资者使用的交易策略。一旦你购买了股票，这项投资就可以被划分为长期或短期投资。通常，一个人持有一项投资超过一年就被称为投资者。一个人在短期内经常性地买入或卖出股票则被称为投机者或交易员。

## 长期策略

在本节中，我们讨论买入并持有、平均成本法、直接投资和红利再投资项目等长期投资策略。

**买入并持有**  许多长期投资者购买股票后会持有很长一段时间。这样做时，他们的投资价值可以以三种途径增长。第一，如果董事会批准向投资者分红，则他们可以获得红利。第二，股票的市场价格可能会升高或增值。第三，该股票有可能会被拆细。尽管没有保证，但股份拆细在长期内有可能增加股票投资的未来价值。

**平均成本法**  平均成本法是投资者在相同时间间隔内购买相同数额的同种股票时所使用的长期策略。假设你每年投资价值 2 000 美元的强生公司的股票一共三年。你的投资计划在图表 12—9 中有详细的说明。注意，当股票价格在 2007 年增加时，你购买的股票数量减少了。股票的平均价格是用总投资额（6 000 美元）除以总股票股数，所得结果为61.73 美元（6 000美元/97.2＝61.73 美元）。其他应用平均成本法的情况出现在雇员通过工薪扣款来购买公司股票或雇主赞助的退休计划超过了延长期时。

平均成本法：投资者在相同时间间隔内购买相同数额的同种股票时所使用的长期策略。

平均成本法的目的之一是最小化每股的平均费用，之二是避免高买低卖的陷阱。在图表 12—9 所显示的情况下，你在低于 61.73 美元时出售股票会损失资金。因此，在平均成本法下，你可以在股票价格高于平均费用时出售股票来获取利益。

**图表 12—9**　　　　　　　　　　　强生公司的平均成本法

| 年份 | 投资（美元） | 股票价格（美元） | 购买股数 |
|------|------------|---------------|---------|
| 2006 | 2 000 | 60 | 33.3 |
| 2007 | 2 000 | 68 | 29.4 |
| 2008 | 2 000 | 58 | 34.5 |
| 总额 | 6 000 | | 97.2 |

平均费用＝总投资额÷总股数

　　　　＝6 000÷97.2

　　　　＝61.73 美元

# 第二次循环利用

我喜欢购买刺激的新发行的股票。但有些时候你会发现最好的股票是老股票，那些你已经卖出去的股票。在家得宝公司股价为18美元时买入，过7年在股价为36美元时卖出是一件非常有乐趣的事情。相信我，我就是这么做的。在我们讨论那些令人怀念的方法的优缺点时，我们先为起居室内的大象下定义。（最近起居室里的大象数量太多了，我需要移动它们。）

**哄骗自己。**这只大象就是你的自负，并会在你做投资决策时欺骗你。我在买入价为出售价一半的情况下购买了家得宝公司的股票，但这与我把它存入银行不同。我感到很富有，甚至感到有些幸福。为什么？因为我认为我在大的项目上获得了特价交易。我的自我满足感告诉我，我做了一件很聪明的事，但谁又知道到底是不是聪明的事呢？市场最终会告诉你答案。在2000年6月，你可以半价买到雅虎公司的股票，仅仅为60美元，而现在你的股票价值会下降80%。记住：历史上最差的股票都是在令人着急的低价上交易的，并很快被人遗忘。

但重新购入你所知道的股票确实可以获得一些收益。第一，你明白发行公司的经营事务。你可能会很信任公司的经理。你也可能比普通的投资者更了解一个优秀的公司也有可能短期内被打入垃圾箱。

提到垃圾箱，我们来重新考虑家得宝公司的股票。房屋质量问题破坏了这只股票，并且消费者服务问题也不起任何作用。我不知道家得宝公司会在什么时候恢复元气，但我可以设想其在2013年获得每股3美元的收益。若市盈率为15倍，那么你将持有一只价格为45美元的股票，或者说得到150%的收益。这个公司是否会改进消费者售后服务呢？我希望如此，但这并不是我投资理论的重点。注意：我也购买了其竞争对手劳氏的股票，它有着良好的增长潜力和优秀的售后服务。

我最近又重新购回了勇敢的草碱——一家化肥生产企业的股票。我是在5月份其价格为43美元时购入的，几个星期后以每股60美元的价格售出，盈利率为40%，然后看着它的股价一路大跳水。我在该股票回到18美元时再次购买。为什么？因为它有可能在下一年为我带来每股5美元的收益，因为发展中国家的人们需要吃饱饭。最后还因为它曾被重击为铜质或铁质股票，而我相信在当今世界，农业会被证明为有增长潜力的经营项目。

在做这些事时，假设你知道的比你做到的要多。公司改变了，时间改变了，只因为你在价格50美元时出售了大众汽车的股票也不能使其在25美元或5美元时变为宝石。

**资料来源：** Reprinted by permission from the January issue of *Kiplinger's Personal Finance*. Copyright © 2009 The Kiplinger Washington Editors，Inc.

1. 重新购回原来拥有并卖出的股票有什么实质上的好处？

_____

2. 本篇文章的作者描述了三种股票投资产品：家得宝、劳氏还有勇敢的草碱公司发行的股票。在他确定购买股票前需要考虑的因素有哪些？

_____

3. 哪些因素可以帮助你作出买卖股票的决定？

_____

**直接投资计划：**允许投资者直接从公司购得股票，而无须再通过账户经理人或经纪公司。

**红利再投资项目：**允许投资者将所得现金红利转投为公司的股票。

**关于直接投资和红利再投资的主要网站：**
www.directinvesting.com
www.dripcentral.com

**直接投资计划和红利再投资项目**　现在，很多公司都提供直接投资计划。**直接投资计划**允许你直接从公司购得股票，而无须再通过账户经理人或经纪公司。相似地，**红利再投资项目**（DRIP）允许你将所得现金红利转投为公司的股票。对持股人来说，这两项计划的首要优势是自己可以直接购买股票，无须再通过经纪公司，所以无手续费。（注意：一小部分公司会对直接投资和红利再投资收取少额的费用。）收取的费用、最少投资额、规定的条约，还有直接投资和红利再投资的特征都因公司的不同而不同。同样地，有了直接投资计划和红利再投资项目，你仍可利用上节中所讲的平均成本法。对公司来说，这两种策略的首要优点就是其为公司提供了额外的资本来源。作为附加的红利，公司为其投资者提供了一项服务。

## 短期策略

除了上节中所讲的长期投资技术外，投资者有时会使用更有投机性的短期交易策略。在本节中，我们会讨论以保证金买入股票，空头买跌和期权等交易策略。注意：本节中介绍的方法都非常具有风险性；在你完全了解其潜在的风险前不要使用这些方法。而且在你成功地使用传统的长期策略前，你也不应该使用它们。

**以保证金买入：**投资者借一部分资金来买卖股票的一种投机技术。

**以保证金买入股票**　当以**保证金买入**股票时，你要借一部分资金来购买特定的股票。保证金要求是联邦储备委员会确定的，并周期性地做一定的改变。现在的保证金要求是50%。这个要求意味着你可借总数额一半的资金来购买股票。尽管保证金是由联邦储备系统管理的，然而具体的要求和借款利率则根据经纪人和交易员的不同而变化。通常，经纪公司会出借资金或为其他金融机构安排贷款。

投资者使用以保证金买入技术是因为通过借入资金而产生的金融杠杆增加了投资的回报额。因为使用以保证金买入技术可以买入两倍数量的股票，所以可能获得高额回报。假设你认为埃克森美孚的股票会在今后的三四个月内增长。我们假设你有足够的购买

100 股该股票的资金，但如果你使用以保证金买入技术，你就可以购买另外的 100 股股票，总共为 200 股股票。

┌─────────────────────────────────────────────────────────────────────┐
**例子**

如果埃克森美孚公司的股票每股增长了 7 美元，你的收益为：

未使用以保证金买入技术：700 美元＝7 美元×100 股

使用以保证金买入技术：1 400 美元＝7 美元×200 股
└─────────────────────────────────────────────────────────────────────┘

在上面的例子中，使用以保证金买入技术购买更多的股票可允许你获得两倍的收益（再减去你借款的应付利息和手续费）。

如果以保证金买入股票的价格下跌到了原有价值的 60%，你就会从经纪公司收到一份追加保证金通知。在收到追加保证金通知后，你必须以再抵押额外的现金或证券作为借款的抵押品。如果你没有可以被经纪公司认可的抵押品或现金，则以保证金买入的股票就会被出售，收益会被用来偿还贷款。发出追加保证金通知的经纪公司所要求的价格是由你借款买入股票的数额决定的。通常情况是，你借款的数额越多，则以保证金买入股票的价格下跌时你就会越早收到追加保证金的通知。

由于你拥有了更多的股票，除了要面对更大资金损失的可能性外，你还需要为购买股票所借的资金支付利息。大部分的经纪公司收取超出基本利率 1%～3% 的利息率。经济学家对基本利率的定义是：最佳的消费者需要支付的利率水平。如果你以保证金买入的股票的增长不够快，在该股票必须被持有很长一段时间的情况下，收取的利息可能会吸收掉你的潜在利润。

**空头买跌**　你从买卖股票中获利的能力是与你能够多准确地预测具体某只股票的市场价格的升降相关联的。你一般在认为一只股票会增值的情况下买入，该过程被称为多买多升。但不是所有的股票都会升值。实际上，股票价格下跌的原因有很多，包括低销售量、低利润、降低的红利额、开发新产品的失败、竞争压力的增加、产品的投诉以及罢工等，并且，一个国家的总体经济水平也会对股市产生极大影响。在本书出版时，美国正处于经济危机之中，结果大部分的股票价格下跌，投资者目睹了自己投资组合总价值的下降，养老金数额也下跌了。

┌──────────────┐
空头买跌：先卖出从经纪公司借到的股票，过一段时间后再买入相同股票偿还。
└──────────────┘

当股票价格下跌时，你可以使用空头买跌的程序来获取收益。**空头买跌**是先卖出从经纪公司借到的股票，过一段时间后再买入相同股票偿还。当你使用空头买跌时，你今天卖出了股票，你必须知道今后的一个日期你必须再次买入股票来偿还给经纪公司。为了从短期合约中获取利益，你必须采取以下步骤：

1. 向经纪公司借特定数量的特定股票的股权证。
2. 卖出借入的股票，假设该股票价格会在合理的时间范围内下跌。
3. 以更低价格买入步骤 2 中出售的股票。
4. 用步骤 3 中买入的股票来偿还所借经纪公司的股权证。

当你实施空头买跌策略时，你的收益为步骤 2 中的卖出数额与步骤 3 中的买入数额的差额。假设你认为富国银行的每股 19 美元的股票价格被高估了，你认为其价格会因银行当前面临的经济危机而在未来的 4～6 个月内下降。你通知你的经纪人想借入 100 股的富国银行的股票（步骤 1）。然后经纪人在当前股票价格为 19 美元时卖出了 100 股该股票（步骤 2）。假设在 4 个月后该公司股票价格下跌到了每股 11 美元，你联系你的股票经纪人要求在当前的低价上买入 100 股该股票（步骤 3）。最后将新买入的股票偿还给经纪公司（步骤 4）。

---

**例子**

因为股票价格从 19 美元跌到了 11 美元，所以你从富国银行的股票中获得的收益为 800 美元。

1 900 美元卖出数额＝每股 19 美元×100 股（步骤 2）

－1 100 美元买入数额＝每股 11 美元×100 股（步骤 3）

800 美元收益

---

使用空头买跌时一般没有特别或额外的手续费，因为经纪公司已经从普通的买卖股票中获得了佣金。在进行空头买跌前要考虑两个因素。第一，因为你一开始卖出的从经纪公司借到的股票为其他投资者所有，你必须支付再次买入前该股票所派发的红利。毕竟卖出的股票是你借到的。如果你借入的股票价格下跌不够快，你需支付的红利额有可能会抵消你所获得的收益。第二，要使用空头买跌，你必须准确地预测一只股票的价格短期内会下跌。如果该股票的价格上升了，这次投资你就输了。

> **期权**：给予期权持有人在特定的时间段内以先前定下的价格买入或卖出股票的权利，而不是义务。

**期权交易**　期权就是给予持有人在特定的时间段内以先前定下的价格买入或卖出股票的权利，而不是义务。期权一般有 3 个月、6 个月或 9 个月的期限。如果你认为一只股票的市场价格会在短时间内上升，你可以购买看涨期权。看涨期权是由该股票的持有人出售的，给予购买者在固定时期前以确定的价格购买 100 股该种股票的权利。购买看涨期权，投资者需断定这只股票的价格会在终结期前上涨。

投资者也可以选择购买看跌期权。看跌期权给予持有人在特定时期内以特定价格卖出 100 股该种股票的权利。购买看跌期权，投资者需断定这只股票的价格会在终结期内下跌。如果价格的变动没有在指定期间内发生，你用来购买看涨和看跌期权的资金就损失掉了。

因为期权交易的风险越来越高，更详细的有关期权交易的获利或受损内容的讲述超出了本书的范围。注意，业余投资者和投资新手需要远离高风险的期权交易，除非其完全理解其中所含的风险性。对新手而言，短期内的高收益非常具有诱惑力，但风险是确实存在的，而且非常高。

**概念检测 12—5**

1. 用自己的语言解释投资者和投机者的不同。

_____

_____

2. 在下面的空格中解释给出的每种投资策略。

| 买入并持有 | |
|---|---|
| 平均成本法 | |
| 直接投资 | |
| 红利再投资 | |
| 以保证金买入 | |
| 空头买跌 | |
| 期权 | |

## 自我应用！

**目标5：** 用一小段话解释你为什么使用长期或短期投资策略来达到你设定的投资目标。

### 自我测评回顾

重新考虑你对本章开始的"自我测评"栏里问题的回答，巩固你对与股票有关的材料的理解程度：

- 回顾人们为什么投资股票。
- 选择一只具体的股票，使用网络或图书馆的资源来完成本章最后的你的个人理财规划表38。
- 解释你可以使用的买入或卖出股票的命令。

最后，描述你在本章中学到了哪些可以帮助你达到理财目标的股票投资内容。

## 本章小结

**目标1** 公司发行股票是为其筹集启动资金并且支付其扩张和运营活动。为了回报持股人的资金支持，持股人有选举董事会成员的权利，并且公司政策的重大改变都要经过持股人的同意。

人们投资股票是为了获得分红所得，股票价值增值和股份拆细使得股票价值有了增加的可能性。除了普通股外，一些公司可能会发行优先股。优先股持股人最重要的优势就是在普通股持股人分红前有优先获得现金红利的权利。向普通股和优先股持股人派发红利的决定要通过董事会的批准。

**目标2** 股票投资者可以参考的信息量非常巨大，并且评估股票的逻辑上的初始程序就是依据图表12—3将股票分为不同的投资种类。如今，很多投资者都使用网络来评价潜在投资。从股票投资咨询机构、报纸、商业和个人理财期刊，以及政府出版物中都可以获得有用的股票投资信息。

**目标3** 很多分析师认为一个公司今后获得收益的能力有可能是决定股票价格上升或下降的重要因素之一。一般来说，高收益通常意味着高股价，而低收益则意味着低股价。除了公司年报中含有的年收益等信息外，投资者可以通过计算每股收益和市盈率来评价股票投资产品的优劣。因为每股收益和市盈率的计算依据的都是历史数据，这些都是公司过去做过的事情。投资者可以获得大部分公司的预期收益。其他的对股票评估有帮助的计算包括股息生息率、总回报和账面价值等。

**目标4** 一个公司可能会在投资银行的帮助下发行新股票。一只股票在一级市场上被售出后，它可以在二级市场上再次出售。在二级市场上，投资者可以交易在证券交易所内上市的证券，也可以在证券交易场外市场交易。许多证券交易是通过被全方位服务经纪公司雇用的账户经理人完成的，但越来越多的投资者开始使用贴现票据经纪公司或完善的网络经纪公司来进行交易活动。不论你是否选择网上交易，你必须决定你是否要使用市价盘、限价盘或止蚀盘来买卖股票。大多数经纪公司都规定了买卖股票的最低手续费。附加手续费则根据买卖股票的数量和价格而定。

**目标 5** 购买股票可以被划分为长期投资或短期投机。一个人持有一项投资超过一年就被称为投资者。一个人在短期内经常性地买入或卖出股票则被称为投机者（有时被称为交易员）。长期投资者使用的传统的交易策略包括买入并持有、平均成本法、直接投资和红利再投资。更有投机性的交易策略包括以保证金买入交易、空头买跌以及期权交易。

## 关键词

| | | |
|---|---|---|
| 账户经理人 | 账面价值 | 首次公开募股（IPO） |
| 一级市场 | 非法快速买卖股票 | 投资银行 |
| 代理人 | 普通股 | 限价盘 |
| 登记日期 | 直接投资计划 | 以保证金买入 |
| 二级市场 | 红利 | 市价盘 |
| 证券交易所 | 红利再投资项目 | 纳斯达克 |
| 空头买跌 | 股息生息率 | 期权 |
| 股票交易经纪人 | 平均成本法 | 证券交易场外市场（OTC） |
| 股份拆细 | 每股收益 | 优先股 |
| 止蚀盘 | 股权融资 | 市盈率 |
| 总回报 | | |

## 重点公式

| 对象 | 公式 |
|---|---|
| 每股收益 | $每股收益 = \dfrac{税后收益}{流通股数量}$ |
| 市盈率 | $市盈率 = \dfrac{每股价格}{每股收益}$ |
| 股息生息率 | $股息生息率 = \dfrac{每股年股利}{每股当前价格}$ |
| 总回报 | $总回报 = 分红所得 + 资本利得$ |
| 账面价值 | $账面价值 = \dfrac{(资产 - 负债)}{流通股数量}$ |

## 自测题

1. 4 年前，肯·格斯福特购买了 200 股山景制造的股票，当时的股票价格为每股 30 美元，他在购买时支付了 24 美元的手续费。4 年后的现在，他决定出售这笔投资。该股票的卖出价为每股 32.5 美元，他还为此支付了 36 美元的卖出手续费。在 4 年的持股期内，他所获得的每股股利为 1.8 美元。

    a. 格斯福特先生获得的总红利数额为多少？

    b. 格斯福特先生此次投资的总回报是多少？

2. 凯伦·牛顿正在为选择两只股票中的哪一只而感到犹豫不决，她来寻求你的意见。每种投资产品的相关信息如下。

| 公司 | 每股价格 | 年红利额 | 今年税后收益 | 明年预期收益 | 流通股数量 |
|------|---------|---------|-------------|-------------|-----------|
| 杰克逊公共建设 | 22 美元 | 0.30 美元 | 34 000 000 美元 | 39 000 000 美元 | 20 000 000 |
| 西海岸家园 | 46 美元 | 0.52 美元 | 182 000 000 美元 | 142 000 000 美元 | 130 000 000 |

a. 计算每家公司股票的股息生息率。

b. 计算每家公司的每股收益。

c. 根据以上信息，你会向凯伦推荐哪家公司的股票？

## 自测题答案

1. a. 总红利数额＝每股红利 1.8 美元×200 股＝360 美元

   b. 总红利数额＝每股红利 1.8 美元×200 股＝360 美元

   买入数额＝每股 30 美元×200 股＋24 美元＝6 024 美元

   卖出数额＝每股 32.5 美元×200 股−36 美元＝6 464 美元

   资本利得＝卖出数额 6 464 美元−买入数额 6 024 美元＝440 美元

   总回报＝360 美元＋440 美元资本利得＝800 美元

2. a. 每家公司的股息生息率为：

   杰克逊：$股息生息率＝\dfrac{年股息 0.30 美元}{当前股价 22 美元}$

   $＝1.4\%$

   西海岸：$股息生息率＝\dfrac{年股息 0.52 美元}{当前股价 46 美元}$

   $＝1.1\%$

   b. 每家公司的每股收益：

   杰克逊：$每股收益＝\dfrac{收入 34\ 000\ 000 美元}{20\ 000\ 000 股}$

   $＝1.70 美元$

   西海岸：$每股收益＝\dfrac{收入 182\ 000\ 000 美元}{130\ 000\ 000 股}$

   $＝1.40 美元$

   c. 有些时候，一家公司的财务报告中公布的信息只是选择投资产品时要考虑的一个方面。从表面上看，西海岸公司的财务数额要比杰克逊公司的大得多。但根据计算的股息生息率和每股收益，杰克逊公司的股票更适合投资。杰克逊公司的股息生息率（1.4%）要高于西海岸公司的股息生息率（1.1%）。而且杰克逊公司的每股收益（1.70 美元）也要高于西海岸公司的每股收益（1.40 美元）。在做投资决策时，还需要考虑其他两个因素。观察两个公司下一年的预期收益。杰克逊公司的预期收益增加；西海岸公司的预期收益会减少。最后，考虑两个公司所在行业的发展现状。受金融危机的影响，房屋销售量会下降。另一方面，人们会一直需要公共设施，而杰克逊公司是有关这方面的建设公司。考虑以上的信息后发现，杰克逊公共建设公司是更好的投资选择。你认为是不是这样呢？

## 练习题

1. 杰米·道森和皮特·道森拥有 250 股 IBM 公司的普通股。IBM 公司的季度分红为每股 0.50 美元。则道森夫妇本季度可以获得多少红利收益？

2. 在 2009 年的四个季度中，布朗家收到的红利中有两个季度为每股 0.18 美元，一个季度为每股 0.20 美元，一个季度为 0.22 美元。如果他们有 200 股该公司的股票，则 2009 年的总红利收入为多少？

3. 吉姆注意到他打算投资的一家公司以后要按季度支付红利，登记日期为 3 月 15 日。吉姆要想获得这次季度分红，则他最晚购入股票的日期是哪一天？

4. 莎拉和詹姆斯以每股 18.5 美元的价格购买了 100 股思科公司的股票。一年后，他们以每股 26.35 美元的价格出售了这些股票。他们向经纪公司支付了 32 美元的买入手续费和 40 美元的卖出手续费。在这一年的持股期内，思科公司没有派发任何红利。莎拉和詹姆斯本次投资的总回报为多少？

5. 万达·萨斯拜以每股 21.25 美元的价格购买了 150 股家得宝公司的股票。一年后，她以每股 31.10 美元的价格出售了这些股票。她向经纪公司支付了 34 美元的买入手续费和 42 美元的卖出手续费。在这一年的持股期内，她收到了 90 美元的红利。万达本次投资的总回报为多少？

6. 沃拉斯·戴维斯以每股 9.5 美元的价格购买了 200 股戴尔公司的股票。一年后，他以每股 8.42 美元的价格出售了这些股票。他向经纪人支付了 22 美元的买入手续费和 24 美元的卖出手续费。在这一年的持股期内，戴尔公司没有派发任何红利。戴维斯本次投资的总回报为多少？

7. 9 月份，查帕拉尔钢铁公司的持股人批准了该公司一股分两股的股份拆细。在股份拆细后，一个原来持有 360 股股票的持股人会持有多少股查帕拉尔公司的股票？

8. 作为肯塔基州天然气石油公司的持股人，你收到了它的年度报表。在财务报表中，公司公布的税后收益为 1 200 000 美元，发行的普通股数量为 1 500 000 股。当前的股票价格为每股 24 美元。
   a. 计算该公司的每股收益。
   b. 计算该公司的市盈率。

9. 迈克尔·汤森德拥有国家计算机公司的股票。根据公司年报上的信息，国家计算机公司的年税后收益为 4 850 000 美元，发行普通股数量为 3 500 000 股。当前的股票价格为每股 32 美元。
   a. 计算该公司的每股收益。
   b. 计算该公司的市盈率。

10. 持续追踪 JM 摩根公司动态的分析师估计该公司的每股收益明年会增加，从今年的 1.78 美元上涨到大约 2.93 美元。
    a. 增加值为多少？
    b. 这次预期收益的增长会对公司的股价产生什么影响？

11. 当前强生公司的年股息为每股 1.84 美元。如果当前的股票价格为 58 美元，则股息生息率为多少？

12. 卡斯珀能源勘探公司的报告显示，该公司的资产为 185 000 000 美元，负债为 80 000 000 美元，并且发行股票数量为 6 000 000 股，则该公司的账面价值为多少？

13. 四年中，马丁·坎贝尔每年购买价值 4 000 美元的纽萨姆高尔夫服装公司的股票。2006 年支付的手续费为 32 美元，2007 年为 45 美元，2008 年为 35 美元，2009 年为 50 美元。
    a. 马丁对该公司股票的总投资为多少？
    b. 四年后马丁拥有多少股该公司股票？
    c. 用平均成本法计算得到的该股票的平均成本为多少？

14. 鲍勃·奥尔林自己投资了 3 000 美元，并借款 3 000 美元用来购买视野交流公司的股票。买入时的价格为每股 30 美元。
    a. 如果鲍勃支付了 30 美元的手续费，则鲍勃在只使用自身拥有资金的情况下可以购买多少股股票？
    b. 如果鲍勃支付了 60 美元的手续费，则鲍勃在使用自身拥有资金和借入资金以保证金买入股票的情况下可以购买多少股股票？
    c. 假设鲍勃使用了以保证金买入股票的策略，支付了 60 美元的买入手续费和 60 美元的卖出手续费，并在股票价格上涨到 39 美元时出售了股票，则鲍勃本次投资获得的收益为多少？

15. 在研究过瓦莱罗能源公司的股票后，桑德拉·皮尔森认为这只股票的价格被高估了。她联系了她的账户经理人要空头卖出 200 股该公司的股票。在卖出时，普通股价格为每股 25 美元。3 个月后，该公司的股价跌至每股 16 美元，桑德拉联系她的经纪人买入该公司股票来偿还以前所借股票。买入和卖出股票的总手续费为 65 美元。则在这次空头买跌中，桑德拉的收益为多少？

## 问答题

1. 为什么公司要出售普通股和优先股来进行股权融资？
2. 用自己的语言说明投资普通股怎样帮助你达成投资目标。
3. 普通股和优先股之间的区别有哪些？哪种形式的投资者会投资优先股？
4. 假设你有 5 000 美元用来投资，并且想在宝洁公司和可口可乐公司中选择一家公司进行投资。解释网络可以怎样帮助你确定更适合你的投资产品。其他的可以有助于你评估公司的信息资源还有哪些？
5. 解释每股收益、预期收益和股票市场价格之间的关系。
6. 本章中讲到的股息生息率和总回报之间的区别是什么？
7. 股票可以在一级市场和二级市场上出售。这两个市场的区别是什么？
8. 解释证券交易所和证券交易场外市场的区别。
9. 准备一些问题，用来采访股票经纪人在金融和投资领域内的职业发展机会。
10. 当今，你可以通过全方位服务经纪公司、贴现票据经纪公司和网络经纪公司来买卖股票或证券。你会选择哪种经纪公司？说明你的理由。
11. 准备一张图表用来解释买入并持有、平均成本法、直接投资和红利再投资之间的相同点和不同点。
12. 投机者怎样使用以保证金买入股票策略？为什么投机者要空头买跌？

## 案例一                    调查从摩根特公司获得的信息

本章强调了评估潜在投资的重要性。现在到了你来检验自己的能力的时候了，我们以百事公司为例。假设你可以购买 1 000 美元百事公司的普通股。为了帮助你评价该投资，仔细阅读摩根特普通股手册中有关百事公司的报告。该报告发表于 2008 年夏天。

### 问题

1. 根据摩根特提供的调查信息，你是否会购买百事公司的股票？解释你的理由。
2. 评估百事公司时你还需要哪些其他的投资信息？你可以从哪里获得这些信息？
3. 在 2009 年 1 月 29 日，百事公司的股票价格为每股 50.23 美元，使用网络或报纸来查找百事公司当前的股票价格信息。在此基础上，你的百事公司的投资项目是否盈利？（提示：百事公司在纽约证券交易所上市，它的股票代码为 PEP。）
4. 假设你在 2009 年 1 月 29 日购买了百事公司的股票，根据问题 3 的答案，你决定是继续持有还是出售该公司的股票？解释你的理由。

## 案例二

维基·特瑞堡和提姆·特瑞堡（48 岁和 50 岁）打算在他们的女儿茉莉下周休春假的时候带她进行一次大学参观之旅。茉莉更希望去所在州的另一边的一个公立大学读书。茉莉的双胞胎弟弟凯莱布和泰勒（11 岁）也会参加此次旅行。他们为可以看到宿舍和校园感到很兴奋，尽管 7 年之后他们才会读大学。

最近在一次课程作业中，茉莉询问了父母的投资理念和投资资料。维基和提姆对茉莉说，从获得第一份全职工作时他们就开始了投资，并且在茉莉刚出生时就开始积攒她的教育基金。因为开始投资计划的时间早，维基和提姆可以进行长期的投资，并且账户上的金额也说明了他们的做法是正确的。提姆简要地介绍了自己的投资组合，并说明他们的长期投资产品中最主要的是股票和共同基金。

在本次家庭谈话中，维基和提姆决定现在是告诉茉莉他们的投资计划和茉莉大学学费积累计划的最好时间了。茉莉提醒她的父母他们承诺的教育经费为每年 10 000 美元，而特瑞堡夫妇提醒茉莉希望她能找一份工作来支付一部分学费和交通费。茉莉答应了这个提议，并计划通过贷款或奖学金来支付上大学的一部分费用。

维基和提姆的财务数据如下：

| 资产 | 负债 | 收入 |
|---|---|---|
| 储蓄账户 25 000 美元 | 抵押贷款 122 000 美元 | 总收入 25 000 美元/年（维基）， |
| 应急基金 25 000 美元 | 汽车贷款 17 000 美元 | 125 000 美元/年（提姆） |
| 房屋 375 000 美元 | | 税后月收入 1 458 美元（维基）， |
| 汽车 5 000 美元和 32 000 美元 | | 7 291 美元（提姆） |
| 家庭用品 25 000 美元 | | |
| 401(k) 账户 160 000 美元（维基）， | | |
| 280 000 美元（提姆） | | |
| 就学存款 52 000 美元 | | |
| 人寿险现金价值 28 000 美元 | | |

| 每月支出 | 储蓄 |
|---|---|
| 抵押贷款 1 200 美元 | 401(k) 8%的总月收入 |
| 财产税/保险 650 美元 | 就学存款 600 美元 |
| 日常生活费（含日用品、 | |
| 食物和子女看护）4 400 美元 | |
| 汽车贷款 450 美元 | |
| 娱乐支出 400 美元 | |
| 汽油/维修 500 美元 | |
| 定期/终身人寿险 400 美元 | |

### 问题

1. 为什么维基和提姆的投资组合中包括股票投资？
2. 维基和提姆怎样使用网络来帮助其管理股票组合？
3. 他们可以使用哪些投资策略？
4. 如果维基和提姆打算自己管理自己的股票，则他们如何建设一个网络账户？
5. 你会给茉莉有关股票投资的哪些建议？
6. 特瑞堡家庭可以怎样使用本书中的你的个人理财规划表38～你的个人理财规划表39。

## 消费日记

"投资股票是不可能的。我仅仅能应付我的各项生活开销。"

### 指导

记录消费日记可以帮助你更有效地管理你的支出计划。一旦你知道要控制你的支出，你就有可能获得各种投资计划的初始资金了。消费日记表可以在本书最后的附录 C 中找到，也可以在学生网站 www.mhhe.com/kdh 上找到。

### 问题

1. 消费日记中的什么信息有助于你达到你的理财目标。
2. 根据你对社会和经济状况的观察，你会考虑现在或今后的一段时间投资哪些股票？

## 你的个人理财规划表 38

姓名：_____ 　　　　日期：_____

## 评价公司股票

**理财规划活动：** 没有任何一张检查单可以作为选择公司股票的简单入门指导。但是下面的问题可以帮助你评价有潜力的股票投资。使用股票网站或图书馆的资料来回答有关公司股票的问题。

**推荐网站：** http://finance.yahoo.com 　　www.smartmoney.com

### 类别一：公司信息

1. 公司的名称是什么？
_____

2. 公司的地址和电话是什么？
_____

3. 你是否要求公司提供了最近的年度报表和季度报表？
_____

4. 网络上可以获得的该公司的信息有哪些？
_____

5. 该股票在哪里交易？
_____

6. 该公司提供什么类型的产品或服务？
_____

7. 简要描述该公司的前景。（包括产品研发、扩张计划、并购计划等重要的因素。）
_____

### 类别二：红利信息

8. 该公司最近派发红利了吗？如果是，红利额为多少？
_____

9. 该股票的股息生息率为多少？
_____

10. 最近三年红利额是上升还是下降了？
_____

11. 该股票的股息生息率比起其他的投资产品是高还是低？
_____

### 类别三：财务状况表现

12. 去年该公司的每股收益为多少？
_____

13. 过去三年，公司的总收益是否增长了？
_____

14. 公司当前的市盈率为多少？
_____

15. 与同行业的其他公司相比，该公司的市盈率是高还是低？
_____

16. 描述过去三年中公司的市盈率的发展趋势。这些趋势反映了该公司的股票价值是增加还是减少了？
_____

17. 该公司明年的预期收益为多少？
_____

18. 过去五年中公司的营业额是否增长了？
_____

19. 该公司的当前股票价格为多少？
_____

20. 这只股票过去 52 周中的最高股价和最低股价为多少？
_____

21. 分析师是否说现在是投资该公司股票的好时机？
_____

22. 简要描述你从穆迪投资、标准普尔或其他信息来源处获得的该公司的财务状况。
_____

### 注意信息

当你使用这个检查单时，仍有忽略重要信息的可能性。简单地说，这只是为开始股票投资所做的准备。如果你还需要其他的信息，你自己负责获得信息并确定其如何影响你的潜在投资。

### 个人理财规划的下一步是什么？

- 指明其他的可能影响你投资该公司股票的因素。
- 制订一个管理你所购买股票的计划。

## 你的个人理财规划表 39

姓名：_____      日期：_____

### 投资经纪人的比较

**理财规划活动：** 比较不同的投资经纪人能为投资者带来的好处及其收取的相关费用。通过下表中列出的诸多因素，比较投资经纪人提供的服务。

**推荐网站：** www.scottrade.com    www.placeatrade.com

|  | 1号经纪人 | 2号经纪人 |
|---|---|---|
| 经纪人姓名 |  |  |
| 经纪公司名称 |  |  |
| 地址 |  |  |
| 电话 |  |  |
| 网址 |  |  |

续前表

| | 1号经纪人 | 2号经纪人 |
|---|---|---|
| 从业时间 | | |
| 教育及培训背景 | | |
| 专业领域 | | |
| 资格证书及执照 | | |
| 雇主所在股票交易所及金融市场中的附属机构 | | |
| 提供的信息服务 | | |
| 最低佣金标准 | | |
| 对 50 美元/股的 100 股股票收取的佣金 | | |
| 其他投资涉及的费用:<br>● 公司债券<br>● 政府债券<br>● 共同基金 | | |
| 其他费用:<br>● 年账户费用<br>● 未交易账户费用<br>● 其他 | | |

## 个人理财规划的下一步是什么?

● 根据你已经获得的信息,选择一家经纪公司和经纪人来帮助你实现投资目标。

● 登录你选择的经纪公司的网站,回答本书第 392 页中的问题。

# 第13章　投资共同基金

**自我测评**

　　为什么要投资共同基金？根据你在如下投资活动中的行为，在每一项陈述后选择"是"或"否"。

　　　　　　　　　　　　　　　　　　　　　　　　　　　　　　　　　　　是　　否

　　1. 我清楚地知道投资者选择投资共同基金的原因。

　　2. 我了解投资共同基金所涉及的各种不同资费。

　　3. 我能够识别出那些能帮助我实现投资目标的共同基金的类型。

　　4. 我知道如何评价一只共同基金。

　　5. 我清楚共同基金的申购和赎回选择。

　　学习完本章之后，请重新考虑你对这些问题的回答。

**共同基金**：是这样一家投资公司，它将许多投资者的资金汇集在一起，投资于种类繁多的证券，这些投资者就是该共同基金的持有人。

　　如果你曾经考虑过购买股票或债券，不过最终还是放弃了你的想法，那么其中的原因可能与其他许多人一样：由于相关知识的缺乏而无法进行正确的投资决策，以及没有足够的资金来多样化你的投资组合。正是这两个原因共同解释了人们为什么要投资共同基金。通过将你的资金与其他投资者的资金聚集在一起，共同基金可以为你完成自己所不能做到的事情。具体来说，**共同基金**是这样一家投资公司，它将许多投资者的资金汇集在一起，投资于种类繁多的证券，这些投资者就是该共同基金的持有人。在收取一定费用的情况下，一家投资公司将根据基金的投资目标，运用从投资者手中聚集的资金，投资适合的股票、债券、货币市场证券，或这些证券的组合。

### 你的个人理财规划表

40. 评价共同基金的投资信息
41. 共同基金的评价

### 目　标

在本章中，你将会学习到：

1. 解释共同基金投资的特征。
2. 根据投资目标的不同对共同基金进行分类。
3. 评价共同基金。
4. 阐述如何以及为何买入和卖出共同基金。

### 为什么这很重要？

对许多投资者来说，共同基金已经成为他们的投资选择。事实上，在美国，有9 300只不同的基金可供投资者选择。那么如何挑选出能够帮助你实现长期投资目标的适合的基金呢？你将从本章中获得该问题的答案。

~~~~~~~~~~~~~~~~~~~~~~~~~~~~~~~~~~~~~~~~~~~~~~~~~~~~~~~~~~~~~~~~~~~~~~~~~~~~~~~~~~~

对许多个体来说，共同基金是一项极好的投资选择。在许多案例中，人们将退休金账户（例如，传统的个人退休金账户、罗斯个人退休金账户，以及401(k)和403(b)退休金账户）中的资金投资于共同基金。例如，许多雇员将其工资收入的一部分存入401(k)退休金账户。在一些情况下，雇主将根据雇员的存入额并按照一定的比配标准向雇员的退休金账户存入一定的金额。一种常见的比配方式如下：雇员每在其养老金账户中存入1美元，雇主将额外存入0.5美元。所有的这些资金——包括雇员和雇主的投入——往往被投资于雇员所选择的共同基金。

在前面的章节中，我们已经对机会成本进行了讨论，共同基金投资也基于机会成本这个概念。简单地说，如果你想从投资中获取更多收益，那么你得甘心承担一些风险。因为基金的价值存在下跌的可能性，所以投资基金将涉及"真正的风险"。就这一点而言，你可以询问一些在2007年10月开始的经济危机期间进行共同基金投资的投资者，他们所投资的基金的价值发生了什么变化。事实是许多基金的价值都有不同程度的下降，有些甚至下滑了20%、30%，或者更多。幸运的是，我们不会经常遇到像此次经济危机这样的事件，不过危机的发生确实又一次强调了全面了解各种投资产品的风险状况的必要性，其中当然就包括共同基金。在决定共同基金是否是适合你的投资选择之前，请继续阅读本章的下一部分。

# 为什么投资者购买共同基金

目标1: 解释共同基金投资的特征。以下数据显示了对于个体和国家经济来说，投资共同基金的重要性：

1. 在美国，约有 8 800 万人投资共同基金。[①]

2. 1970—2008 年，基金的数量从 361 只增加到 9 300 只。[②]

3. 美国的投资公司所拥有的资产价值总和为 13 万亿美元。[③]

共同基金行业无疑是个大产业。你可能也在想为什么有这么多的人投资于共同基金。

投资者购买共同基金主要是为了获取专家管理和分散投资。多数投资公司尽可能地使你确信，在证券的选择方面它们比你自己做得更好。有时，这些声明是真的，而有时，这只不过是些大话。然而，投资公司的确拥有专业的基金经理，他们拥有多年的投资经验，并花费大量的时间为基金的投资组合挑选"适合"的证券。警告：即使是最棒的投资经理人也会犯错误。因此，作为投资者的你，必须要小心！

分散化投资使共同基金更加安全，因为基金中的某一项投资的损失可以由其他方面的投资收益弥补。下面我们以 AIM 基础价值基金投资组合中所体现出来的分散化投资为例进行具体的讨论，参见图表 13—1。假设我们将 13 亿美元的资金全部投资于 AIM 基础价值基金，图表 13—1 的上半部分列明了该基金所涉足的 10 个不同行业的所有权情况。此外，图表 13—1 的下半部分列明了该基金所投资的前 10 大公司。该基金的投资组合涵盖了几乎 50 家不同的公司，因此投资者对该基金所能提供的多样化以及 AIM 的股票甄选专业技能甚为满意。对于刚开始涉足投资领域或拥有充裕资金的投资者来说，基金所能提供的多样化是尤为重要的。对这些投资者而言，没有其他行之有效的途径能够使他们投资于大量的不同公司发行的个体股票。另一方面，由于基金从大量投资者手中吸收资金并组建规模庞大的资金池，使得像 AIM 基础价值基金这样的共同基金有能力购买大量的不同公司发行的股票，从而为投资者提供了一个获取投资多样化的有效途径。

**图表 13—1**         AIM 基础价值基金的投资组合中的证券类型

| 前 10 大行业 | （%） |
| --- | --- |
| 管理型医疗保健 | 9.34 |
| 半导体设备 | 7.41 |
| 其他多元化金融服务 | 6.19 |

---

①②③ 投资机构网站（www.ici.org），2009 - 02 - 05。

续前表

| 前 10 大行业 | （%） |
|---|---|
| 广告 | 5.16 |
| 消费者金融 | 4.49 |
| 系统软件 | 4.07 |
| 专业金融 | 3.78 |
| 投资银行及券商 | 3.12 |
| 工业机械 | 2.90 |
| 家居装饰 | 2.88 |

| 前 10 大股权持有公司 | 在总净资产中的比例（%） |
|---|---|
| 统一健康集团公司 | 5.81 |
| ASML 控股 | 4.92 |
| 罗致恒富公司 | 3.97 |
| 穆迪公司 | 3.78 |
| 安泰股份有限公司 | 3.53 |
| JP 摩根大通公司 | 3.36 |
| 宏盟集团公司 | 3.16 |
| 伊利诺伊州工具厂股份有限公司 | 2.90 |
| 家得宝股份有限公司 | 2.88 |
| 莫尔森库尔斯酿酒公司 | 2.86 |

注：持股情况是不断变化的。

资料来源：The Invesco Aim Web site（www. invescoaim. com），accessed February 8，2009.

## 共同基金的特征

> **封闭式基金**：只有在基金的募集阶段才会由投资公司对外发行基金份额的共同基金。

我们可将共同基金分为三类：封闭式基金、股票交易所交易基金以及开放式基金。

**封闭式基金、股票交易所交易基金以及开放式基金**  在投资公司发行的基金产品中，约有 650 只基金为封闭式基金，约占基金总数的 7%。**封闭式基金**只有在基金的募集阶段才会由投资公司对外发行基金份额的共同基金。因此，可供投资者认购的基金份额数量是有限的。当所有的原始份额售罄时，投资者只能从其他持有该基金份额的投资者手中购买份额。专业基金经理人对封闭式基金采取的是积极的管理策略。基金份额既可以在证券交易所进行交易，如纽约证券交易所，也可以进行场外交易，如在纳斯达克进行交易。与股票价格的决定类似，封闭式基金份额的价格取决于供给和需求因素、基金投资组合中所包含的股票的价值和其他投资的价值，以及投资者的预期。

股票交易所交易基金（exchange-traded fund，ETF）是投资于某一股票或证券指数中包含的股票或其他证券的基金。大多数的投资者只知道 ETF 可以投资于标准普尔 500 股票指数、道琼斯工业平均指数，或纳斯达克 100 指数中的股票，然而，如今有许多不同种类的 ETF 可供投资者选择，他们追踪各种各样的指数，包括：

> **股票交易所交易基金（ETF）**：是投资于某一特定股票或证券指数中包含的股票或其他证券的基金。其发行的基金份额可以在证券交易所进行交易，也可以在场外进行交易。

- 中型股；
- 小盘股；
- 固定收益证券；
- 某些特定行业中公司发行的股票；
- 不同国家的公司发行的股票。

与封闭式基金相同，ETF 的基金份额可以在证券交易所进行交易，或进行场外交易。这两种基金允许投资者购买的最小单位均为 1 基金份额。此外，ETF 的基金份额价格同样是由供给和需求因素、基金投资组合中所持有的股票的价值和其他投资的价值，以及投资者的预期共同决定的。

尽管 ETF 与封闭式基金有诸多共同点，它们之间也存在着重要的不同。大多数的封闭式基金采用的是积极的管理策略，即由基金经理来决定基金投资于多少数量的何种股票和其他证券；而 ETF 投资于某个指数中的所有证券，它往往（像一面镜子一样）复制该指数的表现，其价值的上下浮动取决于其追踪的指数中包含的单个证券的价值波动。因此，ETF 不需要基金经理进行过多的投资决策。正是由于这种被动的管理模式，持有 EFT 基金份额所涉及的费用要普遍低于封闭式基金和开放式基金的费用。除了费用低以外，投资 ETF 还有如下几点好处。

> **开放式基金**：基金份额可以在投资者的要求下由投资公司进行发行或赎回。

> **净资产价值（NAV）**：等于基金投资组合中持有的所有证券的当前的市场价值减去基金的负债，再除以其发行的基金份额总数。

- 没有最低投资额限制。这是因为基金份额直接在交易所进行交易，而并非从投资公司处购买。
- 在交易所开市交易的期间内，投资者可以在任何时间通过经纪人或在线操作以现价购买或出售基金份额。
- 可以使用限价指令进行 ETF 基金份额的购买和售出，也可以使用买空交易或保证金交易等更具投机性的交易技术（详见第 12 章）。

尽管 ETF 受到了越来越多的投资者的欢迎，目前 ETF 的数量仅占全部基金的 6%，约 600 只。

在所有基金中，近 8 000 只基金属于开放式基金，约占基金总数的 87%。**开放式基金**的基金份额可以在投资者的要求下由投资公司进行发行或赎回。投资者可以按照基金的净资产价值自由地购买和出售基金份额。每股基金份额的**净资产价值**（net asset value，

NAV）等于基金投资组合中持有的所有证券的当前的市场价值减去基金的负债，再除以其发行的基金份额总数。

---

**例子**

新美国前沿共同基金所持有的投资组合的当前市场价值为9.8亿美元。该基金持有的负债总额为1 000万美元。如果该基金共发行了4 000万股基金份额，则该基金的净资产价值为24.25美元。计算过程如下：

$$净资产价值 = \frac{980\ 000\ 000\ 美元 - 10\ 000\ 000\ 美元}{40\ 000\ 000} = 24.25\ 美元$$

---

开放式基金的 NAV 大多在每个交易日结束后计算。

除了根据投资者的需要购买和出售基金份额以外，大部分的开放式基金还会为投资者提供种类繁多的服务，包括工资单减免计划、自动再投资计划、自动提款计划，投资者还可以选择在相同的基金簇下进行不同基金之间的转换。我们稍后会进行更为详细的讨论。

**成本：佣金型基金与免佣型基金**　在决定是否进行共同基金投资之前，你应该对共同基金投资和其他投资渠道（如股票和债券）涉及的各种相关费用进行比较。根据费用的不同，可将共同基金分为佣金型基金和免佣型基金。**佣金型基金**（有时被简称为基金）要求投资者在每次申购基金份额时支付相应的佣金。佣金也常被称为销售费用，有时占购买价格的比例高达8.5％。

---

**例子**

戴维斯机会共同基金在销售基金份额时收取4.75％的销售费用。如果将10 000美元投资于该基金，那么在购买基金份额时需要支付总额为475美元的佣金。在扣除了佣金之后，可供投资的金额为9 525美元。计算过程如下：

佣金＝投资总额×佣金比率
　　　＝10 000×4.75％＝475美元

可投资额＝投资总额－佣金
　　　　＝10 000－475＝9 525美元

---

佣金型基金收取的佣金比率平均为3％～5％（也有许多例外存在）。投资者通常是通过经纪公司或注册代理人来购买佣金型基金的。投资佣金型基金的好处在于基金的销售方（业务代表、理财规划师、银行的经纪部门，以及其他的金融机构）会对基金作出较为详细的解释与说明，从而帮助投资者更好地作出购买决策，正确地选择适合的、能够帮助其达到既定财务目标的基金，并且可以就基金份额的买入和卖出时机提出专业建议。

**免佣型基金**的投资者无须支付销售费用。因为免佣型基金没有销售人员，所以在购买基金份额时投资者无须支付佣金，但你必须自己独立地作出投资决策，并直接与投资公司进行交易。投资者与投资公司通常是通过电话、网络或信件进行联系的。此外，你也可以通过免佣经纪人（例如，嘉信理财，美国交易公司或电子交易服务）来购买免佣型基金的基金份额。

基金投资者需要在佣金型基金和免佣型基金之间进行选择。一些基金销售人员声称佣金型基金的业绩要优于免佣型基金。不过，也有许多金融分析师认为，收取佣金与否并没有使基金表现出显著的不同。[①] 由于免佣型基金与佣金型基金为投资者提供了相同的投资机会，因此投资者应首先对这两种类型的基金进行充分的调查，再决定哪种基金才是最适合自己的。尽管销售佣金不应该算得上决定性因素，然而如果能够节省高达 8.5% 的佣金的话，这的确是一个需要考虑的因素。

> **或有延缓的销售费用：**指当基金份额的持有人从基金中取回投资时需支付的 1%～5% 的费用。

基金除了在投资者购买基金份额时收取一定的费用外，有些基金还会收取**或有延缓的销售费用**，有时也被称为后收费用、B 基金，或赎回费。根据赎回前的基金份额持有期的不同，费率从 1%～5% 不等。通常，若是在初始投资的第一年就将基金份额赎回，那么在取回资金时需要支付 5% 的或有延缓的销售费用。随着基金份额持有期的不断加长，费率将会逐年递减，当持有期超过 5 年时，则不再需要支付该部分费用。

---

### 例子

假设你投资了奥本海默免税市政证券基金，并打算在投资期的第一年从 B 类份额中取出 6 000 美元。你必须支付 5% 的或有延缓的销售费用，共计 300 美元。在扣除这部分费用后，你能得到的资金为 5 700 美元。计算过程如下：

或有延缓的销售费用＝赎回资金总额×费率
＝6 000×5%＝300 美元

实际赎回额＝赎回资金总额－或有延缓的销售费用
＝6 000－300＝5 700 美元

---

**成本：管理费和其他费用**　费用的存在会减少投资者的投资回报，因此在选择共同基金时费用是一个主要的决策因素，十分重要。例如，发起共同基金的投资公司会向投资者收取管理费。该费用是按约定时间点上基金的净资产价值的某一固定比例收取的，该费率水平将会在基金的招募说明书中予以披露。目前，每年的管理费占基金净资产价值的比重在 0.25%～1.5% 之间。尽管管理费有相当大的浮动，其平均水平维持在基金净资产价值的 0.5%～1% 之间。

**注意！** 许多理财规划师建议投资者选择费用比率在 1% 或低于此水平的共同基金。

> **12b—1 费：**是由投资公司征收的用于支付共同基金的广告费和市场营销费的费用。

投资公司还可能向投资者征收 **12b—1 费**（有时也被称为分销费用），用于支付共同基金的广告费和市场营销费，以及用于支付基金销售经纪人的佣金。每年征收的 12b—1 费是在基金的净资产价值的基础上计算的，在证券交易委员会的认可下，其费率最高不能超过资产净

---

[①]　Bill Barker, "Loads," the Motley Fool Web site (www.fool.com), accessed February 9, 2009.

值的 1%。注意，免佣型基金征收的 12b—1 费最高不得超过其资产价值的 0.25%。

与投资者在购买和卖出共同基金份额时缴纳的一次性销售费用不同，12b—1 费是一项持续征收的费用，每年征收一次。所以，请基金投资者牢记，如果投资期持续数年之久，12b—1 费将是一笔不小的开支。假设有两只业绩相当的不同基金，其中一只收取 12b—1 费，而另一只不征收该项费用，那么就要果断地选择投资后者。对投资公司来说，12b—1 费则可以为它们带来丰厚的利润，因此一些公司已经开始销售 C 类基金份额。该类基金通过取消销售费用和或有延缓的销售费用来吸引新投资者，却收取更高的 12b—1 费。相比于 A 类基金份额（在购买基金份额时收取佣金）和 B 类基金份额（在赎回时收取佣金，持有基金 5 年后无须在赎回时支付佣金），C 类基金份额持续地收取更高的 12b—1 费，对于长期持有基金的投资者来说，其成本可能更加高昂。

现在，你很可能会问自己："我该购买哪类基金呢？ A 类、B 类，还是 C 类？"这是一个很难回答的问题，不过专业的理财顾问或经纪人可以帮助你决定某只基金的哪个类型与你的理财需求更加吻合。当然，你也可以通过自己的研究来决定适合自己的基金类型。在进行基金投资决策时需要考虑的因素有：你是想投资佣金型基金还是免佣型基金，管理费以及费用比率。你将会从本章接下来的内容中了解到，你可以通过多种信息渠道获得大量的有用信息，这些信息会帮助你对投资决策进行评价。

> **费用比率**：是基金投资者需要支付的所有的管理费用和基金运营成本的总称。

所有不同的管理费和基金运营成本被总称为**费用比率**。将基金费用和成本保持在尽可能低的水平上对投资者来说十分重要，因此在评价共同基金时你应该将基金的费用比率列入需考察的因素中。

投资公司的招募说明书中需披露关于基金管理费、销售费用、12b—1 费，以及其他费用的所有细节。图表 13—2 复制了戴维斯机会基金的费用概要（有时被称为费率表）。此费率表分为两个部分，第一个部分说明了基金份额持有人的交易费用，其中，最高销售费率为 4.75%；第二个部分列出了基金每年的运营费用，其中，A 类基金的费用比率为 1.06%。

| 图表 13—2 | 戴维斯机会基金费用概要 | | |
|---|---|---|---|
| | A 类份额 | B 类份额 | C 类份额 |
| **戴维斯基金份额持有人需支付的费用**（直接从投资者投资额中扣除） | | | |
| 购买基金份额时销售费用的最高水平（以发行价格的一定比例表示） | 4.75% | 无 | 无 |
| 赎回基金份额时有延缓的销售费用的最高水平（以赎回净资产价值与基金份额的总成本中较低者的一定比例表示） | 0.5% | 4.00% | 1.00% |
| 股利再投资时销售费用的最高水平 | 无 | 无 | 无 |
| 赎回费 | 无 | 无 | 无 |

续前表

|  | A类份额 | B类份额 | C类份额 |
|---|---|---|---|
| 转换费 | 无 | 无 | 无 |
| **戴维斯机会基金年运营费用（从基金资产中扣除）** | | | |
| 管理费 | 0.61% | 0.61% | 0.61% |
| 分销费用（12b—1费） | 0.25% | 1.00% | 1.00% |
| 其他费用 | 0.20% | 0.24% | 0.20% |
| 年运营费用总和 | 1.06% | 1.85% | 1.81% |

注：该表中所列费率水平在未来可能会发生变动。

资料来源：Excerpted from the Davis Opportunity Fund Prospectus, Davis Funds Web site (www.davisfunds.com), accessed February 9, 2009, Davis Funds, P. O. Box 8406, Boston, MA 02266.

图表 13—3 总结了关于佣金型基金、免佣型基金、A 类、B 类、C 类基金份额的相关信息，以再次强调费用在基金投资中的重要性。该图表还同时列出了管理费、或有延缓的销售费用，以及 12b—1 费的相关情况。

| 图表 13—3 | 投资共同基金所涉及的常见费用 |
|---|---|
| **费用名称** | **习惯费率** |
| 佣金型基金 | 最高为认购金额的 8.5% |
| 免佣型基金 | 无销售费用 |
| 或有延缓的销售费用 | 赎回额的 1%～5%，还取决于赎回前的基金份额持有期 |
| 管理费 | 约定时间点的基金净资产价值的 0.25%～1.5% 每年 |
| 12b—1 费 | 不能超过基金资产的 1% 每年 |
| 费用比率 | 投资者支付的所有费用和运营成本总和 |
| A 类基金份额 | 在购买基金份额时收取佣金 |
| B 类基金份额 | 在持有基金份额的前 5 年中、赎回基金份额时收取佣金 |
| C 类基金份额 | 在购买和出售基金份额时无须支付佣金，不过有较高的、连续征收的 12b—1 费 |

## 概念检测 13—1

1. 目前可供投资者选择的基金有封闭式基金、股票交易所交易基金和开放式基金三种。请在下表中列出不同类基金的区别。

| | |
|---|---|
| 封闭式基金： | |
| 股票交易所交易基金： | |
| 开放式基金： | |

2. 计算基金的净资产价值（NAV）：该基金的资产共计 7.3 亿美元，负债共计 1 000 万美元，发行份额为 2 400 万份。

_____

_____

3. 下表中列出了投资共同基金所涉及的四种常见的费用，试说出每种类型费用的费率标准，以及在什么情况下会产生这些费用。

| 费用名称 | 收费标准 |
|---|---|
| 佣金型基金 | |
| 或有延缓的销售费用 | |
| 管理费 | |
| 12b—1 费 | |

4. 什么是费用比率？试说明它的重要性。

_____

_____

**自我应用！**

**目标 1：** 通过网络或图书馆资源寻找一只你认为能够帮助你达成长期投资目标的基金。确定该基金的佣金（如果存在的话）、管理费用以及费用比率。

**投资组合医生**

不要让你对去年在共同基金投资中的损失的耿耿于怀支配你的投资策略

作者：Jerrey R. Kosnett

## 你能做到的不仅是盈亏平衡

如果她个人的生意由于经济的不景气而破产了，那么桑迪在投资上的不幸仅仅是她漫长一生中的一个脚注。目前看来，她的生意似乎是可以维持下去的。比起客户的流失，桑迪更关心保险费用和偿付的延期长短。

然而，对于像桑迪这样的单身、独自为自己提供长期财务保障的人来说，这样的投资损失着实令人厌烦。一年前，桑迪将其个人退休账户中大额存单中到期的 5.1 万美元转投一些哈特福特的共同基金。现在这部分基金投资的价值仅为 3 万美元。那时，大额存单的利率是十分可怜的，不过现在她认为不管是她所咨询的经纪人还是她自己都应该预期到市场的崩盘。

> 桑迪·圣约翰是我们的读者之一，现年 54 岁。她在得克萨斯州福尼从事微波测量路径生意。她想要收回上一年的损失，并回到安全状态。

桑迪想要静静地等待她所投资的基金回到盈亏平衡点，然后将这部分资金继续投资到大额存单上。同时，她还持有一些股利支付型股票，主要是石油和汽油股，同样也是一路下滑。对于这些股票桑迪采取了静观其变的态度。

收回损失然后结束游戏的想法是普遍存在的。丹伯里的阿姆斯特朗金融战略机构的莫里斯·阿姆斯特朗说："我曾经是一名外汇交易员，人们常说如果你恰好持有不好的头寸，那么你会持有它直至轧平。不过，如果事情出现转机并向着对你有利的方向发展，那么为什么还要抛售呢？"

阿姆斯特朗认为，如果桑迪投资的基金在一个较为合理的时间内收回了她的全部损失，那么这意味着经济和市场正在变得越来越健康，因此，将基金售出将毫无意义。最后，在桑迪的股票投资收回先前的损失并越来越值钱时，她将希望减少她的头寸。不过，目前看来她并没有什么明确的计划。

随着股票的表现越来越好，这也是你勇敢面对由于去年的损失而造成的不良情绪的最佳时刻。俄亥俄州查格林福尔斯的垫脚石金融机构的康妮·斯通表示："即使是最优秀的财务经理人也会犯这样的错误。"斯通表示，个人经营的、单身的、丧偶或是离异的人们对损失尤其恐惧，他们在面对损失时的反应往往是对剩下的部分格外小心的保护。斯通认为桑迪更应该增加她在其个人退休账户中的投入，或是设立一个个人 401（k）账户，将投资重点放在对股票的投资上。

桑迪所投资的共同基金的表现还是不错的。她所持有的基金如下：哈特福德资本增值，其拥有良好的长期表现；一只追踪标准普尔指数的基金；小型公司基金；以及其他的一些债券型基金。在基金的选择上，经纪人并不能给予桑迪实质性的帮助，反而可能会由此产生一系列的销售费用支出。

资料来源：Reprinted by permission from the March issue of *Kiplinger's Personal Finance. Copyright* © 2009 *The Kiplinger Washington Editors*, *Inc.*

1. 2008 年，圣约翰女士投资的哈特福德共同基金的价值从投资初期的 5.1 万美元下降到了 3 万美元。现在，她正在考虑是应该将基金抛售，继续持有，还是买入更多的基金和股票。你的建议是什么？

2. 桑迪·圣约翰，54 岁，单身，个体经营者。她正在制订她的养老计划。她本人是其长期财务保障的唯一来源。现在，为了对养老作出充足的准备，她应该采取什么样的步骤？

## 共同基金的种类

共同基金的基金经理根据顾客的投资目标来量身打造他们的投资组合。通常，基金的招募说明书中清楚地披露了该基金的投资目标。例如，富达资本升值共同基金的目标和策略如下：

**目标** 寻求资本升值。

目标2：根据投资目标的不同对共同基金进行分类。

**策略** 主要投资国内外发行的普通股，投资"成长型"股票或"价值型"股票，或两者皆投。通过对每个股票发行者的财务状况、行业地位，以及市场和经济行情的基本面进行分析来选择投资工具。[①]

尽管对 9 300 只基金进行分类对投资者会有一定的帮助，但是必须注意，不同的投资信息渠道对同一只共同基金的分类可能有所不同。在多数情况下，基金种类的名称可以为我们提供很好的线索，帮助我们对该基金的投资类别进行判断。下面我们将为大家介绍主要的基金种类。

## 股票型基金

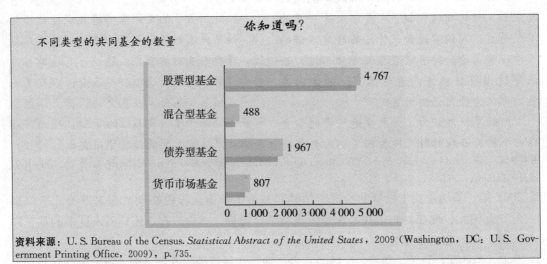

**你知道吗？**

不同类型的共同基金的数量

资料来源：U. S. Bureau of the Census. *Statistical Abstract of the United States*, 2009 (Washington, DC: U. S. Government Printing Office, 2009), p. 735.

- 积极成长型基金寻求快速的增长，其投资的股票是那些价格有望在较短时期内快速上升的股票。由于该类基金的经理人买入和卖出小型成长型公司的股票，故拥有较高的换手率。此种基金投资组合中所包含的股票的投机性特点决定了该类基金的投资者往往会经历基金价格的巨幅波动。
- 股权收入基金投资于长期支付股息的公司所发行的股票。该类基金的主要目标是为

---

① Fidelity Investments Web site (www. fidlity. com), accessed February 9, 2009, Fidelity Investmests, Inc., 82 Devonshire St., Boston, MA 02109.

投资者提供收入。这种类型的基金对保守型以及已经退休的投资者具有很强的吸引力。

- 全球股票基金投资于全球范围内的公司所发行的股票，其中也包括美国公司发行的股票。
- 成长型基金投资于那些有望获得高于平均水平的收入和盈利增长的公司。尽管与积极成长型基金存在许多相似之处，但成长型基金往往投资于那些规模较大的、较为成熟完善的公司。因此，成长型基金份额的价格波动幅度要小于积极成长型基金。
- 指数型基金投资于某些指数中包括的公司，常见的指数有标准普尔 500 股票指数，罗素 2000 指数等。因为基金经理人投资于指数中所包括公司发行的股票，指数型基金应该具有与该指数相同的表现。同样，正因为指数型基金的管理成本低，所以其具有较低的管理费和费用比率。
- 国际投资基金投资于在世界各证券市场交易的外国股票。因此，如果某个地区或国家的经济低迷，基金仍旧可以从其他国家或地区获利。与全球股票基金不同，国际投资基金只在美国境外进行投资，而前者既可以投资外国发行的股票，又可以投资本国发行的股票。
- 大盘股基金投资于总股本超过 100 亿美元的公司所发行的股票。高市值的股票一般是由稳定的、成熟完善的公司发行的，它们的价格波动往往很小。
- 中型股基金投资于总股本在 20 亿美元～100 亿美元之间的公司，其投资的股票较小盘股基金投资的股票更安全，同时又比投资于大型公司的基金的成长潜力大。
- 区域型基金投资于在世界某一特殊地区进行交易的股票，像欧盟地区、拉丁美洲地区以及太平洋地区。
- 产业基金投资于相同产业中的公司。例如，健康和生物技术产业、科学技术产业和自然资源产业。
- 小盘股基金投资于小型的、不知名的、总市值低于 20 亿美元的公司。因为这些公司的规模小且创新性强，所以该类型的基金具有更大的成长潜力。比起投资于更大规模的、更稳定的公司的基金，该类基金具有更强的投机性。
- 社会责任基金不会投资于那些可能会对人类、动物以及环境造成危害的公司。通常，这些基金不会投资于烟草公司、核能源公司、武器生产企业或存在过歧视的公司。

---

**你知道吗？**

社会责任投资（socially responsible investing，SRI）正越来越受到欢迎，这是因为：
- 目前有超过 250 只 SRI 基金；
- 15％的 SRI 基金的业绩超过传统基金；
- SRI 基金可以使个人的投资与价值观相一致。

你可以在网站 www.socialinvest.org 上获取更多的关于社会责任投资的信息。

---

## 债券型基金

- 高收益债券基金（垃圾债券基金）投资于高收益、高风险的公司债券。

- 中期企业债券基金投资于投资级公司发行的债券，债券的到期时间为 5～10 年。
- 中期美国政府债券基金投资于到期时间为 5～10 年的美国国债。
- 长期公司债券基金投资于投资级公司发行的到期时间在 10 年以上的公司债券。
- 长期（美国）政府债券基金投资于到期时间超过 10 年的美国国债。
- 市政债券基金投资于市政债券，其利息收入享有免税的优惠政策。
- 短期公司债券基金投资于投资级公司发行的到期时间在 5 年以内的公司债券。
- 短期（美国）政府债券基金投资于到期时间小于 5 年的美国国债。

## 其他类型的基金

- 资产配置基金投资于多种类型的资产，包括股票、债券、固定收益证券以及货币市场工具。通过在每个资产类别中保持精确的投资额度来寻求较高的总收益。
- 平衡型基金既投资于股票，也投资于债券，其主要目标是保障本金、提供收入以及长期的增长。在基金的招募说明书中通常会列明基金投资于股票、债券和其他证券的比例。
- 组合基金投资于其他的共同基金。组合基金的主要好处在于它能够提高投资分散化的程度以及丰富资产的配置，这是因为该类型的基金购买了许多不同基金的基金份额。该类型的基金通常具有更高的费用和其他一些费用。
- 生命周期基金（有时被称做生活方式基金）在那些为自己进行养老规划的投资者中十分受欢迎。通常，这些基金起初投资于风险导向型证券（股票），之后投资策略变得越来越保守，随着某一指定日期的临近转而投资于收入导向型证券（债券和大额存单），这时投资者也接近退休。
- 货币市场基金投资于大额存单、政府债券，以及其他的一些安全的、具有高流动性的金融工具。

**基金簇：**同一个投资公司管理的一组共同基金。

**基金簇**是同一个投资公司管理的一组共同基金。基金簇中的每一只基金都有着不同的财务目标。比如，其中的一只基金为长期政府债券基金，而另一只是成长型股票基金。许多投资公司为投资者提供了转换特权，允许基金份额的持有人可以在同一基金簇内的不同基金间进行转换。假如你持有富兰克林成长基金的份额，那么你就可以根据自己的意愿转换到富兰克林资产负债表中的其他投资基金。一般情况下，投资者可以通过书面、电话的形式或通过网络在相同基金簇中的不同基金之间进行转换。基金簇的概念使基金份额持有人能够方便地在不同基金间进行投资配置，尤其是在其他基金具有更大的潜力、经济收入或安全性的时候。每次交易的转换费用通常很少（最低仅为 5 美元），甚至没有。

### 概念检测 13—2

1. 说明共同基金的招募说明中列明的投资目标的重要性。

2. 在三个基金种类（股票型、债券型以及其他种类）中分别确定一种共同基金，描述你选中的基金的特征，以及投资该类基金的投资者的类型。

| 一般基金类型 | 基金名称 | 基金特征 | 代表性投资者 |
|---|---|---|---|
| 股票型 | | | |
| 债券型 | · | | |
| 其他 | | | |

3. 阐述基金簇的概念。它是如何与基金份额持有人进行基金间的转换相关联的？

_____

_____

## 自我应用！

**目标 2：** 利用本节中的信息，为下面列出的三位投资者选择一个适合他们的共同基金种类，并证明你的选择的正确性。

1. 一位年龄为 24 岁的单身投资者，刚刚获得一份年薪为 3.2 万美元的新工作。

2. 一位单亲家长，带有两个小孩，刚刚继承了 40 万美元的遗产，目前没有工作，且在过去的 5 年中都没有参加过工作。

3. 一对 60 多岁的退休夫妻。

# 如何决策买入还是卖出共同基金

| 目标 3：对共同基金的评价。

通常，共同基金投资者可以"十分容易"地作出买入或卖出的决策，因为在他们看来是没有必要对这项投资进行估值的。为什么要质疑专业的投资经理的决策呢？然而，即便是专业人士也会犯错。有时，经济和金融环境的现实情况超越了基金经理所能控制的范围，从而导致基金的价值下滑。例如，在近期的经济危机期间，大部分股票型基金的价值出现了缩水。除了这些价值不断下降的股票型基金外，你也可以将资金转投向更加保守的公司债券基金和政府债券基金。艾莉森·坎贝尔在 2007 年 11 月正是这么做的。尽管她的朋友们认为她采取如此保守的投资方法简直就是疯了，但也正是她的这种保守性的投资策略帮助她躲过了这场由经济危机带来的灾难。现在她的许多朋友反而希望自己当初能够作出与她相同的决定。艾莉森表示，在从债券型基金的投资中获得利息收入的同时，她还维持着对更加积极的基金类型的投资，以便在经济回暖后获得收益。你自己肩负着选择出真正适合自己需求的共同基金的责任。毕竟，只有你自己才清楚地知道你愿意承担的风险有多大，以及哪一只基金可以帮助你实现既定的目标。

幸运的是，有大量的信息可以帮助你对一只具体的基金进行评价。然而不幸的是，你可能会在事实和数据中迷失，并忘记你的终极目标：选择一只能够帮助你达成财务目标的基金。请回答"个人理财实践"专栏中的问题，它们会帮助你对所有关于共同基金的研究、统计数据和信息进行筛选，并给予你一些指导，比如，告诉你首先要做的是什么等。之后，回答这个非常基本的问题：你是想投资管理型基金还是指数型基金？

## 个人理财实践

# 共同基金：入门指南

　　下面列出的是一些对刚开始实行共同基金投资计划的投资者提出的建议。

1. 进行财务检查。在投资之前，你应该确保你的预算是平衡的，有充足的保险保障以及应急基金。
   该建议是如何帮助你为一项投资计划做准备的？

   _____

2. 获取购买共同基金所需的资金。不同的券商或投资公司对创建基金账户所要求的资金额有所不同，但一般是在 250 美元～3000 美元之间或更多。
   怎样为我的投资计划筹集资金？

   _____

3. 确定你的投资目标。如果没有投资目标，那么你就不会清楚地知道你想要获得什么。第 11 章中的内容可以帮助你更好地了解投资目标的重要性。
   该建议如何帮助你制订一份共同基金投资计划？

   _____

4. 挑选满足投资目标要求的基金。《华尔街日报》、《巴隆金融周刊》以及《个人理财杂志》可以帮助你确定出与你的投资目标相匹配的基金。
   为什么个人的投资目标与基金的目标的匹配十分重要？

   _____

5. 在买入或卖出任何共同基金之前你要做的就是评价、评价，还是评价。可供参考的信息获取渠道有：网络、专业咨询服务、基金的招募说明书、基金的年报、金融出版物以及报刊。在本节接下来的内容中将对这些信息渠道作出详细的说明。
   既然共同基金可以提供专业化的管理，为什么评价还如此重要？

   _____

## 管理型基金与指数型基金

许多共同基金都属于管理型基金。也就是说，有专业的基金经理（或基金经理团队）对基金中所包含的证券种类进行选择。基金经理同样决定着基金买入或卖出的时机。你可能想知道基金经理在各种经济环境中（好的或是不好的）的表现到底有多好，从而帮助我们更好地评价基金。衡量一名基金经理优秀与否的标准就是要看他/她是否具备在经济景气时增加基金份额的价值并在经济不景气时使基金价值保持在一定水平上的能力。在2007年的上半年，大多数的基金价值上涨，然而只有很少的几只基金能够在经济危机肆虐的2007年下半年和2008年全年保持之前的增长态势。此外，现任的基金经理管理该基金的时间长短是一个重要的考虑因素。如果在现任基金经理的管理下，该基金在过去的5年、10年或更长的时间跨度内都表现不凡，那么基金经理也很有可能在未来的一段时间内带领该基金取得良好的业绩。另一方面，如果某只基金的经理是新上任的，那么他/她的决策可能会对该基金的表现产生影响。新上任的基金经理的决策通常是没有经过任何检验的，因此可能无法经得住时间的考验。管理型基金可以是开放式基金，也可以是封闭式基金。

**注意！** 不要忽视基金经理对基金成功与否所起的重要作用。

有些投资者选择投资指数型基金，而非管理型基金。为什么呢？原因很简单：多年来，绝大多数的管理型基金的业绩未能超过标准普尔500股票指数。尽管不同年份的确切数据不尽相同，但是关于共同基金的调查的统计结果普遍显示标准普尔500股票指数的表现超过了80%的共同基金。[①]

指数型基金就是某种特定指数（如标准普尔500股票指数，纳斯达克综合指数，罗素2000指数等）的镜像，因此，指数型基金每份的美元价值会随着该指数的上涨而增加。不幸的是，反之也是成立的。如果指数走低，那么每份指数型基金份额的价值也将随之下降。指数型基金（有时被称做"被动型基金"）的基金经理只需买入某种指数中所涵盖的股票或债券。投资者选择指数型基金的第二个原因是这些被动管理的基金收取的费用比率更低。事实上，这是一个非常重要的原因。正如我们之前所讲到的，费用比率是共同基金收取的全部费用的总称。如果某只基金收取的费用比率是1.25%，那么该基金每年至少需要获得1.25%的投资回报才能使投资者获得基本的盈亏平衡。除了极少数的例外外，指数型基金的费用比率通常在0.5%的水平或者更低。指数型基金可以是开放式基金、封闭式基金或者股票交易所交易基金。

哪种类型的基金更胜一筹呢？这是个很好的问题，答案取决于你所选择的是哪只管理型基金。如果你挑选出的管理型基金的业绩好于指数，那么你的选择就是正确的。然而，如果指数（以及指数型基金）的表现超越了管理型基金（这种情况出现的概率有80%），

---

① "The Lowdown on Index Funds," the Investopedia Web site（www. invesopedia. com），accessed February 13, 2009.

那么指数型基金便是更好的选择。对两种类型的基金来说，关键的问题就在于你利用下列信息获取渠道对某个特定的投资选择进行研究的程度。

## 网络

许多投资者在网络上发现了大量的关于共同基金的信息。基本上，你可以通过三种渠道获取信息。首先，你可以通过网络搜索引擎（例如，雅虎）来获得有关共同基金当前的市场价值的信息。在雅虎的财经网页上（http：//finance. yahoo. com），只需在搜索栏中输入你想要查找的共同基金的代码，你就能马上获得你需要的信息。如果你不清楚具体的基金代码，那么你可以在"获取报价"栏中输入该共同基金的名称，雅虎财经网站会告诉你正确的代码。除了当前的市场价值外，你还可以获得该基金的历史价格、一份包括了当前持有情况的资料说明、业绩数据、对比数据、风险和购买信息。

其次，大多数发起共同基金的投资公司也有自己的网站。只需打开互联网搜索引擎，输入基金名称，或输入投资公司的网址（URL），你就可以获得想要的信息。通常情况下，你可以获得基金的业绩统计数据、开户流程、宣传刊物以及不同的投资者服务等信息。请注意：投资公司迫切地希望你成为其发行基金的持有人之一，因此，一些投资公司网站上的信息只不过是一些用于推销其产品的言辞。所以，在投入资金之前，投资者一定要将他们华丽的描述与事实相结合。

关于投资咨询的主要网站：
www. morningstar. com
www. valueline. com
www. lipperweb. com

最后，专业的咨询服务机构也在网络上提供了基金研究报告。图表13—4 给出了晨星网站中有关道奇和考克斯平衡基金的部分信息。在图表13—4 中我们可以看到基金代码、晨星排行榜，以及历史收益等信息。点击页面左侧的相关选项按钮，你就可以获得更多的具体信息。多数情况下，诸如晨星公司（www. morningstar. com）、理柏分析服务公司（www. lipperweb. com）等专业的咨询服务机构能够为投资者提供更多的、更加详细具体的信息，当然你需要为此支付一笔小额的费用。尽管从网络上获取的信息与印刷版的报告中的信息基本上是相同的，但是，从网络上能够得到及时的信息，而无须等待研究资料的邮寄或者动身来到图书馆，这也是网络信息渠道的最大特色。

## 专业咨询服务

大量的订阅服务可以为共同基金的投资者们提供详尽的投资信息，其中的三大信息来源为：理柏分析服务公司、晨星公司，以及价值在线。图表13—5 展示了晨星公司网站上关于 T. 罗价格股权收益基金的分析信息。尽管晨星的这份报告仅一页之长，却为投资者提供了大量的信息从而帮助他们决定这只基金是否适合他们。我们可以注意到，所给出的信息被分成了多个部分：在最顶端的一个名叫"历史业绩"小方框里罗列了有关财务回报、风险以及评级的信息。我们可以发现，晨星对 T. 罗价格股权收益基金的评级为四星，

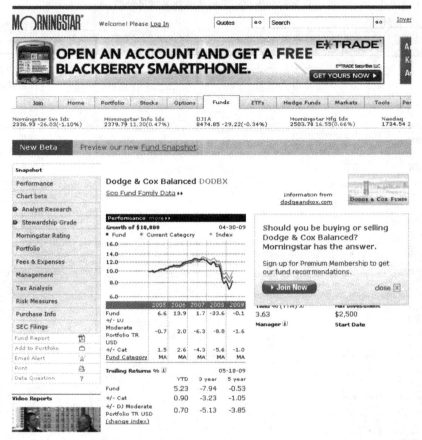

资料来源：Morningstar Web site（www.morningstar.com），accessed May 19，2009，Morningstar，Inc.，225 W. Wacker Drive，Chicago，IL 60606.

仅次于最高评级五星。报告同时还提供了过去 12 年的统计信息。报告的中间部分提供了有关基金业绩、风险分析和投资组合分析的信息。在页面底端的最后一个部分对基金的投资理念进行了表述。一般地，报告会在"晨星评论"部分对分析师的研究进行总结。

　　正如你所看到的，晨星公司对于这只基金的研究结果是十分乐观的。然而，专业研究机构，如理柏分析服务公司、价值在线以及晨星公司，也会向你传达关于某只基金业绩不佳的信息，这些基金也因此不具有投资潜力。

　　此外，你也可以通过支付订阅费从各种各样的财经信息新闻中获得想要的信息。上述所有信息来源的成本都是相当高的，不过你也有可能在经纪公司或图书馆处找到他们的分析报告。

## 共同基金招募说明书

　　所有准备发行共同基金的投资公司必须向潜在的投资者提供基金的招募说明书。你可以通过写信、拨打免费电话或访问投资公司的网站来获取基金的招募说明书。

图表 13—5 　　　　　　　　　　　　　晨星公司提供的共同基金研究信息举例

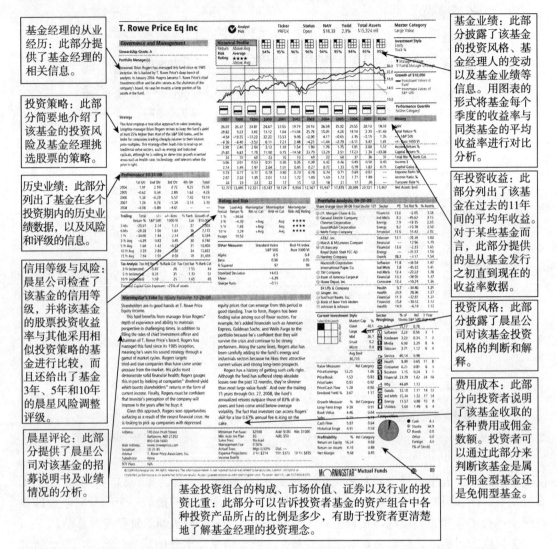

资料来源：*Morningstar Mutual Funds December 6*，2008，p. 89，Morningstar，Inc.，225 W. Wacker Drive，Chicago，IL 60606.

　　金融专家表示，投资者获得某只基金的相关信息的首要渠道通常就是该基金的招募说明书，他们在作出投资决策之前应该认真地、完整地阅读该招募说明书。阅读基金招募说明书的通用方法可以为我们提供有价值的见解。事实上，大多数的投资者认为基金的招募说明书为他们提供了大量的信息。正如我们之前所指出的，招募说明书中总结了基金的投资目标。此外，在费率表中也列出了基金所涉及的全部费用。除了目标和费用的信息外，招募说明书中还应提供下列信息：

- 对基金所涉及的相关风险因素的声明；
- 对基金过去业绩的阐述；

- 关于基金投资组合中的投资类型的说明；
- 有关股利、分配和税收的信息；
- 有关基金管理的信息；
- 有关限制或要求的信息，如果存在相关规定，基金必须在进行投资选择时严格遵循该项规定；
- 投资者认购或赎回基金份额的程序；
- 对可为投资者提供的服务以及所涉及的服务费用进行说明；
- 有关基金投资组合变动频率（有时被称做换手率）的信息。

最后，招募说明书中还为投资者提供了如何在投资公司创建共同基金账户的信息。

## 共同基金年报

潜在投资者可以通过写信、拨打免费电话或访问网站的方式获得其感兴趣的基金的年报。基金年报中的信息包括：投资公司董事长致信和/或者基金经理致信，基金的资产负债表、损益表、净资产变化表等详细的财务信息，投资计划和基金的独立审计致信（对基金财务报告的准确性作出评价）。

## 财经刊物

像《商业周刊》、《福布斯》、《基普林格的个人理财》，以及《货币》等以投资为导向的杂志是有关共同基金的极佳信息来源渠道。这些杂志涵盖的内容广泛，又根据出版目标的不同，从提供了有深度信息的详细文章到基金买卖决策的简单列表各有侧重。许多投资导向杂志也在网络上提供了基金投资信息。图表13—6中的材料就是从《商业周刊》的"共同基金积分榜"中获得的。尽管乍看上去这些信息似乎很复杂，但只要投资者肯花些时间来评价其中的每一列信息，就会发现许多信息是无须多做说明的。例如，表中给出的信息就包括：

- 基金类型；
- 基金名称；
- 《商业周刊》总排名；
- 基金分类；
- 《商业周刊》分类排名；
- 基金的资产价值；
- 资产价值的年变化率；
- 销售费用；
- 费用比率；
- 1个月、3个月、年初至今、12个月、3年、5年及10年的投资收益；

- 基金的投资周转率；
- 基金持有现金的比例；
- 基金的年收益率；
- 基金的风险水平。

图表 13—6　　　　　　　　　《商业周刊》上的"共同基金积分榜"

资料来源：The *BusinessWeek Web site*（www. businessweek. com），accessed May 19，2009. Used by special permission © 2009 McGraw-Hill Companies，Inc.

　　投资者还可以对同一种指标下不同基金的表现进行比较。多数情况下，你首先要做的就是输入基金的名称或基金的交易代码。

　　除了财经刊物中提供的基金信息外，在当地书店或图书馆中还有许多共同基金指导手册，同样可以为投资者提供一定的信息。

## 报纸

　　大多数的大型都市报纸均提供共同基金的投资信息，如《华尔街日报》，《巴隆金融周刊》。报道通常包括基金簇、基金名称、净资产价值、净变量、年初至今的收益率等信息。

图表13—7中的阴影部分是关于美国平衡基金的详细信息。表格下方的数字对应着表中的列。相同的信息也可以在互联网上获得。

**图表13—7** 　　　　　　　《华尔街日报》中关于共同基金的财务信息

| 1 | 2 | 3 | 4 |
|---|---|---|---|
| 基金 | NAV | NET CHG | 收益率（%） |
| | | ABC | |
| 美国世纪投资 | | | |
| Ultra | 14.53 | ··· | 0.6 |
| 美国基金 CI A | | | |
| BalA p | 13.47 | 0.02 | −2.2 |
| Amcp Ap | 12.01 | 0.03 | −0.5 |
| AMutl Ap | 18.60 | 0.01 | −2.5 |

1. 基金：基金名称为美国平衡基金。

2. NAV：净资产价值。美国平衡基金的净资产价值为每股13.47美元。

3. NET CHG：净变量。净变量是今天交易的最后一份基金份额的价格与上一个交易日交易的最后一份基金份额的价格之差。美国平衡基金的收盘价较上一个交易日高出0.02美元。

4. 收益率：年初至今基金价格上涨或下降的百分比。美国平衡基金的价值较今年1月1日起下降了2.2%。

资料来源：Republished by permission of Dow Jones Inc. from *The Wall Street Journal*，February 10，2009，p. C14；permission conveyed through the Copyright Clearance Center，Inc.

　　基金名称旁边的字母也可以提供很多的信息。你可以从报纸刊登的关于共同基金行情的脚注中获知它们所代表的意思。一般情况下，"p"代表该基金需要收取12b—1发行费，"r"代表可能会发生的赎回费用，"t"代表既需要收取12b—1费，又可能发生赎回费用（即"p"和"r"的结合）。

　　本小节中所叙述的新闻报道是监管共同基金投资价值的良好渠道。然而，其他的信息来源为评估共同基金投资提供了更加完整的基准。

## 概念检测 13—3

1. 请用自己的语言描述管理型基金与指数型基金的不同。你认为哪一种基金更能帮助你获得既定的投资目标？

2. 请阐述下表中列出的投资信息来源如何帮助你评价共同基金投资。

| 信息来源 | 信息类型 | 提供何种帮助 |
|---|---|---|
| 网络 | | |
| 专业咨询服务 | | |
| 共同基金招募说明书 | | |
| 共同基金年报 | | |
| 财经刊物 | | |
| 报纸 | | |

3. 请说出《商业周刊》"共同基金积分榜"中涵盖的信息类型。

_____

**自我应用！**

**目标 3：** 在阿尔杰资本增值基金（基金代码为 ACAAX）和加比利资产基金（基金代码为 GATAX）中选择一只基金，利用网络或图书馆资源获取如下信息：基金类型、年初至今（YTD）收益率、净资产价值和基金的晨星评级。

# 共同基金交易机制

<table>
<tr><td>目标 4：阐述如何以及为何买入和卖出共同基金。</td><td>目前，有许多投资者选择了投资共同基金。事实上，很可能你自己就是基金份额的持有者或知道身边有些人持有基金份额——这些都表明了共同基金投资是很受欢迎的。这些基金可能是 401（k）或 403</td></tr>
</table>

（b）养老金账户、简易雇员退休金计划（SEP IRA）、罗斯个人养老金账户，或传统的个人养老金账户中的一部分（在第 14 章中我们会对这些养老金账户做详细的介绍）。你可以通过多种渠道购买基金，其中包括：银行、证券公司以及发行基金的投资公司的注册销售代表，并直接在应税账户中持有基金份额。继续阅读本节你会发现购买基金份额是一件很容易的事情。只需 250 美元～3 000 美元或更多的资金，你就能建立一个基金账户并开始投资活动。当然还有其他的一些好处促使投资者购买基金份额。遗憾的是，投资基金也有其不利的一面。图表 13—8 就为我们总结了共同基金投资的优缺点。

**优点**

- 分散化投资
- 专业化管理
- 买入/卖出基金份额的手续简单
- 多样的赎回选择
- 股利和资本利得的分配或再投资
- 在相同基金簇中的基金转换特权
- 提供免费电话、完整的交易记录、存款账户和支票账户等服务

**缺点**

- 购买/赎回成本
- 持续的管理费用和 12b—1 费
- 糟糕的业绩表现：基金业绩可能比不上标准普尔 500 股票指数或其他指数
- 当发生资本利得分配和复杂的税务报告问题时，无法进行控制
- 与所有投资相关的潜在市场风险
- 一些销售人员可能很激进和/或者缺乏职业道德

　　所有的投资都会为投资者提供盈利机会，这是它们所具备的共同优点。在下一节中，我们将会向你证实如何通过投资封闭式基金、股票交易所交易基金，或开放式基金来获利。我们还会考虑税收对基金投资的影响。之后，我们会将视线转移到购买基金份额的多种选择上。最后，我们将会对撤回资金的多种途径进行验证。

## 投资收益

**股利收入**：是基金份额持有者从基金的股利和利息收入中获得的那部分收益。

**资本利得分配**：基金在卖出其投资组合中的证券后会获得资本利得，将这部分收入分配给基金份额持有者后，投资者即获得了资本利得分配。

　　如同其他投资渠道一样，投资封闭式基金、股票交易所交易基金或开放基金的目的就是获得财务上的收益。基金份额的持有者可以通过以下三种途径获得收益。第一，所有这三种基金均支付股利收入。**股利收入**是基金份额持有者从基金的股利和利息收入中获得的那部分收益。第二，投资者可能会获得资本利得分配。基金在卖出其投资组合中的证券后会获得资本利得，将这部分收入分配给基金份额持有者后，投资者即获得了**资本利得分配**。这两部分收益每年支付一次。注意，股票交易所交易基金通常按月或季度来支付股利。第三，与股票和债券投资相同，你可以以低价买入基金份额，并在价格上升后将其卖出。假设你以每股 16 美元的价格购买了富达股票选择基金，两年后，你以每股 20.5 美元的价格将份额卖出，你将从中赚取 4.5 美元/股（卖出价 20.5 美元

减去买入价 16 美元)。在已知相关的财务信息、股利收入和资本利得分配的数额后，你就可以计算出投资共同基金的总收益。在本小节结束之前，你可以在"计算"专栏中验证如何计算总收益以及总收益率。

## 计 算

### 计算共同基金的总收益

在第 12 章中，我们已经明确了总收益的计算不仅包括每年的股利收入和资本利得分配，同时还包括市场价值的上升或下降。你可以使用下面的计算式来决定基金的美元总收益：

$$
\begin{array}{r}
\text{股利收入} \\
+\text{资本利得分配} \\
+\text{卖出基金份额时每股市值的变动} \\
\hline
\text{基金的美元总收益}
\end{array}
$$

假设你购买了 100 股雄伟成长基金，每股 12.20 美元，即投资总额为 1 220 美元。在你持有基金的 12 个月里，你获得了每股 0.45 美元的股利收入和每股 0.9 美元的资本利得分配。假设你在持有基金份额的第 12 个月月末将全部份额以 13.40 美元/股的价格卖出，你所获得的美元总收益为 255 美元，计算过程如下：

$$
\begin{array}{ll}
\text{股利收入}=100\times0.45= & 45 \\
\text{资本利得分配}=100\times0.9= & +\ 90 \\
\text{每股价值变动}=13.40-12.20 & \\
\qquad =1.20\times100= & \underline{+120} \\
\text{美元总收益} & 255
\end{array}
$$

用美元总收益除以原始投资成本便可以计算出该投资的总收益率。上例中的总收益率为 20.9%，计算过程如下：

$$
\begin{aligned}
\text{总收益率} &= \text{美元总收益}/\text{原始投资成本} \\
&= 255/1\ 220 \\
&= 0.209，\text{或} 20.9\%
\end{aligned}
$$

现在，请你自己动手计算：运用给出的关于东北公共事业基金的信息计算其在 12 个月中的美元总收益和总收益率（投资期限为 12 个月）：

基金份额：100

买入价格：14.00 美元/股

股利收入：0.30 美元/股

资本利得分配：0.60 美元/股

卖出价格：15.25 美元/股

| 计算 | 计算公式 | 答案 |
|---|---|---|
| 美元总收益 |  |  |
| 总收益率 |  |  |

答案：总收益为 215 美元；总收益率为 15.4%。

卖出基金份额后，因为基金价值的上涨而获得的利润被称为资本利得。要注意区分资本利得和资本利得分配这两个不同的概念。资本利得分配是基金卖出其投资组合中的证券，获得收益后分配给其基金份额持有者的那部分收益；而资本利得是投资者自己卖出所持有的基金份额时高出购买成本的那部分收益。当然，如果在持有期内投资者所持有的基金份额的价值下降，那么就会产生相应的资本损失。

| 你知道吗？ | |
|---|---|
| 共同基金持有者的特征 | |
| 4 | 持有基金数量的中值 |
| 76 | 在养老金账户中持有基金的投资者占基金投资者总数的百分比 |
| 91 | 基金投资者中进行养老储蓄的比例 |

资料来源：The Investment Company Insitute Web site (www.ici.org)，accessed February 16，2009.

## 税收与共同基金

对于养老金账户中的共同基金，其股利收入、资本利得分配，以及售出基金份额时产生的收益的再投资的税费是可以递延的。如果你在罗斯个人退休金账户持有共同基金份额，那么在满足一定条件的情况下，对于基金股利收入、资本利得分配，以及售出基金份额时产生的收益的再投资，甚至可以是免税的。而对于应税账户中持有的封闭式基金、股票交易所交易基金以及开放式基金，其获得的股利收入、资本利得分配和基金份额售出时产生的财务收益是需要缴税的。在每年的年末，投资公司需要向每一位基金份额的持有者寄出一份账单，其中详细记录了投资者获得的股利收入和资本利得分配情况。尽管投资公司可能会在年终报表中披露这些信息，但是大多数的基金还会使用美国国税局1099纳税表。下面我们将对应税账户中持有的共同基金的一般计税准则进行简要说明：

- 投资者在联邦纳税申报表中需要记录基金的股利收入以及其他已经获得的股利，这部分所得将作为投资者收入的一部分进行计税。
- 资本利得分配（来源于基金卖出其投资组合中的证券而获得的收益）将记录在联邦纳税申报表的附表 D 和表1040中。无论基金份额持有时间的长短，资本利得分配将作为长期资本利得进行计税。
- 在投资者售出其持有的基金份额后便产生了资本损益，这部分收入需要记录在附表 D 和表 1040 中。基金份额持有时间的长短决定了这部分损益是按照短期资本利得还是长期资本利得进行计税的。（关于资本盈余和资本亏损的详细信息，请参考第 3 章。）

**基金的换手率：**衡量了一年中基金的投资组合中，持有头寸于发生变化或"被替换"的资产占全部资产的百分比。

在对共同基金进行计税的过程中产生了如下两个具体问题：第一，几乎所有的投资公司允许投资者将其股利收入和资本利得分配进行再投资，即将这部分收益用于购买更多的基金份额而不是获得现金收入。但是，即便你选择将这部分收入进行再投资而不是获得现金收入，这部分收入仍旧需要纳税，并且必须作为你的经常收入记录在联邦纳税申报表中。第二，当你购买了股票、公司债券或其他投资工具，并且采取购买并持有的投资策略时（详见第 12 章中的介绍），何时将这部分资产售出的决定权便掌握在你手中，因此，你可以选择在哪一年对这些资产获得的资本利得进行纳税，以及何时利用资本损失进行税务减免。此外，共同基金本身每年还会定期买入或卖出其投资组合中持有的证券，由此产生的收益将在每年的年末以资本利得分配的形式支付给基金份额持有者。由于股利收入和资本利得分配是应税收入，因此在选择买入共同基金的时机上，还需要将该基金的换手率作为考虑因素之一。**基金的换手率**衡量了一年中基金的投资组合中，持有头寸发生变化或"被替换"的资产占全部资产的百分比。简言之，它是对基金交易的活跃程度的衡量。注意，除了 401(k) 或 403(b)，或其他一些类型的个人养老金账户中持有的基金以外，具有高换手率的共同基金可能会导致更高的所得税。更高的换手率还可能导致更高的交易成本和基金费用。与投资者亲自进行管理的投资不同，投资者对共同基金卖出证券的时间以及资本利得分配的计税期是无法进行控制的。

坚持准确的记录可以确保投资者在进行纳税申报时拥有全部相关文件，因此对于投资者来说是十分重要的。这份记录还可以帮助投资者监管共同基金投资的价值，并使其作出更加明智的基金买入和卖出决策。

## 购买选择

你可以在股票交易所或场外交易市场中购买封闭式基金或股票交易所交易基金的基金份额。如果你想认购开放式免佣型基金的基金份额，那么你可以直接与管理该基金的投资公司取得联系，或从经过授权的销售人员或证券公司的业务代表处进行认购。

你也可以在证券公司设立的共同基金超市中购买免佣型基金和佣金型基金。这样的共同基金超市至少拥有以下两个优势：第一，你可以通过免费电话或互联网来获得基金信息、购买或售出大量的不同基金的基金份额，而无须与发行共同基金的多家投资公司进行交易。第二，你只需从一家证券公司那里获得一份账单，而不是从与你进行交易的每家投资公司或证券公司那里获得多份账单。只收到一份账单的好处是显而易见的，因为它以相同的格式在同一份账单上为你提供了监控投资所需的全部信息。

因为开放式基金的交易具有独特性，下面我们将特别就如何购买或卖出这种类型的基金进行讨论。投资者可以通过以下四种方式购买开放式共同基金的基金份额：

- 定期账户交易；
- 自愿储蓄计划；
- 契约储蓄计划；
- 再投资计划。

在上述开放式基金份额的购买途径中，通过定期账户交易来购买基金份额最受投资者的欢迎，也最为简单。使用定期账户交易购买基金时，由投资者决定其投资的金额、投资的时间，之后就是根据这两个条件购买尽可能多的份额。

上面提到的定期账户交易对投资者认购的基金份额有较高的最小购买额度要求，而自愿储蓄计划要求的最小购买额度要低于前者,这也是通过自愿储蓄计划购买基金份额的主要优势。在初次购买时,投资者需要作出声明:愿意以最低的额度定期认购基金份额。事实上,即使投资者没有严格地按照声明的内容来购买基金份额,他/她也不会因此受到惩罚,但是大多数的投资者会感到有一种定期进行购买的"义务",此外,正如我们在教材中反复强调的,每月一小部分的投资是进行长期储蓄的绝佳途径。大多数自愿储蓄计划规定的最小购买额度(首次投资后)在每次 25 美元~100 美元之间。基金总是试图将投资变得尽可能的简单:大多数基金提供了员工代扣代缴计划;许多基金会根据基金份额持有人的授权,自动地从份额持有者的银行账户中扣除具体的金额。此外,许多投资者可以选择共同基金作为 401(k)、403(b) 和个人养老金账户的投资工具。在第 14 章中我们将会介绍更多的关于不同类型的养老金账户可以享受到的税赋优惠的信息。

契约储蓄计划对投资者的定期购买行为有具体的时间间隔要求,通常是 10~15 年,现在该储蓄计划的受欢迎度已经大不如从前了。因为所有的佣金是在合同期的前几年支付的,所以这些计划有时也被称做先付手续费计划。此外,若投资者没有履行购买要求,那么他/她可能会受到相应的惩罚。例如,如果你在完全履行购买要求之前就退出了合约,那么你将损失掉之前已经预付的佣金。在某些情况下,契约储蓄计划将共同基金份额与人寿保险相结合,从而吸引了更多投资者的加入。由于契约储蓄计划受到了许多理财专家和政府监督管理部门的批评,因此证券交易委员会和许多州政府对那些提供契约储蓄计划的投资公司实行了新的规定。

> **再投资计划**:是投资公司为投资者提供的一项服务,该计划自动地将投资者获得的股利收入和资本利得分配进行再投资,用于购买更多的基金份额。

投资者也可以通过基金的再投资计划购买开放式基金的基金份额。**再投资计划**是投资公司为投资者提供的一项服务,该计划自动地将投资者获得的股利收入和资本利得分配进行再投资,用于购买更多的基金份额。大多数再投资计划对于收益再投资时购买的额外基金份额不收取销售费用或佣金。记住,投资者必须将这些用于再投资的股利收入和资本利得分配作为应税收入进行报税。

投资者可以通过上述四种方式长期购买基金份额。根据平均成本原则(详见第 12 章)我们知道,投资者可以在长期内将每次购买时的购买价格进行平均。这种方法可以帮助投资者避免高买低卖,并且可以使投资者以高于平均成本的价格将手中的基金份额卖出,从而获得收益。

## 提款选择

封闭式基金和股票交易所交易基金或是在股票交易所挂牌交易,抑或是在场外市场进行交易,因此,投资者可以将手中的基金份额转卖给其他的投资者。投资者可选择将手中的开放式基金的基金份额在任一交易日卖给发行基金的投资公司。在这种情况下,基金份额将按照其净资产价值进行赎回。投资者只需发出适当的通知,基金就会将支票寄给你。某些基金甚至允许投资者开具支票从基金中提取现金。

此外,大多数基金列明了相应的条款,允许持有基金资产价值达到一定标准(通常是

5 000 美元）的投资者通过四种不同的方式有规律地提取现金。在第一种方案中，投资者可以根据事先约定在每个投资期内提取固定数额的现金，直至将其基金账户中的资金全部取出。通常，3 个月为一个投资期。

在第二种方案中，投资者可以在每个投资期内将一定数量的基金份额清算或"抛售"。由于基金份额的净资产价值在每个投资期内会有所不同，因此，投资者能够得到的金额也会有所差别。

在第三种方案中，投资者可以按固定的比例提取资产增长收益。如果资产没有增长，那么投资者也将无法得到支付。该方案不涉及投资者的本金。

---

**例子**

某投资者选择从共同基金投资中提取资产增长的 60%。在某一投资期内，资产增长了 3 000 美元，则投资者将得到 1 800 美元，计算过程如下：

投资者所得＝投资增长×增长的提取比例

＝3 000×60%＝1 800 美元

---

在第四种方案中，投资者可以提取投资期内发生的所有股利收入和资本利得分配。此方案不涉及投资者的投资本金。

## 概念检测 13—4

1. 请用自己的语言概括共同基金投资的优缺点。

_____

_____

2. 请说明下表中的每个关键词是如何对共同基金投资产生影响的以及由此产生的税费。

| 关键词 | 对共同基金投资的影响 | 税收类型 |
|---|---|---|
| 股利收入 | | |
| 资本利得分配 | | |
| 资本利得 | | |

3. 如何购买封闭式基金和股票交易所交易基金？

_____

_____

4. 对于开放式基金，购买其基金份额和赎回现金的方式都有哪些？

_____

_____

---

**自我应用**

**目标 4：** 选择一只你认为具有长期投资价值的共同基金，并从网络上获取该基金的招募说明书。详细描述招募说明书中对基金的购买和赎回方式的说明。

---

## 本章小结

**目标1** 共同基金具备专业化管理和分散化投资的优势，这是投资者选择投资共同基金的主要原因。共同基金也为现金投资，特别是对于养老金账户，提供了便捷的投资途径。共同基金有三种类型：封闭式基金、股票交易所交易基金和开放式基金。封闭式基金只在基金的募集阶段发行基金份额。股票交易所交易基金投资于某种股票指数（像标准普尔500股票指数、道琼斯工业平均指数和纳斯达克100指数）中涵盖的股票。封闭式基金和股票交易所交易基金可以在股票交易所或场外市场进行交易。开放式基金的基金份额可以在投资者的要求下按照基金的净资产价值（NAV）由投资公司卖出或赎回。

共同基金的基金份额也可以被分为A类份额（在购买基金份额时征收佣金）、B类份额（在持有基金的前5年内提取现金时征收佣金）和C类份额（买入和卖出基金时均不征收佣金，较高的长期费用）。其他的费用包括管理费和12b—1费。不同的管理费和营运成本的总和被称为费用比率。

**目标2** 根据基金投资的证券类型的不同，股票型基金可分为：积极成长型基金、股权收入基金、全球股票基金、成长型基金、指数型基金、国际投资基金、大盘股基金、中型股基金、区域型基金、产业基金、小盘股基金、社会责任基金。债券型基金可分为：高收益债券基金、中期企业债券基金、中期美国政府债券基金、长期公司债券基金、长期（美国）政府债券基金、市政债券基金、短期公司债券基金、短期（美国）政府债券基金。最后，其他类型的基金投资于不同的股票、债券以及其他的投资证券，包括：资产配置基金、平衡型基金、基金型基金、生命周期基金和货币市场基金。目前，许多投资公司使用了基金簇的概念，并允许投资者在同簇的基金之间进行转换，将资金投资于具有更大的潜力或更高的财务回报的基金。

**目标3** 选择"适合的"共同基金是投资者的责任。幸运的是，有大量的有用信息可以帮助投资者对基金进行评价。通常，投资者必须首先回答：是选择一只管理型基金还是指数型基金。一名专业的基金经理人（或基金经理团队）负责为管理型基金选择基金投资的证券。由于多年来指数型基金的业绩优于大多数的管理型基金，一些投资者选择投资指数型基金。如果某个指数中的个别证券的价值上升，该指数也会随之走高。由于指数型基金是对某一指数的映射，所以当该指数上升或下降时，相应的指数型基金的基金份额的价值也随之上升或下降。投资者可以利用网络上的信息、专业咨询服务、基金的招募说明书和年报、财经刊物以及报纸中的信息对不同的基金进行评价。

**目标4** 共同基金的诸多优缺点使其成为许多投资者的投资选择。只需250美元～3 000美元或更多的资金，投资者就可以创建一个账户并开始基金投资。封闭式基金和股票交易所交易基金的基金份额可以在有组织的股票交易所或场外市场上进行买卖交易。投资者可以从经授权的销售人员、证券公司的业务代表、共同基金超市，或发行基金的投资公司处购买开放式基金的基金份额。开放式基金的基金份额可以反售给发行基金的投资公司。共同基金的基金份额持有者可以得到三类投资收益：股利收入、资本利得分配（当基金从买卖其投资组合中的证券中获得收益时）和资本利得（当基金份额持有人以更高的价格将基金份额卖出时）。股利收入、资本利得分配和资本利得是需要缴税的。有多种申购和赎回基金份额的方式可供投资者选择。

## 关键词

| | | |
|---|---|---|
| 资本利得分配 | 基金簇 | 免佣型基金 |
| 封闭式基金 | 股利收入 | 开放式基金 |
| 或有延缓的销售费用 | 佣金型基金 | 再投资计划 |
| 股票交易所交易基金（ETF） | 共同基金 | 转换率 |
| 费用比率 | 净资产价值（NAV） | 12b—1 费 |

## 重点公式

| 对象 | 公式 |
|---|---|
| 净资产价值 | 净资产价值＝（基金投资组合的价值－负债）/基金发行份额 |
| 总收益 | 股利收入<br>＋资本利得分配<br>＋卖出基金份额时每股市值的变动<br>美元总收益 |
| 总收益率 | 总收益率＝美元总收益/原始投资成本 |

## 自测题

1. 两年前，玛丽·阿普尔盖特的共同基金投资组合的价值为 410 000 美元。现在，受到近期的经济危机的影响，她的投资组合的总价值下降到 296 000 美元。尽管她损失了一大笔资金，她并没有改变她的投资头寸。她的投资组合中包括了积极成长型基金或成长型基金。

    a. 阿普尔盖特女士在过去两年中的投资损失为多少？

    b. 根据题目中的信息计算损失率。

    c. 如果你是玛丽·阿普尔盖特，你会采取什么措施挽回损失，使投资组合恢复到其原有的价值。

2. 12 个月之前，基尼·彼得森认购了 400 股免佣型黑石股权分红 I 型基金的基金份额。黑石股权分红 I 型基金是晨星评级为 5 星级的基金，该基金寻求长期的总收益和经常性收入。他选择这只基金的原因在于他希望投资一只保守的、具有很高评级的基金。该基金每股价值 18.60 美元。年末，他收到每股0.11 美元的股利收入，和每股 0.08 美元的资本利得分配。12 个月后，该基金每股价值 12.18 美元。

    a. 彼得森先生在这只基金上的投资额为多少？

    b. 12 个月后，该基金的总收益为多少？

    c. 总收益率为多少？

    d. 尽管这是一只 5 星级的基金，它的价值在过去的一年中还是出现了下滑。是什么因素导致了该基金的价值下滑？

## 自测题答案

1. a. 美元损失＝410 000（两年前的价值）－296 000（现值）＝114 000 美元

    b. 损失率＝114 000/410 000（两年前的价值）＝0.278＝27.8%

c. 尽管阿普尔盖特女士有多种选择来挽回损失，但是每个决定必须是建立在仔细的调查和评估的基础上的。首先，她可以什么都不做。尽管她已经损失了其投资组合中的一大部分（114 000 美元或 27.8%），但是如果她坚信经济正在回暖，那么现在仍旧是继续持有的时机。其次，她可以卖出（或转换）她持有的积极成长型基金或成长型基金的部分或全部的基金份额，将资金用于投资更加保守的货币市场或政府债券基金，甚至大额存单。最后，如果她坚信经济正在回暖，那么她可以认购更多的基金份额。由于优质基金的价值正处于低位，现在或许就是一个绝佳的购买时机。阿普尔盖特女士应该选择哪一种方案还取决于你回答这个问题时的经济环境。

2. a. 总投资＝基金份额单价×认购的基金份额数

    ＝18.60×400＝7 440 美元

b. 股利收入＝0.11（每股的股利收入）×400＝44.00 美元

资本利得分配＝0.08（每股资本利得分配）×400 股＝32 美元

基金份额价值变化＝18.60（期初价值）－12.18（期末价值）

      ＝6.42 美元（损失）

价值减少的总值＝6.42 美元（损失）×400＝2 568 美元（损失）

总收益＝ 44（股利收入）＋32（资本利得分配）－2 568（基金价值的减少总值）

    ＝－2 492 美元（美元总收益）

c. 总收益率＝ 2 492/7 440＝0.335＝33.5%

d. 即使是晨星评级为 5 星级的基金也不能保证基金价值的上升。评级仅仅是决定因素之一，在评价基金时还需考虑其他的许多因素。例如，经济危机无疑是致使该基金在过去的 12 个月里价值下滑的主要原因。尽管每个投资者都期盼在每个为期 12 个月的投资期末能获得正的总收益，但是任何基金都无法保障投资者能够获得股利收入、资本利得分配或基金价值的增加及其数额的多少，尤其是在经济危机时期。

## 练习题

1. 根据下列信息计算波士顿股权共同基金的净资产价值：

总资产：225 000 000 美元

总负债：5 000 000 美元

基金份额总数：4 400 000

2. 关于西部资本增长共同基金的信息如下：

总资产：750 000 000 美元

总负债：7 200 000 美元

基金份额总数：24 000 000

该基金的净资产价值（NAV）为多少？

3. 简·宋在 AIM 特许共同基金中投资了 15 000 美元。在认购基金份额时该基金收取了 5.50% 的佣金。计算简需要支付的佣金总额。

4. 比尔·塞尔瓦托即将退休，他决定将他的养老储蓄金中的一部分用于购买保守型债券基金。他选择了美国世纪市政债券基金。如果他的投资额为 80 000 美元，在购买基金时需缴纳 4.50% 的佣金，比尔需要缴纳的佣金总额为多少？

5. 玛丽·坎菲尔德购买了新维度环球增值基金。该基金不收取认购费，但如果玛丽在投资的前 5 年中赎回基金份额则需缴纳 4% 的或有延缓的销售费用。如果玛丽在投资的第二年提取了 6 000 美元，那么她需要支付的或有延缓的销售费用为多少？

6. 迈克·杰克逊在 ABC 共同基金中共投资了 8 500 美元。该基金的管理费是总资产价值的 0.70%。计算迈克每年需缴纳多少管理费。

7. 贝蒂·霍洛威和詹姆斯·霍洛威夫妇共投资金融视角社会责任基金 34 000 美元。该基金的管理费是总资产价值的 0.60%。计算霍洛威夫妇每年需要缴纳的管理费。

8. 作为其 401(k) 养老金计划的一部分，肯·洛维利每月将其工资收入的 5% 投资于资本投资生命周期基金。年末时，肯的 401(k) 账户中共有资金 21 800 美元。如果该基金收取 0.80% 的 12b—1 费，那么肯需要缴纳多少 12b—1 费？

9. 吉尔·汤普森因为一场交通事故获得了一大笔赔偿金，她决定将其中的 120 000 美元投资于先锋 500 指数基金。该基金的费用比率为 0.18%。吉尔今年需要支付的费用为多少？

10. 雅马哈积极成长型基金的费用比率为 2.13%，计算：

    a. 如果你投资了 25 000 美元在这只基金上，那么你今年需要支付的费用为多少？

    b. 根据本章提供的信息和你自己的研究，你认为这一比率是低的、平均水平，还是高的？

11. 詹森·马修购买了 250 股霍奇和马托克斯能源基金的基金份额。每股基金份额价值 13.66 美元。15 个月后，他决定在基金份额价值上涨到 17.10 美元时将手中的份额卖出。

    a. 他的投资总额为多少？

    b. 当马修先生卖出其持有的霍奇和马托克斯能源基金时，他将得到多少资金？

    c. 他的投资收益为多少？

12. 三年前，詹姆斯·马西森以每股 21 美元的价格购买了 200 股某共同基金。三年间，他得到的总股利收入为每股 0.70 美元，总资本利得分配为每股 1.40 美元。三年后，他持有的基金份额的价值为每股 25 美元。他的投资总收益为多少？

13. 假设一年前，你以每股 15 美元的价格购买了 100 股某共同基金的基金份额，在过去的一年间你得到的资本利得分配为每股 0.55 美元，现在该基金的市场价值为每股 17 美元。

    a. 计算你的 1 500 美元的投资带来的总收益为多少？

    b. 计算该投资的总收益率。

14. 在过去的三年间，拉凯霞·汤普森多次购买了奥克马克 I 型基金。根据下列信息回答以下问题。你可以在回答问题之前在第 12 章中回顾关于平均成本的概念。

| 年份 | 投资额 | 每股价格 | 份额数* |
| --- | --- | --- | --- |
| 2007 年 2 月 | 1 500 美元 | 45.80 美元 | |
| 2008 年 2 月 | 1 500 美元 | 37.70 美元 | |
| 2009 年 2 月 | 1 500 美元 | 23.30 美元 | |

    *请将计算结果保留到小数点后两位。

    a. 三年的投资期末，该投资者的投资总额为多少？

    b. 三年的投资期末，该投资者购买的基金份额总数为多少？

    c. 三年的投资期末，每股基金份额的平均购买成本为多少？

## 问答题

1. 共同基金投资已经成为许多投资者的投资选择。请用自己的语言简要说明为什么投资者竞相购买共同基金。

2. 请说出在购买佣金型基金时投资者需要支付的费用的类型。投资者在投资共同基金后通常需要支付哪些年费？

3. 本章列出了一些共同基金的不同分类。

    a. 根据你的年龄和目前的财务状况，说明哪种类型的共同基金适合你的投资需求？并作出解释。

b. 随着人们临近退休，他们的投资目标通常会发生改变。假设你现在 45 岁，养老金账户中的金额为 110 000 美元。在这种情况下，你会选择哪种类型的共同基金？为什么？

c. 假设你现在的年龄是 60 岁，养老金账户中拥有资金 400 000 美元，并假设你将在 65 岁时退休。你会选择哪种类型的共同基金来实现你的投资目标？为什么？

4. 在 AIM 特许共同基金（基金代码为 CHTRX）和富达 50 共同基金（基金代码为 FFTYX）两只基金中选择一只。请说明下列不同的信息获得渠道如何帮助你对选中的基金进行评估。

a. 网络

b. 专业咨询服务

c. 基金的招募说明书

d. 基金的年报

e. 财经刊物

f. 报刊

5. 请访问雅虎财经网站，对下列共同基金进行评估。请按照以下三个步骤完成该任务。

a. 登录网站 http://finance. yahoo. com。

b. 选择下列三只基金的一只，输入其基金代码，之后点击"查询"按钮：奥本海默平衡基金（Oppenheimer Balanced，OPASX），乔纳斯企业基金（Janus Enterprise fund，JAENX）和美国基金华盛顿共同基金（American Funds Washington Mutual fund，AWSHX）。

c. 将有关你所选中的基金的信息打印出来。

d. 根据研究报告中包括的信息，你会投资于这只基金吗？请说明原因。

6. 找到一份共同基金的招募说明书，并根据说明书上的内容，确定你可用来认购和赎回基金份额的各种方法。

a. 哪种认购方法对你最有吸引力？为什么？

b. 假设你现在已经到了退休的年龄，哪种赎回方式对你最有吸引力？

## 案例一

### 研究信息可以在晨星公司网站上获得

本章强调了评估潜在投资的重要性。现在轮到你展示所学到的技能的时候了，请尝试运用这些技能评估 T. 罗价格股权收益基金的潜在投资价值。假设，你拥有 10 000 美元的资金可用于投资这只基金。图表 13—5 是一份对 T. 罗价格股权收益基金的晨星研究报告，为了更好地评估这只潜在投资基金，请仔细查看该图表中的内容。该报告的发布时间为 2008 年 12 月 6 日。

**问题**

1. 根据晨星提供的报告，你是否会购买 T. 罗价格股权收益基金的份额？证明你的答案的合理性。

2. 在评估这只基金时，你还需要哪些其他的投资信息？你可以从什么渠道获得这些信息？

3. 2009 年 2 月 13 日，T. 罗价格股权收益基金的每份价格为 14.86 美元。通过网络或报刊，确定该基金目前的每份价格。基于这些信息，你的投资是否能盈利？（提示：该基金的代码为 PRFDX。）

4. 假设你于 2009 年 2 月 13 日买入了 T. 罗价格股权收益基金，请根据你对问题 3 的回答，判断你是会持有还是抛售手中持有的基金份额。并给出解释。

## 案例二

维基和提姆（年龄分别为 50 岁和 52 岁）最近一直忙于清扫提姆父母的房子。提姆的母亲在前不久过世了，父亲则搬到了老年公寓。他们的女儿茉莉（20 岁）和他们 13 岁的双胞胎儿子凯莱布和泰勒也加入了他们并帮助腾出祖父母留下的纪念品，而多余的家具和装饰品将会被出售。这两天，提姆还同他的父亲和他父母的律师一起探讨了他母亲的遗嘱。令他感到吃惊和感动的是,他的父母虽然生活一直十分节俭,却积累了规模不小的投资组合,为他和维基留下了 175 000 美元的遗产。

维基和提姆决定现在应该与一名理财规划师一起商讨他们投资这笔遗产的财务目标。他们计划将其中的 100 000 美元用于增加对三个子女的教育金,并按照遗嘱中的条文,将其余的 75 000 美元存起来,并在他们的三个子女到了 25 岁的时候,平均分给他们。

维基和提姆希望能够明智地投资这笔遗产以达到他们的财务目标。以下是他们的财务数据:

**资产**

活期/储蓄存款 25 000 美元

应急基金 25 000 美元

房产 385 000 美元

汽车 3 000 美元和 28 000 美元

家庭财产 25 000 美元

401(k) 账户余额 167 000 美元(维基),305 000 美元(提姆)

就学存款 57 000 美元

人寿险的现金价值 33 000 美元

**每月支出**

按揭贷款 1 200 美元

财产税/保险 700 美元

日常生活支出(包括水电费、食物、子女开支)4 500 美元

汽车贷款 450 美元

娱乐/度假 400 美元

汽油/维修 500 美元

定期和终身人寿保险 400 美元

**负债**

抵押贷款 108 000 美元

汽车贷款 14 000 美元

**收入**

总收入 25 000 美元/年(维基),131 000 美元/年(提姆)

税后月收入 1 458 美元(维基),7 641 美元(提姆)

**储蓄:**

401(k) 月收入总额的 8%

就学存款 600 美元

**问题**

1. 维基和提姆如何运用共同基金投资来实现他们的目标?

2. 关于佣金和其他费用,他们的主要顾虑是什么?

3. 我们是否可以说维基和提姆的投资多样化了?

4. 对于处于目前年龄阶段的维基和提姆,你会推荐给他们何种类型的共同基金?对于他们的教育金理财目标和养老目标,你会推荐同样的基金吗?他们应该为这笔遗产选择什么类型的共同基金进行投资?

5. 他们应该如何使用你的个人理财规划表 40~你的个人理财规划表 41?

# 消费日记

"我必须从现在进行消费和为将来进行投资两者间进行选择。"

### 指导

对你的日常支出进行监控将有助于你更好地思考你的理财计划选择,拥有更加有效的信息,对资产进行更好的管理。在本书最后的附录 C 中给出了消费日记表,你也可以登录学生网站 www. mhhe. com/kdh 下载该表。

**问题**

1. 你是否考虑过对某些支出项进行改变,从而增加你的投资额呢?

2. 基于你的投资目标和可用的投资额,你会选择哪种类型的共同基金进行投资呢?

## 你的个人理财规划表 40

姓名：_____     日期：_____

## 评价共同基金的投资信息

**理财规划活动：**确定并评价各种基金信息来源的价值，对于那些可能会指导你进行投资决策的信息，请给出一些具体示例。

**推荐网站：** www.morningstar.com   www.kiplinger.com

| 评估标准 | 信息 1 | 信息 2 | 信息 3 |
|---|---|---|---|
| 名称、位置以及电话 | | | |
| 网站 | | | |
| 提供的信息综述（主要特点） | | | |
| 费用 | | | |
| 获得信息的难易 | | | |
| 评价<br>● 可靠性<br>● 清晰度<br>● 信息的性价比 | | | |

## 个人理财规划的下一步是什么？

● 了解你的朋友和家人都是使用何种信息来评价共同基金的。

● 选择一种信息渠道并阐述该信息如何帮助你实现投资目标。

## 你的个人理财规划表 41

姓名：_____     日期：_____

## 共同基金的评价

**理财规划活动：**仅靠一份列表是无法指导你挑选出适合你的共同基金的，不过，以下的一些问题可以帮助你对基金的潜在投资价值进行评价。选择一只你认为可以帮助你实现投资目标的基金，运用共同基金网站和/或图书馆中的资料回答以下问题。

**推荐网站：** www.morningstar.com   http：//finance.yahoo.com

## 第一部分：基金特征

1. 基金名称是什么？

_____

2. 该基金的晨星评级是什么？

_____

3. 最小投资额为多少？

_____

4. 该基金是否允许电话或网上交易？□是 □否

5. 是否有交易费用？□是 □否

## 第二部分：费用

6. 是否存在前期的佣金费用？如果有，其费用为多少？

_____

7. 是否存在赎回费？如果有，其费用为多少？

_____

8. 年管理费为多少？

_____

9. 是否存在 12b—1 费？为多少？

_____

10. 该基金的费用比率为多少？

_____

## 第三部分：多样化

11. 该基金的投资目标是什么？

_____

12. 基金的投资组合中包含的证券类型都有哪些？

_____

13. 基金的投资组合中包括多少种不同的证券？

_____

14. 基金的投资组合中涵盖了多少种不同的行业？

_____

15. 该基金持有头寸最多的前五种证券是哪些？

_____

## 第四部分：基金业绩

16. 基金经理在该基金的任职时间为多长？

_____

17. 该基金在过去 12 个月内的业绩如何？

_____

18. 该基金在过去 5 年中的业绩如何？

_____

19. 该基金在过去 10 年中的业绩如何？

_____

20. 该基金目前的净资产价值为多少？

_____

21. 在过去的 12 个月中，该基金净资产价值的最高值为多少？

_____

22. 在过去的 12 个月中，该基金净资产价值的最低值为多少？

_____

23. 基金投资专家们是如何评价这只基金的？

_____

## 第五部分：结论

24. 根据以上信息，你是否认为投资该基金可以帮助你实现你的投资目标？□是　□否

25. 请对 24 题的答案进行解释。

### 注意事项：

当你使用这样的清单时，很可能会忽略一些重要的相关信息。清单绝非万能的，但确实能够提供一些十分合理的问题，这些问题都是你在进行共同基金决策之前首先要回答的。简单地说，这只是我们进行决策的起点。如果你还需要其他信息，那么你就需要自己去挖掘，并确定该信息是如何影响你的潜在投资的。

### 个人理财规划的下一步是什么？

- 确定其他可能影响你进行基金投资决策的因素。
- 起草一份计划用于对你所购买的基金的投资价值进行监控。

# 第 14 章　养老和遗产规划

**自我测评**

　　你对养老和遗产规划持有怎样的态度？请根据你的个人态度在下列各项陈述后选择"同意"或"不同意"。

同意　不同意

　　1. 退休对我来说还是很遥远的事情，因此我拥有大量的时间可以考虑何时为我退休后的生活进行储蓄。

　　2. 退休后，我的生活开支将会下降。

　　3. 我可以依靠社会保障和公司提供的养老金来支付退休后的生活费用。

　　4. 我至今未婚，所以不需要订立遗嘱。

　　5. 我认为遗产规划仅适用于富人和名人。

　　6. 通过建立信托，我无须自己管理自己的财产。

学习完本章之后，请重新考虑你对这些问题的回答。

*你的个人理财规划表*

　　42. 不同养老规划的比较

43. 对退休后收入的预测

44. 遗产规划活动

45. 遗嘱规划表

46. 信托产品比较表

**目　标**

在本章中，你将会学习到：

1. 分析目前的资产和负债情况，并对退休后的生活支出作出估计。

2. 确定预期的养老金收入，并根据该收入制定平衡预算。

3. 分析遗产规划中的个人和法律事宜。

4. 区分遗嘱和信托的不同类型。

**为什么这很重要？**

尽管社会保障可以为退休人员提供其在职时平均工资的30%作为养老金，但大多数的理财顾问建议一份占原在职收入的70%～90%的养老金收入才能使你过上舒适安逸的退休生活。就算公司还提供养老金，你仍然需要储蓄。

根据美国退休人士协会（AARP）近期的一项调查，在45岁以上的美国人中，有超过40%的人没有起草遗嘱。订立一份有效的遗产规划将使你在退休后依然过着富足的生活，并在你去世之后为你所深爱的人们提供保障。

# 养老规划：尽早开始

目标1：分析目前的资产和负债情况，并对退休后的生活支出作出估计。

目前，"退休"这两个字可能距离你的生活还很遥远。然而，实际上，为养老做规划再早开始也不为过。提前进行规划可以帮助你从容地应对生活中可能发生的突然变故，并在某种程度上使你能够对未来进行控制。

如果你还没有认真地研究过养老问题，那么你现有的对自己"黄金时代"的看法恐怕早已过时了。下面就列出了一些常见的错误观点：

- 你拥有大量的时间用于考虑何时开始为养老进行储蓄。
- 仅仅存一点点的钱起不了什么作用。
- 退休后你的开销会减少。
- 你的退休生活仅持续15年的时间。
- 你可以依靠社会保障和公司提供的养老金计划来支付基本的生活支出。
- 你的退休津贴将会与通货膨胀水平同步增长。
- 你雇主的健康保险和医疗保险计划可以覆盖你退休后所有的医疗支出。

其中的一些观点一度是正确的，但如今它们早已不再适应现在的社会了。退休后，你很可能还会活很长一段时间。如果你希望拥有一段幸福而舒适的退休生活，那么就自然需要足够的钱来满足相应的生活方式了。别人当然不可能替你准备好这部分资金，这就是为什么你需要尽可能早地开始规划并进行储蓄的原因。虽说你可以自由选择何时开始养老储蓄，但是你开始得越早，所能获得的收益就会越大（见图表14—1）。

**图表 14—1 收益比较——早储蓄与晚储蓄**

尽早开始你的养老规划

| 储蓄者 A（早储蓄者） | | | | 储蓄者 B（晚储蓄者） | | | |
|---|---|---|---|---|---|---|---|
| 年龄 | 年 | 存款（美元） | 年终值（美元） | 年龄 | 年 | 存款（美元） | 年终值（美元） |
| 25 | 1 | 2 000 | 2 188 | 25 | 1 | 0 | 0 |
| 26 | 2 | 2 000 | 4 580 | 26 | 2 | 0 | 0 |
| 27 | 3 | 2 000 | 7 198 | 27 | 3 | 0 | 0 |
| 28 | 4 | 2 000 | 10 061 | 28 | 4 | 0 | 0 |
| 29 | 5 | 2 000 | 13 192 | 29 | 5 | 0 | 0 |
| 30 | 6 | 2 000 | 16 617 | 30 | 6 | 0 | 0 |
| 31 | 7 | 2 000 | 20 363 | 31 | 7 | 0 | 0 |
| 32 | 8 | 2 000 | 24 461 | 32 | 8 | 0 | 0 |
| 33 | 9 | 2 000 | 28 944 | 33 | 9 | 0 | 0 |
| 34 | 10 | 2 000 | 33 846 | 34 | 10 | 0 | 0 |
| 35 | 11 | 0 | 37 021 | 35 | 11 | 2 000 | 2 188 |
| 36 | 12 | 0 | 40 494 | 36 | 12 | 2 000 | 4 580 |
| 37 | 13 | 0 | 44 293 | 37 | 13 | 2 000 | 7 198 |
| 38 | 14 | 0 | 48 448 | 38 | 14 | 2 000 | 10 061 |
| 39 | 15 | 0 | 52 992 | 39 | 15 | 2 000 | 13 192 |
| 40 | 16 | 0 | 57 963 | 40 | 16 | 2 000 | 16 617 |
| 41 | 17 | 0 | 63 401 | 41 | 17 | 2 000 | 20 363 |
| 42 | 18 | 0 | 69 348 | 42 | 18 | 2 000 | 24 461 |
| 43 | 19 | 0 | 75 854 | 43 | 19 | 2 000 | 28 944 |
| 44 | 20 | 0 | 82 969 | 44 | 20 | 2 000 | 33 846 |
| 45 | 21 | 0 | 90 752 | 45 | 21 | 2 000 | 39 209 |
| 46 | 22 | 0 | 99 265 | 46 | 22 | 2 000 | 45 075 |
| 47 | 23 | 0 | 108 577 | 47 | 23 | 2 000 | 51 490 |
| 48 | 24 | 0 | 118 763 | 48 | 24 | 2 000 | 58 508 |
| 49 | 25 | 0 | 129 903 | 49 | 25 | 2 000 | 66 184 |

续前表

## 尽早开始你的养老规划

| 年龄 | 储蓄者 A（早储蓄者） | | | 年龄 | 储蓄者 B（晚储蓄者） | | |
|---|---|---|---|---|---|---|---|
| | 年 | 存款（美元） | 年终值（美元） | | 年 | 存款（美元） | 年终值（美元） |
| 50 | 26 | 0 | 142 089 | 50 | 26 | 2 000 | 74 580 |
| 51 | 27 | 0 | 155 418 | 51 | 27 | 2 000 | 83 764 |
| 52 | 28 | 0 | 169 997 | 52 | 28 | 2 000 | 93 809 |
| 53 | 29 | 0 | 185 944 | 53 | 29 | 2 000 | 104 797 |
| 54 | 30 | 0 | 203 387 | 54 | 30 | 2 000 | 116 815 |
| 55 | 31 | 0 | 222 466 | 55 | 31 | 2 000 | 129 961 |
| 56 | 32 | 0 | 243 335 | 56 | 32 | 2 000 | 144 340 |
| 57 | 33 | 0 | 266 162 | 57 | 33 | 2 000 | 160 068 |
| 58 | 34 | 0 | 291 129 | 58 | 34 | 2 000 | 177 271 |
| 59 | 35 | 0 | 318 439 | 59 | 35 | 2 000 | 196 088 |
| 60 | 36 | 0 | 348 311 | 60 | 36 | 2 000 | 216 670 |
| 61 | 37 | 0 | 380 985 | 61 | 37 | 2 000 | 239 182 |
| 62 | 38 | 0 | 416 724 | 62 | 38 | 2 000 | 263 807 |
| 63 | 39 | 0 | 455 816 | 63 | 39 | 2 000 | 290 741 |
| 64 | 40 | 0 | 498 574 | 64 | 40 | 2 000 | 320 202 |
| 65 | 41 | 0 | 545 344 | 65 | 41 | 2 000 | 352 427 |
| | | 20 000 | | | | 62 000 | |

| 退休时的总价值* | | | 545 344 | 退休时的总价值* | | | 352 427 |
|---|---|---|---|---|---|---|---|
| 减去总存款额 | | | −20 000 | 减去总存款额 | | | −62 000 |
| 净收益 | | | 525 344 | 净收益 | | | 290 427 |

\* 假设固定收益率为 9%，以月为单位进行复利，本金无变化。个人养老金账户中的资金在提取时需要缴纳个人所得税，且可能受到其他个人养老金账户条款的限制。

资料来源：*The Franklin Investor*（San Mateo，CA：Franklin Distributors Inc.，January 1989）.

### 例子

　　假设你希望在 65 岁退休时至少拥有 100 万美元。如果你从 25 岁时开始为养老进行储蓄，那么每个月拿出 127 美元投资基金（该基金的成长率为每年 11%）就可以实现这个目标。如果你等到 50 岁时才开始进行养老储蓄，那么所需的每个月的储蓄额将高达 2 244 美元。

当你思考退休生活时，一定要考虑你的长远目标。退休对你来说意味着什么？可能退休对你来说仅仅就是停止工作、好好修养生息的时期。你也可能想象着要环游世界，培养一个兴趣爱好，或开始你的第二职业。退休后你想住在哪里？你想拥有怎样的生活方式？一旦你已经仔细考虑过这些问题，那么在进行养老规划时你首先要做的就是确定你目前的财务状况，即分析自己目前的资产与负债情况。

## 开展财务分析

正如你在第 2 章中所学习到的，资产就是指你所拥有的任何具有价值的事物（现金、财产、私人财产以及投资），其中包括活期存款账户和储蓄账户中的现金、房屋、汽车、电视等等。资产还包括你所持有的股票、债券及其他投资的现金价值，以及人寿保险和养老基金的现金价值。

相反，负债是指你所背负的债务：抵押贷款或汽车贷款余额、信用卡余额、未付的税款等等。资产减去负债便是你所拥有的资产净值。一个较为理想的情况是，随着你退休日期的临近，你所拥有的资产净值逐渐增加。

你最好能够对你拥有的财产进行定期的审查。你可能需要不时地对储蓄、支出和投资进行调整，以保证能够随时掌握资产的状况。在进行资产审查时，请考虑以下几个因素：房产、人寿保险以及其他投资。这些资产都将对你退休后的收入产生重要的影响。

**房产**　住房很可能就是你所拥有的价值最高的资产。然而，如果你是通过一大笔抵押贷款才购得该房产的，那么这就加大了你无法顺利达成养老目标的风险。在这种情况下，你可能就要考虑购买一个面积小一些的、价格便宜些的房子。记住，小户型房屋在维护上更容易，也更便宜。

**人寿保险**　在未来的某个时刻，你可能会购买一份人寿保险，从而为你的孩子提供经济保障，以防你在他们还小的时候不幸过世。虽然，当你接近退休年龄时，你的孩子极可能已经长大成人，这时你可能就会减少你的保险金额，从而减少所支付的保险金。这将使你拥有额外的资金可以用于支付日常的生活开支，或用于投资，以获得更多的额外收入。

**其他投资**　在进行资产审查时，你可能还想了解你拥有哪些其他投资。当初你在选择这些投资时，可能并非将其视作短期投资，而对它们的成长性更加感兴趣。然而，当你已经准备好退休时，也许就想用这些投资带来的收入来补贴生活开支，而不是将它们用于再投资。

## 估计退休后的生活支出

接下来你需要做的事情就是对退休后所需的资金额度进行预测，这些资金要能够保证你过上舒适的退休生活（参见下面的"个人理财实践"专栏）。当然，你不太可能准确地估计出你退休后所需的资金额，但你却可以大致估计出你的基本需要。为了做到这一点，你需要考虑你的支出模式以及你的居住环境会发生怎样的变化。例如，与现在相比，你在娱乐、健康保险以及医疗护理方面的支出可能会更多。同时，你可能在交通和服装方面的支出有所减少。你的联邦所得税支出也可能会下降，你从各种养老规划中获得的收入可能适用于更低水平的税率，甚至无须缴税。在考虑你退休后的生活支出时，别忘了留出一部分预算用于应急支出。图表 14—2 为我们提供了一个退休后支出模式的例子。

图表 14—2　　　　　　　　普通老人（65 岁以上）的家庭支出

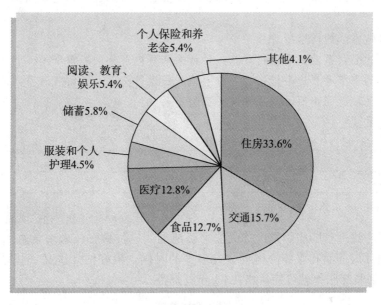

\* 32 800 美元≈100％，2005。

注：退休家庭在食品、住房以及医疗方面的支出高于非退休家庭。

资料来源：根据美国劳工统计局数据整理。

## 个人理财实践

## 你退休后的居住选择

　　退休后，你打算住在哪儿呢？这将对你的财务需求有着重要的影响。在退休之前，你最好充分利用假期的时间来寻找你心仪的居住地。当你找到了自己喜欢的地方后，就需要在一年中的不同时间去那儿转一转，这样就能对那里的气候有所了解。此外，你要与附近的居民进行面对面的交流，从中了解当地的活动、交通以及税收情况。

　　此外，你还需充分考虑到搬到一个新的地方生活存在的不利条件。你最终可能会发现你根本就不喜欢这里，却已陷入其中无力脱身。此外，搬家可是成本不菲的，并可能会使你在感情上备受煎熬。你可能会想念你的孩子、你的孙子，以及那些远离你的家人和朋友。如果你决定在退休后搬到另一个地方颐养天年，那么就请做好足够的心理准备吧，现实地面对你所需放弃的东西以及你会获得的东西。

### 避免被退休后迁移所诱惑

一些人在退休后搬到了他们梦想的地方定居，之后便发现他们做了一个经济上十分错误的决定。为了帮助大家在搬家之前及时发现那些隐蔽的税费及其他成本，我们列出了养老专家们提出的一些建议：

- 与当地的商会联系，咨询有关财产税和当地经济环境的具体信息。
- 与州税务部门联系，咨询关于所得税、消费税、遗产税的信息以及对退休人员的特殊优惠。
- 阅读当地报纸的周末版。
- 与当地的公共事业公司取得联系，估计未来可能产生的能源费用。
- 在不同的季节考察这个地区，并与当地居民进行交谈，了解各种不同的生活成本。
- 先租住一段时间，而不是立即购买房屋。

你有什么发现？

_____

_____

_____

不要忘了考虑通货膨胀因素。你无法准确地预测通货膨胀在未来会处于怎样的水平，所以在计算退休时商品和服务价格会上升多少的时候，最好估计得高一些（见图表14—3）。仅3%的通货膨胀率就可使价格在24年间翻番。

**图表14—3**　　　　　　　　　　　　**通货膨胀效应**

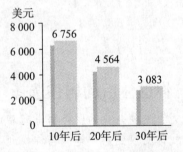

图表14—3为我们展示了在通货膨胀率为4%的情况下，今天的10 000美元在10年后、20年后、30年后的价值是多少。（4%是一个相当保守的通货膨胀水平。）

由于通货膨胀的存在，商品和服务的价格水平在较长的时间里几乎是不可能保持不变的。假设通货膨胀率为4%，那么今天的10 000美元在30年后的价值是多少呢？你会采取什么样的措施来抵消通货膨胀带来的影响？

### 概念检测 14—1

1. 退休后，需要你定期进行审查的三种资产是什么？

2. 退休后，哪些方面的支出可能会增加？

3. 退休后，哪些方面的支出可能会减少？

~~~~~~~~~~~~~~~~~~~~~~~~~~~~~~~~~~~~~~~~~~~~~~~~~~~~~~~~~~~~~

**自我应用！**

**目标 1：**询问你的朋友、亲人及其他人对于养老规划的看法，并根据你的发现撰写一份报告。

## 你的退休收入

> **目标 2：** 确定预期的养老金收入，并根据该收入制定平衡预算。

退休后收入的四大来源是：雇主养老金计划、公共养老金计划、个人养老金计划以及养老金。

## 雇主养老金计划

该类型的养老金计划是由雇主全额或部分资助的退休养老金计划。在雇主养老金计划中，由你的雇主为你的退休福利进行储蓄，有些时候，你自己也需要承担一部分（参见下面的"计算"专栏）。这些存款和收入在你从退休账户中取出来之前是无须缴税的（递延税款）。

**计 算**

### 养老储蓄

假设你每年储蓄 2 000 美元，你所在的公司每年为你储蓄 500 美元，在 10% 的利率水平下，以年为单位进行复利，计算 10 年后你的储蓄总额为多少？

单位：美元

|  | 储蓄额 | 利息 | 总计 |
|---|---|---|---|
| 将每年工资收入 20 000 美元的 10% 用于储蓄 | 2 000.00 |  |  |

续前表

| | 储蓄额 | 利息 | 总计 |
|---|---|---|---|
| 公司每年为员工储蓄的金额等于员工工资的5%的一半 | 500.00 | | |
| 第1年 | | | |
| 第2年 | | | |
| 第3年 | | | |
| 第4年 | | | |
| 第5年 | | | |
| 第6年 | | | |
| 第7年 | | | |
| 第8年 | | | |
| 第9年 | | | |
| 第10年 | | | |
| **总计** | | | |

　　私人雇主的养老金计划各有不同。如果你所在的公司为雇员提供了这种养老金计划，你就应该了解能获得哪些养老福利，以及什么时候才有资格享受这些福利。在面试阶段你就要向潜在雇主问清楚这些问题，并尽快地加入到养老计划中（阅读下面的《基普林格的个人理财》特辑）。常见的雇主养老金计划的基本类型有以下两种：缴费确定计划和待遇确定计划。

## 当你受到冷落之时

　　就在本国一些最大的雇主和产业贸易协会向国会恳求短期的资金援助之际，许多举足轻重的工会和职工团体表示支持它们的请求，以期望这些公司不会冻结它们的养老金计划（冻结养老金意味着员工虽然依旧持有他们已经获得的养老福利，但不会继续获得相应的养老福利。这一举措最小化了雇主的未来成本，不过它们仍旧需要弥补当前养老金计划中的资金缺口）。不过自去年股市崩盘以来，冻结养老金的举措似乎在如火如荼地进行着。

　　有超过12家的大公司宣布它们冻结养

老金的计划将在今年生效，其中就包括飞机制造业巨头波音公司以及出版业的旗帜蓝登书屋。由于冻结养老金将会减少员工未来的退休福利，因此公司往往会引入新的401（k）计划，或增加雇主对现有养老金计划的缴费水平以达到强化现有养老金计划的目的。

　　此种举措增加了年轻员工的福利。他们当中的绝大部分人由于工龄尚浅而无法从传统的待遇确定计划中获利（待遇确定计划通常为工龄较长的员工提供了最大程度的福利）。那些即将退休的老员工们通常不会由于养老金的冻结而受到很大的伤害，这是因为他们已经获得了绝大部分的养老福利，该福利水平的决定基于员工的服务年限以及工资水平最高的 3~5 年的工资的平均水平。

不过，对于那些 50 多岁的正处于职业生涯中期的员工来说，冻结养老金可谓毁灭性举措。未来工资收入的上升和服务年限的增加都将不再作为养老金计算中的决定因素，致使他们错失了后置养老福利计划中最有利可图的部分。此外，他们仅拥有极为有限的时间通过在 401(k) 账户中进行储蓄来弥补损失。

例如，波士顿大学的养老金研究中心研究发现，对于一名在 35 岁时加入公司养老金计划并在其 62 岁之前持续获得福利收益的员工来说，他所能获得的养老金收入将占到其最终总收入的 43%。然而，如果在他 50 岁的时候将其养老金冻结，并用 401(k)

计划进行代替，则该员工的养老金——收入替代率将会降至最终收入的 28%。即使采取 401(k) 强化措施，其获得的养老福利也是下降的。

在这两种情况下［引入 401(k) 计划或增加对现有养老金计划的投入］，社会保障福利都将对退休金进行补偿。不过，对于那些养老金被冻结的雇员来说，他们将不得不更多地依靠个人储蓄来维持退休前的收入，或减少退休后的支出。此外，投资风险发生了转移，从雇主转向了退休人员。你应该如何应对？理财规划师大卫·库德拉认为你应该关注那些你能掌控的事情，例如，向你的 401(k) 账户进行存款以及进行其他类型的个人储蓄。尽管他很同情那些想永远远离股票市场的养老金储蓄者，但是他认为这只是"长期投资者在错误的时间进行的错误思考"。

资料来源：Reprinted by permission from the March issue of *Kiplinger's Personal Finance*. Copyright © 2009 *The Kiplinger Washington Editors*, *Inc.*

1. 当雇主和产业贸易协会向国会恳求短期资金援助时，为什么许多举足轻重的工会和职工团体表示支持它们的请求？

2. 为什么许多大公司宣称其养老金冻结计划将在 2009 年生效？

3. 为什么对于那些 50 多岁的正处于职业生涯中期的员工来说，冻结养老金可谓毁灭性举措？

4. 理财分析师大卫·库德拉对 401(k) 和其他个人储蓄的建议是什么？

---

> **缴费确定计划：为每个参与计划的员工开设个人账户，因此也被称做个人账户计划。该计划可以是利润分享计划、现金购买计划或 401(k) 计划。**

**缴费确定计划** 缴费确定计划 (defined-contribution plan)，也被称为个人账户计划，由雇主每年向雇员的个人账户存入约定数额的存款。此类养老金计划并不能向雇员保证今后能够得到何种福利。当你退休并有权获得退休福利时，便获得该账户中的全部资金（包括投资收入）。

缴费确定计划拥有多种不同的类型。在现金购买计划中，雇主承诺按照雇员年薪的一定百分比每年向退休计划账户缴款。在股票红利计划中，雇主在养老金计划中的缴款将被用于购买股票。在你退休之前，通常由信托来持有这些股票。在你退休之后，可以继续持有这些股票头寸，也可以选择将这些股票抛售。在利润分享计划中，雇主在养老金计划中缴款的多少由公司的利润情况决定。

**401(k) 计划：具有税收递延功能，允许你将基于当期工资收入的应纳税额的一部分向后递延；也被称做工资缩减计划。**

**401(k) 计划**也可被称做工资缩减计划，在该计划中，你需要将一定比例的工资收入存入专门的账户，即 401(k) 账户。在该计划中，雇主的缴款水平通常依据雇员的缴费水平而定，并受到最高缴存额度的限制（或被限定在雇员工资收入的一定比例之内）。例如，麦格劳-希尔公司（本书的出版商）就向其员工提供了 401(k) 储蓄计划作为养老福利的一部分。2009 年，该计划规定其雇员最多可将其工资收入的 25％投入到该计划中，但数额最多不能超过 16 500 美元。公司缴存额度最高为雇员税前缴款的前 6％的 4.5％。

---

**你知道吗？**

包括联邦快递、伊斯曼柯达、通用汽车、边疆航空公司、摩托罗拉、西尔斯和优利系统公司在内的许多公司已经停止了向雇员的 401(k) 计划账户缴纳相应的费用。

---

401(k) 计划中的资金将用于投资股票、债券以及共同基金。如果你在职业生涯的早期就加入到该计划中，那么你将会在该账户中积累很大一笔财富。此外，401(k) 计划中的资金是可进行纳税递延的，这就意味着除非你将该账户中的资金取出，否则你是无须纳税的。

如果你就职于免税机构（如医院或非营利性组织），此时工资缩减计划就应被称做 403(b) 计划。与 401(k) 计划一样，403(b) 计划也具有递延纳税功能。法律明确规定了每年可以存入 401(k) 计划和 403(b) 计划的最高限额，在现金购买计划、股票红利计划和利润分享计划中也有此限制。

**保留退休金的权利：是指员工有权获得至少一部分雇主养老金计划中已经发生的福利，即便是该员工在退休之前便离开了该公司。**

雇主和雇员向养老金计划缴费是归雇员所有的，且与雇员工龄的长短无关。如果你在退休之前换了工作，选择在另一家公司就职，那么这会对你养老金账户中已有的原雇主的缴款有什么影响呢？这就体现了此类养老金计划的重要特征之一，即雇员拥有保留既得退休金的权利。**保留退休金的权利**是指即使员工在退休前离开单位，其仍然有获得养老金账户中已经存在的雇主的缴款的权利。当你在一家公司的工龄超过一定年限之后，你便可获得全部的退休金保留权（全额法定权益），或者说你有权获得公司为你在养老金账户中存款的 100％。在此养老金计划中，保留退休金的权利可能是按阶段发生的。例如，你可能在工作三年后获得公司在你的养老金账户中投入额的 20％，并在随后的几年中每年获得 20％的保留权，直至对你的养老金账户拥有了全部的保留权。

**待遇确定计划：确定了雇员在达到标准退休年龄时能够获得的福利水平的计划。**

**待遇确定计划**　**待遇确定计划**明确规定了你在退休时可以获得的福利水平，该福利水平是由你在工作期间获得的全部工资收入和工龄长短共同决定的。该计划并未对雇主每年向雇员养老金计划的缴存额度作出明确的规定。然而，雇主需要根据其向参加该计划的雇员承诺的退休福利水平来确定每年的缴存额。如果养老金账户中的金额不足，雇主就需向该账户投入额外的资金。

**注意！** 下表列出了对社会保障占最终收入比例的估计，你能否弥补之间的差额？

| | 你的退休金"缺口" | |
|---|---|---|
| 退休前工资（美元） | 社会保障占收入的百分比 | 你和你的雇主必须填补的"缺口"（%） |
| 20 000 | 45 | 35 |
| 30 000 | 40 | 40 |
| 40 000 | 33 | 47 |
| 60 000 | 25 | 55 |
| 100 000 | 15 | 65 |

资料来源：TIAA-CREF.

**养老金福利在不同计划间的转移**　一些养老金计划具有可转移性，这就意味着你在变换工作的时候可以将已经获得的养老金福利转移到另一个养老金计划中。此外，雇员还受到《1974年退休职工收入保障法》（ERISA）的保护，该法律对养老金计划设定了最低标准。由于该法律的存在，联邦政府会对待遇确定计划中承诺的部分福利进行担保。

## 公共养老金计划

退休收入的另一个来源是社会保障，社会保障是由美国政府于1935年成立的公共养老金计划。

**社会保障**　对大多数美国人来说，社会保障是一个重要的退休收入来源。该项目覆盖了97%的职工，差不多每六个美国人当中就有一个人现在获得了某种形式的社会保障福利。社会保障实际上是一揽子的保护措施，它为退休人员、低收入者，以及伤残人士提供福利，并在你工作时期及退休后为你和你的家人提供保障。然而，请千万不要认为仅依靠社会保障就能覆盖你所有的退休支出，况且社会保障也从未打算向你提供100%的退休收入。

**什么人有资格获得社会保障福利？**　你在工作期间的收入水平决定了你能够从社会保障中获得的退休福利的多少。你工作的时间越长、工作期间的工资收入越高，则可以获得的社会保障福利就越高，直至达到规定的最大限额。

社会保障管理局会为你提供一份工资收入的历史清单，并对你将来每月能够获得的福利水平进行预测。根据你过去的工资收入水平和对未来工资收入的预测，该报告给出了你在退休后（即在你62岁、65岁或70岁时）每月可以从社会保障中获得多少福利的预测，并以现值表示（即未考虑货币的时间价值）。

你必须获得一定数量的分数（credits）才能得到享受退休福利的资格。工作时间的长短以及向社会保障系统的缴费额（通过基于工资水平缴纳的社会保障税计算，或投入额）共同决定了你能够获得的分数有多少。你和你的雇主支付相同数额的社会保障税。基点的计算是以季度为单位的。你出生的年份决定了所需的季度数。例如，生于 1928 年的人需要 40 个季度才有资格获得该福利。

一些雇员的家属也可以从社会保障计划中获得福利。这些家属包括年龄在 62 岁以上的女性配偶或不具独立的自我赡养能力的男性配偶；未满 18 岁的未婚子女（或未满 19 岁、12 年级以下的全职学生）；以及 18 岁及以上的未婚伤残子女。此外，丧偶者可以更早地获得社会保障福利。

**社会保障退休福利**  尽管大多数人在 62 岁时就可以开始享受社会保障福利了，但与已经达到退休年龄的人相比，他们每个月能够获得的福利水平更低，并且这个差额是永远存在的。

---
**你知道吗？**
据预计，2009 年平均每月应付给退休者的社会保障福利为 1 153 美元。
---

在过去，只要年龄达到 65 岁，人们就可以获得足额的退休福利。但是，随着人们平均寿命的增加，能够获得足额退休福利的年龄标准也在逐渐提高。对于 1960 年及之后出生的人来说，到了 67 岁才称得上完全退休。如果你选择延迟申请退休福利（超过完全退休年龄），那么你所能获得的月支付额就会有轻微的上涨，上涨的幅度取决于你推迟退休的年数。不过超过 70 岁后，选择继续推迟申请退休福利则不会再为你带来额外的福利增加。

**社会保障信息**  你可以登录社会保障网站来获得关于社会保障的更多信息。在网站上你可以获得相应的表格和出版资料，同时也可以连接到其他的有价值的信息。如果你想了解更多关于社会保障福利的纳税信息，可以拨打 800 - 829 - 3676 与美国国税局取得联系，索要第 554 号出版物——社会保障和等额铁路退休金。

> 关于退休收入的主要网站：
> www. quicken. com/
> retirement.
> www. moneymag.
> com

**其他的公共养老金计划**  除了社会保障制度外，联邦政府还为联邦政府的工作人员和铁路员工提供了许多其他的专项养老金计划。享受这些养老金计划的雇员不再纳入社会保障体系。美国退伍军人管理局为武装部队中阵亡者的家属提供养老金。该机构同时还为符合条件的退伍军人提供伤残抚恤金。许多州政府和当地政府也为雇员们提供养老金计划。

# 个人养老金计划

> 关于养老金计划的主要网站：
> www. financialeng
> ines. com
> http: //401k. com

除了公共养老金计划和雇主养老金计划外，许多人还会建立个人养老金计划。该养老金计划对于个体经营者和未能参与雇主养老金计划的人来说尤为重要。个人退休金账户和基奥账户是两种最受欢迎的个人养老金计划。

> **个人退休金账户**
> **(IRA)**：是一个进行养老金储蓄的专项账户，账户持有人将其收入的一部分存入该账户；只有从该账户中取现时才对账户中的本金和利息征税。

**个人退休金账户**  个人退休金账户（IRA）是一个进行养老金储蓄的专项账户，账户持有人将其收入的一部分存入该账户。以下是一些不同类型的个人退休金账户：

- 定期个人退休金账户：在定期个人退休金账户中（也被称为传统的或经典的个人退休金账户，在 70.5 岁之前你可以每年向该养老金账户存入一定数目的金额。在 2009 年及以后，每年向该账户中存入金额的上限为 5 000 美元（50 岁及以上的最多每年可存入 6 000 美元）。根据个人的税务申报情况和收入的不同，存入该账户的金额可享受全部或部分的税收减免。是否拥有雇主提供的养老金计划也影响传统的个人退休金账户的税收减免情况。

**注意！** 如果你在 59.5 岁之前便从定期的个人退休金账户中取现，你将会被处以 10% 的罚款。对于罗斯个人退休金账户的持有者来说，只要他/她持有该账户满五年，就可以在任何时间取现，且不会被罚款。

- 罗斯个人退休金账户：每年存入罗斯个人退休金账户中的资金是不能享受税收减免的，不过该账户中的利息收入可享受免税优惠。如果你是一名单身的纳税人，并且调整后总收入（adjusted gross income，AGI）在 120 000 美元以下，你可以在上面提到的存入限额之内在该账户中进行存款。对于已婚夫妇则要求他们的联合调整后总收入不超过 176 000 美元。当你过了 70.5 岁之后，依然可以在罗斯个人退休金账户中进行储蓄。与传统的个人退休金账户不同，从罗斯个人退休金账户中提现是完全免税的。如果你已经持有该账户五年以上，并且年龄在 59.5 岁以上或计划将该账户中的存款用于购买第一套住房，那么你还可以免交提前取现罚款。你也可以将普通个人退休金账户转为罗斯个人退休金账户。根据你自身情况的不同，这两种个人退休金账户会有一个更适合你。
- 简化雇员退休金计划（Simplified Employee Pension Plan，SEP Plan）：也被称为 SEP IRA，是由雇员个人建立的个人退休金账户。每位雇员在银行或其他金融机构创建个人退休金账户，之后便可以每年向该账户投入不超过 49 000 美元的存款。雇员每年的投入额（每年的投入额可以不同）是完全免税的，并且从该账户中获得的收益可以享受纳税递延。对于个体经营者来说，简化雇员退休金计划是最简单的一种养老金计划。
- 配偶个人退休金账户：如果你和你的妻子/丈夫采取合并的税款申报，你可以以你未工作的配偶的名义在个人退休金账户中进行养老金存款。对存款额度的限制与传统的和罗斯个人退休金账户中的限制相同。根据收入水平的不同以及是否参加了雇主提供的养老金计划，传统的个人退休金账户中的养老金存款可以完全或部分地进行税款减免。
- 转存个人退休金账户：转存个人退休金账户属于传统的个人退休金计划，它允许将全部或部分的应税分配从养老金计划或其他个人退休金账户中进行转存。你可以将资金在不同的养老金计划之间进行转移而无须支付税款。然而，为了避免缴税，你必须遵循一些关于养老金计划间资金转移的规定。如果你准备换工作，或准备在 59.5 岁之前便退休，那么转存个人退休金账户就再适合你不过了。该账户可以帮助你避免由于提前取现而遭受的惩罚。
- 教育个人退休金账户：也被称做科弗代尔教育储蓄账户，该账户是一个专项的个人退休金账户，并受到一定的限制。该账户允许个人每年在账户中的存款额不超过

2 000美元，该部分存款将作为对其未满 18 岁的子女的教育基金。该账户中的存款不能享受税款减免优惠，但教育支出分配是免税的。图表 14—4 对不同类型的个人退休金账户进行了归纳。

| 图表 14—4 | 个人退休金账户的类型 |
|---|---|
| 个人退休金账户的类型 | 个人退休金账户特征 |
| 普通个人退休金账户 | ● 利息和收益享受税收递延<br>● 对个人每年的存款额度有限制<br>● 限定了可享受税款减免的存款额<br>● 存款额不会减少当期的税款 |
| 罗斯个人退休金账户 | ● 利息和收益享受税务递延<br>● 对个人每年的存款额度有限制<br>● 在特定情况下取现享受税款免除<br>● 存款额不会减少当期的税款 |
| 简化雇员退休金计划（SEP IRA） | ● "个人支付优先"工资减少投入<br>● 税前投入<br>● 利息和收益享受税收递延 |
| 配偶个人退休金账户 | ● 利息和收益享受税收递延<br>● 在年度的限额内，有工作一方和无工作一方均可以向该账户投入存款<br>● 限定了可享受税款减免的存款额<br>● 存款额不会减少当期的税款 |
| 转存个人退休金账户 | ● 传统的个人退休金账户允许将全部或部分的应税分配在养老金计划间转移<br>● 可以转存到罗斯个人退休金账户 |
| 教育个人退休金账户 | ● 利息和收益享受税收递延<br>● 若资金被用于高等教育的支出，可免受 10% 的提前取现的处罚<br>● 对个人每年的存款额有限制<br>● 存款额不会减少当期的税款 |

个人退休金账户可以成为一个储蓄养老金的有效方式。教育个人退休金账户的特征有哪些？

无论你是否加入了其他形式的养老金计划，你依然可以在个人退休金账户中存款，只是不能享受税款的减免优惠。个人退休金账户中的所有收入均可享受税款递延，直至你开始取现。记住，个人退休金账户的最大的好处在于拥有可进行税款递延的收益增长，且账户中的资金的税款递延的时间越长，其享受到的好处就越大。

**个人退休金账户的取现**　当你退休后，你可以通过以下几种不同的方式取现。你可以一次性地将账户中的所有存款取出，不过全部取款将被视为你的收入并进行计税。如果你选择分期取现，那么只有你取出的那部分金额才会被征税。最后一种方式是将你取出的现金用于年金保险投资，日后每年收到固定金额的养老金收入。下面我们将对年金保险进行讨论，届时你也将获得更多这方面的信息。

> 基奥计划中的投入额构成了个体经营者及其雇员将来的养老金收入，该投入是可进行税款的减免的。该计划也被称做 H. R. 10 计划或自我雇用计划。

**基奥计划**　基奥计划，也被称做 H. R. 10 计划或自我雇用退休计划。该养老金计划是专为个体经营者及其雇员而设计的。基奥计划规定了多种限制，其中就包括了对每年可进行税款减免的额度的限制。基奥计划在管理方面可能是相当复杂的，所以在你决定采取该个人养老金计划之前应该首先进行专业的税务咨询。

**个人养老金计划的限制**　除了罗斯个人退休金账户以外，你是不能将资金永远放在可享受税款递延的养老金计划中的。在你退休后，或年龄超过 70.5 岁时，你就开始收到"最小生命期分配额"，即开始从养老金计划中取现。在开始领取分配额时，你的预期寿命决定了你有权领取多少分配额。如果未从养老金账户中取出最小分配额，那么你将会受到美国国税局（IRS）的处罚。

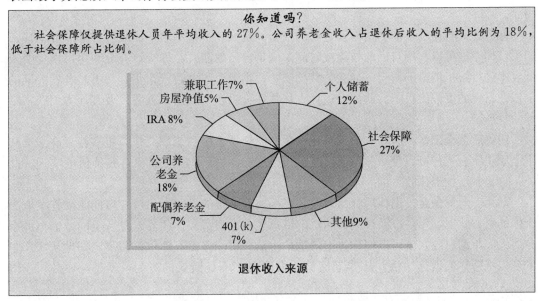

**你知道吗？**
社会保障仅提供退休人员年平均收入的 27%。公司养老金收入占退休后收入的平均比例为 18%，低于社会保障所占比例。

退休收入来源

## 年金保险

如果你已经参与了 401(k)、403(b)、基奥以及利润分享计划，并且按照规定的最高限额进行了存款，但是你还想为养老金进行更多的储蓄，你会怎么做呢？你的答案可能会是购买年金保险。年金保险是一份从保险公司那里购买的合约，根据合约的规定，保险公司将会在约定时期内，或在你的余生中，定期支付给你一笔养老金。

你可以用从个人退休账户中或公司养老金计划中得到的钱来购买一份年金保险。购买年金保险的目的很简单，就是将其作为对其他类型养老金计划提供的养老金收入的补充。

在购买年金保险时，你可以选择一次性支付或进行分期付款，以及是要求保险公司立即开始养老金的支付，还是从未来的某一时间开始进行支付。你从年金保险中获得的收入是需要作为普通个人收入进行纳税的。然而，在支付开始之前，你在年金保险中累计的利息收入是不必纳税的。

## 依靠养老金收入生活

当你在进行养老金规划时，会对将来的预算或支出计划进行估计。然而，当退休的那一天终于到来时，你会发现你的支出要高于你之前的估计值。如果事实确实如此，那么你还需要做些其他工作。

首先，你应该确定是否获得了应得的全部收入。你是否还加入了其他的养老金计划或有资格获得其他的福利？你还需考虑是否拥有哪些可以变现或为你带来收入的资产或贵重物品。

你也许又将面临在消费与储蓄之间的权衡。例如，不是每项产品或服务都需要花钱来购买，你也许可以利用自己的技能或时间来满足自己的需要。你应该充分利用可以免费或低成本进行娱乐消遣的机会，如去公共公园、博物馆、图书馆或市集，而不是花费大笔的金钱在昂贵的度假旅行上。此外，退休人员往往可以在电影票、就餐以及其他方面获得特殊的优惠。

**退休后继续工作**　有些人会选择在退休后继续从事一些兼职工作，更有甚者会继续从事全职工作。工作可以使人们感到自己是有用的，并获得参与感和自我价值的实现。此外，这也是增加退休收入的一个有效途径。

**动用养老储备金**　退休后什么时候才是提取养老金的最佳时机呢？该问题的答案取决于你的财务状况、年龄以及计划留给法定继承人多少财富。你的养老储备金的数额也许十分庞大，单利息收入就可以使你过上舒适的生活。另一方面，你也许需要定期地从账户中取现以维持你的退休生活。从养老储蓄金中取现并不是错误的行为，不过，你必须谨慎为之。

如果你想要动用养老储备金，你应该首先考虑一个重要的问题：如果你定期地进行取现，那么你的储备金可以维持多久呢？

---

**例子**

如果你拥有 10 000 美元的养老储备金，在 5.5％的利率水平下，按季度计算复利，那么你可以在今后 20 年的时间里每月取现 68 美元。如果你拥有 40 000 美元的储备金，那么你可以在今后的 30 年里每月取现 224 美元。

---

无论你的处境如何，一旦你将养老储备金使用殆尽，那么它们将不再回来。正如图表14—5 所示的，动用养老储备金无错，但要谨慎为之。

| 养老储备金初始额 | 每月定期从养老储备金中取现如下额度，10 年、15 年、25 年或 30 年后，你的养老金储蓄余额将归零 | | | | | 或者你可以每月取现如下额度，使余下金额不变 |
|---|---|---|---|---|---|---|
| | 10 年 | 15 年 | 20 年 | 25 年 | 30 年 | |
| 10 000 | 107 | 81 | 68 | 61 | 56 | 46 |
| 15 000 | 161 | 121 | 102 | 91 | 84 | 69 |
| 20 000 | 215 | 162 | 136 | 121 | 112 | 92 |
| 25 000 | 269 | 202 | 170 | 152 | 140 | 115 |
| 30 000 | 322 | 243 | 204 | 182 | 168 | 138 |
| 40 000 | 430 | 323 | 272 | 243 | 224 | 184 |
| 50 000 | 537 | 404 | 340 | 304 | 281 | 230 |
| 60 000 | 645 | 485 | 408 | 364 | 337 | 276 |
| 80 000 | 859 | 647 | 544 | 486 | 449 | 368 |
| 100 000 | 1 074 | 808 | 680 | 607 | 561 | 460 |

动用养老储备金无错，但要谨慎为之。

注：上述数额的计算基于 5.5% 的利率水平，并按季度进行复利。

资料来源：老龄选择委员会，美国众议院。

## 概念检测 14—2

1. 退休收入的四个主要来源是什么？

2. 雇主养老金计划的两种基本类型是什么？

3. 最受欢迎的个人养老金计划是什么？

4. 普通个人退休金账户与罗斯个人退休金账户的主要区别是什么？

5. 如果你退休后的支出高于预期值你会怎么做？

**目标 2：** 阅读报纸或杂志上的文章，确定退休后哪些方面的支出可能会增加，哪些方面的
支出可能会下降。这些信息会对你的养老金决策有什么影响？

# 遗产规划

## 遗产规划的重要性

> **目标 3：** 分析遗产规划中的个人和法律事宜。

> **遗产：** 是指你所拥有的全部物品。

会有许多人认为只有富人和年迈的老人才需要为如何处理遗产担心，自己根本没有必要考虑这么多。然而，事实却是，每个人都拥有属于自己的遗产，当我们不幸过世，这些财产便成为我们留给生者的遗产。简单地定义，凡是你所拥有的物品都可能成为你的**遗产**。在你工作的那些年里，你的财务目标就是为当前的和未来的需要获取和积累尽可能多的财富。许多年后，你的看法会随着年龄的增长而有所改变。此时，你工作的目的将不再单单是为了获取财富，你会开始考虑在你过世之后，你辛辛苦苦积累起来的财富的命运几何。多数情况下，你希望将财富留给你爱的人们。这也正是遗产规划正变得越来越重要的原因所在。

## 什么是遗产规划?

> **遗产规划：** 是一份明确规定了如何进行个人财产的管理和处置（生前或死后）的计划书。

**遗产规划**是对资产管理进行详细规划的过程，它可以使你在生前充分地利用自己积累起来的财产，并在死后明智地将财产进行分配。当然，现在就考虑自己的死亡并不是件令人愉快的事，但这却是遗产规划的一部分。如果没有一个合理的遗产规划，那么在你死后你毕生所积累的财产很有可能就会因为各种税费而大大缩水。

无论是在养老金规划还是在理财规划中，遗产规划都是一个十分重要的组成部分。首先，通过储蓄、投资以及购买保险丰富你的个人财产。

其次，确保这些财产在你去世后能够按照你的意愿进行分配。如果你是位已婚人士，那么你还应该为你的配偶及子女进行充分的考虑。即使你是位单身人士，依然要确保你的财务事项为财产受益人准备妥当。你的财产受益人是经你指定的，在你去世后有权继承你的全部或部分遗产的个人。

当你过世后，你在世的配偶、子女、亲戚及朋友将会经历一段悲痛和孤独的日子。他

们之中的某个人或某些人可能要负责料理你的身后事，此时你就要确保所有重要的文件是可获得的、可理解的，并且是合乎法律要求的。

## 法律文件

遗产规划过程通常会涉及各种相关的法律文件，其中就包括遗嘱。在你过世以后，负责料理你身后事的人就会拿到这些法律文件以及其他的重要文件。在对这些文件进行检查和核实之后，你的继承人才能最终获得其有权获得的那部分现金和其他资产。如果没有人能够找到这些必要的文件，那么你的继承人在情感上的痛苦可能就要持续更长的时间，甚至可能失去部分的遗产。下面列出了需要你事先收集和整理的重要文件：

- 你、你的配偶以及子女的出生证明；
- 结婚证书或离婚文件；
- 合法的姓名变更（这一点对你领养的子女尤为重要）；
- 服兵役记录；
- 社会保障文件；
- 退伍军人的文件；
- 保险单；
- 联合银行账户的转移记录；
- 保险箱记录；
- 移动电话注册单；
- 持有的股票和债券凭证。

### 概念检测 14—3

1. 什么是遗产规划？

_____

_____

2. 进行遗产规划的两个步骤是什么？

_____

_____

3. 请列出几项需要你收集和整理的重要文件。

_____

_____

**自我应用！**

**目标3：** 联系几位当地的律师，咨询他们为顾客制定遗嘱的收费情况。他们的收费标准是否相同？

# 遗产规划的法律事宜

## 遗嘱

目标 4: 区分遗嘱和信托的不同类型。

书面遗嘱是一份极为重要的法律文件，每个成年人都应该拥有自己的遗嘱。**遗嘱**是一份法律文件，该文件具体记载了你对去世后如何进行遗产分配的意愿。倘若你在去世时未留下有效的遗嘱（即无遗嘱死亡），那么你法定居住地的州政府便会介入并负责对你的遗产进行分配，此时的分配将不会考虑到你在世时的遗愿。

**遗嘱**: 是人们对去世后如何进行财产分配的法律声明。

因此，你应该避免无遗嘱死亡的发生。其中最为简单的方法就是确保自己已经立下一份书面遗嘱。其实，只需在律师的帮助下起草一份遗嘱，你就可以提前阻止继承人可能会遭遇的一系列麻烦与纠纷的发生。

根据个人资产规模和家庭情况的不同，起草遗嘱产生的法律费用也将有所差别。一份标准的遗嘱所需的费用在 300 美元～400 美元之间。此外，你还需确保帮助你起草遗嘱的律师在遗嘱的制定和遗产的规划方面有足够的经验。

## 遗嘱的种类

在制定遗嘱时有多种方案可供你选择。遗嘱的四个基本类型分别是：简易遗嘱、传统夫妻共同遗嘱、豁免信托遗嘱以及定额遗嘱。

**简易遗嘱**  在简易遗嘱中你将生前的全部财产留给你的配偶。此种类型的遗嘱通常适合那些只拥有少量财产的人。然而，如果你拥有的财产的规模较大且财产结构复杂，这样的一份简易遗嘱将不能满足你的需要。由于你留给配偶的所有财产都将被视为对方的财产并进行征税，因此会为对方带来较高的税务负担。

**信托**: 是由指明的受托人对委托人的财产进行管理的法律安排。

**传统夫妻共同遗嘱**  在传统的夫妻共同遗嘱中，遗嘱的订立者将调整后总遗产（遗产总价值减去债务和费用）的一半留给其配偶，另一半留给子女或其他继承人，或将其投入家庭信托。**信托**是一种由指定的人员，即受托人，负责对委托人的财产进行管理，以保护受益人的利益的法律安排。信托可以为委托人的配偶提供终生收入且在她/他去世时免征税。

**豁免信托遗嘱**  在豁免信托遗嘱中，除了有一定数额的遗产将被投入信托外，其余的资产将归遗嘱订立者的配偶所有。投入信托的这部分资产以及由此产生的利息收入可以为你的配偶提供终生的免税收入。如果你认为你留下的遗产将在你死后经历大幅度的升值，那么此种类型的遗嘱的免税特征就显得尤为重要。

**定额遗嘱** 在定额遗嘱中，你可以根据家庭的理财目标将任意数额的遗产留给你的配偶。在决定转移的财产数额时，你可能还需要考虑到家庭未来的收入水平或个人物品的价值。350万美元以内的财产转移可以免征税（2009年）。

> **遗嘱认证**：是对遗嘱的有效性进行认证的法律程序。

**遗嘱和遗嘱认证** 包括你的财产规模、年龄、个人目标及通货膨胀水平在内的许多因素的共同作用决定了哪种类型的遗嘱最适合你。然而，无论你选择了哪种类型的遗嘱，最好都要尽量避免遗嘱认证。**遗嘱认证**是对遗嘱是否有效进行认证的法律程序。它是在遗嘱订立者死后根据其遗嘱进行财产管理和分配的程序，通常由遗嘱认证特别法庭来确认遗嘱的有效性并确保你的债务已经还清。由于费用高昂、所需时间长以及公开性等因素的存在，你应该避免进行遗嘱认证。你将在接下来的内容中学习到，生前信托可以有效避免遗嘱认证的发生，同时拥有费用更低、时间更短以及非公开性的特点。

> **你知道吗？**
> 美国退休人员协会（AARP）近期公布的调查结果显示，超过40%的45岁及以上的美国公民不曾起草过遗嘱。

## 遗嘱的格式

遗嘱可以是全部手写的或具有固定格式的。全手写遗嘱，顾名思义，就是由当事人自己准备的、手写形式的遗嘱。该种形式的遗嘱必须是手写的，同时需要标注日期以及名字全称的手写签名。在该遗嘱中不能出现任何打印的信息。美国的一些州在法律上是不承认该种形式的遗嘱的。

固定格式遗嘱通常是在律师的帮助下制定的。该种形式的遗嘱可以是打印出来的，也可以是在事先准备好的表格中填写的。在签订遗嘱时必须有两个见证人在场，但遗嘱的受益人不能作为见证人。遗嘱见证人也必须在你的见证下在遗嘱上签字。

法定遗嘱是一份事先印制好的表格，你可以从律师处或文具店获得该表格。但使用预先印制的表格来制定遗嘱也存在一些严重的风险，该表格中的条款可能并不能为你的继承人带来最大的好处。因此，在你准备遗嘱的时候最好还是征求律师的建议。

## 遗嘱的书写

通过遗嘱的书写，你可以准确地表达出你希望将财产如何在继承人中间进行分配。如果你是已婚人士，你可能会认为你和配偶共同拥有的财产在你死后会自动地归配偶所有。对于某些资产，如房产，的确如此。但即使如此，书写遗嘱仍是唯一一种可以确保你所有的财产均按照你的意愿进行分配的方式。

**选择遗嘱执行人**　遗嘱执行人是愿意并有能力承担遗嘱执行过程中涉及的一系列任务的人。这些任务包括准备财产目录、征收到期借款以及支付债务。同时，遗嘱执行人还需准备及填写所有的收入和财产的纳税申报单。此外，他/她还将负责对资产的变卖和/或投资作出决策，在对遗嘱订立者的资产进行安置的同时支付其生前欠下的债务以及为其家人提供收入。最后，遗嘱执行人必须将遗嘱订立者的财产进行分配，并为遗嘱的受益人和遗嘱认证法庭提供最终的会计报表。

> **遗嘱执行人**：是愿意并有能力承担遗嘱执行过程中涉及的一系列任务的人。

---

**你知道吗？**

什么样的人可以成为遗嘱执行人？任何年满 18 岁的美国公民，只要其没有严重犯罪（谋杀、放火、强奸等）的前科，就可以被指定为遗嘱执行人。

---

> **监护人**：是指在父母双亡的情况下承担起照顾其子女的责任，并负责为其子女管理遗产的人。

**选择监护人**　如果你有子女，那么你还应该指定一名监护人，在你及配偶同时死亡而你的子女又不具备自我照顾的能力时，由他/她肩负起照顾你子女的职责。监护人是指在父母双亡的情况下承担起照顾其子女的责任，并负责为其子女管理遗产的人，直至其子女到达一定的年龄。

**更改或重写遗嘱**　有些时候，由于生活中的一些变故或法律的变更，你需要对遗嘱中的某些条款进行更改。一旦你订立好了一份遗嘱，你要做到定期对其进行检查以保证该遗嘱能够始终适用于你当前的情况。下面是一些要定期检查遗嘱的原因：

- 你搬迁到了另一个州，那里的法律与你之前居住地的法律不同。
- 你已经将遗嘱中涉及的财产变卖了。
- 你的财产规模和构成发生了变化。
- 你的婚姻状态发生了变化，如结婚、离婚或再婚。
- 你的潜在继承人已经去世，或又有新的继承人出生。

> **遗嘱附件**：是在你现有的遗嘱中对条款进行修改的文件。

不要在现有的遗嘱上以手写的形式进行遗嘱的变更。此外，在已经签署过和见证过的遗嘱上进行删除或涂抹都将使该遗嘱无效。如果你只想做一些微小的改动，最好是加入遗嘱附件。遗嘱附件是在你现有的遗嘱中对条款进行解释、添加或删除的文件。

> **生前遗嘱**：是一份明确记录了在你日后处于疾病晚期或持久无意识状态并失去能力的情况下是否希望采取人工手段延长生命的书面声明。

## 生前遗嘱

在人生中的某个阶段，你可能会在身体或精神上丧失能力，成为无行为能力人。如果这种不幸真的发生了，那么你就需要一份生前遗嘱。**生前遗嘱**是一份明确记录了在你日后处于疾病晚期或持久无意识状态并失去能力的情况下是否希望采取人工手段延长生命的书面声明。许多州都已经承认了生前遗嘱的合法性。图表 14—6 中是一份典型的生前遗嘱的示例。

**图表 14—6**　　　　　　　　　　　　　　　　**生前遗嘱**

---

**生前遗嘱声明**

声明日期：　　　年　　　月　　　日

　　本人_____，目前神志清醒，自觉主动地表明我的意愿：在以下情况发生时，我的死亡不能被人工地延长，特此声明。

　　无论何时，如果我遭受了不可治愈的创伤，或患有不可治愈的疾病或被我的主治医生诊断为到了绝症的晚期，并且我的主治医生已经断定生命维持程序的应用仅是人工地延长了我的死亡过程，无论是否采取生命维持程序都改变不了我即将死亡的事实，我命令停止或取消此种程序，我只愿在药物治疗，或任何为我提供舒适的护理所必要的医疗程序下接受死亡。

　　在我没有能力对是否采取生命维持程序作出决定时，我意愿让我的家人及医生将此声明视为我最后的法律权利的表达，我决定拒绝药物和手术治疗并接受由于该决定造成的一些后果。我明白此份声明的全部含义，我在感情上和精神上均足以作出此份声明。

　　　　　　　　　　　　　　　　　　　　　　　　　　签名_____

　　　　　　　　　　　　　　　　　　　　　　居住地城市、郡、州_____

　　我个人了解此份声明的内容，并且我认为他/她在作出此份声明时意识清醒。

　　　　　　　　　　　　　　　　　　　　　　　　　见证人_____

　　　　　　　　　　　　　　　　　　　　　　　　　见证人_____

---

一些处于疾病晚期的人无法代表自己作出决定。

生前遗嘱的基本目的是什么？

---

　　为了确保生前遗嘱的有效性，请与你最亲近的人商量你准备该遗嘱的意图。你还应与你的家庭医生商量制定生前遗嘱的想法。此外，要在两个见证人在场的情况下签字并标明日期。见证是为了表明你自愿签署了这份遗嘱。

　　将生前遗嘱的复印件交由你最亲近的人保管，并由家庭医生将其放入你的病历中。要将遗嘱的原件保管在一个能够被找到的地方，并且要进行定期（最好是每年一次）的检查以确保你没有改变想法。作为对你个人意图的核实，你需要在之后的背书上重新标明日期并签字。

　　如果你已经雇用了律师为你进行了遗产规划，那么多数情况下他们是可以免费为你准备与生前遗嘱有关的文件的。你也可以从非营利性倡导团体处领取必要的表格。美国垂死者之音是一家全国性的非营利组织，只运营国家危机与信息热线，处理临终事务。该机构同时还提供生前遗嘱、医疗委托书，以及适用于某些州的相关文件。你可以从 www. partnershipforcaring. org 网站上免费下载这些文件。尽管临终事务的处理十分烦琐，但是这却可以帮助避免这些事情的发生：在医院的候诊室里你的家人被迫进行决策，或你最后的心愿被完全忽视（这更加糟糕）。

| **委托书**：是授权他人代表某人执行其权利的法律文件。 |
| --- |

　　**委托书**　与生前遗嘱有关的另一个法律文件便是委托书。**委托书**是授权他人代表某人执行其权利的法律文件。当你患有严重的疾病或遭受重伤时，就需要由他人来负责处理你的需要及私人事务。委托书便可以

帮助你做到这一点。

**遗书** 除了传统的遗嘱之外，准备一份遗书也是个可取的做法。遗书并不具有法律约束力，但它却可以向你的继承人传达重要的信息。遗书中应该包括你对葬礼安排的要求，以及向哪些人通知你的死亡。

## 信托

从根本上讲，信托就是基于你的个人利益或指定受益人的利益，帮助你进行遗产管理的法律安排。建立信托的人被称为信托人或让与人。受托人负责信托的管理，它可以是自然人，也可以是机构，如银行。银行通常会根据信托资产的价值，对其提供的信托管理服务征收一定的费用。

建立信托与否需依个人情况而定。常见的建立信托的原因如下：

> **关于信托的主要网站：**
> www.webtrust.com
> http://the.nnepa.com

- 信托有助于减少遗产税。
- 信托可以规避遗嘱认证程序，将资产直接转移给受益人。
- 信托可以使你无须亲自管理资产，同时可从信托中获取定期收入。
- 信托可以为你在世的配偶或其他受益人提供收入。
- 信托可以确保在你去世后你的财产依然为既定目标服务。

## 信托的类型

信托的种类有很多，下面我们将对其中的一些类型进行具体的介绍。在选择信托类型时，你应根据个人的具体情况选择最适合你的信托类型。遗产律师可以针对你个人及家庭的需要向你推荐合适的信托类型。

信托分为可撤销或不可撤销两种。可撤销信托允许信托人在世时享有终止信托协议或对其中的条款进行变更的权利。不可撤销信托是指不能终止或变更的信托。可撤销信托可以规避冗长的遗嘱认证程序，不过不能规避联邦及州政府征收的遗产税。而不可撤销信托不但可规避遗嘱认证程序，同时也可帮助减少相关遗产税的税负。然而，根据法律的规定，即使在生命的末期你对信托中的某项资产有需要，你也不能转移不可撤销信托中的任何资产。

**避税信托** 避税信托可以使死者的配偶在一定额度内免交联邦政府征收的遗产税。避税信托是最为常见的遗产规划信托，它还有一些其他的名称：避让信托、"剩余遗产"信托、A/B信托、免税等效信托或家庭信托。该信托的设计初衷是为了使夫妻一方在死亡后可以将全部的遗产留给对方并免交遗产税，充分利用（在2006年、2007年和2008年）关于200万美元以下的遗产免交联邦遗产税的免税条例。

2001年颁布的《经济增长与税收免除协调法案》（EGTRRA）中提出，到2009年免税额度将提高到 350 万美元，具体的调整时间如下所示。

| | |
|---|---|
| 2006—2008 年 | 2 000 000 美元 |
| 2009 年 | 3 500 000 美元 |
| 2010 年 | 废除遗产税 |
| 2011 年 | 1 000 000 美元 |

**免责信托** 对于一些夫妻来说，他们目前的财产规模不足以建立避税信托，但在未来的某个时间又有可能建立该信托，这时，他们可以首先选择建立免责信托。建立免责信托后，死亡者可以将一切财产留给未亡配偶，但其配偶有权放弃或拒绝接受部分遗产，这部分被放弃的遗产就会被放入免税信托中。这种方法减免了在世配偶的遗产税负担，从而保护了其财富。

**生前信托** 生前信托是一份在你在世时便开始生效的资产管理安排。委托人在世时便可从该信托中获得相应的利益。建立一个生前信托是非常简单的，只需将一部分资产交由受托人管理即可。之后，你可以就如何对该信托进行管理（在你在世时及去世后）向受托人作出指示。生前信托有如下几点优势。

- 生前信托能保证机密性。遗嘱的内容是要公开的，而生前信托协议则不具有公开性。
- 生前信托中的资产可以规避遗嘱认证程序，从而消除了相关的遗嘱认证费用，避免了时间的浪费。
- 生前信托允许你检查受托人的业绩表现并在必要时作出变更。
- 生前信托减轻了委托人的管理责任。
- 与遗嘱相比，生前信托降低了委托人的继承者在委托人死亡后发生纷争的可能性。
- 在你处于疾病晚期或不具备决策能力时，生前信托可以为你的家人和医生提供指导。

尽管建立生前信托所需的费用高于制定遗嘱的费用，然而生前信托绝对可以成为一个绝佳的遗产规划选择。

**遗嘱信托** 遗嘱信托是在遗嘱订立者死亡后根据遗嘱内容形成的信托。该类型的信托对于那些受益人在财务方面缺乏足够的经验的委托人来说，具有相当大的价值。此外，对于那些需要支付高昂的遗产税的人来说，遗嘱信托可成为他们的最佳选择。遗嘱信托具有与生前信托相同的诸多优点。

## 税收与遗产规划

在遗产规划过程中，你还必须考虑到联邦政府和州政府征收的各项相关税收。其中四种主要的税收类型为遗产税、遗产和信托联邦所得税、继承税以及赠与税。

**遗产税**　　遗产税是由联邦政府征收的，针对死亡者遗留下的个人财产所征收的税。遗产税的税基等于死亡者的投资、不动产、银行存款的公允市场价值减去350万美元（2009年）的免征额。相关人员必须在死亡者去世之后的9个月之内上缴财产税。

**遗产和信托联邦所得税**　　除了联邦遗产税纳税申报表之外，相关遗产及部分信托还需在美国国内收入署处申请填写联邦所得税申报表。遗产和信托所得税的应税所得的计算方法与个人缴纳的个人所得税的计算方法相同。信托和遗产必须支付季度预估税。

**继承税**　　继承税是针对死者遗嘱中留下的财产征收的税。为了能够顺利继承死者留下的遗产，其继承者可能需要支付相应的继承税。

　　只有州政府征收继承税，而且大多数的州都会征收继承税，不过各州的法律在免税额度和税率方面的规定有很大的不同。各州继承税的税率基本上为4%～10%，并针对继承者所得到的一切财产进行征收。

**赠与税**　　对于某人在一年中赠与他人的价值超过13 000美元的金钱或财产需征收赠与税。州政府和联邦政府均征收赠与税。减轻遗产的税务负担的一种途径就是在生前通过将部分财产赠与他人来减小遗产的规模。在规定的限额内，你可以在任何时候将财产赠与配偶、子女或他人，而免于缴纳赠与税。（千万不要将你在退休后需要的资产赠与他人！）

## 概念检测 14—4

1. 什么是遗嘱？

_____

_____

2. 遗嘱的四种基本类型是什么？

_____

_____

3. 遗嘱执行人的职责有哪些？

_____

_____

4. 为什么要指定监护人？

_____

_____

5. 可撤销信托和不可撤销信托的区别是什么？

_____

_____

6. 信托的四种主要类型是哪些?

_____

_____

7. 在遗产规划中需要考虑的四种主要的税收类型是什么?

_____

_____

## 自我应用!

**目标4:** 与你的律师就通过信托来管理你的遗产的可能性进行讨论。

# 自我测评回顾

在本章的开始处,我们在"自我测评"栏中列出了一些问题,经过本章的学习后,请重新考虑你的答案。为了进行更加有效的个人理财规划和养老及遗产规划,请你:

重新评估你的养老和遗产规划目标,确保其能够充分反映出对你个人及家庭极具重要性的内容。

在做有关养老和遗产规划的决策之前,充分考虑来自不同方面的信息,并向年长的朋友及亲戚、银行家,以及税务顾问进行咨询。

使用终值和现值的计算方法来帮助你实现养老和遗产规划目标。你可以通过下列网站计算终值和现值:

www. dinkytown. net

www. moneychimp. com/calulator

www. rbccentura. com/tools

在下表的第一列中列出你想要记入遗嘱中的财产,其中包括所有的金融资产,如现金、存款、股票、债券、共同基金以及其他投资。之后考虑那些购买时价格不菲的物品,如汽车或自行车、电脑、音响设备、乐器、运动器材及业余爱好用品。最后,考虑那些价格不高但对你的朋友或亲戚具有特殊意义的物品,如首饰、旧时的信件和相片、喜爱的纪念品等。在第二列中,写出你想要将这些东西留给谁。在第三列中,对为什么要将某种物品留给某个人作出解释。

| 金融资产 | 给谁? | 为什么? |
|---|---|---|
| 主要财产 | | |
| 具有特殊情感或意义的物品 | | |

你在本章中学习到了哪些有用的知识可以用来帮助你更好地进行养老和遗产规划?

**目标1** 资产净值等于资本与负债的差值。检查你所拥有的资产,确保它们足以满足你的养老需求。之后对你退休后的生活支出作出估计,根据实际情况的不同,不同的支出金额会有上下的浮动。

**目标 2** 你退休后的收入来源包括：雇主养老金计划、公共养老金计划、个人养老金计划及年金保险。如果你的收入与你的支出基本持平，则是一种最为理想的状态。如果你的预期支出高于预期收入，那么你需要确定所需的额外收入为多少，以及可以从何处获得这部分收入。

**目标 3** 遗产规划中的个人因素取决于你的婚姻状况（已婚或未婚）。但是未婚并不意味着你对合理组织安排财务事务的需求会有所减少。每一个成年人都应该拥有一份书面遗嘱。遗嘱是在你死后将你留下的财产按照你的意愿进行转移与分配的方式。

**目标 4** 遗嘱的四种基本类型为：简易遗嘱、传统夫妻共同遗嘱、豁免信托遗嘱和定额遗嘱。信托的类型包括：避税信托、免责信托、生前信托以及遗嘱信托。

联邦政府和各州政府征收多种类型的遗产税，你可以对应缴纳的税负作出相应的规划。

## 关键词

| | | |
|---|---|---|
| 遗嘱附件 | 401(k) 计划 | 生前遗嘱 |
| 待遇确定计划 | 监护人 | 委托书 |
| 缴费确定计划 | 个人退休金账户 | 遗嘱认证 |
| 遗产 | (IRA) | 信托 |
| 遗产规划 | 无遗嘱死亡者 | 保留退休金的权利 |
| 遗嘱执行人 | 基奥计划 | 遗嘱 |

## 自测题

1. 贝费莉·福斯特正在进行养老规划。经确认，她拥有一辆价值 10 000 美元的汽车、价值 150 000 美元的房产、价值 100 000 美元的个人物品，以及价值 300 000 美元的股票和债券。她的汽车贷款和住房贷款余额分别为 5 000 美元和 50 000 美元。计算她的资产净值。

2. 计算一个年收入为 32 800 美元的老年家庭（年龄大于 65 岁）每年在食品上的支出为多少？（提示：使用图表 14—2。）

3. 2009 年 12 月 31 日，乔治分别赠与他的儿子和妻子各 13 000 美元。2010 年 1 月 1 日，乔治又分别赠与他的儿子和妻子各 13 000 美元。除此之外，乔治在 2009 年和 2010 年未对他的妻子和儿子进行其他赠与。乔治应缴纳的赠与税为多少？

## 自测题答案

1.

| 资产 | | 负债 | |
|---|---|---|---|
| 汽车 | 10 000 美元 | 住房贷款 | 50 000 美元 |
| 房产 | 150 000 美元 | 汽车贷款 | 5 000 |
| 个人物品 | 100 000 美元 | 负债总额 | 55 000 美元 |
| 股票和债券 | 300 000 美元 | | |
| 资产总额 | 560 000 美元 | | |
| 资产净值 | ＝资产 | —负债 | |
| | ＝560 000 美元 | —55 000 美元＝505 000 美元 | |

2. 年收入为 32 800 美元的普通老年家庭在食品上的支出约为其收入的 12.7%，即 32 800 美元×12.7%＝ 4 166 美元。

3. 在 2009 年和 2010 年，乔治均无须支付赠与税，因为他分别在两年中赠与他的妻子和儿子各 13 000 美元。

## 练习题

1. 谢莉拥有的资产包括活期及定期存款中的现金、股票和共同基金投资，以及个人财产，如家具、电器、汽车、硬币收藏及珠宝等。经谢莉计算，她共拥有资产 108 800 美元。目前她的应付账款总额为 16 300美元，包括汽车贷款、信用卡余额和税。计算她的资产净值。

2. 运用公式"资产－负债＝资产净值"准备你自己的资产净值表。

3. 特德·瑞利拥有一辆价值 25 000 美元的 2008 年的雷克萨斯汽车、225 000 美元的房产、500 美元的活期存款、1 500 美元的储蓄存款、85 000 美元的共同基金，以及价值 90 000 美元的个人资产。同时他的汽车和房屋贷款余额分别为 10 000 美元和 100 000 美元，信用卡余额为 1 000 美元。特德的资产净值为多少？

4. 计算年收入为 32 800 美元的老年家庭每年在住房方面的支出为多少？（提示：使用图表 14—2。）

5. 运用图表 14—2，计算第 3 题中的家庭每年在医疗保健方面的支出为多少？

6. 珍妮今年 25 岁，在一家生物技术公司有一份不错的工作。目前，她的个人退休账户中的余额为 5 000 美元，这将是她重要的养老金来源。她认为她的个人退休账户余额将以每年 8％的速度增长，并计划在 65 岁退休以前不动用该账户的资金。为了能够在退休后每年拥有 20 000 美元的收入，珍妮预计在她 65 岁时需要总计为 875 000 美元的养老金（她预计社会保障每年还将为她提供 15 000 美元的收入）。

   a. 当她退休后开始从个人退休账户取款时，她的个人退休金账户的余额为多少？（提示：使用第 1 章附录中的图表 1—A。）

   b. 为了达到她的目标，在今后的 40 年中她还需向公司的 401(k) 计划存入多少钱？

7. 基尼和迪克西是一对夫妻，年龄分别为 45 岁和 42 岁，均有工作。他们调整后的总收入为 40 000 美元，他们使用联合所得税申报单进行税务申报。他们可以向个人退休账户中存入金额的最高上限为多少？这些投入额中的哪部分可以用作税款的抵扣？

8. 目前你所拥有的养老基金为 50 000 美元，并能够按照 5.5％的年利率获得利息收入，按季度进行复利。若计划每月从该账户中提取一部分现金，使该储蓄金余额在 20 年后减少到零，那么每个月应取出多少钱？若每月从该账户中提取一部分现金，直至你死亡为止，使该储蓄金余额仍旧为 50 000 美元，每个月应取出多少钱？（提示：使用图表 14—5。）

9. 2009 年，乔舒亚将价值 13 000 美元的微软公司的股票赠与了他的儿子。2010 年，这些股票的价值上升到 23 000 美元。

   a. 2009 年，乔舒亚应缴的赠与税为多少？

   b. 2010 年，从乔舒亚的遗产中转移出来的财产总额为多少？

   c. 2010 年，乔舒亚应缴的赠与税为多少？

10. 2009 年，你送给了你的朋友价值 13 000 美元的礼物，请问你应缴纳的赠与税为多少？

11. 巴里和妻子玛丽已经结婚 45 年了，在这期间他们共累计了 400 万美元的财产。他们育有三个子女和五个孙子女。请问，在 2009 年不必上缴赠与税的前提下他们能够赠与他们的孩子及孙子女多少财产？

12. 一位在 2008 年去世的寡妇留下了价值 2 129 000 美元的遗产，该遗产按 47％的税率进行征税。请问其继承人应缴纳的税款为多少？

13. 乔和雷切尔是一对双双退休的夫妻，在他们长达 50 年的婚姻中共积累了 240 万美元的财产。他们没有信托及任何享有税收优惠的资产。如果他们中的一人在 2009 年去世了，那么其配偶应该支付的联邦遗产税为多少，假设遗产税的税率为 47％。

## 问答题

1. 退休期间你的支出模式是如何发生变化的？将你的支出模式与图表 14—2 中的支出模式相比较。

2. 请从当地的社会保障办公室获得一份 SSA－7004 表格。完成该表并将其寄出，之后你便可以收到你的个人收入与福利表。运用该表中的信息进行你的养老规划。

3. 准备一份记录有你的个人信息的书面报告，它将会给你和你的继承人带来很大的帮助。确保该记录中涵盖了以下内容：家庭记录的放置处，兵役档案及其他的重要文件；病史档案；银行存款账户；赊账记录；保险柜的存放位置；美国储蓄公债、股票、债券及其他证券；拥有的不动产；人寿保险；年金保险；以及社会保障信息。

4. 登录大都会人寿保险公司的网站 http：//www.lifeadvice.com。使用网站上提供的信息准备一份记录如下信息的报告：(a) 哪些人需要准备遗嘱？ (b) 遗嘱中都包含了哪些要素？（指定监护人、指定遗嘱执行人、准备遗嘱、更新遗嘱、遗产税、在哪里保存遗嘱、生前遗嘱等。）(c) 在你准备自己的遗嘱时这份报告将会为你提供哪些帮助？

5. 在遗嘱中你需要为你的未成年子女指定一名监护人，当你和你的配偶不幸双亡时他将代替你们行使对你的未成年子女的监护权。请制作一个清单，列出所有你在选择监护人时所要考虑的衡量标准。

# 案例一

## 养老规划

钓了一天的鱼却一无所获要比在办公室里度过美好的一天更好吗？对于一名已经退休的父亲查克来说的确如此。因为享有公司养老金，至少他不用为钱而发愁。在以往的美好日子里，如果你拥有一份体面的工作，并坚持工作到退休，那么你享有的公司养老金，加上社会保障支付足以让你生活得舒适无忧。查克的儿子罗伯就没有赶上这样的好日子，他没有公司养老金，也不清楚当他退休的时候社会保障还是否存在。所以每当谈到养老这个话题，我们都会一再强调，越早开始进行储蓄越好。

莫琳是一名计算机公司的销售员，泰蕾兹在一家灯饰制造厂担任会计师。她们二人都是25岁开始参加工作的。莫琳从参加工作之初就开始进行养老储蓄。她每个月以9％的年利率储蓄300美元，直至65岁的时候。而泰蕾兹直到35岁的时候才同样地以9％的年利率每个月储蓄300美元。两者之间的差别令人震惊！在她们65岁的时候，莫琳已经拥有了高达140万美元的养老金，而泰蕾兹的养老金只有553 000美元。从中我们学到了什么道理？储蓄开始得越早，为养老做的积累就越多。对于女性来说尤其应该尽早地开始进行养老储蓄，因为女性通常较晚才参加工作，工资水平普遍较男性低，也就是说女性的年金要低于男性。

劳拉·塔博克斯是塔博克斯股权的所有人及董事长，她对如何确定养老需求以及当人们退休后其预算将会发生怎样的变化作出了阐述。她认为，你退休后的收入需求将远高于之前人们普遍认为的退休前收入水平的60％~70％这一水平。她警告说，绝大多数的人希望将退休后的支出水平尽量保持在退休前的水平。尽管人们在退休后会减少如工作服、干洗、交通费等方面的花销，但在其他方面的支出反而会有所提高，如保险、旅游及休闲娱乐方面的支出。

### 问题

1. 过去人们往往一辈子均为一个雇主效力，直至他们退休。导致这种非常高的员工忠诚度的主要原因是什么？

2. 为什么莫琳积累了140万美元的养老金，而泰蕾兹仅积攒了553 000美元的养老金？

3. 为什么女性需要尽早地开始进行养老储蓄？

4. 退休后哪些方面的支出会上升，哪些方面的支出会下降？

# 案例二

维基和提姆（年龄分别为60岁和62岁）已经完成了为他们的子女筹措大学教育金的目标。茉莉、凯莱布和泰勒都顺利地从大学毕业了。如今，茉莉已经是两个孩子的母亲，凯莱布也成了家，泰勒在一个管弦乐队中担任提琴独奏手并进行巡回演出。

提姆和维基一直记得当初他们的父母是多么节俭，而他们不想在退休的时候与他们的父母过着同样的生活。他们希望能够到处旅行，根据自己的意愿向慈善组织进行捐款以及好好地疼爱他们的孙子女。

现在距离他们退休的日子只差两年了，他们觉得是时候与他们的理财规划师碰面来商讨他们还需要做什么才能够达到他们的养老目标了。他们的财务情况已经发生了变化：他们的花销少了，拥有一大笔遗产，以及一份现金价值不断上涨的人寿保险单。事实上，维基和提姆每人各拥有一份保险总额为100万美元的人寿保险。

以下是他们的财务数据：

| 资产 | 收入 | 每月支出 |
|---|---|---|
| 活期/储蓄存款 50 000 美元 | 总收入 40 000 美元/年（维基）， | 财产税/保险 800 美元 |
| 应急基金 45 000 美元 | 170 000 美元/年（提姆） | 日常生活支出（包括水、电 |
| 房产 500 000 美元 | 税后月收入 2 333 美元（维基），9 917 美元 | 费和食品）3 500 美元 |
| 汽车 15 000 美元和 | 汽油/维修 500 美元 | 娱乐/度假 700 美元 |
| 35 000 美元 | （提姆） | 定期/终身人寿保险 |
| 家庭财产 50 000 美元 | | 400 美元 |
| 401(k) 账户余额 | | **储蓄** |
| 420 000 美元（维基）， | | 401(k) 月收入总额的 12% |
| 965 000 美元（提姆） | | |
| 人寿保险的现金价值 | | |
| 75 000 美元 | | |
| **负债** 无 | | |

**问题：**

1. 维基和提姆需要为养老做哪些准备？

2. 他们应该如何为他们的养老计划筹集资金？

3. 他们需要拥有哪些遗产规划文件？哪些遗产规划文件是茉莉、凯莱布和泰勒应该持有的？

4. 在遗产规划方面他们需要作出哪些重要决定？

5. 他们应该如何使用你的个人理财规划表 42～你的个人理财规划表 46？

## 消费日记

"坚持每天记录我的日常支出让我开始考虑为养老进行储蓄和投资。"

**指导**

坚持记录消费日记可以为你提供持续的信息流，而这些持续的信息流将为你的支出管理、储蓄和投资活动提供很大的帮助。请花一些时间重新审视你的支出习惯，这可以使你从现有的财务水平中获得更多的满足。在本书最后的附录 C 中给出了消费日记表，你也可以登录学生网站 www. mhhe. com/kdh 下载该表。

**问题**

1. 你现有的资金中为长期的财务安全所进行的储蓄或投资的金额是多少？

2. 在当前的人生阶段，你应该开始考虑哪些养老规划和遗产规划活动？

## 你的个人理财规划表 42

姓名：_____    日期：_____

### 不同养老规划的比较

**理财规划活动：** 比较采取不同的养老计划［401(k)、IRA、基奥］的收益及成本。通过对相关的广告和文章进行分析以及与雇主和金融机构的接触，获取如下一些信息。

**推荐网站：** www.lifenet.com   www.aarp.org

| | | | |
|---|---|---|---|
| 养老计划类型 | | | |
| 金融机构或雇主的名称 | | | |
| 地址 | | | |
| 电话 | | | |
| 网站 | | | |
| 投资类型 | | | |
| 最低初始存款 | | | |
| 最低附加存款 | | | |
| 雇主缴款额 | | | |
| 目前的收益率 | | | |
| 服务费 | | | |
| 是否具有安全保障？<br>由谁来提供该保障？ | | | |
| 金额 | | | |
| 是否可以进行工薪扣款 | | | |
| 赋税优惠 | | | |
| 对提前取款的处罚：<br>• 美国国税局罚款（10%）<br>• 其他罚款 | | | |
| 其他特征或限制 | | | |

### 个人理财规划的下一步是什么？

• 对当地的商业机构进行调查，确定它们为其雇员提供了哪些养老计划。

• 通过向不同的金融机构进行咨询，确定它们对于个人退休账户投资的建议都有哪些。

## 估计退休后每年的生活支出

  如果你今天要退休，请估计你每年的生活支出是多少？  _____美元

在预期年收入－____％的情况

下，____年后当你退休时终值为

多少？（使用附录 A 中的图表        ×_____

1—A 中 1 美元的终值进行计

算。）

  **对通货膨胀进行调整后的年退休生活支出的预测值** ·········（A）_____美元

## 估计退休后的年收入

  社会保障收入          _____美元

  企业年金、个人退休       _____美元

  账户收入           _____美元

  投资及其他收入        _____美元

  **退休收入总额**··························（B）_____美元

## 额外的养老计划投入额（若 B 小于 A）

  退休收入的年缺口额（A－B）     _____美元

  退休后投资基金的预期年收益率为多少，以小数表示。  _____

  **退休后需要的投资基金（A－B）** ··············（C）_____美元

  在退休前的预期年收益率为

  ____％的情况下，退休前的____

  年的储蓄序列的终值因子是多 ···························（D）_____

  少。（使用附录 A 中的图表 1—B

  进行计算。）

  **为了获得所需投资基金每年的储**

  **蓄额**（C÷D）    ······························· _____美元

## 个人理财规划的下一步是什么？

- 通过对退休者或即将退休的人进行调查，获取关于退休收入主要来源的信息。
- 制作一份清单，列出适用于个人退休账户的最佳投资选择。

## 你的个人理财规划表 44

姓名: _____     日期: _____

### 遗产规划活动

**理财规划活动:** 制订一份遗产规划及相关财务活动的计划。回答下列问题,将其作为你制定和实施遗产规划的基础。

**推荐网站:** www.nolo.com  www.webtrust.com

| | |
|---|---|
| 你的财务记录(包括近期的纳税申请表、保险单、房产文件)是否有序且能够很方便地获得吗? | |
| 你是否拥有保险箱?它被放在了什么地方?钥匙被保存在哪里? | |
| 人寿保险单存放地点。保险公司和经纪人的名称和地址。 | |
| 你的遗嘱是否反映了当前的情况?遗嘱复印件的存放地点。律师的名字和地址。 | |
| 遗嘱执行人的名字和地址。 | |
| 你是否掌握了你拥有的全部资产和未偿还的负债的现值清单? | |
| 是否已经为葬礼做好了安排? | |
| 你是否成立了信托?相关金融机构的名称和地址。 | |
| 你是否了解关于目前的赠与税和遗产税的相关信息? | |
| 你是否已经准备好了遗书?它被放在了何处? | |

### 个人理财规划的下一步是什么?

● 选择几个人,了解他们都采取了哪些关于遗产规划的行动。
● 制作一份清单,列出所有使你认为有必要对遗嘱进行修改的情况。

## 你的个人理财规划表 45

姓名: _____     日期: _____

### 遗嘱规划表

**理财规划活动:** 比较不同类型遗嘱的费用与特征。根据你目前及未来的情况完成下表;你可以向律师咨询不同类型遗嘱的费用情况。

**推荐网站:** www.netplanning.com  www.estateplanninglinks.com

| 遗嘱类型 | 适合于你现状或<br>未来情况的特征 | 费用<br>律师，地址，电话 |
|---|---|---|
|  |  |  |
|  |  |  |
|  |  |  |

## 个人理财规划的下一步是什么？

● 列出你认为有必要记入遗嘱的内容。

● 从若干个不同的律师处了解制定遗嘱的费用水平。

### 你的个人理财规划表 46

姓名：_____    日期：_____

### 信托产品比较表

**理财规划活动**：找出不同类型的信托的特征。研究不同类型信托的特征，确定这些特征对你个人的价值。

**推荐网站**：www.webtrust.com  www.lifenet.com

| 信托类型 | 优点 | 对我个人的价值 |
|---|---|---|
|  |  |  |
|  |  |  |
|  |  |  |

## 个人理财规划的下一步是什么？

● 通过向法律和理财规划专家咨询，对遗嘱和信托的费用和优点进行比较。

● 向一名或多名律师咨询适合你的信托类型。

# 附录 A    制定职业搜索策略

每个人在一生中平均要换 7 份工作。多数情况下，人们都会定期对自己的工作环境进行重新评估。下面的内容将会帮助你更好地进行职业规划和管理。

## 职业规划步骤

职业规划活动大致包括以下几个步骤：

1〕个人自我评价——明确你的兴趣和价值；发掘自己的才能和能力。

2〕就业市场分析——判断地理、经济、技术及社会因素对就业机会的影响。

3〕申请过程——准备好个人简历及求职信。

4〕面试过程——练习你的面试技巧，调查目标公司，向有关组织寄送后续信息。

5〕职位的接受——对工资待遇、其他财务因素以及潜在雇主的组织环境进行评估。

6〕职业发展和晋升——制订计划来强化那些有助于事业走向成功的行为，建立稳固的工作关系。

**职业规划活动 1**

针对以上 6 个职业规划步骤，分别写出：（a）目前的目标及未来的目标；（b）职业规划过程中可能采取的行动。

## 通过各种就业信息发布渠道判断就业趋势

尽管经济中的某些部门就业岗位在减少，但在其他经济部门，就业机会正在不断增加。在21世纪，服务业蕴涵着最大的潜力，这包括计算机技术、医疗保健、商业服务、社会和政府服务、销售和零售、旅游及餐饮服务、管理和人力资源、教育以及金融服务。

---

**你知道吗？**

越来越多的雇主将信用报告作为招聘工具之一。联邦法律要求，如果雇主在应聘过程中参考了应征者的信用记录，需要告知应征者。你可以通过该网站查看你的信用报告：www.annualcreditreport.com。

---

可用的就业信息获取渠道包括：

1）出版物及其他媒体资源，如《职业展望手册》提供了许多关于就业岗位的具体信息。就业及商业部门的报刊同样也会刊登关于各种职业主题的文章。

2）网络资源可以为你的职业规划的方方面面提供帮助。利用网站收集简历的制作、面试技巧及职业档案的制作等方面的信息。

3）信息性面试是获取职业信息的有效途径。同你感兴趣的领域中的相关人士进行有计划的讨论，这可以帮助你了解相关工作的职责、培训要求及其对该职业的感受。大多数人是喜欢与别人谈论他的工作经验的。在会谈之前，请准备好咨询问题，例如：

- 你是如何获得目前的职位的？该职位是否要求具有工作经验？
- 你的工作使你感到最满意的部分是什么？你受到的主要挫折是什么？
- 你的工作涉及哪些任务和活动？
- 该领域中的工作所需要具备的最重要的素质是什么？需要接受哪些培训或具备什么样的教育背景？
- 对于想从事这一工作的人你有什么建议？

---

**职业规划活动 2**

确定一个就业信息发布渠道。简要总结对你未来的发展具有重要价值的关键信息。

---

## 工作经验的积累

许多人其实具有比自己所意识到的更多的职业技能。你曾经参与过的学校、社区和工作活动都是你获得工作经验的有效途径。以下便是一些可以为你提供与工作相关的培训的机会：

1）兼职工作可以提供有关某一工作领域的经验和知识。

2）社区组织或代理机构中的志愿者工作可以帮助你获得一些技能，培养良好的工作习惯，加强与他人的沟通。

3）实习工作可使你获得某一工作领域要求的工作经验。

4）校园项目提供了与工作相关的经验，校园组织、课程任务和研究项目可以帮助你获得职业技能。

> **你知道吗？**
>
> 简历中通常包含许多含糊的词汇，如"有能力的"、"富有创造力的"、"灵活的"、"积极的"或"具有团队合作精神的"。然而，为了更好地传递出这些信息，你应该在简历中给出具体的经验和成就。

> **职业规划活动 3**
>
> 制作一个清单，列出你所参加过的工作、志愿者活动和校园活动。说明如何在未来的工作环境中运用这些经验。

## 工作机会的识别

下面是一些最具有价值的获取就业信息的渠道：

1）报纸及职业期刊中的招聘广告是最为常见的就业信息获取渠道。然而，由于超过60％的就业信息没有以广告的形式刊登出来，因此还应采取其他的求职行动。

2）招聘会（多在校园或会议中心中举办）可以使你在较短的时间内与多家用人单位进行接触。在招聘会上，用人单位会向你提出几个问题以确定你是否有资格进入下一阶段的面试环节。

3）职业中介机构负责将求职者与用人单位进行配对。当你被要求提前支付中介费的时候就要保持警惕了，因为通常是由用人单位来支付这笔费用的。政府职业服务机构会同各州的职业服务机构或各州的劳动部门保持联系。

4）业务联系可以为人们提供就业建议。朋友、亲戚及其他个体都是潜在的业务联系。建立工作网就是建立和使用这种联系以获取和更新就业信息的过程。

5）创造就业即创造一个职位将你的个人技能与机构组织的需要相匹配。当你掌握了自己感兴趣的技能之后就可以去创造出对自己的需求。

6）其他求职资源包括：（a）到目标公司进行面对面的交流；（b）通过商业目录和网站获取你可以应征的公司的名称；（c）校友会。

> **职业规划活动 4**
>
> 使用以上一种或多种信息渠道，选择一个你将来有可能应聘的职位。你现在是否已经完全具备了该职位所要求的条件呢？

# 个人简历制作

要想向潜在雇主推销自己，一份个人简历或个人信息表通常是必不可少的。

## 个人简历的组成部分

个人简历是一份对你的教育背景、接受过的培训、经历及其他资质的总结，它包括以下组成部分：

1）个人信息部分包括你的姓名、地址、电话号码及电子邮箱地址。除非有特殊的要求，否则请不要将你的出生日期、性别、身高及体重也记录在内。

2）职业目标旨在使你明确地将精力集中于特定的工作领域。职业目标部分并非个人简历中必不可少的组成部分，你也可在个人信息表中详细写明你的职业目标。此外，最好加入总结部分，概括地列出你的主要技能和能力。

3）教育背景部分包括学习时间、学校、学习领域及获得的学位。

4）在经历部分需要列出以往工作过的工作组织名称、工作时间、工作职责，参与过的相关校园活动和社区服务。突出强调你的计算机技能、技术能力及其他的专业素质。运用行动词将你的经历与招聘组织的需要联系在一起，突出获得的有关成果和成绩的信息。

5）在相关信息部分中可以列出你曾获得的荣誉、奖励以及与你的职业领域相关联的其他活动。

6）在证明人部分列出可以证明你确实拥有某些技能的人，可以是你的老师、过去的雇主、监察人或商业伙伴。证明人部分通常不会被包含在个人简历中，不过你还是应当提早准备好这些材料，因为招聘单位随时都可能向你索要这些信息。

---

**你知道吗？**
复合型个人简历是时间型简历和功能型简历的融合。若使用该简历格式，首先应强调你所具备的与应征职位相关的技能和经历，之后是你的工作经验部分，具体列出与应征工作相匹配的经验。

---

## 个人简历的准备

一份能够给人留下深刻印象的好简历必然要具有十分正规的格式。许多应征者就是因为简历不规范才惨遭淘汰的。要将你的简历控制在一页纸的篇幅。只有当你的材料足以填满三页纸的时候才能递送一份两页纸长度的简历，此时你要使用最为有用的信息来准备一份令人印象深刻的两页纸的简历。个人简历范例如图表 A—1 所示。

---

**图表 A—1**　　　　　　　　　　**(1) 个人简历范例**

---

查得·博斯特威克

学校地址　　　　　　　　　　　　　　家庭住址

密苏里州贾斯珀郡学院路 234 号，MO 54321　　堪萨斯州本顿郡佳能路 765 号，KS 67783

(316) 555 – 7659　　　　　　　　　　(407) 555 – 1239

bostwc@unsoark.edu

| | |
|---|---|
| 职业目标 | 理疗保健管理初级入门职位。 |
| 教育背景 | 2009 年 6 月，企业管理和医疗保健营销理学学士学位，南阿肯色州大学； |
| | 2007 年 6 月，文学副学士、医药技师助理，堪萨斯州阿灵顿箭谷社区大学。 |
| 工作经历 | 2007 年至今，管理病人账户职员，密苏里州贾斯珀郡大学医院。寻找到期账户，创建提高应收账款周转率的方法，协助培训票据文员。 |
| | 2005 年 1—8 月，销售数据文员，任职于堪萨斯州本顿郡琼斯医疗供应公司。保存存货记录，处理客户记录。 |
| 校内活动 | 2007 年 1—6 月，报刊编辑，任职于财务管理协会南阿肯色州大学分会； |
| | 2006—2007 年，商业统计和计算机实验室助教。 |
| 所获荣誉 | 2008 年 6 月，南阿肯色州大学商学院社区服务奖。 |
| | 2006 年 6 月，箭谷健康保健协会奖学金。 |
| 证明人 | 按需要填写 |

**图表 A—1**　　　　　　　　　　　(2) 个人简历范例（英文）

## CHAD BOSTWICK

**SCHOOL ADDRESS**

234B University Drive Jasper，MO54321

(316) 555－7659

bostwc@unsoark.edu

**HOME ADDRESS**

765 Cannon Lane

Benton，KS 67783

(407) 555－1239

**CAREER OBJECTIVE**　　An entry-level position in medical or health care administration.

**EDUCATION**　　Bachelor of Science in Business Administration and Health Care Marketing，University of South Arkansas，June 2009.

Associate of Arts，Medical Technician Assistant，Arrow Valley Community College，Arlington，Kansas，June 2007.

**EXPERIENCE**　　Patient account clerk，University Hospital，Jasper，Missouri，November 2007-present. Researched overdue accounts，created collection method for faster accounts receivable turnover，assisted in training billing clerks.

Sales data clerk，Jones Medical Supply Company，Benton，Kansas，January-August 2005. Maintained inventory records，processed customer records.

**CAMPUS ACTIVITIES**　　Newsletter editor，University of South Arkansas chapter of Financial Management Association，January-June 2007.

Tutor of business statistics and computer lab，2006—2007.

| HONORS | College of Business Community Service Award, University of South Arkansas, June 2008. |
| --- | --- |
| | Arrow Valley Health Care Society Scholarship, June 2006. |
| REFERENCES | Furnished upon request. |

动词的使用是决定简历写作成功与否的关键因素之一。通过使用动词可以展示出你曾获得的成果和取得的成绩。下面列出了一些值得参考的强有力的动词：

- 取得（achieved）
- 经营管理（administered）
- 协调（coordinated）
- 创造（created）
- 设计（designed）
- 开发（developed）
- 指导（directed）
- 编辑（edited）
- 促进（facilitated）
- 发起（initiated）
- 执行（implemented）
- 管理（managed）
- 监控（monitored）
- 组织（organized）
- 计划（planned）
- 制作（produced）
- 研究（research）
- 监管（supervised）
- 培训（trained）
- 更新（updated）

其他可以给潜在雇主留下深刻印象的词语包括：外语技能、电脑技术、个人成就、研究经历、灵活性、团队项目及海外学习或经历。不要仅列举你会使用的软件包的名称（如Excel或PowerPoint），而应该说明在某个具体的项目中是如何利用这些软件进行信息研究和成果展示的。为了达到最佳效果，最好请职业顾问、校园就业办公室人员及身边的朋友帮助你检查简历中是否存在错误并提出修改意见。

**职业规划活动5**

构思你自己的个人简历，列出简历的主要部分；利用网络搜索你可能会使用的简历格式。

# 求职信设计

求职信（cover letter）用于展示你对某项工作的兴趣所在。求职信往往是和简历一起投递到应征公司的，它由以下三个主要部分组成：

1）引言段——引起读者的注意。在该段中说明你写这封信的原因，此时就要提及你应征的职位了。之后，表明你能够为招聘组织带来什么。如有可能，请说出你的介绍人。

2）展开段——重点突出能够表明你胜任该职位的相关背景。在本段中要详细说明你的经历以及接受过的培训。要注意将你个人的技能和能力与某个具体机构的需要相联系。

3）总结段——请求行动。请求对方提供一个面试的机会，以对你的资质进行更加详尽的介绍。在该段中列明你的联系信息，如电话号码及方便进行面试的时间。求职信的最后总结你能够为对方带来的效益。

> **你知道吗？**
> Q信（资格信，Q为Qualifications的首字母）可以帮助你被快速列入职位候选人名单。Q信的格式是左右对称的两列文字，分别列出你的经历和能力以及职位要求，两者一一对应。

为你想要应征的每个职位设计并制作一份个性化的求职信，邮寄到招聘单位的有关负责人处。要注意，一份准备不足的求职信会直接导致求职的失败。

近几年，越来越多的求职者使用具有针对性的申请信（targeted application letter）来代替简历和求职信。在找到心仪的公司和职位后，你可以通过这种方式让对方了解你具备的某些技能以及积累的经验如何为该公司带来效益。同样，在申请信中应该突出强调你的业绩和成就，从而获得面试的机会。求职信范例如图表 A—2 所示。

---

**图表 A—2**　　　　　　　　　**(1) 求职信范例**

2010 年 5 月 23 日

汉娜·卡布拉尔女士

人力资源总监

国际翻译服务

纽约詹姆斯敦优越大道 3400 号

NY 13456

尊敬的卡布拉尔女士：

基于我在国际关系方面的背景和研究，我对贵公司提供的这个职位十分感兴趣。贵公司会计部门的员工布伦达·凯利建议我可以与您取得联系。在上学期间，我学习了国际商务实践的相关课程，并在一家电子公司的出口部门做过实习。

我所具备的在跨文化环境中工作的能力将为您的组织提供一个能够适应不同业务背景的专业人才。我具有在国外公司工作的经历，因此能够满足贵公司客户的多元化需求。我所具备的语言技能使我具备了处理与国际客户关系的能力。

我希望有机会与您进一步讨论我的任职资质。我的联系方式是：501 - 963 - 4556 或 jhopkinsl@internet. com。我相信我所受过的专业培训和具备的相关背景将为贵公司的持续成功贡献一份力量。

　　此致

敬礼

杰瑞·霍普金斯

纽约西巴灵顿柯林斯路 5678 号

NY 14332

jhopkinsl@internet. com

---

**图表 A—2**　　　　　　　　　　（2）求职信范例（英文版）

May 23，2010

Ms. Hanna Cabral

Human Resources Director

Global Translation Services

3400 Superior Boulevard

Jamestown，NY 13456

Dear Ms. Cabral：

Based on my background and studies in international relations，this is to express my interest in the position available with your organization. Brenda Kelly in your accounting department recommended that I contact you. My studies have included courses in global business practices along with an internship with the exporting department of an electronics company.

My ability to work in a cross-cultural environment provides your organization with a person who can adapt to varied business settings. As a result of my work with companies in other countries，I am able to meet the diverse needs of your clients. My language skills have allowed me to handle customer relations activities with international customers.

I look forward to the opportunity to discuss my qualifications with you in further detail. You may contact me at 501 - 963 - 4556 or at jhopkinsl@internet. com. I believe my training and background will allow me to contribute to the continued success of your organization.

Sincerely,

*Jerry Hopkins*

Jerry Hopkins

Jerry Hopkins

5678 Collins Road

West Barrington，NY 14332

jhopkonsl@internet. com

---

## 职业生涯档案

　　除了个人简历之外，许多求职者还会准备一份职业生涯档案。这份材料是对你的能力和技能的有形证明。职业生涯档案包括以下内容：

　　1）文件材料——个人简历、面试答案范例、能力总结以及推荐信。

　　2）创造性工作成果——广告、产品设计、包装、商标、商品宣传、视频短片。

　　3）研究项目实例——研究成果、PowerPoint 展示、网页设计、市场营销计划案、项目活动的照片。

　　4）工作业绩——发表的文章、销售数据、财务图表、社区活动的新闻报道。

　　职业生涯档案可以以一种更加具体的、有形的方式展示出你的能力和经历。此外，这些材料将会向对方很好地传达出你的主动性和独特性。职业生涯档案的封面页应该根据对方的招聘需要明确地列出你具备的相关能力。

　　你也可以在网站上创建自己的电子档案，加入相关的图片和链接。不过一定要确保网站首页的整洁性与条理性，以便来访者能够快速地找到所需信息。你可以在投递简历时，随简历附上刻有网站文件的光盘。

## 在线申请

　　许多招聘单位要求在线申请，这包括以下内容：

　　1）在线申请——除了填写基本的申请表以外，可能还需要回答一些问题以对你是否适合该招聘职位进行初步的判断。

　　2）电子简历——当在网站上贴出你的简历，或通过电子邮件发送简历的时候请注意以下几点：（a）使用简单的格式，避免文字加粗、下划线、斜体及标签；（b）保证附件可以被方便地打开。记住，网络简历是不具备人性化特点的，所以不能忽视其他求职方法的运用——电话、广告、招聘会及私下联系。

　　3）网络面试——许多招聘单位会使用视频会议进行筛选性面试，也有些单位要求在线回答初试问题。这些"电子面试"可能会涉及以下几个问题:"你在工作中是否具有条理性和灵活性?"以及"你是如何处理棘手问题的?"招聘单位也会利用网络面试来考察应聘者的相关工作能力。例如,应聘者就有可能被要求对投资经纪人或客服代表可能会遇到的问题作出反应。

---

**你知道吗?**

在使用在线简历时会出现个人身份被盗的可能性,因此一定不要将自己的社保号码写入简历。不法分子常会伪装成招聘单位与你联系并试图获取更多的个人信息。

---

**职业规划活动 8**
登录那些能上传简历的网站,了解如何上传简历。

---

# 求职面试

只有那些符合招聘单位相关要求的应聘者才会进入面试阶段。

## 面试准备

在准备阶段要搜集关于招聘单位的各种信息,以下是几种最佳的获取信息的渠道:图书馆、互联网、实地考察、分析公司产品、与该公司的员工进行非正式的会谈、与对该公司或行业有一定了解的人士进行讨论。对招聘公司的经营情况、竞争对手情况、近期的成绩、扩张计划及人事政策进行研究,这可以帮助你更好地让对方了解你所能为公司作出的贡献。

此外,在准备阶段,你还应该准备好你在面试中想要提出的问题,如:

- 贵公司的员工对其工作环境最满意的地方是什么?
- 新职员可能会遇到什么样的挑战?
- 对于希望晋升的员工,公司会提供哪些培训机会?
- 贵公司最成功的职员都具备哪些素质?
- 在不久的将来,贵公司的竞争者可能采取什么行动来影响贵公司?

成功的面试是需要大量的练习的。你可以利用录像设备或在朋友的帮助下不断练习并逐渐树立自己在面试中的自信。组织好思路,语言清晰、沉稳,表达出自己的热忱。准备好一些与你的强项有关的答案。校园组织和职业指导办公室一般会提供一些面试练习的机会。

请牢记,合适的衣着和适当的打扮对于面试的成功与否也是至关重要的。在衣着方面,要比其员工的着装更保守。职业装通常是个不错的选择。要避免那些时髦的和休闲的款式,不要佩戴太多的首饰。

确定好面试的时间和地点。提前准备好个人简历、参考名册和笔记本。要提前 10 分钟到达指定的面试地点。面试中常见的问题如图表 A—3 所示。

**教育及培训**

你接受过的何种教育和培训使你能够胜任这项工作？

你为什么会对在这家公司工作感兴趣？

除了学校教育之外，还有哪些活动为扩大兴趣范围和知识面提供了帮助？

关于学校，你最喜欢什么？最不喜欢什么？

**工作及其他经历**

你完成过的最好的工作是什么，你是在什么情况下完成的？

对最能够激发你的积极性的管理人进行描述。

在你过去取得的成就中，使你感到最骄傲的是哪一项？

你是否有过对多人参与的活动进行协调的经历？

对你遇到的在工作中难以相处的人进行描述。

你的决心是否帮助你达成过某个目标，描述当时的情景。

什么样的情形会使你感受到挫败？

除了以往的工作经历外，还有哪些经历帮助你更好地为这项工作进行准备？

你认为激发员工积极性的最佳方式是什么？

**个人素质**

你所具备的主要优点是什么？

你的主要缺点是什么？你是怎样克服这些缺点的？

你未来 5 年或 10 年的计划是什么？

给你带来最大影响的人是谁？

什么样的品质可以促使一个人走向成功？

你通过口语和书面语言表达自己想法的能力如何？

你的老师和以前的雇主是如何形容你的？

你在闲暇时间通常会做些什么？

在向别人展示你的想法时，你的说服力如何？

## 面试过程

在面试中，应聘者可能会遇到不同的情景或问题，这些情景或问题是用来帮助招聘方了解在面临压力的情况下你会作出何种反应的。应聘者应该以一种可控的方式清楚地对所问问题进行回答。职业顾问建议在回答问题时一定要有自己的"主旨"，并围绕自己的主要资质进行回答。在整个面试过程中，应聘者一定要向对方表达出自己能够为对方带来什么样的贡献，对应聘者来说这是面试中的一个核心内容。

行为面试，也被称为能力本位面试，通常被用来评价应聘者的在职潜能。在这些面试问题中，你可能会被问及如何处理不同的工作情景。行为面试的问题通常是以"描述……"或"请告诉我关于……"开头的，鼓励应聘者更好地阐明他们的工作风格。

在情景面试中，你会被要求参与角色扮演，其中涉及的情景都是你在所应聘的工作中很可能会遇到的真实情景。例如，你可能会被要求对顾客的投诉进行处理，或与供应商进行谈判。此种面试可用来评价你在不同的组织环境中的工作能力。

尽量避免过多的语言，但要完整地回答每个问题，并在作答的过程中保持眼神交流。在面试的过程中要保持冷静。记住，你是相关领域的专家，而面试中涉及的问题都是局限在这个领域中的。最后，不要忘记感谢招聘方为你提供这次交流和展示的机会。

**你知道吗？**

在情景面试中，那些应聘销售职位的应聘者可能会被要求与潜在客户进行互动。美国西南航空公司就曾要求应聘者参与"工作试镜"。试镜活动从应聘者对工作提出申请的那一刻便开始了，从最初的通话开始，应聘者的一举一动都会被记录下来。在飞往面试地点的过程中，机舱口的工作人员、空乘人员以及其他的公司员工均会按指令特别留意应聘者的行为。因此，正如他们在工作中将会遇到的情形一样，他们始终接受着公司的观察。面试还包括在一大群人面前发表讲话。无聊的及注意力不集中的人将会被取消资格。此种选拔过程降低了员工的流动率并提高了顾客的满意度。

### 面试结束后

多数情况下，在面试的最后，招聘方会告诉应聘者何时能收到答复。在等待对方的答复时，请完成下面两件事情。第一，在面试的一两天后向招聘方发送面试后的补充信或电子邮件，表达出你对能够拥有此次面试机会的感谢。如果你没能得到这份工作，这封感谢信也会为对方留下良好的印象，从而增加了你在未来获得考虑的机会。

第二，对你的面试表现进行自我评价。写出你需要改进的地方。试着记住那些你不曾想过会被问及的问题。记住，你参加的面试越多，你就能更好地展示自己，找到工作的机会也就越大。

> **职业规划活动 9**
> 请别人问你一些简单的面试问题，然后指出你在面试中的优缺点。

## 工作机会比较

在选择是否接受某项工作时，除了对经济方面进行评价外，一些组织要素也应被纳入考虑的范围。

1）薪金和经济因素——你所从事的工作类型和经历会对你薪金水平产生影响。此外，公司可能还会为你提供诸如保险、退休计划、休假及其他的一些特殊的员工福利。许多组织机构会为员工提供休闲娱乐设施、折扣或其他好处。

2）组织环境——尽管经济因素对工作的选择十分重要，但也要充分考虑工作环境因素。领导风格、着装要求，以及社会氛围都是应该考察的对象，这就需要与已经在该组织中工作的人进行交流沟通。此外，你还需评价该职位的晋升空间，公司是否提供培训项目，这些机会将有利于你长期的职业发展及获得职业成功。

**职业规划活动 10**

列出你在接受某项工作之前需要考虑的各种因素。与他人进行交流，了解他们认为在接受某项工作时有哪些重要因素需要被考虑。

## 就业市场不景气时的择业战略

近几年，受到经济低迷的影响，找工作对于许多求职者来说变得更加困难了。在求职或力图保住现有工作的过程中，你应该采取哪些有效的行动呢？你可以考虑以下几点建议：

- 承认压力、焦虑、挫败感及恐惧的存在。保证正常合理的饮食和锻炼，避免出现健康问题。
- 对你的财务情况进行评估。确定应急基金的来源以支付必要的支出，同时减少不必要的支出。
- 评价你目前和将来的就业潜力。思考还有哪些工作经历或社区经历没有被写入个人简历中。
- 始终保持乐观的态度。你自信的表达和具备的相关技能将使你获得更多的工作机会。
- 与专业的和社会环境中的人保持联系。
- 考虑从事兼职工作、咨询工作或志愿者活动来锻炼你的技能，建立新的人脉，并扩展你的职业能力。

在经济困难时期获取及维持工作的能力同样适用于每种类型的就业市场。

**职业规划中可以用到的重要网站：**

www. careerjournal. com      www. rileyguide. com

www. ajb. dni. us      www. careerbuilder. com

www. monster. com      www. careerfairs. com

www. bls. gov/oco      www. businessweek. com/careers

# 附录 B  消费者权益保护机构和组织

附录 B 可以帮助你对许多政府机构和私人组织有所了解，这些机构和组织可以在理财规划和消费者购买方面提供大量的信息和帮助。当你有如下几个方面的需求时，就可以向这些团体寻求帮助：

- 就某一金融或消费领域中的问题进行研究。
- 为某一购买决策计划收集信息。
- 为解决消费者问题寻求帮助。

附录 B 的第一部分是对联邦政府、州政府及地方政府机构和其他组织的概述，这些组织和机构都是你在收集理财规划和消费者领域的相关信息时可能会接触到的。第二部分中列出了一些州消费者权益保护办公室，这些机构可以在地方事务中为你提供帮助。

## 第一部分

你可以通过网络与绝大多数联邦政府机构取得联系（图表 B—1 中列出了一些联邦政府机构的网站）。此外，你也可以登录网站 www. consumer. gov 获得一些联邦政府机构发布的消费者信息。

你可以在消费者行动手册中获得更多的有关政府机构和私人组织的信息，你可以向消费者信息中心（普韦布洛，CO 81009）或通过网站 www. pueblo. gsa. gov 免费获取该手册。

图表 B—1　　　　　　　　联邦政府、州政府及地方机构和其他组织

| 专题领域 | 联邦政府机构 | 州政府、地方政府机构；其他组织 |
|---|---|---|
| **广告**<br>虚假广告<br>产品标签<br>销售欺诈行为<br>质量保证 | 联邦贸易委员会<br>华盛顿西北区，宾夕法尼亚州大街 600 号，DC20580<br>1 - 877 - FTC - HELP<br>（www. ftc. gov） | 州政府消费者保护办公室；州总检察长或总督办公室<br><br>国家欺诈信息中心<br>华盛顿 65868 信箱，DC 20035<br>1 - 800 - 876 - 7060<br>（www. fraud. org） |
| **航空旅行**<br>飞行安全<br>机场管理条例<br>航线 | 联邦航空管理局<br>华盛顿西南区，独立大街 800 号，DC 20591<br>1 - 800 - FAA - SURE<br>（www. faa. gov） | 国际航空公司乘客协会<br>达拉斯 660074 信箱，<br>TX75266<br>1 - 800 - 527 - 5888<br>（www. iapa. com） |
| **电器/产品安全**<br>具有潜在危险的产品<br>零售商投诉<br>制造商 | 消费者产品安全委员会<br>华盛顿，DC 20207<br>1 - 800 - 638 - CPSC<br>（www. cpsc. gov） | 商业促进理事会<br>阿灵顿威尔逊大道 4200 号，<br>VA 22203<br>1 - 800 - 955 - 5100<br>（www. bbb. org） |
| **汽车**<br>新车<br>旧车<br>车辆维修<br>汽车安全 | 联邦贸易委员会<br>华盛顿西北区，宾夕法尼亚大街 600 号，DC 20580<br>1 - 877 - FTC - HELP<br>（www. ftc. gov）<br>美国国家高速公路交通安全管理局<br>华盛顿西南区，第七大道 400 号，DC 20590<br>1 - 800 - 424 - 9393<br>（www. nhtsa. gov） | 汽车消费者行动计划/全国汽车经销商协会<br>麦克莱恩西园街 8400 号，<br>VA 22102<br>1 - 800 - 252—6232<br>（www. nada. org）<br><br>汽车安全中心<br>华盛顿西北区，南大街 2001 号，<br>DC 20009<br>（202）328 - 7700<br>（www. autosafety. org） |

### 银行和金融机构

| | | |
|---|---|---|
| 支票账户 | 美国联邦储备保险公司 | 州银行监管当局 |
| 储蓄账户 | 华盛顿西北区，第 17 大道 550 号，DC 20429 | 美国信用合作社国家联合会 |
| 存款保险 | 1 - 877 - 275 - 3342 | 麦迪逊市 431 号信箱， |
| 金融服务 | （www. fdic. gov） | WI 53701 |
| | 货币监理署 | （608）232 - 8256 |
| | 华盛顿西北区，第 15 大道和宾夕法尼亚大街，DC 20219 | （www. cuna. org） |
| | （202）447 - 1600 | 美国银行家协会 |
| | （www. occ. treas. gov） | 华盛顿西北区，康涅狄格州大街 |
| | 联邦储备委员会 | 1120 号，DC 20036 |
| | 华盛顿，DC 20551 | （202）663 - 500 |
| | （202）452 - 3693 | （www. aba. com） |
| | （www. federalreserve. gov） | 美国储蓄债券利率 |
| | 国家信用联盟管理局 | 1 - 800 - US - BONDS |
| | 亚历山德里亚杜克大街 1775 号， | （www. savingsbonds. gov） |
| | VA 22314 | |
| | （703）518 - 6300 | |
| | （www. ncua. gov） | |

### 职业规划

| | | |
|---|---|---|
| 职业培训 | 消费者事务协调办 | 州劳工部或州 |
| 就业信息 | 劳工部 | 就业服务中心 |
| | 华盛顿，DC 20210 | |
| | （202）219 - 6060 | |
| | （www. dol. gov） | |

### 消费者信贷

| | | |
|---|---|---|
| 信用卡 | 联邦贸易委员会 | 消费信贷辅导服务 |
| 欺骗性信用广告 | 华盛顿西北区，宾夕法尼亚大街 600 号， | 亚特兰大市埃奇伍德大街（＃ |
| 诚实贷款法案 | DC 20580 | 1800）100 号，GA 30303 |
| 妇女和少数族裔 | （202）326 - 2222 | 1 - 800 - 251 - 2227 |
| 的信用权利 | （www. ftc. gov） | （www. cccsatl. org） |
| | | 全国信贷咨询基金会 |
| | | 银泉市罗尔德路（＃900）801 号，MD 20910 |
| | | （301）589 - 5600 |
| | | （www. nfcc. org） |

### 环境

| | | |
|---|---|---|
| 空气、水污染 | 美国环境保护署 | 清洁水行动 |
| 有毒物质 | 华盛顿，DC 20024 | 华盛顿西北区，康涅狄格州大街 |
| | 1 - 800 - 438 - 4318（室内空气质量） | 4455 号，DC 20008 |
| | 1 - 800 - 426 - 4791（饮用水安全） | （202）895 - 0420 |
| | （www. epa. gov） | （www. cleanwater. org） |

| **食品** | 美国农业部 | 公共利益科学中心 |
|---|---|---|
| 食品级 | 华盛顿，DC 20250 | 华盛顿西北区，康涅狄格州大街 |
| 食品添加剂 | 1－800－424－9121 | 1875 号 300 室，DC 20009 |
| 营养信息 | (www.usda.gov) | (202) 332－9110 |
| | | (www.cspinet.org) |
| | 美国食品和药物管理局 | |
| | 罗克维尔市费希尔斯路， | |
| | MD 20875 | |
| | 1－888－463－6332 | |
| | (www.fda.gov) | |

| **丧葬** | | |
|---|---|---|
| 费用披露 | 联邦贸易委员会 | 丧葬服务求助热线 |
| 商业欺诈行为 | 华盛顿西北区，宾夕法尼亚大街 600 号， | 布鲁克菲尔德市主教路， |
| | DC 20580 | WI 53005 |
| | (202) 326－2222 | 1－800－228－6332 |
| | (www.ftc.gov) | (www.nfda.org) |

| **住房和不动产** | 住房和城市发展部门 | 国家房地产经纪人协会 |
|---|---|---|
| 住房公平行为 | 华盛顿西南区，第 7 大道 451 号，DC 20410 | (www.realtor.com) |
| 按揭贷款 | 1－800－669－9777 | (www.move.com) |
| 社区发展 | (www.hud.gov) | |
| | | 国家住房建筑商协会 |
| | | 华盛顿西北区，第 15 大道 1201 |
| | | 号，DC 20005 |
| | | (www.nahb.com) |

| **保险** | | |
|---|---|---|
| 保险单条款 | 联邦贸易委员会 | 州保险规管当局 |
| 保险金 | 华盛顿西北区，宾夕法尼亚大街 600 号， | |
| 保障类型 | DC 20580 | 美国人寿保险理事会 |
| 消费者投诉 | (202) 326－2222 | 华盛顿西北区，宾夕法尼亚大街 |
| | (www.ftc.gov) | 1001 号，DC 20004－2599 |
| | | (www.acli.com) |
| | 国家洪水保险计划 | |
| | 华盛顿西南区，C 大街 500 号，DC 20472 | 保险信息协会 |
| | 1－888－CALL－FLOOD | 纽约市威廉大街 110 号， |
| | | NY 10038 |
| | | 1－800－331－9146 |
| | | (www.iii.org) |

**投资**

股票、债券
共同基金
商品
投资经纪人

证券交易委员会
华盛顿东北区，F 大街 100 号，
DC 20549
(202) 551 - 6551
(www. sec. gov)

商品期货交易委员会
华盛顿西北区，第 21 大道 1155 号，
DC 20581
(202) 418 - 5000
(www. cftc. gov)

投资公司协会
华盛顿西北区，M 大街 1600 号，
DC 20036
(202) 293 - 7700
(www. ici. org)

美国证券交易商协会
华盛顿西北区，K 大街 1735 号，
DC 20006
(202) 728 - 8000
(www. nasd. com)

美国全国期货协会
芝加哥西麦迪逊大街 200 号，
IL 60606
1 - 800 - 621 - 3570
(www. nfa. futures. org)

投资者权益保护公司
华盛顿西北区，第 15 大道 805 号
800 室，DC 20005
(202) 371 - 8300
(www. sipc. org)

---

**法律事务**

消费者投资
仲裁

司法部
消费者诉讼办公室
华盛顿，DC 20530
(202) 514 - 2401

美国仲裁协会
纽约西 51 号大街 140 号，
NY 10020
(202) 484 - 4000
(www. adr. org)

美国律师协会
芝加哥北克拉克大街 321 号，
IL 60610
1 - 800 - 285 - 2221
(www. abanet. org)

---

**邮购**

产品损坏
商业欺诈行为
非法邮寄

美国邮政总局
华盛顿，DC 20260 - 2202
1 - 800 - ASK - USPS
(www. usps. gov)

直销协会
纽约市美国大道 1120 号，
NY 10036
(212) 768 - 7277
(www. the-dama. org)

---

| | | |
|---|---|---|
| **医疗救护** | | |
| 处方药 | 食品和药物管理局 | 美国医学会 |
| 非处方药 | 罗克维尔市费希尔斯路, | 芝加哥北州大街 510 号, |
| 医疗器械 | MD 20875 | IL 60610 |
| 医疗保健 | 1 – 888 – 463 – 6332 | 1 – 800 – 621 – 8335 |
| | (www. fda. gov) | (www. ama-assn. org) |
| | | |
| | 美国公共卫生署 | 公民保健研究组 |
| | 华盛顿西南区,独立大街 200 号,DC 20201 | 华盛顿西北区,第 20 大道 1600 号,DC 20009 |
| | 1 – 800 – 336 – 4797 | (202) 588 – 1000 |
| | (www. usphs. gov) | |
| **退休** | | |
| 养老金 | 美国社会保障总署 | AARP（美国退休者协会） |
| 养老金信息 | 巴尔的摩市保障大街, | 华盛顿西北区,东街 601 号, |
| 老年保健医疗计划 | MD 21235 | DC 20049 |
| | 1 – 800 – 772 – 1213 | (202) 434 – 2277 |
| | (www. ssa. gov) | (www. aarp. org) |
| **税务** | | |
| 税务信息 | 美国国内收入署 | 税务局（位于各州首府） |
| 审计程序 | 华盛顿西北区,宪法大街 1111 号,DC 20204 | |
| | | 税务基金会 |
| | 1 – 800 – 829 – 1040 | 华盛顿西北区（＃1050）,L 街 |
| | 1 – 800 – TAX – FORM | 2001 号,DC 20036 |
| | (www. irs. gov) | (202) 464 – 6200 |
| | | (www. taxfoundation. org) |
| | | |
| | | 国家登记代理人协会 |
| | | 华盛顿西北区（＃440）,康涅狄 |
| | | 格州大街 1120 号,DC 20036 |
| | | 1 – 800 – 424 – 4339 |
| | | (www. naea. org) |
| **电话销售** | | |
| 900 个号码 | 联邦通信委员会 | 国家消费者联盟 |
| | 华盛顿西南区,第 12 大道 445 号,DC 20554 | 华盛顿西北区,K 大街 1701 号,DC 20006 |
| | 1 – 888 – 225 – 5322 | (202) 835 – 3323 |
| | (www. fcc. gov) | (www. nclnet. org) |
| **公共事业** | | |
| 有限电视 | 联邦通信委员会 | |
| 公共事业费率 | 华盛顿西南区,第 12 大道 445 号,DC 20554 | 国家公共事业委员会（位于各州首府） |
| | 1 – 988 – 225 – 5322 | |
| | (www. fcc. gov) | |

# 第二部分

　　各州、郡及地方的消费者权益保护办公室为广大消费者提供了种类繁多的服务，包括各种出版物、购买信息，以及投诉处理。此部分内容列出了各州消费者权益保护机构的联系信息。除了此处列出的主要办公室的信息以外，各州还设有对银行业、保险业、证券业及公共事业进行管理的机构。你可以通过搜索网站寻找到这些机构的所在地，或者你也可以登录网站 www. pueblo. gsa. gov 获取消费者资源手册（*Consumer's Resource Handbook*），并从中获取相关信息。

　　你可以在国家检察长联盟的网站 www. naag. org 上获得许多州的消费者权益保护办公室的联系方式，或者你可以在搜索网站上输入"（州名称）消费者权益保护机构"，与你所在州的消费者权益保护办公室取得联系。

　　为了节省时间，在发送书面投诉信之前最好与办公室进行电话联系。在电话中询问清楚该办公室是否能够解决你所要进行投诉的问题，或该办公室是否提供投诉表格。许多办公室针对不同的情况将消费者资料归结为州法律和地方性纠纷。通过电话获得适用于你的问题的教育性信息。

　　你可以通过网站 www. naic. org/state_web_map. htm 与各州保险局进行在线联系。

　　你可以在网站 www. taxadmin. org 或 www. aicpa. org/yellow/yptsgus. htm 上找到各州税务机关的网站链接。

# 附录 C　消费日记

　　有效的短期现金管理和长期的财务安全依赖于收多支少。使用消费日记可以帮助你更好地了解你的开支模式并最终达成相应的财务目标。

　　下面给出的几张表格将用于按类记录你每天所花费的每一分钱，或者你也可以设计自己的版式来监控你的日常支出。你可以用（CR）标记出通过信用卡进行的消费。这种做法将会帮助你更好地了解你的消费习惯以及识别出你希望在之后的支出活动中进行的改变。你的评价应该反映出你在支出方面学习到了什么，它可以帮助你完成想要进行的改变。试问自己："哪些支出是我可以减少或避免的？"

　　许多接受此项任务的人们发现，在刚开始的时候完成这件事情是有一定困难的，并认为这不过是在浪费时间。然而，几乎每一位付出努力坚持记录消费日记的人都发现它能够带来很多益处。最初，这个过程或许是非常乏味的，不过不久之后你就会发现记录这些信息变得更加容易了，也更加快速了。最重要的是，你将会知道你的钱都花在什么地方了。之后，你便能够更好地决定是否将可用的资金用在了真正需要的地方。在此项活动中付出的真诚的努力将使你收获帮助你监控支出的非常有益的信息。

　　使用消费日记可以帮助你：

- 发现被隐藏的支出习惯，因而使你为将来更好地进行储蓄。
- 制定并实现财务目标。
- 修正购买习惯并减少支出上的浪费。

- 控制信用卡消费。
- 改善记录存储，更好地衡量财务进步和进行纳税申报。
- 对一年中的主要支出进行规划。
- 利用通过控制支出节省下的资金进行投资规划。

你也可以登录学生网站 www.mhhe.com/kdh 获得 Excel 格式的消费日记表。

消费日记

**说明：** 根据下列支出分类记录每天花费的每一分钱，或者设计你自己的版式来监控你的日常支出。你可以用（CR）标记出通过信用卡进行的消费。你的评价应该反映出你在支出方面学习到了什么，以及在消费习惯上想要进行的改变。
（注：收到的收入被记录在日期栏中。）

月份：_____　　可支出金额：_____美元　　存储额：_____美元

| 日期（收入） | 总支出 | 汽车、交通 | 住房、公共事业 | 食品 家（H）外出（A） | 健康、个人护理 | 教育 | 娱乐、休闲 | 捐款、赠与 | 其他（标明项目名称及金额） | 评价 |
|---|---|---|---|---|---|---|---|---|---|---|
| 示例 | 83 美元 | 20 美元（汽油）（CR） | | 47 美元（H） | | 2 美元（笔） | 4 美元（租借 DVD） | 10 美元（教堂） | | 尽管需要花费一些时间，但这能帮助我控制支出。 |
| 1 | | | | | | | | | | |
| 2 | | | | | | | | | | |
| 3 | | | | | | | | | | |
| 4 | | | | | | | | | | |
| 5 | | | | | | | | | | |
| 6 | | | | | | | | | | |
| 7 | | | | | | | | | | |
| 8 | | | | | | | | | | |
| 9 | | | | | | | | | | |
| 10 | | | | | | | | | | |
| 11 | | | | | | | | | | |
| 12 | | | | | | | | | | |
| 13 | | | | | | | | | | |
| 14 | | | | | | | | | | |
| 小计（未完待续） | | | | | | | | | | |

续前表

| 日期（收入） | 总支出 | 汽车、交通 | 住房、公共事业 | 食品 (H) 家 (A) 外出 | 健康、个人护理 | 教育 | 娱乐、休闲 | 捐款、赠与 | 其他（标明项目名称及支出金额） | 评价 |
|---|---|---|---|---|---|---|---|---|---|---|
| 15 | | | | | | | | | | |
| 16 | | | | | | | | | | |
| 17 | | | | | | | | | | |
| 18 | | | | | | | | | | |
| 19 | | | | | | | | | | |
| 20 | | | | | | | | | | |
| 21 | | | | | | | | | | |
| 22 | | | | | | | | | | |
| 23 | | | | | | | | | | |
| 24 | | | | | | | | | | |
| 25 | | | | | | | | | | |
| 26 | | | | | | | | | | |
| 27 | | | | | | | | | | |
| 28 | | | | | | | | | | |
| 29 | | | | | | | | | | |
| 30 | | | | | | | | | | |
| 31 | | | | | | | | | | |
| 总计 | | | | | | | | | | |

总收入 _____ 美元　　总支出 _____ 美元　　收支差（+/-）_____ 美元

**行动**：要储蓄的金额，可以减少支出的方面，其他行动……

消费日记

说明：根据下列支出分类记录每天花费的每一分钱，或者设计你自己的版式来监控你的日常支出。你可以用（CR）标记出通过信用卡进行的消费。你的评价应该反映出你在支出方面学习到了什么，以及在消费习惯上想要进行的改变。

（注：收到的收入被记录在日期栏中。）

月份：＿＿＿＿＿＿　可支出金额：＿＿＿＿＿＿美元　存储额：＿＿＿＿＿＿美元

| 日期（收入） | 总支出 | 汽车、交通 | 住房、公共事业 | 食品（H）家（A）外出 | 健康、个人护理 | 教育 | 娱乐、休闲 | 捐款、赠与 | 其他（标明项目名称及金额） | 评价 |
|---|---|---|---|---|---|---|---|---|---|---|
| 1 | | | | | | | | | | |
| 2 | | | | | | | | | | |
| 3 | | | | | | | | | | |
| 4 | | | | | | | | | | |
| 5 | | | | | | | | | | |
| 6 | | | | | | | | | | |
| 7 | | | | | | | | | | |
| 8 | | | | | | | | | | |
| 9 | | | | | | | | | | |
| 10 | | | | | | | | | | |
| 11 | | | | | | | | | | |
| 12 | | | | | | | | | | |
| 13 | | | | | | | | | | |
| 14 | | | | | | | | | | |
| 小计（未完待续） | | | | | | | | | | |

续前表

| 日期<br>(收入) | 总支出 | 汽车、交通 | 住房，<br>公共事业 | 食品<br>(H) 家<br>(A) 外出 | 健康，<br>个人护理 | 教育 | 娱乐、休闲 | 捐款，赠与 | 其他（标明项<br>目名称及支出<br>金额） | 评价 |
|---|---|---|---|---|---|---|---|---|---|---|
| 15 | | | | | | | | | | |
| 16 | | | | | | | | | | |
| 17 | | | | | | | | | | |
| 18 | | | | | | | | | | |
| 19 | | | | | | | | | | |
| 20 | | | | | | | | | | |
| 21 | | | | | | | | | | |
| 22 | | | | | | | | | | |
| 23 | | | | | | | | | | |
| 24 | | | | | | | | | | |
| 25 | | | | | | | | | | |
| 26 | | | | | | | | | | |
| 27 | | | | | | | | | | |
| 28 | | | | | | | | | | |
| 29 | | | | | | | | | | |
| 30 | | | | | | | | | | |
| 31 | | | | | | | | | | |
| 总计 | | | | | | | | | | |

总收入 ＿＿＿＿＿ 美元　　　总支出 ＿＿＿＿＿ 美元　　　收支差（+/−）＿＿＿＿＿ 美元

**行动**：要储蓄的金额，可以减少支出的方面，其他行动……

消费日记

**说明**：根据下列支出分类记录每天花费的每一分钱，或者设计你自己的版式来监控你的日常支出。你可以用（CR）标记出通过信用卡进行的消费。

你的评价应该反映出你在支出方面学习到了什么，以及在消费习惯上想要进行的改变。

（注：收到的收入被记录在日期日期栏中。）

月份：＿＿＿　可支出金额：＿＿＿美元　存储额：＿＿＿美元

| 日期（收入） | 总支出 | 汽车，交通 | 住房，公共事业 | 食品 (H)家 (A)外出 | 健康，个人护理 | 教育 | 娱乐，休闲 | 捐款，赠与 | 其他（标明项目名称及支出金额） | 评价 |
|---|---|---|---|---|---|---|---|---|---|---|
| 1 | | | | | | | | | | |
| 2 | | | | | | | | | | |
| 3 | | | | | | | | | | |
| 4 | | | | | | | | | | |
| 5 | | | | | | | | | | |
| 6 | | | | | | | | | | |
| 7 | | | | | | | | | | |
| 8 | | | | | | | | | | |
| 9 | | | | | | | | | | |
| 10 | | | | | | | | | | |
| 11 | | | | | | | | | | |
| 12 | | | | | | | | | | |
| 13 | | | | | | | | | | |
| 14 | | | | | | | | | | |
| 小计（未完待续） | | | | | | | | | | |

续前表

| 日期（收入） | 总支出 | 汽车、交通 | 住房，公共事业 | 食品 (H)家 (A)外出 | 健康、个人护理 | 教育 | 娱乐、休闲 | 捐款，赠与 | 其他（标明项目名称及支出）金额 | 评价 |
|---|---|---|---|---|---|---|---|---|---|---|
| 15 | | | | | | | | | | |
| 16 | | | | | | | | | | |
| 17 | | | | | | | | | | |
| 18 | | | | | | | | | | |
| 19 | | | | | | | | | | |
| 20 | | | | | | | | | | |
| 21 | | | | | | | | | | |
| 22 | | | | | | | | | | |
| 23 | | | | | | | | | | |
| 24 | | | | | | | | | | |
| 25 | | | | | | | | | | |
| 26 | | | | | | | | | | |
| 27 | | | | | | | | | | |
| 28 | | | | | | | | | | |
| 29 | | | | | | | | | | |
| 30 | | | | | | | | | | |
| 31 | | | | | | | | | | |
| 总计 | | | | | | | | | | |

总收入 ＿＿＿美元　　总支出 ＿＿＿美元　　收支差（+/−）＿＿＿美元

**行动：**要储蓄的金额，可以减少支出的方面，其他行动……

消费日记

**说明：**根据下列支出分类记录每天花费的每一分钱，或者设计你自己的版式来监控你的日常支出。你可以用（CR）标记出通过信用卡进行的消费。
你的评价应该反映出你在支出方面学习到了什么，以及在消费习惯上想要进行的改变。
（注：收到的收入被记在日期栏中。）

月份：＿＿＿＿＿＿　　可支出金额：＿＿＿美元　　存储额：＿＿＿美元

| 日期（收入）总支出 | 汽车，交通 | 住房，公共事业 | 食品家（H）外出（A） | 健康，个人护理 | 教育 | 娱乐，休闲 | 捐款，赠与 | 其他（标明项目名称及支出金额） | 评价 |
|---|---|---|---|---|---|---|---|---|---|
| 1 | | | | | | | | | |
| 2 | | | | | | | | | |
| 3 | | | | | | | | | |
| 4 | | | | | | | | | |
| 5 | | | | | | | | | |
| 6 | | | | | | | | | |
| 7 | | | | | | | | | |
| 8 | | | | | | | | | |
| 9 | | | | | | | | | |
| 10 | | | | | | | | | |
| 11 | | | | | | | | | |
| 12 | | | | | | | | | |
| 13 | | | | | | | | | |
| 14 | | | | | | | | | |
| 小计（未完待续） | | | | | | | | | |

续前表

| 日期（收入） | 总支出 美元 | 汽车、交通 | 住房、公共事业 | 食品（H）家（A）外出 | 健康、个人护理 | 教育 | 娱乐、休闲 | 捐款、赠与 | 其他（标明项目名称及支出金额） | 评价 |
|---|---|---|---|---|---|---|---|---|---|---|
| 15 | | | | | | | | | | |
| 16 | | | | | | | | | | |
| 17 | | | | | | | | | | |
| 18 | | | | | | | | | | |
| 19 | | | | | | | | | | |
| 20 | | | | | | | | | | |
| 21 | | | | | | | | | | |
| 22 | | | | | | | | | | |
| 23 | | | | | | | | | | |
| 24 | | | | | | | | | | |
| 25 | | | | | | | | | | |
| 26 | | | | | | | | | | |
| 27 | | | | | | | | | | |
| 28 | | | | | | | | | | |
| 29 | | | | | | | | | | |
| 30 | | | | | | | | | | |
| 31 | | | | | | | | | | |
| 总计 | | | | | | | | | | |

总收入 _____ 美元　　总支出 _____ 美元　　收支差（+/-）_____ 美元

**行动**：要储蓄的金额，可以减少支出的方面，其他行动……

消费日记

**说明：** 根据下列支出分类记录每天花费的每一分钱，或者设计你自己的版式来监控你的日常支出。你可以用（CR）标记出通过信用卡进行的消费。

你的评价应该反映出你在支出方面学习到了什么，以及在消费习惯上想要进行的改变。

（注：收到的收入数记录在日期栏中。）

月份：_____

可支出金额：_____美元　　　　存储额：_____美元

| 日期（收入） | 总支出 | 汽车、交通 | 住房、公共事业 | 食品（H）家（A）外出 | 健康、个人护理 | 教育 | 娱乐、休闲 | 捐款、赠与 | 其他（标明项目名称及支出金额） | 评价 |
|---|---|---|---|---|---|---|---|---|---|---|
| 1 | | | | | | | | | | |
| 2 | | | | | | | | | | |
| 3 | | | | | | | | | | |
| 4 | | | | | | | | | | |
| 5 | | | | | | | | | | |
| 6 | | | | | | | | | | |
| 7 | | | | | | | | | | |
| 8 | | | | | | | | | | |
| 9 | | | | | | | | | | |
| 10 | | | | | | | | | | |
| 11 | | | | | | | | | | |
| 12 | | | | | | | | | | |
| 13 | | | | | | | | | | |
| 14 | | | | | | | | | | |
| 小计（未完待续） | | | | | | | | | | |

续前表

| 日期(收入) | 总支出 | 汽车、交通 | 住房，公共事业 | 食品 (H)家 (A)外出 | 健康，个人护理 | 教育 | 娱乐、休闲 | 捐款，赠与 | 其他(标明项目名称及支出金额) | 评价 |
|---|---|---|---|---|---|---|---|---|---|---|
| 15 | | | | | | | | | | |
| 16 | | | | | | | | | | |
| 17 | | | | | | | | | | |
| 18 | | | | | | | | | | |
| 19 | | | | | | | | | | |
| 20 | | | | | | | | | | |
| 21 | | | | | | | | | | |
| 22 | | | | | | | | | | |
| 23 | | | | | | | | | | |
| 24 | | | | | | | | | | |
| 25 | | | | | | | | | | |
| 26 | | | | | | | | | | |
| 27 | | | | | | | | | | |
| 28 | | | | | | | | | | |
| 29 | | | | | | | | | | |
| 30 | | | | | | | | | | |
| 31 | | | | | | | | | | |
| 总计 | | | | | | | | | | |

总收入 ＿＿美元　　总支出 ＿＿美元　　收支差（+/-）＿＿美元

**行动：**要储蓄的金额，可以减少支出的方面、其他行动……

消费日记

**说明：** 根据下列支出分类记录每天花费的每一分钱，或者设计你自己的版式来监控你的日常支出。你可以用（CR）标记出通过信用卡进行的消费。你的评价应该反映出你在支出方面向同学习到了什么，以及在消费习惯上想要进行的改变。

（注：收到的收入被记录在日期栏中。）

月份：_____
可支出金额：_____美元
存储额：_____美元

| 日期（收入） | 总支出 | 汽车、交通 | 住房、公共事业 | 食品（H）家（A）外出 | 健康、个人护理 | 教育 | 娱乐、休闲 | 捐款、赠与 | 其他（标明项目名称及支出金额） | 评价 |
|---|---|---|---|---|---|---|---|---|---|---|
| 1 | | | | | | | | | | |
| 2 | | | | | | | | | | |
| 3 | | | | | | | | | | |
| 4 | | | | | | | | | | |
| 5 | | | | | | | | | | |
| 6 | | | | | | | | | | |
| 7 | | | | | | | | | | |
| 8 | | | | | | | | | | |
| 9 | | | | | | | | | | |
| 10 | | | | | | | | | | |
| 11 | | | | | | | | | | |
| 12 | | | | | | | | | | |
| 13 | | | | | | | | | | |
| 14 | | | | | | | | | | |
| 小计（未完待续） | | | | | | | | | | |

续前表

| 日期（收入） | 总支出 | 汽车、交通 | 住房、公共事业 | 食品（H）家（A）外出 | 健康、个人护理 | 教育 | 娱乐、休闲 | 捐款、赠与 | 其他（标明项目名称及支出金额） | 评价 |
|---|---|---|---|---|---|---|---|---|---|---|
| 15 | | | | | | | | | | |
| 16 | | | | | | | | | | |
| 17 | | | | | | | | | | |
| 18 | | | | | | | | | | |
| 19 | | | | | | | | | | |
| 20 | | | | | | | | | | |
| 21 | | | | | | | | | | |
| 22 | | | | | | | | | | |
| 23 | | | | | | | | | | |
| 24 | | | | | | | | | | |
| 25 | | | | | | | | | | |
| 26 | | | | | | | | | | |
| 27 | | | | | | | | | | |
| 28 | | | | | | | | | | |
| 29 | | | | | | | | | | |
| 30 | | | | | | | | | | |
| 31 | | | | | | | | | | |
| 总计 | | | | | | | | | | |

总收入 ＿＿＿＿美元　　总支出 ＿＿＿＿美元　　收支差（＋/－）＿＿＿＿美元

**行动**：入储蓄的金额，可以减少支出的方面，其他行动……

# 译后记

在现实生活中，并非所有人都有充足的财产去实现他们的目标或者达成他们的每个心愿，任何人为了让生活更加合理、舒适和富有情趣，就必须对自己的财产状况有正确的认识，并且能够有计划地控制自己的财产，而这就需要有个人理财方面的知识。

和发达国家相比，个人理财在中国仍然是一个新生事物，尽管我们的传统文化使我们养成了储蓄的好习惯，然而，面对日益复杂的投融资环境，以及经济形势不断变化的格局，把钱存在银行里不再是人们的首选。

个人理财是在对个人收入、资产、负债等数据进行分析整理的基础上，根据个人对风险的偏好和承受能力，结合预定目标运用诸如储蓄、保险、证券、外汇、收藏、住房投资等多种手段管理资产和负债，合理安排资金，从而在个人风险可以接受的范围内实现资产的积累和增值的过程。因此，现代意义的个人理财，不同于单纯的储蓄或投资，它不仅包括了财富，还囊括了财富的保障和安排。个人理财是一门很复杂的学问，必须有一定的方法和知识的积累，还需要社会经验等等。

为了帮助大家了解个人理财这一领域国际上最前沿的理论与方法，我们受中国人民大学出版社的委托，翻译了杰克·卡普尔（Jack R. Kapoor）、莱斯·德拉贝（Les R. Dlabay）、罗伯特·休斯（Robert J. Hughes）所著的《个人理财——理财技能培养方法》（第三版），在本书中，作者根据多年的研究与实践经验，总结了大量的理论、案例与实际操作方法，试图为广大读者敲开一扇财富的大门。

本书由刘春生、姜淼、柳懿恒、张航、郑雪主译，刘春生负责对全书统一审校，马雨洁、杨嘉幸、娄飞、原伟利等同志多次参与了译稿的讨论与修订工作，田广才、郑颖昊、王建军在图文编辑等方面提供了大量帮助，在此一并表示感谢。

由于译者水平有限，书中的错误、疏漏之处在所难免，恳请读者不吝指正。

刘春生

2012 年 12 月

Jack R. Kapoor，Les R. Dlabay，Robert J. Hughes

Focus on Personal Finance：An Active Approach to Help You Develop Successful Financial Skills，3rd edition

0-07-338242-6

北京市版权局著作权合同登记号：01-2010-6042

图书在版编目（CIP）数据

个人理财——理财技能培养方法/（美）卡普尔等著；刘春生等主译.—3版.—北京：中国人民大学出版社，2012.11
（金融学译丛）
ISBN 978-7-300-16687-2

Ⅰ.①个…　Ⅱ.①卡…②刘…　Ⅲ.①私人投资　Ⅳ.①F830.59

中国版本图书馆 CIP 数据核字（2012）第 279957 号

金融学译丛
个人理财——理财技能培养方法（第三版）
杰克·R·卡普尔
莱斯·R·德拉贝　　　　　著
罗伯特·J·休斯
刘春生　姜　淼　柳懿恒　张　航　郑　雪　主译
刘春生　校
Geren Licai——Licai Jineng Peiyang Fangfa

| | | | | |
|---|---|---|---|---|
| **出版发行** | 中国人民大学出版社 | | | |
| **社　　址** | 北京中关村大街 31 号 | | **邮政编码** | 100080 |
| **电　　话** | 010 - 62511242（总编室） | | 010 - 62511398（质管部） | |
| | 010 - 82501766（邮购部） | | 010 - 62514148（门市部） | |
| | 010 - 62515195（发行公司） | | 010 - 62515275（盗版举报） | |
| **网　　址** | http://www.crup.com.cn | | | |
| | http://www.ttrnet.com（人大教研网） | | | |
| **经　　销** | 新华书店 | | | |
| **印　　刷** | 北京东君印刷有限公司 | | | |
| **规　　格** | 185 mm×260 mm　16 开本 | | **版　　次** | 2013 年 1 月第 1 版 |
| **印　　张** | 33.25　插页 1 | | **印　　次** | 2013 年 1 月第 1 次印刷 |
| **字　　数** | 830 000 | | **定　　价** | 66.00 元 |

版权所有　侵权必究　　印装差错　负责调换

# 教师反馈表

    McGraw-Hill Education，麦格劳-希尔教育公司，美国著名教育图书出版与教育服务机构，以出版经典、高质量的理工科、经济管理、计算机、生命科学以及人文社科类高校教材享誉全球，更以网络化、数字化的丰富的教学辅助资源深受高校教师的欢迎。

    为了更好地服务中国教育界，提升教学质量，2003 年**麦格劳-希尔教师服务中心**在京成立。在您确认将本书作为指定教材后，请您填好以下表格并经系主任签字盖章后寄回，**麦格劳-希尔教师服务中心**将免费向您提供相应教学课件，或网络化课程管理资源。如果您需要订购或参阅本书的英文原版，我们也会竭诚为您服务。

| | |
|---|---|
| 书名： | |
| 所需要的教学资料： | |
| 您的姓名： | |
| 系： | |
| 院/校： | |
| 您所讲授的课程名称： | |
| 每学期学生人数： | _____人 _____年级　　　学时： |
| 您目前采用的教材： | 作者：　　　　　　　　　出版社：<br>＿＿＿＿＿＿＿　＿＿＿＿＿＿＿<br><br>书名： |
| 您准备何时用此书授课： | |
| 您的联系地址： | |
| 邮政编码： | 联系电话 |
| E-mail：（必填） | |
| 您对本书的建议： | 系主任签字<br><br>盖章 |

**麦格劳-希尔教育出版公司教师服务中心**

北京-清华科技园科技大厦 A 座 906 室

北京 100084

电话：010 - 62790298 - 108

传真：010 - 62790292

教师服务热线：800 - 810 - 1936

教师服务信箱：instructorchina@mcgraw-hill.com

网址：http：//www.mcgraw-hill.com.cn

# 教学支持说明

中国人民大学出版社经济分社与人大经济论坛（www. pinggu. org）于 2007 年结成战略合作伙伴后，一直以来都以种种方式服务、回馈广大读者。

为了更好地服务于教学一线的任课教师与广大学子，现中国人民大学出版社经济分社与人大经济论坛做出决定，凡使用中国人民大学出版社经济分社教材的读者，填写以下信息调查表后，发送电子邮件、邮寄或者传真给我们，经过认证后，我们将会向教师读者赠送人大经济论坛论坛币 200 个，向学生读者赠送人大经济论坛论坛币 50 个。

| 教师信息表 | 学生信息表 |
|---|---|
| 姓名： | 姓名： |
| 大学： | 所读大学： |
| 院系： | 所读院系： |
| 教授课程： | 所读专业： |
| 联系电话： | 入学年： |
| E-mail： | QQ 等联系方式： |
| 论坛 id： | E-mail： |
| 使用教材： | 论坛 id： |
| 论坛识别码（请抄下面的识别码）： | 使用教材： |
| | 论坛识别码（请抄下面的识别码）： |

**我们的联系方式：**

E-mail：gaoxiaofei11111@sina. com

邮寄地址：北京市中关村大街甲 59 号文化大厦 1506 室中国人民大学出版社经济分社，100872

传真号：010 - 62514775

**附：人大经济论坛（www. pinggu. org）简介**

人大经济论坛依托中国人民大学经济学院，于 2003 年成立，致力于推动经济学科的进步，传播优秀教育资源。目前已经发展成为国内最大的经济、管理、金融、统计类在线教育和咨询网站，也是国内最活跃和最具影响力的经济类网站：

● 拥有国内经济类教育网站最多的关注人数，注册用户以百万计，日均数十万经济相关人士访问本站。

● 是国内最丰富的经管类教育资源共享数据库和发布平台。

● 提供学术交流与讨论的平台、经管类在线辞典、数据定制和数据处理分析服务、免费的经济金融数据库、完善的经管统计类培训和教学相关软件。

论坛识别码：pinggu＿com＿1545967＿4210768